《中国农民工发展研究》课题在国务院农民工工作联席会议的领导下，由联席会议各成员单位共同完成

中国农民工发展研究

国务院农民工办课题组

中国劳动社会保障出版社

图书在版编目(CIP)数据

中国农民工发展研究/国务院农民工办课题组. —北京：中国劳动社会保障出版社，2013

ISBN 978-7-5167-0312-0

Ⅰ.①中… Ⅱ.①国… Ⅲ.①民工-研究报告-汇编-中国 Ⅳ.①D669.2

中国版本图书馆 CIP 数据核字(2013)第 042384 号

中国劳动社会保障出版社出版发行

（北京市惠新东街1号 邮政编码：100029）

出版人：张梦欣

*

北京世知印务有限公司印刷装订 新华书店经销

787 毫米×1092 毫米 16 开本 33 印张 543 千字

2013 年 1 月第 1 版 2013 年 1 月第 1 次印刷

定价：80.00 元

读者服务部电话：（010）64929211/64921644/84643933

发行部电话：（010）64961894

出版社网址：http://www.class.com.cn

《中国农民工发展研究》课题工作小组

组　长　杨志明

副组长　汪志洪

成　员　沈水生　王淑霞　何宇鹏　胡恒洋　张昭文　曹一化

刘绍武　周可喜　王金华　高　贞　路　英　何凤山

陈　付　黄延信　宋立洪　李　宏　肖东楼　闫　宏

徐　忠　肖福泉　丛　明　李玉家　李生胜　王萍萍

彭高建　刘文海　苏国霞　孙德立　郭　青　程新文

郭稳才　马兴民　崔　郁　孙　智　刘玉根　杜国羽

牟达泉　陈　兰　张一名

目　　录

中国农民工发展研究总报告

总报告课题组

农民工是我国改革开放和工业化、城镇化、现代化进程中成长起来的新型劳动大军，是产业工人的重要组成部分，是城市的新市民。改革开放30多年来，农民工队伍不断发展壮大。2012年农民工总量达到2.63亿人，其中外出农民工1.63亿人，新生代农民工已成为农民工的主体。农民工队伍的产生和壮大，增强了整个社会的生机和活力，推动了社会管理方式的转变，为推动我国深化改革开放，改变城乡二元结构，加快工业化和城镇化进程，增强国际竞争力，解决“三农”问题，推进社会主义新农村建设，做出了巨大的历史贡献。农民工的发展正在改变中国的经济社会基本格局，并将对未来经济社会发展产生全局性、战略性、历史性的影响。党中央、国务院高度重视农民工工作，近年来制定了一系列维护农民工权益和促进农民工发展的政策措施。特别是国务院出台《关于解决农民工问题的若干意见》（国发［2006］5号）以来，各地各部门将农民工工作摆在党委政府工作重要位置，尊重农民工的主体地位，立足于实现城乡劳动者平等就业，立足于消除农村劳动力流动的体制障碍，立足于依法保障农民工的劳动权益，立足于保障农民工平等享受公共服务，从农民工最关心、最直接、最现实的利益问题入手，全面推进农民工工作，有力地推动了农民工就业的持续增长，有力地保障了农民工的各项权益，有力地促进了农民工队伍的健康发展。

世界各国现代化过程中最基本的人口变动特征是农民进城转变为产业工人和市民。我国长期以来实行城乡分治，农民虽已进城务工经商，但农民的身份没有变，未被城市认同接纳为城市居民，于是出现了大批农民工。农民工现象无疑是中国的特色，是中国经济社会结构转型过程中需要解决的基本问题。中国农村人口向非农产业和城镇转移数量之多，是世界上任何一个国家所没有过的，解决农民工问题需要较长时期的历史进程。中国作为后发型发展中大国，要完成发达国家历经上百年才走完的农村人口转移和现代化路程，既要充分借鉴国外的经验教训，又必须紧密结合国情和时代特征，积极探索有中国特色的农村劳动力转移道路。

从国际比较角度看，我国农村劳动力转移道路具有三个鲜明的特征：一是“就业带动”。坚持统筹城乡就业，鼓励农民工就近就地转移，引导农民工外出务工就业，扶持农民工创业，在确保农民工获得相对稳定就业机会的基础上稳步推进城镇化进程。二是“保障地权”。坚持依法保障农民的土地承包经营权，让农民既进得了城，又回得了乡，能够在城乡间双向流动、进退有据，不会既失业又失地，确保在农业不衰退、农村不凋敝、农民不破产的情况下推进工业化、城镇化进程。三是“渐进转移”。坚持分阶段促进农村劳动力转移就业和融入城市，20 世纪 80 年代逐步消除农民“离土”的限制，允许农民“离土不离乡，进厂不进城”；90 年代逐步消除农民“离乡”的限制，允许农民跨地区流动和进城打工；进入 21 世纪，逐步放宽对农民工在城镇落户定居的限制，确保农村人口转移和城镇化有序推进。

近年来，农民工转移就业呈现出三个新趋势：一是农民工就业的主要领域仍是制造业和建筑业，但在服务业就业的农民工比重逐步上升；二是东部地区的农民工增速放缓，中西部地区和省内增速加快，农民工回乡创业逐渐增多；三是农民工在输入地就业和居住趋于长期化，举家外出务工经商的比重日益增加。今后一二十年，我国农村人口转移将进入“以技能就业促进城，以公共服务促定居”的阶段，农民工市民化将逐步进入高峰时期。

从根本上解决好农民工发展问题，关系到亿万农村劳动力转入非农产业就业，是工业化、城镇化和农业现代化同步发展的必要条件；关系到亿万农村人口进入城镇，是创新社会管理和推进基本公共服务均等化、实现城乡一体化发展的基本任务；关系到亿万劳动者素质的提升和收入的增加，是推动经济结构转型和产业结构调整、使发展成果惠及广大群众的战略措施；关系到亿万农民工丰富精神文化生活并自觉接受社会主义核心价值观，是巩固我党执政地位的重要基础。亿万农民工是成为一个总体稳定的群体，还是演变为一个流动不定、动荡不安的群体；是成为一个良性发展的群体，还是演变为一个恶性循环、没有出路的群体；是成为一个健康有序的群体，还是演变为一个缺乏关爱、缺少管理的群体，是对党的执政能力和政府管理能力的重大挑战。制定党和国家从根本上解决农民工问题的方针政策，是建设中国特色社会主义的重要组成部分。深入贯彻落实科学发展观，进一步做好新时期的农民工工作，确保农民工共享改革发展成果，迫切需要从顶层设计上研究农民工问题，从制度上解决好农民工权益保障问题，把握和顺应农民工发展规律，并进行超前谋划，明确解决农民工问题的战略方向，制定和完善涉及农民工的全局性、前瞻性、整体性政策体系。

第一部分　充分认识从根本上解决好农民工问题的重大意义

一、农民工工作的主要进展和成效

（一）城乡平等的就业制度逐步实行

一是确立了免费公共就业服务制度。自 2006 年以来，各地公共就业服务机构免费开放，为进城农民工免费提供就业信息、就业指导、政策咨询和就业服务。

二是确立了农民工技能培训和技能鉴定补贴制度。自 2006 年以来，进城农民工参加技能培训，可享受一次性职业培训补贴。自 2008 年以来，进城农民工通过初次技能鉴定（限国家规定实行就业准入制度的指定工种）、取得职业资格证书的，可享受一次性职业技能鉴定补贴。

三是将农民工纳入失业登记范围。2008 年 1 月 1 日起实施的《就业服务与就业管理规定》规定：农村进城务工人员在常住地稳定就业满 6 个月的，失业后可以在常住地登记。登记失业后的农民工可享受城镇登记失业人员的相关就业扶持政策。

四是首次以法律的形式确立了城乡劳动者平等就业制度。2008 年 1 月 1 日起实施的《就业促进法》规定：国家实行城乡统筹的就业政策，建立健全城乡劳动者平等就业制度，引导农业富余劳动力有序转移就业。农村劳动者进城就业享有与城镇劳动者平等的劳动权利，不得对农村劳动者进城就业设置歧视性限制。

（二）就业服务得到加强

一是公共就业服务体系逐步向基层延伸。目前，所有的市、县（区），近 90%的街道，近 80%的乡镇和社区都设立了公共就业综合性服务场所或服务窗口，配备了专职或兼职工作人员。

二是就业信息服务不断加强。近年来，各地普遍加强了信息收集、发布工作，努力满足求职者和用人单位的需求。依托金保工程，在全国建立了人力资源市场信息网络，一些城市已将网络连接到街道、社区。

三是开展专项行动，就业服务针对性不断提高。从 2005 年至今，各地按照统一部署，在春节前后、农村劳动力外出务工高峰时期，在全国范围内开展“春风行动”。期间，公共就业服务机构集中为进城农民工提供服务，组织专场招聘会，提供岗位信息；同时加强对人力资源市场的监管，开展清理整顿活动，推荐一批诚信民办职介机构，打击非法职业介绍中介组织，加大力度治理农民工工资拖欠、克扣问题，净化劳动力市场，维护农村劳动力的求职就业权益。

四是农民工培训工作进一步加强。国务院办公厅下发了《关于进一步做好农民工培训工作的指导意见》，中央财政用于农民工的培训经费不断增加，人力资源社会保障、教育、科技、住房城乡建设、农业和扶贫等部门实施了“特别职业培训计划”、“农村劳动力转移培训计划”、“星火计划”、“建筑业农民工技能培训示范工程”、“阳光工程”和“雨露计划”，工青妇组织也开展了各类农民工职业技能培训，初步建立了多层次的农民工职业技能培训体系。各地也不同程度加大了农民工培训的投入，创新农民工培训方式，提高培训质量。农民工培训补贴和技能鉴定补贴标准不断提高，接受过职业培训的农民工比重稳步提高，农民工技能水平逐步提升。

（三）农民工劳动权益保护取得明显进展

一是农民工劳动合同签订率不断提高。2006—2008 年开展了全面推进劳动合同制度实施三年行动计划，2008—2011 年连续四年在建筑、餐饮等重点行业开展农民工劳动合同签订“春暖行动”，从 2010 年开始，开展小企业劳动合同制度实施专项行动，促进了农民工劳动合同签订率的提高。积极推进以劳动合同签订为基础的劳动用工备案制度建设，目前已有 23 个省份建立了省级劳动用工信息数据库，备案企业和职工逐步增加，部分地区初步实现了备案系统网络实时数据更新和用工信息查询。

二是农民工工资持续较快增长。“十一五”时期，各地都建立了最低工资制度和最低工资标准正常调整机制，平均调整最低工资标准 3.2 次，每次平均调整幅度为 12.9%。2008 年开始实施“彩虹计划”，积极稳妥地推动工资集体协商，扩大集体合同制度覆盖面，健全企业职工工资正常增长机制。全国人大常委会在刑法中设立了“拒不支付劳动报酬罪”，加大了对拖欠工资行为的处罚力度，各地积极建立“两金三制”①，在元旦、春节期间集中开展全国农民工工资支付专项检查活动，初步建立了农民工工资支付保障机

① 在建筑领域及其他拖欠工资多发行业全面推行工资保证金制度，在拖欠农民工工资多发市县建立完善应急周转金或欠薪保障基金制度，落实工程总承包企业清偿欠薪负责制度、行政司法联动打击欠薪逃匿制度和地方政府负总责制度。

制，农民工工资拖欠问题得到明显遏制。2005—2011年，全国外出农民工月均工资由875元提高到2 049元，年均增长15.2%，是历史上增长最快的时期。

三是农民工维权工作得到加强。劳动争议仲裁机构建立了方便农民工劳动争议申诉的“绿色通道”，采取简易程序快速处理，对小额劳动报酬争议案件实行终局裁决、先予执行。2010年，全国各级劳动争议仲裁机构共立案受理以农民工为主的劳动争议案件66.1万件，当期结案率达到93.1%。人力资源和社会保障部门在60个城市试点劳动保障监察网格化、网络化管理，推动建立覆盖城乡的劳动用工管控网，严厉打击非法用工。司法部门进一步畅通农民工法律服务渠道，创新服务方式，加强异地协作，扩大农民工法律援助覆盖面。农业部门进一步健全土地承包经营纠纷调解仲裁体系，依法维护农民工土地承包权益，使农民工土地承包经营权有序流转。安全生产监管部门持续开展专项整治，保障农民工安全生产和职业健康权益。

（四）面向农民工的公共服务明显改善

一是农民工子女义务教育问题受到高度重视，基本形成了“以输入地为主，以公办中小学为主”的格局。各地积极落实“两为主”政策，以输入地为主同等条件接收农民工子女入学接受义务教育基本实现，已有近80%的农民工随迁子女在城镇公办中小学免费接受义务教育。一些地方还大力推进“融合教育”，促进农民工子女融入城市学校。中央政府向各地拨付进城务工农民随迁子女接受义务教育奖励资金，2011年达到了45.6亿元，输入地政府也加大了对农民工子女义务教育的投入。教育部门积极推进农村寄宿制学校建设，优先满足留守儿童需求，共青团组织开展关爱农民工志愿服务行动，全国妇联等部门组织开展“共享蓝天——全国关爱农村留守流动儿童大行动”，全社会对留守儿童的关注度、关爱度大大提升。

二是农民工医疗卫生和计划生育服务不断完善。各级政府大力推进基本公共卫生服务均等化，各地农民工都能获得居民健康档案管理、艾滋病“四免一关怀”、结核病免费治疗、儿童免疫规划疫苗免费接种、妇幼保健和孕产妇住院分娩等服务。部分输出地新农合管理机构在农民工集中生活的城镇地区指定新农合定点医疗机构，完善结算办法，方便农民工就医和及时报销。流动人口计划生育服务管理全国“一盘棋”新机制建设和计划生育基本公共服务均等化试点工作取得初步成效，各地积极落实流动人口与户籍人口同等待遇，广泛开展流动人口计划生育“关怀关爱”活动，国家规定的免费技术服务项目基本得到落实。

三是农民工的社会保障从无到有，工伤保险有较大进展，医疗和养老保险取得积极进展，失业保险也在探索中。国家颁布了《社会保险法》，明确规定进城务工的农村居民依照《社会保险法》相关规定参加社会保险，为农民工参加社会保险提供了法律保障。从 2006 年开始，先后实施了“平安计划”一期和二期工程，推动矿山、建筑等高风险企业以及商贸、餐饮等服务业企业农民工参加工伤保险。截至 2011 年 6 月底，已有 6 500 多万农民工参加了工伤保险。实施了农民工医疗保险专项扩面行动，各地根据农民工的具体情况，引导其分别参加职工基本医疗保险、新型农村合作医疗或城镇居民基本医疗保险。鼓励在城镇稳定就业的农民工参加城镇企业职工基本养老保险，流动性较强的农民工参加试点地区新型农村社会养老保险，出台了《城镇企业职工基本养老保险关系转移接续暂行办法》和《流动就业人员基本医疗保障关系转移接续暂行办法》，推动农民工养老和医疗保险关系实现跨地区转移续接。督促企业为农民工缴纳失业保险费，对符合享受失业保险待遇条件的，按规定及时支付一次性生活补助。截至 2011 年 6 月底，全国参加工伤、城镇职工医疗、城镇职工养老及失业保险的农民工分别占外出农民工的 42.7%、26.2%、23.2%和 14.1%。

表 1　　全国农民工参加基本养老保险人数与增长情况

年份	2006	2007	2008	2009	2010
外出农民工总量（万人）	13 212	13 697	14 041	14 533	15 335
参保人数（万人）	1 417	1 846	2 416	2 647	3 284
较上年增加（万人）	—	429	570	231	637
增幅（%）	—	30.3	30.9	9.6	24.1

（五）各地在解决农民工发展问题上进行了有益探索

一是对解决农民工子女高中阶段教育问题进行了不同程度的尝试和突破。如上海市允许本地部分全日制普通中等职业学校试行自主招收农民工子女，年招生规模约 4 000 人，并享受国家免学费、生活费资助等政策。安徽省尝试将高中阶段教育全部放开，非本省户籍农民工子女可以根据本人意愿，在输入地就读学校报名参加高中阶段考试录取。合肥市规定在初中毕业学校就读且符合相应条件的非合肥市户籍农民工子女，可在合肥市报考普通高中，并在填报志愿、录取政策等方面享受与合肥市户口考生同等待遇。还有一些地区允许本省非本市户籍农民工子女以择校生形式在当地就读普通高中。

二是积极探索农民工在就业地落户。如广东省大力推进积分落户政策，近几年数十万农民工在城镇落户；湖北在全省实行城乡统一的户口登记制度；成都等城市也出台了户籍制度改革的政策。这些探索为下一步深化户籍制度改革、推动农民工市民化积累了有益经验。

三是积极探索将农民工纳入城镇住房保障体系。北京、上海、广州、深圳、长沙等大城市都出台了相关政策，将符合条件的农民工纳入公共租赁住房保障范畴。如重庆市在 2010 年放宽申请公共租赁住房的户籍限制，将农民工纳入住房保障体系，并制定优惠的租金，减轻农民工住房支出负担。天津滨海新区打破户籍限制，将外来常住人口纳入住房保障范围，通过建设蓝白领公寓和订单式限价房，解决了一部分农民工的住房需求。

四是积极探索创新农民工管理服务体制。越来越多的城市把农民工作为新市民，对农民工的社会管理正在由排斥到容纳、由管制向服务转变。上海市把进城农民工的主体与户籍人口一道作为常住人口，纳入统一的管理服务，并纳入城市发展战略。部分地区为农民工参与城市基层公共事务管理出台了一些措施，主要是规定居住在城市社区满一定时间（通常为 1 年以上），在当地农村未参加村委会选举，愿意参加城市社区选举，经社区选举委员会同意的，可登记为社区选民，参加选举的相关活动，行使选举和被选举权。宁波市在全国率先成立了新市民服务中心和流动党员服务站，为外来务工人员提供一站式服务和全程化帮扶，初步形成了以“七大服务站点”和“八大服务内容”为核心的新市民服务模式。东莞市鼓励农民工参政议政，2011 年有 2 名“新莞人”当选为省党代表大会和人民代表大会代表，17 人当选为市党代会代表，5 人当选为市政协委员，市人大设立了“新莞人”旁听席，并公开选拔“新莞人”担任专职的工青妇组织副职。江苏、广东、河北、福建、浙江、黑龙江等地采取多种形式积极建立农民工综合服务中心，围绕农民工的实际需求开展综合服务，促进农民工逐步融入城市。

（六）农民工管理基础性工作得到进一步加强

一是工作机制进一步健全。国务院建立了由相关政府部门参加的农民工工作联席会议制度，地方政府也建立了相应的农民工工作机构，形成了党委政府领导、部门分工协作的工作机制。

二是政策法规进一步完善。2006 年以来，相继出台了《国务院关于解决农民工问题的若干意见》、《中华人民共和国就业促进法》、《劳动合同法》、《社会保险法》、《劳动争议调解仲裁法》等重要法规，修改了《工伤保险条例》，形成了解决农民工问题的政策法规体系。各地各有关部门也从实际出发，出台了一系列政策法规，全国已有7个省先后制定了农民工权益保护法规或规章。

三是科学决策机制基本形成。国家统计局建立了农民工统计监测调查制度，按季报告农民工队伍的发展变化状况。国务院农民工办会同有关部门开展了农民工工作发展战略前瞻性研究、新生代农民工重点问题研究，为党和政府制定相关决策提供了依据。

四是督察工作常态化。国务院农民工工作联席会议办公室组织各成员单位连续开展了五次全国农民工工作督察，“十一五”期间已对除西藏、海南等个别地区外的所有省区市督察一遍，取得了实际成效。

二、农民工对我国经济社会发展的重大贡献

农民工队伍的产生和壮大，是继农村家庭承包经营制度和乡镇企业之后，中国农民的又一伟大创造，是解放农村社会生产力的又一伟大创举。改革开放30多年来，农民工为我国深化改革，扩大开放，推动科学发展，加快工业化和城镇化进程，推进社会主义新农村建设，做出了特殊的历史贡献。农民工群体的出现，正在改变我国经济社会基本格局，并将对未来经济社会发展产生全局性、战略性、历史性的影响。

（一）促进了我国工业化的快速发展

农民工在传统体制之外开辟了一条工农之间、城乡之间生产要素流动的新通道，为城市二、三产业发展提供了源源不断的低成本劳动力，满足了工业化进程加快对劳动力的需求。农民工的大量进入，填补了制造业、建筑业、餐饮业和服务业等劳动力密集型产业的岗位空缺。目前，农民工占我国建筑业劳动力的90%，煤矿采掘业的80%，纺织服装业的60%，城市一般服务业的50%，已经成为产业工人的主力军。“入世”以后，较低成本的劳动力优势成为我国获取和保持国际竞争力的重要基础，为我国把握机遇、承接国际产业转移创造了条件，使我国迅速成为“世界工厂”。

（二）支撑了我国城镇化的快速发展

从第五次人口普查开始，我国将进城就业、居住半年以上的流动人口（主体是农民工）计入城镇常住人口。按照这一口径计算，目前，每4个城镇常住人口中就约有1个是农民工。这说明，近年来我国城镇化水平的提高主要是依靠农民工进城就业。外出农民工中，在直辖市就业的占8.8%，省会城市就业的占19.4%，地级市就业的占34.8%，在地级以上城市就业的合计占到63%。农民工在输入地居住趋于长期化，在目前城市的就业时间平

均为5.3年，超过5年的占到了40%，超过10年的约占20%[①]，“移民”倾向渐趋明显，相当一部分已经成为事实“移民”。

（三）推动了改革的不断深化

农民工跨地区流动就业蕴含着深刻的体制变革因素，是推动改革的重要力量。农民工的巨大浪潮冲破了劳动力市场的城乡界限、地域界限和部门界限，促进了我国劳动力市场的发育，促进了劳动用工制度的改革，促进了通过市场合理配置劳动力资源机制的形成。蔚为壮观的“民工潮”也为繁荣市场、搞活经济、扩大开放发挥了重要作用，从而整体上推动了市场经济的全面发展。农民工大规模、大范围跨区域流动，增强了整个社会的生机和活力，极大地推动了政府职能和管理方式的转变。在解决农民工问题中，各级政府的职能定位、管理理念、行为方式也都悄然发生变化，传统的户籍制度、劳动就业制度和社会保障制度正在发生积极变革，农民进城务工成为推动城乡二元结构改革的重要力量。

（四）带动了农业、农村和落后地区的发展

农民工一头连着农村，一头连着城市，促进了城乡之间劳动力和资金双向流动，既推动了城市经济的发展，也为农村经济发展注入了新的活力。外出务工已成为农民增加收入的重要来源。工资性收入占农民人均纯收入的比重由2005年的36%提高到2010年的41%，提高了5个百分点；2005—2010年工资性收入对农民增收的平均贡献率达到47%左右，对中高收入以下家庭增收的贡献率达到50%左右。农民工工资收入的持续增长，已经成为缩小城乡收入分配差距的重要途径，对于逐步提高居民收入在国民收入分配中的比重和劳动报酬在初次分配中的比重也发挥了重要作用。在城市就业的农民工适应了现代生产方式的管理模式，开阔了视野，积累了经验，提升了农村人力资本水平。一批批进城务工的农民，带着资金和技术回乡创业，成为农村经济发展的一支新生力量。近年来，农民工在东部地区就业增长放缓，在中西部地区和省内就业增长加快，出现了从东部地区向中西部地区回流的趋势，初步形成的“输出劳务——积累生产要素——返乡创业”的发展模式，使落后地区获得了发展的外源力量和造血功能，推动了不发达地区乡镇企业和县域经济的壮大。农民外出务工减少了单位土地面积上的劳动人数，为促进农业规模经营、提高农业劳动生产率，发展现代农业创造了必要条件。

① 国务院发展研究中心课题组2010年调查数据。

表 2 工资性收入对农民增收的贡献

项目	全部户	低收入户	中低收入户	中等收入户	中高收入户	高收入户
2005 年平均每人纯收入（元）	3 254.93	1 067.22	2 018.31	2 850.95	4 003.33	7 747.35
2005 年工资性收入（元）	1 174.53	321.72	672.22	1 043.14	1 538.84	3 096.99
2005 年工资性收入占比（%）	36.08	30.15	33.31	36.59	38.44	39.97
2010 年平均每人纯收入（元）	5 919.01	1 869.8	3 621.23	5 221.66	7 440.56	14 049.69
2010 年工资性收入（元）	2 431.05	675.39	1 431.58	2 239.47	3 289.8	5 880.83
2010 年工资性收入占比（%）	41.07	36.12	39.53	42.89	44.21	41.86
工资性收入对农民增收的贡献率（%）	47.17	44.07	47.37	50.46	50.94	44.17

数据来源：相关年份《中国统计年鉴》。

（五）推动了我国社会结构转型

社会结构的不断分化与整合是社会发展和现代化的主要内容和根本动力。改革开放前，我国农村社会是一个“超稳定结构”：经济上的均贫、政治上的同质、文化上的单一和社会上的封闭。除了参军、升学、招工等形式外，城乡之间的人员流动基本被隔绝，农村社会的流动性严重不足。农民工的产生和发展，使农村人口的流动性越来越强，无论是从职业角度，还是从拥有经济资源的角度，农民已经不再是原来意义上的农民，农民不再是一致的均质性社会群体，农村也不再是单一的同构性社会。大规模农民工群体进城就业不仅让农民更好地认识了城市，也让城市能近距离接触农民，加强了城乡之间全方位的交往。农民工在城镇稳定就业和稳定居住，有利于社会成员向更高社会阶层流动，逐步形成较为稳定的两头小、中间大的橄榄型社会结构，促进我国由传统的农业社会加快向现代社会转变。

三、做好新时期农民工工作的重大意义

必须进一步转变观念，充分认识在全面建设小康社会和实现现代化的进程中解决好农民工问题的重大意义。

（一）从根本上解决“三农”问题的迫切需要

农民工家分两地，长期奔波于城乡之间，不能在城市安居乐业，这种不彻底的转移方式，起不到减少农民、使土地向务农劳动力稳定流转集中的作用。同时，农村青壮年的黄金时间用在城里，实际是把人口红利留在发达地区和城市，从长远来看，这样会进一步导致城乡、区域差距的扩大。我国“三农”问题突出，城乡居民收入差距持续扩大，根本原因在于农村人口多、农民转移不彻底、农业劳动生产率水平低。农民在人均一亩多的土地上搞农业，是不可能达到全面小康水平的。只有减少农民、增加市民，减少农民负担、增加农业投入，从根本上改善城乡资源配置，才能扩大农业经营规模和农产品市场规模，才能为发展现代农业、持续增加农民收入创造条件，才能富裕农民和繁荣农村。

（二）推进经济结构战略性调整的迫切需要

农民工是我国产业工人的主力军。但农民工技能水平低和不稳定的就业特征，使得我国产业发展在国际分工中没有强大的人力资本支撑，难以实现经济增长向依靠劳动者素质提高转变。无论是加强传统产业的技术改造，发展先进制造业，还是加快发展战略性新兴产业，实现“中国制造”向“中国创造”的转变，都需要努力造就一支稳定的熟练工人队伍。农民工收入水平低和社会保障覆盖面窄，限制了消费能力和消费预期，不利于开拓国内消费市场。提高包括农民工在内的城乡中低收入居民的收入水平，是推动经济增长由依赖投资、出口向扩大消费需求转变的重要手段。特别是伴随着从劳动力个体流动到在城镇安家落户这一市民化的长期进程，不仅会带来农民工衣食住行等方面消费需求的增长和城镇基础设施建设投资需求的增长，而且会创造更多的就业机会，形成增加劳动收入与扩大消费需求和调整产业结构间的良性互动。因此，今后一个时期，以农民工市民化作为经济结构战略性调整的重要着力点，将有利于引导投资向民生和社会事业倾斜，有利于促进居民消费增长和创造最终需求，有利于提升制造业核心竞争力、提高服务业比重和优化经济结构，为实现我国经济社会又好又快发展提供持久动力。

（三）保障和改善民生的迫切需要

解决好农民工问题，不仅关乎扩大内需，更关系到改善民生。近些年来，各级党委、政府对保障和改善民生日益重视，投入水平不断提高。但受多方面基础条件以及长期形成的体制、机制因素影响，我国在保障和改善民生方面还面临不少问题，与人民群众的期待相比还存在一定距离。特别是农民工，在就业、住房、教育、医疗和社会保障等方面的公共服务，与城镇居民相比还存在着很大差距。因此，完善保障和改善民生的制度安排，必须把农民工群体作为重点，把促进农民工就业放在经济社会发展优先位置，加快发展各项社会事业，推进基本公共服务均等化，使发展成果惠及广大农民工群体。

（四）深化改革、破除城乡二元体制的迫切需要

改革开放以来，随着市场化改革的不断深入，城乡劳动力要素流动的壁垒被打破，农民工成功实现了职业的转变（非农化），却没有实现身份的转变（市民化）。所以尽管农民工进入城市从事非农产业，却很难改变户口标识的农业从业者身份，在社会中形成了有别于农村居民和城市居民的第三类群体。农民工与城市居民被清晰地划分为两大群体，他们在生活水平、消费方式、居住空间、交往范围和文化习惯等方面存在着明显差别。从而，不仅城乡二元结构没有有效改变，又在城市内部形成了新的二元结构，特别是两种人口管理和公共服务体制从制度上人为固化了新的城市二元结构，并由此引发了日益增加的心理对抗和社会冲突。城市新旧群体的融合需要经历一个长期的艰难过程，许多农民工把融入城市的希望放在第二代农民工身上。以新生代农民工为重点，加快农民市民化的进程，从制度上根本解决农民工融入城市的障碍，减少身份转变过程中的痛苦和摩擦，终结农民工现象，对推动我国由二元经济结构向现代社会经济结构顺利转变具有决定性意义。

（五）促进社会和谐发展的迫切需要

农民工就业和居住在务工城市，管理和服务在家乡农村，这种人户分离的现象使得农民工的管理和服务实际上处于真空地带。农民工长期处在城市的边缘，只被当作廉价劳动力，不被城市认同、接纳乃至受到忽视、歧视，融不进城市社会，享受不到应有的权利，定会累积很多矛盾，不仅他们自身的合法权益难以得到保护，也会导致农民工对城市社会普遍怀有疏离感和责任意识匮乏，处理不好还会造成重大的不稳定隐患。在农民工流入集中的东部沿海地区，许多地方外来人口已占很高比重，有的地方甚至出现了外来人口超过本地人口的“人口倒挂”现象。随着城市人口结构中农民工比重的持续增加，如果社会管理体制不能相应调整，缺乏利益诉求表达的畅通渠道和合法权益的保障机制，必然会引起农民工的心态失衡和行为失控，必然会加剧社会矛盾。以开放和包容的胸襟，把进城农民工作为城市居民的一部分，改变农民工“边缘化”的社会地位，逐步做到权利平等，有利于农民工在城市安居乐业，对促进城市社会安定和谐、健康发展，有着毋庸置疑的重要作用。

（六）巩固扩大党的执政基础的迫切需要

改革开放以来，随着社会主义市场经济体制的建立完善和国有企业改革

的深入推进，原有工业、交通运输、基本建设和财贸四路产业大军“七零八落”，传统意义上的工人阶级队伍急速分化重组，农民工群体开始大规模地、历史性地登上舞台。目前农民工已经成为当代中国工人阶级的重要组成部分，并将逐步成为主体。我国是以工人阶级领导的、以工农联盟为基础的人民民主专政的社会主义国家，不管经济体制如何转变，工人阶级的领导地位不会变。在新的时代背景下，农民工群体不仅在很大程度上代表着中国工人阶级的现在，也昭示着工人阶级的未来。能否以他们为基础和依托，壮大中国工人阶级队伍，重整中国产业大军，再振中国工人阶级雄风，事关党执政兴国的战略任务和社会主义事业兴旺发达根本目标的实现。与传统工人阶级相比，农民工群体具有诉求多元、组织化程度低、组织纪律性不强的特点，其政治信仰、价值取向有待加强，其职业技能、创业能力有待提高。使农民工队伍的政治觉悟、理想信念朝着工人阶级的先进性转变，使他们的流动性朝着相对稳定的方向转变，使其松散性朝着组织化的方向转变，事关工人阶级领导地位的巩固和加强。

总之，解决好农民工问题，是一项牵涉面广、敏感度高、政治性强的系统工程，要用宏观的思维、前瞻的视野、系统的方法加以把握，上升到党和国家工作全局的高度统筹解决。

第二部分　农民工发展面临的机遇和挑战

当前和今后一个时期，我国经济社会发展仍处于重要战略机遇期。在以科学发展为主题，以加快转变经济发展方式为主线，深化改革开放，保障和改善民生的新时期，农民工的发展既面临许多有利条件，也存在许多需要解决的深层次矛盾和问题。

一、农民工发展面临的重大机遇

（一）我国经济将保持较快增长速度，农民工转移就业仍有很大潜力

中长期内我国经济仍将保持较快增长速度。经过多年的快速增长，我国正在进入中等收入国家的行列，但与曾经落入中等收入陷阱的国家和地区相比，我国仍然处于工业化、城镇化快速发展阶段，内需潜力巨大，产业基础雄厚，技术创新能力增强，要素供给仍较充分，经济增长空间仍然很大，将为扩大农民工就业提供持续支撑。根据国务院发展研究中心的可计算一般均衡模型（DRC—CGE）模拟，基准情景下“十二五”期间预计年均经济增长

速度在 8.8%左右，2016—2020 年年均增长速度可望保持在 7.3%左右，2030 年前可望保持在 5%～6%。这一增长速度虽然显著低于改革开放以来年均近 10%的增速，但与相同发展阶段的其他国家相比较，仍然是较高的水平。

表 3　　2008—2030 年的经济增长及其源泉（基准情景，单位：%）

	2011—2015	2016—2020	2021—2025	2026—2030
GDP 增长率	8.78	7.26	5.79	4.64
其中：增长的源泉				
劳动力*	0.26	0.12	−0.11	−0.13
资本	4.90	6.34	5.17	3.78
TFP*	2.15	2.32	2.20	2.14

数据来源：标＊号的为外生设定变量，其他数据为模型计算结果，其中 TFP 为全要素生产率。

经济增长将带动非农就业的持续增长。根据 DRC—CGE 模型的模拟结果，中长期内我国农村劳动力仍将持续向二三产业转移。预计到“十二五”末期，农业从业人员约在 2.5 亿人左右，到 2020 年约为 2.14 亿人，到 2025 年，农业从业人员将减少到 1.85 亿人左右，占全部就业人员比重约 24%，到 2030 年减少到 1.6 亿人左右，占全部从业人员比重 21%左右，到 2050 年农业就业比重将进一步下降到 15%以下。

表 4　　我国未来劳动力从业结构变化

	2010	2015	2020	2025	2030	2050
总从业人员（亿人）	7.84	7.94	7.85	7.74	7.56	6.76
第一产业	2.89	2.50	2.14	1.85	1.59	0.97
第二产业	2.05	2.11	2.09	2.02	1.94	1.74
第三产业	2.90	3.33	3.62	3.87	4.03	4.05
就业结构（%）						
第一产业	36.9	31.5	27.3	23.9	21.0	14.3
第二产业	26.2	26.6	26.6	26.1	25.7	25.8
第三产业	36.9	41.9	46.1	50.0	53.3	59.9

数据来源：DRC—CGE 模型计算结果。

服务业将是未来吸纳新增就业的主体。预计到 2015 年，第二产业新增就业约 600 万人，就业比重提高 0.4%。从 2015 年开始，第二产业就业比重进入小幅下降阶段，但服务业对劳动力的需求将持续增长。预计“十二五”期间，服务业有望新增就业 4 500 万人左右，“十三五”期间新增就业约

3 000 万人，2020—2030 年间合计预计将增加 4 000 万人就业。

农民工总量将继续增长，但增幅将会放缓。根据目前我国农村剩余劳动力供应特点，结合中长期经济增长对劳动力的需求，以及中国人口结构变化等因素，我们采用 DRC—CGE 模型对新增劳动力转移进行了供求模拟。结果显示，“十二五”期间我国每年将新增农民工 500 万～600 万人，“十三五”期间每年将新增农民工 350 万～450 万人，2020—2030 年间每年将新增农民工 200 万～300 万人，到 2030 年前后农民工累计将达到 2.9 亿人以上，农民工的峰值估计为 3 亿人左右。

表 5　我国未来劳动力转移模拟结果　（单位：万人）

时间	新增转移	其中：农民工	农民工累计（亿人）	时间	新增转移	其中：农民工	农民工累计（亿人）
2011 年	938	575	2.46	2021 年	586	337	2.76
2012 年	890	539	2.49	2022 年	562	321	2.78
2013 年	852	512	2.53	2023 年	535	303	2.80
2014 年	820	485	2.56	2024 年	507	284	2.83
2015 年	790	466	2.59	2025 年	486	274	2.85
“十二五”	4 290	2 577		“十四五”	2 676	1 519	
2016 年	737	431	2.62	2026	468	266	2.87
2017 年	688	399	2.65	2027	450	256	2.89
2018 年	646	373	2.68	2028	435	241	2.91
2019 年	618	357	2.71	2029	419	226	2.93
2020 年	596	345	2.73	2030	404	214	2.94
“十三五”	3 285	1 905		“十五五”	2 176	1 203	

数据来源：DRC—CGE 模型结果。

（二）我国城镇化进入快速发展时期，农民工市民化进入关键阶段

我国城镇化水平仍有很大提升空间。我国城镇化率在 2010 年已达到 49.95%，比 1978 年提高了 32 个百分点。改革开放以来的 32 年间，城镇人口增长了约 5 亿人，平均每年增加 1 554 万人。但与经济发展水平相比，我国城镇化进程仍然较为落后，特别是目前统计的城镇人口中，外出农民工并没有真正实现定居成为市民，城镇化的质量较低。今后一个时期，我国面临着提高城镇化水平和质量的双重任务。

今后20年我国将处于城镇化快速发展阶段。根据国际经验并结合中国的国情，预计我国城镇化水平的峰值在70%～75%之间。由于2010年我国城镇化率仅为49.95%，所以还有20～25个百分点的发展空间。预计到“十二五”期末城镇化水平在54%左右，到2020年城镇化率将达到59%左右，2030年城镇化率将达到66%左右，此时快速城镇化阶段基本完成。

表6　　我国城镇化的发展趋势和每年新增的城市人口　（单位：万人）

年份	总人口	农村人口	城镇人口	城镇化率（%）	每年新增城市人口	其中农村转移人口
2011	134 966	66 572	68 394	50.7	1 687	1 325
2012	135 672	65 608	70 064	51.6	1 670	1 312
2013	136 349	64 640	71 709	52.6	1 645	1 295
2014	136 987	63 670	73 317	53.5	1 609	1 273
2015	137 581	62 694	74 887	54.4	1 570	1 252
2016	138 042	61 661	76 381	55.3	1 494	1 243
2017	138 612	60 685	77 927	56.2	1 546	1 230
2018	139 146	59 704	79 442	57.1	1 515	1 215
2019	139 639	58 718	80 921	58.0	1 479	1 198
2020	140 084	57 726	82 358	58.8	1 437	1 179
2021	140 478	56 739	83 739	59.6	1 381	1 150
2022	140 812	55 752	85 060	60.4	1 321	1 121
2023	141 075	54 764	86 311	61.2	1 251	1 092
2024	141 276	53 779	87 497	61.9	1 185	1 063
2025	141 413	52 799	88 614	62.7	1 117	1 033
2026	141 499	51 858	89 641	63.4	1 027	973
2027	141 524	50 953	90 572	64.0	931	915
2028	141 495	50 083	91 412	64.6	840	859
2029	141 418	49 252	92 166	65.2	755	804
2030	141 298	48 459	92 839	65.7	673	751

数据来源：DRC—CGE模型结果。

城镇化发展将有力推动农民工市民化进程。农村人口向城镇转移，是我国城镇化的基本动力。2011—2020年，我国将新增城镇人口约1.5亿人；2021—2030年，还将新增城镇人口约1.1亿人。2011—2030年的20年间，我国将新增城镇人口2.6亿人左右。今后一个期间，国家将深化户籍制度改革，加快落实放宽中小城市、小城镇特别是县城和中心镇落户条件的政策，促进符合条件的农业转移人口在城镇落户，农民工市民化将会加快推进。

（三）我国国民经济布局开始重大调整，农民工就地就近转移面临新机会

我国国民经济布局开始重大调整，中西部地区经济发展明显加快。随着国家西部大开发、中部崛起、振兴东北老工业基地等战略的深入实施，近年来中西部地区经济发展明显加快，并超过东部地区，在国家经济总量中的比重也开始上升。2010 年，西部地区经济增速达到 14.2％，中部地区达到 13.8％，东北地区为 13.6％，均高于东部地区的 12.5％。面对用工短缺的困境和劳动力成本上升的压力，沿海地区正在加紧实施制造业升级，劳动密集型、内需导向型产业正在向中西部地区转移。随着经济增长的加快，今后一个期间，中西部地区在我国经济总量中的比重将持续提高，对就业的吸纳能力也将进一步增强。

中西部地区经济发展加快，为农民工就地就近转移提供了新的空间。随着区域经济布局的调整，农民工就业布局也出现了新的变化：仍以东部地区为主，但在中西部地区就业的比重开始上升。出现这种变化的一个重要原因，是农民工在中西部省内就近就地就业增长加快。可以预计，随着中西部地区经济发展的加快，将会有更多的中西部农民工选择就近就地转移就业或回乡创业。

（四）我国劳动力供求关系正在出现重要转折性变化，农民工工资趋势性上涨不可逆转

我国农村劳动力剩余程度已大大降低。我们用不同的方法测算了农业对劳动力的实际需求量以及农村剩余劳动力规模，虽然各种方法估计的剩余劳动力数量有一定差异，但变化趋势基本相同。测算的结果显示，2009 年我国农村剩余劳动力的数量基本在 0.85 亿～1.15 亿人之间，平均约为 1 亿人左右，占乡村从业人员的比例约为 19％。相对于 20 世纪 90 年代，我国农村剩余劳动力数量和剩余程度已经大幅降低，劳动力供求关系已出现重要转折性变化。

人口总量和结构的变化，将使劳动力结构性短缺的矛盾更加突出。继人口自然增长率从 20 世纪 60 年代中期开始持续下降之后，劳动年龄人口的增长率从 80 年代也开始下降，本世纪以来下降速度明显加快。根据最新的预测，劳动年龄人口从 2013 年左右开始，上升趋势就会十分平缓，在 2016—2017 年达到最高峰后将开始绝对减少。同时，农民工供不应求的年龄段也将

快速上升。这预示着，我国劳动力结构性短缺的矛盾将会更加突出。

劳动力市场供求格局的变化将推动农民工工资趋势性上涨。随着我国劳动力从无限供给进入到相对剩余阶段，农民工工资开始出现明显上涨。在2003—2009年的7年里，农民工月工资年均增速（名义增速）分别为6.5%、11.1%、10.4%、9.9%、12%、26.4%、5.7%。2010年，外出农民工月均收入达到1 690元，比2009年增长19.3%，高于城镇居民和农村居民收入增速。随着劳动力结构性短缺矛盾的进一步突出，以及国家改善收入分配政策的实施，“十二五”乃至更长一个时期，农民工工资仍将保持较快增长。

从国际比较来看，农民工工资仍有较大上升空间。根据德国科隆经济研究所发布的数据，我国劳动力工资显著低于发达国家和部分发展中国家。2009年，在42个样本国家中，我国劳动力成本以2.25欧元/工时排在第38位，大大低于西方发达国家，约相当于美国的十分之一。另一方面，尽管我国劳动力成本已经高于部分发展中国家，特别是高于周边一些国家，但我国劳动生产率上升速度较快，仍然具有显著的成本优势，农民工工资还有较大的上升空间。

二、农民工发展存在的突出矛盾和问题

（一）农村剩余劳动力转移难度加大，促进农民工就业的任务依然较重

根据我们的模拟结果，我国农村仍有剩余劳动力1亿人左右，规模依然较大。而且，剩余劳动力以40岁以上、初中文化程度以下和女性为主，主要表现为劳动时间的剩余，转移难度加大。同时，“十二五”期间要实现约2 500万农民工转移就业，“十三五”要实现约2 000万农民工转移就业，实现农民工充分就业、稳定就业的任务还很重。

农民工整体技能水平偏低，企业招工难和农民工就业难并存。由于面向农民工的就业培训体系和职业教育发展滞后，大多数农民工没有接受过正规职业技能培训，农民工技能水平总体偏低，不能满足企业的需求，不能适应产业技术进步和劳动生产率提高的要求，企业招工难和农民工就业难并存的问题呈常态化。

农民工就业增长仍具有一些不确定性。“十二五”期间，世界经济将在曲折中缓慢恢复和调整，我国对外贸易很难保持以往的增长速度，出口导向型产业对农民工就业的吸纳能力可能会有较大下降。资源和要素成本将持续

上升，劳动密集型产业增长将会放缓或出现跨国转移，也将影响农民工需求增长。国家加快经济发展方式转变，加快推进传统产业技术改造，加快发展战略性新兴产业，对农民工素质也提出了更高的要求。

（二）侵害农民工权益的突出问题仍不同程度存在，构建和谐劳动关系任务艰巨

农民工劳动合同签订率低。中小企业和流动性较大的行业企业中，农民工劳动合同签订率低。在已签订的合同中，也普遍存在内容不完备和执行不规范等问题。以农民工为主体的劳务派遣用工不规范，一些劳务派遣单位不与农民工签订劳动合同，不依法缴纳社会保险，被派遣农民工与用人单位直接用工同工不同酬问题比较突出。

农民工工资水平普遍较低。2010 年，全国农民工月均工资 1 690 元，仅相当于当年城镇单位在岗职工月平均工资 3 021 元的 55.9%。作为保障职工工资最低收入的最低工资标准，成为许多企业确定农民工基本工资的标准，农民工成为拿“地板工资”的主要群体，为了增加收入被迫“自愿”加班。一些企业仍存在拖欠农民工工资问题。

劳动安全卫生条件差。农民工超时加班现象较多，休息休假权得不到保障。农民工承担着城镇大多数“苦、脏、累、险”的工作，高温、高危、高寒和高污染作业的群体主要以农民工为主，而部分企业的工作环境和劳动条件较差。一些企业为节约成本，不按规定发放劳动保护用品，工作场所安全防护设施不完备，对农民工的身体健康造成损害，职业病和工伤事故时有发生。

劳动关系协调机制不健全。基层工会组织不健全，部分企业尤其是中小型非公有制企业工会维权力量薄弱，集体协商和集体合同制度作用难以全面有效发挥，协调劳动关系三方机制不健全，作用未能有效发挥。政府调整劳动关系的能力薄弱，劳动争议调解基层组织建设滞后。基层劳动保障监察存在执法力量不足、经费保障不力、执法装备落后等突出问题。劳动争议导致的群体性事件频发，已经成为影响社会和谐的重要因素。

（三）农民工在城镇享受的公共服务水平低，推进农民工公共服务均等化和融入城市任重道远

公共就业服务体系不健全。基层公共就业服务机构缺乏，服务设施特别是信息网络建设落后，服务功能不完善，不能满足农民工和企业的需要。许多机构公共就业服务手段单一，普遍缺少针对性强、时效性高的专业化服务项目，信息收集和发布功能不健全，信息服务手段滞后。

为农民工子女提供的教育服务不足。在学前教育方面，农民工随迁幼儿

大多数进入的还是条件较差的民办幼儿园。在义务教育方面，20%左右的农民工子女无法入读全日制公办中小学校。在高中教育方面，大量从小生在城市并在城市接受了完整义务教育的农民工子女，希望在当地接受高中阶段教育。但是，由于高考实行户籍所在地报名制度，考生要在户籍所在地报名并参加高考，这就使得跨省的农民工子女不得不在中考或高考前选择回到输出地省份就读，影响农民工子女的教育权益。

农民工看病难问题突出。由于新农合的报销限制、农民工参加职工基本医疗保险的比例不高，以及农民工自身经济状况等原因，广大农民工难以获得城市正规医院的医疗服务，患病后自我医疗的比例高。农民工主要从事低薪、高危工作，接触职业病危害因素复杂，职业安全防护差，罹患职业病的人数不断增加，职业病防治形势严峻。近年来农民工职业病发病人数占总发病人数的比例高达80%以上，农民工群体性职业病事件不断出现。

农民工参加城镇职工社会保险的比例低。截至2011年6月底，农民工除参加工伤保险比率略高外，参加其余城镇职工社会保险的比率均未超过30%。农民工参保率难以实质性提高，主要原因是农民工社会保险缴费水平相对于其收入较高。相当一部分农民工由于收入来源不稳定，水平较低，在负担自身开支和养家费用后，再缴纳社会保险费有一定困难。同时，由于农民工流动性相对较大，城乡社会保险间跨制度转移办法尚未出台，影响了农民工参保积极性。个别企业为减少成本，违反《社会保险法》，不给农民工参保或以派遣用工的形式逃避参保义务。

表7　　农民工社会保险参保率（截至2011年6月底）

险种	参保的农民工人数（万人）	占外出农民工比例（%）
城镇职工基本养老保险	3 553	23.2
职工基本医疗保险	4 006	26.2
工伤保险	6 555	42.7
失业保险	2 165	14.1

农民工公共文化服务严重缺乏。政府对农民工文化生活重视程度不够，投入经费少。企业没有把文化服务当作农民工的重要需求，对文化生活关注少，对文化设施投入很少。多数农民工文化生活贫乏，缺少最基本的文化娱乐活动。

农民工住房保障程度低。大部分地区未将农民工作为住房保障对象，公租房、廉租房、经济适用房等保障性住房基本上不对外来农民工开放，也缺乏针对农民工特点的租金补贴和实物配租政策，农民工住房保障水平较低，公积金缴存率也很低。农民工住房支付能力弱，在城镇居住条件低劣，很大一部分农民工仍居住在陋屋（地下室、棚户区、工棚等），严重影响了其生活质量。

“三留守”问题突出。关爱留守儿童的长效机制尚未建立，留守儿童关爱服务明显不足，亲情缺失、生活抚育、教育监护和安全保护等问题日益突出。一些留守妇女面临情感缺失和婚姻危机，家庭负担重，生存状况和安全状况堪忧。留守老人的精神慰藉缺失，情感生活匮乏，普遍缺乏安全感。数量庞大的农村留守儿童、留守妇女和留守老人，已经衍生出影响社会发展的诸多问题。

农民工在城镇落户难。一些地方的户籍改革主要是针对本辖区的非农户口，但对跨行政区的流动人口户籍基本没有放开。还有一些地方的户籍制度改革没有触及到嵌入其中的福利制度，或者设置的门槛较高，农民工难以跨越。引导农民工到中小城市、小城镇落户的政策不够有力，农民工进城落户进展总体缓慢。

（四）农民工管理服务体制不能适应新形势的需要

农民工管理体制需要进一步完善。农民工工作涉及方方面面，单靠一个部门很难协调。目前，农民工服务管理组织领导体系是由政府人社部门的分管领导负责，办公室也设在人社部门。负责全国农民工工作的机构是人力资源和社会保障部农民工工作司，相对其量大面广的管理服务对象来说，无论是机构规格、人员编制，还是职能设置都有待进一步理顺和加强。省、市、县各级农民工主管部门机构设置也存在机构不统一、协调不顺畅的问题。

农民工党团建设薄弱。农民工党建工作涉及农村党建、社区党建、企业党建，是党建工作的薄弱环节。尽管中央要求凡是符合条件的企业都要建立党组织，但是在实际操作中十分困难，多数非公有制企业中没有党组织，党员活动较难开展，很多农民工党员长期不能参加党组织活动。由于类似的原因，农民工团员中经常参加团组织活动的也很少。农民工党团员长期游离于组织之外，党团员作用难以有效发挥。

第三部分　解决农民工问题的总体思路

一、解决农民工问题的总体要求

（一）指导思想

高举中国特色社会主义伟大旗帜，以邓小平理论和三个代表重要思想为指导，深入贯彻落实科学发展观，坚持统筹城乡发展，把以人为本，公平对待作为解决好农民工问题的根本要求，以提高农民工就业技能、保障农民工合法权益、创造平等就业机会、提高就业质量为重点，以健全农民工公共服务制度、推进基本公共服务均等化为核心，以吸纳农民工进城定居、稳步推进农民工市民化为方向，深化户籍制度改革，创新社会管理体制，扎实提高人口城镇化水平，促进农民工共享改革发展成果。

（二）基本原则

——坚持以人为本，共享发展成果。各级党委、政府要把做好农民工工作当作促发展和惠民生的重点工程，努力实现“十有”，即农民工进城有工作、上岗有培训、劳动有合同、报酬有保障、参保有办法、生产有安全、住宿有改善、维权有渠道、生活有文化、发展有目标，推进发展成果普惠共享。

——强化公共服务，实现公平对待。加快建立健全符合国情、比较完善、覆盖城乡、均等化的基本公共服务体系，积极推进城市基本公共服务由对本地户籍人口提供向包括农民工在内的所有常住人口提供转变，逐步实现农民工在就业居住地平等享有各项基本公共服务。加强制度衔接，加快均等化进程，最终实现城乡一体化保障。

——创新社会管理，促进融入城市。创新社会管理体制，完善农民工工作党委领导、政府负责、社会协同、群众参与的社会管理格局，加强基层社会管理服务，推进农民工融入企业、子女融入学校、家庭融入社区、群体融入社会，寓管理于服务，促进社会融合。

——推进双轮驱动，做到各得其所。推进城镇化和新农村建设双轮驱动，使绝大多数农民工在就业居住地稳定下来，在城镇和农村安居乐业、各得其所。拓宽农村人口转移渠道，继续引导农民工外出就业，鼓励农民工就地就近转移，扶持农民工返乡创业。降低市民化门槛，使在城镇稳定就业居住的农民工有序落户定居，促进城镇化健康发展，防止“城市病”蔓延。着力培养新型农民，深度开发农村产业，增强农业和农村的就业吸纳能力，持续改善农村基础设施和公共服务，防止“农村凋敝”。

——解决突出问题，推进政策攻坚。从实际出发，针对不同阶段、不同地区的发展状况，抓住制约解决农民工问题的主要矛盾和矛盾主要方面，研究制定相关政策法规，完善考核督察机制，在制度上解决好农民工权益保护问题。

二、解决农民工问题的战略目标

在本世纪上半叶，我国将完成两个宏伟目标，这就是到建党100年时建成惠及十几亿人口的更高水平的小康社会，到建国100年时建成富强民主文明和谐的社会主义现代化国家。为完成这两个宏伟目标，必须大力推进农村劳动力就业非农化和进城农民工市民化，实施分阶段发展、稳步推进的长期战略。第一阶段，从现在起到2020年，农村劳动力转移就业规模持续增长，多数农民工实现稳定就业，侵害农民工劳动权益的突出问题基本解决，农民工公共服务均等化和在城镇落户的政策体系基本建立并取得显著进展。第二阶段，2020—2030年，农业劳动力转移就业基本完成，农民工与城镇居民实现同城同待遇，基本公共服务覆盖所有未落户的农民工，农民工市民化全面推进；2030年之后，继续推进农民工市民化进程中的社会融合，农村劳动力可自由在城镇落户并融入城镇，农民工现象终结，城乡一体化发展基本实现。

“十二五”时期和到2020年，做好农民工工作的重点任务是，以基本公共服务均等化促进农民工市民化，主要目标是：

（一）农民工转移就业持续增长

把农村劳动力转移就业作为促进农民工市民化的重点任务，每年平均转移农村劳动力400万～500万人，到2015年和2020年，农业就业人口比重分别下降到31%和27%。

（二）农民工劳动权益得到有效维护

“十二五”期间实现农民工劳动合同签订广覆盖，“十三五”期间实现农民工劳动合同签订全覆盖。劳动条件得到较好改善。形成农民工工资正常的增长机制，农民工工资水平合理较快增长，努力使农民工工资增长速度适当高于经济增长速度。“十二五”期间，最低工资标准年均增长13%以上，绝大多数地区最低工资标准达到当地城镇从业人员平均工资的40%以上。“十二五”期末实现农民工工资基本无拖欠。

（三）农民工就业技能全面提升

大规模开展就业技能培训、企业岗位技能提升培训和创业培训，全面提升农民工素质，提高农民工就业和创业的能力。重点做好农村“两后生”的劳动预备制培训和职业教育，到“十二五”期末，将免费义务教育全面延伸到职业教育，实现培训和就业的有机衔接。

（四）农民工各项基本公共服务显著改善

确保农民工及其子女平等接受义务教育、卫生、社会保障和政策性住房等基本公共服务。到 2015 年，基本实现以输入地公办学校和普惠性幼儿园为主接收农民工子女接受义务教育和学前教育，初步建立适合农民工特点的城市公共卫生服务体系，依法将稳定劳动关系的农民工纳入职工基本社会保险制度，多渠道多形式改善农民工居住条件，将符合条件的农民工纳入城镇住房保障体系。促进实现农民工子女异地平等参加中考、高考，农民工人人享有基本医疗卫生服务，实现社会保险制度对农民工的全覆盖，将农民工纳入城镇住房保障体系。

(五) 人口城镇化水平和质量不断提高

稳妥推进城镇化，到 2015 年和 2020 年，城镇化率分别达到 54%和 59%。以举家迁移和新生代农民工为主，以中小城市和建制镇为主，推动农业转移人口在城镇落户，初步形成人口与产业发展和自然环境协调分布的国土空间开发新格局。

(六) 农民工市民化体制机制更加完善

健全城乡平等就业制度，住房保障、社会保障、户籍制度等方面改革有突破性进展，社会管理体制不断创新，进城落户农民土地权益保障机制逐步完善。

第四部分　新阶段农民工发展的重点任务

一、以健全城乡统一的人力资源市场和加强公共就业服务为重点，促进农民工多渠道转移就业

(一) 实行就业优先战略，为农民工创造更多就业机会

支持劳动密集型产业和小微型企业发展，切实减轻企业负担，改善金融服务，充分发挥其在吸纳农民工转移就业中的主渠道作用。家庭服务业有很大的社会需求和市场潜力，是扩大农民工就业的重要途径，应进一步制定支持和规范家庭服务业发展的措施，加强协调管理，促使家庭服务业带动更多农民工就业。加快推进有利于发挥劳动力比较优势的技术进步和产业升级，着力发展吸纳就业能力强的现代服务业和战略性新兴产业。完善区域发展和就业政策，继续发挥沿海发达地区和大中城市吸纳农民外出就业的作用，支持中西部地区承接产业转移，支持县域经济、个体私营企业和小城镇发展，大力发展农产品精深加工业和农村服务业，促进农村劳动力就地就近转移，为数千万中年以上的农业半空闲劳动力创造就业机会。积极培养新型农民从事现代农业，促进农民工境外就业。

（二）引导扶持更多农民工创业

加强对农民工的创业培训和创业服务，帮助农民工掌握创业技能，为创业农民工提供政策引导、项目开发、风险评估、小额担保贷款、跟踪扶持等一条龙服务。加大金融支持力度。创新担保方式，降低融资成本，财政对符合条件的农民工创业贷款予以贴息。优化金融服务，创新适合农民工创业的金融产品，大力发展农民工创业互保、联保贷款。

（三）健全公共就业服务体系

按照“统一标准、互联互通、覆盖全国、优质高效”的总体要求，健全全国就业信息公共服务网络，并加载以农民工为主体的家庭服务业信息，实现全国各级公共就业和人才服务机构招聘信息互联互通和共享发布，为农民工免费提供“信息真实、内容完整、岗位有效、查询便利”的就业岗位信息服务，使农民工享受就业指导和职业介绍全程免费服务。加强公共就业服务平台建设，加快推进县市、乡镇公共就业服务和社会保障基础设施建设。实行城乡统一的就业登记制度，建立城乡人力资源信息库和企业用工信息库。

专栏1　推进农民工转移就业信息化建设

目标：依托公共就业人力资源市场信息系统，加快构建全国城乡沟通、就业供求信息联网，网点到达县城、乡镇和城市街道、社区的劳动力市场和就业服务网络体系，使农民不出县、不出乡就能获得就业信息，使农民工享受就业指导和职业介绍全程免费服务。

步骤：第一步，“十二五”期间，一是在用工量最多的长三角、珠三角、环渤海三大城市带之间实现劳动力市场就业供求信息联网；二是加快推进中西部地区县市、乡镇公共就业服务和社会保障基础设施建设，实现省内就业供求信息联网；三是各省区同三大城市带的信息联网，达到农民、农民工不出县（区）就能获得全国大部分地方就业信息的目标。第二步，“十三五”期间，主要是省际之间就业供求信息联网，实现就业供求信息的全国联网，达到农民不出县（区）就能获得全国就业信息的目标。同时扩展与境外劳务市场需求信息的沟通。

二、以加强农民工技能培训和职业教育为重点，着力提升农民工职业技能素质

农民工技能培训和职业教育是促进农民工稳定就业、收入增长和转变为市民的基础，是企业提高劳动效率、实现技术进步的保障，是国家经济结构战略性调整的重要支撑。各级政府要把推进农民工技能培训和职业教育作为重点任务列入经济社会发展规划和计划，加快建立市场导向、产学结合的农民工培训体系，大力培养新型产业工人。要实现技能培训教育对农村“两后生”和新生代农民工的全覆盖，进而做到对所有农民工的全覆盖。加大公共投入，保障农民工的技能培训、职业教育所需资金。制定政府农民工培训资金基本补贴标准，以2010年农民工培训资金近100亿元为基数，以每年5%～10%以上幅度逐步提高。“十二五”期末，实现年培训资金200亿元，“十三五”期末，实现年培训资金400亿元。其中，中央约占60%，地方约占40%。落实好中等职业教育国家助学金和免学费政策，扩大初、高中三年教育加上一年免费职业教育的范围，尽快实现农村免费中等职业教育。拓宽技能培训经费由政府补助、企业资助、社会援助和个人分担的筹资渠道。落实政府部门、教育培训机构、企业、行业组织、工青妇组织和社区的培训责任，健全以市场为导向，以企业为重点，以职业学校、技校和其他正规培训机构为中心的“三位一体”培训体制，着重支持、发展企业农民工培训，把培训资金直接补贴到企业，让公共职业教育培训、企业培训开发、跟师学艺培训都得到发展。对民办培训机构加强政策引导、支持和规范管理，使之成为农民工培训的重要力量。要创新培训方式，把政府引导、扶持与市场机制结合，大力推广定向培训、定岗培训、订单式培训、购买培训服务和“培训券”制度，着力提高培训教育的效果。

三、以提高农民工劳动合同签订率和履约质量为重点，维护农民工劳动权益

一是指导、督促企业认真贯彻实施《劳动合同法》及实施条例，继续深入推进小微企业劳动合同制度实施专项行动和农民工劳动合同签订“春暖行动”，以建筑业、制造业、采矿业、商贸服务业为重点，加强对小型微型企业劳动用工的规范和指导，切实提高农民工劳动合同签订率和履约质量。督促具备条件、较为规范的小微企业订立书面合同，指导流动性大的劳动密集型小微企业将大量口头协议转变为简易劳动合同，引导家庭与自行雇佣的非

员工制家庭服务员签订雇佣协议。二是完善劳动派遣制度，严格依法规范劳动派遣用工，加大对劳动派遣中农民工劳动权益保护的力度。探索建立劳务派遣单位和用工单位定期报告制度，实现对劳务派遣的动态监管。三是全面推进劳动用工备案制度建设，逐步建立全国统一的劳动用工信息数据库。

四、以加大工资清欠力度和建立工资合理增长机制为重点，保障农民工工资按时足额支付和正常增长

继续以工资集体协商为重点内容，以非公企业和劳动密集型企业为重点对象，深入推进集体合同制度，实施“彩虹计划”，积极稳妥扩大工资集体协商覆盖范围，加快建立企业工资正常增长机制，督促指导企业在经济效益增长的同时同步增加农民工工资，努力使包括农民工在内的生产一线职工工资增长幅度适当高于企业职工平均工资增长幅度。大力开展行业性、区域性集体协商，着重解决以农民工为主体的加工制造、餐饮、建筑等行业小企业的问题，同时指导行业中具有代表性的标杆企业率先开展工资集体协商，发挥其示范作用。完善工资指导线、人力资源市场工资指导价位和行业人工成本信息指导制度，建立统一规范的企业薪酬调查和信息发布制度，为企业和农民工开展工资集体协商提供依据。健全并落实最低工资制度，指导各地适时合理调整最低工资标准。研究实行劳动密集型小微企业工资税收优惠政策，鼓励企业增加就业和提高农民工工资水平。进一步加强工资支付保障工作，继续建立健全“两金三制”，在建设领域和其他容易发生工资拖欠的行业建立工资保证金、在市县建立欠薪应急周转金，实施建筑总承包企业负责解决分包企业欠薪责任制度、行政司法联动打击恶意欠薪制度和属地管理省级人民政府负总责制度。劳动、司法部门对涉及工资拖欠案件要从速公正处理，构成犯罪的，依法追究责任。全面开展根治拖欠工资问题专项行动，逐步解决拖欠农民工工资问题。

五、以强化输入地政府属地管理责任为重点，切实保障农民工子女的教育权利

（一）制定以“输入地政府为主、普惠性幼儿园为主”的政策，解决农民工随迁子女接受学前教育问题

建立农民工随迁子女动态监测机制，将农民工学龄前子女纳入城市学前教育规划。在农民工聚集区新建、改建和扩建一批普惠性公办园，扩大普惠性学前教育资源，使农民工子女能够进得去、上得起、有基本质量保障。鼓

励采用政府出资购买服务的方式引导各类集体园、民办园提供普惠性服务。加强对民办幼儿园特别是“农民工子弟幼儿园”的指导、支持和监管工作，规范收费，提高保教质量。发动社会力量，组织动员专业志愿者为农民工幼儿提供教育服务。对生活困难农民工家庭幼儿入园给予补助。逐步普及农民工随迁子女学前三年教育。

（二）坚持“两为主”和“一视同仁”政策，全面解决农民工随迁子女义务教育问题

坚持以输入地为主，以公办中小学为主，同等条件接收农民工子女入学接受义务教育。大力推进“两个全部纳入”政策：将包含农民工子女在内的常住人口全部纳入区域教育发展规划，根据农民工子女输入的数量、分布和变化趋势，合理规划中小学布局，均衡配置教学资源；将农民工子女义务教育发展经费全部纳入财政保障范畴，按照学校实际接收人数和预算内生均公用经费标准，足额拨付教育经费。规范、扶持以接收农民工随迁子女为主的民办学校，帮助其改善办学条件，提高教育质量。将农民工子弟学校纳入民办教育管理。禁止一切针对农民工子女的教育歧视行为，切实保证农民工子女平等接受教育，平等享受国家各项免费和补助政策，促进农民工子女融入学校和城市。通过建立督导、检查、奖惩、公告、责任追究等制度，建立健全农民工子女义务教育专项工作推进机制。

（三）鼓励和支持各地根据实际情况，积极推动农民工子女异地参加中高考

优先保障农民工子女在省内就读地享有跨地市参加中考、高考的权利；支持鼓励城市中等职业学校进一步降低门槛，招收农民工子女接受高中阶段教育；积极探索“高职高专完全自主招生”模式，允许农民工子女跨省参加高等职业教育招生考试。选择部分地方开展试点，制定农民工子女在当地参加中考、高考的办法，探索完善相关政策措施，逐步总结推广，扩大范围。建立全国联网的中小学学籍管理信息网络，努力实现农民工子女在务工地参加中考和高考。

专栏 2　统筹开展农民工随迁子女在当地参加高考试点工作

自 1977 年我国恢复高考以来，一直执行考生应在户口所在省份参加高考并录取的政策，同时保留了基于全国统一命题考试模式下的“借

考”政策。自2004年起，高考开始逐步实行分省命题考试，省际间高中教学和高考内容不同给考生借考带来不便，大多数农民工子女从小学毕业便开始陆续迁回户籍地读书。

取消高考户籍限制面临的最大挑战是可能带来经济发达地区以农民工为主体的流动人口的大规模聚集和向西部及基础教育相对薄弱地区有组织的高考移民，甚至造成全国范围内人口的无序流动。为落实《国家中长期教育改革和发展规划纲要》精神，进一步完善高考制度，调整完善中考和高考报考条件，应本着“尊重实际，深入调研、科学论证、稳步实施、确保公平”的原则进行，统筹好四个方面的关系：

一是统筹兼顾各地不同情况，因地制宜。考虑到各省市以农民工为主体的流动人口情况的巨大差异，调整完善高考报考条件应充分尊重各地实际，全国不搞“一刀切”。

二是统筹好群体内外各方权益，突出重点。对农民工群体进行明确、公开、可量化的定义和区分，输入地不能设置投资、购房和纳税额度等方面的准入条件，避免出现“富人政策”，同时还要避免损害当地户籍人口利益。

三是统筹好各部门、各地区之间的关系，加强政策协调。输入地和输出地需密切配合、各司其职，出台的具体办法要与国家有关政策和相关其他省市政策协调一致，避免产生政策冲突，避免造成负面影响。

四是统筹好改革、发展与稳定的关系。要在确保当地社会秩序和稳定、确保高考有序进行的前提下，逐步改进完善相关政策。

（四）切实保障留守儿童的教育权利

结合农村中小学布局调整和义务教育学校标准化建设工程，加快农村寄宿制学校建设，优先满足留守儿童住宿需求。提高农村义务教育寄宿制学校家庭经济困难学生生活补贴标准，配备生活指导教师、心理健康教师，改善学生营养和生活状况。在资金和教师配置等方面向留守儿童集中的学校倾斜。采取多种形式扩大农村学前教育资源，充分利用中小学布局调整富余的校舍和教师举办幼儿园（班），着力保证留守儿童入园。

六、以根据常住人口配置公共卫生资源为重点，保障农民工平等享有基本医疗卫生和计划生育服务

（一）确保农民工“病有所医”

推广在农民工聚居地指定新型农村合作医疗定点医疗机构的经验，方便农民工在城务工期间就近就医和及时补偿。逐步扩大基本药物制度实施范围，鼓励医疗机构采用适宜技术和基本药物，避免过度检查和治疗，减轻农民工的医药费用负担。

（二）以农民工需求为导向优化卫生资源配置

落实输入地属地化管理责任，按照体现公平、优先照顾的原则，将农民工纳入当地公共卫生服务体系。根据实有人口或服务人口配置当地公共卫生服务机构、人员和经费，着力提高基层医疗卫生机构和公共卫生机构的服务能力。根据农民工地理分布特点，合理调整基层医疗卫生机构布局，将社区卫生服务中心等综合性公共卫生机构向农民工聚居区延伸，鼓励基层医疗卫生机构通过在农民工聚居区设立社区卫生服务站（点）、采取巡回医疗等形式，提高医疗服务可及性。健全农民工突发公共事件卫生应急管理和公共卫生安全风险管理体系。

（三）加强农民工公共卫生服务

输入地要转变卫生服务模式，加大公共卫生工作力度，推进包括农民工在内的基本公共卫生服务均等化。将为长期居住在城市的农民工提供国家免费基本公共卫生服务工作纳入输入地管理，为农民工及其子女提供建立健康档案、健康教育、预防接种、传染病防治、儿童保健、孕产妇保健、老年人保健、慢性病管理等基本公共卫生服务。加强农民工孕前保健、孕产期保健等妇幼保健服务。加强农民工聚居地的环境卫生和疾病监控，加大艾滋病、结核病、乙肝、血吸虫病、疟疾等传染病和寄生虫病的防控。继续实施农民工健康关爱工程，总结经验，逐步扩大实施范围；根据农民工特点调整部分重大公共卫生服务项目，使农民工不用返乡就能在居住地受益；新增针对农民工的公共卫生服务项目，如农村留守儿童的营养保障和心理关爱、聚居或集中用人单位农民工的心理健康干预项目等，确保农民工及其家属获得实惠。实行艾滋病、结核病的免费治疗及血吸虫病救治救助政策，逐步扩大救治救助的病种范围，提高救治救助的经费补助标准，让更多农民工享受到国家规定的重大疾病救治救助政策。

（四）加强农民工健康教育

加强法律法规和卫生政策宣传工作，加大艾滋病、性病、病毒性肝炎、结核病、血吸虫病、疟疾等传染病防治知识宣传力度，引导农民工合理使用卫生服务。扩充健康教育内容，涵盖食品安全、职业卫生、妇幼保健、常见慢性病和心理卫生等方面，做到内容全面、重点突出、通俗易懂。创新健康教育方式，充分利用大众传媒宣传和同伴教育等形式，依托社区、基层医疗卫生机构、工作场所等，开展农民工健康教育和健康促进工作。帮助农民工积极采取健康行为，维护自身健康权益。

（五）依法保障农民工职业健康权益

落实用人单位的主体责任，从源头上预防控制职业危害。将农民工职业病防治纳入基本公共卫生服务体系，列入国家重大公共卫生服务项目。政府相关部门要履行职责，加强监管，依法查处侵犯农民工职业健康权益的行为。要尽快修订完善职业病诊断鉴定程序，加强职业病诊断和鉴定能力建设，满足农民工特别是返乡农民工对职业病诊断鉴定的需要。建立职业病防治专项基金，解决历史遗留问题及责任主体无法认定的农民工职业病病人的救治和康复。充分发挥职业病防治工作部际联席会议作用，加大对农民工职业病防治工作的组织协调力度。

专栏3　实施农民工职业病防治行动计划

完善农民工职业病防控相关法律法规。尽快修订《职业病防治法》，完善配套法规政策措施，切实理顺作业场所职业健康监管体制机制，强化农民工职业健康监管机构能力建设，完善对农民工罹患职业病的诊断与鉴定以及治疗的相关法规标准。

健全职业病防治责任制。用人单位、生产场所必须按规定具备职业病防治设施，设置管理机构，配备管理人员。农民工一旦发生工伤、职业病，用人单位必须按国家有关规定负责到底。

强化包括农民工在内的全员职业安全健康培训。探索实施全国统一的包括农民工在内的从业人员职业安全健康培训“一卡通”制度，开发一批农民工职业安全健康试用教材。严格落实企业对新招录农民工的厂（矿）、车间（工段、区、队）和班组“三级”职业安全健康培训职责，确保农民工经过培训合格后上岗，强化对在岗农民工的职业安全健康技能培训。将农民工职业安全健康培训纳入农民工培训规划，开展多种形式的宣传教育活动，提高农民工职业病预防和安全生产意识。

加大对损害农民工职业健康权益用工行为的打击力度。强化对中小企业执行职业卫生“三同时”制度的监督管理，实施源头控制。建立中小企业职业安全健康综合情况定期上报制度，开展针对中小企业的职业安全健康专项治理行动。进一步明确发包单位和劳务承包单位对农民工职业健康的管理职责，维护农民工的相关权益。加强劳务派遣等用工管理，防止用工单位利用职业病潜伏期特性，频繁更换劳务工，转移企业风险，规避责任。

加强对重点职业病的防治。加强对尘肺、重大职业中毒、职业性放射危害等重点职业病的监测控制。加强化学中毒和核辐射医疗救治的能力建设和管理，提高重大职业病危害事故应急处置能力。建立有害作业环境定期强制性检测制度和高危行业农民工职业健康体检制度。

加强农民工职业病诊治工作。健全覆盖城乡的职业病防治网络和技术支撑体系，使每个县（区）至少有1家职业健康检查机构，每个市（地）至少有1家职业病诊断机构。规范农民工职业健康档案管理，建立职业病追溯制度。在开展农民工职业病流行病学调查的基础上，建立职业病动态监测网络，及时掌握职业病发病实际情况。

（六）全面推进农民工计划生育公共服务均等化

输入地政府应根据农民工聚集情况，进一步完善城镇人口和计划生育服务体系，加强社区技术服务网点、社区流动人口服务中心（站）、流动服务车项目、计划生育协会建设。把流动人口计划生育基本公共服务所需资金列入公共财政预算，为农民工免费提供宣传倡导、计划生育、优生优育、生殖健康、奖励优待等方面的人口计生和家庭服务，将农民工纳入出生缺陷一级预防、免费孕前优生健康检查等项目中。在条件成熟的地区，依托人口和家庭公共服务平台，为农民工家庭提供与户籍人口同等的公共服务。

（七）加强生育保险和女工、孕产妇的劳动保护

参加生育保险的农民工孕产妇按规定享受生育保险待遇，并做好与新农合和农村孕产妇住院分娩等重大公共卫生服务项目的衔接。未参加生育保险的农民工孕产妇继续按照新农合及农村孕产妇住院分娩等重大公共卫生服务

项目的规定，解决其生育相关费用。对农民工孕产妇提供不同层次的住院救助，杜绝家庭分娩和非法接生，严禁非医学需要的胎儿性别鉴定和选择性别的终止妊娠，保障产妇和新生儿生命安全。确保农民工孕产妇依法享有居住地规定的产假待遇。

（八）设置生育政策过渡期，保障农民工进城落户后生育政策的衔接

农民工落户城镇后，没有或没有完全享受到城镇居民的福利待遇和社会保障的，继续执行农村居民的生育政策。在其享受到城镇社会保障和福利待遇以后，可给予不少于3年的过渡期，期间继续执行农村居民的生育政策和计划生育奖励扶助等制度，社会抚养费的征收亦按当地对农村居民的有关规定执行。期满后，再执行城镇的生育政策，并适用城市的计划生育有关奖励扶助标准；农村奖励扶助标准高于城镇的，可继续执行农村的奖励扶助待遇。

七、以提高农民工参保比例和保障水平为重点，加快建立惠及农民工的社会保障制度

（一）全面落实《工伤保险条例》，尽快实现工伤保险全覆盖

巩固建筑、交通、水利、矿山、危化、民爆等高危行业农民工参保率，提高商贸、餐饮、住宿、家庭服务等行业农民工参保率，尽快实现有劳动关系的农民工全部参加工伤保险。落实《社会保险法》、《工伤保险条例》和《社会保险基金先行支付暂行办法》的规定，着力解决农民工特别是应参保而未参保用人单位农民工的工伤保险待遇问题，保障遭工伤或患职业病的农民工获得与参保职工一样的医疗救治和经济补偿。完善行业差别费率和用人单位浮动费率政策，并尽快研究出台《工伤预防费使用管理办法》，强化工伤预防，从源头上控制和减少工伤事故和职业病的发生。推进工伤康复工作，恢复和提高工伤农民工的生活自理能力和再就业能力，提高工伤保险保障水平。

（二）巩固和完善医疗保障工作

依法将与企业建立稳定劳动关系的农民工纳入职工基本医疗保险，其他未建立稳定劳动关系的农民工根据实际情况自愿选择参加城镇居民医疗保险或户籍所在地的新型农村合作医疗，逐步将在城镇长期生活的农民工家属子女按规定纳入城镇基本医疗保险范围。逐步提高统筹层次，整合经办资源，落实医疗保障关系异地转移接续办法，完善相关配套政策，积极推动医疗保

障缴费年限在各地互认，累计合并结算。继续探索和推进城乡统筹基本医疗保险，推进三项基本医疗保险制度统一经办管理，鼓励有条件的地区率先整合城镇居民基本医疗保险和新型农村合作医疗，加快实施城乡统筹的居民基本医疗保险制度。

（三）全面落实《社会保险法》，分类推进提高养老保险的参保率

将常年外出稳定就业的农民工直接纳入就业地城镇职工基本养老保险，将季节性外出就业的农民工纳入户籍地新型农村社会养老保险，确保应保尽保。统筹研究并合理确定城镇企业职工基本养老保险缴费基数，使低收入的农民工也能参得起保险。加强宣传，引导和鼓励农民工及早参保、长期参保和连续参保，不断扩大农民工参加基本养老保险的覆盖面。将基本养老保险关系跨地域转移接续作为一项常规工作，与加快基础养老金全国统筹、推进金保工程建设、加强精细管理结合起来，简化续保手续，方便农民工养老保险跨地区转移。建立职工基本养老保险与城乡居民养老保险制度的转换衔接机制，建立全国城乡居民养老保险基本信息数据库和统一的信息系统，使各类养老保险能自由转换并实现权益累计。在有条件的地区，开展城镇居民社会养老保险制度和新农保制度整合，逐步在全国建立城乡一体化的居民社会养老保险体系。

（四）完善失业保险政策

加快《失业保险条例》修订进程，逐步统一并完善农民工和城镇职工的失业保险政策。研究并明确农民工参加统一的失业保险制度的参保缴费、待遇享受、再就业服务等相关政策。采取积极合理的失业保险基金筹集机制，适当激励和吸引企业为农民工参保缴费。

（五）建立惠及农民工的社会救助制度

完善临时性生活救助制度，对由于特殊原因造成农民工及其家属在就业地出现突发性、临时性生活困难的，给予及时妥善的救助。鼓励社会力量对生活困难农民工家庭给予帮扶。逐步将符合条件的农民工纳入城市最低生活保障范围。

专栏4　实施农民工社会保险全覆盖行动计划

尽快实现农民工参加工伤保险全覆盖。2012年实现建筑、交通、水利、矿山、危化、民爆等高危行业农民工参保全覆盖，2015年实现

商贸、餐饮、住宿、家庭服务等行业农民工参保全覆盖。制定个体经营或灵活就业农民工参加工伤保险的政策。

推进农民工参加基本医疗保险工作。实施农民工医疗保险专项扩面行动，将与企业建立稳定劳动关系的农民工纳入职工基本医疗保险，稳步提高农民工参加职工基本医疗保险的比例，2015 年参保率达到 50%，基本实现举家外出农民工家属子女参加城镇居民基本医疗保险全覆盖。

努力实现农民工养老保险全覆盖。鼓励在城镇稳定就业的农民工参加城镇企业职工基本养老保险，流动性较强的农民工参加试点地区新型农村社会养老保险，2015 年基本实现基本养老保险制度对农民工全覆盖，其中参加城镇企业职工基本养老保险的比率达到 50%。

改进农民工参保办法。通过加强就业登记等方法，积极解决小微企业从业人员以及在城镇从事个体经营或灵活就业的农民工参保问题。加大对劳务派遣公司的管理力度，督促劳务派遣企业为派遣员工参加社会保险。将生活困难的农民工及其家庭纳入社会保险补贴范围。

八、以加强面向农民工的公共文化服务体系建设为重点，丰富农民工精神文化生活

（一）加大面向农民工的公共文化服务体系建设力度

构建以社区公共文化设施为依托的农民工文化服务平台，举办各种文化活动，促进农民工与本地居民的交往，使农民工逐步融入城市生活，从根本上消除农民工在城市生活中的“文化隔离”现象。提高农民工使用城市公共文化设施的参与度，保障农民工平等使用图书馆、文化馆、文化站等公益性文化设施。工会、妇联、共青团要发挥自身优势，创建农民工喜闻乐见的文化服务平台。广播、电视和报刊等要在丰富农民工文化生活上发挥更大的作用。

（二）积极探索适合农民工的文化活动形式

组织农民工积极参与就业地组织的各类文化、体育公益活动。鼓励有条件的企业设立农民工文化活动场所，开展多种形式的业余文化娱乐活动，推动农民工用工单位自身文化建设。鼓励文化经营单位和文艺工作者为农民工提供免费或优惠的文化产品和服务。扶持农民工文化团体，引导农民工自发

开展健康文化活动，鼓励农民工开展文化艺术作品创作活动。

（三）加大农民工精神文化经费保障力度

逐步建立以政府投入为主、社会力量积极参与的农民工精神文化经费保障机制。各级政府在编制公共文化经费预算时，要切实将农民工精神文化经费纳入常住地政府公共文化财政经费统筹考虑，切实保障农民工基本文化权益。

九、以推动农民工纳入城镇住房保障范围为重点，积极改善农民工居住条件

（一）将农民工住房纳入各级政府城镇住房保障体系

各地城镇住房保障规划应加强常住人口中农民工居住需求现状和发展趋势研究，统筹协调经济社会发展、城镇化进程与农民工住房之间的关系，扩大城镇住房保障覆盖范围，逐步将中低收入住房困难的农民工家庭纳入保障体系。主要通过公共租赁住房等渠道，扩大农民工保障性住房的供应规模，用工单位应按国家规定及时足额为农民工缴纳住房公积金，支持农民工通过租购合适的商品房和居住集体宿舍等多种方式解决住房问题，并逐步将居住陋屋（地下室、棚户区、工棚等）的农民工迁至宜居房屋居住，实现农民工和城镇居民住房保障水平均等化。

（二）强化政府责任，加大财政投入力度

各级政府应继续深化对解决农民工住房问题重要性的认识，加大财政投入力度。根据各地农民工住房保障需求增长趋势，中央政府在每年财政预算中增加保障性住房支出，加大对中西部财政能力薄弱地区的保障性住房建设支持力度。地方各级政府也应进一步提高相应配套资金比例。对于住房保障任务较重地区，应适当提高土地出让金净收益提取比例，并将中央代发的地方债优先用于面向农民工的保障性住房建设。

（三）综合运用财政、金融、土地等政策工具，吸引社会资金参与保障性住房建设运营

运用投资补助、资本金注入、企业债券融资、财政贴息、税收返还、供地政策、信贷优惠等多种政策工具组合，降低面向农民工的保障性住房融资成本，吸引社会资金投资建设保障性住房。鼓励各商业银行按照信贷风险管理原则，对符合要求的保障性住房项目，给予信贷支持，并根据保障性住房建设进度，确保资金足额及时到位。鼓励公积金、社保、保险、企业年金等贷款周期长、利率要求较低的社会资金参与保障性住房建设，扩大利用公积

金贷款支持保障性住房建设试点城市的范围，探索社会资金以债权或股权形式参与保障性住房的建设和运营，并制定相应的管理办法和优惠政策。

（四）确保面向农民工的住房保障项目土地供应

根据不同地区产业发展以及农民工住房困难情况，在当地保障性住房建设规划中合理确定面向农民工的保障性住房建设总量、位置和类型，对所需用地在国有建设用地供应计划中优先安排，对符合规定的应依法以划拨方式供应土地。同时，在项目规划和建设中，要结合农民工住房需求特点，科学规划、合理选址，及时完善生活配套设施，降低农民工的综合生活成本。

（五）引导农民工集中的开发区或工业园区建设农民工公寓

在符合园区相关规划前提下，通过土地、信贷、财政贴息等政策支持，鼓励开发区、产业园区以及用工量大的企业，为农民工建设安全规范、配套完善的集体公寓。积极挖掘存量房资源，鼓励企业利用现有合法的闲置房屋，通过改建、扩建为外来务工人员提供住房。

专栏5　实施农民工安居工程

为了切实解决中低收入农民工家庭的住房困难问题，进一步完善城镇住房保障制度，确保社会和谐稳定和共同发展，加快推进全面小康社会建设进程，应尽快启动农民工安居工程，构建面向农民工的城镇住房保障体系。

尽快出台关于农民工安居工程指导意见，科学制定农民工住房保障规划。按照政府主导、市场参与的模式，以建设筹集符合中小户型住宅设计标准、市政和生活服务配套完备的租赁性保障住房为主。按照分层补贴的原则，对不同收入水平农民工家庭进行分类补贴。结合农民工就业集中、流动性较强的特点，制定相应的准入标准、分配办法、运营管理和退出机制。

2012—2015年，选择农民工就业集中的10～15个大中型城市进行试点，探索农民工安居工程建设、筹集以及运营模式，试点城市的农民工住房保障水平不应低于当地户籍人口廉租住房保障水平，保障方式可以采取实物配租和租金补贴相结合的方式。有条件城市可以逐步提高保障水平，与当地城镇居民的住房保障体系进行无缝对接。2016—2020年，在总结大中型试点城市经验基础上，逐步建立全面覆盖农民工的城镇住房保障体系，真正实现农民工与城镇居民住房保障水平的均等化。

十、以农民工进城落户定居为重点，加快人口城镇化进程

（一）建立以居住地为基本单元的人口管理和服务体制

适应城镇化发展需要，改革常住人口、暂住人口分类管理办法，建立覆盖全部实有人口的动态管理体系。建立以输入地为主、输出地与输入地协调配合的流动人口服务管理机制。把流动人口服务管理纳入输入地经济社会发展规划，加强对农民工特别是新生代农民工的人文关怀，逐步实现基本公共服务由户籍人口向常住人口全覆盖。

（二）全面实施居住证制度，赋予农民工享有公有服务的权利

全面实施融居住登记和就业、社保、租房、教育、计生等多种服务管理功能于一体的居住证制度，实行省级行政区域内“一证通”。居住证实行免费办理。办理居住证者，在子女就学、社会保障、技能培训、公共卫生、住房租购等方面享有与当地人口同等的权利。

（三）分类调整户口迁移政策，逐步让符合条件的农民工在就业居住地有序落户

把符合落户条件的农业转移人口逐步转为城镇居民，是推进城镇化的重要任务。要综合考虑城市综合承载能力特别是资源承受、容纳就业、提供公共服务的能力，进一步放宽户籍管理政策。以具有合法稳定职业和合法稳定住所为基本条件，全面放开在县级市市区、县人民政府驻地镇和其他建制镇的落户限制。进一步放宽中等城市户口迁移政策，完善落实大城市现行户口迁移政策。直辖市、副省级城市和其他大城市在完善并落实好现行城市落户政策时，也要积极探索，积极创造条件降低落户门槛，合理促进农民工转为当地市民。对已落户城镇的农民工，要保证其享有与当地城镇居民同等的权益。今后出台有关就业、义务教育、技能培训等政策措施，不再与户口性质挂钩。

（四）引导农民工合理流动，形成人口分布、经济布局和资源环境相协调的国土开发新格局

根据资源环境承载能力、现有开发强度和发展潜力，优化城镇化布局，形成人口、产业和资源协调配置的空间开发新格局。坚持以大带小，充分发

挥城市群和中心城市的辐射作用，通过构建综合运输体系和现代市场网络，把大中小城市和小城镇联结起来，形成各类城市和小城镇定位清晰、分工明确、公共资源共享和人口分布合理的错位发展城镇化形态。提高城镇综合承载能力，发展城镇经济，增加就业岗位，改善人居环境，完善基础设施和公共服务，推动城市可持续发展。

（五）大力发展县域经济，加快重点小城镇发展步伐

抓住产业转移有利时机，促进特色产业、优势项目向县城和重点镇集聚，加大县城和重点镇的基础设施和社会服务建设投入力度，提高城镇综合承载能力，吸纳农村人口加快向小城镇集中。完善有利于加快小城镇发展的财税、投融资等配套政策，安排年度土地利用计划要支持中小城市和小城镇发展。积极稳妥地推进经济发达镇行政管理体制改革，按照强镇扩权的原则，赋予部分县级经济社会管理权限，着力下放城建、环保、治安等涉及城市建设和管理方面的行政管理权限；按照精简、统一、效能原则，根据经济社会发展需要，因地制宜设置机构；加大财政支持力度，赋予相应财力，增强发展能力。

（六）依法保障农民工土地权益

一是健全统一的不动产登记制度。土地承包经营权、宅基地使用权、集体经济收益分配权是法律赋予农民的合法财产权利。在法律上明确界定农民的土地财产权，是完善农村土地管理制度一项基础性工作。要加快给农民颁发具有明确法律效力的土地承包经营权证书和宅基地使用权证书，让农民清楚地知道自己的合法权益，防止以农村土地属于集体所有为名，强占强征土地，损害农民土地财产权。

二是切实维护农民工合法土地权益。农民工现阶段落户城镇，是否放弃承包的耕地、草地、林地和宅基地，必须完全尊重农民个人的意愿，不得强制或变相强制收回。禁止实行农民以土地权换市民权，今后出台有关农民工进城定居的政策措施，不与农民放弃承包地、宅基地相挂钩。征收农民土地，要依法足额安排社会保险费。

三是按照依法、自愿、有偿的原则，探索建立农民工承包地（林地、草地）和宅基地的流转或退出机制。适应农民工进城落户和城镇化发展的需要，要赋予农民工对承包土地、宅基地和集体资产股权自主处置权，为农民实现土地财产权创造条件。农民外出务工期间，所承包土地无力耕种的不能撂荒，可委托代耕或通过转包、出租、转让等形式流转土地经营权。对撂荒1年以上的承包耕地，发包方要按照有关规定组织代耕，代耕收入归代耕人

所有。研究修订《农村土地承包法》第26条内容："承包期内，承包方全家迁入设区的市，转为非农业户口的，应当将承包的耕地和草地交回发包方。承包方不交回的，发包方可以收回承包的耕地和草地"，在确保农民进城不失地的前提下，提高土地利用效率。农民工部分退出或者全部退出土地承包经营权、宅基地使用权和住房、林地使用权，政府或集体经济组织要依据实际交回（收回）的土地面积和农村住房面积及其建筑物、附着物情况，给予相应补偿，足额安排社会保险费。退出的承包地（林地、草地）不得改变所有制性质，不得改变农业用途。退出的宅基地原则上要重新开垦为耕地，符合土地利用总体规划的，也可以重新安置农民或由农村集体使用。

四是积极推进农村集体经济组织产权制度改革。按照产权清晰、权责明确、经营高效、管理民主、监督到位的要求，完善农村集体经济组织的管理决策机制、收益分配机制，健全保护农村集体经济组织和成员权利的长效机制。选择有条件的地方进行农村集体产权交易试点，提高农村集体资产配置效率。尽快提出并完善界定农村集体经济组织成员资格的基本原则和框架意见，鼓励各地为依法明确集体成员资格问题做出探索。

十一、以关爱"三留守人员"为重点，妥善解决农民工流动就业过程中出现的社会问题

输入地政府应加快构建面向农民工的社区综合管理服务平台，改善农民工及其家庭融入城市的制度环境，通过不断提高举家迁移比重减少农村"三留守"人口。输出地政府应加强事关农村"三留守"人口切身利益的民生工程建设，以加大投入为支撑，以创新农村基层社区社会管理为依托，健全政府、社会和家庭"三结合"的农村"三留守"人口管理和服务网络。

（一）分类做好农村留守儿童工作

在各级政府主导下，建立健全农村留守儿童关爱服务体系，全面实施农村留守儿童关爱行动计划，对于不同年龄组的儿童进行分类管理和服务。

专栏6　全面实施农村留守儿童关爱行动计划

对0～5岁年龄组学龄前婴幼儿：

——抓好计划免疫和营养、保健管理；

——加大政府投入和引导社会投入，因地制宜规划农村学前教育，

发展多种形式的集体托幼机构。

对6～14岁年龄组学龄儿童：

——完善寄宿制，确保接受义务段教育，优先将上学交通不便、监护人难以承担监护责任和家庭困难儿童安排住校；

——以学校和农村社区为基地，建立“留守儿童之家”，增强学习生活辅导、丰富文化体育活动、加强心理建设辅导；

——发挥社团、企业和志愿者组织作用，以“爱心结对”、“亲子热线”等多种形式关爱留守儿童成长，健全学校、社会和家庭“三结合”的教育和监护网络。

对15～17岁年龄组“两后生”：

——加强职业教育，加强适应市场和产业发展需求的职业技能培训和创业就业辅导，提高他们的就业竞争能力。

实施农村儿童营养健康促进计划：

——启动实施民族地区、贫困地区农村义务教育学生营养改善计划。

——免费为农村儿童接种第一类疫苗和办理预防接种证。

（二）不断提高农村留守妇女的经济社会参与能力

留守妇女既是农业生产的主力军，又是农村家庭的顶梁柱。要细化农村劳动力培训规划，进一步加强对农村妇女劳动力的农业技术推广培训，大力发展多种形式的农户合作，提高她们适应现代农业发展的技能素质、生产能力、管理和营销水平；进一步加强对新生代农村妇女劳动力的转移和引导培训，提高她们城镇就业的竞争能力和适应城镇生活的能力；改善农村公共卫生和医疗条件，加强育龄妇女生殖健康服务和科学育儿指导，确保农村妇女的健康权益；鼓励农村妇女参与基层社区管理，在农村社会政治生活中发挥更加积极的作用；妇联、共青团组织和社会志愿者组织要以多种形式帮助农村留守妇女家庭，加强留守妇女的能力建设和心理建设，形成关爱留守家庭的社会氛围；依法严厉打击侵害妇女、儿童权益的不法事件。

（三）确保农村留守老人“老有所养”

适应农村人口老龄化趋势，进一步加强农村养老工作。加快推进新型农村社会养老保险试点，提高新型农村合作医疗报销水平，使农村老年人口“老有所养，病有所医”；到“十二五”期末，80％以上的乡镇和50％以上的农村社区建立包括老龄服务在内的社区综合服务设施和站点，发展乡镇养老院，积极为老年人提供各种形式的照顾和优待服务。加强农村文化设施建设，丰富农村老人的文化娱乐活动；做好农村老人和困难家庭的救济、救助工作。

十二、以强化基层社会服务为重点，进一步健全农民工管理服务体制

健全农民工工作党委领导、政府负责、社会协同、公众参与的社会管理格局，加强基层社会管理服务，完善社区党建、社区自治和社区服务“三位一体”的农民工基层社会管理服务体系，推动城市居民和农民工共建共管共处共享的和谐城乡社区建设。

（一）强化基层党政组织社会管理服务职能

全面推进基层党政组织建设，实现党的工作覆盖全社会，筑牢包括农民工在内的群众工作组织基础。完善基层党员干部为主、各级党政组织广泛参与的农民工直接接待服务制度。组织党员干部深入基层为包括农民工在内的群众提供面对面的综合服务，充分发挥基层党政组织引领服务、反映诉求和化解矛盾的重要作用。切实抓好在农民工中发展党（团）员的工作，完善流动党（团）员管理，发挥农民工党（团）员的先锋模范作用。

（二）推动农民工参与社区服务管理

完善居（村）委会组织体系和运行机制，确保基层自治组织能够有效完成法律规定的办理社区公共事务和公益事业等任务。健全社区居委会日常工作制度，推行分片包块、上门走访、服务承诺、结队帮扶等做法，密切社区居委会工作人员与包括农民工在内的社区居民关系。进一步探索包括农民工在内的社区流动人口在居住地参加社区居民委员会选举的方式方法，深化社区民主自治，依法保障农民工民主政治权利，确保农民工社会服务管理的知情权、参与权、决策权和监督权。提高农民工参加劳动模范、三八红旗手、先进工作者、优秀党（团）员等评选活动的入选比例，增加农民工骨干在职代会、妇代会等基层组织和社会团体的代表人数，推荐符合条件的农民工担任各级党代会代表、人大代表和政协委员，扩大农民工参与社会管理。

（三）构建面向农民工的社区综合管理服务平台

基层社区是农民工就业企业所在地，子女上学所在地，家庭居住所在地，基本服务办事所在地，必须采取有效措施，夯实基层组织、壮大基层力量、整合基层资源、强化基础工作。加强城乡社区服务体系建设，以居民需求为导向，以“一站式”服务为依托，整合社区管理职能和卫生、文化、教育、体育、养老、劳动、警务等基本公共服务资源，构建社区综合管理服务

平台，切实解决包括农民工在内的居（村）民的日常服务问题。建立健全把更多人力、物力、财力投向基层的体制机制，增强基层社会管理服务能力。

（四）充分发挥社会各方面的协同作用

全社会要加强人文关怀，开展社会关爱行动，把平等对待农民工、让农民工共享发展成果作为自觉行动，增强社会团结，创建和谐社会。各级党委和政府要大力支持基层工青妇等人民团体和群众组织参与农民工管理和服务。工会、共青团和妇联组织要适应城市人口社会结构的变化，加强自身建设，创新组织形态，改进工作方法，既积极帮助农民工维权，又在加强学习培训、丰富文化生活、心理建设和疏导、建设婚姻家庭等方面为农民工排忧解难。行业主管部门和协会要充分结合行业特点，推动企业形成兼顾国家、社会、股东、管理者、职工利益的协调机制，有针对性地解决农民工培训、工资、生活、居住和维权等方面的问题，协调好企业内部劳动关系，履行好社会责任。鼓励法律、科学、文化工作者深入农民工，为他们提供相关服务，引导和促进各类社会组织健康有序发展，以多种形式积极合法参与农民工服务。

（五）加强公共安全管理，把不稳定因素化解在基层和源头

充分认识我国社会管理体制改革滞后及由此引起的社会矛盾进入多发期的严重性，进一步健全党和政府主导的维护包括农民工在内的群众权益机制，完善以人民调解为基础，人民调解、行政调解和司法调解有机衔接的联动工作机制，在农民工聚集地建立人民调解组织，调解涉及农民工的矛盾纠纷，建立调处矛盾纠纷综合平台，把各种不稳定因素化解在基层和源头。加大公共安全投入，对涉及最大多数农民工切身利益并可能引起对抗矛盾的安全生产、劳资纠纷和社会歧视等事件，加快建立预防预警和应急处置机制，严格公正处理，增强社会安全保障能力。加强流动人口密集地区社会治安综合治理，严密防范、依法打击侵害农民工权益的各种违法犯罪活动。

第五部分　进一步做好农民工工作的保障措施

一、完善组织领导体系

（一）完善农民工工作管理体制

农民工问题是始终伴随社会主义现代化建设进程的基本问题。终结农民工现象，是坚持科学发展的必然要求，是全面建设小康社会、构建和谐社会和建设现代化国家的重要目标。鉴于农民工工作的长期性、战略性、复杂性和艰巨性，必须进一步加强党和政府对农民工工作的领导，将解决农民工问

题作为“三农”工作的重中之重。国务院农民工工作联席会议制度，在特定的历史阶段对加强农民工工作的协调和指导，起到了重要作用。但联席会议办公室设在人力资源和社会保障部，已不适应农民工市民化深入推进形势下统筹城乡规划、产业发展、公共服务、基础设施和社会管理的新要求。建议在国务院农民工工作联席会议积累经验的基础上，成立国务院农民工工作领导小组，下设办公室或成立农民工工作发展局，作为常设机构，加强对农民工工作的领导，增强工作力量，改变现行农民工工作缺乏全局统筹、部门各自为政、应急防范管理不利的局面，促进农民工工作向注重统筹兼顾、综合权益保障、加强社会融入的服务型管理转变。超前谋划人口经济资源空间布局，科学统筹城镇化推进和新农村建设进度，合理筹划基础设施和公共服务配套项目，确保农民工市民化有序推进、和谐发展。

（二）将农民工发展纳入经济社会发展总体规划和考核管理

抓紧编制农民工发展专项规划，纳入国民经济和社会发展总体规划及年度计划体系，明确目标、任务和政策措施。编制城市建设规划和土地利用计划，要和市民化常住人口数量与目标挂钩，统筹安排基础设施和公共服务的项目和资金。

健全农民工工作考核机制。按照促进科学发展的党政领导班子和领导干部考核评价办法的要求，把农民工就业、培训、收入增长、安全生产、子女教育、公共卫生、计划生育、文化生活、公共住房和社会保障等基本生产生活条件的改善，纳入地方党政领导班子绩效考核。各地要根据农民工的诉求和自身财力，每年安排一定数量的为农民工办实事的民心工程，并纳入部门考核。

二、健全法律法规体系

（一）健全法律法规

坚持依法行政，依靠法律的强制力、约束力，保障和维护农民工权益。各级政府和有关部门要建立健全保障农民工权益的政策法规，为公平对待农民工营造良好的法制环境，确保农民工在城市逐步与户籍人口享有同等的民主管理和社会参与权利。

（二）推进司法维权

把依靠法律仲裁保护农民工利益作为农民工维权的主要手段，让农民工切实感受到国家和社会坚持的公平正义。向农民工普及法律知识，使农民工增强遵纪守法和司法维权的意识和能力。健全农民工维权投诉机制，简化劳动争议处理程序，为农民工提供方便、快捷的司法仲裁支持。加强农民工法律援助工作，重点围绕涉及农民工的劳动合同、劳动工资、劳动条件、职业安全卫生、子女教育权利和妇女生育权利等方面提供法律援助，鼓励和支持工会、共青团和妇联组织等社会团体开展与其能力相适应的法律援助活动，帮助农民工依法维权，使农民工利益诉求合法表达、渠道通畅。

（三）加强执法监督

有关部门要加大争议调解、仲裁、执法检查和法律执行的力度，督促用人单位认真执行国家法规政策，依法严厉查处侵害农民工权益的违法行为。把加大执法监督力度作为加强社会矛盾源头治理的重要手段，完善社会治安防控体系和应急管理体制。

三、完善信息化管理体系

（一）完善农民工统计抽样调查制度

在做好目前按输出地对农民工进行监测的信息采集和统计分析工作基础上，加快建立输入地农民工监测调查制度，健全按输入地和输出地同时对农民工进行监测分析的抽样调查制度，完整反映农民工及其家庭在城镇和农村的生产生活信息，为各级政府改善实有人口管理服务提供统计依据，为城镇化和新农村建设双轮驱动人口、经济、社会、资源、环境协调发展提供科学决策和统筹规划的数据基础。

（二）建立健全流动人口信息登记制度

推进农民工信息网络化建设，实现流动人口信息跨部门、跨地区共享，提高流动人口管理服务的效能。充分利用和整合统计、公安、人力资源和社会保障、人口计生等部门的资源，加强社区和企业的人口登记管理，逐步建立统一的全员人口信息采集、更新和动态管理制度。积极推进社区信息化建设，实现数据一次收集、资源多方共享，建设集行政管理、社会事务和便民服务为一体的社区信息服务网络，并逐步联网形成覆盖县、市乃至更大范围的实有人口动态管理体系，为最终建立覆盖全国人口的国家人口基础信息库打好基础。

完成单位：国务院发展研究中心　国务院农民工办
课题组成员：韩　俊　汪志洪　何宇鹏　沈水生　王　宾　金三林
许招元　樊雪志　刘卫民　刘玉根　杜国羽　牟达泉
报告执笔人：韩　俊　何宇鹏　王　宾　金三林　许招元　樊雪志
刘卫民

中国农民工发展研究专题报告

农村劳动力转移就业专题研究报告

人力资源和社会保障部就业司课题组

改革开放以来，随着我国工业化和城镇化进程加快，成千上万的农村劳动力转移到非农产业和城镇就业，成为一支新型劳动大军，为我国经济社会发展做出了重大贡献。党中央国务院高度重视农民工问题，2006年，国务院下发《关于解决农民工问题的若干意见》（国发［2006］5号），对解决农民工问题做出了一系列部署，对促进农村劳动力转移就业提出了明确要求。各地、各有关部门认真贯彻落实，努力促进农村劳动力转移就业。近年来，随着经济社会形势的发展和农村劳动力群体本身的变化，农村劳动力转移就业工作出现了一些新情况和新问题，需要进行研究和提出对策。

一、当前农民工就业的基本情况①

农民工是已经实现转移就业的农村劳动力。根据国家统计局监测调查数据推算，截至2010年底，全国农民工达24 223万人。其中，住户中外出农民工12 264万人，举家外出农民工3 071万人，本地农民工8 888万人。

（一）农民工的主要特征

从性别看，男性农民工占65.1%，女性占34.9%；从年龄段看，以青壮年为主，16～20岁占6.5%，21～30岁占35.9%，31～40岁占23.5%，41～50岁占21.2%，50岁以上的农民工占12.9%。本地农民工中40岁以上的占一半以上（56.3%），而外出农民工40岁以上的仅占18.1%。从文化程度看，以初中文化程度为主。从技能水平看，农民工多数没有参加过任何

---

① 本部分内容来源于《2010年农民工监测调查报告》。

技能培训，受教育程度较低的农民工接受培训的比例也较低。从行业看，以从事制造业、建筑业和服务业为主，分别占36.7%、16.1%和12.7%；在东部地区务工的农民工以从事制造业为主，占46.2%，在西部地区务工的农民工以从事建筑业为主，占26.1%。

（二）外出农民工流向及就业地域分布

农民工外出务工仍以东部地区为主，占农民工总量的66.9%，中部和西部地区务工的比重大体相当。分省看，农民工就业地区主要分布在广东、浙江、江苏、山东等省，这4个省占到全国农民工总数的近一半。

在外出务工的农民工中，东部地区外出的农民工主要在省内务工（约为80%），中部地区外出的农民工主要在省外务工（约为70%），西部地区外出的农民工在省外务工比例（57%）高于省内务工比例（43%）。

外出农民工主要流向地级以上大中城市。从外出农民工就业的地点看，在直辖市务工的占8.8%，在省会城市务工的占19.4%，在地级市务工的占34.8%，在县级市务工的占19%，在建制镇务工的占13.8%，在其他地区务工的占4.2%。

（三）外出农民工收入情况

2010年，外出农民工月均收入1 690元，比2009年增长19.3%。东部、中部、西部务工的农民工月均收入基本相当。

从务工地点看，在直辖市务工的农民工月均收入1 877元，在省会城市务工的农民工月均收入1 704元，在地级市、县级市和建制镇务工的农民工月均收入分别为1 662元、1 648元和1 624元。

从农民工从事的主要行业看，收入水平较高的是采矿业、交通运输业和建筑业的农民工，月均收入都超过了1 900元。收入较低的分别是住宿餐饮业、服务业和制造业的农民工，月均收入在1 500～1 600元之间。

二、近年来农村劳动力转移就业工作的主要进展和成效

《国务院关于解决农民工问题的若干意见》（国发［2006］5号），明确要求搞好农民工就业服务和培训，逐步实行城乡平等的就业制度，进一步做好农民转移就业服务工作。近年来，按照国发［2006］5号文件的要求，主要取得了以下进展和成效：

（一）促进农村劳动力转移就业的政策制度和法律法规进一步健全，城乡平等的就业制度逐步实行

一是确立了免费公共就业服务制度。自2006年以来，各地公共就业服

务机构免费开放，为进城务工农村劳动者免费提供就业信息、就业指导、政策咨询和就业服务。二是确立了农民工技能培训和技能鉴定补贴制度。自2006年以来，进城务工农村劳动者参加技能培训，可享受一次性职业培训补贴。自2008年以来，进城务工农村劳动者通过初次技能鉴定（限国家规定实行就业准入制度的指定工种）、取得职业资格证书的，可享受一次性职业技能鉴定补贴。三是将农民工纳入失业登记范围。2008年1月1日起施行的《就业服务与就业管理规定》（原劳动和社会保障部令第28号）第六十三条规定：农村进城务工人员在常住地稳定就业满6个月的，失业后可以在常住地登记。登记失业后的农民工可享受城镇登记失业人员的相关就业扶持政策。四是首次以法律的形式确立了城乡劳动者平等就业制度。2008年1月1日起施行的《就业促进法》第二十条规定：国家实行城乡统筹的就业政策，建立健全城乡劳动者平等就业的制度，引导农业富余劳动力有序转移就业。第三十一条规定：农村劳动者进城就业享有与城镇劳动者平等的劳动权利，不得对农村劳动者进城就业设置歧视性限制。

（二）就业服务得到加强，就业环境明显改善

一是公共就业服务体系逐步向基层延伸。目前，所有的市、县（区），近90%的街道，近80%的乡镇和社区都设立了公共就业综合性服务场所或服务窗口，配备了专职或兼职工作人员。二是就业信息服务不断加强。近年来，各地普遍加强了信息收集、发布工作，努力满足求职者和用人单位需求。依托金保工程，在全国建立了人力资源市场信息网络，一些城市已将网络连接到街道、社区。目前，正在加快推进就业信息公共服务网络建设。目标是要按照“统一标准、互联互通、覆盖全国、优质高效”的总体要求，建立部、省、市三级组成的全国就业信息公共服务网络，实现全国各级公共就业和人才服务机构招聘信息互联互通和共享发布，为各类求职人员免费提供“信息真实、内容完整、岗位有效、查询便利”的就业岗位信息服务。当前，全国招聘信息公共服务网（www. cjob. gov. cn）正在积极筹建中，2011年11月中旬开始实验性面向社会提供免费的招聘信息服务。“十二五”末，全部省级和市级公共就业和人才服务机构将实现与全国公共招聘网联网上传招聘信息。三是开展专项行动，就业服务针对性不断提高。从2005年至今，各地按照统一部署，在春节前后农村劳动力外出务工高峰时期，在全国范围内开展“春风行动”。期间，公共就业服务机构集中为进城务工农村劳动者服务，组织专场招聘会，提供岗位信息；同时加强对人力资源市场的监管，开展清理整顿活动，推荐一批诚信民办职介机构，打击非法职业中介组织，

加大力度治理农民工工资拖欠、克扣问题，净化劳动力市场，维护农村劳动力的求职就业权益。

（三）促进农村劳动力转移就业的工作机制初步建立

一是将农村劳动力转移就业的目标任务纳入国家规划。“十一五”规划纲要将五年转移 4 500 万农村劳动力列为预期性指标。“十二五”规划纲要提出年均转移农业劳动力 800 万。二是统筹城乡就业的组织领导体系初步建立。各地基本将城乡劳动者就业工作纳入了政府就业工作的整体规划，统筹考虑本地城镇和农村劳动力。一些地方还将外来务工人员也一并考虑，设立了专门机构进行管理。三是创建示范县，促进农村劳动力转移就业工作模式创新发展。2005 年、2007 年，原劳动和社会保障部确定了 110 个劳务输出工作示范县，大力推行培训、就业、维权三位一体的工作模式。2010 年，人力资源和社会保障部将劳务输出工作示范县调整为农村劳动力转移就业工作示范县，并重新确定了 192 个示范县，鼓励农村劳动力外出务工、就地就近转移就业和自主创业，多渠道促进农村劳动力转移就业。四是开展统筹城乡就业试点。2006 年在成都、嘉兴等 27 个就业工作基础较好、管理服务能力较强、改革创新积极性高的地区启动统筹城乡就业试点，至 2008 年底结束。试点目标是建立城乡一体化的劳动力市场，形成保障城乡劳动者平等就业的制度，促进城乡劳动者实现比较充分的就业。各试点城市积极探索，基本完成了试点的主要任务，为统筹城乡就业工作积累了有益经验。

三、当前农村劳动力转移就业存在的问题及原因

准确判断农村劳动力转移就业面临的形势，客观分析当前存在的问题，是做好当前和今后一段时期农村劳动力转移就业工作的基础。经过 30 多年的快速发展和农村劳动力持续地向城镇和非农产业转移就业，当前，我国经济增长的基础和前景与以往已然不同，农村劳动力的年龄结构也发生了变化，农村劳动力转移就业面临的形势和存在的问题也出现了一些变化。

（一）农村依然存在大量的剩余劳动力，农村劳动力转移就业的总量压力依然较大。

从供给看，目前农村剩余劳动力大约在 7 000 万到 1 亿，多数为 40 岁以上的中年劳动力，多数为妇女。由于他们的知识技能偏低，年纪较大，与市场需求不相吻合，转移就业难度也大。从需求看，一方面，即便我国经济发展速度有所放缓，但依然具有潜力；我国的城镇化水平还较低，2010 年城镇

化率为49.7%，与国际发达国家70%的城镇化率相比，我国城镇化还有很大的空间。工业化、城镇化的发展将为农村劳动力转移就业持续提供就业岗位。另一方面，主要吸纳农民工就业的行业企业受宏观经济形势的影响明显，国内外经济发展面临不确定性，将对农民工就业带来影响。从国内看，“十二五”时期经济增长速度将放缓，加快转变经济发展方式，推动产业梯度转移，淘汰落后产能和低碳减排等一系列重大宏观政策的调整都会影响到农民工就业；从国际上看，世界经济将在曲折中缓慢恢复和调整，存在不确定性；特别是国际贸易保护主义抬头，人民币升值压力加大，必将增加扩大贸易出口的难度，从而影响到我国外向型产业和企业的发展，影响到在这些企业中就业的农民工。

（二）农村劳动力转移就业的就业结构性矛盾突出，“招工难”和“找工难”同时并存。从需求看，大量需要农民工的就业岗位多数依然是收入水平较低、福利待遇较差、工作强度较大、劳动条件较差、发展前景较差的岗位；而工作条件较好的岗位，数量相对较少，对劳动者技能要求高。从供给看，一方面，总体上农民工技能水平还比较低，农民工多数没有参加过任何技能培训。另一方面，目前农民工的主体已经是新生代农民工。由于人口计划生育政策的影响，16～30岁年龄段农民工的数量不仅少于以往，而且增长速度也在降低，这部分劳动力的供给将持续偏紧。特别是与老一代相比，新生代农民工权益诉求发生了明显变化，不再满足于经济上的获得，更注重自身的职业发展，追求公平公正，由以往进城挣钱、回乡发展向进城谋职、融入城市生活转变，由工资支付保障向要求参加社会保险转变，由改善住宿条件向要求提供城市公共服务转变。以上原因导致结构性矛盾突出：大量需要农民工的岗位与农民工就业期望相差较大，农民工特别是新生代农民工不愿前往就业。工作条件相对较好的岗位数量较少，难以满足大量农民工的求职需求；而对技能要求高的岗位，也难以找到符合条件的劳动者。

（三）农村劳动力转移就业的质量不高，流动性大，权益得不到保障。一方面，这与农民工从业的行业企业密切相关。农民工主要在制造业、建筑业和服务业就业。这些吸纳农民工就业多的企业主要是中小企业，市场竞争激烈，利润率总体不高，抗风险能力较弱，改善劳动者待遇的能力有限，往往不签劳动合同，不缴纳社会保险，克扣或拖欠工资等，以牺牲农民工权益来获取利润，从而导致多数农民工收入和待遇偏低，劳动环境较差，参保率低，缺乏职业发展空间。并且，这些企业易受宏观经济波动等方面的影响，一旦经营困难，必然缩减对农民工的用工需求，进一步加大了农民工就业的不稳定性。另一方面，城乡二元结构带来的体制性、制度性障碍依然存在，农民工即使长期在城镇就业，大多数仍保留农业户口，难以和城里人一样享受城市教育、医疗、住房等方面的公共福利和均等化的公共服务，也影响到农民工在城里长期生活和稳定就业。

（四）公共就业服务的质量效率与农村劳动力转移就业需求存在差距。一是公共就业服务体系不健全，城乡公共服务发展不均衡。目前还有部分乡镇和街道尚未建立公共就业服务机构或窗口，社区尤其是村一级的公共就业服务机构更加欠缺，只有不足一半的行政村聘用了专兼职工作人员从事公共就业服务。二是基层公共就业服务设施十分落后。基层特别是中西部地区基层服务场所严重不足，服务设备十分简陋，信息网络建设滞后，许多地区还完全利用手工操作。三是公共就业服务功能不完善，质量和效率不能满足劳动者和企业的需要。现有的许多公共就业服务机构服务手段比较单一，普遍缺少针对性强、时效性高的专业化服务项目，信息收集和发布功能不健全，信息服务手段滞后。另外，对公共就业服务的宣传不够广泛，劳动者对公共就业服务的认识和了解不深，缺少主动寻求和接受公共就业服务的意识。

四、下一步政策建议

促进农村劳动力转移就业是系统工程，涉及经济发展和社会管理的方方面面，需要围绕我国经济社会建设的宏观战略布局，积极采取措施，整合资源，形成合力，共同推动。

（一）继续将促进农村劳动力转移就业作为当前就业工作的重要任务，进一步拓宽就业渠道，积极引导农村劳动力外出务工和就地就近转移就业。坚持将经济结构调整和就业结构调整相结合，统筹协调产业政策和就业政策，鼓励发展劳动密集型产业、服务业，扶持中小企业，鼓励、支持和引导非公有制经济发展，增加就业岗位。发展国内外贸易和国际经济合作，发挥投资和重大建设项目带动就业的作用，拓宽就业渠道。鼓励指导中西部地区主动承接产业梯度转移，大力发展壮大县域经济，加快小城镇建设，为当地农村劳动者转移提供更多就业机会。深入挖掘农业内部就业机会，大力发展以农产品加工业、农村服务业为主的农村二三产业，支持各地因地制宜发展休闲农业、乡村旅游，促进农村劳动力就地就近就业。

（二）加强农村人力资源开发，提高农村劳动力和农民工的技能素质。各级政府应将提高农村劳动力和农民工技能作为促进农民工稳定就业、农民收入增长的战略措施和重要职责。进一步完善职业培训制度，健全培训机制，扩大培训规模。大力推行就业导向的培训模式，强化职业培训基础能力建设，增强培训的针对性和有效性，努力提高培训质量。加大职业培训资金支持力度，完善职业培训补贴政策，加强职业培训资金监管，努力提高资金使用效率。

（三）提高农民工就业质量，促进农民工稳定就业。加快产业结构调整，推动产业升级，创造高质量就业岗位，扩大正规就业数量。改善公共服务，完善户籍、社保、住房、教育等相关制度，促进农民工在城镇安居乐业和稳定就业，帮助有条件的农民工逐步融入城市。指导企业建立健全工资正常增长机制和支付保障机制，随着企业的利润增长同步增加职工的工资，让劳动者分享企业发展的成果，提升劳动者收入水平。指导企业尊重保护职工，改善劳动条件和用工管理，落实和维护职工的合法权益。全面落实异地就业和流动就业人员社保关系的转移和接续，将社会保险覆盖到所有就业的劳动者。

（四）健全公共就业服务体系，提高就业服务质量和效率。按照均等化、制度化、专业化和信息化的要求，加强各级公共就业服务机构的场所和功能建设，大力推进乡镇、村就业服务平台建设。加强就业服务能力建设和人员队伍建设，拓展服务功能，建立健全精细化、长效化服务机制，为农民工和用人单位提供优质高效服务。加快建立覆盖全国的公共就业服务信息网络，实现就业服务经办信息化和就业扶持政策补助资金管理信息化。加强就业信息服务，收集、汇总和发布及时有效的人力资源市场信息。建立政府投资、公共项目与扩大就业的联动机制，动态掌握新增投资、新上项目的用工信息，提前发布用工需求。加强就业指导和用工指导服务，创新服务手段，提高服务的有效性和针对性。

（五）创造良好的创业环境，引导扶持更多农民工创业。一是将创业农民工纳入创业扶持政策覆盖范围，使创业农民工能够获得必要的政策支持。二是加强对农民工的创业培训和创业服务，帮助农民工掌握创业技能，为创业农民工提供政策引导、项目开发、风险评估、小额担保贷款、跟踪扶持等一条龙服务，引导有创业能力和创业愿望的农民工通过产业配套服务、延伸产业链条实现自主创业。三是加大金融支持力度。创新担保方式，探索发展农用生产设备、林权、水域滩涂使用权等抵押贷款。降低融资成本，对符合条件的农民工创业贷款给予贴息。优化金融服务，创新适合农民工创业的金融产品，大力发展农民工创业互保、联保贷款；鼓励涉农银行业金融机构加强与信用协会或信用合作社等信用共同体的合作，运用联保、担保基金和风险保证金等联合增信方式，积极探索发展满足信用共同体成员金融需求的联合信用贷款。

课题组成员：刘丹华　桂　桢　谢　瑗　贾　丽　张　莹　明　宏
柴海山　运东来
报告执笔人：杨颖琳

附件

农村劳动力转移与就业：阶段、现状与趋势

中国社会科学院人口与劳动经济研究所

我国改革开放以来农村劳动力向城市地区和非农部门的流动、转移和就业是人类历史上和平时期最大规模的迁移现象。之所以会出现这种现象，除了中国巨大的人口基数以外，还有两个方面的基本因素。其一，是“补偿效应”，即由于以前长期实行计划经济和城乡分割体制，以及推行工业化优先的发展战略，使得中国的城乡比例严重失调。改革开放以来，农村富余劳动力向非农部门和城市地区的转移，在很大程度上可以视为对以前体制扭曲的补偿。其二，是“发展效应”，在改革开放以来，中国以世界领先的速度实现经济增长，这一过程也就必然会伴随着城乡经济关系、农业和非农关系的转变，同时，农村富余劳动力也必然以超常规的速度转移。基于这两个基本因素，在中国完全实现经济体制转换和经济发展达到一定水平之前，农村劳动力流动的趋势都将会在相当长的一段时间内延续。而伴随着时间的推移和经济结构的转变，农村劳动力流动的特点也会不断发生变化。也正是由于这两个推动力量都具有一定的阶段性，在中国的总体经济规模位居世界前列、人口结构发生急剧变化、社会经济得到全面发展、潜在经济增长率趋于下降的今天，有必要重新审视和判断农村劳动力转移就业的现状及未来的发展趋势。

纵观改革开放30余年来农村劳动力流动的过程，可以发现农村劳动力转移就业是一个复杂的、不断变化的社会现象，其特点也呈现出多样性。从不流动到开始流动、从小规模流动到大规模流动，中国农村劳动力转移经历了一个独特的过程。这个过程与中国改革进程紧密相连，也与经济发展的脉络息息相关。农村劳动力从农业部门转移出来，流向城市和工业部门，这种转移既提高了劳动力资源的配置效率，也改变了人口空间分布、推动了城市化发展。

本报告将首先总结改革开放以来农村劳动力转移就业的阶段性特征及每个阶段的数量变化；然后，对当前劳动力转移的现状及所处的阶段特征进行总结和评估；报告的第三部分对未来，特别是2011—2020年，农村劳动力转移的趋势进行分析和预测；最后，结合本报告的分析结果，对未来进一步完善农村劳动力转移就业工作提出相应的政策建议。

一、农村劳动力转移就业的阶段性特征

中国农村劳动力流动过程体现了中国渐进式改革特征。从农业内部到农村内部、再到城乡之间和地区之间的流动，既是清除制约劳动力流动的制度性障碍的过程，又是劳动力市场从无到有、不断发育的过程。正是这种过程所具有的体制转型的特征，使得中国的农村劳动力向城市迁移，具有鲜明的制度特色。

城乡收入差距是影响农村劳动力迁移的重要变量。除收入差距以外，迁移成本和劳动力市场条件也是影响农村劳动力转移的重要因素。如果制约迁移的体制性因素依然存在，即使在城乡之间有很大差距的情况下，农村劳动力流动也难以形成大规模的“民工潮”。改革以来，随着户籍制度松动，地区之间、城乡之间和城市内部劳动力市场开始相互作用，逐步走向融合。这种相互作用反过来又对宏观经济和就业产生影响，从而诱发政策调整，对农村劳动力流动施加影响。由于受政策导向和侧重点在不同阶段的变化，农村劳动力迁移也具有明显的阶段性变化。具体而言，政策改革大致经历了限制流动、允许流动、控制盲目流动、引导有序流动、公平对待流动等几个不同阶段。特别是最近几年，农村劳动力转移已经进入一个转折时期，对相应的公共政策也提出了很多新的要求。

（一）1979—1983 年：限制流动

改革前，中国推行重工业优先发展战略。为了完成重工业发展的原始资本积累，国家实行人民公社制度、农产品统购统销制度、户籍制度和城市食品配给制度来降低资本积累成本，从而将农业剩余通过计划方式从农业部门转移到工业部门。随着户籍制度的建立和完善，农村劳动力在城乡之间和地区之间的流动受到严格限制，城乡之间的劳动力流动基本陷于停滞状态。

在改革初期，尽管家庭联产承包责任制赋予了农民生产经营自主权，农业生产迅速发展使得农村内部剩余劳动力不断凸显。当时，由于国民经济处于“文化大革命”刚结束之后的恢复和整顿时期，城市商品粮和副食品的供给能力比较低，加上知青大批返城和大量的待业人员等待安置的就业压力，这个时期城市就业政策着力解决城镇劳动力的就业安置问题，国家对农村劳动力向城市的流动仍采取严格的限制政策。

为了防止过多的农村人口涌入城市，国家采取了严格控制从农村招工、认真清理企事业单位使用的农村劳动力、加强户口和粮食管理等措施，加大

城市用工单位对农村劳动力使用的管理①。对农村剩余劳动力，主要通过发展多种经营和兴办社队企业，就地适当安置，不使其涌入城镇。这种“离土不离乡”的就地转移政策，为日后的乡镇企业大发展提供了丰富的劳动力资源，也使得中国走出了一条有别于其他发展中国家的乡村工业化的独特道路。虽然“离土不离乡”的就地转移，已经不再是农村劳动力转移就业的主要模式，但它至今仍然对农村劳动力转移就业的政策产生着影响。

由于农村劳动力流动及转移就业在20世纪80年代尚不是一种明显的社会经济现象，这一时期的流动数量也缺乏系统的统计。根据有关部门当时的估计，改革开放初期，农村劳动力外出数量很小，大约在200万人左右，主要是走村串乡的木工、瓦工等手艺人，以及小商小贩等，流动范围局限在农村内部。

（二）1984—1988年：允许流动

到20世纪80年代中期，家庭承包经营制度已在全国范围内普遍推开，农村改革的第一步基本完成。在农产品供给全面增长的有利条件下，国家一方面继续深化农村经济体制改革，如废除人民公社制度②、鼓励发展乡镇企业等，为农村劳动力流动创造了积极条件；另一方面将改革的重心转向城市，通过扩大企业经营自主权、搞活企业劳动用工制度、改革企业财税制度、鼓励多种所有制形式和多种经营方式等措施，促进城市经济增长，从而为农村劳动力流动创造就业机会。

在城乡一系列改革措施作用下，国民经济在20世纪80年代中期高速的增长加大了对非农就业的用工需求。乡镇企业特别是东部地区的乡镇企业异军突起，劳动力需求迅速增加；城市各项建设事业空前高涨，也需要大量的劳动力来满足城市建设的需要。在这种形势下，允许农村劳动力流动已不仅是农民的迫切愿望，而且成为经济发展的客观要求。

为了顺应社会经济形势变化，国家采取积极的政策措施鼓励农村劳动力流动。例如，允许务工、经商、办服务业的农民自理口粮到集镇落户③，允许农村集体和农民个人从事长途贩运、销售“三类农副产品”和统派购任务以外允许上市的农副产品④，这些标志着城乡隔绝体制开始正式松动。对于

---

① 《国务院关于严格控制农村劳动力进城做工和农业人口转为非农业人口的通知》，1981年12月30日。

② 《中共中央、国务院关于实行政社分开建立乡政府的通知》，1983年10月12日。

③ 中共中央发出的《关于1984年农村工作的通知》，1984年1月1日。

④ 《国务院关于合作商业和个人贩运农副产品若干问题的规定》，1984年2月25日。

凡申请到集镇务工、经商、办服务业的农民和家属，在集镇有固定住所，有经营能力，或在乡镇企事业单位长期务工的，地方政府在落常住户口、加价粮油供应、建房、买房、租房、工商登记、发证和管理工作等方面为他们提供方便①。

随着时间的推移，政策进一步放宽。例如，鼓励扩大城乡经济交往，允许农民进城开店设坊，兴办服务业，提供各种劳务，支持和鼓励农民兴办交通运输业②。城市用工制度允许国营企业招收农村工人③。为了帮助贫困地区脱贫致富，国家还出台相关政策通过加强地区之间协作④，组织劳动力跨地区流动，为中西部贫困地区农村劳动力流动创造条件。在上述积极政策措施的推动下，农村劳动力流动进入了一个较快增长的时期。

随着这一时期农业劳动生产率的显著提高以及城乡关系的逐步松动，农村劳动力开始向城市和跨区迁移，外出数量逐年扩大。到20世纪80年代末，农村劳动力外出数量达到3 000多万人，迁移大潮开始初现端倪。

（三）1989—1991年：控制盲目流动

从1988年下半年开始，经济过热引发了严重的通货膨胀问题。当时，中央作出了“治理经济环境、整顿经济秩序”的决定。在为期三年的治理整顿期间，由于国家采取了压缩基本建设投资规模，加强财税和信贷控制等一系列重要的经济措施，许多建设项目下马或停建，相当一部分企业开工不足，国民经济增长速度明显放慢。在这种形势下，城市劳动力市场的就业形势恶化，大量农民工被清退，出现了已经转入城市的农民工向农村逆向流动的现象。

为了缓解城市就业压力，国家在这一时期加强了对农村劳动力流动的限制，要求严格控制当地民工盲目外出⑤，强调农村剩余劳动力的转移应当采取“离土不离乡”，就地消化和转移。对现有计划外用工，要按照国家政策做好清退工作，重点清退来自农村的计划外用工，使他们尽早返回农村劳动。同时，严格控制“农转非”过快增长，并把它纳入国民经济与社会发展

---

① 《国务院关于农民进入集镇落户问题的通知》，1984年10月13日。

② 《中共中央、国务院关于进一步活跃农村经济的十项政策》，1985年1月1日。

③ 《国务院国营企业招用工人暂行规定》，1986年7月12日。

④ 《劳动部、国务院贫困地区经济开发领导小组关于加强贫困地区劳动力资源开发工作的通知》，1988年7月15日。

⑤ 《国务院办公厅关于严格控制民工外出的紧急通知》，1989年3月；《民政部、公安部关于进一步做好控制民工盲目外流的通知》，1989年4月10日。

规划①。治理整顿政策也对农村非农产业的发展造成了严重冲击，乡镇企业吸纳劳动力的数量连续两年出现净减少，农村的就业空间变得十分有限。

上述政策措施对农村劳动力流动确实收到了控制效果。与1988年相比，1989年滞留于城市的流动人口减幅较大，各大城市中最大的回落幅度达到1/3左右，但是，这种回落持续的时间很短。到1990年、1991年，大多数城市的流动人口数量又回复到了1988年的水平，有些城市还略有增长②。而且，这种人为限制农村劳动力流动的政策措施，也为20世纪90年代初期“民工潮”的出现积蓄了力量。

（四）1992—2002年：引导有序流动

在城乡差距和地区差距不断扩大的趋势下，农村内部就业压力加大和城市户籍制度改革不可避免地带来农村劳动力大流动，形成大规模的“民工潮”。在这种愈演愈烈的农村劳动力跨区流动的新形势下，依靠过去“堵”的政策措施显然不是解决问题的有效方法。借助劳动力市场，采取疏导的办法是解决“民工潮”压力的唯一有效措施，引导也就成为这个时期的政策重点。

在这个时期，首先是通过农村劳动力开发就业试点工作积累经验。1991年1月，原劳动部、农业部、国务院发展研究中心等单位决定，联合建立中国农村劳动力开发就业试点项目③。项目组织实施分两个阶段：1991—1994年为第一阶段，试点工作主要在全国近50个县级单位中进行；1994—1996年为第二阶段，试点工作在全国8个省展开。

其次是在前期试点工作经验的基础上，提出规范农村劳动力有序流动的各种措施。例如，农村劳动力外出之前，须持身份证和其他必要的证明，在本人户口所在地的劳动就业服务机构进行登记并领取外出人员就业登记卡；到达用人单位后，须凭出省就业登记卡领取当地劳动部门颁发的外来人员就业证；证、卡合一生效，简称流动就业证，作为流动就业的有效证件，享受劳动就业服务机构提供的就业服务④。对于离开常住户口所在地、拟在暂住地居住一个月以上的年满16周岁人员，如果不是为了探亲、访友、旅游、

① 《国务院关于做好劳动就业工作的通知》，1990年4月27日。

② 王建民，胡琪著．中国流动人口．上海财经大学出版社，1996

③ 《劳动部、农业部、国务院发展研究中心关于建立并实施中国农村劳动力开发就业试点项目的通知》，1991年1月26日；《劳动部、农业部、国务院发展研究中心印发中国农村劳动力开发就业试点项目指导小组〈关于在省一级开展农村劳动力开发就业试点工作的意见〉的通知》，1993年6月18日。

④ 《劳动部关于农村劳动力跨省流动就业管理暂行规定》，1994年11月17日。

就医、出差等目的，在申报暂住户口登记的同时，应当申领暂住证。暂住证为一人一证，有效期限最长为一年，暂住期满需继续暂住的，应当在期满前办理延期或换领手续①。

第三是探索户籍制度改革的突破口。1997 年，国务院批转的公安部《小城镇户籍管理制度改革试点方案和关于完善农村户籍管理制度的意见》明确规定，从农村到小城镇务工或者兴办第二、三产业的人员，小城镇的机关、团体、企业和事业单位聘用的管理人员、专业技术人员，在小城镇购买了商品房或者有合法自建房的居民，以及其共同居住的直系亲属，可以办理城镇常住户口。1998 年 7 月，国务院批转的公安部《关于解决当前户口管理工作中几个突出问题的意见》提出，凡在城市有合法固定的住房、合法稳定的职业或者生活来源，已居住一定年限并符合当地政府有关规定的，可准予在该城市落户。

此外，还通过开展对农村劳动力培训和改善服务，来调控农村劳动力的流动。例如，建立劳动预备制度②，提高流动就业农村劳动力职业技能，建立健全劳动力市场规划和信息服务系统③，加强劳动力市场建设等。

虽然这个时期政策重点是积极引导农村劳动力有序流动，但是，20 世纪 90 年代中期深化国有企业改革和城市就业制度改革，带来了大量国有企业富余人员下岗失业。为了解决这些下岗失业人员的就业问题，不少城市采取了就业保护制度，对一些就业岗位做出政策规定，把外来农村劳动力排斥在外。由于在实际运行中作用不大，这项政策很快就被自动废除。因此，在进入 21 世纪后，农民工外出就业的数量开始迅猛增加，国家统计局也开始对农民工外出就业组织专项统计，这一时期外出农民工就业的数量见表 1。

（五）2003 年以来：公平对待流动与劳动力市场转折

21 世纪初以来，农村劳动力转移就业环境出现了积极的变化。随着城乡管理体制的不断改革，农民进城务工对城市社会经济发展的贡献逐步得到社会的承认，社会各方面对进城务工农民的思想观念和态度也发生了变化。这些变化大致分为四个方面：

一是取消各种不合理的收费。例如，取消对外出或外来务工人员收取的

---

① 《公安部关于暂住证申领办法》，1995 年 6 月 2 日。

② 《劳动和社会保障部办公厅关于印发做好农村富余劳动力流动就业工作意见的通知》，2000 年 1 月 17 日。

③ 国务院办公厅转发的劳动部等部门《关于进一步做好组织民工有序流动工作意见》，1997 年 11 月。

表 1　农民工与城镇就业的数量及增长速度

年份	农民工		城镇就业	
	人数（万人）	年增长率（%）	人数（万人）	年增长率（%）
2001	8 399	7.0	23 940	3.4
2002	10 470	24.7	24 780	3.5
2003	11 390	8.8	25 639	3.5
2004	11 823	3.8	26 476	3.3
2005	12 578	6.4	27 331	3.2
2006	13 212	5.0	28 310	3.6
2007	13 697	3.7	29 350	3.7
2008	14 041	2.5	30 210	2.9
2009	14 533	3.5	31 120	3.0
2010	15 300	5.3	—	—

资料来源：国家统计局（2009）；国家统计局农村社会经济调查司（历年）。

暂住费、暂住（流动）人口管理费、计划生育管理费、城市增容费、劳动力调节费、外地务工经商人员管理服务费、外地建筑企业管理费等多种收费①。

二是公平对待农民工流动，开始着手全面解决农民工进城务工问题。提高做好农民进城公共就业管理和服务工作的认识，对农民进城务工采取“公平对待、合理引导、完善管理、搞好服务”的十六字方针②，取消对农民进城务工就业的不合理限制，切实解决拖欠和克扣农民工工资问题，改善农民工的生产、生活条件，做好农民工培训工作，多渠道安排农民工子女就业，加强对农民工的管理等③。2006 年，国务院出台了《关于解决农民工问题的若干意见》。该文件对农民工转移就业形势产生了深远的影响，其中最为突出的一点是，在全社会形成了关心、鼓励和支持农民工转移就业的主流价值观。

三是开始建立和完善对农民工群体的社会保护。很多地区开始实施针对农民工的社会保险计划，虽然覆盖率还不够高、保护水平也较低，但这些地区的实践为今后针对农民工社会保护的制度建设打下了良好的基础。在这一

① 《国家计委、财政部关于全面清理整顿外出或外来务工人员收费的通知》，2001 年 10 月 30 日。

② 《中共中央国务院关于做好 2002 年农业和农村工作的意见》，2002 年 1 月 10 日。

③ 《国务院关于做好农民进城务工就业管理和服务工作的通知》，2003 年 1 月 5 日；《国务院关于解决农民工问题的若干意见》，2006 年 3 月 27 日。

时期，最低工资制度开始全面实施，有效地保护了在城市就业的农民工的利益。针对拖欠农民工工资等现象，政府还采取了专项治理措施。

四是开始把农民工群体纳入积极就业政策的服务对象。例如，2003 年 9 月，由农业部、原劳动和社会保障部、教育部、科技部、原建设部、财政部六部委共同制定，国务院办公厅转发了《2003—2010 年全国农民工培训规划》，由中央和地方财政安排专项经费，用于农民工的培训工作。随着这些政策措施的落实和完善，农村劳动力转移和就业将进入一个前所未有的平等就业环境。农民工外出就业的数量也大大增加，到 2010 年达到 1.53 亿。

通过对改革开放 30 多年来农村劳动力流动的发展阶段的考察，可以发现，农村劳动力流动的趋势和政策虽然几经反复，但在总体上和中国经济的自由化脚步相吻合。总体来看，中国农村劳动力转移的经验主要有以下三个方面：

第一，赋予农民择业自由。以家庭承包经营为主要内容的改革，解除了人民公社体制对农民的各种约束，农户得到了经济上的财产权利和政治上的民主权利，成为事实上的经营主体。农户可以自主安排自己的劳动时间，可以自主选择经营项目，农民获得了较充分的自主择业和流动的权利，这是成功实施农村劳动力大规模转移的制度基础。

第二，发挥市场机制的主导性作用。20 多年来，乡镇企业吸纳 1 亿多劳动力就业，超过 1 亿的农村劳动力通过跨区域流动实现就业，都不是靠政府计划安排的，而是靠市场机制。所以，解决中国的城乡就业问题，要充分依靠市场调配资源的机制。

第三，尊重农民、尊重实践。充分尊重农民的创造和择业权利，适时调整政策，是农村剩余劳动力得以顺利转移的重要保证。从逐步推进改革、放宽政策到推进组织制度创新，主动引导农村就业，遵循了建立社会主义市场经济体制和推进国民经济结构变革的客观规律。

二、当前农村劳动力转移的阶段特征

（一）经济发展转折的国际经验

在发达经济体中，部分东亚经济体，如日本、韩国和中国台湾，经历了由二元经济体向发达经济体的过渡，其发展历程也具有明显的转折特征。转折点前后，经济发展的进程有以下特征。

第一，经济经历一段时期的快速增长。在转折前 10 年的平均增长率都在 7%以上。相形之下，中国由于人口和劳动力供给规模更大，所需要经历的快速增长时期也更长。

第二，经济结构发生了明显的变化。尤其是非农部门的增长使得农业产值份额和就业份额都已经显著下降。通过后面的分析可以发现，中国的经济结构已经具备了和这些经济体在经历经济发展转折时类似的特征（见表2）。

表2　　部分经济体转折点前后的经济特征

国家及地区		日本	韩国	中国台湾
到达转折点时间		1960	1975	1970
经济增长率（%）	转折点前10年年平均增长	8.0	7.6	9.5
	转折点前后各5年的年均增长	—	10.6	9.2
	转折点后10年年平均增长	10.0	8.8	9.7
人口增长率（%）	转折点前10年年平均增长	1.29	2.08	3.12
	转折点前后各5年的年均增长	1.11	1.69	2.49
	转折点后10年年平均增长	1.01	1.47	1.95
农业产值份额（%）	转折点前10年	16.0	—	21.7
	转折点前后各5年	13.8	—	15.6
	转折点后10年	9.4	—	11.0
农业就业份额（%）	转折点前10年	40.8	50.9	44.9
	转折点前后各5年	32.8	43.7	36.4
	转折点后10年	25.6	34.3	28.2
工业产值份额（%）	转折点前10年	37.3	—	31.7
	转折点前后各5年	38.2	—	47.7
	转折点后10年	41.3	—	42.8
工业就业份额（%）	转折点前10年	24.8	—	23.4
	转折点前后各5年	28.0	—	29.1
	转折点后10年	31.5	—	36.2
劳动参与率（%）	转折点前10年	69.1	—	58.1
	转折点前后各5年	68.5	—	57.8
	转折点后10年	66.5	—	58.3

资料来源：日本的资料来源于 Minami，Ryoshin（1968），"The Turning Point in the Japanese Economy"，*Quarterly Journal of Economics*. Vol. 82，No. 3. pp. 380－402 及日本统计局网站，http://www.stat.go.jp/；台湾的资料来源于 Chia－Yu Hung，"A Discussion on the Lewisian Turning Point in Taiwan"，2010；韩国的资料来源于韩国统计局网站数据库，http://kosis.kr/eng/database。

注：各时期的取值为该时段内各年取值的平均值。

第三，与其他经济体不同的是，人口因素在中国的经济发展历程中发挥了独特的作用。这既与中国独特的人口转变过程相关，也和巨大的劳动力供给规模有联系。也就是说，只有劳动力供给因素出现转折性变化后，中国才能真正迎来劳动力市场的转折。而劳动力市场转折一旦出现，也会由于人口转变的加速而加剧。

（二）劳动力市场转折的阶段性

中国经济发展和劳动力市场转变的历程，符合发展经济学理论所描绘的二元经济从欠发达经济向发达经济迈进的一般路径。我们不妨借鉴经典理论来描绘当前中国劳动力转移进程处于什么样的阶段。在图 1 中，用横纵坐标分别表示农业劳动力和农业总产出，图中 $ORPT$ 为农业总产出曲线，其凸起的形状，表示农业劳动力过剩导致的劳动边际产量递减的性质。

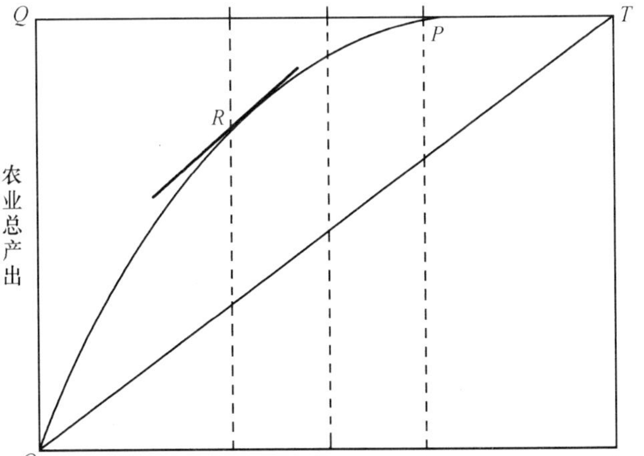

图 1 二元经济发展中的刘易斯转折点

资料来源：根据 Ranis and Fei（1961）绘制。

根据刘易斯的假设，在全部劳动者都务农，甚至在劳动力开始转移的情况下，在 LL_1 这个劳动力配置区间，劳动的边际产量都为零，劳动者的工资不是由边际劳动生产力决定，而是分享平均产量，即 OQ/OL。直到劳动力转移水平达到 L_1，即到达刘易斯转折点（图中 P）之前，转移到非农部门的劳动者继续分享平均产量。由于劳动的边际产量为零，劳动力转移的机会成本也为零，农业劳动力投入的减少并不会引起农业产出的下降，非农部门的工资水平也没有实质性的提高。也可以认为这是二元经济时代，劳动力市场的典型特征。虽然难以通过系统的统计资料来描绘这一事实，但毫无疑问，20 世纪农村转移劳动力在非农部门的状况符合这一典型特征。

但是，一旦劳动力转移达到 L_1 的配置状况后，如果劳动力继续转移，农业中劳动的边际产出就成为正数，按照定义，把 P 点看作经济发展到达刘易斯转折点。到达这个转折点之后，非农部门的实际工资开始上涨。并且根据需求收入弹性的幅度，工人对食品的需求也相应扩大。这时，继续转移农业劳动力，就会造成农业产出的减少，并导致一个逐渐增大的食品供求缺口。因此，该转折点也被称为“食品短缺点”。

由于直到农业劳动力转移达到 L_3 之前，农业劳动的边际产出始终小于平均产出，即在 R 点的右边，RPT 曲线的任何一点上，斜率皆小于 OT 的斜率，农业劳动力继续处于就业不足的状态，仍然有转移的要求，因此，虽然农业产出已经受到劳动力转移的影响，但停止劳动力转移并不是问题的解决办法。拉尼斯和费景汉理论的全部要义就在于，解决这个阶段农业问题的出路是提高其生产效率。

从刘易斯转折点出发，农业劳动力转移仍将继续，直到转移到 L_3 这一点上，R 所表示的农业劳动的边际产出等于平均产出，即 R 点的斜率与 OT 的斜率是平行的，农业和非农部门的工资由相同的劳动边际生产力决定，经济发展到达其商业化点或第二个刘易斯转折点。

根据经典理论的描述，目前中国的劳动力转移进程处于第一个转折点和第二个转折点之间，即图 1 中 P 点至 R 点的过程中。在这一阶段，劳动力市场表现出的特征是：劳动力在非农部门转移就业的工资水平开始显著上涨，并导致农业部门的工资上涨，但农业劳动力的边际生产率水平仍然低于非农部门；也正因为如此，劳动力由农业部门向非农部门的转移的进程并没有停滞，但劳动力转移的速度有可能放缓。

（三）当前劳动力市场的典型特征

农村劳动力转移就业是二元经济的独特现象，也是经济发展进程中的必然结果。随着非农部门的不断壮大，其吸纳农村劳动力的容量也会不断提高。当农村劳动力不再无限供给时，劳动力市场的形势（就业状况和工资水平）将发生明显的变化，称之为“刘易斯转折”。根据经典文献的研究，可以将劳动力市场结束无限供给称为第一个刘易斯转折点，将农业劳动生产率和非农部门劳动生产率相等称为第二个刘易斯转折点。刘易斯转折的来临对于经济发展和劳动力市场发育的含意是非常丰富的。一旦越过第一个刘易斯转折点，就意味着我国经济在总体上摆脱了贫困陷阱，进入中等收入阶段；

而如果能够越过第二个刘易斯转折点，则意味着迈入了发达经济体的行列。

目前，我国的经济发展处于两个转折点之间。在这个阶段，普通工人的工资由于劳动力市场供求关系的转变开始迅速上升，同时，由于农业部门和非农部门的劳动生产率仍然存在差异，农业劳动力向非农部门的转移仍将继续。不过，由于农业部门和非农部门的边际劳动生产率（工资）差异开始缩小，农村劳动力转移的速度开始放缓。

劳动力市场上的数量（就业）和价格（工资）变化是判断是否进入刘易斯转折的最主要依据。其中，数量（就业）变化体现为：农民工数量的持续增加与频繁出现的“民工荒”，农业就业数量的实际下降和农村剩余劳动力的减少等。在“农村劳动力转移就业现状及评估”中将对此着重予以说明。劳动力市场上价格（工资）变化的证据有以下几个方面：

其一，外出务工的农民工工资水平开始明显上升。根据国家统计局住户调查数据，外出农民工的平均月收入呈现不断上涨的趋势，如图 2 所示。尤其是近年来，农民工的工资增长开始加速，以 2001 年不变价格计算，2010 年达到 1 383 元。普通工人的工资增长是表征劳动力市场形势变化的明确信号。

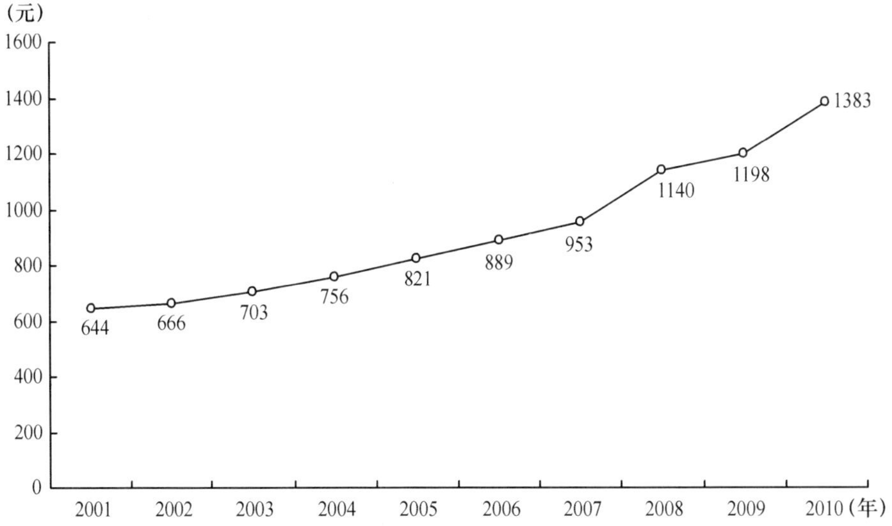

图 2 外出务工农民工平均月收入变化

注：为 2001 年不变价格。

其二，农业中雇工工资水平开始迅速上扬。按 1998 年不变价衡量，年平均增长率从 1999 年的 9.6%提高到 2004 年的 13.0%，2008 年进一步上升为 17.6%。这个变化同时反映在雇工成本的提高上面。选取具有代表性的农业生产活动，按1998年不变农村居民消费价格衡量的雇工工价[①]，观察中国的刘易斯转折点到来的重要标志（非农产业工资上涨）及其推论（农业劳动力成本上升）。如图3所示，不论是粮食作物、油料作物，还是规模养猪、蔬菜和棉花，其雇工工价无一例外地在不断提高。值得指出的是，制造业中普遍出现民工荒现象的2004年，是雇工工价上升的一个转折点。在2004年之前，雇工工价尽管在提高，但存在波动，而且提高的速度较慢；在此之后，雇工工价呈现稳步提高的趋势，而且提高的速度较2004年之前快得多。

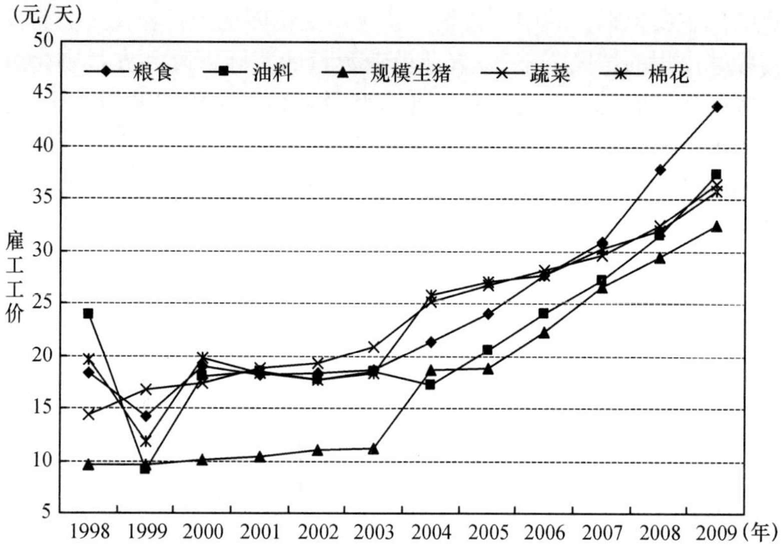

图3　雇工工价变化趋势

注：粮食是指稻谷、小麦和玉米三种粮食作物的平均；油料是指花生和油菜籽两种油料作物的平均；蔬菜是指大中城市蔬菜。价格根据农村消费价格指数调整。

资料来源：根据《全国农产品成本收益资料汇编》（历年）数据计算。

其三，农民工与城市本地职工的工资趋同趋势日益明显。在进入刘易斯转折点之前，农村剩余劳动力的广泛存在，是制约农民工工资上涨的基本因素。同时，由于城市劳动力市场上存在着制度性的分割，农民工难以进入城市的正规部门就业。于是，城市本地工人和农民工之间的制度分割，使他们各自形成了不同的工资决定机制，即一方面，劳动力无限供给抑制了农民工的工资上涨；另一方面，制度分割造成的进入障碍，既形成对农民工的工资

① 雇工工价是指平均每个雇工劳动一个标准劳动日（8小时）所得到的全部报酬（包括工资和合理的饮食费、招待费等）。

歧视，也使得劳动力的无限供给并不显著影响城市本地职工的工资增长①。

随着刘易斯转折点的到来，农民工的供求关系发生了根本性的转变，普通劳动力短缺的出现，使位于收入分布底端的农民工开始有更快的工资增长。与此同时，在劳动力短缺现象出现的条件下，制度性工资形成机制也被逐步打破。上述两个因素预期会产生推动农民工与城市职工之间工资趋同的效果。图4分别展示了2001年位于工资分布不同分位上的农民工和城市本地工人，从2001—2010年的工资增长情况。从图4中可以看出，城市本地职工在各个收入分布区间有着较为均衡的增长速度，但农民工的工资增长却呈现出不同的趋势。首先，2001年位于收入分布底端的农民工，较之位于收入分布高端的农民工，在随后的年份里有更快的工资增长，即图中的曲线呈总体向下的趋势；其次，2001年位于收入分布60%及以下的农民工，较之2001年位于收入分布60%及以下的城市本地工人，在随后的年份里有更快的工资增长速度。这个变化趋势在很大程度上也反映了，随着劳动力市场制度障碍的减少，市场机制在工资决定中发挥越来越明显的作用。

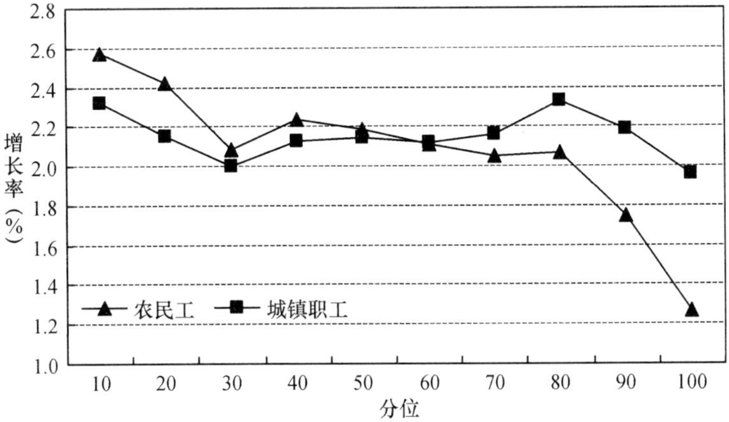

图4　2001年处于不同工资分位工人在2001—2010年期间的工资增长

三、农村劳动力转移就业现状及评估

伴随着经济发展和劳动力市场的不断发育，农村劳动力转移与就业的形

① 奈特和宋丽娜（Knight and Song，2005，p.108）以工资水平与劳动边际生产力的比较发现，当时的城市劳动力市场上，既存在着对农民工工资的低估，也存在着对城市本地工人工资的高估。

势已经发生了转折性的变化。然而，关于农村劳动力转移的现状及所处阶段的认识并没有得到统一，其原因在于以下两个方面的误区一直干扰着很多人对中国劳动力市场形势的正确判断。

其一，准确地判断中国的劳动力市场形势需要正确理解不同来源的统计数据的质量、含义及其针对性。中国的社会经济体制转型已经被大家广为接受，但统计体制的转型存在一定程度滞后，而且其对形势判断所产生的影响也未能引起足够的重视。后面的分析会表明，大多数判断基于农村及农业劳动力的加总统计，认为中国尚有足够的劳动力在农村和农业当中，存在明显的高估。

其二，准确判断中国的就业形势还需要正确把握中国经济体制发展与转型产生的影响。很多学者基于国际经验，给出对中国劳动力市场发展阶段的认识。然而，如果在借鉴国际经验时不考虑发展和转型的特征，简单地比照其他国家的统计数据，会产生比较严重的误判。随后的分析也会表明，农村劳动力的人力资本结构直接影响了劳动力市场的发展趋势。

鉴于此，从以下几个方面对当前农村劳动力转移与就业的现状进行分析和评估。

（一）农业就业数量的高估

对农村劳动力转移就业的现状及趋势的判断在很大程度上取决于对农村剩余劳动力数量，或者说农业就业的认识。很多人认为，根据现有的统计，我国农村劳动力中仍然有近3亿在农业部门就业，占就业总量的38%。比照发达国家的标准，仍然有大量的劳动力要转移。需要指出的是，一方面，由于统计制度的原因，农业就业数量被高估；另一方面，考虑农村劳动力的人口统计特征，尤其是人力资本特征，剩余的农村劳动力已经难以满足现代生产需要。下面先着重分析第一个方面。

目前的农业就业总量统计仍然采取全面报表统计的方式。应该说，这种调查方式在城乡明显处于分割状态、几乎不存在劳动力流动的计划经济时期，是相对可行的。因为在计划经济时期，劳动力资源的配置方式是以计划为基础的，不同的群体就业有清晰的界定。由于劳动力几乎没有流动，基层单位统计农业劳动力的成本低，通过各级单位层层上报就业数量也是可行的。

然而，随着经济发展和农村就业的非农化趋势逐步增强，农业就业统计遇到了巨大挑战。从20世纪80年代中期的乡村工业化大潮，到随后开始并一直延续至今的农村劳动力向非农产业和城镇地区流动，带来了中国就业结构的巨大变化。加上农户经营的土地规模小，兼业化的就业方式几乎成为大多数农户的就业方式，给农业就业统计带来的困难就更加明显。

在这种情况下，仍然通过逐级上报的方式统计就业数量，很难得到关于农业就业的准确统计。例如，国家统计局根据住户调查资料推算，2010 年到乡镇以外从事非农工作超过 6 个月以上的农村劳动力达到了 1.53 亿。同时，兼业化的就业方式几乎成为大多数农户的就业方式。在这种情况下，清晰地界定劳动力在什么产业就业几乎不可能。

在农户成为农村经济基本经营单位的情况下，农户之间存在劳动力配置的异质性。因此，以农村集体为单位，填报农业就业情况，会在加总的过程中，丢失反映农户劳动力配置差异性的信息。适应农村经济发展形势的变化，需要通过以农户为基本单位，以抽样调查的方式细化基本的调查单位。

在农村劳动力兼业化越来越明显的情况下，继续以"人"为单位统计农村就业也面临着越来越多的困难。因为同一个劳动力可能将一部分时间配置于农业，而其他时间配置于本地非农业或外出务工。为应对这种情况，度量劳动供给的单位需要更精确。例如，以"月"乃至"天"为计量单位来度量劳动供给，可以解决以"人"为单位带来的不可分性。

以农户水平的资料为基础，我们可以通过图 5 展现的框架，重新估算农业就业的数量。对于特定的农村劳动力而言，配置劳动力的方式包括农业、本地非农业以及外出务工三种。如果以"人月"为单位，就可以计算农村劳动力在三种生产方式的总投入。然后，可以再将每一种劳动供给换算成以"人"为单位的劳动投入。

遵循这一思路，以农村住户调查数据等为基础，重新估算农业就业人口。以"人月"为单位的基本假设是：作为一个具有全国代表性的调查，农村住户样本与全国农村的总体就业结构相同。因此，首先估算样本农户农业就业占 16 岁及以上人口的比例，再将其乘以 16 岁及以上农村人口总数，即可得到实际的农业就业数量。对农业就业数量重新估算的核心是，充分利用了农村住户数据对劳动供给度量更加精确的特点，将劳动供给时间由人年细分至人月。如果 16 岁及以上农村人口的总量为 N，农村劳动力 P_i 根据劳动力市场的状况和家庭及自身的禀赋配置其劳动 $L_{i,j}$，每个劳动力拥有的劳动时间都是一样的，但可能配置于不同的经济活动 j，即：

$$0 \leqslant L_{i,j} \leqslant 12, \quad j=1, 2, 3$$

根据当前农村劳动力配置情况，将经济活动分为三类，农业（$j=1$）、本地非农活动（$j=2$）和外出经济活动（$j=3$）。由于对于每一个劳动力而

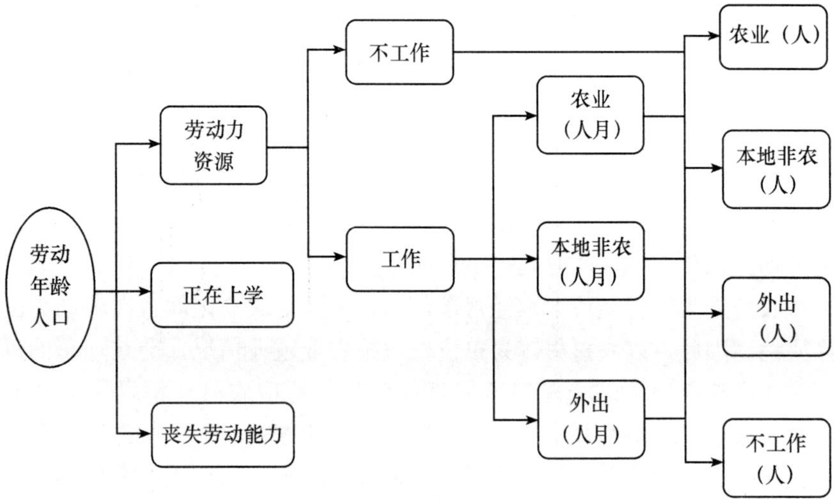

图 5　农村劳动力配置及农业就业数量的估算

言，其在不同的经济活动中劳动投入月数是可分的，因此，该项经济活动的总劳动供给也是可以加总的。对于农业经营而言，农业就业总量 $A=\sum_{i=1}^{N}L_{i,1}$。也可以将农业就业总量还原为以“人”为单位，即农业总就业为 $E=\frac{1}{12}\sum_{i=1}^{N}L_{i,1}$。

然而，我们并不能掌握所有农村劳动力的劳动配置情况，而只能依赖抽样调查的样本 n 的信息，推断总体情况。得到样本中农业就业为：

$$e=\frac{1}{12}\sum_{i=1}^{n}l_{i,1}$$

在假设样本中的人口和就业结构与总体相同的情况下，可以通过样本中农村人口的农业就业比例推断总体的农业就业比例，即：

$$R^N=r^n=\frac{e}{n}=(\sum_{i=1}^{n}\frac{1}{12}l_{i,1})/n$$

于是，农业就业总量为：

$$E=R^N\cdot N=\frac{N}{n}\sum_{i=1}^{n}\frac{1}{12}l_{i,1}$$

为了得到农村劳动力资源总量 N，采用“第二次农业普查”公布的农村劳动力资源数。因为，无论是从调查的资源投入还是调查的组织设计，农业普查所得到的信息更加可信。但第二次农业普查开展于 2006 年，为了得到

2009年的农村劳动力资源数，根据国家统计局每年的“1‰人口变动调查”，计算2006—2009年的人口增长率，并由此得到2009年该年龄组的人口数。同时，我们根据样本中15岁人口的比例进行调整，得到16岁及以上的人口数。综合各种资料，对2009年农业就业总量的重新估计结果见表3。

表3　2009年农业就业总量的重新估计

	含义	数据来源	数值
农业就业比例（r^n）	样本中按劳动供给时间计算的农业就业与人口之比	农村住户抽样调查	0.315
农村常住人口（万人）	15岁及以上农村人口的数量	第二次农业普查	60 250
15岁调整系数	样本中15岁人口的比例	农村住户抽样调查	0.982
总人口调整系数	15岁及以上人口2006年以来的增长	1‰人口变动调查	1.032
重新估算结果（万人）	23 075		
年鉴数（万人）	29 708		
高估数量（万人）	6 633		
高估比例（%）	22.3		

表3的重新估算结果表明，目前公布的农业就业数量存在着较为严重的高估。以2009年为例，农业就业总量高估了6 633万人，高估比例达22.3%。

（二）农村劳动力资源的分布与剩余

早在20世纪80年代中期，随着农村经济改革的激励效果显示出来，绝大多数学者和政策制定者都相信，农村有大约30%～40%的劳动力是剩余的，绝对数大约为1亿～1.5亿（Taylor，1993）。到了90年代，一些学者推算表明，农村剩余劳动力的绝对数进一步增加。例如，卡特等（Carter et al.，1996）的估算为1.72亿，剩余比例为31.5%。到了21世纪，人们对于农村剩余劳动力绝对数量和比例的估计不仅几乎没变，甚至还有所提高。例如，刘建进（2002）估算的结果是，2000年农村剩余劳动力比例高达46.6%，绝对数量超过1.7亿。

这些估计存在着一个共同的特点，就是注重农村剩余劳动力总量关系的测算，但忽视微观个体特征和行为差异对农村劳动力配置产生的影响。这一方面容易造成对农村劳动力剩余的总量关系判断产生偏差；另一方面，由于缺乏对农村劳动力微观特征的把握，也很难形成具有针对性的劳动力转移政策。

尽管非农部门的劳动力需求持续增加，但关于农村剩余劳动力的规模有多大，却是一个具有广泛争议的问题。一直以来，对农村剩余劳动力的估计值，大多是用农村劳动力资源总量，减去既定的农业生产能力下农业对劳动力的需求量得到的。这种估计方法虽然直接，却存在着以下几个方面的缺陷：

首先，在城乡经济关系和劳动力市场一体化程度逐步加强的情况下，农业部门的劳动力配置不仅取决于农业生产能力及其产生的对劳动力的需求，也取决于农产品价格、非农部门的工作机会和经济收入等多种因素。

在二元分割的社会经济形态下，农业剩余劳动力是一个静态的、绝对的概念，即在特定的技术水平和农业生产条件下，除了农业需求的劳动力，其余的劳动力都可以称之为农业剩余劳动力。而在城乡之间产品和要素市场相互联系的情况下，农村剩余劳动力则成为一个动态的、相对的概念。农户的劳动力配置不取决于农业部门的实际劳动力需求，而是取决于劳动力配置于农业部门和非农部门的边际收益大小。在这种情况下，农村劳动力的绝对数量和农业需求劳动力水平，就不能成为估计农村剩余劳动力规模的依据。

实际上，随着经济的不断发展和市场化改革的不断深入，城乡关系逐步改善，劳动力市场逐步一体化的局面已经形成。一方面，劳动力由农村向城市流动的规模越来越大，农村劳动力占城市就业规模的比重已接近一半（蔡昉，2007）；另一方面，由于劳动力流动的频繁，劳动力市场一体化的程度也在逐步加强（蔡昉、都阳，2004）。这就意味着，农户有条件根据非农部门的劳动力市场信息和农业的收益，决定其劳动力配置的部门。而兼业经营和直接、间接的撂荒等现象的日益普遍，则更说明农业劳动力需求数量难以估计，也就难以成为估算农村剩余劳动力规模的基础。

其次，在城乡劳动力市场逐步发育的情况下，农户的劳动力配置行为也逐渐转化为劳动者根据劳动力市场信号进行个人决策的过程。也就是说，农村劳动力是否在非农部门就业或者迁移到其他地区从事经济活动，取决于劳动力市场的工资水平和个人的保留工资水平。另外，即便是农业生产需求以外，存在着一定数量的剩余劳动力，也需要考虑各种可能存在的不同的劳动力市场选择。对于任何一个群体的劳动力，都存在三种可能的劳动力市场状态：就业、失业和退出劳动力市场，农村剩余劳动力也不例外。

对城市劳动力市场的研究结果表明，由于劳动供给特征、流动性、保留工资和市场分割等因素，城市中的农村迁移劳动力的失业率很低。从全国平均水平看，2000 年城市本地劳动力失业率为 9.1%，农村迁移劳动力失业率为 3.6%，农村迁移劳动力失业率不到城市本地劳动力失业率的一半。这是一个选择性的结果，在城市劳动力市场上未找到工作的农村迁移劳动力，往往倾向于返回农村。因此，把农村剩余劳动力作为一个群体来考虑，他们的失业率可能很低，但劳动参与率也可能较低。

显然，用农村劳动力资源总量减去农业需求劳动力，得到农村剩余劳动力数量的加总分析方法，难以分析个人的劳动力市场参与等决策过程，而笼统地把没有参与劳动力市场的劳动力也作为农村剩余劳动力，并认为其可以为非农经济部门所使用，显然会高估农村劳动力的供给数量。而对农村剩余劳动力构成的差异性不加区分，也不利于形成合理的、有针对性的劳动力市场政策。

再次，由于以往对农村剩余劳动力的估计是基于加总数据，因此，也就很难考虑劳动者的个体差异性。实际上，目前的非农劳动力市场对农村转移劳动力具有很强的选择性，从而使得年龄、受教育水平等个人特征，成为决定农村剩余劳动力流动方向的最主要的因素。已有的研究（蔡昉，2007）也已经指出，农村中中青年劳动力已转移殆尽，而老年劳动力的转移可能性却很低。因此，不对这两个群体的转移可能性加以区分，不仅可能高估农村剩余劳动力的总体规模，也不利于出台具有群体针对性的政策，鼓励迁移可能性低的农村劳动力转移，以挖掘现有的劳动力供给潜力。

最后，农业生产的复杂性为确切地估计农业劳动力需求的数量增加了难度。农业生产的季节性很强，目前，劳动者在不同部门之间循环往复地就业，形成兼业化模式的现象非常普遍，这会给度量农业劳动力需求增加难度。同时，农业中的精耕细作和粗放经营会产生明显的劳动力需求差异，但这些差异很难在加总分析中得到反映。而不同程度和形式的撂荒，则更增加了对农业劳动力需求的估计难度。

鉴于上述原因，我们拟通过具有全国代表性的微观数据资料，分析农村劳动力资源的配置状况，基于个体特征，对农村劳动力的转移可能性和农村剩余劳动力数量进行估计，并以此为基础，讨论进一步挖掘农村劳动力的供给潜力所应进行的政策调整。

农村劳动力的个体特征和家庭特征，是决定其是否从事非农就业和外出就业的重要因素。2009 年农民工监测调查数据中，包含着有关农村劳动力非农就业、外出就业，以及个体特征和家庭特征的资料。因此，我们得以根据该资料，从总体上估计农村劳动力的非农就业和外出就业决策①。在估计农

① 农村劳动力是指 16 岁及以上不在学而且具有劳动能力的人。

村劳动力的非农就业决策时，将劳动力的非农就业决策定义为一个虚拟变量。从事过本地非农自营、非农务工或者外出就业过被定义为非农就业者，被赋值为 1；反之被赋值为 0。劳动力的外出就业决策同样定义为一个虚拟变量，外出就业过被赋值为 1；反之被赋值为 0。我们使用 Probit 模型，估计农村劳动力的非农就业和外出就业决策过程。

在农村劳动力的非农就业和外出就业决策模型中，包括了反映劳动力个体特征的变量，如年龄、性别和受教育水平，还包括了一些反映家庭特征的变量，如家庭规模、6 岁以下孩子比重、65 岁以上老人比重和家庭中受教育水平最高的人的受教育年限等。同时，为了反映区域性的因素对劳动力从事非农就业和外出就业决策的影响，又在模型中加入了户口登记地所在省份的虚拟变量，以体现地区差异性。用于估计农村劳动力非农就业和外出就业决策的 Probit 模型设定如下：

$$P=\alpha+\beta_1 age+\beta_2 age^2+\beta_3 male+\beta_4 junior+\beta_5 senior+\beta_6 hhsize+\beta_7 kid+\beta_8 old+\beta_9 \mathrm{max}edu+\beta_{10} prov+\varepsilon$$

其中，age 为年龄，age^2 为年龄平方项，$male$ 为男性虚拟变量（女性为参照组），$junior$ 为初中虚拟变量（小学及以下为参照组），$senior$ 为高中中专及以上虚拟变量（小学及以下为参照组）[①]；$hhsize$ 为家庭规模，kid 为 6 岁以下孩子比重，old 为 65 岁以上老人比重，maxedu 为家庭中受教育水平最高的人的受教育年限。此外，户口登记地所在省份虚拟变量也包括在模型中，以控制区域劳动力市场等因素的影响，ε 是随机误差项。Probit 模型回归结果见表 4。

表 4 农村劳动力转移就业决策：Probit 模型估计结果

变量	非农就业决策		外出就业决策	
	边际概率	Z 值	边际概率	Z 值
年龄	0.008 9	5.22***	−0.006 9	−5.54***
年龄平方	−0.028	−13.5***	−0.006 8	−4.17***
男性	0.31	39.44***	0.12	23.70***
初中	0.094	9.66***	0.053	7.49***
高中中专及以上	0.14	10.13***	0.070	6.79***

① 农村劳动力中，受教育水平在大专及以上的比例很低。此处，将“高中”、“中专”与“大专及以上”合并为“高中中专及以上”。

续表

变量	非农就业决策		外出就业决策	
	边际概率	Z 值	边际概率	Z 值
家庭规模	−0.003 7	−2.90***	−0.000 5	0.60
6 岁以下孩子比重	−0.11	−2.34**	−0.080	2.59***
65 岁以上老人比重	0.066	2.06**	0.068	2.82***
家庭最高教育	0.004 6	2.75***	0.001	0.98
省份虚拟变量	有		有	
Pseudo R^2	0.236		0.274	

注：***表示在 1%水平上显著，**表示在 5%水平上显著；户口登记地所在省份虚拟变量的估计结果在表中省略。

模型中的大部分解释变量都在 1%水平上显著。这表明，可以根据上述模型的估计结果，来预测样本中未从事非农就业或外出就业的农村劳动力，未来从事非农就业或者外出就业的概率。需要注意的是，这种预测是基于劳动力市场的需求因素，和调查时点相比没有发生根本变化的前提下。换言之，任何引起需求发生明显变化的因素，最终会通过劳动力市场的价格机制，传导并影响农村劳动力的非农就业和外出就业决策。例如，非农部门劳动力需求的增加，会在既定的劳动力供给水平下，提高非农劳动力市场的工资率，相应地增加农村劳动力从事非农就业的可能性。反之，非农经济部门增长放缓，会降低对农村劳动力的需求，使农村劳动力从事非农就业的可能性降低。

另外，任何对保留工资产生影响的因素发生变化，也会使预测结果产生结构性的变动。例如，农民工的社会保护水平、福利状况、工作条件和享受公共服务的水平和范围的变化，也会影响到农村劳动力外出就业决策。这些因素也是我们未来讨论政策变化和劳动力转移的主要领域。

根据农村劳动力的个体特征、家庭特征和农村劳动力外出就业决策模型，可以预测出农村劳动力的外出就业概率。在预测时，分别预测每一个年龄组下，不同受教育水平的劳动力的外出就业概率，外出就业概率乘以该年龄组下每种受教育水平的劳动力人数，即可得到该组别的劳动力中可能外出就业的劳动力数量。表 5 分别列出了 2011 年劳动力的分年龄组和受教育水平的分布情况，每一个组别的平均转移就业概率，平均外出就业概率，以及每个组别可转移就业的数量，可供外出就业的劳动力数量。

首先，在近 4 亿 16～64 岁的农村劳动力中，年龄的分布并不均衡。农村劳动力中，40 岁至 64 岁者占 58.9%，50 岁以上者占 29.7%，30 岁以下者仅占 23.4%。可见，由于农村劳动力转移就业规模的逐年增加，滞留在农业中的劳动力的老化现象已经非常明显。

其次，从可供外出就业的数量看，如果非农部门的需求和劳动力市场的制度因素不出现大的变化，农业中可转移就业的劳动力数量已经非常有限。2011 年可供转移就业的农村劳动力总量约为 7 689 万人。如果中国的经济发展保持最近几年的发展速度和就业弹性，则每年新增就业的数量约为 1 000 万人，这也就意味着，业已出现的劳动力短缺形势将更加严峻。

此外，从未来非农劳动力的供给来源看，随年龄增长的“倒 U 型”趋势非常明显。16～19 岁和 20～29 岁的年轻劳动力虽然受教育水平较高，但未转移的数量已经有限（分别为 616 万人和 2 650 万人）。在目前的劳动力市场条件下，仍可能转移就业的数量分别为 365 万人和 1 488 万人；40～49 岁和 50～64 岁以上劳动力，虽然目前未转移的数量仍然可观，分别为 6 317 万人和 8 553 万人，但他们的平均受教育水平相对较低、外出的概率也最低，转移意愿不足，可供转移就业的数量分别为 2 430 万人和 2 043 万人；30～39 岁组的劳动力数量为 7 069 万人，转移就业的概率尽管低于 30 岁以下的年轻劳动力，但高于 40 岁以上的劳动力，该年龄组可供外出就业的数量为 1 362 万人。

需要指出的是，不同年龄组的劳动力在转移就业的模式上存在着明显的差别。根据同样的数据来源，可以估算出各年龄组不同受教育水平的平均外出概率，可以采用类似的方法估算目前农村剩余劳动力中可能外出就业者的数量。根据表 5 的结果测算，目前尚未外出就业的劳动力中，仍然有可能外出就业的农村劳动力总量为 3 046 万人，占可转移劳动力数量的 40%。

表 5　可供转移的农村劳动力：分年龄组和受教育水平的情形

年龄和教育分组	劳动力资源（万人）	已转移劳动力（万人）	未转移劳动力（万人）	平均转移概率	可转移数量（万人）	平均外出概率	可外出数量（万人）
16～19 岁	1 490	874	616	—	365	—	307
小学及以下	191	74	117	0.470	55	0.388	45
初中	963	568	395	0.594	234	0.511	202
高中及以上	336	232	104	0.727	76	0.571	59
20～29 岁	7 800	5 150	2 650	—	1 488	—	1 036
小学及以下	947	393	554	0.434	240	0.299	166

续表

年龄和教育分组	劳动力资源（万人）	已转移劳动力（万人）	未转移劳动力（万人）	平均转移概率	可转移数量（万人）	平均外出概率	可外出数量（万人）
初中	4 827	3 222	1 605	0.572	918	0.400	641
高中及以上	2 026	1 535	491	0.672	330	0.467	229
30～39 岁	7 069	4 071	2 998	—	1 362	—	648
小学及以下	1 787	682	1 105	0.355	392	0.159	176
初中	4 330	2 662	1 668	0.497	829	0.241	402
高中及以上	952	727	225	0.627	141	0.312	70
40～49 岁	11 592	5 275	6 317	—	2 430	—	737
小学及以下	3 620	1 091	2 529	0.287	726	0.078	197
初中	6 242	3 156	3 086	0.435	1 342	0.140	431
高中及以上	1 731	1 029	702	0.515	362	0.156	109
50～64 岁	11 833	3 280	8 553	—	2 043	—	317
小学及以下	6 487	1 275	5 212	0.172	896	0.022	117
初中	4 022	1 387	2 635	0.324	854	0.056	147
高中及以上	1 324	618	706	0.415	293	0.076	54
合计	39 784	18 650	21 134	—	7 689	—	3 046

图 6 清晰地展示了转移就业劳动力的就业倾向差异。在可转移的农村劳动力中，20 岁以下的外出就业意愿最高，但同时该年龄组劳动力的剩余数量也极其有限。该年龄组有 365 万可能转移就业的劳动力，其中，307 万可能选择外出就业，占 84.1%。20～29 岁年龄组可转移的 1 488 万农村劳动力中，可外出者为 1 036 万人，占 69.6%。30～39 岁年龄组可转移的 1 362 万农村劳动力中，可外出者为 648 万人，占 47.6%。40 岁以上年龄组的外出意愿则明显下降，外出者占可转移劳动力的比重不足 1/4；特别是 50 岁以上的年龄组，可外出者占可转移劳动力的比重仅为 15.5%。因此，从进一步促进农村劳动力转移就业的政策看，针对不同的群体实施有针对性的措施是非常必要的：年轻劳动力具有较强的转移意愿，可以通过更加公平的积极就业政策，促进外出转移；对于 40 岁以上的农村劳动力，外出转移就业的意愿并不强，主要通过产业转移、就近就业等方式促进转移就业。

（三）农村劳动力的时间配置与区域结构

尽管从总体上看，中国的城市化水平与发达国家还有相当大的差距，滞

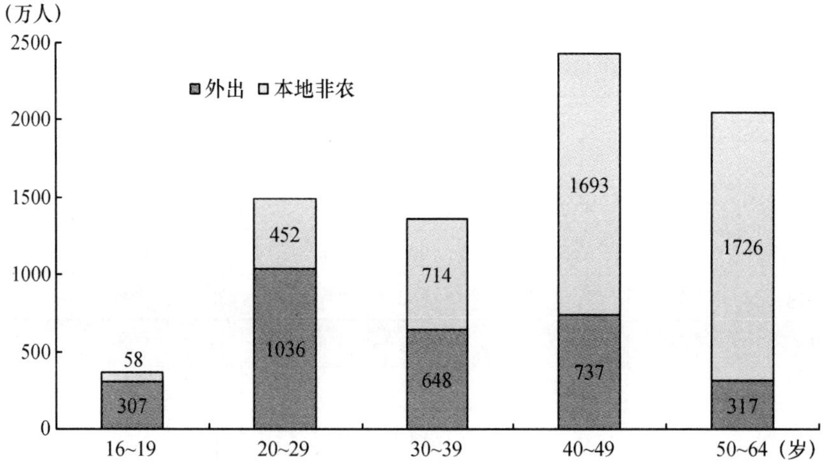

图 6　可转移就业的农村剩余劳动力构成

留在农村的人口数量仍然非常可观，但由于年轻、受教育水平高的农村劳动力已经得到了充分转移，因此，农村劳动力的进一步转移将受到个人特征的制约。图 7 展示了不同年龄的农村劳动力劳动供给的状况，其中，左图显示的是包括农业劳动在内的劳动供给时间随年龄变化的情况，右图是非农劳动供给随年龄变化的情况。两个图都体现出农村劳动力的劳动供给时间具有非常明显的“倒 U 型”特征。50 岁以上的农村劳动力，工作时间随年龄增长迅速减少。右图的曲线更加陡峭，可以看出，40 岁以上的农村劳动力每年在非农部门工作的时间平均不足 4 个月。

因此，如果预期这些仍然滞留在农村的劳动力在将来从事非农经济活动，必须考虑他们的个人特征是否适合非农经济部门的需求。表 6 展示了农村劳动力中未就业或只有有限的劳动供给时间者的特征。他们具有明显的特征：年长、女性而且受教育水平低。我们同样分析了那些只从事农业生产者的特征，发现了类似的情形：平均年龄在 47 岁左右，约 60％为女性，而且平均接受教育达不到初中的水平。虽然这一部分人口仍然占农村劳动力的相当大比例，但很难在现代部门实现转移就业。

目前来看，中国东部沿海地区仍然是经济最发达、就业最集中的地区，但劳动力市场区域一体化的趋势已经形成。推动区域劳动力市场一体化的主要力量就是劳动力的转移和流动。最近几年，劳动力短缺的现象已经蔓延到中西部地区，这也意味着劳动力转移的区域结构开始发生变化。

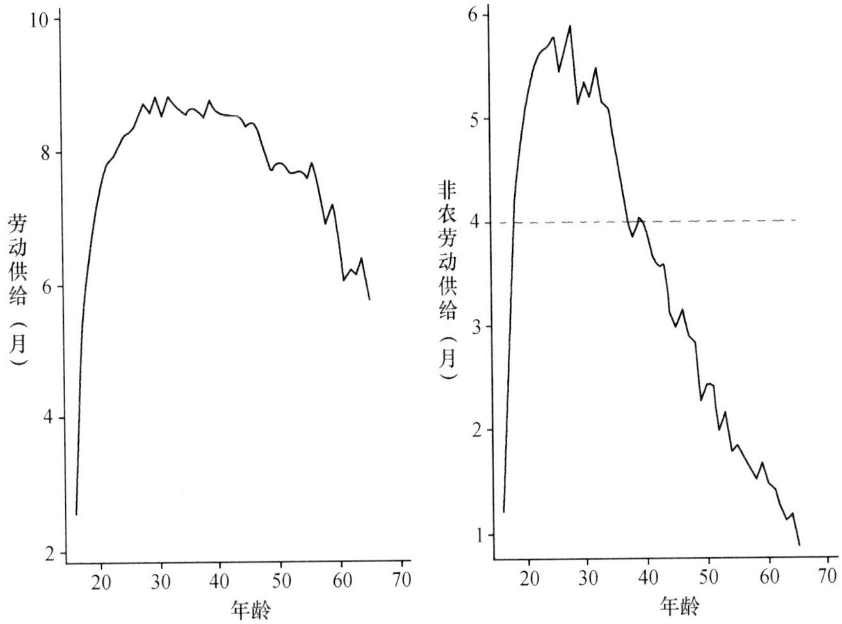

图 7 农村劳动力随年龄变化的劳动供给时间

表 6　　不同组别人群的工作时间

	占农村劳动力比例（%）	年龄	女性比重（%）	平均受教育年限
总体劳动供给状况				
不工作	7.16	56.7	64.6	5.68
工作少于 1 个月	1.01	42.8	67.6	8.02
工作 1～2 个月	2.30	42.6	68.5	7.95
工作 2～3 个月	3.64	44.8	65.5	7.5
非农劳动供给				
只在农业部门就业	46.82	46.5	59.7	7.32
非农就业少于 1 个月	2.04	43.8	34.0	7.81
非农就业 1～2 个月	3.38	42.4	35.2	8.07
非农就业 2～3 个月	2.97	40.7	31.2	8.38

就业的区域结构变化的基础是地区间经济发展的趋同。刘易斯转折点后，经济发展的雁阵模式开始在中国发生作用，地区间人均 GDP 的差异开始缩小。如图 8 所示，1978—1990 年，各省人均 GDP 的基尼系数由 0.347 下降到 0.268，若以人口加权则由 0.241 下降到 0.213。随后，地区间的经

济发展差距开始扩大，到 2003 年，各省人均 GDP 的基尼系数又达到了 0.34 的峰值。2003 年后，区域不平等指数开始持续下降。尽管决定区域差距的因素众多，但区域经济关系发生的变化和刘易斯转折点的一致性，仍然显示了劳动力流动对于缩小地区差距的积极作用。

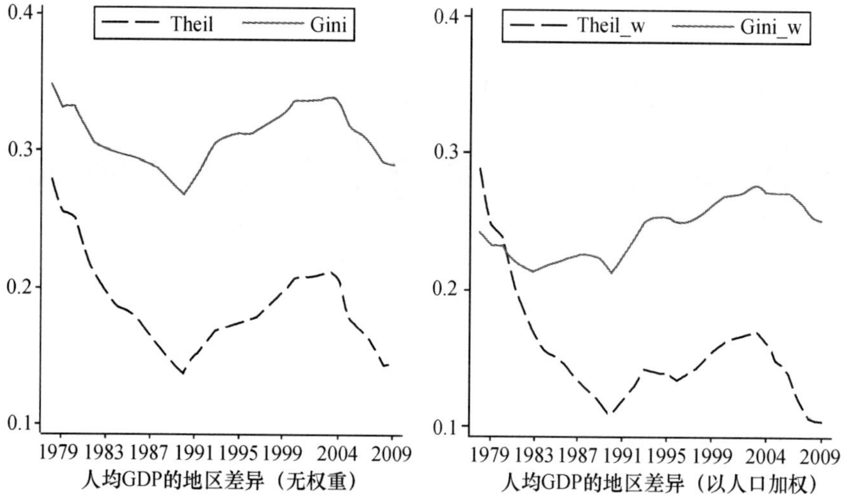

图 8　人均 GDP 的地区差异

落后地区对发达地区的经济赶超，为内陆省份提供了就业机会。图 9 描绘了农民工转移就业的区域特征。左图显示的是就业的地区分布和经济发展的关系，其中，横轴是人均 GDP 的对数，纵轴是就业区域指数，即就业与本地 16～64 岁人口的比。由于就业包括了本地人口和农民工，因此，该指数实际上反映了一个地区的就业需求在多大程度上是由本地劳动供给满足的。很显然，发达地区主要依赖外来的劳动供给。右图显示的是经济发展和劳动力转移的关系。横轴依然是人均 GDP，但纵轴是转移出省的劳动力和本地非农就业者的比。因此，位于左上方的省份应该是劳动力输出地区。从 2009 年的情况看，指数大于 1 的地区为广西、江西、贵州、安徽、宁夏和湖北。由于中西部地区的经济迅速发展，为劳动力本地就业提供了越来越多的就业机会，已经有一些传统劳动力输出大省指数小于 1，如四川、河南、湖南、重庆等。

中西部地区区域经济的发展为农村劳动力就地、就近转移提供了有利条件。特别是对于年龄更高的劳动力，本地就业机会的增加能显著提高他们的转移意愿。

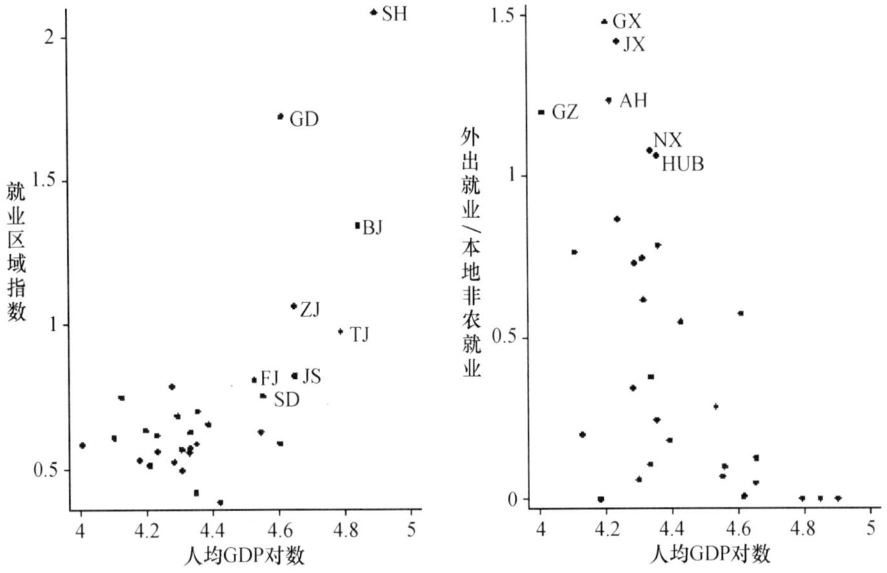

图 9　就业的区域特征

四、未来农村劳动力转移趋势的预测

经济发展越过刘易斯转折点后，劳动力市场上就业与工资的决定机制，由刘易斯模型所描述的古典机制转向新古典机制。也就是说，在二元经济时代，劳动力需求决定了就业岗位的增长，而在经济发展越过刘易斯转折点后，影响劳动力转移的因素将更加复杂。

未来的农村劳动力转移趋势受以下几个方面基本因素的影响。第一，经济增长的速度和结构决定了劳动力需求。第二，由人口因素主导的劳动力供给。第三，劳动力市场制度对劳动力市场竞争性和灵活性会产生影响，并影响劳动力转移的速度和水平。

（一）潜在经济增长率的下降

中国经济已经持续了 30 年的高速增长，在越过刘易斯转折点后，以往的一些经济增长源泉将逐渐枯竭，依靠要素投入的经济增长模式也越来越难以为继。例如，在二元经济时代，由于劳动力由低生产效率的部门（如农业）向高生产效率的部门（如第二和第三产业）转移，劳动边际生产率的提升将成为经济增长的源泉。根据世界银行以及我们的估计，在改革开放的前 20 年里，农村劳动力转移就业，对经济增长的贡献率约为 20%～24%。

然而，随着经济发展越过刘易斯转折点，农业部门的劳动边际生产率和非农部门的劳动边际生产率的差异逐渐缩小。这也就意味着劳动力的进一步转移对经济增长的贡献会逐步衰减，并有可能导致经济增长速度的下降。图10所展示的是2001—2010年新增农村劳动力转移对经济增长的贡献率：自2002年达到峰值31.4%后，在总体上处于下降趋势，2009年和2010年则分别仅为1.2%和1.9%。

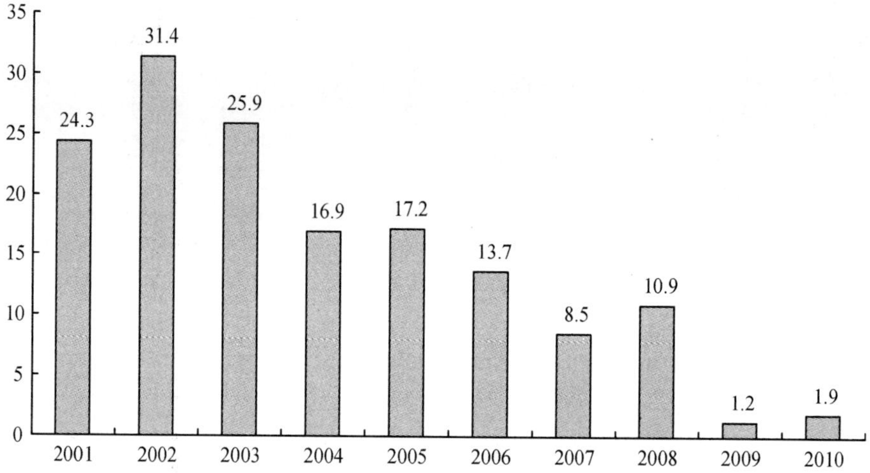

图10　新增农村转移劳动力对经济增长的贡献率（%）

由于传统的经济增长源泉逐渐消失，从中长期看，中国经济的潜在增长率将逐步下降。潜在经济增长率可以理解为一个经济在既定的资源、技术等约束条件下，生产要素得到充分利用时所能达到的增长速度。

根据测算，1978—2010年经济的潜在增长率大约为10%，而2011—2015年将下降到9.1%，2016—2020年将进一步下降到7.5%。根据世界银行的计算，中国经济的潜在增长率1978—1994年为9.9%，1994—2009年为9.6%，2011—2015年为8.4%，2016—2020年为7.0%。

（二）人口年龄结构变化加速

随着人口转变过程的进行和劳动力转移进程的推进，农村劳动年龄人口不断减少，农村人口老龄化的趋势也将日益明显，并成为劳动力转移速度放缓的重要因素。2001—2030年，不论是16～64岁农村劳动年龄人口，还是16～40岁农村劳动年龄人口，其数量都呈现不断下降的趋势（见图11）。

但是，在不同阶段，农村劳动年龄人口的下降速度并不相同（见表7）。对于16～64岁的农村劳动年龄人口而言，其下降速度越来越快。2001—

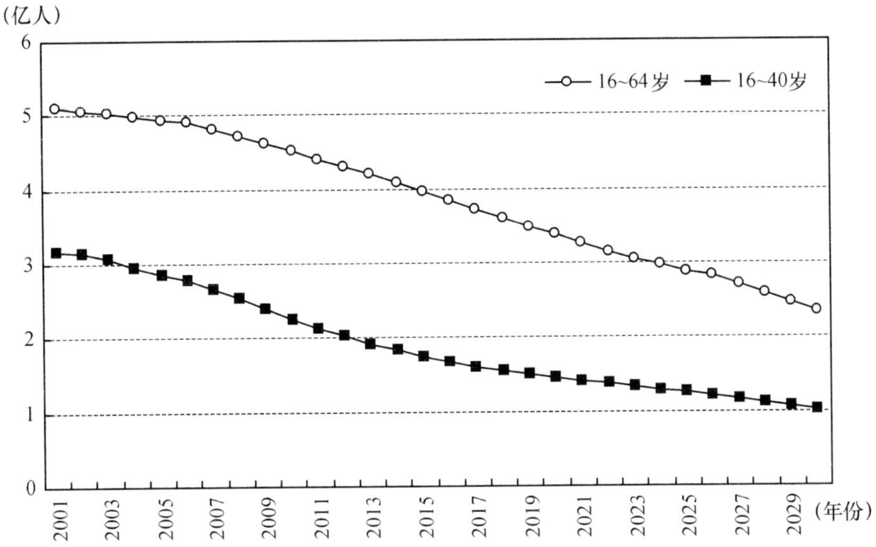

图 11　农村劳动年龄人口数量的变化

2010 年期间，年均下降 1.36%；2011—2020 年期间，年均下降 2.93%；2021—2030 年期间，年均下降 3.59%。对于 16～40 岁的农村劳动年龄人口而言，其年均下降速度在 2001—2010 年期间和 2011—2020 年期间，分别达到 3.7%和 4.14%，远远快于同期 16～64 岁劳动年龄人口的下降速度；2021—2030 年期间，16～40 岁劳动年龄人口年均下降速度比 2011—2020 年期间略微缓和，为 3.57%，与同期 16～64 岁劳动年龄人口下降速度基本相当。

表 7　　农村劳动年龄人口下降速度　　（单位：%）

年龄组	2001—2010 年	2011—2020 年	2021—2030 年
16～64 岁	－1.36	－2.93	－3.59
16～40 岁	－3.70	－4.14	－3.57

在农村劳动年龄人口数量不断下降的同时，其老龄化趋势越来越明显。从绝对数量看，在未来 20 年间，16～20 岁、21～30 岁、31～40 岁和 41～50 岁这几个年龄组的人口，都在逐步减少；而 51～64 岁组的人口在 2020 年之前在逐步增加，之后随着农村劳动年龄人口总量的大幅度下降，这个年龄组的人口也开始减少（见图 12）。

从分年龄组在全部农村劳动年龄人口中所占比例，可以更清楚地看到农村劳动年龄人口的老龄化趋势。从图 13 中可以清晰地看到，较为年轻的

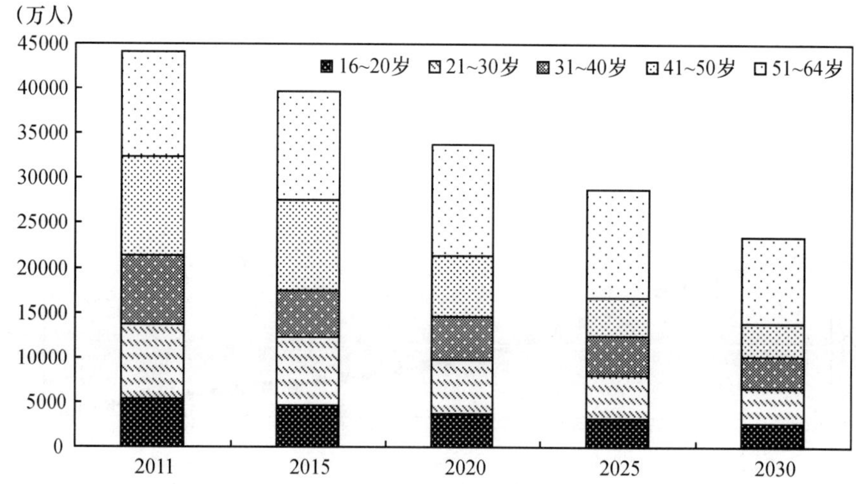

图 12 农村劳动年龄人口数量的变化

16～40 岁组人口在全部农村劳动年龄人口中所占比例从 2015 年开始有一个显著的下降，此后基本保持在一个较为稳定的水平。41～50 岁组人口比例自 2020 年起开始大幅度下降，在 2030 年有较小幅度回升。而 51～64 岁组人口在全部农村劳动年龄人口中所占比例则一直在迅速提高，2025 年达到最高水平，占全部劳动年龄人口的 42%，2030 年略有下降，但也占到了 41%。

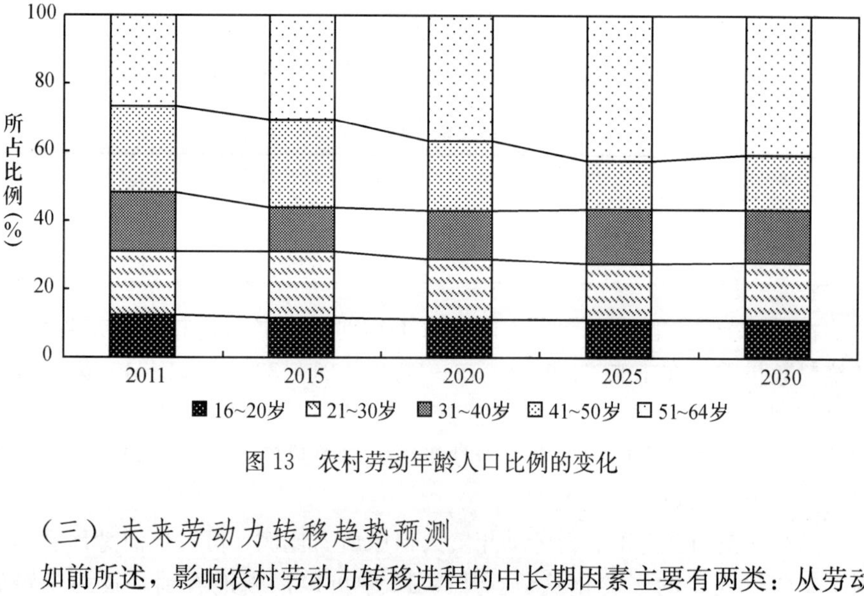

图 13 农村劳动年龄人口比例的变化

（三）未来劳动力转移趋势预测

如前所述，影响农村劳动力转移进程的中长期因素主要有两类：从劳动力需求面看，经济增长的速度是决定就业需求增长的基本因素；劳动力供给面的因素则主要是劳动年龄人口的数量及其变化。

当然，还有其他一些影响因素也非常重要：工资水平的提升会使原本保留工资水平更高的劳动者参与到劳动力市场中来，从而提高劳动力转移的可能性。同时，工资水平的提高将会激励企业用资本替代劳动，缩减劳动力需求，从宏观层面上看，就表现为产业结构和经济结构的变化，以及经济增长的就业弹性的缩小。如果劳动力市场制度改革缩小了劳动力流动的障碍，则劳动力市场的竞争性和灵活性会增强，并有利于劳动力转移，反之，如果劳动力市场制度趋于僵化，则会制约转移就业规模的扩大；城乡差距的缩小，尤其是城乡之间社会福利和公共服务差距的缩小，将使转移的动力衰减。

根据表5的计算结果，已经了解了当前农村劳动力转移就业的基本态势。需要指出的是，表中的计算结果对“转移就业”使用的定义是“在本年度曾经从事过本地非农经济活动或外出经济活动”。该定义虽然对“转移就业”的限制很松，但就研究转移就业的潜力而言，却是最好的定义。

第一，需要确定劳动力转移的基准水平。根据定义和表5的计算结果，当前农村劳动力转移数量为18 650万人。根据国家统计局公布的结果，2009年举家外迁的劳动力数量为2 966万人，比2003年增加22.1%。以2003—2009年的平均复合增长率作为依据，得出举家外迁的劳动力年平均增长速度为3.37%。以此增速计算，2011年举家外迁的劳动力数量为3 170万人。住户转移劳动力加上举家外迁劳动力构成预测的基准水平，为21 820万人。

第二，需要确定劳动力转移的目标水平。根据基于微观模型的估算，在劳动力市场条件和农业生产力维持当前水平的情况下，尚可转移的劳动力为7 689万人。也就是说，未来农村劳动力转移的目标数量为29 509万人。

第三，在确定了未来转移就业的目标数量后，农村劳动力转移何时完成，则取决于劳动力转移的速度。根据前面的分析，在影响未来农村劳动力转移的因素中，有两类基本因素和改革开放前30年存在着明显的不同：潜在经济增长率的下降和劳动年龄人口的减少。

以过去5年（2005—2010年）的经济增长和劳动力转移进程为预测基准期。由于缺乏本地非农就业的早期数据，假设本地非农和外出就业处于动态平衡中，即在中长期保持相似的增长速度。根据表8的结果，2005—2010年农村外出务工人员的年度复合增长率为4%。同时，该期间的平均年度经济增长率为11.24%。

对潜在经济增长率，分别使用世界银行的预测结果，以及课题组根据生产函数估算的结果。在假设经济增长的就业弹性保持相同水平的情况下，潜在经济增长率的下降，会导致就业需求的进一步下降，并使劳动力转移的速度放缓。即由于潜在经济增长率的下降，每年农村劳力转移的速率在2011—2015年间，较之基准期的平均水平（2005—2010年）下降1/5～1/4；在2016—2020年间下降33%～38%。具体参数见表8。

表8 预测的主要参数及结果

预测基准水平	2011年转移就业数量（万人）	21 820
	2005—2010年度复合转移速率	4.0%
	2005—2010年平均年度经济增长率	11.24
潜在经济增长率	世界银行估计2011—2015年潜在增长率	9.1%
	转移速率调节系数	0.81
	世界银行估计2016—2020年潜在增长率	7.5%
	转移速率调节系数	0.667
	本研究估计2011—2015年潜在增长率	8.4%
	转移速率调节系数	0.747
	本研究估计2016—2020年潜在增长率	7.0%
	转移速率调节系数	0.623
劳动年龄人口变化	2011—2020年年均下降速度	2.93%
	转移速率调节系数	0.970 7
	2021—2030年年均下降速度	3.59
	转移速率调节系数	0.964 1
预测结果	方案一年均转移率	2.82%
	达到目标值时间	2022年
	方案二年均转移率	2.60%
	达到目标值时间	2023年

如前所述，劳动力年龄人口的下降将成为未来10年最为明显的特征。由于劳动力年龄人口数量的下降和劳动年龄人口的老龄化，劳动力转移就业的速度将放缓，其参数也列示于表8中。

根据不同的潜在经济增长假设以及劳动年龄人口的变化情况，对转移速率进行调节。以此为基础，预测在劳动力市场制度维持当前状态的情况下，农村劳动力转移大致在2023年前后达到目标值水平，如图14所示。预测结果显示，在未来10年间，劳动力外出转移的速度较之过去10年将有明显的

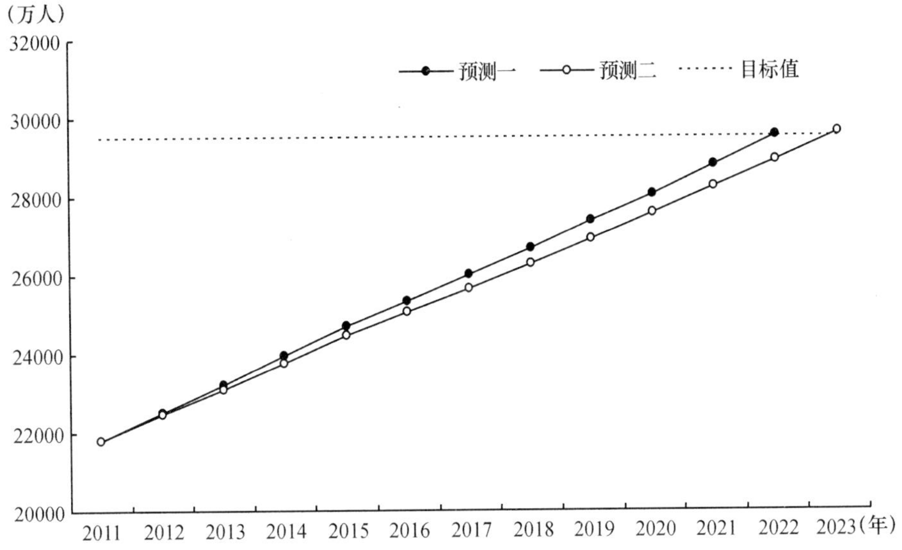

图 14　未来劳动力转移进程预测

注：图中“预测一”为基于世界银行估计的潜在经济增长率；“预测二”为基于本研究根据加总生产函数估计的潜在经济增长率。

下降，到 2020 年农村转移就业的劳动力总量将达到 2.8 亿人左右。

五、完善农村劳动力转移就业的政策建议

（一）把农村劳动力转移的工作重点转向农村人力资源开发

在未来 10～20 年，随着经济发展和劳动力市场形势的变化，农村劳动力转移的速率将逐步放缓。然而，劳动力成本的不断提升将必然导致经济结构的更新、升级，农村转移劳动力将越来越多地在资本密集、技术密集和高附加值的行业就业。在这种形势下，推动转移数量的增加不应成为未来政府部门的工作重点，相应地，促进农村劳动力转移就业的工作重点应转向加大人力资源开发力度，尤其需要通过更有效地组织实施培训计划，使农村劳动力更好地适应经济转型的需要。

（二）进一步推动区域经济调整，促进劳动力的就近就地转移

区域经济的协调发展给中西部地区带来了更多的发展机遇。内陆省份有很多是传统的劳动力输出大省，尽管跨省迁移在最近几年式微，但产业的内迁给很多原本难以利用外部劳动力市场的农村劳动力以新的就业机会。特别是对于年长的农村劳动力，产业转移所带来的就业转移效应将更加明显。利

用这一效应，将有利于鼓励原本沉淀在农业、人力资本相对较低的农村劳动力的转移就业。

（三）完善城市化政策，提升转移劳动力有效劳动供给时间

研究表明，农村劳动力的兼业化程度很高。增加农村劳动力的非农工作时间，不仅将提高他们的有效劳动供给水平，也会使农村转移劳动力的就业质量得以提升。目前，不完善的城市化进程是制约农村转移劳动力在非农部门劳动时间提高的主要因素。社会保护、公共服务的均等化和一体化将会刺激农村劳动力有效劳动供给时间的增加，并提升劳动力转移的质量。

（四）进一步完善农村社会保护体系

分析表明，在当前的农村劳动力中仍然存在大量的人口，由于自身特征和人力资本水平的制约，难以利用非农劳动力市场。对于这一部分群体而言，通过积极的就业政策进行干预，往往难以获得理想的效果，需要加强社会保护的覆盖并提高社会保护的水平。因此，在未来10～20年，农村养老、医疗、低保等社会保护体系的建设仍然非常重要。

（五）劳动力市场制度要保持竞争性和灵活性

需要指出的是，尽管劳动力市场改革处于不断推进的过程中，劳动力转移的制度障碍在逐步减少，但制约劳动力流动的制度因素仍然存在。在未来，进一步推进劳动力市场制度的改革，增加劳动力市场的竞争性和灵活性，对于促进农村劳动力转移就业仍然十分重要。

课题主持人：蔡　昉

主要参加人：都　阳　王美艳　吴要武　陆　旸　曲　玥　屈小博

农民工职业培训专题研究报告

人力资源和社会保障部职业能力建设司课题组

“十二五”时期是我国加快经济发展方式转变，加快工业化和城镇化进程的重要时期，也是我国人口老龄化速度显著加快、程度不断加深的时期。促进农村劳动力稳定化转移和市民化，是我国未来时期经济社会健康发展的重要条件。开展好农民工职业培训工作，关系到今后一个时期我国农村劳动力转移和就业促进，关系到我国经济发展方式转变和产业升级的顺利实施，关系到城乡协调发展和和谐社会建设。

本研究报告是在实地调研和案头调研基础上形成的。报告包括四部分。第一部分为我国农民工职业培训的现状、主要成就。第二部分为当前农民工职业培训的形势和需求分析。第三部分为当前农民工培训政策工作进展和主要问题分析。第四部分为改进和完善农民工培训政策体系，进一步加强农民工职业培训工作的政策建议。

一、我国农民工职业培训的现状

（一）我国农民工职业培训的主要成就

1. 农民工培训工作机制初步形成，培训规模不断扩大

农民工培训工作机制逐步形成。一是建立了以人力资源社会保障、农业、教育、扶贫等部门为主，相关部门和单位共同参与的农民工培训工作格局。二是建立了以政府财政投入为主，用人单位和农民工个人分担的农民工教育培训经费投入机制。三是形成了以技工院校等职业院校为主体，民办培训机构为补充的培训布局。四是坚持“培训—就业—维权”三位一体的原则，在发挥输出地农民工培训主体作用的同时，强化输入地在农民工培训中的作用。

农民工培训规模逐年扩大。2010 年以来，全国 24 个省（区、市）研究制定了进一步做好农民工培训工作指导意见的实施意见。福建、江西等地探索建立了培训资金直补培训企业的制度。外出农民工中接受专业技能培训的比重逐年上升，由 2005 年的 34%增加到 2010 年的 40%以上。“十一五”期间，全国共有 4 500 多万农村转移劳动者参加了培训，大量农村转移劳动者

实现技能就业。

农民工培训投入稳步增加。2010年，各级财政共支出农民工培训资金78亿元。其中，就业专项资金用于农民工培训的资金约47亿元，约占农民工培训资金的60%。2011年，各级财政共安排农民工培训资金约80亿元，其中就业专项资金用于农民工培训的资金约52亿元，占65%。各地不同程度地加大了农民工培训的投入。

培训的质量和针对性进一步提高。如新疆在加强职业技能培训中，突出了汉语培训、政策法规培训和民族团结教育。现有各类农民工培训项目的工作力度加大，在新实施高级技师培训项目中重视农民工技师培训。以技工院校和有条件的企业为重点，发挥企业和院校产学结合的作用，突出培训的有效性。加强对培训资金管理和使用的监督检查，提高培训质量和资金使用效益。开展各具特色的农民工技能竞赛活动。

2. 形成了一批有效的农民工职业培训模式

为满足农民工培训就业导向性强、培训形式灵活多样等的特殊需求，“十一五”时期农民工培训特别突出了技能培训，注重实效性的培训理念，采取集中培训、分散培训、定点培训等方式和多形式、多渠道的培训模式，逐步形成了以输出带培训，以培训促输出，就业、培训与维权的有机结合，规模、质量并重的新的培训模式。

目前，各地涌现出的农民工培训模式包括：

（1）民办公助模式。该模式是一种民间机构发挥主导和主体作用，政府部门提供必要的组织支持，集培训、就业、维权于一体的农民工培训模式。

（2）劳务品牌培训模式。劳务品牌是指一个地区外出务工人员从事的某一行业（职业、工种），人员集中形成相当规模，且专业技能突出，在一定区域范围内具有较高知名度和信誉度的劳务名称。劳务品牌具有以下四个特点：一是具有产业性，以产业为依托，与特定产业联系在一起（如建筑、家政、保安等）；二是具有技术性，有技术含金量；三是具有规模性，有一定规模才有影响力；四是具有地域性，大都是依托当地独特的自然人文环境和就业优势逐渐培育起来的，具有其他地区无法跨越的技能或资源“壁垒”，因而形成独具特色的品牌。培育具有特色的劳务品牌，走组织化、集约化、以增强市场竞争力为核心的品牌劳务之路，有助于劳动力转移产生由量到质的根本性转变。据统计，全国已形成200多个地方劳务品牌，这些地方的外出务工人员开始有了自己的“就业名片”，如“扬州三把刀”（江苏）、“林州建筑”（河南）、“川妹子家政”（四川）、“吴忠阿语翻译”（宁夏）、“宝鸡技工”（陕西）等。

（3）送培训下乡模式（流动培训模式）。为解决偏远地区劳动者交通不便的困难，培训机构以“大篷车”等流动培训站形式深入乡镇，把培训信息和培训场地送到群众家门口，使具有培训需求的农民工得到就近就地培训的机会。这种培训模式比较适合于建筑等行业的初级培训。

（4）创业和技能一体化培训模式。一些培训机构面向广大农民工开展餐饮、家电维修、汽车维修等行业的技能创业一体化培训，同时提供开业咨询、物色经营场地等服务。该培训模式有几个突出的特色：一是技能培训与创业培训结合，培训内容和方式紧紧围绕创业所需技能来开展，从而提高了培训的吸引力，也增强了农民工的创业能力，降低了创业期的风险和运营成本。二是理论与实操一体化，坚持理论知识够用、技能培训为主的原则，提高了培训的针对性和实用性。三是聘请了具有创业经验和相关技能的技师和创业成功者担任培训师，保证了培训的效果。四是技能培训、创业培训与创业服务相结合。通过培训，提高了农民工的技能素质和创业能力，不少接受培训的农村青年成为自主创业的小老板。

（5）输出地与输入地分工协作培训模式。一些贫困地区大量农村青年需要接受技能培训，然而，由于客观条件所限，技能培训特别是实训条件较差，满足不了培训需求。为解决这个问题，有关部门主动与沿海发达地区联系，建立定向劳务输出与分工协作的培训机制。劳务输入地负责提供就业机会、明确技能要求、负责安排专业技能培训和实训活动以及推荐就业等，劳动输出地负责组织生源、开展前期知识性培训和引导性培训，完成前期培训后，组织护送农民工到输入地接受进一步的技能培训和实训，从而实现了输出地和输入地培训就业的无缝对接，发挥了输出地和输入地在培训资源上的优势，节省了培训成本，也架起了一座农民工转移就业的桥梁。

（6）智力扶贫、技能扶贫培训模式。智力扶贫和技能扶贫培训是由地方政府规划并组织实施的培训活动。其基本特点是：由财政安排专项经费，有关部门确定符合资质的学校承担教育培训任务，培训对象为贫困家庭子女，培训周期相对较长，培训与扶贫有机结合，变输血式扶贫为造血式扶贫。

（7）远程培训模式。远程培训是指国家负责建立远程培训系统，开发远程培训资源（包括相关专业的课程和课件），利用各地区的成人学校和其他机构，通过现代信息网络，对农民工进行培训。远程培训具有覆盖面广、规模经济性突出、方便受培训对象等优势，日益成为农民工培训的重要手段。我国新生代农民工文化技能素质相对较高，大多具有使用信息网络的技能，随着我国信息产业和信息技术的发展，远程培训模式将有广阔的发展前景。

（8）政府通过公开招标购买培训成果模式。为增强农民工在培训中的自由选择权、提高其参加培训的积极性，同时为了提高培训的针对性和有效性，进一步整合培训资源，促进培训市场的良性竞争、提高整个农民工培训工作的水平，部分地区在探索改进农民工培训组织方式上进行了努力。四川、浙江、江苏、山东、山西、上海等地探索通过“培训券”组织农民工开展技能培训的尝试。

3. 面向经济社会发展、面向市场需求和农民工自身发展开展农民工职业培训

近年来，我国农民工培训经历了由服务于劳务输出到促进农村劳动力转移就业再到面向农民工自身发展和市民化的过程，培训机制、培训目标和培训内容都发生了相应转变。通过参加职业技能培训，农民工普遍提高了自身的技能素质，增强了就业能力，职业分布开始多样化，稳定就业的比重有所增加。

4. 创业培训富有成效

“十一五”时期，针对包括农民工在内的城乡劳动者创业能力和素质亟待提升的问题，各级政府进一步加强了创业培训工作，通过整合社会资源、广泛调动全社会各类培训机构的积极性，对超过200万的城乡劳动者进行创业培训，有效提高了劳动者的就业能力和创业能力。创业培训与中小企业扶持、就业促进工作有机结合，创业带动就业工作富有成效。

（二）“十一五”时期农民工职业技能培训的基本经验

1. 政府高度重视，各部门协同配合，是做好农民工培训工作的重要保证

农民工培训具有准公共产品的性质，是政府部门促进就业和帮助低收入群体增加收入的主要切入点，需要政府给予高度重视，也是政府的重要职责。经费是开展农民工培训的保障，政府有必要逐步加大公共财政支持农民工培训的力度，建立稳定增长的内在机制。农民工培训涉及人力资源社会保障、农业、教育、科技、建设、扶贫等多部门，发挥好每个部门的优势，加强部门间沟通协调，形成合力，是推进农民工培训工作开展，扩大培训规模，提高培训质量，有效促进农村劳动力转移就业的重要保证。

2. 市场化运作，培训、就业、维权一体化是农民工培训的根本途径

培训后就业率的高低和稳定就业的程度是衡量农民工培训工作成效的重要标准。农民工培训立足于市场需求，以就业为导向，根据岗位要求，开展订单培训，采取“校企联合”、“校校联合”、“校乡联合”等有效形式，提高

培训的针对性和有效性。在培训成本上，既考虑农民工的现实经济状况，又将培训效果与农民工切身利益相挂钩，走出一条“公益＋市场化”的道路，即初级培训项目坚持“政府补贴、适度收费”的筹资方式，深化培训项目则由农民工自己承担全部或部分费用，提高农民工培训的效率、效果。

强化对农民工培训的公共服务，开展培训、就业、维权一条龙的全方位服务，以服务促就业，以维权保就业，是减少农民工就业摩擦、提高农民工就业稳定性的根本途径。培训、就业、维权一体化，使得劳动者素质有提高、就业有去向、权益有保障，提高了培训就业率和就业安全性，充分发挥农民工培训政策对推进产业升级、促进经济社会又好又快发展的助推作用。

3. 整合培训资源是提高农民工培训效率的重要保障

一是整合培训机构，发挥技工院校等职业学校等教育培训机构的作用，按照面向社会、公平竞争、培训单位自愿申报的原则，抓住申报、考察、评审、公示等几个环节，整合各类教育培训资源。对农民工的定点培训机构认定、培训内容申报审核、职业技能鉴定考核、培训补贴资金发放等环节逐个把关，对培训任务完成情况进行量化考核，确保农民工培训的质量。二是整合培训方式和培训内容，制定针对农民工的培训教材，培训内容着眼实际，满足农民工就业需要，使农民工逐步由“体能型”向“技能型”转变，增强培训的针对性、适用性和实效性。三是整合培训计划与培训资金，坚持城乡统筹，把农民工培训工作作为健全面向全体劳动者职业培训制度的重要内容，集中使用培训资金，制定培训补贴基本标准，对培训资金实行全过程监管，提高资金使用效率，防止培训资金的套取行为。

4. 强化企业和技工学校等培训机构在农民工培训中的作用，将企业培训和技工学校培训作为农民工培训的主要载体

企业和培训机构是农民工培训的两大重要主体。近年来，企业和技工学校在农民工培训中日益发挥越来越重要的作用，企业培训和技工学校培训日益成为农民工培训的主要载体。作为农民工培训的两个最为重要的主体，企业和包括技工学校在内的教育培训机构日益成为农民工培训规范化、常态化最为重要的载体。从我国各地区的实践情况看，企业和技工学校在农民工培训中的作用发挥得充分与否，在很大程度上决定着农民工培训的成败。

二、当前农民工职业培训的形势和需求分析

（一）农民工培训工作关系经济社会发展全局

“十二五”时期，我国经济社会发展、产业结构调整、职业变化趋势和

就业形势发展既为农民工培训工作提供了内在的发展动力，同时也提出了十分繁重的任务。

1. 走新型工业化道路、加快经济发展方式转变客观上要求大力加强农民工培训

“十二五”时期，走科技含量高、经济效益好、资源消耗低、环境污染少、人力资源优势得到充分发挥的新型工业化道路，就是要根据我国国情，在工业化进程中推进信息化，处理好经济发展与人口、资源、环境之间的关系，处理好资本技术密集型产业与劳动密集型产业的关系，在推进工业化的同时扩大就业。走新型工业化道路重在以改革开放为动力、落实科教兴国战略、推进产业结构优化升级，客观上要求培养大批具有良好技能素质的技术工人。农民工已成为产业大军的生力军，是我国新生技能人才的重要来源。加强农民工培训，不仅能适应新型工业化对技能素质的要求，更是促进科技进步、强化创新的重要途径，是工业化、现代化的决定性因素。

加快经济发展方式转变，积极推进经济结构调整，是未来十年的重要战略任务。国内外市场新形势客观上要求我国加快经济结构调整、产业升级和产业梯度转移的步伐，这对农民工技能素质提出了更高要求。农民工不仅是建筑业、制造业产业工人的主要组成部分，也逐渐成为第三产业尤其是服务业产业工人的主体，他们的技能素质直接关系到我国产业的长足发展。加强农民工培训，提高农民工的技能素质，不仅能帮助他们实现稳定就业、立足城市，而且是推动产业升级、储备高素质劳动力的战略措施；不仅是应对当前金融危机的应急之策，更是适应经济发展方式转变需要的长远措施。

2. 加强农民工培训是促进农民工就业和职业发展的需要

就业的根本在于技能，有一技之长才能有稳定的就业岗位、合理的工资报酬。农民工技能水平普遍偏低，是我国人力资源市场“就业难”和“招工难”并存、农民工市民化程度不高的一个主要原因。据原劳动和社会保障部2007年的调查显示，农民工中有技术等级的人员比重为58.5%，而且技能人才以初级工、中级工为主（分别占25.9%和24.3%），高级工、技师和高级技师的比重相当低（分别占5.4%、2.3%和0.7%）。我国农村劳动力素质不高，技能水平偏低，大多只能从事技术要求低、工资报酬低的领域，这不仅限制了农民工的高质量、高稳定就业，而且制约了许多行业、企业及其产品的国际竞争力。培训是提高农民工转移就业能力的一项重要措施。只有大力加强农民工培训，提高农民工的技能水平，才能从根源上解决农民工素质与企业用工需求相脱节的问题，才能促进农民工逐步实现稳定转移。

新生代农民工已成为农民工的主体，他们进城务工不仅有生存性的就业诉求，更有发展性的权益诉求，渴望自身发展，融入城市。今后一个时期，我国劳动力就业总量压力将长期存在，且劳动者职业素质和技能水平与岗位需求不相适应的矛盾日益突出。如何把数亿农村转移劳动力培养成符合现代产业发展要求的具有较高技能素质的现代产业工人，逐步缓解就业的结构性矛盾，是摆在各级政府和全社会面前的重要任务。加强农民工培训工作，是提高农民工转移和就业能力的关键，也是缓解“民工荒”与“就业难”并存的结构性就业矛盾的关键。

加强农民工培训，也是新时期促进农民工职业发展的要求。当前，随着技术进步和产业结构升级，各产业内部结构正在发生显著变化，一些传统产业逐步消亡，新兴产业不断产生。这种伴随三次产业之间的结构变化的各产业内部结构变化带动着劳动力就业结构和职业结构的调整。大部分传统职业对劳动者技能要求有很大提高，而新职业岗位的技术、技能含量普遍高于传统职业。因此，强化农民工职业技能培训是使其适应新时期职业工作要求的基本前提。

3. 加强农民工培训，是帮助农民工真正融入城市工作和生活的重要措施，是统筹城乡发展、建设和谐社会、建设全面小康社会和促进城镇化健康发展的重要环节

“十二五”时期，我国总体上已经进入“以工促农、以城带乡”、破除城乡二元结构、统筹城乡发展的新阶段，给农民工提供广阔发展空间、为农民工“市民化”保驾护航的同时，客观上也要求加强农民工培训，提高农民工技能素质，增强农民工就业和自我发展能力。在统筹城乡发展中，新的工作岗位、新的生活环境对进城农民工的技能水平、综合素质有了更高的要求。部分农民工的技能水平偏低是导致其就业稳定性差、流动率高，很难成为现代产业工人，不能顺利融入城镇的重要原因。与低技能劳动者的“就业难、合同期短、流动率高”相比，高技能劳动者“就业容易、合同期较长、就业更稳定”。开展农民工培训，提高他们的技能素质，是统筹城乡发展、解决农民工问题的关键。

解决好城乡居民发展机会平等的问题，是建设全面小康社会和和谐社会的关键所在。而加强农民工培训，是提高农民工转移就业和职业发展的能力的关键，因而也是新时期建设和谐社会和全面小康社会的重要内容。由“80后”、“90后”组成的新生代农民工比老一代农民工更渴望真正融入城市，而加强农民工培训是帮助他们实现顺利和稳定转移的重要途径。重视和加强农

民工培训，从一定意义上说关系着新一代农民工的个人发展，也关系着中国的未来。

今后十年，我国将加快城镇化进程，城镇化进程的加快成为我国经济发展的重要动力。城镇化的顺利进行离不开农村人口和劳动力向城镇和非农产业的顺利转移。城镇化的发展也为农村劳动力提供大量的就业机会和发展机会。未来时期我国城镇化健康发展的重要内容是实现农村人口与劳动力向城市和非农产业的稳定化转移，实现人口城镇化与土地城镇化的同步和协调。而要实现农村人口与劳动力的稳定化转移，关键因素是要提高农村转移劳动力的技能素质。加强和改进农民工培训工作，是实现城镇化健康发展的关键环节之一。

（二）农民工培训面临良好的发展机遇

“十二五”时期，客观上存在“三个迫切”，即农民工迫切要求培训，企业迫切需要有技能的农民工，各地政府迫切要求对农民工培训进行有效整合。总体上看，农民工培训将面临更为有利的条件和发展机遇。

1. 农民工培训工作将更加受到政府和社会各方面的高度重视

民生问题将摆到各级党委政府工作的头等重要位置。作为关系着农民工自身发展能力和发展机会的农民工培训工作，必将摆到政府工作更加重要的位置。

随着社会开放程度和文明程度的提高以及多元化价值和文化的形成，全体社会成员包括农民工将更加重视个人自身的发展。新生代农民工的文化程度和社会经济状况决定了他们自身也具有更强的培训愿望。目前我国国民人均受教育年限超过了8.5年，新增劳动力平均受教育年限提高到10年以上。由于“普九”工作的重心在农村，农村人口受教育年限虽然绝对值得低于城镇，但提高幅度更为显著。由于新生代农民工具有较高的文化素质和职业发展愿景，因而有更强的培训需求。随着由“要我培训”逐步向“我要培训”转变，农民工培训的积极性和效率将显著提高。

企业社会责任意识的增强和法制环境的改善，将使企业等用工主体更为自觉地维护职工发展权，维护农民工培训权益的社会和文化氛围将明显改善。很多企业已经认识到增强和切实履行社会责任，不但不会显著增加企业的运行成本，而且能够提高企业的竞争力和发展后劲。因此，越来越多的企业主动采取行动，改进企业社会责任管理工作。作为农民工培训的重要主体，企业在农民工培训工作中将更加积极、更加自觉地发挥作用。

2. 农民工政策和工作体系将更加完善

“十一五”时期农民工培训事业的长足发展，为新时期更好地开展农民工培训工作做好了政策法规体系、组织体系、资源和技术等方面的准备。前期农民工培训工作实践中的可贵探索为未来时期进一步推进农民工培训工作提供了有益的借鉴。“十二五”时期农民工培训的指导思想、基本原则和战略思路将更加明确，农民工培训工作机制将更加完善，原有的农民工培训政策将进一步落实到位并得到发展完善。随着各级政府不断加大对农民工培训的投入，不断完善农民工培训政策体系，也将进一步改善农民工培训的资源条件。

3. 社会经济发展将在市场需求、资源供给等方面为农民工培训创造良好的条件

2010—2020年，我国经济总规模可望扩大1倍以上。同时，我国三次产业结构将得到明显改善，具有良好就业吸纳能力的第三产业特别是现代服务业将有显著的发展。城镇化和工业化步伐将进一步加快。因此，我国经济增长的就业弹性有望提高，就业容量有望扩大，农村劳动力转移的规模将进一步扩大。这为加强农民工培训提供了巨大的市场需求和内在动力。

另一方面，我国经济的持续增长为扩大农民工培训财政资金规模创造了条件。基于农民工培训的准公共产品属性，作为重视民生和实施更加积极就业政策的体现，农民工培训将在就业培训经费安排中占有更大的比重。农民工人均培训资源的拥有量将有显著提高。与此同时，随着农民工培训组织管理和监督评估体系的进一步完善，培训资金的利用效率也将显著提高。

4. 信息化技术的发展为发展农民工远程培训和网上自助式培训提供了可能

当前，我国信息化技术发展迅猛，培训的时空障碍日益被削弱，以网络和远程技术为重要载体的农民工培训方式可望得到推广。这为更好地实现农民工培训的规模经济、更好地保障培训资源供给的时效性和灵活性创造了条件。

三、当前农民工培训政策工作进展和存在的主要问题分析

（一）农民工职业培训政策工作中客观上存在着如何防止“市场失灵”和“政府失灵”的问题

1. 农民工培训的准公共产品属性决定了政府必须在农民工培训上有所作为，防止“市场失灵”和“政府缺位”

农民工职业培训的准公共产品属性客观上决定了农民工培训不能实行市场放任，政府必须承担重要的职责，以防止“市场失灵”。公共产品的充分

供应是市场经济有序运行、经济资源优化配置的重要条件。但是公共产品的市场供应存在天然的缺陷，是“市场失灵”的领域，在这种情况下，政府就要履行为经济发展提供制度环境和基础服务的职能，为社会供应充分的公共产品。农民工培训作为一种准公共产品，没有政府主导作用的有效发挥，其需求将受到农民工自身经济条件的抑制，同时，用人单位也会因对农民工培训存在很大的正的外在效应而不愿投资培训。在供给方面，也会存在因市场的自发需求不足而导致的问题。

政府在农民工培训方面的主要作用有以下几个方面：

一是制定完善培训政策和法规体系，对培训市场进行有效监管和规范，为农民工培训创造良好的政策法制环境和市场环境。农村劳动力转移培训的方针政策需要政府制定，统筹和宏观调控需要政府主导。

二是做好农民工培训的统筹规划和统一管理。农民工培训既涉及输出地和输入地之间以及相关部门之间的协同，也涉及当前需求与长远需求的关系的协调，因此，需要中央和地方各级政府有效发挥统筹协调作用。农民工培训涉及诸多政府管理部门和相关主体，实现部门间的协同、输出地与输入地的协同以及各方利益的协调，离不开政府的统筹协调和统一管理。克服市场运行的不稳定性对培训的冲击和市场自发条件的局限性，需要政府发挥规划引导的作用。维护培训市场的健康环境，维持培训市场的有效竞争，也是政府培训政策工作的重要内容。

三是建立健全人力资源市场信息网络服务机制，建立健全劳动力市场职业供求信息调查和就业失业调查制度，为农民工培训提供有效的信息支撑，减少农民工的无序流动，提高转移就业的效率。

四是加大政府对农民工培训的资金投入，引导和激励各类投资主体开展农民工培训，形成政府主导、各方参与的农民工培训多元化资金保障机制。

五是加强农民工培训公共资源开发和公共平台建设，推进农民工培训和实训基地建设以及培训标准规范制定、培训课程课件以及远程培训系统开发。

六是建立完善培训、鉴定、就业服务、权益维护、社会保障有机结合的农民工培训运行机制。

建立和完善农民工培训的激励机制、投入机制、协调机制、监督机制、信息机制、就业服务机制这些工作，是市场和社会力量所不能胜任和承担的，必须由政府切实履行。

农民工培训的准公共产品性质决定了政府在农民工培训上必须有所作

为，承担起自己的职能任务。为此，必须加强农民工培训制度建设和能力建设，加大公共财政对农民工培训的投入，同时完善农民工培训政策体系和管理制度，确保农民工培训资源的有效使用。另一方面，政府并非农民工培训的主要供给主体，政府在农民工培训供给上承担着政策支持、资金投入、公共培训平台载体建设、公共培训资源开发以及合理规划、统筹管理等方面的任务。政府部门既要有效承担这些职责，同时要防止行使行政权力和资源分配权力过程中出现寻租现象。

2. 政府在开展农民工培训政策工作中要注意避免“政府失灵”

第一，由于在农民工培训上存在成本和收益分离的情况，使得政府实施农民工培训过程中可能存在资源配置失当、运行低效等问题。由于缺乏价格的有效指引，使得政府参与农民工培训活动产生的价值同生产它的成本割裂。这种割裂意味着在不完全信息条件下农民工培训资源错误配置和浪费的可能性客观存在。同时，也客观上存在受部门利益和培训相关主体利益的影响而导致农民工培训过剩和重复投资等问题。

第二，受决策条件和决策环境的限制，客观上存在农民工培训政策工作中决策失误和部分政策不适应实际的可能性。

第三，在政府强力介入和干预农民工培训的条件下，客观上存在着寻租和出现“腐败”行为的可能性。

第四，在政府政策驱动强而市场需求导向弱的情况下，容易出现盲目投资、低水平重复建设等情况。

第五，在政府部门直接参与培训项目的实施情况下，存在管办不分的可能性。

第六，对于政府举办的职业培训机构而言，客观上存在内在动力和激励机制缺失的问题。

3. 理论研究和政策体系建设的相对滞后往往成为制约因素

受农民工培训理论和技术研究准备不足、政策工作和管理工作经验积累不足等因素限制，在政府强力推动农民工培训快速发展的情况下，容易出现政策制定不当、政策缺失和政策落实不到位等一系列问题。

（二）当前我国农民工培训政策工作的进展和存在的突出问题

1. 我国农民工培训政策概况和进展

近年来，党中央、国务院先后下发了《国务院关于进一步加强就业再就业工作的通知》（国发〔2005〕36号）、《国务院关于解决农民工问题的若干意见》（国发〔2006〕5号）、《国务院关于做好促进就业工作的通知》（国发

[2008] 5号)、《国务院办公厅关于进一步做好农民工培训工作的指导意见》(国办发[2010] 11号)、《国务院办公厅关于加强职业培训促进就业的意见》(国发[2010] 36号)、《关于促进以创业带动就业工作的指导意见》等一系列文件。国办发[2010] 11号和国发[2010] 36号两个文件是近年来我国农民工培训政策创新发展的集中体现。

国办发[2010] 11号文件明确提出，要按照所学技能的难易程度、时间长短和培训成本，以通用型工种为主，科学合理地确定培训补贴基本标准；健全培训补贴资金与培训成本、培训质量、就业效果挂钩的绩效评估机制；积极探索培训资金直补用人单位的办法。特别是明确了人力资源社会保障部门、农业部门、教育部门在开展农民工培训工作中的职责分工。

国发[2010] 36号文件进一步明确了职业培训和鉴定补贴政策，主要包括四项：一是城乡有就业要求和培训愿望的劳动者参加就业技能培训或创业培训，培训合格并通过技能鉴定取得初级以上职业资格证书（未颁布国家职业技能标准的职业应取得专项职业能力证书或培训合格证书），根据其获得职业资格证书或就业情况，按规定给予培训费补贴；二是企业新录用的符合职业培训补贴条件的劳动者，由企业依托所属培训机构或政府认定培训机构开展岗前培训的，按规定给予企业一定的培训费补贴；三是对通过初次职业技能鉴定并取得职业资格证书或专项职业能力证书的，按规定给予一次性职业技能鉴定补贴；四是对城乡未继续升学的应届初高中毕业生参加劳动预备制培训，按规定给予培训费补贴的同时，对其中农村学员和城市家庭经济困难学员给予一定生活费补贴。四项补贴政策均将农民工纳入政策覆盖范围。

总体上看，近年来，随着实践的发展，我国农民工培训政策体系逐步完善。各地按照国家要求，结合本地实际情况，加大农民工培训工作力度，探索整合培训资源，提高资金使用效益，目前，吉林、安徽、江西、湖南、云南、西藏、青海、新疆等省区下发了进一步加强农民工培训的政策文件，对加强农民工培训统筹提出要求。上述地区农民工培训统筹主要有两种方式：一是侧重于工作机制、培训资源、补贴政策方面的统筹，资金暂不统筹。如吉林省要求建立有序运行的统筹协调机制，统一的培训质量评估考核体系，培训信息和培训资源共享机制等，在培训资金管理上，仍实行各主管部门归口管理。青海省要求人社部门统筹协调培训项目、任务，资金从部门专项渠道支出。二是将培训资金统筹权力下放到市县。如江西省、云南省规定，县级政府可将中央和省级财政以及地方配套的各项农民工培训资金，统筹合并使用。安徽省部分市县在“阳光工程”、“雨露计划”培训对象不变的前提下，将就业专项资金中用于农民工培训的资金与上述两项资金叠加使用，叠加使用的资金主要用于培训时间长、技术含量高的工种；培训结束后分别由相关主管部门审核报财政部门审定，财政部门按资金管理渠道将补贴资金拨付给培训者个人或机构。

2. 当前农民工培训工作中存在的突出问题

尽管农民工职业培训工作在近年来取得很大进展，但仍然存在不少问题。其中有些属于政策本身不完善的问题，有些属于政策落实问题，有些属于管理体制和管理工作问题。

（1）培训需求导向有待进一步加强。缺乏农民工公共就业服务信息管理制度和网络平台，各地区农民工培训需求不明。各地区政府农民工培训计划没有建立在对农民工培训需求的准确把握上。自上而下层层下指标的做法比较普遍，导致农民工培训工作的盲目性，造成低水平重复培训、培训资源配置不合理、浪费较严重等问题的存在。

（2）农民工培训资金投入不适应需求，培训层次较低，社会优质培训资源未得到充分调动和利用，部分农民工转移培训短期化、形式化，不能适应新生代农民工对职业技能培训更强烈、更高水平的要求。与农民工培训的需求相比，资金投入仍显不足。目前，各地区农民工职业培训补贴标准总体偏低，培训标准的确定未建立在合理的成本测算基础上，并且缺乏随物价调整的机制，造成部分优质培训机构不愿加入到农民工培训中来，而一些培训机构为降低培训成本而缩短培训和实训时间，从而导致农民工培训质量受到影响。目前，输出地农民工培训基本上是引导性培训和初级职业技能培训，培训时间短，成本低，参加培训的人群规模大，但培训层次较低，培训的针对性、实用性不够强。据调查，参加职业技能培训的新生代农民工，38.44％的培训时间为半个月以下，22.44％的培训时间为半个月至1个月，15.56％的培训时间为1～3个月。

（3）以企业为主要载体的农民工培训工作格局尚未形成，企业在农民工培训中的作用发挥不充分。农民工培训必须与企业生产实际相结合，企业是农民工培训的重要平台和载体。在岗培训是提高农民工技能素质的重要环节。目前，对企业在农民工培训中的责任缺乏明确的法律和制度规范，对企业承担农民工培训缺乏有效的政策激励。尽管国家已经把新录用农民工在岗培训纳入职业培训补贴范围，但这一政策的执行情况还不是特别理想。加上企业社会责任意识总体上尚较薄弱，企业在农民工培训中的积极性和主动性未得到充分调动，企业在农民工培训中的主体作用发挥不充分。这突出地表现在企业内农民工技能提升培训和转岗培训尚未得到应有的重视，企业对与学校、培训机构及社会其他方面开展农民工培训合作（如为外部培训学员提供实训实习机会）也多出于对自身利益的考虑。

（4）职业培训资金缺乏统筹，资金管理亟待加强。国发［2010］36号文件和国办发［2010］11号文件下发后，各地高度重视，根据本地实际情况，积极探索整合职业培训资源，统筹使用职业培训资金，提高资金使用效益和培训效果的有效途径。但目前培训资金统筹使用工作进展缓慢，资金整合难度较大。主要原因有以下三个：一是体制机制不顺畅。培训工作多头管理的格局没有得到根本改变，由于部门条块分割，地方或地方某个部门整合资金难度较大。二是政策要求不统一。由于多个部门参与农民工培训，部门之间的培训政策缺乏统一、协调和衔接，每个部门对农民工培训的内容、时间、工种目录、补贴标准、补贴方式都有各自的规定。三是地方理解不一致，基本上从本系统的工作要求出发，强调本部门在农民工培训中的职责和资金，工作中扯皮多，协调难度大。

此外，在农民工培训资金管理上还存在“跑冒滴漏”现象。受农民工培训管理信息系统建设滞后的影响，加之农民工培训相关机构存在牟取非正当利益的冲动，目前，一些地区骗取、套取、挪用职业培训经费的问题比较突出。

四、进一步加强和改进农民工职业培训工作的基本思路和完善农民工职业培训政策的具体建议

推进农民工职业培训工作，关键是要加大对农民工培训工作顶层设计的研究，积极稳妥地解决农民工职业培训工作中存在的突出问题。在顶层设计中，要妥善处理好三方面的关系：一是当前与长远的关系。既要兼顾当前的工作需要，又要着眼于农民工培训的长远规范发展。二是规范整合与保护部门积极性的关系。既要通过规范整合，从整体上提高农民工培训效果和资金使用效益，也要保护相关部门开展培训工作的积极性，避免培训工作“大起大落”。三是制度设计与实际操作的关系。既要坚持建立统一、规范、高效的农民工培训制度目标，又要注意相关措施的可行性和可操作性，使“统筹”工作积极稳妥、平稳有序。

（一）2010—2020年农民工培训的总体目标建议

农民工培训是职业培训工作的重要组成部分。要按照培养合格技能型劳动者和创业型劳动者的要求，坚持城乡统筹，健全面向城乡全体劳动者的职

业培训制度，建立统一的职业培训项目和资金统筹管理体制。到 2015 年，力争使有培训需求的农民工都得到一次以上的职业技能培训；根据培训工作实际需要，在“十二五”时期每年培训 600 万以上向非农产业和城镇转移的农村劳动力，培训层次较高，使他们真正掌握一门适应就业需要的实用技能。建立统一的职业培训补贴基本标准制度，力争使中长期技能培训补贴标准达到人均 1 500 元左右，短期培训补贴标准达到人均 800 元左右。在补贴标准上实施“三同一”原则，即同一地区、同一工种的职业培训享受同一标准的培训补贴，补贴标准可随当地经济社会发展作相应调整。形成比较完善的职业培训资源开发体系和公共实训平台，建立和健全职业培训监测和信息管理系统。

（二）具体建议

1. 加强统筹管理

要在对当前农民工培训形势和现状整体评估的基础上，明确农民工培训结构、培训层次和目标导向，在此基础上，做到各部门职责明细，改变部门之间职能交叉、各自为战、政出多门的状况，按照“城乡统筹、科学分类、分口负责、统一管理、相互配合”的思路，将农民工培训作为职业培训体系中的重要组成部分，健全统一的管理体制。

要充分发挥就业联席会议的协调作用，加强对就业培训工作的统筹协调。要统一职业培训规划，建立职业培训需求调查统计制度，特别是要考虑农民工状况和需求、企业岗位状况、培训机构的实施能力等因素，统一职业培训规划，统筹安排相关部门组织实施好农民工培训工作。要统一培训政策，逐步调整各部门的培训补贴政策，使各培训项目在培训对象上衔接互补，减少交叉重复，在补贴标准和补贴方式上逐步统一。要统一管理系统。要建立统一的职业培训信息统计系统，逐步实现各部门培训信息互通，信息共享，建立各部门联合审查制度和补贴资金公开公示制度，加大社会监督力度，解决重复培训和重复申请补贴等问题。

2. 加大资金投入

进一步加大对农民工培训的财政投入。结合考虑经济发展和财政收入增长以及农民工培训需求规模和层次的变化，不断提高国家和地方政府农民工培训的财政投入水平。从中央层面把分属于财政部内部不同部门管理的农民工培训资金渠道统一到就业专项资金之中，归口管理，统一下达，统筹使用。各级政府主管部门根据实际需要，与财政等部门协商确定就业专项资金的分配和使用方向，明确就业资金用于农民工培训工作的数量。加大中央财政对跨地区转移农民工培训的支持作用，对农民工在输入地培训提供必要的资金支持。强化企业在农民工培训方面的出资责任。

合理确定培训补贴标准，体现农民工培训的准公共产品性质。根据培训内容、培训时间和物价变化等因素，科学测算培训成本，以通用型工种为主，合理确定培训补贴标准。争取在“十二五”期间把培训补贴标准提高到目前水平的2倍。在调整培训补贴标准的同时，提高农民工培训公共项目的培训机构资质标准，建立农民工培训机构自我发展、自我提高的激励机制，切实提高农民工培训能力建设水平。

完善培训资金补贴机制，加强农民工培训资金管理。探索统筹使用培训资金的有效方式，逐步建立起培训资金与使用效益挂钩的动态管理机制。建立农民工培训补贴基本标准制度，同一地区、同一工种给予同一补贴。规范培训项目管理，严格监管培训资金使用。

合理调整培训补贴方式。补贴培训应在遵循“政府引导、市场调节”原则的基础上，充分发挥政策的引导作用，提高补贴培训的针对性和有效性。积极探索培训资金直补到用人单位的办法，完善企业与院校联合开展培训的政府激励机制，落实企业各类培训资金，完善政府购买培训成果的机制，推行招投标方式，探索补贴办法的创新。

规范农村劳动力转移培训的监管机制，建立经费合理使用的制度。加强对各类培训项目实施和培训过程的有效监督和管理，确保培训质量和转移效果。这包括完善公示制度、建立台账制度、规范检查验收制度等，并使之更具可操作性。同时，还应建立农村转移劳动力及用人单位的意见反馈制度，跟踪评估培训的效果等。另外，保证农村劳动力转移培训经费的使用效率和培训的实际效果，还需要有科学的经费使用制度给予保证，因此，需要建立一些制度：如成本分担制度以加强责任、分担风险；购买培训制度，由政府统一给农村劳动力发放“转移就业培训卡”等。

3. 加强“培训—就业—维权”一体化建设

改变过去的单一组织农民转移就业方式，向市场化培训、就业、维权三位一体服务模式转变，实现转移就业人员由体力劳动型向知识技能型突破，为统筹城乡发展、工业化、城镇化做出积极贡献。培训要以就业为导向，以培训促就业，加强就业服务和农民工职业培训的结合，切实发挥劳动力市场供求信息对职业培训的引导作用。同时，进一步加强农民工权益保护，保障农民工平等就业、获得劳动报酬的权益，规范农民工劳动管理，保障农民工的社会保障权益，保障农民工的教育、住房、卫生等权益及民主政治权利，逐步建立多层次、切实可行、循序渐进的农民工权益保护机制。

4. 强化法律约束和经济利益激励机制，充分发挥企业、技工学校在农民工培训工作中的作用，更好地调动政府、企业和培训机构的积极性

充分发挥企业对农民工职业技能培训的主体作用，鼓励企业特别是劳动密集的大型企业与院校联合举办产学结合的农民工培训基地，鼓励中小企业依托职业学校、职业培训机构培训在岗农民工，鼓励有条件的企业为职业学校和培训机构提供实习场所和设备，鼓励有一定规模的企业举办农民工业余学校，鼓励企业依托所属培训机构或委托所在地定点培训机构，结合岗位要求和工作需要，组织农民工参加技能提升培训，鼓励企业选送农民工参加脱产、半脱产的技能培训和职业教育，推动技术工人特别是高级技工的技能提升培训，鼓励企业组织农民工参加职业技能竞赛，鼓励行业、企业建立农民工培训奖励基金，扶持农民工参加学习与培训。

制定企业按经营规模和资产总值承担社会劳动力培训职责的政策和法律规定。可以考虑，在不增加企业法定教育培训经费提取比例的前提下，按工资总额 1%的比例提取并向地方政府上交社会劳动力职业技能培训专项经费，专门用于对包括新生代农民工在内的社会劳动力的职业技能培训。鼓励企业实行先招工、后培训的做法。短期培训由企业自主完成或委托培训机构完成。长期培训采取委托学校和培训机构完成，培训机构只有在培训对象获得相应等级职业资格证书的前提下，才能获得培训经费。

政府财政安排的职业培训补贴经费与企业提取的社会劳动力培训专项经费合并使用。进一步完善委托培训、定向培训、订单培训等培训模式，根据企业在农民工培训工作中的作用和承担的职责，从职业培训经费中为其合理支付相关费用。

发挥企业开展农民工培训的主导作用，实行“产学结合”，强化企业责任与行业指导，督促企业落实教育培训经费并对困难企业进行一定的资金支持。补贴方式可采取“直补企业”，使培训资金直接落到企业，鼓励企业开展农民工培训，且不局限于签订 6 个月以上合同的农民工。

整合现有职业教育培训资源，明确培训机构在资金、师资、设备、场地等方面的必备条件，建立培训机构动态管理和退出机制，建立补贴培训资质与培训效果、培训后就业相关联的机制，开展农民工培训质量和效益评估工作。把社会优质培训资源吸引到农民工培训工作中。充分发挥技工学校的优势及其在农民工培训中的作用，积极引导和鼓励技工学校承担农民工培训任务。

建立针对地方政府有关部门、培训机构和企业的农民工培训绩效评价规范，表现优异的给予奖励和表彰。

加强和改进农民工职业技能鉴定。积极开展农民工专项职业能力评价工作。建立农民工职业培训与职业技能鉴定同步实施制度。落实农民工职业技能鉴定补贴政策。

5. 提高职业培训管理信息化水平，建立农民工培训需求动态监测机制，根据产业发展和农村劳动力转移需要制定培训规划，有效解决与市场对接的问题

建立面向企业和农民工开展定期培训需求抽样调查制度，及时掌握农民工培训需求的基本情况，为国家制定相关政策、组织开展农民工培训工作提供信息支持。要建立全方位的培训需求动态分析模式，主要包括：做好培训前的农民工需求调查，包括到农村、企业及农民工集聚地等地方的调查，尤其是关注新生代农民工在利益诉求、职业愿望、价值取向、未来发展等方面的特殊需求；定期开展企业需求调查，以掌握职业工种、技能水平等方面的市场需求及变化，并对未来发展趋势作预测判断；对接受培训学员进行个案调查，了解农民工对培训内容、培训时长、培训方式等的需求和偏好；建立培训中和培训后的动态监控机制，及时了解新生代农民工及其所在部门培训需求的变化状况。

在建立完善农民工培训需求和供给动态监测机制的基础上，制定科学合理的培训规划，改变现行的按指标下达培训任务的状况，把培训层次和培训效果纳入培训工作考核范围，稳定培训规模的同时有效提高培训质量，切实解决培训的就业和市场导向问题。

努力探索信息化管理，积极推进培训就业的信息化建设。逐步建立全省（市、区）统一的信息管理系统，重点抓好农村基层信息化基础建设及数字化培训资源开发，构建农民工供求信息网络体系。同时，建立完善农民工调查统计制度，建立健全培训台账和转移就业台账，对培训对象实行实名制管理，对农村劳动力转移就业、培训等实行监控和信息反馈。

建立完善农民工培训的评估体系、农民工培训统计调查制度和信息系统。将农民工培训工作的数量及实际效果纳入各地区的农民工工作考核评估，实行目标管理。

加强宣传工作，转变农民工观念，使全社会尤其是广大农民工认识到参加培训对自身和社会的重要价值，进而形成农民工重视培训，积极参加培训的良好氛围。

6. 加强基础工作

加强农民工培训标准和规范研究。加强实名制管理。加强农民工培训信息化建设。加强农民工培训能力建设，提高培训质量。加强农民工远程培训资源建设。加强农民工培训效果评估工作。

课题组成员：吴道槐 张 斌 冯 政 翟 涛 徐 艳 刘 军
陈 兰 赵立卫

报告执笔人：刘 军

输入地农民工调查抽样方法研究

国家统计局课题组

一、背景

农民工统计信息是政府科学制定农民工相关政策的重要依据。自国家统计局2008年底正式建立农民工监测调查制度以来，收集了大量有关农民工的统计信息，为党和政府从宏观上把握农民工的发展变化情况，科学制定政策，加强和改善农民工管理工作提供了重要基础。

但是，目前的农民工监测调查是一种基于输出地的调查，由于其调查制度本身的局限性，其所收集的信息还不能非常全面和准确地反映农村外出劳动力在务工地的工作和生活状况，难以充分满足相关决策的需要。第一，基于输出地的调查主要是针对农村常住户中的农民工，而对于举家外出的农民工，只能掌握大概，具体的情况比如分布情况、就业和收入等方面的信息摸不清楚。第二，输出地的调查主要是家人代答，通常只有年底时才有可能访问到农民工本人，这种信息收集的方式不利于收集农民工在务工地的工作和生活信息，比如要想准确掌握农民工参加社会保障、签订劳动合同、消费水平和结构、城市融入等情况就比较困难。因此，研究和建立直接在务工地进行调查的输入地农民工调查制度成为进一步完善农民工监测调查制度的一项紧迫任务。要建立输入地农民工调查制度，首要的问题和最难的问题就是如何在输入地抽选到有代表性的农民工样本。

二、输入地农民工抽样的已有尝试

目前农民工在输入地的工作和居住并没有完善的登记制度，很难获得一个完善的抽样框，要抽取有代表性的农民工样本变得比较困难。这使得输入地的农民工抽样不仅仅是一个理论问题，更是一个实践问题。近几年，随着政府部门、研究机构和社会公众对输入地农民工数据的需求越来越强烈，部分地区和机构也积极尝试着开展输入地农民工的抽样调查，这为研究全国范围内的农民工抽样方案提供了可借鉴的思路和宝贵的经验。

（一）2008 年国家统计局北京调查总队的非传统住宅试点调查

按照住宅的属性和定义，可以将住宅分成传统住宅和非传统住宅①两类。由于目前的住户调查通常只覆盖传统住宅，因此，有必要专门针对非传统住宅进行调查，以实现住户调查在覆盖上的不重不漏，这就是北京市顺义区非传统住宅试点调查的基本出发点。由于调查对象主要是针对外来农民工群体，因此，非传统住宅试点主要涵盖了三种类型：一是各类产业活动单位的职工宿舍；二是建筑、矿山、石油等工地工棚；三是批零业、餐饮业和服务业的工作地住宿。

在抽样框资料的形成上，职工宿舍和工地工棚采用的是第二次全国经济普查资料中取得的企业名录，再通过企业电话进一步核实该单位是否有职工宿舍或工地工棚，其中有多少人常住等必要的抽样信息；工作地住宿是采用地域清查摸底，即通过“扫街”收集抽样框资料，得到单位有多少人常住在经营场所等必要的抽样信息。然后，根据搜集整理的抽样框资料，以随机起点按照等距抽样的方式抽选被调查单位，最后从被调查单位中随机抽取一定数量的农民工进行问卷调查。

总结起来，北京非传统住宅试点调查的抽样基本逻辑是：搜集一套企业名录（有员工居住在非传统住宅的企业），从中抽取一定数量的企业，再从该企业中选取一定数量的住在非传统住宅中的人员进行问卷调查。因此，它更接近于一种企业名录抽样（经济普查的企业名录资料结合实地清查摸底得到的企业名录），虽然调查对象是非传统住宅，但是从抽样的角度看并不是住宅抽样。

非传统住宅调查最大的好处是理论上能够做到与传统住宅调查不重不漏、有效衔接。但是，这种抽样方法也有一定的局限性：第一，在核实经济普查的企业名录资料时，工作量较大，且由于电话不通、无人应答和电话拒答等原因，造成抽样框资料有一定缺失；第二，在非经济普查年度，企业名录资料不易获得，通常只有规模以上企业的企业名录资料，规模以下企业清查摸底的工作量很大。

（二）2009 年国家统计局上海调查总队的外来农民工抽样调查

上海的外来农民工抽样调查首先将农民工分成两大部分：企业类农民工

① 非传统住宅是指供人居住的但不具备传统住宅特征的房屋或场所，包括产业活动单位职工宿舍，工棚，批零业、餐饮业和服务业经营场所，学生宿舍，军营，福利院，养老院，病房，旅馆，寺庙，监狱，船屋，餐馆，发廊以及办公室等可居住的空间。

和非企业类农民工，其中企业类农民工是主体部分。

对于企业类农民工，以第二次全国经济普查的企业单位名录作为抽样框，根据上海社保局的外来人员综合保险资料中的结构信息来分配调查样本中分区县、分行业的样本企业数量。然后，采取分层随机抽样方法抽取企业，即根据行业分层，在各行业中抽取一定数量的企业，再从抽中企业中选取部分外来农民工进行调查。

对于非企业类农民工，主要涉及菜场、批发市场、家庭服务以及流动摊贩等经济普查资料无法覆盖的农民工部分，由于没有现成可用的抽样框资料，采取的是随机访问的非概率抽样方法，其样本量直接指定为总样本量的10%。

如果是作为一项典型调查，上海的外来农民工抽样调查借助外来人员综合保险资料作为企业名录抽样的辅助信息，可以较好地反映在沪农民工的工作生活情况。但是，其最大的局限性在于难以推算农民工的总数和结构信息，也无法估计企业类农民工和非企业类农民工的真实比例。

（三）2008年北京师范大学/澳大利亚国立大学的农村进城务工人员抽样调查

2008年北京师范大学/澳大利亚国立大学的农村进城务工人员抽样调查主要是在部分大中城市进行。其一级抽样框资料为城市的地图，将扫描的地图按照500 m×500 m（即0.25 km^2）的面积划分成若干地块，并从中随机抽取一定数量的地块。

然后，调查员在被抽中的地块内以“扫街”的方式进行普查。记录所有单位的基本信息，涉及：商铺、商贩等小型或个体普查对象；流动摊贩、环卫工人等无固定场所的普查对象；出租车司机；大中型工厂和企业；学校或开发园区等有院墙的单位；大型写字楼、商务楼；大型批发、零售市场；百货公司或商场；保安、保洁、环卫和家政服务机构；高档社区、住宅小区内的单位和商业网点；建筑工地等11类普查对象的地址、营业面积、单位类型、工作人员数量、农业户口的进城务工人员数量等信息，作为二级抽样框资料。之后，按照PPS方法（入样概率与该单位内进城务工人员的数量成比例）抽取一定数量的普查对象，再从中选取一定数量的农民工进行问卷调查。

北京师范大学/澳大利亚国立大学的农村进城务工人员的抽样方法使得在抽中地块内基本上能够覆盖到所有的外来农民工，可以较好地推算总体。不过，该调查由于最开始本身所能利用的抽样框资料非常有限，因此，在整个抽样过程中，从地块边界的确定到抽中地块内的众多普查对象（比如出租车司机，大型批发、零售市场）的登记，具体操作办法都显得相对烦琐和复杂，工作量也很大，对访问员的能力要求非常高。

（四）已有经验的总结

从各地进行的输入地农民工抽样调查的实践看，基本上都是从工作地来找农民工。从现实的角度看，这种抽样方法要在全国推广还存在很多困难。

第一，现有的企业名录资料不能完全覆盖输入地的农民工。一方面，不是所有的农民工都是企业类农民工，还有很多的农民工并不在企业工作或者与企业没有正式的劳动关系，比如保姆、小摊贩、装修工人等，即使随机访问一定数量的农民工，也难以推算总数，只能掌握一些典型情况。另一方面，通常企业名录主要包括的是规模以上的企业，规模以下的批零业、餐饮业和服务业通常不在企业名录之中，这也会造成很大遗漏。

第二，如果要做到全覆盖，需要采用地域清查摸底的方法来得到规模以下企业和非企业类农民工的基本信息。而且，即使是规模以上的企业，现有的企业名录资料也没有该企业农民工数量等信息，考虑到推算总体的需要和抽样的效率，还需要进一步收集相关信息。所有这些需要的工作量都非常大。

第三，如果输入地农民工抽样调查要成为常规性的调查制度，企业名录作为抽样框资料相对来说不太稳定，特别是规模以下企业变化较快，农民工本身的工作流动性也较大，使得样本的跟踪比较困难。

因此，可以考虑另外一种思路，即从输入地找农民工，也就是住宅抽样。通过从居住地来找农民工，同样可以做到输入地农民工的完全覆盖，而且抽样对象相对稳定，同时还能与国家统计局的其他住户调查更好地结合起来，达到整合资源、节约成本的目的。

三、输入地农民工抽样建议方案

结合输入地农民工抽样的特点和国家统计局已有的各种抽样框资源，建议输入地农民工抽样调查利用第六次人口普查作为主要的抽样框资料，进行住宅抽样。其中住宅既包括一般意义上的传统住宅，还包括非传统住宅，比如工厂的集体宿舍，工地工棚，有人居住的餐馆、发廊、办公楼等，以覆盖到所有的农民工。具体抽样方法如下：

（一）抽样框

根据第六次人口普查的资料，汇总加工出普查小区一级的资料作为一级抽样框。在第六次人口普查中，普查区的范围为居委会、村委会，而为了便于普查，每个普查区会划分为多个普查小区，通常一个普查小区的规模为80～120户。普查小区一级的资料包括：家庭户和集体户（其中大部分为流动人口）的户数、常住人口数、分年龄和文化程度的人口结构数、住房情况等。丰富的信息可以为抽取普查小区提供很好的辅助信息，从而提高抽样的效率。

在抽取普查小区之后，在普查小区内进行全面的清查摸底，画住宅图，形成二级抽样框。所有住人的建筑单元（包括传统住宅和非传统住宅），比如企业单位的集体宿舍，建筑工地工棚，晚间住人的办公楼、商铺、餐馆、发廊等都要画在住宅图中，并且对其中的非传统住宅进行标注。然后，再从中抽取住宅。实际上，之所以考虑抽选普查小区，而不是普查区，主要是因为居委会（行政村）的地域范围相对较大，如果要进行清查摸底，工作量太大，成本较高。

（二）样本抽样方法

输入地农民工抽样调查以省为总体，采用分层多阶段、与人口规模大小成比例（PPS方法）和随机等距抽样相结合的方法抽选调查样本。

考虑到农民工主要集中在大中城市，以及国家统计局的基层调查网点可以覆盖到所有的大中城市市区，但是不能覆盖到所有的县（县级市），有必要将大中城市市区和县（县级市）进行分层抽样。因此，在进行抽样时，首先在省内将所有的区县分成：大中城市市区和县（县级市）两个层。在大中城市市区这一层，对于每一个大中城市，所属的普查小区按照所属行政村（居委会）的城乡分类代码的属性进行排序，即按先城镇类、再乡村类的顺序，每类内再按普查小区对应的地址码进行升序排列。然后按照PPS系统抽样的方法，即根据每个普查小区的常住人口数进行累计，以及基于样本量计算出系统抽样的组距，抽选出样本普查小区。在县（县级市）这一层，先抽取一定数量的样本县，然后按照与大中城市类似的方法抽选出一定数量的样本普查小区。

在抽中的普查小区内，根据清查摸底得到的住宅图，将传统住宅和非传统住宅分开处理。对于传统住宅，采用随机等距抽样的方法抽选一定数量的住宅，调查住在该住宅中的住户。对于非传统住宅，要摸清楚所有非传统住宅（如工棚）的基本情况，比如居住其中的农民工总数、分性别和文化程度的人数、所处的行业等基本信息，然后在每个非传统住宅中随机抽选少量农民工进行详细调查。而且，调查普查小区内所有非传统住宅的基本情况也可以同时解决抽样框资料的信息更新问题，因为普查小区一级的地域框是稳定的，但是抽中普查小区内的住宅框特别是非传统住宅的信息可能会时有变化，比如建筑工程完工或餐馆搬迁之后，对应的工棚和工作地住宿等非传统住宅就没有了。因此，每次调查普查小区内所有非传统住宅的基本信息可以回避抽样框不易更新和维护带来的影响。

（三）加权与估计

从整个抽样设计看，被调查的农民工的入样概率是不同的，对应于具体的抽样步骤，可以计算出样本单位的权数，进而通过加权估计来推算总体。

总量估计

$$\hat{X}=\sum_i\sum_j\sum_k w_{ijk}\,x_{ijk}$$

均值估计

$$\bar{Y}=\frac{\sum_i\sum_j\sum_k w_{ijk}\,y_{ijk}}{\sum_i\sum_j\sum_k w_{ijk}}$$

其中：

x_{ijk}与y_{ijk}是我们所关心的研究变量的实际观测值，也就是被抽中样本的一些特征。在实际的农民工监测调查中，农民工总数就是一个总量估计量，而农民工的平均工资就是一个均值估计量。比如，x_{ijk}可以代表某个样本是否被判别为农民工，而y_{ijk}可以代表某个农民工样本的月工资水平。

w_{ijk}是样本的权数。

$w_{ijk}=\frac{1}{p_{ij}p_k}$，即抽中概率的倒数。

p_{ij}为普查小区被抽中的概率，计算如下：

在大中城市市区这一层，则$p_{ij}=\frac{nN_{ij}}{N}$。其中：N为某个大中城市内所有普查小区的常住人口总数；N_{ij}为该大中城市第i个区（县）内第j个普查小区的常住人口数；n为大中城市市区层内所抽取的普查小区个数。

在县（县级市）这一层，则$p_{ij}=\frac{h}{H}\times\frac{n_iM_{ij}}{M_i}$。其中：$H$为该省所有县（县级市）的个数；$h$为抽中的县（县级市）的个数；$M_i$为第$i$个县（县级市）的常住人口总数；$M_{ij}$为第$i$个县（县级市）内第$j$个普查小区的常住人口数；$n_i$为第$i$个县抽取的普查小区个数。

p_k为普查小区内农民工被抽中的概率，计算如下：

如果该农民工居住在传统住宅，则$p_k=\frac{n_{ij}}{D_{ij}}$。其中：$D_{ij}$为第$i$个区（县）

第 j 个普查小区中传统住宅的总数；n_{ij} 为第 i 个区（县）第 j 个普查小区中被抽样的传统住宅个数。

如果该农民工居住在非传统住宅，则 $p_k=\frac{n_{ijk}}{R_{ijk}}$。其中：$R_{ijk}$ 为第 i 个区（县）第 j 个普查小区中第 k 个非传统住宅内居住的农民工人数；n_{ijk} 为第 i 个区（县）第 j 个普查小区中第 j 个非传统住宅内被问卷访问的农民工个数。

（四）抽样误差估计

以上采取的是分层抽样与多阶段抽样相结合的方法，这是一种复杂的抽样方法。因此，如果采用与各个方法相对应的抽样误差估计方法，将是非常困难和复杂的。所以采用比较简单易行的自助法来进行方差估计。

自助法的基本思路是：假设全样本为 y_1，…，y_n，总体的估计量为 $\hat{\theta}_n=\hat{\theta}_n$（$y_1$，…，$y_n$），按照此估计量构造出伪总体。为了估计方差，需要从伪总体中抽选多套子样本，产生不同的估计以计算方差。按有放回抽样方式从伪总体中抽取的 n 个单元 y_1^*，…，y_n^*。基于该样本构造与 $\hat{\theta}_n$ 形式相同的估计量：$\hat{\theta}_n=\hat{\theta}_n$（$y_1^*$，…，$y_n^*$）。重复上述过程 B 次，相应地可得到 $\hat{\theta}_{n1}^*$，…，$\hat{\theta}_{nB}^*$，则得到的 $v(\hat{\theta}_n)$ 如下估计量：

$$v_B(\hat{\theta}_n)=\frac{1}{B-1}\sum_{i=1}^{B}(\hat{\theta}_{ni}{}^*-\hat{\theta}_n)^2$$

这就是 $\hat{\theta}_n$ 的自助法方差估计量。整个过程可以借助计算机程序来实现。

四、有待继续研究的问题

从实践的角度看，要具体进行输入地农民工的抽样调查并且将其变成常规性的调查制度，还有一些问题有待继续研究。

1. 样本量的测算

在第六次人口普查资料中，从居住地的角度，既有家庭户的信息，也有集体户的信息，覆盖了包括流动人口在内的所有人口，并收集了他们的人口特征、户籍状况和就业状况。因此，可以利用这些宝贵的信息来测算输入地农民工调查各省所需要的总样本量和样本量的具体分配。下一步需要根据输入地农民工调查样本量测算的需要，进一步加工第六次人口普查在普查小区一级的资料，进而进行样本量的测算。

2. 非传统住宅调查中的一些具体操作问题

目前国家统计局在传统住宅的入户调查上积累了较多的经验，但是针对非传统住宅的调查经验并不多。例如，非传统住宅本身的定义相对比较清楚，但是怎么界定一个非传统住宅单元，像某个单位的一栋职工宿舍楼，算一个非传统住宅还是多个非传统住宅。再例如，进入一个非传统住宅后，如何随机抽选一定数量的农民工，抽几个。这些都需要有具体的、切合实际的方法和操作细则。

3. 样本的追踪和无回答的处理

特别是对于连续性的调查，需要考虑样本的追踪问题。住宅抽样在样本的追踪上具有一定的优势，不管居住其中的住户怎么变化，只要追踪住宅就行了。相对于住户，住宅更加稳定。而且在设计的抽样方案中，普查小区内的非传统住宅每次都是进行全面调查，因此，可以回避掉住宅本身变化的影响。另外，如果采用问卷访问的方式进行调查，无回答也不会是一个大问题。但是，对于传统住宅，如果下次调查发现原来被抽中的传统住宅已经不存在或者无人居住，是替换样本还是调整权数，需要有相应的规定。另外，传统住宅和非传统住宅都有出现拒访的可能，从完善方案设计的角度看也需要有具体的操作和处理办法。

课题组成员：张为民　王萍萍　张　毅　彭丽荃　王　冉
报告执笔人：王　冉

农民工社会保障专题研究报告

人力资源和社会保障部社会保险事业管理中心课题组

农民工是我国工业化、城市化的重要推动力量，其总量规模巨大，已达24 223万人，其中外出农民工15 335万人①。农民工遍布全国各个地区和各个行业，对经济社会生活产生着广泛影响，成为政府和社会各界关注的焦点。农民工总体上还是弱势群体，在社会政策、劳动权益及个人发展等方面存在诸多有待解决的问题，特别是农民工的社会保障政策还不尽完善，覆盖面相对较低。鉴于此，按照国务院农民工办的部署，人力资源社会保障部社保中心会同部养老保险司、失业保险司、医疗保险司、工伤保险司、农村社会保险司、社会保障研究所等单位对农民工社会保障问题进行了专题研究。课题组分析了当前农民工各社会保险项目的政策与实施情况，全面了解了北京、重庆、浙江、安徽等8个省市农民工社会保障现状，并前往广东、福建、山东、江苏4省进行了实地调研，召开了由有关专家学者和社会保险经办机构人员参加的专题研讨会，对农民工社会保障问题进行了专题研究分析。现就课题研究形成的成果报告如下：

一、农民工社会保障现状

（一）农民工社会保障现行政策与工作措施

1. 现行政策

我国农民工社会保障政策大体经历了以下几个发展阶段。《中华人民共和国劳动法》实施后，在用人单位正规就业的农民工原则上适用该法，应当参加法定的基本养老、医疗、失业等项社会保险。此后，针对该群体高流动性、低收入等特点以及现行城镇企业职工基本社会保险制度存在门槛高、难转移等障碍，而农民工社会保险实际上参保率低、退保率高的情况，上海、重庆、宁波、成都等地专为农民工“量身定做”了农民工综合保险或专项保险，但也存在实施效果不尽理想、可推广性不强的问题。为妥善解决农民工

---

① 数据源自《2010年农民工监测报告》，国家统计局《统计报告》第36期。

社会保障问题，国务院于2006年1月21日专门下发《国务院关于解决农民工问题的若干意见》（国发［2006］5号），要求高度重视农民工社会保障工作，优先解决农民工参加工伤保险问题，依法将农民工纳入工伤保险范围，抓紧解决农民工大病医疗保障问题，探索适合农民工特点的养老保险办法。

关于农民工养老保险，2009年国家调整了政策思路，确定将农民工统一纳入城镇企业职工基本养老保险，同时针对农民工流动性强需要频繁转移养老保险关系的情况，出台了《城镇企业职工基本养老保险关系转移接续暂行办法》（国办发［2009］66号），以保护农民工等流动就业群体的养老保险权益。

关于农民工医疗保险，国家有关政策明确规定：签订劳动合同并与企业建立稳定劳动关系的农民工，要按照国家规定明确用人单位缴费责任，将其纳入职工基本医疗保险制度；其他农民工根据实际情况，参加户籍所在地新型农村合作医疗或务工所在地城镇居民基本医疗保险。针对灵活就业人员，原劳动和社会保障部2003年出台了《关于城镇灵活就业人员参加基本医疗保险的指导意见》（劳社厅发［2003］10号），规定“已与用人单位建立明确劳动关系的灵活就业人员，要按照用人单位参加基本医疗保险的方法缴费参保。其他灵活就业人员，要以个人身份缴费参保。灵活就业人员参加基本医疗保险的缴费率原则上按照当地的缴费率确定。鼓励灵活就业人员通过劳动保障事务代理机构或社会劳动保障服务机构等实现整体参保”。

关于农民工工伤保险，原劳动和社会保障部于2004年出台了《关于农民工参加工伤保险有关问题的通知》（劳社部发［2004］18号），明确了农民工参加工伤保险的具体政策，在制度与政策层面对农民工平等对待，并对跨省流动的农民工做出了其工伤保险长期待遇可选择一次性支付的灵活规定。

关于农民工失业保险，1999年国务院颁布的《失业保险条例》考虑到农民工流动性较强，失去工作后可以回乡继续务农，明确采取对其支付一次性生活补助的方式给予失业保障。为统筹城乡就业，部分省对农民工失业保险政策进行了探索实践，目前各地农民工失业保险政策模式主要有两类：一是将农民工失业保险政策纳入城镇职工失业保险，实行统一政策，失业后与城镇职工享有同等待遇。二是结合本地实际，允许农民工自愿选择按照城镇职工失业保险政策参保缴费及享受待遇。

2011年7月1日实施的《社会保险法》进一步明确规定，进城务工的农村居民参加基本养老、医疗、工伤、失业、生育等项社会保险，并按规定享受相应待遇，从而统一了对农民工社会保险的认识。至此，农民工被统一纳入了国家基本社会保险体系。

2. 工作措施

近年来，各级社会保险部门一直把农民工参保作为扩面工作重点来抓。特别是国务院颁布《关于解决农民工问题的若干意见》（国发［2006］5号）文件后，各地按照统一部署和当地政府要求，努力将农民工群体纳入社会保险。一是完善政策。为了解决农民工跨地区流动就业养老和医疗保险关系转移难的问题，2009年底相继出台了《城镇企业职工基本养老保险关系转移接续暂行办法》和《流动就业人员基本医疗保障关系转移接续暂行办法》（人社部发［2009］191号）。2006年底原劳动和社会保障部会同建设部印发了《关于做好建筑施工企业农民工参加工伤保险有关工作的通知》（劳社部发［2006］44号），就推进建筑施工企业农民工参加工伤保险提出了明确要求。二是建立健全工作机制。国家推动实施了农民工参加工伤保险平安计划和农民工医疗保险专项扩面行动，地方建立了政府目标考核责任制，并结合实际情况，采取下达指标任务、定期通报、加强宣传等措施，形成了党政领导、部门联动、乡镇参与、企业落实等多层次的责任体系，有力地推动了扩面工作。三是强化经办管理服务。为做好对包括农民工在内的参保人员的经办服务，各地探索改进社保征缴模式，建立了包括省、市、县社保中心、街道（乡镇）劳动保障所的多层级服务网络，对社保经办流程进行重构，并改造了信息管理系统，努力实现“一站式”办理和更贴近的服务，最大限度地方便参保单位和个人。

（二）农民工社会保障的现状

1. 总体参保情况

按照国发［2006］5号文件部署，为推动农民工参保，国家实施了农民工工伤保险平安计划一期、二期以及农民工医疗保险专项扩面行动，积极推动了农民工的参保扩面。从农民工参加城镇职工社会保险的人数和覆盖面看，从高到低依次为工伤保险、医疗保险、养老保险、失业保险（见图1）。截至2011年6月底，全国参加城镇企业职工基本养老保险的农民工3 553万人，约占外出农民工[①]的23.2%；参加城镇职工基本医疗保险的农民工4 006万人，占外出农民工的26.1%；全国参加工伤保险的农民工6 555万人，占外出农民工的42.7%，基本实现了将有较稳定劳动关系的农民工都纳

① 本处所使用的外出农民工数据口径同脚注1，为国家统计局公布的2010年末外出农民工数量。

入工伤保险范围的工作目标；参加失业保险农民工为 2 164.8 万人，比上年末增加 174.7 万人，占外出农民工的 14.1%，2011 年上半年领取一次性生活补助的农民工为 32.3 万人。截至 2010 年底，全国职工基本医疗保险、城镇居民基本医疗保险和新农合参保（合）率已达到 90%以上，包括农民工在内的绝大多数城乡居民基本都被纳入基本医疗保险的覆盖范围，享受了相应的保障。

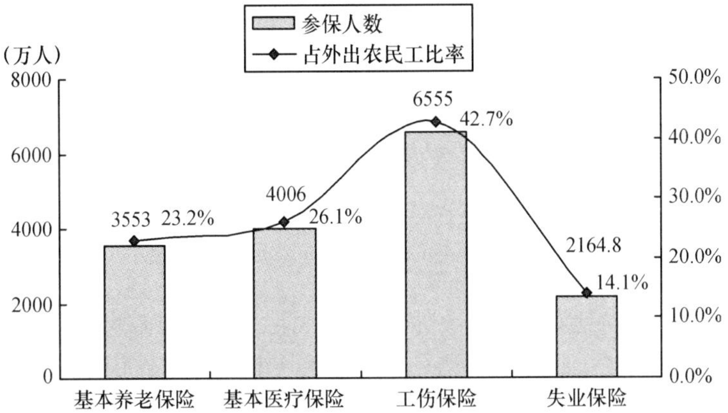

图 1　农民工参加职工社会保险情况

分年度看，由于农民工社会保险政策不断完善、社保扩面力度日渐加大，农民工总体参保人数在逐年上升，并保持了较大的增幅。以农民工参加城镇职工养老保险为例，2006 年，农民工参加养老保险的人数只有 1 417 万人，2007 年为 1 846 万人，较 2006 年增加 429 万人，增幅为 30.3%；2008 年达到 2 416 万人，较 2007 年增加 570 万人，增幅为 30.9%；2009 年增量和增幅有所回落，但 2010 年农民工参保扩面势头较猛，当年参保人数达到 3 284 万人，较 2009 年增长 637 万人，为扩面人数最多的一年，增幅为 24.1%。

表 1　2006—2010 年全国农民工参加城镇职工基本养老保险人数与增长情况

年份	2006	2007	2008	2009	2010
外出农民工总量（万人）	13 212	13 697	14 041	14 533	15 335
参保人数（万人）	1 417	1 846	2 416	2 647	3 284
较上年增加（万人）	—	429	570	231	637
增幅（%）	—	30.3	30.9	9.6	24.1

从各年份参保率变动情况看（见图 2），2006 年只有 10.7%，此后一路走高，2009 年上升到 18.2%，2010 年达到 21.4%。虽然总体参保率不高，但保持了逐年上升的态势，增长趋势比较明显。

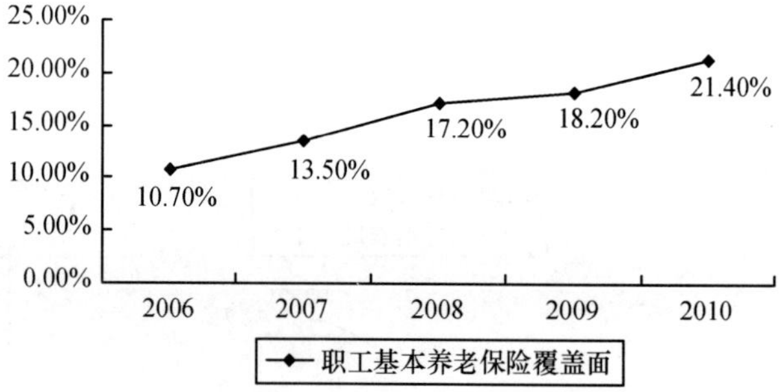

图 2　分年度农民工参加职工基本养老保险情况

2. 调查地区农民工参保情况

为全面了解各地农民工社会保障情况，课题组在全国部分省、直辖市组织进行了农民工社会保障问卷调查工作。问卷统一设计，由受访农民工直接作答填写。问卷调查范围涉及东、中、西部各个区域，具体包括北京市、山西省、江苏省、浙江省、安徽省、福建省、山东省、河南省、湖北省、湖南省、重庆市、四川省。最终共计回收有效问卷 3 007 份。对 12 省问卷调查获得的农民工社会保障情况简要分析如下：

(1) 农民工以青年为主，40 岁以下农民工超过 80%，占据主流。文化程度相对偏低，初中及初中以下文化程度占 40%。农民工收入水平普遍较低，接近 2/3 的农民工月均收入在 2 000 元以下。

(2) 农民工就业流动性大，且呈现地区性差异。跨省区就业的农民工主要集中在东部地区。按农民工的输入地进行统计，东部地区就业的农民工超过 46%源自非本省，而中部、西部地区分别仅有 18%和 27%的农民工源自非本省（见图 3）。

(3) 农民工主要就业渠道为被企业招录，从事个体工商与灵活就业的农民工总体占比不高。吸纳农民工就业的主力军是私营（民营）企业。超过 46%的农民工在私营或民营企业就业。同时，农民工以从事制造业、建筑业和服务业为主。其中从事制造业的比重最大，占 49%，其次是建筑业占 11%，住宿与餐饮业占 9%。分地区看，东部地区的制造业（占 57%）、中部地区的建筑业（占 18%）、西部地区的采矿业（占 22%）较为突出（见图 4）。

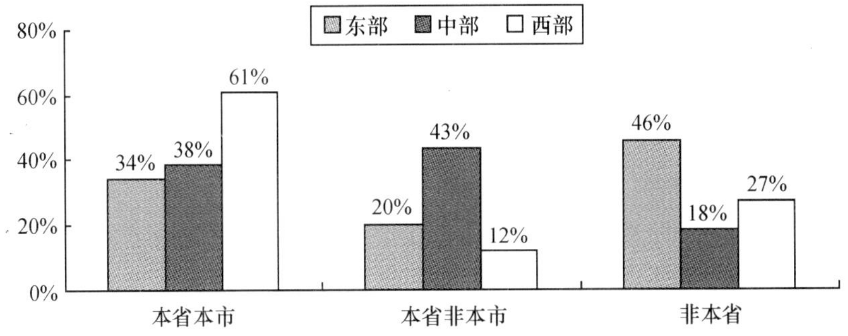

图 3 不同地区的农民工来源分布

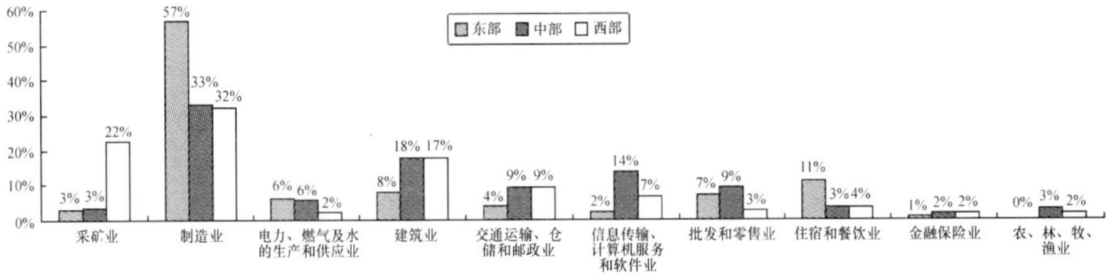

图 4 不同地区农民工就业的行业分布情况

（4）农民工参加社会保险、享受社会保障基本服务的情况有了明显改善。受访农民工中，参加养老保险、医疗保险、工伤保险、失业保险、生育保险的分别占 80%、85%、71%、61%和 56%。同时，受访农民工中，按照企业职工身份参加城镇职工社会保险制度成为主流，但由于农民工收入水平低，绝大多数按最低缴费档次参保。受访农民工中，62%的农民工月均缴纳的养老保险费低于 100 元，52%的农民工月均缴纳的医疗保险费低于 50 元。根据调查问卷计算的参保率远高于社会保障部门的统计数据，说明样本选择过程中，受雇于正规企业的农民工样本比重偏高，也从另一个侧面印证了各地正规企业农民工参保率较高，未参保的可能主要是抽样调查比重较小的中小企业、私营企业、个体工商户与灵活就业的农民工等。

（5）收入低、企业不予缴费以及社保计发的待遇过低成为阻碍参保的三大原因。在未参加养老保险的原因中，37%的农民工选择了“收入低，无力承担”，21%的农民工选择了“企业不给缴纳”，17%的农民工选择了“未来获得的养老金太少”。同样，在未参加医疗保险的原因中，42%的农民工选择了“收入低，无力承担”，22%的农民工选择了“生病能报销的太少”，20%的农民工选择了“企业不给缴纳”。另外，养老与医疗保险的跨统筹地区转移不顺畅也影响了农民工的参保意愿。

(6) 农民工对工伤待遇、工伤鉴定、工伤康复的满意度较低。在领取过工伤保险待遇的农民工群体中，接近一半的农民工认为待遇水平偏低，51%的农民工认为申请工伤保险待遇的等待时间过长，31%的农民工认为递交的材料过多，同时仅有14%的农民工表示接受过工伤康复治疗。在失业保险的参保方式上，对按城镇职工参保享受待遇上表现出明显的倾向性。相较失业补助金，农民工群体更希望获得职业培训、职业介绍等服务。

3. 农民工参加社会保险的特点

通过以上对农民工总体参保情况以及调研地区参保情况的分析，可得出农民工参加社会保险的主要特点：

一是农民工总体参保扩面势头较好，各险种参保人数逐步上升；二是农民工流动性较强，以稳定的劳动关系为基础参加职工社会保险制度的比例较低；三是选择性参保现象突出，不同险种参保率参差不齐；四是农民工就业较集中的建筑业、采矿业职业风险较高，对工伤保险的需求明显；五是地区之间的参保情况差异明显；六是城镇职工基本养老保险与新型农村社会养老保险、职工基本医疗保险与新型农村合作医疗的重复参保现象在农民工群体中较突出。

（三）农民工社会保障存在的主要问题

随着新型农村合作医疗制度普遍实施和新型农村社会养老保险以及城镇居民社会保险的试点与快速推进，社会保险制度已经基本实现覆盖全民，正在向着城乡统筹的目标迅速迈进。目前，包括农民工在内的全体农村居民参加社会保险已无制度性障碍。但从推进城镇化、妥善解决农民工发展问题、切实保障农民工社会保障权益的角度看，在社会保险领域存在以下五方面比较突出的问题：

1. 农民工参加城镇职工社会保险的比例低

近年来，新型农村社会养老保险的覆盖范围不断扩大，新型农村合作医疗制度覆盖范围也超过90%。但由于重复参保等因素，农民工参与城镇职工社会保险的比例明显低于城镇职工。据统计，截至2011年6月底，农民工参加城镇职工基本养老保险、职工基本医疗保险、工伤保险、失业保险的人数分别为3 533万、4 006万、6 555万、2 165万。相对于外出农民工总体规模，其参加城镇职工社会保险的比例明显偏低。从调研地区看，以山东省为例，按照山东省从事非农产业的进城务工者2 100万人计算，截至2010年底，山东省农民工城镇企业职工基本养老保险、职工基本医疗保险、工伤保险、失业保险、生育保险的参保率分别只有9.0%、14.2%、20.4%、4.3%和8.1%，总体参保率还很低。

农民工参保率之所以一直难以实质性提高，与劳动关系不稳定有关。一方面，很多农民工没有与企业签订劳动合同，劳动关系不稳定，但是城镇职工基本养老保险、职工基本医疗保险、工伤保险、失业保险等制度又是建立在稳定的劳动关系基础上，没有劳动关系这一前提，参保的扩面征缴工作都无从推动。另一方面，即使与农民工签订了劳动合同，部分企业出于成本考虑，多方规避法律规定，少报缴费基数和参保人数，甚至拒不为农民工参保；加上目前监察执法力度不足，少数地方政府甚至以维护投资环境为由干扰正常的劳动保障监察执法，一定程度上也影响了农民工参加社会保险。另外，农民工收入水平低、职工保险缴费基数高、灵活就业农民工的参保政策有待进一步完善、统筹层次低、社会保险信息系统建设滞后等，也影响了农民工参保、关系转移和待遇享受。

2. 城乡社会保险制度不衔接，管理体制尚未理顺

流动性大是农民工群体的一个显著特点，农民工频繁往来于城乡之间，迫切需要实现城镇职工基本养老保险与新型农村社会养老保险、职工基本医疗保险、城镇居民基本医疗保险与新型农村合作医疗之间的顺畅衔接。而目前，职工基本医疗保险、居民基本医疗保险和新型农村合作医疗分属不同部门管理，基本医疗保险制度城乡统筹在推进过程中还存在体制上的障碍。城乡基本养老保险制度衔接政策尚未出台，已出台的《流动人员基本医疗保障关系转移接续暂行办法》还需要通过实践逐步完善。农民工城乡社会保险衔接需求得不到满足，一定程度上影响用人单位和农民工参保缴费的积极性以及参保缴费后的待遇享受。

3. 从事个体经营与灵活就业的农民工全国统一的参保政策有待完善

目前，从事个体经营与灵活就业的农民工就业状态如何界定，参保缴费的缴费基数与缴费比例如何确定，全国尚无统一的政策和规定，原劳动和社会保障部2003年颁布的《关于城镇灵活就业人员参加基本医疗保险的指导意见》也需进一步完善。因此，在现行政策条件下，非本地户籍的从事个体工商与灵活就业的农民工在就业城市参加城镇职工社会保险仍存在制度性障碍。

4. 农民工工伤事故和职业病高发

近年来新发生的工伤、职业病，大多数受害者均是农民工。农民工群体流动性大，缺乏稳定劳动关系，无论是过去还是将来，职业病诊断、待遇享受都会遇到一定困难。同时，工伤预防、工伤康复工作目前正处于起步、试

点阶段，尚不完善。关于工伤预防，2003 年发布、2004 年实施的现行费率政策存在着行业划分过粗、费率档次过少，没有充分发挥费率机制的杠杆作用等问题，并且还没有对工伤预防费的使用、管理等作出明确的政策规定。目前，关于工伤康复，管理和配套政策滞后，无论是康复基础设施、康复技术，还是康复标准等都需要进一步完善。

5. 用工形式不规范影响农民工社会保障权益

特别是近年来，一些企业以劳务派遣形式用工逃避缴费义务的现象较为突出。劳务派遣公司“招人不用人”，用工单位“用人不招人”，且不和员工签订劳动合同，而是与劳动派遣公司签订劳务合同，使被派遣人员处于社会保险“两不管”的境地。一些用人单位正是借此规避《劳动合同法》等法律法规的规定，不为派遣人员参保，致使农民工总体参保率偏低，社会保障权益受损。

二、农民工社会保障趋势初步判断

根据研讨分析、部分地区的调研成果以及对社会政策走向的把握，对农民工社会保障的总体趋势初步判断如下：

（一）农民工参保身份识别越来越难，身份淡化趋势明显

随着我国城镇化进程加快和国家统筹城乡发展，一方面，不少原农村居民成为城市居民，身份发生变化；另一方面，据调研了解，福建、山东等许多省区改革了传统的户籍制度，实行统一的、不分城乡的户口登记管理制度，城乡居民身份已难以识别。随着城镇化步伐的加快，一些“城中村”和“郊区镇”的居民越来越多，这些人的身份更难识别。同时，很多农民工，特别是新生代农民工本人并不愿接受所谓“农民工”的称谓，客观上也有必要淡化农民工身份识别。

而随着城乡社会保障的统筹发展，建立面向城乡职工和非职工（居民）的城乡一体的社会保障制度体系的思路日渐清晰，社会保障制度本身对参保人身份进行识别的要求也日益淡化。2011 年 7 月 1 日实施的《社会保险法》以“进城务工的农村居民”代之以此前法规政策文件中的“农民工”称谓，使得淡化农民工身份不仅必要，而且从制度上也有了可能。

总之，未来农民工身份识别将越来越难，身份淡化在所难免。

（二）新生代农民工逐步成为主体，城镇化倾向明显，参加城镇社会保障的需求和意愿上升

随着老一代农民工的日渐退出，新生代农民工比例逐年升高。据人社部

养老保险司课题组2010年数据，全国新生代农民工约有1亿人左右，已经成为农民工群体的主体。

新生代农民工普遍缺乏从事农业生产的经历，很多人直接从学校走进工厂，生活观念、方式及职业选择有别于老一代农民工，与城市人更为接近。虽然户籍身份仍是农民，但在职业发展定位上倾向于非农职业，更愿意像城市人那样工作和生活。全国总工会一项研究显示①，对于职业身份，20世纪80年代出生的农民工（“80后”）中，认为自己是“农民”的只有32.3%，比传统农民工低22.5个百分点；认为自己是“工人/打工者”的占32.3%，高出传统农民工10.3个百分点；而在90年代出生的农民工（“90后”）中，认为自己是“农民”的仅占11.3%，认为自己是“工人/打工者”的占34.5%。据另一项调查，关于“未来发展的打算”，新生代农民工选择“回家务农”的只有1.4%；打算“做小生意或创办企业的”占27%；打算“继续打工”的占一半以上。由此可见，绝大多数新生代农民工想留在城市发展，企盼享有同城市人一样的就业和社会保障权益。全国总工会研究成果还表明，新生代农民工对工资不高、保险不上、发展不大的单位不屑一顾。而据课题组对江苏等地调研，无锡等经济发达地区的农民工主动要求企业为其参保，社会保险权利意识普遍增强。

据安徽省等省市的人社部门反映，由于新农保待遇相对较低，无法满足其年老后的保障需求，新生代农民工参加新农保的积极性不高，表明他们更认同城保，更愿意参加城保而不是农保。

（三）农民工将逐步享受市民待遇，并享受均等的社会保障等公共服务

我国社会经济发展的总体趋势是城乡二元格局的松动乃至逐步消除，以及城乡公共服务的逐步均等化。早在计划经济时期，城乡完全分割，农民不允许进城务工经商。改革开放后，随着城市各类企业发展和市民服务的需要，大量农民可以进城务工进商，但需要纳入“证卡合一”类的劳动准入管理，且很多岗位不允许农民工进入。其后，国家明确要改善农民工进城务工的就业环境，在包括就业卡和务工证等各种限制农民进城就业措施取消的同时，农民工还被纳入务工地公共就业服务的范围，其子女可享受在务工地接受教育方面的公共服务，并从可以参加各类社会保险或专项保险到被纳入统一的城镇社会保险体系。由此可见，农民工享受社会保障和其他各类公共服

① 全国总工会新生代农民工问题课题组：《关于新生代农民工问题的研究报告》，2010年6月。

务的发展过程实际上是逐步享受市民待遇并同样享受市民化的社会保障等公共服务的过程。而随着城乡社会经济乃至城乡社会保障制度的统筹发展以及基本公共服务的均等化，未来农民工不仅将可以享受完全统一的社会保障公共服务，还将可能享受公平的教育、就业服务以及其他多方面社会福利等公共服务。

（四）解决农民工社会保障问题是一项系统工程

国发［2006］5号文件发布以来，农民工参加社会保险的人数大量增长，覆盖面逐年提高，但就城镇职工社会保险看，除工伤保险外，职工参保率均未达到1/3。以养老保险为例，据初步统计，2008年参保农民工占外出农民工的17%，2009年占18%，2010年达到21%，虽然覆盖率在逐年上升，但还有接近4/5的人没有参保。由于五项保险的综合费率较高，许多用人单位拒不为农民工参保，一些农民工因个人缴费负担较重也在一定程度上影响了参保积极性，加上灵活就业农民工和劳务派遣农民工参加养老保险政策、城乡社会保险衔接政策等方面的制度性缺失，以及经办管理能力与行政执法力度尚需加强，决定了农民工社会保险扩面参保工作是一项需要付出艰苦努力的任务。与此同时，相应的社会救助、社会福利制度的建立与完善也非一朝一夕之事。总之，解决农民工社会保障问题是一项系统工程和长期渐进的过程。

（五）未来制约农民工城镇化的最大障碍不是社会保险，而是住房和其他公共政策

随着《社会保险法》的贯彻实施，农民工参加城镇社会保险不仅成为业内共识，制度障碍不复存在，而且还得到法律保障。随着农民工社会保障工作的推进，农民工参保覆盖面将不断扩大，农民工将与城镇职工一样参保并可依法享受各项社会保险待遇，社会保险将成为护送农民工进城、促进农民工城镇化的重要手段。

在农民工社会保障问题逐步解决的同时，未来制约农民工在城镇安居乐业的最大障碍将是住房问题，而远远超出农民工购买能力的房价将是横亘在农民工城市化过程中一座难以逾越的“大山”。因此，包括住房保障在内的其他公共政策的阳光能否普照到农民工身上将是问题的关键。

三、促进农民工社会保障的目标、原则与基本思路

（一）发展目标

大幅提高农民工的社会保险参保率，通过完善社会保险制度，加大扩面

的监察执法力度，改进经办管理，不断提高各类农民工技能水平和工资报酬等措施促进农民工参保。到“十二五”期末，将大多数与企业签订劳动合同、建立稳定劳动关系的农民工基本纳入职工基本保险制度，享受与城镇职工同等的权益，其他形式就业的农民工基本纳入新型农村社会养老保险与新型农村合作医疗，实现社会保险广覆盖的目标，促进农村劳动力平稳有序转移。力争到“十三五”期末，使居住生活工作在城镇的绝大多数农民工为城镇社会保险制度所覆盖，并随着城镇化的进程，实现社会保险制度对农民工的全覆盖。

（二）主要原则

为实现上述目标，在工作中既要大胆创新，按照农民工自身特点建立相适应的参保制度与办法，又要坚持原则，保障农民工享有基本均等化的公共服务。

一是坚持与国家积极推进城镇化发展的战略目标相结合。解决农民工社会保障问题必须服从服务于国家积极推进城镇化和工业化的战略发展目标，加快消除制约农民工融入城市社会的制度性障碍，努力让有条件的农民工能够在城里留得住，能够与其他城镇居民享受大体平等的基本公共服务。

二是坚持与完善各项社会保险制度相结合。要从根本上解决农民工的社会保障问题，必须进一步完善现行的各项社会保障制度和政策体系，扩大社会保障资金来源渠道，妥善解决企业和个人社会保险缴费负担偏重的问题，使农民工在参加社会保险上“缴得起、稳得住、可转移、能享受、可选择”。

三是坚持与社会保障体制改革相结合，促进公共资源整合，促进社会保障制度效益最大化。作为社会保障有机组成部分的城乡社会保险、社会救助、社会福利等，目前分属不同部门管理，应从切实保障农民工基本权益出发，加强部门沟通协调力度，推动现行各项社会保障制度的有效衔接，以适应现代社会保障制度在信息数据共享、公共资源整合上的大趋势。

四是坚持整体推进与突出重点相结合。解决农民工社会保障问题，既要进行整体设计，分步推进；又要突出重点，着力攻克影响维护农民工社会保障权益的突出问题和矛盾，使各项工作有计划、分步骤，循序渐进，逐步有效地加以解决。当前要着力做好制度衔接和重点人群保障政策完善等工作。

五是坚持将解决农民工社会保障和提高农民工职业技能与收入水平，改善农民工住房、教育等工作相结合。农民工参保意愿不强、缴费水平偏低，根本原因是农民工收入水平相对偏低。要从根本上解决农民工社会保障问题，必须以提高农民工职业技能为主要手段，优先促进农民工收入水平的提高，同时还要全面解决农民工在城镇生活衣食住行等方面存在的困难。

总之，农民工社会保障问题不能孤立起来看，必须与其他各项政策统筹考虑，综合治理。

（三）基本思路

1. 以提供平等的社会保障公共服务为起点

农民工社会保障等公共政策的最终目标是要实现农民工城市化。实现农民工融入城市的政策目标，仅靠户籍政策是远远不够的，还要通过包括社会保障在内的多方面的公共服务政策保证其在城镇的基本生活和职业发展。由于农民工特别是新生代农民工平等意识和权利观念日益增强，任何不公平的、歧视性的社会政策都会对其心理和人格造成伤害，因此，在政策目标上要逐步消除农民工与城市原居民以及其他职业群体的差异，为其提供平等的社会保障基本公共服务。一方面，要将农民工按规定纳入城镇养老、医疗、失业等社会保险体系，满足其基本保障需要；另一方面，进一步改革与完善社会保障政策，逐步将其与户籍制度剥离。

2. 以解决新生代农民工社会保障为重点

鉴于新生代农民工已经成为农民工的主体，因此，解决农民工社会保障要以新生代农民工为重点，同时兼顾老一代农民工的保障需要。

大多数新生代农民工想留在城市发展，想享有同城市人一样的就业和社会保障权益。他们更认同城保，更愿意参加城保而不是农保。

同时，新生代农民工流动性大又是一个客观事实。据江苏省 2008 年进行的抽样调查①，新生代农民工人均每年更换工作 0.45 次，是传统农民工的近 6 倍（传统农民工每年仅为 0.08 次/人）。由于他们在城乡之间、地区之间频繁地流动就业，在制度全覆盖之后，就会产生三类养老、医疗等保险转移需求：即农保（新型农村社会养老保险、新型农村合作医疗）向城保（城镇职工基本养老保险、职工基本医疗保险以及城镇居民基本医疗保险）的转移，在不同地区城保之间的转移以及城保向农保的转移。其中，伴随着城市化进程，越来越多的农民将离开土地进城务工，农民工也会频繁地在城市之间流动就业，因此，前两类保险关系转移接续的数量将会非常之多。尽管大多数新生代农民工不愿回到农村，但并不能排除第三类保险关系转移接续的可能性。而且，随着中西部地区经济不断发展，很多农民工考虑到发达地区较高的生活成本，将会选择回乡就业，而老一代农民工这类转移需求则相对

① 新生代农民工概念写进中央一号文件，2010-02-02，http://jsnews.jschina.com.cn

更多。届时，农民工对养老、医疗保险关系转移接续将会有更多的需求。新生代农民工日益强烈的参保意愿，加上频繁流动就业产生的关系转移与接续需求，必然要求尽快出台社保关系跨城乡制度间转移政策，并在城镇间制度内跨地区转移方面提供更为便捷的服务。

3. 以促进农民工城市融入为目标

有关研究显示，老一代农民工进城务工主要是解决家庭生计，因此，不少人还会回归故里，只有部分人会留在城镇。新生代农民工则不然，由于受教育程度相对较高以及与老一代农民工在家庭背景和个人经历方面存在差异等，新生代农民工公平意识觉醒，对农业和农村的归属感缺乏，城市化倾向更为明显，希望融入城市和获得发展的意愿也更为强烈。随着新生代农民工日益增多，国家在政策目标上需要解决农民工的城市融入问题。在政策导向上，不能再期望农民工特别是新生代农民工最终回归农业或农村，而是要在户籍政策、公共服务政策方面对其敞开大门，至少要留出足够的通道，使其中大部分人能够在输入地或城市沉淀下来。

要妥善解决好农民工随迁子女就学问题。坚持以输入地政府管理为主、以全日制公办中小学为主，确保进城务工人员随迁子女接受平等义务教育，研究制定进城务工人员随迁子女在接受义务教育后在当地参加升学考试的办法。要以素质提升为纽带，以解决农民工融入城市后能否留得下、过得好的问题。解决这一问题的关键，在于通过技能培训提升农民工的素质，实现农民工的职业发展和自主创业。与此同时，做好农村义务教育阶段后的职业教育和技能教育与培训，最大限度地减少低技能和低教育素质农民工的产生。

四、政策建议

解决农民工社会保障问题是一项系统工程和长期渐进的过程，完善相关社会保障制度和政策，需要坚持积极稳妥的原则，把长远目标、设计和近期工作、措施有机结合。据此，提出以下政策建议：

（一）大幅提高农民工参加社会保险覆盖面

通过完善政策、加强执法、改善服务、“一卡通”等信息化手段捆绑参保等具体措施，大力推进农民工参加社会保险工作。“十二五”期间，继续巩固和完善社会保险对农民工群体的覆盖工作，优先将在高危行业就业的农民工全部纳入工伤保险覆盖范围；将与企业签订劳动合同、建立稳定劳动关系的农民工纳入职工基本养老保险和职工基本医疗保险覆盖范围；将季节性进城务工等其他形式就业的农民工纳入新型农村合作医疗覆盖范围。力争到

“十二五”期末，实现社会保险对农民工群体的广覆盖。“十三五”期末，基本实现社会保险对农民工群体的全覆盖。

（二）研究完善在城镇从事个体经营或灵活就业农民工参加社会保险的实施办法

实施办法的重点内容应包括：一是研究非本地户籍的从事个体工商户以及灵活就业的农民工参保的政策；二是针对个体经营或灵活就业农民工无单位缴费的情况，研究探索相应的参加工伤等社会保险的政策办法；三是劳动就业管理部门要针对个体经营或灵活就业农民工的情况，制定相应的就业登记办法，为个人提供就业状况证明，以界定其就业身份；四是社会保险管理部门要研究相应的登记缴费办法，提供方便的经办服务。

（三）完善城乡社会保险制度之间的衔接政策

按照公平、简便原则，切实维护农民工的养老保险权益，制定农民工在城镇企业职工基本养老保险与新型农村社会养老保险制度间的衔接政策，力争在“十二五”期末实现基本养老保险在城乡之间以及跨统筹地区之间的顺畅转移接续。明确规定农民工在新型农村社会养老保险和城镇职工养老保险之间的转移接续方式，原则上可在达到领取待遇条件时再转移接续基本养老保险关系；明确规定农民工在新型农村社会养老保险与城镇企业职工基本养老保险制度之间转移接续关系时的条件、转移资金规模、缴费年限认定、待遇领取地确定、待遇标准核定和计发等相关具体政策。

强化农民工及其单位参加职工医疗保险的责任，鼓励和督促用人单位及农民工参加职工医疗保险。以城乡流动就业的农民工为重点完善基本医疗保险关系转移接续政策，加强异地就医结算能力建设，努力实现就地就医，就地即时结算。做好医保关系转移接续管理服务工作，简化手续，规范流程，共享数据。

（四）以“一卡通”等信息化手段促进农民工参保

力争到“十二五”期末，与企业签订劳动合同、建立稳定劳动关系的农民工人人持有“社保卡”。依托“金保工程”、“一卡通”等基础建设，加强部门之间、地区之间、各险种之间的信息共享与比对，以更强有力的信息化手段促进农民工“捆绑式”参加社会保险，加快全国统一的社会保障信息系统建设步伐，建立全国统一的跨越城乡的社会保险信息平台，确保农民工“不管走到哪里干，社会保险都能接着算”，满足农民工跨地区就医与及时结算的需要。

（五）针对农民工职业风险高的现状，提高农民工享受工伤保险的保障水平

全面落实《社会保险法》、《煤炭法》、《建筑法》、《工伤保险条例》和《部分行业企业工伤保险费缴纳办法》等法律法规，推进农民工集中的建筑、矿山等高风险企业和服务业企业农民工参加工伤保险，逐步实现有劳动关系的农民工全部参加工伤保险，努力实现应保尽保。落实《社会保险法》和《社会保险基金先行支付办法》的规定，着力解决农民工特别是未参保用人单位农民工工伤保险待遇落实难的问题。完善行业差别费率和用人单位浮动费率政策，并尽快研究出台《工伤预防费使用管理办法》，加强监督检查，强化企业的工伤预防责任，从源头上控制和减少工伤事故和职业病的发生。推进工伤康复工作，恢复和提高工伤农民工的生活自理能力和再就业能力，提高工伤保险保障水平。

（六）加快《失业保险条例》修订进程，完善失业保险政策

加快《失业保险条例》修订进程，逐步统一并完善农民工和城镇职工的失业保险政策。研究并明确农民工参加统一的失业保险制度的参保缴费、待遇享受、再就业服务等相关政策。采取积极合理的失业保险基金筹集机制，适当激励和吸引企业为农民工参保缴费。

（七）加强执法，加大对劳务派遣公司的管理力度

以农民工工伤、医疗、养老保险为重点，严格执法，通过行政强制手段依法推进在正规单位就业的农民工参保。积极贯彻落实《社会保险法》，协同推进劳动合同制度，大力加强劳动保障监察执法工作力度，建立与工商、税务等部门的联动机制，以乡镇企业、私营企业等非公企业为参保扩面的主要目标，依法将在各类企业、民办非企业单位、个体工商户就业以及在国家机关、事业单位、社会团体编制外聘用的农民工依法纳入社会保险。同时，通过政策、便捷服务等吸引和鼓励灵活就业农民工参保。

将小微企业经营者培训、高危行业主要经营者和负责人的资格认证审核与社会保险参保缴费挂钩。严格审核劳务派遣公司的资质，防止以派遣为名逃避参保现象的发生；督促劳务派遣企业为派遣员工参加社会保险，特别是国内企业以派遣形式组织境外劳务的农民工必须参保，对于不依法参保的，坚决取消其劳务派遣资质。同时，要检查和防止企业将原先已建立劳动关系的农民工转为劳务派遣关系、规避承担为农民工缴纳社会保险费的责任等损害农民工合法权益的行为。

（八）整合经办管理资源，提高对农民工社保服务的水准

从整合资源、提高经办效率出发，理顺经办管理体制。从确保基金支撑能力出发，提高社会保险统筹层次。基本养老保险基金逐步实行全国统筹，其他社会保险基金逐步实行省级统筹。优化经办管理服务，在人员配备、经办场所建设等方面向一线机构倾斜。研究在基层平台上，劳动合同备案、就业登记与人员参保登记三合一的办法。进一步完善经办业务流程，统一和规范全国社会保险转移接续工作。

（九）研究探索调整费率与费基政策

抓紧研究进一步完善各项社会保险制度，多渠道筹集社会保险资金，加大财政对基本社会保险的投入，研究建立将生活困难的农民工及其家庭纳入社会保险补贴范围的政策，促进农民工有能力同等参加城镇各类社会保险；统筹研究费率与费基政策，设置若干档次，逐步降低社会保险缴费基数和比例，减轻用人单位和个人负担，让农民工都有能力参得起保险，以吸引更多的用人单位和个人参加社会保险。

课题组成员：徐延君　王　涛　陈金甫　鲁士海　宋汝冰　刘从龙
金维刚　贾　军　樊卫东　张　晗　郑自民　华迎放
侯硕函　刘　鹏　刘　颖　邵　颖　陈娟娟
报告执笔人：徐延君　郑自民　华迎放　邵　颖　陈娟娟

农民工劳动权益维护专题研究报告

人力资源和社会保障部劳动关系司课题组

农民工是我国改革开放和工业化、城镇化进程中涌现的一支新型劳动大军。随着改革开放的不断深入，农民工队伍迅速发展壮大，逐步成为我国产业工人的主体。截至 2010 年底，全国农民工总数达到 2.42 亿人，其中进城务工经商农民工 1.53 亿人。农民工已成为我国制造业、建筑业和第三产业的主力军，约占制造业的 68.2%，建筑业的 79.8%，第三产业的 52%。农民工的劳动权益维护问题直接关系到维护社会公平正义，关系到社会的和谐稳定，关系到经济社会的持续健康发展。

一、近年来我国农民工劳动权益维护取得的成绩

近年来，党中央、国务院高度重视农民工问题，制定了一系列保障农民工权益的政策措施，尤其是 2006 年国务院印发《关于解决农民工问题的若干意见》（国发［2006］5 号）以来，各地区、各部门做了大量工作，农民工劳动权益保障工作不断加强，取得了明显成效。

（一）农民工劳动合同签订率不断提高

一是大力推动劳动合同法及实施条例贯彻落实。通过印发宣传材料、现场咨询服务、举办电视知识大赛、专题知识培训等形式加强法律法规宣传，增强了用人单位依法用工和包括农民工在内的广大劳动者依法维权的意识。二是通过开展“三项行动”推动农民工劳动合同签订工作取得了积极进展。部署各地在 2006—2008 年实行全面推进劳动合同制度实施三年行动计划，2008—2011 年连续四年在建筑、餐饮等重点行业开展农民工劳动合同签订“春暖行动”，从 2010 年开始开展小企业劳动合同签订专项行动，各地通过分类制定和推广使用简易劳动合同示范文本、开展企业用工情况调查摸底、建立示范点联系制度、强化劳动执法检查等一系列措施，有力促进了农民工劳动合同签订率的提高。截至 2010 年底，农民工劳动合同签订率达到 65%。三是加强以劳动合同签订为基础的劳动用工备案制度建设。各地采取有效措施努力摸清企业劳动用工底数，建立劳动用工信息数据库，逐步实现对包括农民工在内的劳动用工动态管理。目前，已有 23 个省区市建立省级劳动用

工信息数据库，备案企业和职工逐步增加，部分地区初步实现了备案系统网络实时数据更新和用工信息查询。

（二）农民工工资水平大幅提升

一是适时合理调整最低工资标准。“十一五”时期，31个省区市都建立了最低工资制度和最低工资标准正常调整机制，各地平均调整最低工资标准3.2次，每次平均调整幅度12.9%。今年上半年，又有18个地区调整了最低工资标准。目前，最高的月最低工资标准为深圳市1 320元，最高的小时最低工资标准为北京市13元。二是积极稳妥开展工资集体协商。2006年，原劳动和社会保障部会同全国总工会、中国企业联合会/中国企业家协会联合下发了《关于开展区域性行业性集体协商工作的意见》，2008年开始推进集体合同制度实施“彩虹计划”，推动各地以工资集体协商为重点，不断扩大集体合同制度覆盖面，增强集体协商的针对性和实效性，建立工资正常增长机制企业的范围逐步扩大。据不完全统计，截至2010年底，全国经各级人力资源社会保障部门审核备案的工资集体协议达到30.97万份，覆盖职工4 398万人。三是提高煤炭企业井下艰苦岗位津贴。2006年，原劳动和社会保障部会同国家发改委、财政部联合下发了《关于调整煤矿井下艰苦岗位津贴有关工作的通知》，23个省区市发布了实施意见，制定实施了本地区煤矿井下艰苦岗位津贴的具体标准，切实提高了井下作业农民工工资待遇。2005—2010年，全国农民工月均工资由875元提高到1 690元，年均增长14.1%。其中，在国际金融危机影响严重的2009年，仍比2008年增长了6.7%，2010年又比2009年大幅增长了19.3%，呈现出加速增长的趋势。目前，农民工工资性收入已经成为农村居民收入的主要来源，达到50%以上。

（三）农民工工资拖欠问题得到明显遏制

一是大力解决建设领域农民工工资历史拖欠问题。按照国务院关于三年解决拖欠农民工工资的要求，人力资源和社会保障部门会同住建部等部门，采取加大农民工工资支付情况检查力度、规范和完善农民工工资支付办法、建立预防和解决拖欠工资问题的长效机制等措施，基本解决了建设领域农民工工资历史拖欠问题，共清偿337亿元。二是积极建立预防和解决拖欠工资的长效机制。配合全国人大常委会在刑法中设立了“拒不支付劳动报酬罪”，加大了对拖欠工资行为的处罚力度。大力推动各地建立“两金三制”，即在建筑业建立工资保证金、在拖欠农民工工资的易发多发地区建立欠薪应急周转金，实施建筑总承包企业负责解决分包企业欠薪制度、行政司法联动打击欠薪逃匿制度和属地管理省级人民政府负总责制度。同时，各地结合实际积极探索解决拖欠农民工工资问题的新做法，河北邢台市在建筑领域实行农民工实名制“一卡通”，天津实施农民工工资预储账户制度，湖北省建立全面排查和重点部位跟踪监控、省市县快速反应等制度，先后受到了国务院领导的充分肯定。三是加强岁末年初的农民工工资支付保障工作。针对元旦、春节期间农民工集中返乡、企业拖欠农民工工资比较突出的特点，从2002年开始，每年第四季度组织开展农民工工资支付专项执法检查活动，严肃查处企业拖欠工资的违法行为；2009—2011年，连续三年对做好“两节”期间保障农民工工资支付工作做出专门部署，实现了农民工工资基本无拖欠。经过多年努力，2010年全国各级劳动争议仲裁机构受理涉及农民工工资问题的争议案件比2009年下降了15.1%，因拖欠工资问题引发的百人以上群体性事件下降了30.6%。

（四）农民工劳动条件逐步改善

一是进一步维护农民工休息休假权利。2007年国务院颁布《职工带薪年休假条例》，2008年制定了《企业职工带薪年休假实施办法》，大力推动带薪年休假制度的落实。2007年法定节假日总天数由10天增至11天。二是推动企业制定合理的劳动定额。组织制定并由国家标准委批准发布了《劳动定员定额术语》、《工作抽样方法》、《劳动定额测时方法》、《工时消耗分类、代号和标准时间构成》等国家标准。组织审定并批准发布了30项建设工程劳动定额行业标准等多项劳动定额行业标准，为企业合理确定劳动定额提供依据。同时，指导企业和劳动者将劳动定额、计件单价作为集体协商的重要内容之一，以行业标准为参考，通过平等协商确定本企业劳动定额和计件单价。和福建省加强对企业劳动定额定员的指导规范工作，组织开展了劳动定额定员百家先进企业评选表彰活动。三是越来越多的地区注重引导企业搞好对职工的人文关怀，指导企业通过改善生产生活条件、拓展职工发展空间、丰富企业文化生活、关注职工身心健康等措施，努力改善劳动条件和用工环境。如广东省政府还专门下发了《广东省人民政府关于加强人文关怀改善用工环境的指导意见》。

（五）农民工维权工作得到强化

一是健全劳动争议调解仲裁制度，在市、县两级大力推进劳动争议仲裁院建设，进一步畅通农民工当事人维权渠道。建立方便农民工劳动争议申诉的“绿色通道”，采取简易程序快速处理，对小额劳动报酬争议案件实行终局裁决、先予执行。2010年，全国各级劳动争议仲裁机构共立案受理以农民工为主的劳动争议案件66.1万件，当期结案率达到93.1%。二是通过60个试点城市劳动保障监察网格化、网络化管理，推动建立覆盖城乡的劳动用工管控网。从2007年开始，每年组织开展整治非法用工打击违法犯罪专项行动。2010年，第4次专项行动共检查用人单位35.85万户，取缔无照经营2 029户，吊销营业执照190件，查处职介机构和用人单位违法案件1.27万件。

二、当前农民工权益维护存在的突出问题和原因分析

经过多年的努力，虽然农民工劳动权益维护取得了一定成效，但是面临的问题仍然十分突出。总体来讲，农民工仍处于劳动力市场的低端，弱势地位突出，合法权益受侵犯的现象较为普遍。

（一）当前农民工劳动权益维护存在的突出问题

一是中小企业和职工流动性较大的行业企业中农民工劳动合同签订率低。《劳动合同法》实施以来，绝大多数规模以上企业与劳动者签订了劳动合同，小微企业劳动合同签订率快速上升，由15%提高到65%，但剩余35%的小微企业劳动合同签订难度更大，监管更难，协调更复杂。在从业人员上，据全国工商联调查，小微企业从业人员有2亿人左右，占从业人员总数的64%，以新生代农民工为主，约有五六千万农民工未签订劳动合同。在行业分布上，流动性较大的建筑业、制造业、采矿业、商贸服务业和旅游业5个行业劳动合同签订率最低；在地域上，主要集中在城乡结合部、工业园区等新开发和边贸地区。这些行业和地区都以农民工就业为主。此外，还存在着劳动合同的内容不完备甚至有违法条款，签订、变更、解除和终止行为不规范等问题。

二是以农民工为主体的劳务派遣用工不规范。从劳务派遣用工情况来看，农民工占80%左右。一些用工单位出于规避签订劳动合同责任、降低用工成本、减少管理风险等原因，在主营业务岗位长期大量使用被派遣劳动者。在部分行业和用工单位，劳务派遣用工已成为新的主要用工形式，有的甚至将原直接用工转为劳务派遣用工。据上海市调查，租赁商贸服务业使用被派遣劳动者占用工总数的68.5%，房地产业占63.2%，批发零售业占47.9%，制造业占38.7%；国有企业使用的被派遣劳动者占用工总数的60%左右。被派遣农民工主要分布在一线生产岗位和操作性岗位。少数劳务派遣单位不与被派遣农民工签订劳动合同。被派遣农民工与用工单位直接用工同工不同酬的问题比较突出。据人社部2009年的调查，被派遣劳动者的

工资比用工单位直接用工低20%～50%。少数劳务派遣单位不为被派遣农民工参加社会保险。被派遣农民工难以参与企业民主管理，利益诉求渠道不畅通，劳动权益难以得到有效保障。

三是工资长期偏低，增长仍然偏慢。2010年，全国农民工月均工资1 690元，仅相当于城镇单位在岗职工月平均工资3 021元的55.94%。“十一五”期间，农民工工资年均增长14%，比城镇在岗职工平均工资年均增长低1.4个百分点。2009年，以农民工为主要就业群体的制造业、建筑业、住宿餐饮业、批发零售业平均工资分别是行业工资最高的金融业的44%、40%、44.5%和48%；2004—2009年，上述4个行业平均工资年均增长速度分别为13.5%、13.9%、10.6%和17.5%。明显低于金融业20%的增速。以农民工为主的企业一线职工与管理人员工资水平相比，水平过低、增速偏慢。根据人社部对8个省份6个行业的薪酬调查，2009年企业生产运输工人平均工资相当于中高级管理人员的42%，其中初级技能工人的工资仅相当于高级管理人员的21.8%。作为保障职工工资最低收入的最低工资标准成为许多劳动密集型企业确定农民工基本工资的标准，农民工成为拿“地板工资”的主要群体，为了增加收入不得不被迫“自愿”加班。一些企业工资支付不规范，工程建设领域因拖欠工程款导致农民工工资拖欠现象仍比较突出，其他行业中的一些中小型非公有制企业拖欠工资问题时有发生，有的企业甚至以暴力伤害讨薪农民工。

四是劳动时间长，安全条件差。一些企业不能严格执行国家劳动标准，部分企业还存在通过提高劳动定额标准，降低计件单价的方式，导致农民工在法定工作时间内难以完成工作任务，只能通过加班加点才能获得一般水平的工资。农民工超时加班、不能按规定获得加班费现象仍然较多，休息休假权得不到保障。据调查，在深圳市，89.2%的新生代农民工需要加班，有56%的人加班时间超过法定时间。农民工承担着城镇大多数“苦、脏、累、险”的工作，尤其是高温、高危、高寒和高污染作业的群体主要以农民工为主，而部分企业的工作环境和劳动条件较差，企业为节约成本，不按规定发放劳动保护用品，工作场所安全防护设施不完备，对农民工的身体健康造成损害，职业病和工伤事故时有发生。部分女性农民工孕产期权益未得到有效保障，甚至有因怀孕而被迫辞职的情况。

五是部分企业忽视农民工发展需要，缺少人文关怀和心理疏导。一些企业过分追求效率，依靠家长式权威来管理农民工，管理方式简单粗暴，单一强调纪律约束，制定了苛刻且不合法的规章制度，农民工一旦违反，则会被罚款甚至被解雇。部分制造业企业为了提高效率，对劳动过程实行“泰勒制”精细化管理，把生产步骤最大程度分解开来，导致工作成为单一动作重复，劳动强度大，剥夺了农民工工作的主动性和成就感，阻隔了正常的人际交流，给农民工身心带来较大的压力。劳资双方沟通协商机制普遍缺失，企业经营者缺乏人文关怀，在关心和关爱农民工方面存在“说起来重要，做起来次要，忙起来不要”的现象。大部分企业对农民工没有有针对性和系统性的技能培训，农民工缺少职业发展空间，缺乏精神文化生活。

这些突出问题的存在，侵害了农民工的合法权益，并带来大量的劳动纠纷。尤其是2011年以来，许多地方发生了以提高工资待遇、改善劳动条件为主要诉求、以新生代农民工为主体的集体停工事件，劳动关系冲突性增强。新生代农民工，通常指20世纪80年代或90年代出生、登记为农村户籍而在城镇就业的人群。新生代农民工主要是生长在农村，初高中毕业后进入城镇就业，也有随打工父母在城镇长大的农民工子女。目前，新生代农民工已占全部农民工的60%以上，逐步成为市场用工的主体。与老一代农民工相比，新生代农民工的优势主要体现在文化素质较高，普遍接受了初中以上教育；视野开阔，能从报刊、杂志、书籍、电视、手机、网络等多种渠道获取知识、信息；易于融入城市。同时，新生代农民工对农业生产缺少关注，对农村和土地没有强烈的眷恋之情，经历的困难相对较少，对可能遇到的挫折和挑战缺乏心理准备。新生代农民工的权益诉求正发生着明显变化：由以往进城挣钱回乡生活向进城谋职融入城市生活转变；由满足有一份工作向注重职业发展空间转变；由保障工资支付向更加关注劳动报酬合理增长转变；由要求提供食宿条件向追求体面劳动转变。他们的追求开始向精神层面拓展：由单纯谋生向追求归宿感延伸；由忍耐坚持向追求权益平等延伸；由承担家庭经济责任向实现自我价值延伸。农民工队伍呈现的新特点和诉求的新变化对维护农民工劳动权益提出了新的要求，如何更好地维护他们的切身利益，促进他们的职业发展，丰富他们的文化生活，满足他们的合理需求已成为当前劳动者劳动权益维护的重点和难点问题，处理不好这些问题，不仅会影响劳动关系的和谐稳定，而且会给社会稳定和经济发展带来严重隐患。

（二）原因分析

一是劳动关系法律法规不完善。现行一些法律法规操作性不强，如劳务派遣规定、企业裁减人员规定等劳动合同法相关配套法规政策亟待完善。集体合同制度立法相对滞后，没有制定专项的工资法律法规，对建立企业工资协商确定机制和正常增长机制没有强制规定，对拖欠、克扣工资的违法行为处罚力度不够。企业民主管理等重要专项法律法规尚未制定实施。一些规定尤其是基本劳动标准方面的规定不能适应劳动者分层化和就业形式多样化的形势，导致在部分企业难以落实。

二是劳动关系协调机制不健全。劳动合同制度实施不平衡，小企业和职工流动性较大的行业企业农民工劳动合同签订率低的问题仍未得到根本解决。集体合同制度覆盖面不广，集体协商实效性不强，基层工会组织不健全，部分企业尤其是中小型非公有制企业工会维权力量薄弱，集体协商和集体合同制度作用难以全面有效发挥。协调劳动关系三方机制不健全，三方机制的职能定位尚不清晰，运行机制和工作制度不完善，三方机制的作用未能有效发挥。劳动争议处理制度不完善，调解功能弱化、仲裁能力不足、裁审衔接不畅，影响了劳动争议处理的效能。

三是多数企业尚未建立工资正常增长机制。目前，集体协商促进企业职工工资正常增长机制的覆盖面还不够，面临着“职工不敢谈、企业不愿谈，双方不会谈”的困境，多数企业农民工的工资水平和工资增长仍由企业单方面决定，即使开展集体协商的企业，大多也没有吸纳农民工作为职工代表与企业开展集体协商，难以反映农民工的利益诉求，农民工在企业工资分配中的知情权、参与权、表达权得不到落实。企业薪酬调查和信息发布制度尚未全面建立，工资指导线制度还不完善，难以对企业工资进行有效指导和调节。

四是工资支付保障长效机制不完善。对拖欠农民工工资较多的建设领域，尽管一些地方要求缴纳工资保证金与颁发建筑施工许可证挂钩，但《建筑法》对申请领取施工许可证条件中未有对缴纳工资保证金的明确规定，实践中因没有法律依据难以执行到位。多数省份只在建设领域建立了工资保证金制度，未缴纳工资保证金单位发生工资拖欠情况也较多。劳动保障监察缺乏强有力的行政执法手段，无冻结单位银行账户、扣押财产等强制措施，处理恶意拖欠工资、隐匿转移财产、业主逃匿等严重违法行为缺乏有效手段，常面临做出行政处理决定却无法执行的尴尬局面。

五是农民工利益诉求表达渠道不畅通。当前，部分企业尤其是外资、非公企业党工团基层组织不健全。建立了工会的企业，农民工参加工会的也较少，农民工往往“诉求无门”。由于工会人员大多受制于企业，“上层工会”、“空壳工会”、“福利工会”的问题突出，农民工对工会缺乏认同。仅有不足10％的企业建立了劳动争议调解委员会，企业预防劳动争议的功能不强，自主化解纠纷的渠道不畅。

六是政府调整劳动关系的能力薄弱。基层人力资源社会保障部门劳动关系工作机构队伍建设不适应工作要求的问题一直未得到很好解决，相当数量地市和绝大多数县级人力资源社会保障部门没有专门的劳动关系协调工作机构，人员配备严重不足，街道（乡镇）、社区劳动关系协调工作力量薄弱。劳动争议调解基层组织和劳动人事争议仲裁院基本建设严重滞后，基层劳动保障监察执法力量不足、经费保障不力、执法装备落后，劳动争议调处和劳动保障监察能力不足、案多人少的矛盾突出。

从更深层次原因看，我国当前的经济发展阶段、旧体制形成的制度性障碍、歧视农民工的传统观念以及农民工的低端就业地位，加剧了农民工劳动权益维护的难度。我国用 30 多年的时间走过了西方发达市场经济国家上百年时间才走完的发展历程，发达国家在经济起飞和结构转型的不同时期出现的矛盾和问题会在我国相对集中地表现出来。二元经济结构是我国的基本国情，虽然近年来党中央、国务院采取一系列政策措施，极力解决农民工劳动权益保护问题，并取得了实质性进展，但是，旧的城乡分割的制度以及歧视农民工的观念尚未彻底破除，城乡统一的劳动力市场还没有真正建立起来。部分法制观念淡薄的用人单位利用其强势地位，恶意践踏法律法规，以侵害处于弱势地位的农民工的合法权益为手段谋取经济利益。部分地方政府没有认识到劳动关系和谐对于经济和社会可持续发展的重要性，在服务和管理对象上重资本所有者、轻劳动者，忽视农民工劳动权益维护问题。另外，农民工主要集中在中小企业就业，中小企业普遍竞争压力大、抗风险能力弱、生存周期短、产品附加值低、利润空间小、管理水平低，增加农民工工资、改善劳动条件的能力有限。

三、今后一个时期维护农民工劳动权益的对策措施

维护农民工劳动权益问题，既要根据新生代农民工的特点和需求采取有针对性的措施，切实解决农民工面临的突出问题，同时也要将农民工的劳动权益问题放在构建劳动关系的大局中统筹考虑。

今后一个时期，维护农民工劳动权益问题的指导思想是，以邓小平理论和“三个代表”重要思想为指导，深入贯彻落实科学发展观，以完善劳动关系法律法规为重点，为维护农民工合法权益创造良好法律环境；以健全劳动关系协调机制为重点，使农民工法定劳动权益得到有效维护；以推进工资集体协商、建立工资正常增长机制为重点，提高农民工工资收入，促进农民工分享改革发展成果；以改善劳动条件、加强人文关怀为重点，促进农民工实

现体面劳动，推动构建和谐劳动关系，实现农民工得实惠、企业得效益、经济得发展、社会得稳定的共进局面。

具体措施有：

一是尽快完善相关法律法规和政策，解决农民工劳动权益维护中带有根本性、全局性和长期性的问题。适时出台《集体合同法》、《劳动保障监察法》，抓紧出台《企业工资条例》、《女职工劳动保护条例》、《企业裁减人员规定》、《劳务派遣规定》、《实施劳动合同法若干规定》、《特殊工时管理规定》、《企业职工档案管理办法》等法规、规章。配合最高人民法院完善《关于审理拒不支付劳动报酬罪刑事案件具体应用法律若干问题的解释》，会同有关司法部门制定下发《关于拒不支付劳动报酬犯罪加强劳动保障行政执法与刑事司法联动机制建设的指导意见》。抓紧制定加强劳动定额定员管理的意见、加强工资支付保障制度建设的意见和建立健全工资正常增长机制的意见等政策性文件。针对小微企业和灵活就业的实际，完善有关劳动标准，适当提高立法层次、细化相关规定、增强可操作性。

二是全面实施劳动合同制度。认真贯彻实施《劳动合同法》及实施条例，重点抓好劳动密集型小微企业和非公有制企业中法律法规的贯彻实施。继续深入推进小微企业劳动合同制度实施专项行动和农民工劳动合同签订“春暖行动”，以建筑业、制造业、采矿业、商贸服务业、旅游业等行业的小微企业为重点，采取简易劳动合同文本、简化劳动合同签订程序等方式，切实提高小微企业劳动合同签订率和履约质量。督促具备条件、较为规范的小微企业订立书面合同，指导流动性大的劳动密集型小微企业将大量口头协议转变为简易劳动合同，引导从事家庭服务业中还不属于劳动关系的人员逐步订立劳务协议，“十二五”期间农民工劳动合同签订率达到80%，实现广覆盖，“十三五”期间农民工劳动合同签订达到90%以上，实现全覆盖。制定并推广适合小微企业的劳动规章制度制定规程和体现不同行业特点的劳动规章制度示范文本，指导和帮助小微企业建立健全招工登记、工资支付、保险缴费、考勤等书面记录，切实提高劳动用工管理水平。严格依法规范劳务派遣用工行为，积极开展规范劳务派遣用工管理专项行动，重点纠正虚假派遣和变相自我派遣、违法将直接用工转劳务派遣、不签订劳动合同、不参加社会保险、同工不同酬等问题。探索建立劳务派遣单位和用工单位定期报告制度，实现对劳务派遣的动态监管。全面推进劳动用工备案制度建设，探索建立劳动用工备案、就业登记、灵活就业人员参保“三合一”制度，抓紧启动劳动用工备案覆盖行动，逐步建立全国统一的劳动用工信息数据库，加强对劳动用工备案信息数据的综合分析利用，发挥备案系统在监测企业用工、相关数据比对和支持宏观决策等方面的基础作用。

三是建立健全农民工工资正常增长机制。继续以工资集体协商为重点内容，以非公企业和劳动密集型企业为重点对象，深入推进集体合同制度实施“彩虹计划”，实现“十二五”期末集体合同签订率达到80%。通过积极稳妥地扩大工资集体协商覆盖范围，加快建立企业工资正常增长机制，督促指导企业在经济效益增长的同时同步增加农民工工资，努力使包括农民工在内的生产一线职工工资增长幅度适当高于企业职工平均工资增长幅度。大力开展行业性、区域性集体协商，着重解决以农民工为主体的加工制造、餐饮、建筑等行业小企业的问题，同时指导行业中具有代表性的标杆企业率先开展工资集体协商，发挥其示范作用。加强对工资集体协商的指导，支持工会开展协商要约。加强对集体协商双方代表的培训工作，建立专职和兼职集体协商指导员队伍，为协商双方提供咨询和支持。鼓励各地采取协商工资税前认定扣除等措施，推动企业主动开展集体协商。完善工资指导线、人力资源市场工资指导价位和行业人工成本信息指导制度，建立统一规范的企业薪酬调查和信息发布制度，为企业和农民工开展工资集体协商提供依据。健全并落实最低工资制度，指导各地把握好最低工资调整的时机和力度，努力使最低工资标准增长幅度适当高于社会平均工资增长幅度。研究实行劳动密集型小微企业工资税收优惠政策，鼓励企业增加就业和提高农民工工资水平。力争“十二五”期间农民工月平均工资达到2 500～3 000元，把提高农民工工资作为扭转劳动报酬占GDP比重不断下降的新支点，使农民工分享到改革发展成果。

四是进一步加强工资支付保障工作。继续建立健全“两金三制”，在建设领域和其他容易发生工资拖欠的行业建立工资保证金、在拖欠农民工工资的易发多发地区建立欠薪应急周转金，实施建筑总承包企业负责解决分包企业欠薪制度、行政司法联动打击欠薪逃匿制度和属地管理省级人民政府负总责制度。会同建设、银行等部门研究推行建筑领域农民工实名制一卡通系统，将建设工程信息、农民工考勤信息、银行发放工资信息、行政监管等功能整合到系统中，实现农民工工资发放的系统化、信息化。配合司法机关做好《刑法修正案（八）》关于“拒不支付劳动报酬罪”规定的落实，积极通过各类新闻媒体加大宣传，对法院判决的“拒不支付劳动报酬罪”案件进行曝光，增强对恶意欠薪行为的震慑力度。坚持每年会同建设、公安、工会等部门开展工资支付专项检查行动。开展三年基本解决农民工工资拖欠专项行动，通过整合劳动关系“两金三制”、调解仲裁开辟绿色通道快速处理、劳动保障监察专项检查的工作合力，努力实现“十二五”期末全国企业工资基本无拖欠的目标，将拖欠农民工工资人数由现在的1%降至0.1%。

五是推进企业民主管理。切实加强和完善企业民主管理，丰富包括农民工在内的企业职工民主参与形式，畅通农民工民主参与渠道，努力推进企业民主管理建设。督促企业广泛建立职代会制度，认真落实职代会职权，充分发挥职代会在企业发展重大决策和决定涉及农民工切身利益等重大问题上的重要作用，切实保障农民工的知情权、参与权、表达权和监督权。

六是加快劳动标准体系建设。加快完善工作时间、休息休假、女职工和未成年工特殊劳动保护标准，加大对企业落实劳动标准的监督检查力度，进一步推动法定节假日和带薪年休假制度的落实，依法维护农民工休息休假权。加快完善高温、高危、高寒和高污染等行业和岗位劳动条件标准，对亟需、目前仍然缺失的劳动标准加快制定，对需要完善的标准抓紧修订。研究制定员工制家庭服务机构的劳动用工政策和劳动标准，促进家庭服务业发展，维护家庭服务人员的合法权益。督促企业增加劳动投入，尤其是改善“苦脏险累”岗位劳动条件。切实加强劳动定额标准管理，发挥政府部门、行业中介组织和企业在劳动定额工作中的作用，推动劳动定额定员国家标准、行业标准的制定和修订工作，指导企业依照法定程序科学确定劳动定额、计件单价，促进企业提升劳动管理水平，维护农民工的休息权益和报酬权益。

七是注重对农民工的人文关怀和心理疏导。加强企业党工团等基层组织建设，畅通农民工利益诉求表达渠道。指导和督促企业加强对农民工的人文关怀，引导企业改变事实上存在的对农民工的严苛管理，使其能感受到自身价值和尊严得到尊重。引导企业尊重农民工、依靠农民工、关心农民工，倾听农民工的诉求，加强对农民工的培训，拓宽农民工的职业发展空间，坚持追求企业自身发展和履行社会责任并重，培育富有特色的企业精神和健康向上的企业文化，增强企业的吸引力和凝聚力，做到以待遇留人、感情留人、事业留人，促进农民工实现体面劳动。

八是进一步健全协调劳动关系三方机制。创新三方机制组织形式，提高规格，将各级三方会议改为协调劳动关系三方委员会。重点推动建立和完善县级三方机制，根据工作需要将三方机制向街道（乡镇）、工业园区和行业延伸，充实工作职能，健全工作制度，共同研究解决维护农民工合法权益问题。依托三方机制研究制定协调处理集体协商争议的办法，完善集体协商争议调停机制，有效预防和调处集体停工事件。以三方机制为依托，进一步深入推进和谐劳动关系创建活动，健全创建工作目标责任制等长效机制，不断扩大创建活动在企业和工业园区的覆盖范围，推动创建活动向非公有制中小企业和乡镇（街道）拓展，努力形成全方位、多层次的创建局面。要把加强对职工尤其是农民工的人文关怀、教育培训和公共服务纳入创建内容，促进农民工全面发展。

九是进一步加强劳动争议处理效能建设。完善劳动争议预防调解制度，在企业普遍建立内部协商解决机制，深入开展部分国有企业劳动争议预防调解示范工作并逐步向非公企业推广，充分发挥乡镇（街道）劳动争议调解组织作用。建立健全突发性、集体性劳动人事争议应急调解协调机制。加强农民工集中地基层劳动争议调解组织和劳动人事争议仲裁院建设，推广多方联动、巡回仲裁、优先受理、优先开庭等快速有效处理农民工劳动争议的经验做法。完善劳动争议仲裁办案制度，对案件进行分类处理，发挥简易程序和终局裁决的作用，加大仲裁办案督查，规范法律适用和办案程序，促进案件仲裁终结，不断提高仲裁办案质量和效率。加大集体劳动争议处理力度，充分发挥工会、企业代表组织等仲裁委员会组成部门在处理集体劳动争议案件中的作用。强化裁审衔接，加强仲裁机构与同级人民法院的工作机制衔接，提高仲裁裁决的执行效率，依法、公正、及时解决劳动争议，保护农民工的合法权益。

十是加大劳动保障监察工作力度。完善劳动保障监察执法制度，建立健全违法行为预警防控机制，完善行政执法与刑事司法联动机制。加强日常执法与开展重点整治相结合，着力解决企业不与农民工签订劳动合同、拖欠工资、违法超时加班、不依法参加社会保险和缴费等劳动保障法律实施中的突出问题，进一步做好重大违法案件查处工作，完善重大违法行为社会公布办法。建立全国统一的监察管理信息系统，提高监察执法效能。建立用人单位劳动保障守法诚信档案，实施动态分类监管。建立案件办理协查制度，完善多部门综合治理机制。全面推进劳动保障监察“两网化”管理，力争近两年覆盖全国地级以上城市，“十二五”期末在全国乡镇（街道）基本实现全覆盖。

十一是积极提升协调劳动关系能力。指导各地调整和优化人力资源社会保障部门的劳动关系工作机构设置，重点加强市、县级劳动关系工作机构建设，配备必要的工作力量。大力加强劳动人事争议仲裁院建设，推动“十二五”期末全国基本完成仲裁院建设的目标，努力提高仲裁队伍专业化水平。

加强劳动保障监察“机构标准化、执法规范化、人员专业化”建设。依托基层劳动就业社会保障公共服务平台，进一步推进劳动关系协调、劳动争议调解、劳动保障监察工作进基层。启动“16211”行动计划，通过开发公益岗位、吸纳就业困难的大学毕业生等多种途径，到“十二五”期末共配备16万名“三员”，即保障全国4万个乡镇街道每个至少有1名劳动关系协调员、2名劳动保障监察协管员和1名劳动争议调解员，工资待遇采取“2＋1”模式，即在支付当地公益岗位工资标准、缴纳社会保险费基础上，增加乡镇街道或县（市、区）工作补贴。加大劳动关系工作队伍培训力度，提高其业务素质和工作水平。

十二是加强法律宣传引导。加强对劳动合同法及实施条例、女工和未成年工特殊劳动保护、职工带薪年休假制度等法律法规的宣传，引导企业树立依法经营理念，自觉落实国家劳动标准，增加劳动投入，积极履行社会责任，努力改善劳动条件和劳动环境；引导农民工依法维护自身合法权益。同时，推动各地将招用农民工较多的小微企业经营管理者培训列入“十二五”培训项目，做到“有科目、有经费、有保障”，力争到2012年对辖区内的小微企业经营管理者轮训一遍，增强小微企业依法用工的自觉性。

课题组成员：邱小平　尚建华　董　平　柳盛学　蔡　颖　叶根礼
赵　森　刘军胜　马　竞　周　丽　韩启照　陈　兰
王　宏　贾东岚
报告执笔人：茹英杰　刘　燕

农民工子女教育专题研究报告

教育部农民工子女教育专题研究课题组

为进一步推动农民工子女教育工作，教育部按照国务院农民工工作联席会议第九次全体会议精神和《关于印发中国农民工发展研究工作方案的通知》分工要求，根据部领导批示精神，形成了办公厅牵头督办、基础一司、基础二司、高校学生司、督导办按业务分工负责，职成司负责统稿的共同开展农民工子女教育专题研究的工作机制。

近年来，随着工业化、城镇化进程加快，大量农村人口向城市转移，农民工成为全面建设小康社会的重要力量。农民工随迁子女（进城务工人员随迁子女或流动人口随迁子女，以下简称农民工子女）占我国未来同龄人口的比重有不断增长的趋势，做好农民工子女教育工作关系教育公平乃至社会公平，决定未来劳动力的素质，影响经济社会发展全局以及社会和谐稳定。同时，农民工子女教育在传承社会主流价值观、促进社会流动，实现社会融合、推进城乡经济社会一体化发展方面发挥着重要作用。党中央、国务院高度重视农民工子女教育问题，新世纪之初中央就已经确立了“以输入地政府管理为主，以全日制公办中小学为主”的政策解决农民工子女接受义务教育问题，各级地方政府也研究制定了大量的政策措施保证农民工子女平等接受义务教育的权利，取得了一定的成效，以全日制公办中小学为主安置农民工子女接受义务教育的格局基本形成。

根据第六次全国人口普查和调查数据，全国流动人口（其中以农民工为主体，约 1.5 亿人）为 2.6 亿人，其中大部分在省内流动，跨省以农民工为主体的流动人口主要集中在北京、上海、天津、福建、广东 5 省（市），约 4 039 万人。据统计，目前全国农民工子女在输入地接受义务教育达 1 167 万人，留守儿童 2 271 万人，二者占义务教育阶段学生总数的 22.5%。其中跨省流入北京、上海、天津、福建、广东 5 省（市）接受义务教育的农民工子女约 355 万人。在省内流动和跨省流动的农民工子女都涉及平等接受高中及高中以下阶段教育问题，跨省流动的农民工子女还涉及在输入地参加高考问题。对此，基础一司、基础二司、高校学生司、督导办等司局分别组织专家、学者和教育行政管理人员对农民工子女教育问题的现状、困难进行了深入研究，提出了一些政策建议或工作思路，部分问题还在深入调研、研究制定相应政策的过程中。

一、农民工子女接受学前教育的现状及政策建议

基础二司委托中国学前教育研究会组成课题组，以我国农民工主要输入地京、沪、渝三个直辖市以及长三角、珠三角和东北地区的部分地区作为样本，对农民工子女的学前教育问题进行了调查，以了解现状、研究问题、剖析原因、总结经验、提出可行性政策建议。

研究认为：农民工子女出现低龄化趋势；家庭经济社会地位总体偏低，生活条件较差，家庭居住安全隐患多；在输入地居住时间较长，返乡意向低；家长忙于生计，无暇照顾孩子，也缺乏教育子女的能力，对接受学前教育的需求强烈；离家近、价格便宜、质量好是农民工家庭选择幼儿园的主要标准；存在评价质量的标准有误，过于注重识字、算数等问题；农民工家庭最希望获得的帮助是获得入园机会、获得家庭教育指导、政府立法保证农民工子女享受同等受教育权利。

研究了解：农民工随迁幼儿大多数进入的是无证幼儿园。多数无证幼儿园条件差，质量没保证，违反幼儿教育规律的小学化现象严重。但由于这些幼儿园往往价格低廉、接送方便、服务灵活，能满足家长的最迫切需求。因此，在公办幼儿园严重不足的情况下，无证幼儿园在农民工的刚性需求下能够顽强地存在。

研究发现：各地政府对解决农民工子女学前教育问题的态度不一，积极解决问题的少，力保不出问题的多。由于学前教育长期财政投入不足，解决户籍儿童的入园难问题已显无力，基本无暇顾及非户籍儿童是原因之一，但输入地政府和输出地政府间责任分工不明，输入地政府，尤其是以农民工为主体的流动人口高度集中的大城市政府普遍担心的“洼地效应”也是一个重要原因。但也有部分地方政府在解决农民工子女的学前教育问题上积累了一些有益的经验。

（一）农民工随迁幼儿的人口学特征

1. 农民工子女低龄化

调查显示，多数家庭将 0～6 岁的孩子带在身边抚养，而且许多孩子在输入地出生，农民工子女呈低龄化趋势。据 2009 年国家人口计生委对北京、上海、深圳、太原和成都 5 个城市的调查结果：以农民工为主体的流动人口的子女中，随迁儿童远远多于留守儿童；低年龄随迁儿童的比例高于高年龄

儿童，国家人口计生委据此推算出，随迁幼儿的比例约占以农民工为主体的流动人口子女的3/4。

2. 家庭社会经济地位总体偏低，生活条件较差

据调查，农民工家庭能够把孩子带在身边的一般来说是这个群体中条件相对较好的。调查结果显示，多数农民工的社会地位低，工作不稳定，就业状况、收入和生活水平仍然较差，从事的职业以零售业、装修、建筑或制造业、家庭服务、饭店、超市等低端职业为主，家庭月收入在3 000元以下的占半数以上，农民工家庭与当地户籍家庭的生活水平差距依然很大。

3. 居住时间长，返乡意向低，观望者众

调查发现，有随迁幼儿的农民工家庭在输入地生活一般相对稳定，半数以上家庭已在当地居住5年以上，返乡意愿很低，但持观望态度的家庭也接近半数。

（二）农民工随迁幼儿的家庭环境与家庭教育

1. 家庭居住环境差，安全隐患多

研究者现场观察表明，大多数农民工的居住条件和环境很差，其幼小子女生活在这种环境中，安全、健康难以保障。

2. 家长忙于生计，无暇照顾孩子

多数被访者表示，存在忙于生计，没有时间给予孩子更多照顾的问题。

3. 缺乏教育能力，为孩子提供的学习资源很少

调查发现，虽然大多数家长对于孩子的教育非常重视，但很少注意家庭教育，普遍认为教育应该是幼儿园和老师的事情，对教育的理解和实际教育能力都比较差。

4. 入园需求强烈，离家近、价格便宜、质量好是选择幼儿园的主要标准

送孩子上幼儿园是农民工家庭的强烈需求。一是绝大多数农民工家庭夫妻双方都需要出去务工维持生计，托幼机构是解决他们后顾之忧的重要途径；二是多数农民工家长希望农民工子女能够早受教育，受好的教育，并将离家近、收费低、质量好作为选择幼儿园的主要标准。

5. 比较注重识字、算数，小学化问题较突出

调查发现，许多农民工家长并不真正理解幼儿教育，偏重孩子对可见知识和技能的获得，“学知识”是农民工家长的首选，小学化问题较突出。

6. 子女教育中希望获得的帮助

调查显示，农民工家长在子女教育问题上最希望获得以下帮助：定期免费健康检查；获得入园机会；指导家庭教育；开放公共场所、图书馆及体育

设施；政府颁布有关法律法规保证农民工子女与城市儿童有同等受教育的权利。

（三）农民工子女入园情况

1. 大多数农民工随迁幼儿进入的是无证幼儿园

调查显示，除上海因推进农民工子女学前教育和看护需求全覆盖的要求，降低幼儿园办学门槛、无证办园情况较少外，其他地区“无证办园”情况都比较普遍。各地公办幼儿园都坚持“户籍人口幼儿优先”原则，且户籍儿童入公办幼儿园难度尚且很大，尽管公办幼儿园也开始向农民工子女开放，但须有余额才可能招收农民工子女。因此，农民工子女所入的幼儿园基本是民办幼儿园，大多数进入的是无证幼儿园。

2. 无证幼儿园多数条件较差，基本质量难以保证

大多数无证幼儿园分布在外来民工聚集的城乡结合部或女工多的厂区，以租用民宅为主，室内空间较拥挤，缺乏户外活动场地，周边环境很差，有些环境污染严重。部分幼儿园教育质量较差，违反幼儿教育规律，灌输知识，“小学化”问题严重，教师专业化程度较低，待遇较差，流动性大。

（四）各地解决农民工子女学前教育问题的现状及经验

1. 各地政府对解决农民工子女学前教育问题的态度不一，积极解决问题的少，力保不出问题的多

目前，农民工子女平等接受学前教育尚没有明确的责任归属，各地对解决农民工子女学前教育问题态度不一。上海、沈阳、宁波、苏州等城市相对积极、有明确的解决农民工子女学前教育问题的政策措施。部分地方政府的态度比较消极、被动，政策措施重点不在于“解决问题”，而在于“不出问题”，特别是不出安全事故，甚至有些地方对民办幼儿园采取不予承认，因而也不加管理的对策。

2. 输入地政府解决农民工子女学前教育问题的主要困难

通过调研访谈发现，解决农民工子女学前教育问题的主要困难是：学前教育长期财政投入不足，解决户籍儿童的“入园难”问题已经很困难，无暇顾及非户籍儿童；输入地政府普遍担心出现“洼地效应”，尤其是以农民工为主体的流动人口高度集中的大城市。

3. 各地解决农民工子女学前教育问题的主要经验

尽管存在各种现实困难，但在“建设和谐社会、促进社会公平”的思想指导下，一些地方政府也开始重视农民工子女学前教育，探索解决问题的方法和途径，并取得了一些被证明是积极有效的经验，值得借鉴，具有一定的

推广价值。

一是分类管理低收费幼儿园。低收费民办幼儿园、托管点办园条件比较简陋，达不到幼儿园办园标准，但因此不予注册会使这些幼儿园长期游离于政府的管理范围之外。因此，上海、苏州等地出台了针对以招收农民工子女为主的民办园标准，如上海的“三级园标准”，在保持安全和卫生标准不降低的前提下，酌情放宽其他设置条件，使一批条件相对较好的“无证园”转为合法园；对无法达到新办园标准，但经过整改符合安全和卫生要求，且确有设立需要的，由街镇审批转为“看护点”；对存在严重安全隐患的，由基层牵头，联合教育、卫生、公安、消防、工商等部门开展联合执法，予以取缔。

二是创新办园模式，积极动员和扶植社会力量开办新幼儿园。上海根据多方办学、属地管理的原则，加强规划，创新办园（点）模式，逐步满足农民工子女接受学前教育的需求。浦东新区采取了支持镇办企业投资办学、挖掘现有幼儿园潜力开办新幼儿园、提供原有空置的校园舍举办民办农民工幼儿园、看护点等各种措施；闵行区要求各职能部门“创设条件、挖掘潜力，通过提供空置房舍、给予财政扶持等多种渠道鼓励并支持社会力量开办幼儿园”。宁波市北仑区部分企业出资与优质公办幼儿园联合办园或委托办园，办园资金主要由企业承担，教学业务由公办优质幼儿园指导，主要接收本企业职工（绝大多数为农民工）的孩子入园，这也是解决农民工随迁子女入园问题的有效途径。

三是合理规划，重点发展面向农民工子女的普惠性幼儿园。一些地方政府开始合理规划幼儿园布局，加强农民工聚集的城乡结合部的幼儿园建设，改善幼儿园布局；调整政策加大财政经费对招收农民工子女较多的集体园（街道、乡镇园和乡镇企业园等）的支持力度；积极扶持普惠性民办幼儿园；加强对农民工子弟园和看护点的规范管理和业务指导，提高办园质量。

（五）关于农民工子女学前教育的政策建议

2010 年 11 月，国务院出台《关于当前发展学前教育的若干意见》明确提出“城镇幼儿园建设要充分考虑进城务工人员随迁子女接受学前教育的需求”，各地正在积极贯彻国务院文件和全国学前教育会议精神。借鉴其他国家对弱势群体幼儿的扶持政策和措施，参照各地解决农民工子女学前教育经验，提出如下政策建议：

1. 参照义务教育阶段采取“以输入地政府管理为主、以全日制公办中小学为主”的方式解决农民工子女接受义务教育问题。建议研究制定以“输入地政府为主、普惠性幼儿园为主”的政策解决农民工子女接受学前教育问题。

2. 鉴于现有人口统计调查缺乏以农民工为主体的流动人口的年龄构成的统计，导致教育行政部门对流动幼儿的学前教育需求难以做出准确的判断和预测。建议规范随迁农民工子女的数量统计方式和渠道，建立流动儿童信息系统，便于输入地政府准确掌握农民工子女的信息，调整幼儿园布局，做好幼儿园规划建设。

3. 各地应加大财政投入，将农民工子女接受学前教育纳入输入地城镇学前教育发展规划，扩大普惠性学前教育资源，使得农民工家庭的幼儿能够进得去、上得起、有基本质量保障。

4. 各地政府职能部门要协调配合，妥善治理无证办园。对目前存在的无证办园进行全面排查，加强指导，督促整改。经整改达到相应标准的，颁发办园许可证。整改后仍未达到保障幼儿安全、健康等基本要求的，要依法予以取缔，并妥善分流和安置幼儿。

5. 教育行政部门要加强对民办幼儿园特别是“农民工子弟幼儿园”的指导和监管工作，提高其保教质量。同时，为这些幼儿园教师提供进修学习机会，建立教师进修考核制度，职称晋级制度，促进教师专业发展，确保基本教育质量。

6. 各地政府可发动社会力量，组织动员专业志愿者为农民工幼儿提供教育服务；加强宣传力度，向农民工家长普及科学育儿知识，帮助农民工家长树立正确的教育观念，提高科学育儿能力。

二、农民工子女和留守儿童接受义务教育现状及规范扶持以接收农民工子女为主的民办学校的政策建议

（一）随迁农民工子女和留守儿童接受义务教育工作取得成效

2010 年，全国义务教育阶段随迁农民工子女达 1 167 万人，其中进入全日制公办中小学就读的农民工子女近 80%。在全日制公办中小学以外就读的农民工子女中一部分在民办学校就读，还有少部分在“农民工子女学校”就读。另外，农民工外出务工后，有 2 271 万留守儿童留在农村接受义务教育，需要建立健全相应的关爱服务体系。

近年来特别是《国家中长期教育改革和发展规划纲要（2010—2020 年）》颁布实施以来，教育部按照党中央国务院的战略部署，积极构建两个机制，两个机制中都考虑了推进农民工子女教育的内容。一是教育部与各省签署义

务教育均衡发展备忘录，建立中央和地方协同推进县域义务教育均衡发展的机制，加强农民工子女教育工作被纳入其中；二是广泛建立中小学社会实践基地，推进和完善教育部联合中央和国家部委及行业主管部门共同开发中小学生社会教育资源的机制，为农民工子女社会实践教育创造良好条件。

1. 随迁农民工子女在输入地平等接受义务教育

一是制定“两为主”政策，明确坚持以输入地政府管理为主、以全日制公办中小学为主，保障随迁农民工子女平等接受义务教育。二是建立经费保障机制，国家要求输入地政府将随迁农民工子女义务教育经费列入财政预算，中央以专项补助和奖励的方式给予输入地政府支持，这方面的经费2009年为20亿元人民币，2010年为33.6亿元，2011年达到45.6亿元。三是大力减免费用，2006年和2008年国务院先后发文，要求对符合当地政府规定接收条件的随迁农民工子女免除学杂费，不收借读费，与当地学生同等待遇。四是积极推动融入教育，2003年，六部委下发意见，要求学校在评优奖励、入队入团、课外活动等方面，做到随迁农民工子女与城市学生一视同仁。与此同时，各地积极开展工作促进随迁农民工子女融入当地生活。五是根据《教育规划纲要》要求，积极研究开展随迁农民工子女接受义务教育后在当地参加升学考试的办法的制定工作。

2. 随迁农民工子女平等接受义务教育工作取得了一定的成效

在中央和地方的共同努力下，随迁农民工子女平等接受义务教育工作取得了一定成效。一是以全日制公办中小学为主接收随迁农民工子女就学的格局基本形成。近年来，全日制公办中小学安排的随迁农民工子女人数保持年均以百万人以上的速度增长。2010年，全国义务教育阶段1 167万随迁农民工子女中进入全日制公办中小学就读的近80%。二是全国各地普遍建立了保障随迁农民工子女平等接受义务教育的制度体系。根据《国务院关于解决农民工问题的若干意见》等政策法规的要求，全国各地普遍制定了相应的实施意见。三是经费保障制度得以建立和落实。确保并加大了随迁农民工子女义务教育经费的投入。如上海到2013年底随迁农民工子女义务教育将全免费。四是对随迁农民工子女义务教育初步实现了一视同仁。在收费、评优奖励、入队入团，以及困难生活补助、学籍管理等各个方面，随迁农民工子女基本上实现了与输入地城市学生同等的待遇。如江苏苏州原来只有本地中小学生能享受的免费义务教育、免费体检、免费保险和每月20元的学生优惠公交卡等“福利”，随迁农民工子女也能同样享受。

3. 努力完善政策措施，建立健全农村留守儿童关爱服务体系

一是2005年国务院下发通知，开始实施“两免一补”政策，让包括留

守儿童在内的所有农村学生享受到了免费义务教育。二是国家先后启动农村寄宿制学校建设工程、初中改造工程、校舍安全工程、教师周转宿舍工程，以及农村义务教育薄弱学校改造计划等，不断改善农村学校办学条件。特别是加快农村寄宿制学校建设，优先满足留守儿童寄宿需要。当前，义务教育阶段寄宿生规模已达到3 343.5万人，占在校生比例的21.97%。三是教育部和全国妇联联合召开了农村留守儿童关爱工作研讨会，组织力量进行专题调研，着力推进农村留守儿童关爱体系建设。四是通过国家组织实施的农村义务教育阶段学校教师特设岗位计划和中小学教师国家级培训计划等项目，加强对农村学校教师队伍的建设，提高教育质量。五是开展调查研究。教育部会同全国政协就“农村留守儿童权益保护情况”在全国部分地区进行调研，又参与组织了《中国儿童发展纲要》实施10年终期评估工作，着力推进农村留守儿童各项权益的保护。

4. 全国各地积极开展农村留守儿童关爱服务活动

一是以“部门联动”为载体，建成关爱留守儿童的长效机制。如重庆市教委联合财政、妇联、共青团、关工委等部门和单位建立农村留守儿童教育工作联席会议制度。二是以“建立专项档案”为载体，完善对留守儿童的管理。如湖南浏阳为“亲子家庭”建有专门的档案。三是以“监护人培训”为载体，全面提高留守儿童家庭教育的水平。如重庆市每年开展1～2期市级留守儿童家庭教育骨干培训，100期留守儿童监护人培训。四是以“代管家长制”为载体，打造留守儿童管理的主抓手。如湖南省新宁县白沙中学推行“代管家长制”，教师与留守儿童结对。五是以“亲情平台”为载体，打造关爱留守儿童心灵的主渠道。“亲情平台”包括“亲情短信、亲情电话、亲情书信、亲情视频”等。六是以“教材和活动”为载体，丰富留守儿童教育的形式和内容。如编写心理健康辅导校本教材、创建“留守儿童之家”等。

（二）农民工子女学校的发展现状、原因分析及经验做法

“农民工子女学校”不是规范意义上的义务教育阶段普通学校，这类学校未经教育行政部门审批，一般是在地方工商部门登记，属性为教育培训机构，与全日制义务教育学校在性质上有根本区别，有的甚至没有进行工商行政登记。

1. 农民工子女学校存在的问题和隐患

按照全日制义务教育阶段学校进行招生和教学，农民工子女学校存在以下突出问题和隐患：一是教学场所存在重大安全隐患，为降低办学成本，有的甚至租用危房进行授课。二是教学硬件和师资不合格，很难开齐国家规定

课程，很难达到国家规定师资标准，教育质量难以保证。三是学生学籍、成长档案以及升学考试等环节难与以往或以后的正规教育衔接。四是教师培训、学生德育等难与国家规定和要求一致。

2. 农民工子女学校存在的原因分析

农民工家长愿意把随迁子女送进农民工子女学校，存在以下原因：一是收费较低，收入较低的农民工易于接受。二是离居住地较近，接送学生方便。三是此类学校提供了一些全日制公办中小学没有的服务，如免费或低收费照看放学后学生等。四是学生均为随迁子女，经济条件差距小，彼此认同感强，学生精神压力小。五是没有门槛，一些受输入地政府条件限制的不能进入全日制公办中小学就读的农民工子女只能进入此类学校就读。

3. 各地规范农民工子女学校的主要经验做法

各地对于农民工子女学校的认识基本一致。农民工子女生命安全是第一位的，义务教育要纳入政府管理范围内统一实施。近两年来，各地都在积极清理规范此类学校，但存在一系列难题：一是教育行政部门无权对工商行政部门审批的机构进行清理。二是担心清理后不能马上妥善安置学校现有学生。三是部分农民工家长不愿这些学校被撤销。经过各方努力，随着最近北京市又有 24 所学校自行撤销，目前此类学校已经很少。各地主要经验做法有：一是浙江、广东等地将此类学校登记为民办，按照民办教育促进法进行统一管理。二是北京等地，借城市发展规划的契机新建学校，对因规划撤销的学校学生进行接收安置，通过新建全日制公办中小学全包的方式解决。

（三）关于农民工子女学校发展的政策建议

综合近年来农民工子女在输入地义务教育状况及农民工子女学校的产生、发展、变化历程和现状，教育部按照《教育规划纲要》关于改革办学体制和管理体制的精神，提出以下政策建议：

1. 进一步做好农民工子女的学校融入教育工作

县（市、区）级教育行政部门要强化对接收农民工子女入学的学校在课程设置、教学活动、学生管理等方面的督查，完善激励机制，督促学校公平、公正地对待每一个农民工子女。接收农民工子女的学校要积极采取措施促进本地学生和农民工子女相互交流、共同成长，严禁歧视性的单独编班。加强与学生家长的联系和沟通，及时掌握学生的思想、学习和生活情况，根据农民工子女的实际，有针对性地做好教育、教学和管理工作。针对农民工子女学业程度，加强个别辅导，注重因材施教。高度重视农民工子女的心理健康教育，帮助他们克服心理障碍，尽快适应当地生活。

2. 加快建立健全农民工子女义务教育工作推进机制

各地要通过建立督导、检查、奖惩、公告、责任追究等制度，加快建立健全农民工子女义务教育专项工作推进特别是监督查处机制。严格检查和奖惩，农民工子女义务教育工作目标落实不到位的县（市、区），不得参与义务教育各项奖励的评比。加强宣传和引导，营造全社会关心和扶持农民工子女义务教育工作的良好氛围。

3. 要求各省尽快建立对现有农民工子女学校的审批、管理和扶持办法，明确其发展方向

各县（市、区）要加强对农民工子女学校的规范管理，对不合格的农民工子女学校要限期整改，整改后仍不合格的要在妥善安置现有学生的基础上坚决撤并。对合格的要加快审批，尽快使每一所民工子女学校成为经过县（区）级教育行政部门审批的合格学校。认真贯彻《民办教育促进法》的规定，工商部门不再审批举办义务教育的学校。

4. 县（区）级教育行政部门要对合格的农民工子女学校加强学籍、师资、财务、教学管理，帮助学校改善办学条件和学校环境

鼓励当地全日制公办中小学结对帮扶合格的农民工子女学校，指派教学副校长、骨干教师轮流支教；统一组织农民工子女学校的教师培训和教学研究工作；鼓励社会各界向合格的农民工子女学校捐资助学和提供智力资源，尽快形成农民工子女学校帮扶制度。

5. 逐步健全合格农民工子女学校公共财政保障机制

输入地政府及教育行政部门要将农民工子女义务教育列入教育发展规划，将其所需事业经费列入财政预算，按实际在校生人数及时足额向学校核拨教育经费。有条件的地区可设立“农民工子女义务教育专项资金”，支持以接收农民工子女为主的学校发展。教育行政部门要对购买服务的民办学校严格进行资产审核和财务监管，签订责权明晰的学位购买规范协议。

三、农民工子女接受高中阶段教育的现状及政策建议

基础二司按照《国家教育规划纲要》提出的“研究制定进城务工人员随迁子女接受义务教育后在当地参加升学考试的办法”要求，委托华中师范大学对“进城务工人员随迁子女高中阶段教育问题”进行了专题调研，形成了初步的课题研究成果。

（一）农民工子女数量庞大并将继续增加

目前，全国义务教育阶段有农民工子女 1 167 万人，比 2005 年全国 1%

抽样调查的816万人增加了351万人，比2000年全国第5次人口普查的623万人增加了544万人。据中国人民大学人口所预测：在高方案下，14岁以下农民工子女规模2020年将达到2 502万人；在低方案下，14岁以下农民工子女规模2020年将达到1 944万人。

从输入地来看，农民工子女主要集中在东部地区少数省份和大城市。例如广东、浙江、江苏、福建4省农民工子女占全国总量的36.8%。上海、深圳、北京、广州是农民工子女最多的4个城市。

从输出地来看，主要是中西部人口大省和农业大省。其中安徽、四川、河南、湖南、重庆、江西和贵州7省（市）输送了全国64.2%的跨省农民工子女。来自安徽的跨省农民工子女最多，占全部跨省农民工子女的16.08%，其次是四川和河南，分别占13.40%和9.44%。

从生源户籍来看，东部地区特别是直辖市和大城市以外省农民工子女为主，中西部地区以本省农民工子女为主。其中东部农民工子女在校生中，外省迁入所占比例小学为66.6%，初中为55.0%。北京、天津、上海3个直辖市小学、初中农民工子女在校生中，外省迁入所占的比例高达90%以上。中部地区农民工子女在校生中，省内其他县迁入所占比例小学为79.8%，初中为82.3%。西部地区小学为66.6%，初中为70.3%。

伴随我国工业化、城镇化进程加快，未来农民工子女就读规模将继续扩大，以“两为主”政策解决他们的义务教育问题之后，迫切需要研究向后延伸以及带来的学校布局、经费保障、学籍管理和中考、高考改革等问题。

（二）农民工子女接受高中阶段教育的基本情况及其需求

现行政策规定，普通高中教育由地方负责，往往是省或地市组织中考，学校以学生考试成绩和综合素质评价结果录取。高考实行户籍所在地报名制度，考生要在户籍所在地报名并参加高考。对于省内农民工子女接受普通高中教育由于没有高考政策的限制，一般可以在输入地城市就读。对于跨省的农民工子女接受普通高中教育，学生和家长考虑到高考政策而选择回到输出地省份就读。目前中等职业学校招生政策由地方决定，国家鼓励东部地区面向中西部地区招收学生，近年来，教育部大力推动职业教育东、西部联合招生合作办学，每年约有30万西部地区学生到东部地区接受中等职业教育。上海市从2008年开始，组织中等职业学校招收在上海的进城务工人员随迁子女，2011年已招生6 000多人，占中等职业学校招生数的12%。东部地区许多城市也在积极推动此项工作。

从高中教育资源状况看，近年来，由于高中适龄人口逐步下降，东部地区高中教育资源相对富裕，可以接收一定数量的农民工子女接受高中阶段教育。而中西部地区普及水平还相对较低，高中教育资源紧张，要满足农民工子女需求还需要进一步加快高中教育事业的发展。

从教育需求来看，大量在城市接受完义务教育的农民工子女希望在当地接受高中阶段教育。而其中的重点和难点是从小生在城市并在城市接受了完整义务教育的农民工子女，他们要回到原籍去接受高中阶段教育存在诸多困难。

（三）一些地方解决高中阶段教育问题的经验做法

一些地方正在积极探索农民工子女接受义务教育后在当地参加升学考试的办法，对解决农民工子女高中阶段教育问题进行了不同程度的尝试和突破。

1. 关于跨省农民工子女就读办法

一是设置一定条件，有限度开放中等职业教育，允许本地部分全日制普通中等职业学校试行自主招收农民工子女，但对于参加中考和就读普通高中，原则上须回户籍所在地，如上海市招收农民工子女中的初中毕业生就读中等职业学校，并享受国家免学费、生活费资助等政策。不少东部地区城市也在积极推动此项工作。二是有些地方也在尝试将高中阶段教育全部放开，即非本省户籍农民工子女可以根据本人意愿，在输入地就读学校报名参加高中阶段考试录取。如非安徽本省户籍农民工子女，可在输入地就读学校报名参加高中考试录取，也可回户籍所在地报名参加考试录取。合肥市规定在初中毕业学校就读且符合相应条件的非合肥市户籍农民工子女，可在合肥市报考普通高中，并在填报志愿、录取政策等方面享受与合肥市户口考生同等待遇。同时规定，非合肥市户籍随父母在当地就读的应、历届初中毕业生，可在就读学校报名进入中等职业学校学习。有些省份在城市举办职业学校招收贫困地区学生接受职业教育，四川省在省内城市免费招收藏区、彝区学生就读中等职业学校，出台了农民工子女在城市接受中等职业教育的政策，为全国其他地方提供了典型经验。

2. 对于本省农民工子女就读办法

目前，各地对农民工子女接受高中阶段教育存在一些政策差别，对于放开本地中考和提供高中阶段教育机会的程度各不相同。由于本省内不受高考报名限制，一些地区允许本省非本市户籍农民工子女以择校生形式在当地就读普通高中，农民工子女享受同城待遇，如四川省成都市。也有部分输入地限于各种条件，不允许本省非本市户籍农民工子女就读普通高中。这种政策差别主要因为不同输入地外来农民工流入规模、流动范围（本省或跨省），以及输入地经济发展水平、产业结构、城市化率和教育发展水平及教育承载能力等多种差异导致。

（四）农民工子女在当地参加中考及接受高中教育的政策建议

农民工子女在当地参加中考并接受高中教育的问题十分复杂，需要进一步加强研究，系统设计相关政策，特别是要统筹考虑中考和高考政策，做好衔接。一是继续支持鼓励城市中等职业学校进一步降低门槛，招收农民工子女接受高中阶段教育。二是选择部分地方开展试点，制定农民工子女在当地参加中考的办法，探索完善相关政策措施，逐步总结推广，扩大范围。三是坚持因地制宜，允许东、中、西部地区直辖市、省会城市和中等城市分别根据当地经济社会和教育发展实际采取不同的政策措施，设置相应的入学条件，有计划地逐步满足农民工子女在当地参加中考的需求。

四、以农民工为主体的流动人口子女在输入地参加高考情况及工作思路

（一）高考政策沿革及面临的新形势

自 1977 年我国恢复高考以来，一直执行考生在户口所在省份参加高考并录取的政策，这一政策符合教育法分级管理、分工负责的原则，充分考虑了各省（区、市）间经济社会发展的差异，保护了经济欠发达、边疆省区和少数民族自治区考生的基本权益，有力保障了高考科学、公平、安全、规范、高效和有序进行。同时，针对流动人口的实际情况，保留了基于全国统一命题考试模式下的“借考”政策，即考生在征得父母工作所在地及户口所在地省级招办同意后，可在其高中学习所在地参加高考借考，并由户口所在地阅卷和录取。

随着我国经济社会发展，以农民工为主体的流动人口逐渐增加，并向北京、上海、广东等特大型城市和经济发达地区聚集。与此同时，为配合以省为单位推进的高中新课程改革并加强各省级人民政府对各级各类教育的统筹，自 2004 年起，高考开始逐步试行分省命题考试，目前自主命题省份已达 16 个，省际间高中教学和高考内容的差异，致使可以借考的考生范围有所缩小，北京市的矛盾较为突出，最先集中提出子女在北京参加高考的流动人口主体是持有北京工作居住证（俗称绿卡）的人群，约有六七万人，基本都是企业员工和技术骨干，后加入一大批在京经商人员和来京务工人员，其子女每年超过万人，义务教育阶段在北京享受同城待遇，期望非义务教育阶

段继续在京就读，并参加当地高考及录取，呼吁日增。但北京市考虑到城市人口管理和教育资源压力等，未对其开放报考普通高中和参加高考，该群体自发成立组织，制订方案、获取经费支持，定期到教育部和北京市教委上访、组织签名，以期引起两会代表和社会、媒体的关注。

（二）以农民工为主体的流动人口子女在输入地接受教育现状

1. 基本情况

据统计，跨省以农民工为主体的流动人口主要集中在北京、上海、天津、福建、广东5省市，其随迁子女在输入地接受义务教育在校生355万人，已占到5省市义务教育阶段在校生总数（2 047万人）的16%，其中北京41%、上海42%、天津18%，福建14%（福州市达到19.4%、厦门市超过30%、晋江市和石狮市都达到60%以上），广东10%（深圳市和东莞市农民工子女占当地义务教育阶段学生总数的2/3）。

跨省以农民工为主体的流动人口集中的5省市都积极落实国家和教育部对农民工子女的义务教育政策，完善保障机制，纳入总体规划，加大经费投入，改善办学条件，规范收费制度，已基本实现同城待遇。但因多种原因（包括未开放中考和高考），大多数农民工子女从小学毕业便开始陆续迁回户籍所在地读书。经过对北京、天津、福建、广东4省市农民工子女进行数据分析，初三在校生人数平均为初一在校生数的66%，输入地农民工子女初三毕业后大部分回原籍上普通高中，少部分分流到中等职业学校、私立学校或在普通高中借读。针对农民工子女在当地接受完义务教育后中考和高考问题，北京、上海和天津有条件开放了报考中等职业学校，部分高等职业院校对口招收中等职业学校的毕业生。

北京等4省市2010—2011学年小学、初中以农民工为主体的流动人口子女就学情况表

	小学在校生数	初中在校生数	初一在校生数	初二在校生数	初三在校生数
北京	268 211	73 888	30 915	24 395	18 578
天津	105 740	33 421	14 069	11 089	8 263
广东	1 908 572	519 771	206 021	177 853	135 897
福建	179 402	56 586	20 430	18 718	17 438
合计	2 461 925	683 666	271 435	232 055	180 176

2. 群体特征

一是结构复杂。目前流动人口的主体是农民工（特指农业户口，但已脱离传统农业生产经营活动，在城镇或异地从事非农业劳动，以工资等非农业收入为主要生活来源的劳动者群体，集中在服务业和劳动力密集型产业），其次是商人、专业技术人员、办事人员、私营业主、无固定职业人员等。北京因其特殊性，还聚集着高层次流动人口，分散在传媒、央企、银行、保险、演艺等行业，有发言权、有代言人、有影响力。二是多胎生育。据北京市朝阳区教育局介绍，在朝阳区接受义务教育的农民工子女中，仅有20%是一胎，80%属二胎或以上。北京市其他区县以及其他4省市也存在类似情况。

3. 政策困局

取消高考户籍限制面临的最大挑战是可能带来上述5省市等经济发达地区以农民工为主体的流动人口的大规模聚集和向西部及基础教育相对薄弱地区有组织的高考移民，甚至造成全国范围内人口的无序流动。从调查的情况看，上述5省市现有的教育资源已难以承载不断扩大的以农民工为主体的流动人口子女的就学需求，如果简单取消中考和高考的户籍限制，可能带来的后续人口压力和不断增长的心理预期将使城市资源更加难以承受，将全面冲击当地的教育和相关社会资源以及管理秩序。

（三）农民工子女在输入地接受高考的政策建议

为认真贯彻落实《国家中长期教育改革和发展规划纲要》，促进教育公平，构建和谐社会，高考报考条件的进一步调整完善，应在尊重实际、深入调研、科学论证的基础上，按照“保障基本权利，省级属地管理”的原则，稳步实施，确保公平和当地社会稳定。策略上应做好四个方面的统筹：一是统筹兼顾各地不同情况，因地制宜。二是统筹好群体内外各方权益，突出重点。三是统筹好各部门、省市之间的政策协调配套。四是统筹好改革、发展与稳定的关系。

考虑到各省市以农民工为主体的流动人口情况的巨大差异，调整完善高考报考条件应充分尊重各地实际，全国不搞“一刀切”。以省级人民政府统筹调控为主，鼓励流动人口高度集中的地区先行先试，根据在输入地居住年限、基础教育学习年限或采取积分办法等确定准考资格。

以省为单位，在确保当地社会秩序稳定、确保高考有序进行的前提下，逐步改进完善相关条件、政策，让农民工子女在输入地参加高考。

五、农民工子女教育督导评价的现状及政策建议

（一）农民工子女教育督导评价的现状

当前，义务教育督导工作主要包括督政、督学和质量监测，形成了比较

健全的工作体系。一是建立“两基”督导检查和评估验收制度，为我国如期实现“两基”目标做出重要贡献；二是建立对县级人民政府教育工作督导评估制度，为县级人民政府优先发展教育起到了重要推动作用；三是基本建立起学校督导评估制度，有力促进学校提高管理水平和教育教学质量；四是建立专项督导检查制度，促进教育改革发展中的重点难点问题和社会普遍关注的热点问题的解决；五是推进督学责任区建设，提高督导队伍专业化水平，督促、引导各级教育行政部门和学校切实规范办学行为，健全实施素质教育的长效保障机制；六是积极开展教育质量监测工作，为教育科学决策提供支持和服务；七是发布国家教育督导报告，让全社会了解义务教育发展，争取全社会对教育工作的理解与支持。

将农民工子女义务教育纳入义务教育督导工作，建立农民工子女教育督导评价制度，是贯彻落实《教育规划纲要》，保障农民工子女平等接受义务教育权利的必然要求。今后，督导部门要加强对农民工子女教育工作的督导检查，推动各级人民政府履行教育职责，落实农民工子女义务教育有关法律法规和政策的要求；要把农民工子女教育工作作为对县级人民政府教育工作综合性督导评估和义务教育均衡发展督导评估的重要内容，并有计划地开展农民工子女教育工作专项督导检查；督导检查的结果要向社会公布，同时要作为被督导单位主要领导政绩考核的重要内容，作为被督导单位奖惩的重要依据。

（二）建立农民工子女教育督导评价制度的政策建议

结合农民工子女义务教育工作实际和当前督导工作职责，对建立农民工子女教育督导评价制度提出以下政策建议：

一是根据现有法律和政策，建立农民工子女义务教育督导指标体系。既包括农民工子女“两为主”的义务教育政策，又包括构建政府主导、社会参与的农村留守儿童关爱服务体系的要求。将农民工子女义务教育准入门槛的科学性、纳入输入地教育发展规划情况、纳入公共财政保障机制情况、全日制公办中小学安置率、对接收农民工子女为主学校扶持政策、农民工子女上学交费情况、对家庭经济困难学生帮扶情况、开展融入教育情况、留守儿童领导机制建设情况、关爱服务体系建设经费安排和落实情况、有关部门联席机制运行情况、农村寄宿制学校建设和使用情况、开展亲情关怀和心理疏导情况、校外环境综合治理情况、困难家庭特殊帮扶情况等，作为重要内容形成指标体系。

二是根据指标体系，确定科学有效的评价模型。确定各指标体系的量化值域，特别要研究制定科学的加权数。经过试验和应用，修正调整出一套科学的对政府、学校的评价农民工子女教育工作的指标体系。在此基础上，研究建立配套的工作方法和程序，使督导检查工作规范、科学、高效。在量化评价模型的基础上，适当配套定性分析内容，将试点总结出的一系列做法和经验以及不能量化的必要内容，作为农民工子女义务教育考核和督导工作的重要参照。

三是要特别注意，按照“管、办、评”相分离的原则，改革农民工子女义务教育督导方式，创新教育督导体制机制，提高教育督导独立性、权威性，提高农民工子女义务教育法律法规执行水平。

四是农民工子女义务教育是当前教育领域的热点难点问题，国家的政策和要求是明确的，关键是落实不到位。要加强监督检查，健全查处问责机制。改革教育督导体制，用督导问责检验推动政策执行力，协调有关部门和地方政府履行教育职责。

课题组成员：张昭文　王定华　张浩民　陈东升　杨　松　马书义
陈亚伟　王正科
报告执笔人：陈东升　杨　松　马书义　陈亚伟　王正科

关于将符合条件的农民工纳入城镇住房保障体系的研究报告

住房和城乡建设部课题组

按照《中国农民工发展研究工作方案》要求，我们对将符合条件的农民工纳入城市住房保障体系问题作了认真研究，形成初步研究成果。

一、现阶段将符合条件的农民工纳入城镇住房保障体系有必要性

农民工泛指户籍在农村，进城务工和在当地或异地从事非农产业的劳动者。国家统计局调查结果显示，2009 年，全国外出农民工总量 14 533 万人（其中，举家外出农民工 2 966 万人，占 20%），在地级以上大中城市务工的农民工占 63.3%（其中，在直辖市务工的农民工占 9.1%，在省会城市务工的农民工占 19.8%，在地级市务工的农民工占 34.4%）；外出农民工的住宿以雇主或单位提供住房为主（由雇主或单位提供宿舍的占 33.9%，在工地或工棚居住的占 10.3%，在生产经营场所居住的占 7.6%，与人合租住房的占 17.5%，独立租赁住房的占 17.1%，9.3%的外出农民工在乡镇以外从业但每天回家居住，0.8%的外出农民工在务工地自购房，其他占 3.5%）；50.5%的农民工由雇主或单位提供免费住宿，7.4%的农民工雇主或单位不提供住宿但提供住房补贴，42.1%的农民工雇主或单位不提供住宿也不提供住房补贴。

农民工就业地集中于地级以上城市。这些城市房价水平、住房租金水平相对较高，而农民工大多收入不高（据国家统计局调查结果，2009 年外出农民工月平均收入为 1 417 元），如果雇主不提供住宿，也没有住房补贴，农民工到市场购买或者租赁合适的住房，往往不具备资金条件。因受户籍制度等多因素制约，农民工大多又不能获得住房保障。为增加积蓄，农民工尽可能减少包括住房在内的消费支出，因而不得不选择条件较差的住房，如“城中村”和城乡结合部的不成套住宅。从总体上看，农民工住房面积小，居住条件差，有的甚至存在安全隐患。

农民工作为产业工人的组成部分，已经成为我国工业化、城镇化发展的重要推动力量，是城镇发展中不可或缺的劳动者群体。他们虽不具有城镇户

籍，但在城镇就业、生活、消费，为城镇发展做出了贡献。处理好农民工住房问题，既可以改善其生活条件，又有利于其更好地在城镇工作，促进农村劳动力向城镇有序转移和城乡协调发展。“十二五”规划纲要要求“把符合落户条件的农业转移人口逐步转为城镇居民作为城镇化的重要任务”。住房是农民工转变为城镇居民的必备生活条件之一，也是制约农民工逐步融入城市社会的重要因素。将符合条件的农民工逐步纳入城镇住房保障体系，是贯彻落实“十二五”规划纲要的需要。

目前，我国已经初步形成了以廉租住房、经济适用住房、公共租赁住房为主要形式的城镇住房保障体系，根据家庭收入的不同，实行有区别的住房保障政策：对城镇低收入住房困难家庭，提供廉租住房（或租金补贴）、经济适用住房；对城镇中等偏低收入住房困难家庭，提供公共租赁住房、限价商品住房。有条件的地区，可以将新就业职工和有稳定职业并在城市居住一定年限的外来务工人员纳入公共租赁住房供应范围。

农民工是城镇外来务工人员的主体，多数是个人在城镇打工赚钱，之后回到农村，这部分农民工务工时的个人住宿问题，一般可通过单位提供宿舍等方式来解决；但也有少部分进城时间比较长，不仅个人有稳定的工作收入，其家庭成员也进城一起生活，与户籍居民已经没有明显的差别。对于这类不具备解决家庭基本住房问题能力的农民工，应当与其他符合条件的外来务工人员一起，逐步纳入城镇住房保障覆盖范围，通过公共租赁住房、城中村改造等改善其居住条件。

二、将符合条件的农民工纳入城镇住房保障体系符合政策要求，有实践基础

2006年，《国务院关于解决农民工问题的若干意见》（国发［2006］5号）要求多渠道改善农民工居住条件，切实为农民工提供相关公共服务。2007年，《国务院关于解决城市低收入家庭住房困难的若干意见》（国发［2007］24号）将农民工纳入城市住房困难群体，要求“使低收入家庭住房条件得到明显改善，农民工等其他城市住房困难群体的居住条件得到逐步改善”，并明确了用工单位提供住所的责任等。2007年建设部、发展改革委、财政部、劳动保障部、国土资源部联合发布了《关于改善农民工居住条件的指导意见》（建住房［2007］276号），要求各地“多渠道改善农民工居住条件”。2010年，《中共中央国务院关于加大统筹城乡发展力度进一步夯实农业农村发展基础的若干意见》（中发［2010］1号）提出“多渠道多形式改善农

民工居住条件，鼓励有条件的城市将有稳定职业并在城市居住一定年限的农民工逐步纳入城镇住房保障体系”。“十二五”国民经济和社会发展规划纲要也强调“多渠道多形式改善农民工居住条件，鼓励采取多种方式将符合条件的农民工纳入城镇住房保障体系”。

目前，部分城市已积极开展实践探索，将符合条件的农民工纳入城镇住房保障体系。鉴于农民工的住房支付能力以及居住流动性强的特点，租赁型保障性住房是解决农民工居住问题的首选途径。2010 年 6 月，7 部委联合颁布了《关于加快发展公共租赁住房的指导意见》(建保［2010］87 号)，指出“公共租赁住房供应对象主要是城市中等偏下收入住房困难家庭。有条件的地区，可以将新就业职工和有稳定职业并在城市居住一定年限的外来务工人员纳入供应范围”。根据文件要求，北京、上海、广州、深圳、长沙、重庆等大城市都出台了相关政策，将符合条件的农民工纳入公共租赁住房保障范畴。

按照中央部署，“十二五”期间我国将继续大力实施保障性安居工程，建设各类保障性住房 3 600 万套。随着大量保障性住房的建成，一些地方具备将符合条件的农民工纳入住房保障体系的条件。

三、几点建议

将符合条件的农民工纳入住房保障范围，既需要从政府财政能力、城镇化发展战略等实际情况出发，又需要考虑农民工的就业特点、支付能力和居住意愿，采取有针对性的政策措施。

第一，因地制宜，逐步推进。目前，许多地方住房保障任务还比较重，在户籍居民住房困难未基本解决前，由各地根据实际情况研究确定是否将其纳入、何时纳入以及纳入的条件等。

第二，合理确定保障范围。目前，我国正在推进户籍管理制度改革，各地在确定纳入住房保障体系农民工的条件时，宜与户籍制度改革有关要求衔接。建议短期内只将符合在城镇落户条件的农民工纳入住房保障对象范围。长远来看，应当把提高农民工收入、增强其住房支付能力，作为解决农民工住房问题的重要手段。

第三，充分发挥用工单位等的作用。用工单位应积极向农民工提供符合基本卫生和安全条件的集体宿舍等居住场所。用工规模较大的企业或产业园区应当发展公共租赁住房，解决集中就业农民工的居住问题。

第四，适时开展“城中村”改造。基于大量农民工居住在“城中村”，短期内改由政府提供住房保障难度较大的实际，应当发挥“城中村”住房的正面作用，采取完善设施、整治环境、强化监管等措施，改善“城中村”住房条件和居住环境，使现租住的农民工得到就地保障。

课题组成员：段广平　王胜军　姚成杰　胡云忠

报告执笔人：段广平　王胜军　姚成杰　胡云忠

附件

关于农民工建立住房公积金问题的研究报告

住房和城乡建设部课题组

为了解农民工住房公积金的缴存、使用和住房情况，住房城乡建设部住房公积金监管司联合浙江省住房城乡建设厅住房公积金监管办，对温州、湖州市农民工建立住房公积金情况进行调研，与公积金中心管理人员，社保、财政等相关部门人员，企业主和农民工代表座谈，实地查看农民工住房，深入研究分析了农民工建立住房公积金有关问题，形成调研报告。

一、农民工建立住房公积金的基本情况

温州市从 1998 年开始在部分县市开展非公企业住房公积金制度扩面试点工作，农民工占非公企业员工 85％以上，全市 11 个县市区，全力推进非公企业扩面工作。温州市各县（市、区）已建立住房公积金账户的农民工占所有农民工的比例在 0.17％～10％不等。农民工建立住房公积金账户人数最多的是乐清市，占全市农民工的 10％。

湖州市从 2003 年开始全面推行为农民工建立住房公积金制度。按照低水平起步原则，以 2002 年全省社会平均月工资的 60％作为缴存基数，按 8％的缴存比例计算缴存额，单位和个人各交 66 元。目前，农民工住房公积金缴存工作不断规范，缴存额度不断提高，人均月缴存基数为 1 568 元，缴存比例 8％，人均月缴存额 251 元。参与缴存的农民工 6.28 万人，占湖州市暂住人口的 9.66％。两市均有少数民营企业实现全员缴存。目前，农民工的住房公积金主要有两个使用途径，一是提取用于支付房租和偿还购房贷款，二是申请购房贷款。

二、具体做法

（一）多管齐下，推动农民工建立住房公积金制度

温州市和湖州市为推动农民工建立住房公积金制度，从争取政府支持、建立部门联动、强化宣传力度等方面采取了一系列措施，具体做法如下：

一是争取政府支持，建立扩面责任制。温州市政府与各县（市、区）政府签订住房保障责任书，将住房公积金建立情况纳入住房保障工作考核范围，县（市、区）政府将住房公积金缴存扩面工作分解到各乡镇，由乡镇将

扩面指标落实到各企业。湖州市政府近年来出台了《关于推进住房公积金制度扩面工作的实施意见》等若干文件，并将为农民工建立公积金制度列入湖州市改革开放30年30件典型事例。

二是深入开展宣传工作。加强对重点企业的宣传力度，发挥示范作用，内容侧重于国家的政策法规，免税等优惠政策，强调企业责任，说明建立制度对吸引人才、稳定队伍、树立企业形象的益处。公积金中心与企业主直接交流，与人事部门负责人建立长期联系。对职工的宣传侧重于公积金制度解决住房问题的作用。湖州公积金中心归纳为简单易记的顺口溜："缴存可免税，存款归个人，买房能贷款，贷款低利率，租房能提取，不做随时取，退休好养老"。两市利用报刊、电视、网络、大型广告牌等多种媒介进行宣传，并定期召开农民工座谈会，深入企业走访一线职工。

三是建立对企业的约束机制。温州市将是否为农民工建立住房公积金作为企业评比各类先进的条件，凡是没有为农民工建立住房公积金的，评选先进将受到影响。所辖乐清市政府将"保障职工合法权益，建立和规范住房公积金制度"，列入"法制乐清"建设十佳企业评选条件。湖州市规定，国有企业不为农民工建立公积金制度，不得提高缴存额度。

四是建立联络员和协管员制度。温州、湖州市公积金中心聘请非公企业人事部门负责人作为住房公积金协管员，在县（区）和乡镇发展联络员，并定期对这些人员进行培训，召开情况交流会，及时了解职工需求，宣传缴存使用政策。温州市乐清分中心从31个乡镇和部分企业聘任联络员50名。湖州市公积金中心2008年以来对2 006家规模以上企业的协管员开展住房公积金法规政策培训44场。

五是形成部门联动机制。温州市公积金中心管理部与教育、卫生、经贸、水利等部门联合发文，要求所属系统相关单位和企业为农民工建立住房公积金制度。湖州市加强与市委组织部、总工会、台办等部门协调，利用商业银行与生产企业的紧密关系，发动300多名银行客户经理协助住房公积金扩面工作。

（二）改进服务，调整政策，支持农民工使用住房公积金

一是改进服务，方便农民工办理住房公积金业务。温州市、湖州市公积金中心上门为农民工办理缴存、提取、贷款等相关手续，24小时接听农民工咨询电话，建立"一柜式"服务办理大厅。针对农民工请假难的情况，湖州市星期六上午办理业务，延长办理业务时间，设立服务引导台等多项便民措施。

二是降低业务办理费用。2006 年 4 月，湖州中心取消住房贷款强制综合保险。办理贷款公积金中心不收任何费用，贷款人唯一的费用是房管部门收取的抵押登记手续费 80 元。

三是简化手续，便于职工提取公积金支付房租。湖州市规定，只要农民工出具双方签字的房屋租赁协议就可提取住房公积金。温州市针对农民工回原籍购建住房较为普遍的情况，规定离职返乡即可提取住房公积金。

四是加大对农民工的贷款支持力度。温州市放宽对农民工的贷款额度，农民工申请贷款，根据收入测算不足 35 万的，按 35 万放贷。湖州对包括农民工在内的中低收入群体公积金贷款进行贴息，最多可贴贷款利息的 60%，已累计为 1 153 户低收入家庭发放利息补贴 102.21 万元。

三、存在的主要问题

地方公积金中心在发挥住房公积金制度解决农民工住房问题作用方面，做了大量的探索和工作，地方政府、企业为解决农民工住房问题也做了很多尝试，但总体看还存在以下问题。

（一）住房公积金制度支持农民工解决住房问题的作用没有充分发挥

一是农民工覆盖面非常有限。温州全市缴存住房公积金的农民工只占已纳入社保覆盖范围农民工的 10%，各区县已缴公积金的农民工占当地农民工的 5%～10%不等。湖州市建立住房公积金的农民工，只占 65 万外来务工人员的 9.66%。

二是农民工普遍愿意建立住房公积金制度，但单位和企业缺乏积极性。温州市房改办对全市非公企业进行有关住房保障的问卷调查显示，78.7%的农民工要求建立住房公积金制度。但企业担心增加生产成本，缺乏为农民工缴存公积金的积极性。

三是农民工对住房公积金的认识还比较模糊。很多农民工不知道缴存住房公积金有申请贷款买房的权利。有的农民工仅认为多了份工资收入，属于福利性质，有总比没有好。

四是住房公积金使用途径单一。由于房价收入比过大，大多数农民工无力在城市购房，无法享受住房公积金贷款优惠。有意愿回原籍所在地购房的，又缺乏异地贷款的政策支持。提取支付房租存在实际困难，提取使用率也不高。

（二）地方政府和企业在解决农民工住房问题方面积极性不高

除住房公积金制度外，各地解决农民工住房的方式主要有：用工单位免费或低租金提供集体宿舍；政府在企业集中地区统一建设农民工公寓；村集体出租农房给周边城镇的农民工租住；农民工自行租赁各类民房。

上述方式对解决农民工住房问题发挥了作用，但存在的问题不容忽视：一是企业缺乏持续提供住宿的积极性和能力，面临建设用地和资金不足的问题；二是少数效益好的企业，提供了较好的住宿条件，并考虑建立职工小区和子弟学校，容易回到企业办社会的老路；三是地方政府在城市规划中，缺乏对农民工住房的统一考虑，集中建设的农民工住房，在管理主体、收费标准等方面缺乏明确规定，土地供应缺乏持续性；四是农民工租住农房和城镇民房极不规范，群租现象普遍，卫生、安全得不到保障，2008年温州市发生农民工租住房重大火灾事故；五是经济适用住房、廉租住房等保障性住房仅针对本地户籍的城镇居民，农民工不能享受保障性住房，又无力购买普通住房；六是户籍、教育、医疗等制度改革进展缓慢，农民工在城镇工作多年也难以落户，子女入学需缴高额赞助费。农民工难以真正成为新城镇人口，不利于我国城市化进程的加快。

四、政策建议

解决农民工在城市的居住问题，是维护农民工权益、促进农民工城市化的重要措施。针对农民工收入偏低，流动性强，居住条件差的问题，建议采取以下措施：

一是加大农民工住房公积金覆盖面。各地农民工，一类是长期在城市打工的，基本已成为城市产业工人的一部分，在城市定居的意愿较强；另一类具有季节性，以务农为主，在非农季节进城打工。住房公积金扩面工作应以前者为重点，加大住房公积金缴存执法力度。

二是建立对企业的激励引导与约束机制。研究通过减免企业所得税等优惠政策，鼓励企业为农民工缴存住房公积金。研究由财政对农民工缴存住房公积金给予适当补贴，发挥政策引导作用。将农民工建立住房公积金作为企业评选先进的必要条件，并计入企业征信系统。

三是扩大住房公积金使用范围，切实解决农民工的实际问题。进一步放宽对提取租房的条件限制，开通异地贷款，支持其返乡购建住房。对有意愿使用住房公积金贷款在本地购房的农民工，使用住房公积金增值收益给予贴息。

四是将农民工纳入本地住房保障体系，将缴存住房公积金与享受保障性住房挂钩。住房公积金支持建设的经济适用住房和公共租赁住房，住房公积金增值收益建设的廉租住房，在同等条件下优先供应缴交住房公积金的农民工。

五是加强立法，保障农民工的住房权益。在制定《住房保障法》等法律法规时，对农民工住房问题做出明确规定，包括土地、规划、住房公积金等各方面应该提供的支持。

课题组成员：刘晓庆 夏 磊 朱海燕

报告执笔人：刘晓庆

农民工医疗卫生服务专题研究报告

卫生部课题组

加强农民工卫生服务是当前我国公共服务和社会管理的重要内容，社会广泛关注，党中央、国务院高度重视。解决好农民工卫生服务问题，关系到农民工健康权益，关系到共享改革发展成果，关系到我国国民经济可持续发展和社会和谐稳定。根据国务院农民工工作联席会议办公室统一部署，卫生部课题组在3个相关专题研究基础上，提出进一步加强农民工卫生服务的有关政策建议。

一、当前我国农民工卫生服务基本情况

卫生部高度重视农民工卫生工作。2006年以来，各级卫生部门认真贯彻落实《国务院关于解决农民工问题的若干意见》（国发［2006］5号），针对农民工卫生服务需求特点，加强城乡基层卫生服务体系建设，广泛开展农民工疾病预防控制工作，强化农民工适龄子女预防接种等基本医疗卫生服务。随着医药卫生体制改革的深入，卫生部门把农民工作为重点人群，着力推进基本医疗保障制度建设，促进基本公共卫生服务均等化，取得了以下进展。

（一）农民工基本医疗服务不断改善

农民工来自于农村，工作流动性大，大多数在户籍所在地参加了新型农村合作医疗。2010年底，新型农村合作医疗制度实现全面覆盖，参合人数达到8.35亿人，参合率达到96%，人均筹资水平达到150元，政策性住院费用报销比例已达到60%。为方便农民工就医和及时得到补偿，部分输出地新农合管理机构在农民工集中生活的城镇地区指定了新农合定点医疗机构，同时进一步完善了结算办法，为患大病并回原籍治疗的参保农民工提供更为便捷的结算服务。各地加大对农民工聚居地非法行医的打击力度，有力地保障了农民工基本医疗服务权益。

（二）农民工基本公共卫生服务进一步普及

各级卫生部门大力推进基本公共卫生服务均等化，各地农民工都能获得居民健康档案管理、艾滋病“四免一关怀”、结核病免费治疗、妇幼保健和孕产妇住院分娩等服务。各地扎实落实国家免疫规划，加速“全国儿童预防

接种信息管理系统”建设，保障农民工子女在居住地享受与当地居民相同的国家免疫规划疫苗的免费接种服务。按照传染病属地化管理原则，进一步强化对农民工健康教育和聚居地疾病监测，及时处置暴发疫情。开展农民工健康关爱工程项目试点工作，积极探索改善农民工公共卫生服务的有效模式和途径。

（三）农民工职业健康权益得到重视

各地加大《职业病防治法》宣传力度，每年开展以农民工职业健康保护为主题的宣传周活动，提高农民工职业病防治意识和维权意识。卫生部门加强与相关部门的协调，完善工作机制，推进国家职业病防治规划落实。卫生部门努力健全职业卫生服务体系，初步形成了职业健康技术服务网络，已批准530余家医疗卫生机构承担职业病诊断工作，2 530余家医疗卫生机构承担职业健康检查工作。启动基本职业卫生服务试点工作，探索建立以社区卫生服务中心和乡镇卫生院为依托的职业卫生监督协管平台，开展职业病防治宣传教育、咨询、指导和可疑职业病的报告等工作，使农民工享有与城镇居民同等的职业健康服务。

农民工卫生服务不断改善的同时，还应清醒地看到当前依然存在以下主要问题：

一是农民工卫生服务利用总体不足。调查显示，农民工患病后自我医疗的比例占54%，其比例远远高于其他城乡居民。目前，国家设立了免费或者减免费用基本和重大公共卫生服务项目，但农民工对此知晓度不高。例如，上海仍有约43%的农民工不知道外地儿童可在居住地接受免费的免疫接种，影响了农民工对公共卫生服务的利用。新型农村合作医疗制度筹资水平仍相对较低，难以解决农民工大病问题。

二是卫生资源配置不能适应农民工卫生服务需求。2008年国家卫生服务调查显示，约29%的农民工在就诊时会选择私人诊所，远高于2003年的12%。基层医疗卫生机构是农民工的首选就诊机构，但许多农民工输入地对基层医疗卫生机构的规划布局仍按户籍人口进行，未采取有效措施针对农民工特点提供基本医疗卫生服务。大多数农民工输入地基层医疗卫生机构和公共卫生机构的人员编制和经费仍以户籍人口为基准，基层医疗卫生机构缺人、缺经费的问题日益突出。

三是农民工职业病问题依然突出。许多农民工较多的用人单位未履行《职业病防治法》规定的组织健康检查、开展职业卫生培训和加强劳动安全防护的责任。2009年上岗前和在岗期间的职业健康检查率分别为62%、

58%，离岗体检率仅为31%。职业病防治机构数量严重不足，目前仅14家独立的省级职业病防治院（所、中心），具有职业病诊断资质机构的地市级覆盖率为80%，县级职业健康检查机构覆盖率仅为54%。农民工职业健康维权意识不强，职业病诊断鉴定制度仍不完善，增加了职业病防治工作难度。

形成以上问题的原因复杂多样，既有我国城乡二元社会结构的长期性、城镇化的阶段性和市场经济的趋利性所导致的原因，也有公共服务政策未顾及农民工特点、政策间缺乏有效衔接、政策不落实等原因，还有输入地政府认识和监管不到位、用人单位履责不充分、农民工健康意识和维权意识淡薄等原因。要解决农民工卫生服务问题，必须强化政府责任、建立部门协作机制、落实用人单位责任，逐步形成党委政府领导、部门依法履责、社会各方共同参与的新局面。

二、加强农民工卫生服务的工作目标和原则

（一）工作目标

到2015年，建立适合农民工特点的卫生服务提供机制，农民工平等享有基本医疗卫生服务；实现基本医疗保障制度全覆盖，农民工就医费用负担明显减轻；落实政府、用人单位和个人责任，农民工职业健康权益得到保障。到2020年，农民工人人享有基本医疗卫生服务，健康水平进一步提高。

（二）基本原则

——坚持输入地管理。保障农民工人人享有基本医疗卫生服务的基本责任应当由农民工输入地政府承担。输入地在制定相关政策和编制卫生财政预算时，应当充分考虑农民工因素；要提高服务能力，确保农民工与输入地居民对基本医疗卫生服务的同管理、同服务、同待遇；要加强监督管理，维护农民工健康权益。输出地要协助做好农民工的培训教育、信息沟通等工作，做好留守儿童、返乡农民工等人群的卫生服务。

——坚持均等化享有。确保农民工同步地与其他居民享受大体一致的基本医疗卫生服务。要落实深化医药卫生体制改革的相关政策措施，确保农民工与输入地居民平等享有基本医疗卫生服务，还要针对农民工特点，设立特定的卫生项目，如农民工健康教育工程、农民工健康关爱工程等，加强和改善卫生服务提供。

——坚持责任分担。保障农民工人人享有基本医疗卫生服务是政府、用人单位和农民工的共同责任。政府要发挥在规划、立法、监管、经费投入和

信息化建设等方面的作用，强化对农民工的公共服务和社会管理责任。用人单位要落实职业病防治法规定的各项职责，改善农民工生产生活环境，协助做好健康教育、传染病防治等工作。农民工要切实增强健康意识和法律意识，依法维护自身健康权益。全社会要积极营造关心、关爱农民工健康的良好氛围。

——坚持统筹发展。农民工问题具有普遍性、全局性和长期性，卫生服务问题是其中之一，需要总体设计、统筹规划、分步实施、逐步解决。要健全农民工问题的部门会商机制，研究和解决农民工面临的突出卫生问题，确保各项政策措施落到实处。要建立农民工综合管理信息系统，实现部门信息共享，共同做好农民工服务工作。

三、有关政策建议

（一）确保农民工“病有所医”

进一步加强新型农村合作医疗制度建设，并完善与城镇职工基本医疗保险、城镇居民基本医疗保险制度的衔接，不断提高农民工基本医疗保障水平。推广在农民工聚居地指定新型农村合作医疗定点医疗机构的经验，方便农民工在城务工期间就近就医和及时补偿。加快实施基本药物制度和推广临床路径，鼓励医疗机构采用适宜技术和基本药物，避免过度检查和治疗，减轻农民工的医药费用负担。

（二）以农民工需求为导向优化卫生资源配置

输入地要综合考虑户籍人口和农民工的基本医疗卫生服务需求，着力提高基层医疗卫生机构和公共卫生机构的服务能力，适当增加有关卫生人员编制和经费投入。根据农民工地理分布特点，合理调整基层医疗卫生机构布局，鼓励基层医疗卫生机构通过在农民工聚居区设立社区卫生服务站（点）、采取巡回医疗等形式，提高医疗服务可及性。

（三）加强农民工基本公共卫生服务

输入地要转变卫生服务模式，加大疾病预防控制工作力度，落实包括农民工在内的基本公共卫生服务均等化。各地要继续实施农民工健康关爱工程，总结经验，逐步扩大实施范围；要根据农民工特点调整部分重大公共卫生服务项目，如农村孕产妇补充叶酸项目和住院分娩补贴项目等，使农民工不用返乡就能在居住地受益；要新增针对农民工的公共卫生服务项目，如农村留守儿童的营养保障和心理关爱、聚居或集中用人单位农民工的心理健康干预项目等，确保农民工及其家属获得实惠。

（四）开展农民工健康教育工程

各地要开展农民工健康教育工程，加大法律法规和卫生政策的宣传力度，引导农民工合理使用卫生服务。要扩充健康教育内容，涵盖食品安全、职业卫生、妇幼保健和伤害干预等方面，做到内容全面、重点突出、通俗易懂。要创新健康教育方式，充分利用大众传媒宣传和同伴教育等形式，依托社区、基层医疗卫生机构、工作场所等，开展农民工健康教育和健康促进工作。

（五）依法保障农民工职业健康权益

落实用人单位的主体责任，从源头上预防控制职业危害。政府相关部门要履行职责，加强监管，依法查处侵犯农民工职业健康权益的行为。要修订完善职业病诊断鉴定程序，加强职业病诊断和鉴定能力建设，满足农民工特别是返乡农民工对职业病诊断鉴定的需要。建立职业病防治专项基金，解决历史遗留问题及责任主体无法认定的农民工职业病病人的救治和康复。

课题组成员：尹　力　高卫中　雷正龙　王雪凝　陈小可　龚向光
黄　磊　张西凡　刘利群　夏　刚　樊　静　钟东波
段冬梅　梁铭会　徐　玲　李　涛　陈博文　李卫平
邹　珺　宋雪萍　陈　昕
报告执笔人：高卫中　雷正龙　苏海军　龚向光　邹　珺

附件一

关于农民工基本医疗问题的研究报告

卫生部课题组

为保证深化医药卫生体制改革政策惠及农民工，切实解决农民工看病难、看病贵问题，根据《中国农民工发展研究工作方案》和《卫生部农民工发展研究实施方案》的要求，卫生部政法司牵头，会同部有关司局，组织卫生部医院管理研究所对农民工基本医疗问题进行了专题研究。研究对农民工基本医疗服务现状、存在问题及措施落实情况等进行了分析，提出了解决农民工基本医疗问题的政策建议。

一、农民工基本医疗服务状况分析

（一）医疗服务需要

从第三次和第四次国家卫生服务调查流动人口专题调查的结果可知，2003年北京市农民工的两周患病率（按患病人次计算）为12.3%，略低于同年卫生服务调查农村人口的两周患病率（14.0%）；2008年北京市农民工的两周患病率（按患病人次计算）为7.4%，低于同年卫生服务调查农村人口的两周患病率（17.7%）。

根据第三次国家卫生服务调查北京市农民工调查数据，农民工两周患病按照疾病类别统计，主要为感冒（占57.9%），其次为急、慢性胃肠炎和上呼吸道感染（分别占6.0%和5.4%）；按照疾病系统类别统计，两周患病主要为呼吸系统疾病（占67.6%）和消化系统疾病（占12.9%），循环系统疾病及骨骼、肌肉、结缔组织疾病和损伤中毒的构成比均明显低于国家卫生服务调查的相应指标。从两周患病疾病的发生时间来看，71%为急性病两周内发作，其次为慢性病在两周内发作（23%），低于一般调查该指标水平（通常慢性病在两周内发作占30%～50%）。

根据第三次国家卫生服务调查北京市农民工调查数据，两周患病后自感病情严重的比例达66%，明显高于一般调查的结果（通常为20%～30%），但每千人两周患病持续天数（720天）和每千人休工休学天数或休息天数（82天）却较低，尤其是休工休学天数，明显低于2003年国家卫生服务调查农村居民的相应指标（每千人休工休学天数为272天）。

由上述数据可知，农民工卫生服务需要的特点为：农民工的两周患病率较低、两周患病以急性病为主、患病后以自感病情严重者居多。农民工群体的患病率低，是因为农民工是一个在健康方面经过了数次“选择”的群体，出来打工的大多是年轻人，患病率高的老年人很少；健康状况差的人一般都留在农村的家中，出来打工的很少；如果在打工城市患了比较严重的疾病，很多人因城市过高的诊治费用，只能回到家乡治疗。农民工两周患病主要为呼吸系统疾病和消化系统疾病，分析其原因，除与年龄构成年轻外，还与“健康选择”有关。因为与呼吸系统疾病和消化系统疾病不同，循环系统疾病及骨骼、肌肉、结缔组织疾病和损伤中毒通常对机体的功能影响较大，且恢复起来慢，会成为其在城市就业的主要限制因素。农民工的慢性病患病率不高，可能是该人群的年龄构成较年轻的缘故。农民工患病后以自感病情严重者居多，但是休工休学天数相对较低，除了与该人群老年人的比例较低有关外，该群体为了减少收入损失即使患病也不选择休息，可能是导致这种现象的主要原因。

（二）医疗服务需求与利用

根据第三次国家卫生服务调查北京市农民工调查数据，90.0％的两周患病者都采取了“处理”措施，其中采取自我医疗者占 73.2％，就诊者占 25.4％，还有 1.4％的人采取了就诊加自我医疗的措施。由第四次国家卫生服务调查北京市农民工的调查数据可知，86.2％的两周患病者都采取了“处理”措施，其中采取自我医疗者占 54.6％，就诊者占 38.4％，还有 6.6％的人采取了就诊加自我医疗的措施。第四次调查与第三次调查相比，采取“处理”措施的农民工比例略有下降，但相差不多，自我医疗比例下降 18.6％，就诊者比例升高 9％。

根据第三次国家卫生服务调查北京市农民工调查数据，农民工首选的就诊机构为基层医疗卫生机构（占 56％），其中 36％的就医者利用社区基层医疗卫生机构提供的服务，12％的就医者利用了方便且费用较低的私人诊所（多数是无照经营的服务）。由第四次国家卫生服务调查北京市农民工的调查数据可知，农民工首选的就诊机构仍为基层医疗卫生机构（占 41.9％），其中 6.8％的就医者利用社区基层医疗卫生机构提供的服务，29.7％的就医者利用了方便且费用较低的私人诊所（无照私人诊所仅占 0.7％）。农民工选择私人诊所的原因：一是私人诊所通常建在农民工聚居区中，就医距离近，而且不用挂号排队，因此十分便利；二是多数农民工认为私人诊所看病比在正规医院更省钱，因为私人诊所不收挂号费和诊疗费，各种检查的费用也很少，对大多数收入较低的农民工家庭来说很有吸引力；三是农民工通常都认识甚至熟悉同一社区的私人诊所医生，即使不认识，也很容易通过熟人介绍认识，同时私人诊所医生和大多数农民工常常来自同一省份，因此在语言和生活习惯方面比较接近，沟通没有障碍，容易获得农民工的信任，从而吸引更多的农民工来就诊；四是对于许多农民工家庭来说，疾病种类也是他们决定就医对象的重要考虑因素，常见病或者症状轻微的疾病通常去私人诊所，比较严重的疾病则去正规医院。

私人诊所在农民工医疗服务的支持体系中在事实上已经成为一根重要支柱，私人诊所承担了农民工群体的大部分常见病的治疗。然而在提供医疗服务的同时，私人诊所也暴露了一系列较严重的问题：由于缺乏医疗设备，一些必要的检查被省略，治疗过程趋向简单化和模式化，输液成为最常用的手段；由于通常和患者或患者亲友熟识，因此治疗特别是用药上常常迎合患者要求，有时会违背法律规定，例如辨别胎儿的性别，滥用激素类和抗生素类药物；由于受到医疗条件和医生水平的限制，遇到一些症状不典型的疾病往往出现误诊，导致治疗延误、病情加重；一些私人诊所受到利益的驱动，承接能力以外的治疗任务，从而导致各种医疗事故。第三次国家卫生服务调查发现农民工就诊者选择私人诊所的比例为12.0％，第四次调查时这个比例上升到29.7％，利用这类服务者的农民工比例还是不低的。第三次调查时相当大比例的私人诊所是无照经营，但第四次调查时无照经营私人诊所的比例显著降低，说明政府对非正规医疗服务提供者的管理力度逐渐加大并取得了很好的成效。

第三次国家卫生服务调查北京市农民工调查数据表明，被调查人群的住院率很低，仅为1.2％，明显低于2003年国家卫生服务调查中农村的住院水平（3.4％）；第四次国家卫生服务调查北京市农民工调查发现该人群的住院率上升至3.0％，但仍低于2008年国家卫生服务调查中农村的住院水平（6.8％）。

农民工患病后自我医疗比例高，反映了该群体在多数情况下，患病后还是采取一定措施，而不是听之任之。但自我医疗也经常会出现一些问题，如诊断错误、延误治疗、药物滥用等。农民工在选择就诊机构时主要考虑距离或是否容易就诊及费用水平，这与他们获得收入的压力大（不愿意因为看病失去收入，就诊的机会成本高）、不愿意因为看病支付交通费、认为大医院费用高等因素有关，因而通常患了小病或决定就医时，就选择位于附近且花钱少的医疗机构就诊。只有在疾病严重或孩子生病时才倾向于利用高层级医疗机构的服务，所以基层医疗卫生机构成为农民工首选的就诊机构。农民工住院服务利用率低，这与该人群的人口年龄结构年轻、很少患需要住院的疾病、且经过了多次健康选择有关。但住院费用过高、支付不起住院费用或舍不得花钱住院治疗，也是影响他们利用住院服务的主要原因，甚至一些人（2003 年调查的比例为 11%，2008 年调查的比例为 13%）因北京市的医疗费用太高，患病后返回户籍所在地去利用当地提供的住院服务。近年来新型农村合作医疗制度的逐步建立和完善，也成为引导农民工回原籍治疗的重要原因。

二、现行政策措施及其落实情况

（一）基层医疗服务延伸至农民工

各级医疗卫生单位深入开展各项为农民工提供医疗卫生服务的活动：如广泛开展义诊咨询活动、为农民工送医送药，加强疾病预防控制和健康教育、切实提高农民工的卫生防病意识，加大卫生宣传监督力度、保障农民工健康权益等。各地卫生行政部门组织医疗卫生单位深入农民工聚集地，为农民工开展健康咨询义诊服务，有效地提高了农民工的健康水平。如广东省肇庆市皮肤病医院组织了有关专家深入农民工较多的高新区开展义诊咨询活动，受到了当地农民工的好评；肇庆市中医院、市二院、市四院等单位结合世界卫生日、世界艾滋病日等活动，开辟农民工就诊绿色通道，增设农民工缴费专窗，并到农民工较集中的大型工厂举办呼吸道传染病、肠道传染病、艾滋病等健康知识图片巡回展，既方便了农民工就医就诊，也进一步提高了农民工的卫生健康意识；肇庆市卫生监督所派出多名卫生监督员到工厂调查有关职业病的种类、危害性，工伤现场医疗卫生救护，以及工伤保险制度和职业病病人的待遇、赔偿等问题，同时发放《职业病防治法》等职业病防治的宣传材料，并通过与职工现场沟通，取得了较好的社会效果。鄂尔多斯市东胜区卫生系统深入建筑工地开展大型农民工巡回义诊活动，旨在为广大农民工提供动态健康监控，及时发现他们的健康问题。广州市第十二人民医院的党员义诊队、社区怡健园医疗服务站的医生，在猎德街工地设立服务点，为建筑工人们开展医疗服务。辽阳市白塔区社区卫生服务管理办公室组织社区卫生服务站医护人员，会同白塔区总工会，到住宅建筑工地为农民工免费义诊。杭州市朝晖街道虹园社区针对辖区在建工程较多、流动育龄妇女情况较复杂等情况，深入建筑工地，开展了流动人员计划生育、劳动就业、务工维权等方面知识的宣传咨询，并发放计生用具及各种宣传材料，受到了务工人员的欢迎。但基层医疗卫生服务机构对农民工的义诊、巡回医疗等活动都是暂时性的，并不能够长久坚持，虽然在一定程度上使农民工获得了实惠，但仍无法解决农民工“看病难、看病贵”的问题。

（二）设立新农合的跨省定点医院

为解决农民工的“医疗保障”之忧、方便农民工就医、有效减轻患者的经济负担，北京市卫生局和多个农民工集中输出地政府、当地卫生厅（局）就新农合账户的异地流转方式，开展多渠道的探索。2007年初，河南省信阳市的固始等3个县新农合办公室，通过互联网首次将当地农民的医保账户结算补偿地部分“搬”到了北京市丰台区长峰医院；北京朝阳区第二医院与四川省眉山市的新农合办公室试点探索由医院先为就诊的眉山籍参合农民工垫付应该由新农合“医保”账户补偿的费用，再通过银行与眉山的新农合基金划转开支；海淀区羊坊店医院和朝阳区第二医院被定为川籍在京农民工的“医保”定点医院，川籍居京农民工只要在家乡参加了新型农村合作医疗，看病时可凭本人身份证及参合证明就诊，费用结算时只需按照家乡新农合保险账户的补偿比例，向医院缴纳个人需要承担的部分。广东省梅州市第三人民医院被定为江西省会昌县、寻邬县新农合定点医疗机构，使上述两县新农合对象住院不用回家就可享受跨省即时补偿待遇。探索新农合跨省网络互通、异地结算，对参合农民住院费用实行“即生即补”，极大地方便参合农民工外省看病，在一定程度上缓解农民工“看病难、看病贵”的问题。但这只缓解了很少一部分农民工的医疗服务问题，对于大多数农民工来说，其输出地并未在其流入地有任何定点医疗机构实现跨省新农合报销制度，“看病难、看病贵”的问题依然突出。

（三）各地已建立农民工医疗保险体系

目前，农民工医疗保险模式主要有：大病统筹医疗保险模式（北京）、统账结合医疗保险模式（厦门）、混合医疗保险模式（深圳）、城乡医疗保险一体化纳入模式（镇江）和综合保险模式（上海）。大病统筹医疗保险、统账结合医疗保险、综合医疗保险是将农民工纳入城镇职工医疗保险体系，这种模式是指农民工与城镇职工同等缴费，享受同等待遇。但是保险关系不能转移，退保只能退个人账户的部分，社会统筹部分则留在当地。深圳的混合医疗保险包括综合医疗保险、住院医疗保险和农民工医疗保险，3者可相互转换。镇江的城乡医疗保险一体化纳入模式，是由城镇基本医疗保险、住院医疗保险和合作医疗构成，将本地户籍和非本地户籍农村和城镇人口都覆盖其中，统筹管理，农民工可以选择住院医疗保险（只保障住院医疗，特定门诊不予保障）或合作医疗，具备一定的灵活性。城乡医疗保险体系一体化的省市数量在我国极其有限。综合医疗保险是针对农民工的特点，单独为外来务工人员建立多险合一的保险形式，本质上仍属于社会保险，包括工伤（或者意外伤害）、住院医疗和老年补贴。

从目前我国各地的农民工医疗保障实践情况来看，农民工参保率仍然很低，而且有些地区还出现了农民工大量退保的现象。这种结果的出现虽有农民工个人层面的原因，但制度层面的缺陷原因可能更为主要。以北京市的基本医疗保险为例，农民工与职工的保险待遇完全相同。从表面上看，给农民工以“市民待遇”是公平的，但考虑到这个人群的特殊性（大部分农民工的经济承受能力不如城市居民，而所患疾病通常相对较轻），以及在保险方案中利用住院服务的保险起付线、共付比例却与城市户籍参保人完全相同，即在用一个相对高风险、高支付能力人群的费用水平来要求一个相对低风险、低支付能力的人群，因此这种表面上的公平实质上未必公平。在城镇职工基本医疗保险基金超支的情况下就会出现用农民工交纳的基本医疗保险费去补贴城镇职工。上海目前提供的外来从业人员综合保险虽然费用低廉，但只包含工伤（意外伤害）和住院医疗的保险，其保障水平也是比较低的，因此对许多农民工来说缺乏足够的吸引力。

目前，与农民工有关的各类医疗保障形式往往没有充分考虑到该群体的特殊性，因而设计的保障计划不能够完全适应他们的需要，如筹资水平较高、必须购买综合保险（工伤保险、医疗保险、养老保险）、仅覆盖住院服务等，影响到用人单位和农民工参加基本医疗保险的积极性。从制度上看，现行的与农民工有关的各类医疗保障覆盖的目标人群并没有将全部的农民工纳入其中，大多只是针对有组织依托的农民工，而对无组织依托的农民工参加基本医疗保险制定了比较严格的进入条件，从制度上几乎将相当大比例的无组织农民工排除在基本医疗保险的目标人群之外。从农民工自身来看，他们对自身健康状况主观评价较高，所以很多人觉得没有必要参加医疗保险。农民工的流动性强，在目前的社会保障制度下，如果他们的工作地点有变动，很难持续地获得医疗保障服务。农民工对提供的医疗保障服务不甚了解。从用人单位来看，虽然农民工综合保险的费用较低，但仍然是一笔不小支出，企业也缺乏鼓励其企业员工参保的足够动力，这也在很大程度上限制了农民工的医保覆盖面。

三、农民工看病难、看病贵的原因分析

（一）农民工收入水平低

第三次国家卫生服务调查北京市农民工调查数据表明，有23%的两周患

病者未采取任何处理措施的原因为经济困难（第四次调查时比例为10%），仅次于自感病情轻，成为影响农民工患病就医的重要原因之一；73%的患病者患病后不去医疗机构就诊（第四次调查时的比例为55%），而采用花费较低的自我医疗措施（第三次调查平均费用仅为32元，第四次调查平均费用为71.32元），如到药店买药、从家乡带药等；有23%的出院者因经济问题而提前要求出院（第四次调查数据为11%）；11%的住院者因北京的医疗费用太高而返回户籍所在地住院（第四次调查时的比例为13%）。应住院而未住院的原因分析，61.5%的人是因为经济困难（第四次调查时的比例为34.6%），30.8%的人因为费用高（第四次调查时的比例也为30.8%），比较住院者及应住院而未住院者的家庭人均年收入，前者为10 971元（第四次调查时为36 324元），后者仅为6 580元（第四次调查时为21 792元），后者明显低于前者。由此可见，经济因素是影响农民工卫生服务利用的主要因素。

（二）大医院医疗费用高

第四次国家卫生服务调查北京市农民工调查发现，有23%的两周患病者是因为费用高而未采取任何处理措施，5.7%是因为提供不必要的服务或收费不合理，而第三次调查时同样有5.7%的患者是因为提供不必要的服务而未采取任何处理措施，但没有因为费用高而未采取任何处理措施的两周患病者。近几年由于医疗费用的过快增长，医疗费用高甚至成为影响农民工利用门诊服务的重要因素。

根据第三次国家卫生服务调查北京市农民工调查数据的定量与定性分析结果，对于农民工来说，北京市正规医疗机构提供的服务几乎不存在技术上的问题，而且较高的技术水平往往是吸引流动人口利用高层级医疗机构所提供的服务的因素之一，尤其是在病情比较严重或患“大病”时，他们还是倾向于利用正规大医院的服务。但是大医院较高的医疗费用以及设置的“没钱莫进”的门槛是影响农民工利用卫生服务的最大障碍。从整体上看，北京市的医疗服务系统提供的服务与农民工希望得到低费用、方便、服务态度良好和一定质量的需求不相匹配，成为该人群获得基本医疗服务的主要障碍。

根据第三次国家卫生服务调查北京市农民工的调查结果，住院费用占家庭收入的比重（住院经济负担）为18%，其中1/3的住院者为支付住院费用消耗了家庭年收入的1/3～1/2，甚至拿出全部年收入都不足以支付住院费用。因此很多农民工受支付能力的制约以及其他因素的影响（如健康意识和相关卫生知识），可能利用不起或不去利用医疗服务，这不仅会给他们的健康带来不利影响，而且对于一些特殊疾病的诊疗服务，如传染病的诊治服务，如果不去及时就诊则会导致传染病的传播和流行。

（三）医患沟通不足

根据第三次国家卫生服务调查北京市农民工的调查数据，经对就诊者对门诊服务评价不高的就诊机构分析发现，认为被接待或交谈时得到尊重程度不高的就诊者中，有50%选择的是市级及以上的医院；认为检查和治疗时个人隐私的尊重程度不高的就诊者中，也有50%选择的是市级及以上的医院。经对出院者对住院机构不满意原因分析发现，对市级及以上医院不满意原因为服务态度差的比例为42.9%，对部队医院不满意原因为服务态度差的比例为50%，没有因为服务态度差而对街道医院和区级医院不满意的出院者。

大医院医护人员对于农民工就诊者的不热情，甚至持冷漠、居高临下、歧视的态度，再加上农民工因在现代化医院中感到陌生和不知所措及对各类就医信息的严重短缺而带来的原本就具有的恐慌，也使得他们在心理上自动地筑起了一道围墙，不到万不得已时不会去大医院就诊。

（四）医疗保障制度有缺陷

根据第三次国家卫生服务调查北京市农民工调查数据，87%的农民工没有任何医疗保障，患病后不得不自己支付医疗费用，但在有医疗保障者中，40%参加的是工伤保险，不能够为一般性疾病的医疗费用提供补偿。两周患病者与未患病者的医疗保障覆盖率几乎没有差异（分别为12.9%和12.8%），但有医疗保障者两周患病就诊率和住院率（分别为6.3%和1.5%）均高于无医疗保障者（分别为4.2%和1.1%）；有保障者的应住院未住院比例（0.3%）低于无医疗保障者（0.5%）；对于无保障者，应住院而未住院的主要原因是经济困难（67%），而对于有保障者，则没有因为经济困难而发生未住院的情况。

随着新型农村合作医疗的普及，目前城市中的农民工通常在户籍地享有新型农村合作医疗制度的保障，但是农民工能否获得新农合的保障，主要取决于户籍所在地新农合对在外就医的报销规定，一些地区的新农合为了控制费用，通常不将在外就医者的费用纳入报销范围，即使可以报销外地就医费用，也要经过事先的批准，给农民工带来很大的不便，尤其是对于几乎很少回到户籍所在地的新生代农民工，如果参加户籍所在地的新农合，医疗费用如何报销则成为问题。

大多数农民工虽然在家能够享受新型农村合作医疗的保障，但由于新农合的地域限制，农民工在城市享受不到任何形式的保障，城市中一些形式的保障只提供给城市居民，而将农民工排除在外，如贫困救助、失业保险等，而另一些形式的保障虽然在制度安排上包括了部分外来流动人口，如北京市的基本医疗保险、商业医疗保险等，但政府并不为他们提供补贴或仅提供极少的补贴，在企业不为他们购买保障、他们也没有经济实力去购买的情况下，也同样不能够通过保障来抵御风险。城市农民工在获得户籍所在地新农合的保障方面存在障碍，由于支付能力不高，农民工在获得城市基本医保制度方面同样存在障碍，导致农民工“看病难、看病贵”。

（五）农民工自身的原因

农民工自身的行为方式也导致其不太容易适应城市卫生医疗文化，常见的问题有：不及时就诊，往往要到症状加重的时候才去医院就诊，造成病情延误，错过了最佳治疗时间；不遵医嘱或中断治疗的现象经常发生；欠缺必要的医疗常识，医患之间沟通存在障碍。相对于城市居民来说，农民工患者往往更少向医生询问病情和治疗方案，而医生通常也有心无心地回避向农民工患者作医学解释，这种现象反过来强化了农民工对自己作为外地人容易受到医生忽视甚至歧视的感受和认识。而医院也几乎没有任何的制度性安排来促进农民工和医生之间更加良性地互动。

四、解决农民工“看病难、看病贵”的目标

（一）近期目标

适应农民工特点，与人力资源社会保障部门、民政部门协作，建立和完善全面覆盖农民工的医疗保险体系；完善贫困农民工医疗救助体系；基层医疗服务延伸至农民工群体。

（二）中长期目标

保障农民工和市民一样享有基本医疗保障，坚持输入地管理原则；提高农民工医疗服务可及性，特别是小伤小病的及时服务；由社区卫生服务提供延伸，建立农民工巡诊、临时医疗点、长期医疗点等制度；对确有大病者实施医疗救助。

五、有关政策建议

（一）坚持基本医疗公共卫生服务均等化的目标，合理分配现有的公共医疗服务资源

鉴于农民工在获得医疗服务方面和城市居民之间仍存在较大差距，建议在公共医疗服务资源的布局和分配上应当适当向农民工倾斜，在农民工聚居区域增强公共医疗服务机构的配置，增设门诊部、社区卫生服务中心等基层

医疗机构，把为周边农民工群体提供医疗服务纳入公共卫生服务的范畴，由基层医疗卫生机构对农民工进行健康知识的宣讲、常规体检以及相关医疗卫生信息的提供等工作。切实加强公共医疗服务资源的合理分配，确保基层医疗卫生机构有足够的公共医疗服务资源来为农民工提供服务。

（二）不断完善农民工医疗保障制度，加快推进农民工医保制度的衔接，有效扩大基本医疗保障的覆盖面

作为收入较低的社会阶层，农民工在获得所需的医疗服务上始终面临着较高的经济门槛。应当针对农民工的流动性特点，在城市中积极推进外来人口基本医疗保险制度改革，提高保障水平，降低缴费率及自付比例。第一，应当继续推动现有的外来从业人员综合保险制度，加强对农民工群体和用工单位的宣传力度，加强对用人单位参保的监管力度，引导农民工参保，提高参保率。第二，应当着手研究将基本医疗保险从现有的外来从业人员保险中单列出来，并提高其保障水平，从而有效扩大基本医疗保险覆盖面。第三，加强对农民工医保筹资及支付方式的研究，研究可持续性的农民工医保筹资与支付制度。第四，解决农民工因流动问题而带来的保险连续性和保险待遇稳定性的问题，充分考虑农民工医疗保险与城镇职工、城镇居民、新农合以及地区与地区之间的关系，预留出“接口”，保证制度之间的顺利衔接，以促进制度相容。此外，对于农民工家属的医疗保障问题也应当给予重视，农民工医保政策是否应当参照新农合，以家庭为单位参保，或者给予农民工家属一定的保障。由于各地农民工政策不尽相同，对后期政策的统一、医保关系的转接带来阻力，政府在鼓励各地探索农民工医疗保险政策的同时，需要对农民工医疗保险政策主导方向和原则进行定位和引导，减少后期政策统一的改革成本消耗。

（三）提高农民工利用医疗服务的可及性，对部分服务提供需方补贴

应当根据农民工人口的特点采取适宜的政府补贴或补偿形式，尤其应当对低收入的农民工提供需方补贴。如设立低收费住院分娩床位以及对低收入的农民工提供传染病的医疗救助。凡按照政府制定的专门收费标准（如低于1 000元）为农民工孕产妇提供低收费住院分娩者，政府给予一定的经济补偿。从形式上看是对供方的补偿，但实质上仍是“钱跟着需方走”，只有需方选择了某个提供者提供的低收费的住院分娩服务，该提供者才能够得到相应的补偿，实际上是对需方补贴的一种形式。对因收入低、没有医疗保障而看不起病的农民工，提供一些传染病的医疗救助，使他们得到免费或减免部

分医疗费用的诊治服务，以防他们因经济困难不去就诊而导致疾病的扩散与流行。

（四）充分发挥基层医疗服务机构的作用，保证医疗服务覆盖农民工群体

包括社区卫生服务中心在内的基层医疗卫生机构作为与居民第一线接触的卫生单位，发挥着重要的农民工卫生服务提供的作用。基层医疗卫生机构向外来人员的开放不能只采取被动的等人上门的医疗模式，而应当主动走出去，拓宽服务领域，提高对农民工群体的吸引力。基层医疗卫生机构应当与基层社区密切合作，通过建立起农民工用工单位和邻近基层医疗卫生机构的更紧密联系，让基层医疗卫生机构真正走出去，走进农民工群体的居住区。鉴于农民工的卫生服务需要及需求的特点（患病率低、患病多为急性病、偏向于选择基层的卫生服务机构），为提高农民工医疗服务的可及性，应当在农民工聚集地开设一些手续简单、价位低廉的基层医疗卫生机构，并将农民工的卫生服务归于其所在的社区卫生服务中心。

目前，基层医疗卫生机构的医务人员学历普遍不高，而且提供服务不积极，直接影响医疗服务质量，所以需要从人员素质、结构建设等方面促进基层医疗卫生机构健康持续发展。有关部门要完善配套政策，适度扩大人力规模，为基层医疗卫生机构增加编制，引进优秀人才，健全基层医疗卫生机构的科室，满足农民工日益增长的社区卫生服务需要。

（五）多部门配合，加强对医疗服务提供者的监管力度

不规范的服务行为也会影响到农民工对于医疗服务的利用，因此应当加强对医疗服务提供者的监管，约束其不规范行为，避免医疗服务提供者因过度追求经济利益而更多地提供高费用的服务，甚至是不必要的服务。既然农民工对于私人医疗服务提供者有较大需求，说明在现有条件下有其存在的必要性，应当考虑在现阶段允许部分私人医疗提供者进入医疗服务市场，并在一定程度上降低私人提供者的准入标准，但要对他们的职业资格进行定期考核和定期更换执照，这样可以促进服务质量的提高。通过定期不定期的监管约束他们的行为，保证服务的安全性和质量。由于农民工通常会选择政府认可的私人提供者，无照提供者会因此而被逐出市场。同时工商、城管、公安等部门应当通力合作，加强对无照经营、非法行医的查处力度。

（六）不断创新医院服务制度，提升对农民工群体的服务质量，建立适应农民工需求的医疗咨询体系

由于农民工的文化水平相对较低而医生就诊负担过大，医患之间的良性

沟通往往不容易形成。多数农民工和大都市医护人员之间从成长环境、生活方式到教育背景、文化素养都有着巨大的反差，应当通过设置专门的培训课程，让医护人员了解农民工的生存状况、基本观念和行为方式，使得医护人员更善于和农民工沟通，从而能够向农民工群体提供适宜的医疗服务。医院应当建立起专门的医疗咨询体系，即每天应当有 2 名或以上经过培训的医护人员设点专门向需要了解更多治疗信息的患者提供医疗咨询，包括对患者治疗方案的医学解释、如何用药的详细说明、复诊要求的解释和提醒，等等。通过不断完善医院内的医疗咨询体系，满足医学知识普遍不足的农民工群体对解释医疗中各种疑难困惑的需要；为农民工即时结合所罹患的疾病来普及医学知识，帮助农民工调整其就医行为方式，从而提高治疗效果并促进其健康行为。同时，专门性的医疗咨询体系的建立也有利于减轻门急诊医生在解释病情等方面的沉重负担，从而提高诊疗效率，也有利于患者更多地理解医生，从而形成和谐的医患关系。

（七）对农民工进行健康教育，提高健康意识

基层医疗卫生机构应当积极开展各项健康教育，通过多种形式为农民工提供相关信息，包括健康知识的宣传、公布医疗机构的费用信息及其他相关信息等，以提高农民工的健康意识，增加健康和卫生保健知识，减少因信息缺乏对卫生服务可及性的影响以及信息不对称导致的选择偏好、不合理的医疗支出等问题，并引导农民工选择和利用价格低廉、效果好的卫生服务。同时应当普及农民工的医疗法制意识，以便其更好地维护自身权益。

课题组成员：高卫中　龚向光　张拓红　梁铭会　洪　宓　孟琴琴　赵颖波

报告执笔人：张拓红　梁铭会　洪　宓　孟琴琴　赵颖波

附件二

关于农民工公共卫生问题的研究报告

卫生部课题组

为促进基本公共卫生服务逐步均等化，保证农民工平等享有公共卫生服务，根据《中国农民工发展研究工作方案》和《卫生部农民工发展研究实施方案》的要求，卫生部疾病预防控制局牵头，会同部有关司局，组织上海市卫生局、复旦大学、上海市健康教育研究所等单位对农民工公共卫生问题进行了专题研究。研究对农民工公共卫生服务现状、存在问题及措施落实情况等进行了分析，提出了解决农民工公共卫生问题的政策建议。

一、基本情况

（一）农民工公共卫生服务需求主要是了解自身健康状况

农民工公共卫生服务需求较为简单，希望通过公共卫生服务，了解自身健康状况，如何养成良好生活习惯和健康行为，以及传染病防治知识。新生代农民工也注重心理咨询等心理服务。对于预防接种、避孕药具等公共卫生服务需求相对较低。调查显示，农民工认为其最需要的是健康体检，占总数的51.08%，其次为健康教育服务，占总数的32.35%。

农民工对健康知识的需求程度较高，最需要的健康信息是肝炎、肺结核等传染病防治知识，所需人数占调查人数的45.68%。需要获得食品安全、心理健康和职业卫生知识的调查对象分别占总数的44.66%、38.98%和35.47%。农民工最偏爱的健康信息获知渠道为电视、电台等媒体广告，占总数的38.85%，其次为带小礼品的书面健康教育（15.49%），以及发放书面健康教育材料（14.48%），对社区常用的专题讲座和指导，以及观看录像的认同度分别为9.50%和8.48%。

结合农民工生活和工作状况，可以看出其更关注与生存、生活、收入直接相关的事务，对于未能即时体现效果的公共卫生服务产品或准产品，关注度和需求水平相对较低。

（二）农民工健康状况总体较好

农民工健康状况总体较好，主要与这一群体特殊的年龄结构和工作要求有关。大部分农民工自认健康状况良好，不足3%的农民工认为自身健康状况“很不好”或者“不好”，有70.86%的农民工认为自身健康状况“比较好”或者“非常好”。农民工具有较好的健康状况，其获取公共卫生服务信息相对较少，导致其对公共卫生服务需求相对较低。

农民工健康状况相对较好的原因可能为：一是到城市打工的大多数为年轻人和身体健康者，在人群方面已进行了选择；二是如果农民工在城市患了大病或者比较严重的慢性病、职业病，往往会考虑到医疗费用、患者照顾等问题，大多数选择回家乡治疗，留在城市的患病人群相对较少；三是农民工的健康信念使其较少进行健康维护，对疾病忍受程度很强。可能表现为对疾病易感性不自觉，不了解健康与常见疾病防治知识，不知道自己易感或已患某种疾病。对疾病严重程度认识不足，对疾病的临床后果和社会后果不敏感，出现一些症状后，认为是小病或者不是病，不去诊治；四是出于经济考虑不愿去看病，或者长期从事体力劳动，对疾病不敏感。

（三）农民工公共卫生服务利用总体不足

农民工对公共卫生服务政策的知晓度低，整体利用率不高。我国为农民工提供了一些基本公共卫生服务，且相当一部分是免费或者减免费用的服务，但是农民工对这类政策的知晓度普遍不高。如国家对肺结核、艾滋病等提供了减免治疗的政策，但无论是上海还是四川、湖北，接受访谈的农民工普遍不了解这些政策，客观上影响了对公共卫生服务的利用。上海调查数据显示，近1 000人不知道外地儿童可在上海接受免费的免疫接种，占调查总数的43.09%。究其原因，可能是农民工对不涉及即时利益的信息兴趣度低。此外，与宣传力度不够也有关系。文献研究发现，北京把来京半年以上的流动人口纳入本地化管理，为其提供孕产妇保健、儿童保健、免疫规划等服务，但多数流动人口受其经济和文化限制，主观和客观上不主动接受妇幼保健等服务，同时也与预防保健服务宣传不够、流动人口保健意识低、部分预防保健项目需收费等有关。

农民工对公共卫生服务益处缺乏认知，缺少利用服务的主动性。公共卫生服务是一个较新的概念，农民工所受的教育、掌握的知识有限，再加上意识和价值观中存在一些落后甚至愚昧的观念，使其对公共卫生服务的内容、作用、必要性不理解，从而不能主动地利用公共卫生服务。

（四）农民工对不同类型公共卫生服务利用差异较大

不同类型公共卫生服务呈现“四高四低”现象：儿童免疫规划利用率高，系统保健服务利用率低；孕产妇平价分娩利用率高，产前定期访视利用率低；传染病防治服务利用率高，精神卫生服务利用率低；健康教育利用率高，健康档案建档利用率低。

卫生部疾病预防控制局和上海市卫生局2010年对上海2 300多名农民工进行了公共卫生服务专题调查，结果显示：在儿童免疫规划和儿童系统保健服务方面，农民工子女的儿童保健服务覆盖率很高，尤其是预防接种，高达92.18%的有儿童的家庭均表示其子女接受过免疫接种。但是，接受系统保健的比例相对较低，仅有7成左右的农民工表示其子女有定期健康检查，其中龋齿筛查等服务使用率更低。考虑到预防接种和儿童保健对象基本一致，服务场所也基本靠近，两者在服务利用方面存在明显差异，可能与部分儿童保健项目收费有关。

在孕产妇保健方面，超过一半的调查者表示其配偶或本人在怀孕期间接受了定期产前检查。有25.45%调查者或者配偶享受了调查地区所提供的分娩费用减免服务。考虑到调查对象本身工作的流动性，以及分娩更愿意回户籍所在地的偏好，分娩费用减免服务的覆盖率较高。如果以在同一城市分娩的农民工为基数，服务覆盖率将更高。但定量调查和定性访谈中显示孕产妇的产前系统访视率相对较低。

在传染病和精神卫生服务方面，调查显示有8.7%的农民工或者其家人接受过结核病的减免治疗，有10.75%的调查对象接受过艾滋病的咨询和检测服务。精神卫生虽然已经成为农民工生活与工作中越来越关注的重点，但当前精神卫生工作主要聚焦重性精神疾病管理，对于心理咨询、缓解精神压力等服务的关注相对较少，此类服务的覆盖率相对较低。

在健康教育和健康干预方面，当前健康教育工作模式主要是针对常住人口设计的。尤其是社区健康教育的时间和地点等，都与居民密切相关。随着居住时间的延长，农民工接受健康教育服务越来越多，农民工接受饮水卫生、传染病防治等健康教育服务覆盖率均高于三成，接受社区医生健康教育的有34.7%，表明与社区医生接触越来越紧密。健康档案作为健康管理的基础，是许多公共卫生服务系统管理的基础，但由于农民工流动性较大，客观上增加了建档工作的难度，仅有13.82%农民工表示建立了健康档案。

二、已出台的政策措施

（一）在国家层面，现有的农民工公共卫生政策或措施包含在总体公共卫生政策中

2009年，《中共中央　国务院关于深化医药卫生体制改革的意见》明确指出："加强卫生监督服务。大力促进环境卫生、食品卫生、职业卫生、学校卫生，以及农民工等流动人口卫生工作"。国务院《关于印发医药卫生体

制改革近期重点实施方案（2009—2011年）的通知》明确指出："基本公共卫生服务覆盖城乡居民。制定基本公共卫生服务项目，明确服务内容。"现阶段基本公共卫生服务项目主要包括建立居民健康档案、健康教育、预防接种、传染病防治、高血压和糖尿病等慢性病管理、重性精神疾病管理、儿童保健、孕产妇保健和老年人保健等九大类内容。重大公共卫生服务项目主要包括：继续实施结核病、艾滋病等重大疾病防控和国家免疫规划、农村孕产妇住院分娩等，从2009年开始还开展了为15岁以下人群补种乙肝疫苗；消除燃煤型氟中毒危害；农村妇女孕前和孕早期补服叶酸等，预防出生缺陷；贫困白内障患者复明；农村改水改厕等。

基本公共卫生服务项目和重大公共卫生项目覆盖包括农民工在内的所有适宜对象。卫生部下发的各类文件中，也多次强调农民工、外来人口、流动人口等的传染病防治管理、重点疾病防治管理、适龄儿童免疫规划、妇女病防治、儿童保健等，在每年中央财政补助地方公共卫生专项资金中也安排一部分资金用于农民工公共卫生服务工作。但是，尚无专门针对农民工或者流动人口的项目。

（二）在输入地层面，当地政府比较重视农民工公共卫生问题，但整体服务和保障水平偏低，服务内容偏少

上海市：2006年，上海市卫生局和财政局联合下发《关于上海市社区预防保健等公共卫生服务经费使用项目的指导意见》，将公共卫生服务经费的使用项目范围分为社区常住人口和外来流动人口公共卫生项目等四大类88项。其中，社区常住人口、外来流动人口公共卫生项目根据有利于推进公共卫生服务公平性的原则，将覆盖人口确定为在上海居住6个月以上的外来常住人口和外来流动人口，内容包括疾病和公共卫生事件报告、重大传染病预防控制、免疫规划、"三病"（血吸虫病、丝虫病、疟疾）检疫与管理、孕产妇保健、婴幼儿保健、饮水卫生、健康教育、意外伤害预防控制、职业病防治、重性精神疾病管理、突发公共卫生事件处置等，以及根据社会经济发展情况及社区卫生服务中心的条件提出的其他地区性项目等，并明确各级政府按分级管理体制和公共财政要求对公共卫生服务经费予以保障。对外来常住人口，有条件的区（县）可按照本市确定的公共卫生服务项目另行核定公共卫生服务经费标准，原则上达到上海市确定的公共卫生服务经费标准的50%，并根据提供公共卫生服务需求和服务量的增加相应增加经费投入；对流动人口的公共卫生服务经费，根据项目提供的服务量予以核定。

北京市：2006年，北京市卫生局制定了《关于加强流动人口公共卫生和

医疗服务工作的意见》，明确提出加强流动人口疾病监测，规定流动儿童与本市儿童享有同等预防接种政策，向结核病、艾滋病患者提供免费检查与治疗，强化公共卫生许可（环境、食品等）监督与管理，通过基层公共卫生机构向流动人口提供公共卫生服务和基本医疗服务，强调了向流动人口提供服务的“主动性”，并要求调动流动人口的“积极性”。

广东省：2009年，广东省人民政府制定了《广东省基本公共服务均等化规划纲要（2009—2020年）》，提出加强对流动人口基本公共服务的供给，加大对流动人口公共卫生事业的投入，建立流动人口社会保障制度，逐步取消流动人口在社会保障方面的差别政策，实现城乡体制对接，最终实现流动人口与当地社会的融合。《广东省流动人口服务管理条例》首次以法规的形式，明确流动人口享有传染病防治和儿童免疫规划及儿童保健服务，但涉及服务的内容偏少。

（三）在输出地层面，农民工返乡后享受当地的基本公共卫生服务

农民工返乡后享受当地的基本公共卫生服务，外出时依照输入地政策。对湖北、四川两个新生代农民工输出省进行的专题调查显示，对当地农民提供的基本公共卫生服务项目，在农民工返乡时可以享受。此外，无其他针对输出农民工的公共卫生服务政策。两省认为，农民工外出打工期间应当由输入地落实为主，输出地主要是提供一些基本信息，并配合输入地做好相关的服务。此外，四川省对输出农民工还开展了一些针对性的公共卫生培训项目，并纳入该省输出农民工岗前培训工作范畴。

三、主要问题及原因分析

（一）主要的农民工公共卫生问题

1. 传染病高发

由于农民工生活环境相对较差，卫生意识不强，部分农民工缺乏安全饮用水和安全食品等因素，使得农民工易成为传染病的高发人群。上海市的统计资料显示，从1999年起，外来人口甲乙类传染病发病率明显高于本市居民，且呈现逐年上升的趋势。在肠道传染病、呼吸道传染病等主要传染病病种上，外来人口的发病率高于户籍人口。近年来严重的麻疹、手足口病等传染病也以外来人口为主。此外，由于农民工流动性大，容易引起疫情在城市与城市间、城市与农村间传播，使得农民工成为影响疾病传播的重要环节，加大了传染病预防控制的难度。一些已经在输入地消灭或者基本消灭的传染

病，可能因人口流动而死灰复燃。研究显示，上海市20世纪80年代末已经消灭或者消除包括鼠疫在内的12种传染病，基本消灭的包括钩端螺旋体病在内的8种传染病，近年来随外来人员而输入。

2. 儿童保健和免疫规划水平较低

国务院发展研究中心课题组调查结果显示，全国举家外出的劳动力占全部农村劳动力的平均比重为5.29%，其中西部地区达到6.61%，农民工家庭化的趋势较为明显。由于农民工流动性大，又缺乏规范有效的管理手段，使农民工子女的免疫规划、儿童保健工作相对滞后。大量文献报道，流动人口儿童的单苗接种率及五苗免疫率均低于城市户籍儿童。本次调查显示，有43.09%的农民工不知道外地儿童可在同一城市接受免费的疫苗接种，表明其对子女预防接种的关注度明显不足。在儿童保健方面差别更为明显，上海儿童保健所的统计数据发现，0～6岁非户籍儿童卫生保健状况明显不及上海市户籍儿童，生长发育水平落后于上海市户籍儿童，对儿童保健服务的利用也明显不如城市儿童。2007年复旦大学在上海开展的流动人口家庭卫生服务调查显示，流动儿童系统保健建册率为40.6%，城市儿童为89.9%；流动儿童健康体检率为38.3%，城市儿童为88.9%，流动儿童的儿童保健状况明显偏低。

3. 妇女保健水平远低于城市居民

农民工孕产妇在孕期建卡、早孕检查、孕期系统管理及产后访视等方面，与常住人口相比明显偏低。2007年流动人口家庭卫生服务调查显示，流动人口孕产妇孕产期系统保健率为4.9%，显示大多数流动人口孕产妇在孕产期间利用了部分服务项目，但在持续性、规范性和系统性方面均未达到孕产期系统保健要求；15岁及以上妇女的妇女病检查率为44.2%，明显低于户籍妇女的64.0%。文化程度、医疗保障水平和收入水平是影响流动人口妇女保健服务利用的主要因素。农民工妇女保健水平偏低，还影响了孕产妇死亡率。近年来上海市孕产妇死亡事件中，外来人口孕产妇死亡占了绝大多数。

4. 心理健康问题日益突出

农民工的心理健康问题需要引起关注。2010年，震惊全国的“富士康事件”就是一个极端的案例。近年来，国内外一些文献和统计资料表明农民工的精神卫生和心理健康问题不容乐观。2008年，辽宁省丹东市对1 500名农民工开展的心理健康调查表明，农民工心理健康水平低于全国正常人的平均水平，表明农民工的心理健康状况较差。研究还发现，农民工心理状况异常的发生情况与年龄相关，年龄越低，发生率越高。分析原因主要是打工时间短，缺乏应对方式和经验，热情有余而变通不足，过于以自我为中心，容易出现偏执、自我效能感低、担惊受怕等。由于外来人口集中的单位和家庭，精神卫生知识缺乏，不能及时识别或不愿承认家人的疾病，造成患者疾病拖延、复发甚至肇事肇祸的发生。由于文化、经济、居住、生活等条件的局限，使外来人口中精神病人的治疗管理难度更大。

（二）影响和制约农民工公共卫生服务提供和利用的因素

1. 部门和地区间的协调难度大

无论是在国家层面还是在地方层面，缺乏全面、系统和综合性的政策，特别缺乏与财政、人力资源和社会保障、发展改革等部门联合协调的政策。在国家层面，缺乏明确的输入地和输出地政府责任划分。输入地和输出地政府对农民工应享受的公共卫生服务提供方和资金来源有一定的分歧，导致农民工事实上很难享受应当享受的公共卫生服务。部分省市（如上海、四川、湖北）虽出台有关针对农民工或者外来人口的公共卫生政策文件，但普遍缺少与财政、人力资源和社会保障、外来人口管理等部门的联动，对政府相关部门责任认定不明确，文件操作性差。同时，不同地方政府制定的农民工公共卫生服务政策存在较大差异，输入地和输出地对服务对象有不同的规定，因人口流动导致各种服务很难有效衔接。同时，流动人口管理部门众多，职能交叉重叠和缺位并存，联合执法和多部门协调难度大。如果不能有效进行多部门合作，公共卫生服务工作开展困难，政策很难产生预期效果。

2. 农民工底数不清

目前，我国尚缺乏统一的农民工定义和农民工登记管理制度，造成农民工统计工作极其困难，无法准确掌握农民工数据，不利于部门、地区间信息的交流与共享。许多地区掌握的流动人口数量仅为在册登记数量，远远低于实际农民工数量，影响了农民工公共卫生工作的有效开展，难以对公共卫生工作的效果加以评价。亟需整合各部门现有信息资源，建立全国统一的农民工信息管理系统，使每一个农民工的信息在信息库中都能及时体现。

3. 法制化管理不健全

一方面，针对农民工或者流动人口的卫生管理、卫生立法相对比较滞后，执法上没有依据，管理难度大；另一方面，卫生服务提供方面难以做到全覆盖。

4. 用人单位责任落实不够

由于政府监管职能不到位，以及当前对非正规劳动力市场的监管力度不大等原因，用人单位为降低成本尽量逃避在传染病报告、食品安全、饮水卫生、健康教育等方面应尽的义务，直接危害农民工健康。

5. 公共卫生机构的人员配置和经费供给不足

城市原有的卫生资源围绕城市户籍人口的医疗服务需求进行配置和布局，较少考虑农民工。各地在确定公共卫生机构配置标准和人员编制时，主要依据当地户籍人口，很少考虑农民工的分布和公共卫生需求特点；财政部门在安排公共卫生事业经费时，也多是按照户籍人口划拨。个别地区虽然安排了一部分针对外来人口的公共卫生经费，但标准明显低于户籍人口。在一些人口输入地区，外来人口已经达到甚至超过本地人口，使得公共卫生机构在开展公共卫生服务时缺乏相关的人力、物力和财力支持，降低了农民工公共卫生服务的可及性。此外，目前多数卫生机构采取坐堂行医，缺乏上门服务的“主动性”，由于农民工本身特点，导致农民工对公共卫生服务利用率低，现有公共卫生服务方式难以满足需要。

6. 公共卫生服务需求日益多元化

不同农民工群体公共卫生诉求差异较大，大致可分为三类。基本融入城市的农民工，希望公平获得与城市居民同等的公共卫生服务；具有一技之长后进城务工的农民工，找到工作后居住于城市，逢年过节回到农村，希望得到与其切身利益相关的一些公共卫生服务产品，如子女预防接种、孕产期保健服务等；间歇性或季节性进城务工的农民工，获取公共卫生服务的意愿不强，但是希望了解一些公共卫生政策信息。

四、有关政策建议

（一）明确以输入地为主的农民工公共卫生服务责任

建立以“输入地为主，输出地为辅”的农民工公共卫生服务机制，明确农民工输入地和输出地的责任分工。输出地应当将公共卫生政策、知识宣传纳入农民工岗前培训范畴，主动向输入地提供必要的公共卫生信息，同时做好农村留守儿童等重点人群的卫生工作。输入地应当清理、撤销对流动人口的歧视性政策，给予农民工与当地居民同等的基本公共卫生服务。明确政府为主的管理责任，把满足农民工的基本公共卫生服务需求作为输入地政府的重要责任，建立以公共财政为保障，以基本公共卫生服务为内容，以基层医疗卫生机构为网络，以基本设施、基本技术、基本药物为手段的基本公共卫生服务包，为包括农民工在内的全体居民免费提供基本公共卫生服务，调整、充实相应的服务机构和人员，实现人人享有基本卫生服务的目标。

强化和完善农民工联席会议协调机制，发挥人口管理、财政、人力资源和社会保障等部门及各级政府在公共卫生管理中的作用。一是督促各级政府建立农民工信息通报、督查督办等部门联动机制，明确公安、人力资源和社会保障、人口管理等不同部门在农民工公共卫生工作中的职责，形成合力，建议国家有关部门制定统一的农民工定义，加强和完善农民工信息管理工作，及时掌握和通报相关的基础性信息。二是加强与人口管理、财政、人力资源和社会保障等部门的综合协调，形成农民工公共卫生综合管理格局，将农民工公共卫生政策纳入到综合性公共政策范围，如将农民工住院分娩补贴、孕产妇保健、免疫规划、儿童保健纳入到妇女儿童权益保护项目。

（二）实施带有“农民工特点”的基本公共卫生服务项目和重大公共卫生服务项目

在落实深化医改、促进公共卫生服务均等化的前提下，制定针对农民工的公共卫生服务政策。一是建议尽快出台有关农民工公共卫生服务综合性政策文件，根据农民工特点，明确农民工公共卫生服务的基本内容、提供方式、人员经费保障等要求，确定考核指标和方式。二是建议根据农民工的特点进行适当调整和补充重大公共卫生服务项目，方便农民工就近享受相关公共卫生服务。

（三）加强公共卫生机构建设，完善服务网络，确保农民工公共卫生服务

一是建议出台公共卫生机构配置标准，按照服务人口配置机构和人员，达到疾病预防控制人员 2.2 人/万服务人口的基本标准，其中专业技术人员比例达到 85%以上，保障公共卫生机构有足够的人力来提供农民工的公共卫生服务。二是建议加大经费投入力度，采取各级财政分级负担的方式，按照服务人口安排公共卫生经费。三是按照属地化管理的原则，将基层公共卫生机构的服务延伸到农民工集中的地区和工矿企业；在农民工聚居地建立公共卫生服务点，提供传染病监测和防控、妇幼保健、健康教育等公共卫生服务。四是调整、优化现有的卫生资源配置，根据服务人口配置基层医疗卫生机构和人员，保障有足够的人力提供农民工的公共卫生服务，同时建立对基层公共卫生服务人员的激励机制，提高其服务积极性。五是督促各级公共卫生服务人员转变服务方式，深入社区、企事业单位，主动向农民工提供公共卫生服务。

（四）培育健康理念，实施农民工健康教育工程

实施农民工健康教育和政策普及重大公共卫生服务项目。一是加强对农

民工公共卫生政策的宣传力度，努力提高政策知晓度，引导农民工合理使用公共卫生服务项目，享受应当获得的公共卫生服务。二是进一步加大健康教育，努力提高农民工的健康意识、健康水平和健康能力。根据农民工的特点，在内容上，大力开展传染病防控、免疫规划、食品卫生、妇幼保健等方面的健康教育。在方式上，改变传统的发放宣传资料模式，采用大众传媒宣传、同伴教育等多种方式，亦可采用咨询电话、短信、网络宣传等新型宣传方式。在组织网络上，要依托社区、医院、学校、工作场所、交通工具等，多层面地开展农民工健康教育工作。建议由地方政府负责，卫生部门牵头，教育、宣传、企事业单位、社会团体等共同配合，统筹农民工社区健康教育与健康促进工作的开展。

（五）落实用人单位管理责任，加强社区网格化管理

一是深化并严格落实用人单位的责任。明确用人单位应当承担对农民工公共卫生方面的宣传教育，协助政府和社区进行管理和服务的责任，形成政府、社区和用人单位责任明确、协调配合的服务和管理机制。二是加强基层公共卫生网底建设，督促基层医疗卫生机构和人员切实承担起为农民工提供公共卫生服务的责任，真正实现“横向到边、纵向到底”，完善农民工公共卫生服务网络。

（六）完善重大疾病防治救治救助政策，将公共卫生服务纳入基本医疗保险体系范围

一是继续实行艾滋病、结核病的免费治疗、血吸虫病救治救助、孕产妇住院分娩减免等公共卫生政策，逐步扩大病种范围，逐步提高救治救助的补助标准，保障更多的农民工享受到国家规定的重大疾病救治救助政策。二是各省（区、市）根据自身特点，在国家项目的基础上，适当扩大救治救助政策覆盖范围，充分体现政府财政扶助社会弱势人群、保障公共服务的特点。三是在政府财力许可的情况下，逐步扩大传染病治疗减免的覆盖项目和范围。四是建议将传染病救治、精神卫生服务等纳入基本医疗保险体系范围，增加农民工接受公共卫生服务的保障度。在中长期，努力实现农民工公共卫生服务项目在哪里，农民工医保到哪里。

课题组成员：于竞进　王磐石　孙　乔　艾晓金　李善国　陈　昕
张立强　杨建军　郝　模　胡锦华　夏　刚　徐建光
盛　烨　雷正龙
报告执笔人：王磐石　李善国　艾晓金　张立强　陈　昕　杨建军

附件三

关于农民工职业病问题的研究报告

卫生部课题组

保护农民工职业健康是落实科学发展观、立党为公、执政为民的具体体现，是促进劳动力资源、社会经济可持续发展，以及维护社会和谐稳定的一项重要工作。根据《中国农民工发展研究工作方案》和《卫生部农民工发展研究实施方案》的要求，卫生部食品安全综合协调与卫生监督局牵头，会同部有关司局，组织中国疾病预防控制中心职业卫生与中毒控制所对农民工职业病问题进行了专题研究。研究对农民工职业病防治现状、存在问题及措施落实情况等进行分析，提出了农民工职业病防治的政策建议。

一、农民工职业病防治现状和主要问题

党中央、国务院高度重视农民工职业病防治工作，近年来制定了一系列保障农民工职业健康权益的政策措施，不断加强职业病防治法制建设，探索建立职业病防治体制和工作机制。根据党中央、国务院的要求和部署，卫生部针对农民工职业病问题开展了大量工作，完善职业病防治法律法规标准体系，开展了基本职业卫生服务试点和重点职业病监测工作，强化了农民工职业病防治健康教育，开展了以维护农民工职业健康权益为重点的职业病危害专项整治工作，妥善处置了多起农民工群体性职业病事件，在一定程度上遏制了职业病高发的势头，在保障农民工职业健康权益方面取得了一定成效。

随着农村经济体制改革的发展和深化，我国农村产生大量剩余劳动力并迅速向城市转移及跨区域流动。根据国家有关部门估计，截至2010年底我国农民工总量已达2.42亿人，且在今后一段时期内，随着我国工业化、城镇化的发展和对劳动力的巨大需求，将继续推动农村劳动力向非农产业和城市转移，这将是一个长期的过程，农民工的规模还将继续扩大。农民工已成为我国产业工人的重要组成部分。但是，由于现行户籍制度和与户籍相连的就业制度，在供大于求的劳动力市场中农民工属于弱势群体，农民工就业的岗位仍是劳动收入较低、工作环境恶劣、社会待遇较低的次属劳动力市场，多数农民工的从业结构主要是建筑、采矿、制造等偏重体力付出的职业，其社会保障、职业防护等水平均较低，身体健康极易受到威胁。当前，我国农民工职业病问题既有共性问题，也有卫生部门面临的问题。

共性问题主要表现在：

（一）职业病防治形势严峻，农民工职业病问题突出

根据有关方面的估计，我国接触职业病危害因素的劳动者约2亿人，由于一些用人单位没有切实履行职业病防治主体责任，职业病危害防护措施及管理制度落实不力等原因，使得职业病呈明显的高发态势。据不完全统计，从新中国成立至2010年底，全国累计报告职业病75万例（职业中毒等从1991年计算），其中尘肺病67万例，职业中毒4.7万例。近年来，职业病发病呈逐年上升趋势。2010年报告新发职业病27 240例，比2009年增加50%；报告尘肺病23 812例，比2009年增加64%。由于目前我国职业健康监护率较低，一些劳动者特别是农民工职业健康检查率低，同时由于职业病具有迟发性和隐匿性的特点，我国每年新发职业病情况可能远高于现报告情况。

在接触职业病危害因素的2亿劳动者中，有相当一部分为农民工。据估计，我国60%的农民工就业于工作条件差、职业病发病率高的低薪、高危行业。根据文献报告，江苏省常州市乡镇工业企业中96.3%的农民工接触职业病危害因素，61.78%的农民工接触严重职业病危害因素。2010年，卫生部开展的对62家企业新生代农民工职业卫生服务需求调查表明，在被调查的14个行业中均存在较为严重的职业病危害，在这些行业中，农民工主要从事一线生产和维修工作，绝大部分农民工所从事的岗位可接触到一种或多种职业病危害因素，尤其是用人形式为外委工的人员，其从事的工作多是企业内职业病危害较为严重、正式工人不愿从事的岗位。在石油加工、炼焦业，接触一种或多种有毒有害物质的农民工达84.23%；有色金属矿采选业接触粉尘的农民工高达98.71%，电力生产和供应业企业接触噪声和高温的农民工比例分别达89.22%和84.21%。由于农民工主要从事低薪、高危工作，接触职业病危害因素复杂，职业防护差，罹患职业病的人数也不断增加。据统计，近年来农民工职业病发病人数高达总发病人数的80%以上，且由于农民工的社会保障差，患上职业病后得不到及时救治和补偿，导致农民工群体性职业病事件不断出现。近两年发生的云南省水富县尘肺病事件、深圳爆破工尘肺病事件、甘肃省古浪县尘肺病事件、辽宁省朝阳市农民工尘肺病事件等，都集中反映了农民工职业病的问题。

（二）用人单位职业病防治责任主体意识薄弱，农民工职业健康权益得不到保障

由于在产业转移过程中有大量的农民工流入城市，劳动力市场供大于

求，农民工在劳动力转移过程中急于就业谋生，在就业谋职时处于被动地位，导致许多企业不与农民工签订劳动合同；有的企业即使签了劳动合同，也往往只强调企业自身利益和农民工的义务，许多农民工甚至不了解合同的内容，难于维护自身健康权益。

另外，一些规模小、设备落后、污染严重的企业，无视劳动者健康权益，频繁轮换在有毒有害作业岗位的农民工，甚至一些企业违规使用成本低、毒性高的化学物，不惜以牺牲劳动者的健康换取经济利益，如苏州易建联科违规使用正己烷导致100多人发生群体性正己烷中毒。有些企业对农民工和本企业正式工的劳保待遇实行双重标准，不与农民工签订劳动合同、不告知作业岗位危害因素，不进行职业卫生培训，不安排农民工进行职业健康检查，不建立职业健康监护档案和办理工伤社会保险。更有甚者，一些企业一旦发现农民工患有职业病或发现患病苗头，就以各种理由立即予以解雇。因此，这些农民工一旦患上职业病，其诊断、治疗、工伤待遇都难以落实。

（三）一些地方政府对职业病防治重视不够，工作落实不到位

一些地方政府对职业病防治工作的重要性、紧迫性缺乏足够的认识，没有处理好经济发展与保护劳动者健康的关系，对职业病防治工作领导不力，职业病防治保障措施不落实，职业卫生监管能力不足，对严重违法行为惩处力度不足，导致一些用人单位的违法行为没有及时受到监管部门的查处，违法成本低，造成用人单位不依法履行职业病防治责任的现象普遍存在。此外，地方经济保护也是导致职业卫生执法力度不够的重要原因，在招商引资方面，有的地方政府为吸引投资不惜降低投资门槛，职业卫生审查不严格或根本不审查，使得一些工作环境和劳动条件不能满足法律规定要求，农民工面临潜在的职业健康风险，给职业病防治工作留下了隐患。

（四）农民工职业健康保护意识淡薄，维权意识较差

由于很多农民工文化水平低、缺乏法律意识，在就业过程中又得不到职业健康培训，企业不按照规定向劳动者告知危害以及防护要求，从而使很多农民工无论是主动选择职业防护设施，尽可能减轻职业危害，还是发生职业病后的维权都处于弱势地位，使一些农民工的上岗前、在岗期间、离岗时的健康检查等基本职业卫生服务难以得到落实，罹患职业病后难以得到及时诊断和治疗。通过对5 000余名农民工的调查显示，《职业病防治法》公布实施近10年来，仍有12.15％农民工没听说过《职业病防治法》，由于多数农民工得不到培训，自我保护意识较差，经常出现不按规程操作和不按规定佩戴个人防护用品等现象。部分农民工为了保住工作和收入，甚至主动放弃职业

健康检查，有的即使查出职业禁忌证也不愿调离职业病危害岗位。另外，农民工维权意识也普遍较弱，不懂得通过合法渠道维护自身权益，易受社会不良分子的挑唆，采取过激维权行为，成为社会不稳定因素。

（五）农民工职业健康历史遗留问题突出

很多农民工是在改革开放初期外出务工的。当时，我国尚没有在法律上建立相应的劳动用工管理制度和完善的职业病防治监管制度，劳动用工管理混乱，作业环境恶劣，工伤保障欠缺。由于尘肺病等一些职业病具有潜伏期长、脱离粉尘作业数年或更长时间仍可发病的特点，返乡后陆续出现职业病。由于农民工劳动关系不固定，就业呈明显的流动性、聚集性，近年来屡有农民工群体性尘肺病事件发生，如江西省修水县上衫乡早年在金矿务工的农民工，目前已诊断矽肺病人 489 人。云南水富、辽宁朝阳、甘肃古浪、四川甘洛等农民工群体性尘肺病事件的受害者也均为返乡农民工。像这种改革开放初期外出务工、返乡后患有职业病的农民工，由于追踪不到责任企业，又没有参加工伤保险，其健康状况乃至生命都得不到保障，可能成为影响社会稳定的因素。

卫生部门面临的问题主要表现在：

（一）农民工职业病诊断难、鉴定难

职业病诊断是归因诊断，除了依据劳动者的临床表现和辅助检查结果外，还要综合分析劳动者的职业史、职业病危害接触史、工作场所职业病危害因素检测资料等因素。我国正处于经济快速发展时期，面临工业化、城市化、经济全球化，劳动者特别是农民工流动性增大。同时，我国经济所有制多种形式并存，劳动用工方式灵活多样，劳动者职业病危害接触史复杂且难以追溯，导致劳动者在申请职业病诊断时无法提供职业病诊断所需资料或劳动者和用人单位提供的资料存在争议的情况日益增多，这给职业病诊断与鉴定工作增加了难度，职业病诊断鉴定制度不能适应当前职业病防治工作的实际情况。

（二）农民工获得职业卫生服务比例较低

一是职业健康监护率低。我部职业健康监护监督检查显示，2009 年度，上岗前和在岗期间的职业健康检查率分别为 62.0%和 58.4%，离岗体检率仅为 31.0%。2010 年对 62 家企业的调查也显示，被调查的家具制造企业均未开展过上岗前和离岗时的职业健康检查，建筑业也较少开展职业健康检查，曾开展过离岗时体检的建筑企业仅为 7.7%。根据文献报道，2003 年常州市农民工职业健康检查率仅为 4.5%；2005 年大连市农民工上岗前体检率、在岗体检率和离岗时体检率分别为43.5%、50.6%和10.5%。由此可见，用人单位组织劳动者进行职业健康检查率低，尤其是离岗时体检率最低，而且农民工的职业健康检查率低于全社会劳动者总体的平均健康检查率。

二是职业卫生培训率低，培训内容不全面。2010年对62家企业的调查显示，大多数家具制造业从未对农民工开展过在岗期间职业卫生培训，上岗前职业卫生培训仅有33.3%。此外，企业职业卫生培训内容不全面，培训内容以安全操作规程培训为主。在调查的5 878名农民工中，37.79%的农民工只听说过《职业病防治法》的名称，不清楚具体内容，2.6%的农民工不了解自身岗位存在的职业病危害因素，5.6%的农民工表示不知道工作时需配备哪些个人防护用品，绝大部分农民工对工作场所需要采取哪些防护措施或是否已采取了相应防护措施了解甚少，2.13%的农民工甚至不清楚职业病诊断归口部门，2.52%的农民工不知道职业病赔偿的相关问题。

对农民工职业卫生服务需求的调查显示，绝大部分农民工最关心的是能否提供职业健康检查和个人职业病防护用品。在被调查的农民工中，71.81%的农民工认为现阶段最需要的职业卫生服务是职业健康检查，其次是提供个人职业病防护用品和职业卫生知识培训，分别占调查总人数的51.36%和45.49%。对农民工最希望进行哪些方面的职业卫生知识培训的调查显示，农民工最希望进行安全操作规程的培训，占总调查人数的42.23%；其次为自救与互救、个人防护用品的使用培训，分别占总调查人数的23.15%和18.32%。对农民工输入集中的深圳某区、上海某区农民工职业卫生培训需求调查显示，希望针对自身岗位工作场所存在的职业病危害因素进行培训的人员占43.6%，需要进行职业卫生相关法律法规培训的占23.4%～56.1%，对个人职业病防护用品的使用培训需求为15.2%～45.3%。在职业卫生知识培训途径方面，深圳某区农民工最希望通过专家咨询、知识讲座、电视等途径进行培训，分别占40.0%、22.4%和21.4%。

（三）职业病防治技术支持能力薄弱，基本职业卫生服务不均等

现有职业病防治机构和人员数量严重不足，只有14家独立的省级职业病防治院（所、中心）；各级疾病预防控制中心内设职业病防治机构普遍存在能力弱化问题，特别是县（区）级机构基本上没有专人承担职业卫生工作；企业职业病防治机构在改革中作为社会职能或被分离到社会或精简萎缩，企业的自律、自主服务弱化。目前，从事职业健康检查和职业病诊断工作的机构数量不足，分布不均，截至2011年6月，全国取得职业病诊断资

质的机构共530余家，覆盖全国347个市（地）中的279个，覆盖率为80%；取得职业健康检查资质的机构共2 530家，覆盖全国2 003个县（不含市辖区）中的1 074个，覆盖率仅为54%，缺口比较大，难以满足当前职业病防治工作需求。对107个农民工占多数的中小企业职业健康监护情况的调查表明，62%的企业职业健康监护率不足10%。

二、已制定的政策措施及落实情况

（一）配合相关部门做好《职业病防治法》修订工作

为避免和减少类似张海超“尘肺病事件”的发生，简化农民工职业病诊断程序，方便劳动者，针对职业病诊断、鉴定、治疗、康复等环节中存在的问题，我部组织专家经过反复研讨，提出了《职业病防治法》修改意见，并上报国务院法制办。目前十一届全国人大常委会第二十一次会议已初次审议了国务院提交的《职业病防治法修正案（草案）》。《职业病防治法修正案（草案）》取消了职业病诊断受理门槛，建立了解决劳动关系争议等的仲裁机制和解决工作场所职业病危害因素检测资料争议的行政判定机制，在法律制度上向农民工倾斜。

（二）开展农民工健康关爱工程

为更好地保障农民工的健康权益，在对农民工最主要的健康问题进行分析的基础上，2010年7月，卫生部印发了《关于开展农民工健康关爱工程项目试点工作的通知》，对开展农民工健康关爱工程提出了明确的要求。各省级卫生行政部门积极、认真落实卫生部的要求，结合当地实际情况提出了当地的农民工职业病防治工作的具体要求，并在当地政府的领导下，由卫生、安监、人力资源社会保障及工会等部门组织成立农民工健康关爱工程领导小组，明确各部门职责分工、建立协调机制，有序推进了农民工健康关爱工程的开展。

（三）开展基本职业卫生服务试点工作

为进一步贯彻《职业病防治法》，提高职业病防治工作覆盖水平，使广大的农民工都能享受到职业卫生均等化服务，切实保护农民工的健康权益，探索我国基本职业卫生服务体系，2006年以来，我部启动了基本职业卫生服务试点工作。试点工作以农民工输入地、输出地为重点，在全国65个县（区）开展职业卫生监管体系建设、职业病防治宣传培训、作业场所职业病危害因素检测和职业健康检查等工作，逐步建立了基层基本职业卫生服务网络，提高了职业卫生服务的能力，职业健康监护、职业卫生培训和作业场所职业病危害因素检测率得到明显提高。

（四）开展农民工职业病危害专项整治工作

围绕近年来发生的河北白沟苯中毒事件、福建仙游尘肺病事件等，卫生部牵头开展了有毒有害化学品生产、销售和使用专项整治，乡镇企业、农村个体工商户职业病危害专项整治工作，以及制鞋、箱包、矿山、化工等尘毒危害严重的行业专项检查。配合安监等部门开展了作业场所粉尘和高毒物品的专项整治。通过专项整治，各地基本摸清了接触有毒有害物质的制鞋、箱包、皮革加工、家具制造等主要行业的情况，督促企业建立了基本职业病防治规章制度，对工作场所进行了初步整改，配备了相应的职业病防护设施和必要的个人职业病防护用品，劳动用工行为得到了进一步规范，一批大案、要案得到了查处，职业病危害严重的势头得到了一定程度的遏制，保护了农民工职业健康权益。同时，卫生部每年都针对职业病危害突出的重点行业、重点人群，部署开展对用人单位职业健康监护制度落实情况的监督检查，严肃查处危害农民工健康的违法行为。

（五）开展职业卫生监督协管

在全国部分基本职业卫生服务试点地区探索开展职业病防治工作纳入基本公共卫生服务均等化项目的试点工作，将农村公共卫生服务专项资金的一部分用于职业卫生管理，构建了以社区卫生服务中心和乡镇卫生院为依托的职业卫生监督协管平台，对职业卫生工作实施网格化管理模式，开展职业病防治宣传教育、咨询、指导和可疑职业病的报告等工作，使农民工享有与城镇居民同等的职业病防治服务。

（六）加强职业病防治机构建设，规范职业健康检查、职业病诊断工作

2008年以来，卫生部先后印发了《关于进一步加强职业病防治工作的通知》、《关于进一步加强职业病诊断与鉴定管理工作的通知》和《关于切实履行职责 进一步加强职业病防治工作的通知》，要求地方以深化医药卫生体制改革为契机，加强对职业病防治机构的建设。两年来，全国新增职业病诊断机构115家，增加比例为27.64％；新增职业健康检查机构721家，增加比例为39.8％。同时，加强职业病诊断和职业健康检查医师培训及重点职业病哨点监测工作，加强部分市、县级独立职业病防治院（所）建设和临床重点专科建设，提高了职业病防治机构能力。在不断加强机构建设的同时，切实加强对职业健康检查、职业病诊断与鉴定工作的监督管理，不断建立完善管理制度，公开办事程序，建立健全内部监督制约机制，严格管理和考核，

严格依法开展工作，确保职业健康检查、职业病诊断质量和水平，为农民工提供充足、优质、便捷的服务。

（七）强化农民工职业病防治意识

卫生部会同人力资源和社会保障部、安全监管总局、全国总工会等有关部门在《职业病防治法》宣传周期间，以“保护农民工健康是全社会的共同责任”和“防治职业病 造福劳动者——劳动者享有基本职业卫生服务”等为主题，开展了保护农民工健康高层论坛、媒体座谈、知识竞赛、录制公益广告等一系列宣传活动，加强职业病防治法律法规和防治知识的宣传教育。各地结合当地实际，也相应开展了多种形式的职业病防治知识宣传教育活动，不断扩大宣传效果，提高了农民工职业病防治意识和自我维权能力。

三、近期和中长期目标

（一）近期目标

到2015年，健全职业病防治机构特别是职业健康检查和职业病诊断机构网络，实现每个县（区）至少有1家职业健康检查机构，每个市（地）至少有1家职业病诊断机构，每个省（区、市）有1家独立职业病防治机构的基本目标，满足农民工职业病防治服务需要。全面推动将农民工职业健康教育纳入输出地的职业教育，使90％的农民工在外出务工前接受职业健康教育，了解基本职业病防治及职业健康权益相关知识。从事接触职业病危害作业农民工的职业健康检查率达到60％以上，并建立农民工职业健康监护档案。

（二）中长期目标

到2020年，完善职业病病人的救治保障体系，对申请职业病诊断的农民工及时进行诊断，做好职业病病人的治疗、康复、定期检查和妥善安置，处置率达90％以上。配合相关部门解决历史遗留的农民工职业病问题，维护农民工的职业健康权益。

四、有关政策建议

（一）认真贯彻落实《职业病防治法》，明确职责，加强监管

一是强化各级政府和有关部门的职业病防治责任，加大职业卫生监管力度。各级政府要把职业病防治工作放到更加突出的位置，依法制定职业病防治规划，层层分解目标，明确具体措施，将职业病防治重要指标、主要任务纳入经济社会发展规划和政绩考核体系，建立健全责任追究制，将职业病防

治规划实施情况作为考核地方政府及其主要负责人的重要指标。加强领导，落实责任，积极建立政府部门、用人单位和劳动者三方代表组成的职业病防治工作机制。二是涉及职业卫生监管的安监部门、卫生部门、人力资源和社会保障部门和工会组织部门等应当认真履行监管职责，加强配合，建立和完善衔接工作机制，形成工作合力，齐抓共管，共同做好职业病防治工作。安全监管部门应当加大对用人单位农民工职业病防治工作的监督和违法行为的处罚力度，依法追究用人单位相关人员的责任。人力资源和社会保障部门应加大对用人单位用人情况的监管，确保用人单位与农民工签订劳动合同，确保农民工依法参加工伤保险。同时，加强对外包作业、劳务派遣的农民工落实职业病防治措施的监管，使在岗农民工能享受本单位劳动者同等的职业病防治权益。卫生部门应完善职业病防治网络，提高职业病防治服务能力，完善职业健康监护、职业病诊断、鉴定程序，为农民工提供方便、快捷的职业病防治服务。

（二）切实落实用人单位的职业病防治责任

进一步加强对企业负责人的宣贯，提高用人单位职业病防治责任主体意识、法律意识，强化用人单位责任。加强用人单位职业病防治制度落实情况的监督管理，督促用人单位严格按照《职业病防治法》和国家职业病防治规划的有关规定，建立健全职业病防治责任体系，结合本单位、本行业的职业特点，采用先进的生产工艺和技术，加大尘毒危害治理力度，不断改善劳动条件，加强劳动者个人防护，着力从源头上预防控制职业病危害；规范用工行为，加强职业健康监护和职业健康管理，确保职业病病人能及时得到有效救治。要充分发挥行业组织在职业病防治方面的自律管理作用，发挥行业中大型企业的带头作用，规范中小企业的行为。

（三）开展农民工职业病防治健康教育

将农民工职业病防治健康教育纳入输出地的农民工职业教育体系，由乡镇统一负责实施，加强农民工的职业病防治知识培训，提高农民工职业病防治和维权意识；在农民工输入地建立职业健康教育培训基地，组织开展农民工上岗前职业病防治知识和技能培训。通过各种形式，广泛开展以农民工为主的职业病防治相关法律法规和职业病防治科普知识的宣传教育，使农民工能够了解职业病防治的基本知识和职业健康权益，提高职业病防治的法律意识和自我防护能力。依托各地级市（区）建立农民工职业健康咨询系统，为农民工提供职业病防治及健康维权的相关知识的咨询。

（四）建立农民工职业病救济制度

国家建立职业病防治专项基金，由政府资助，职业病高危企业、工伤保险基金和安全生产风险基金出资及社会其他方面多方筹资，用于解决历史遗留和责任主体无法认定的农民工职业病病人的基本医疗救治和康复指导。

（五）完善农民工的职业健康管理

将农民工职业病防治纳入基本公共卫生服务体系，以乡镇卫生院和社区卫生服务中心为基本单位，建立职业卫生网格化管理模式，为农民工提供职业病防治宣传、咨询等基本职业卫生服务；将农民工职业健康信息纳入城乡居民健康档案管理平台，逐步实现对农民工职业健康状况进行动态和规范化管理。

（六）加强基层职业病防治能力建设

各级政府应当科学分析农民工职业病防治需求，在充分利用现有资源的基础上加大投入，加强基层职业病防治队伍建设，逐步完善覆盖城乡的职业病防治网络，健全防治技术支撑体系，使每个县（区）至少有 1 家职业健康检查机构，每个市（地）至少有 1 家职业病诊断机构。加强省级职业病防治专业机构和职业病临床重点专科的建设，发挥其在农民工职业病诊断、治疗方面的龙头作用，加强人员培训和业务指导，引导多学科高素质技术人才充实到职业病防治专业队伍，不断提高职业病防治能力和水平，规范服务行为，以满足农民工职业健康检查和职业病诊断等的职业病防治服务需求。

课题组成员：王雪凝　段冬梅　李　晋　李　涛　周安寿　郑玉新
孙　新　陈永青
报告执笔人：陈永青　胡伟江　王　鑫　汉　锋　王艳春　汪　彤
张坤海　吴世达　王金敖　张恒东　丘创逸

农民工安全生产和职业病防控政策措施研究报告

国家安全生产监督管理总局课题组

遵照国务院领导同志重要指示精神，按照国务院农民工工作联席会议统一部署，国家安全监管总局成立了由孙华山副局长牵头，相关司局、中国安全生产科学研究院和中国安全生产协会有关人员组成的《农民工安全生产和职业病防控政策措施研究》课题组，组织开展调查研究工作。课题组制定了研究工作方案，分工负责开展研究工作。一是组织全国 32 个省级安全监管部门和煤矿安监机构对煤矿、非煤矿山、危险化学品、烟花爆竹、建筑施工、冶金、建材、轻工、机械制造等 9 个重点行业农民工安全生产和职业病防控情况开展调研（以下简称 9 个行业调研），形成各省（区、市）情况调研报告 25 份，达 30 万字；二是成立 4 个调研组，分别赴广东、河南、四川、上海、江苏、山东 6 省（市）深入开展实地调研，召开座谈会 45 次，走访调查用工企业 155 家，对 1 017 名农民工作了问卷调查，获得调查资料 200 余篇。三是课题组在认真研究总结调研材料、统计分析现场采集数据、汇总整理专家及各方面意见建议的基础上，经多次研讨和论证，形成了本报告。

一、主要工作及成效

各地区、各部门和各单位深入贯彻落实党中央、国务院关于安全生产和农民工工作的决策部署，认真执行《国务院关于解决农民工问题的若干意见》（国发［2006］5 号），以开展“安全生产年”等活动为载体，以预防为主、加强监管、落实责任为重点，深入开展安全生产执法、治理和宣传教育行动，全面加强安全生产法制体制机制、安全保障能力和安全监管监察队伍建设，大力加强农民工安全生产和职业病防控工作，促进全国安全生产状况实现了明显好转的目标。2010 年全国共发生各类事故 36.3 万起、死亡 7.95 万人，比 2005 年的 71.8 万起、12.7 万人分别下降 49.4%和 37.4%；重特大事故起数和死亡人数由 2005 年的 134 起、3 049 人，减少到 2010 年的 85 起、1 438 人，分别下降了 36.6%和 52.8%；全国工矿商贸十万从业人员事故死亡率由3.85降到2.13，下降45%。

（一）不断完善农民工安全生产和职业病防控法规制度

国家安全监管总局相继下发了《关于贯彻落实〈国务院关于解决农民工问题的若干意见〉的实施意见》、《关于进一步加强农民工安全生产工作的指导意见》、《关于加强农民工安全生产培训工作的意见》等规范性文件，颁布了《生产经营单位安全培训规定》、《特种作业人员安全技术培训考核管理规定》、《作业场所职业健康监督管理暂行规定》、《作业场所职业危害申报管理办法》等规章，会同卫生部起草了《国家职业病防治规划（2009—2015年）》。地方各级安全监管部门结合实际，普遍出台了贯彻落实国发［2006］5号文件的实施办法，印发了《关于加强职业危害申报工作的通知》等，有力地推动了农民工安全生产和职业病防控工作。

（二）全面加强农民工安全生产和职业健康培训

一是加强安全生产培训机构、师资和教材建设。全国现有安全生产培训机构3 661家、专职教师队伍2万余人，为农民工安全生产培训提供了重要保障。二是多措并举，深入开展农民工安全培训。国家安全监管总局制定措施，推行农民工安全培训持证上岗，推动实施企业班组安全培训工程。各地结合实际，不断深化农民工安全培训。上海市从2007年起连续5年将农民工安全培训列入政府实事项目，统一大纲、教材、时间、考核和证书，对农民工进行全覆盖安全培训；深圳市以安全知识普及为重点，实施高危行业从业人员“安全卡”培训工程，农民工安全培训覆盖面进一步扩大，安全意识明显增强，安全素质和自我安保能力不断提高。2006—2010年，全国累计培训工矿商贸企业农民工8 217.7万人次，培训率达88.0%。三是强化监督检查，把农民工安全培训纳入执法检查的重要内容，对未经培训就安排上岗作业的行为，加大处罚力度，依法追究责任。监督检查已成为指导督促企业落实安全培训责任的重要手段。

（三）扎实推进农民工安全生产和职业健康监管工作

全国安全监管监察系统切实加强包括农民工在内的从业人员安全生产和职业健康监管工作，2006—2010年，各地区、各有关部门共监管监察生产经营单位839.4万个、1 761.7万次，平均每年167.9万个、352.3万次，实施行政处罚36.7万次，有力保障了农民工职业安全健康权益。国家安全监管总局在河北、江苏、重庆等地进行了职业卫生安全许可证试点，研究制定了《使用有毒物品作业场所职业卫生安全许可证实施办法》，推动了职业卫生安全许可制度的实施；会同卫生部、人力资源和社会保障部、全国总工会开展了粉尘与高毒物品危害专项治理行动，以石英砂加工、木制家具制造、石棉生产与制品企业为重点，进行了职业危害排查治理，全国检查复查企业15.2万家，责令停产整顿2 714家，提请关闭341家；会同有关部门对云南省水富县部分返乡农民工集体患矽肺病事件进行了调查处理。各地普遍加强了职业健康监管工作，江西省政府办公厅印发了《江西省职业病防治工作责任制》和《江西省职业病防治工作联席会议制度》，推动包括农民工在内的职业健康监管工作；黑龙江省2010年以来，开展专项执法检查5次，检查企业2 000余家，对未开展从业人员职业健康体检、未建立职业健康监护档案的159家企业提出警告，罚款32.3万元。

（四）以深入开展安全生产专项整治为契机，不断改进和优化安全生产条件

“十一五”期间，国家安全监管总局会同相关部委，深入开展高危行业安全生产专项整治行动，整顿关闭了一大批不具备安全生产条件的小矿山、小化工企业，有效改进和优化了包括农民工在内的从业人员安全生产作业条件。开展了煤矿整顿关闭攻坚战，累计关闭不具备安全生产条件的小煤矿近1万处；实施了非煤矿山重点地区专项整治，非煤矿山从2005年底的10.38万家减少到2010年底的8.14万家，减少了21.5%，私挖乱采、非法违规开采现象得到一定控制；危险化学品生产经营单位专项整治进一步深化，涉及危险化工工艺的自动化改造工作全面展开；严厉打击了非法生产经营烟花爆竹行为，淘汰了一批不具备安全生产条件的烟花爆竹生产厂点，取缔了15 769个非法生产场所，烟花爆竹生产企业安全生产条件明显改善。近年来，通过持续开展安全生产专项整治，整顿关闭不具备安全生产条件的小企业，严厉打击各种非法违法生产经营行为，不仅使一些高危行业企业安全生产保障能力有了明显提高，而且改进了作业场所的安全生产条件和环境，保障了农民工合法权益，有力促进了全国安全生产状况持续稳定好转。

（五）积极推进工伤保险和安全生产责任险等工作

安全监管部门把企业依法参加工伤保险作为高危行业企业取得安全生产许可证的前置条件，有力促进了用人单位为农民工缴纳工伤保险。配合人力资源社会保障部门，以煤矿、非煤矿山等高风险行业和机械加工等农民工集中的行业为重点，不断扩大农民工工伤保险覆盖面。截至2010年底，全国煤矿、非煤矿山、烟花爆竹3个行业企业农民工工伤保险参保率达到95.4%、65.7%和80.4%，分别较2006年上升1.8%、3.2%和22.6%；危险化学品行业为87.7%，与2006年基本持平。与此同时，国家安全监管总

局与保监会联合印发了《关于在高危行业推进安全生产责任保险的指导意见》，全国各地都在相关地市开展了高危行业安全生产责任险试点工作。江苏省政府办公厅转发了省安全监管局、江苏保监局《关于在全省高危行业推行安全生产责任保险的意见》，要求投保企业的雇主责任保险保额不低于30万元/人，公众责任保险保额不低于200万元，确定到2013年形成政府推动、市场运作的安全生产责任保险运行机制。

（六）持续开展形式多样的安全生产宣传教育活动

国家安全监管总局和相关部门深入开展安全生产宣教行动，普及安全生产知识，提高包括农民工在内的全民安全意识。持续深入开展全国“安全生产月”、“安全生产万里行”、“安康杯”安全知识竞赛和“全国青年安全生产示范岗”等活动，推进安全社区、安全文化创建示范企业、安全诚信企业、安全发展城市创建活动，全国已设立安全社区216个、安全文化创建示范企业85家，启动和在建的安全社区已达1 085个、覆盖包括农民工在内的人口近1亿人；编制出版了大量农民工安全科普读物和音像制品，充分利用报刊、图书、网络、音像、文艺演出等载体，丰富群众安全文化生活，“以人为本、安全发展”理念日益深入人心，“关爱生命、关注安全”舆论氛围日益浓厚，包括农民工在内的全民安全意识和安全素质不断提高。

二、存在的主要问题及原因分析

虽然各级政府和相关部门针对农民工安全生产和职业病防控采取了一系列措施，但仍然面临着很多问题，主要表现在以下6个方面。

（一）农民工仍然是最容易遭受工伤事故和职业病危害的弱势群体

农民工已成为我国高危行业从业人员的主体，据2011年对9个行业调研，全国煤矿、非煤矿山、危险化学品、烟花爆竹和建筑施工等高危行业农民工占从业人员的比例分别达到44.6%（其中乡镇煤矿76.5%）、29.0%、52.0%、82.0%和76.0%。同时，农民工也是工伤事故和职业病主要受害人群，截至2010年底，全国非煤矿山、建筑施工、冶金和建材等4个行业工伤死亡人数中农民工所占比例分别为75.8%、69.7%、75.6%和86.4%；乡镇煤矿、烟花爆竹、建筑施工、冶金、建材、轻工和机械制造等7个行业新患职业病人数中农民工所占比例分别高达89.1%、100%、95.3%、97.0%、94.2%、85.1%和91.3%。

（二）大量农民工仍处于最容易发生职业伤害的作业场所

受生产力发展水平制约，全国各地还存在一大批生产方式落后、工艺设备陈旧、安全技术基础薄弱的中小企业，这些企业农民工就业人数较多、事故隐患突出、职业危害严重。一些企业作业场所缺乏必要的职业危害因素防护设施，粉尘、毒物、噪声等职业危害超标现象严重。2010 年 5 月，对广东等地 85 家木质家具制造企业进行了现场检测，89％的企业作业场所苯超标，76.9％的企业作业场所甲醛超标，70％的企业作业场所苯胺超标，最高的超标达 100 多倍。一些企业农民工个体防护现状堪忧，近 40％的企业个体防护用品配备不符合规范。

（三）农民工安全生产和职业健康培训仍需加强

一是农民工特别是非高危行业农民工安全培训尚未实现全覆盖。调研显示，全国煤矿、非煤矿山、危险化学品、烟花爆竹、建筑施工等 5 个高危行业农民工安全培训率分别为 98.7％、86.4％、82.9％、89.1％、72.9％，而冶金、建材、轻工、机械制造等 4 个行业则相对偏低，分别为 83.5％、71.8％、75.9％、79.9％。二是农民工安全培训基础工作薄弱。安全生产和职业健康培训教材开发有待加强，农民工安全培训的优秀教材不多；各类培训机构或企业普遍缺乏既具备理论基础和实践经验，又熟练掌握现代培训方式方法并能够针对农民工特点因材施教的教师；全国统一的安全培训管理系统尚未建立。三是农民工安全培训质量不高。部分企业只关注培训课时和内容达到规定要求，对培训的针对性、实效性不关心，导致农民工培训流于形式。

（四）农民工职业健康监护水平仍然很低

一是农民工职业健康体检率较低。山西省在太原、长治、晋城三市针对近 3 000 家企业的职业危害摸底调查表明，企业职工职业健康体检率只有 29.6％，农民工较为集中的中小企业，体检率仅为 5.1％。二是农民工职业健康岗前、在岗和离岗体检率差别极大。9 个行业调研显示，多数企业对农民工进入本企业前的岗前体检较为重视，体检率达到 70％以上，但是在岗体检率仍然较低，只有 30％左右；同时，由于农民工离职随意性大等诸多原因，离岗体检率很低。三是除个别大型企业外，多数企业农民工职业健康档案建立工作刚刚起步，工作还很不规范。

（五）很多农民工仍然没有纳入工伤保险、安全生产责任险

一些中小型企业特别是小型民营企业，从自身经济利益考虑不愿为农民工参保工伤保险或安全生产责任险。9 个行业调研显示，农民工工伤保险参保率为 73.6％。其中，建筑施工和建材企业较低，分别为 73.3％和 76.3％；

而非煤矿山和轻工企业则更低，分别为65.7%和51.2%。调研发现，大多数建筑施工企业没有为农民工缴纳工伤保险，往往以意外伤害险来代替工伤保险。农民工工伤保险参保率有待进一步提高。

（六）劳务承包单位农民工安全生产问题更为突出

劳务承包已成为脏、苦、累、险类作业的主要用工方式，但劳务承包单位一般规模较小、安全管理不规范、从业人员几乎全为农民工，劳动合同签订、安全教育培训、职业健康体检、个体防护用品配备、工伤保险参保等方面的问题十分突出。在部分行业分包领域，甚至存在交钱就办证和人证不符、冒名顶替现象；而发生事故后，发包单位与分包单位往往推诿扯皮，损害农民工合法权益。

分析上述问题产生的原因，主要有以下5个方面：

一是企业对安全生产和职业病防控工作重视不够。部分企业对农民工安全生产和职业病防控工作的重要性认识不足、重视不够。一些企业为了追求利润最大化，尽量减少安全生产和职业病防控成本开支，甚至不惜以牺牲农民工安全和健康为代价换取自身的利益。在生产与安全发生矛盾的时候，往往是生产第一、安全第二，受利益驱动，冒险违规生产。一些大中型企业将工程或业务分包给以农民工为主体的小单位后，对现场安全管理监督不够，存在“以包代管”、“包而不管”的现象，使得农民工安全管理措施不能有效落实。

二是农民工自身条件及工作特点使得其安全生产和职业健康技能提升难度大。9个行业调研显示，农民工初中及以下文化程度为76.0%，其中小学及以下文化程度占24.9%，文化水平普遍较低，不能有效学习掌握安全生产和职业健康知识。农民工流动性大，在同一企业就职超过3年的农民工仅占就业农民工总数的16.4%，企业不愿在农民工安全生产和职业健康技能提升方面进行投入。89.8%的农民工每周工作时间多于《劳动法》规定的44小时，劳动时间过长、劳动强度过大，缺少学习安全生产和职业健康知识的时间和精力。

三是农民工安全生产和职业健康培训工作合力尚未形成。农民工安全生产和职业健康培训涉及面广，情况复杂，需要安全监管监察、人力资源社会保障、农业、教育、科技、住房城乡建设、财政、扶贫、工会等部门和单位按照各自职能，相互配合才能做好。目前各部门针对农民工的培训还未有效衔接起来，配合协调机制还没有完全形成。多数地方政府尚未将农民工安全生产和职业健康培训纳入公共服务体系，农民工在进入工业生产过程前缺乏基本的安全生产和职业健康知识。

四是作业场所职业健康监管工作有待进一步加强。虽然国家已颁布《职业病防治法》，并对职业健康监管职能作了进一步明确划分，但部分地方政府对职业健康监管工作仍然重视不够，对查处侵害农民工安全生产和职业健康权益行为的主动性不强，职业病防治监管体制不完善，相关机构设置不健全、专业人员配备严重滞后，尚未形成有效的职业健康监管力量。

五是全社会依法维权的机制有待进一步完善。农民工对企业安全生产存在的问题往往认识不到，即使发现了问题，由于渠道不畅，也很难向有关部门反映。部分地方存在法律维权门槛高、法律执行难、法律援助不力等问题，农民工个体依法维护职业安全健康权益的诉讼成本高、难度大。农民工自身组织化程度低，工会维权职能发挥不够。据 2011 年对 118 家中小型企业调研，农民工加入工会的比例只有 46.6%，而且即使加入工会，由于各方面原因，工会作用不能有效发挥。

三、近期和中长期目标任务

（一）总体思路

深入贯彻落实科学发展观，坚持以人为本、安全发展的理念，认真贯彻落实党中央、国务院关于解决农民工问题和加强安全生产工作的重要指示和决策部署，以提高从业人员安全意识和素质、减少和杜绝“三违”行为、保障农民工职业安全健康权益为目标，以完善法规标准、创新体制机制、加强安全教育培训、强化作业场所职业健康工作、加大监督检查力度、严厉查处生产安全事故为重点，努力构建农民工安全生产和职业病防控长效机制，促进全国安全生产形势进一步持续稳定好转。

（二）工作目标

到 2015 年，农民工安全生产和职业病防控相关法规、标准更加健全；工矿商贸生产经营单位安全生产标准化达标率达到 100%，用人单位职业病危害项目申报率达到 80%以上，安全生产主体责任进一步落实，安全生产条件不断改善，职业病危害因素的影响大幅降低，伤亡事故得到有效遏制；农民工安全生产和职业健康知识培训覆盖面明显扩大，高危行业企业农民工安全生产培训率达到 100%，存在职业病危害的企业农民工职业健康培训率达到 90%以上，农民工自我安全保护的意识和能力明显增强；各行业农民工签订劳动合同和参加工伤保险的比率明显提高，保护农民工职业安全健康权益的长效机制逐步形成。

（三）主要工作与措施

完善安全生产和职业健康法规及标准，加大安全生产监督执法力度；强化生产经营单位安全生产和职业健康主体责任；为农民工依法维权提供良好的社会环境，形成维护农民工职业安全健康权益的合力。重点做好以下6方面工作：

一是完善农民工安全生产和职业病防控相关法律法规。配合卫生部等部门，抓紧修订《职业病防治法》，完善配套法规政策措施，切实理顺作业场所职业健康监管体制机制，强化农民工职业健康监管机构能力建设；完善对农民工罹患职业病的诊断与鉴定以及治疗的相关法规标准。配合相关部门修订《职业教育法》，对农民工职业教育和技能培训中有关安全生产和职业健康的内容作出更为明确的规定。

二是强化包括农民工在内的全员安全生产和职业健康培训。大力推进企业全员持证上岗，探索实施全国统一的包括农民工在内的从业人员安全生产和职业健康培训"一卡通"制度；突出案例特色，开发一批农民工安全生产和职业健康试用教材；建立从业人员安全培训管理信息系统。严格落实企业对新招录农民工的厂（矿）、车间（工段、区、队）和班组"三级"安全生产和职业健康培训职责，确保农民工经过培训合格后上岗；强化对在岗农民工的安全生产和职业健康技能培训。加大对包括农民工在内的从业人员安全生产和职业健康持证上岗工作的监督检查力度。严格落实《国务院关于进一步加强企业安全生产工作的通知》（国发［2010］23号）要求，对存在不经培训上岗、无证上岗的企业，依法停产整顿。

三是加大对农民工相对集中的中小企业和劳务承包单位的安全生产监管力度。强化对中小企业执行安全生产和职业卫生"三同时"制度的监督管理，实施源头控制。建立中小企业职业安全健康综合情况定期上报制度。开展针对中小企业的职业安全健康专项治理行动。制定重点行业或岗位（危险性大、职业危害严重）劳务承包单位安全生产准入标准，实施安全生产准入。进一步明确发包单位和劳务承包单位对农民工安全生产和职业健康的管理职责，维护农民工的相关权益。加强劳务派遣等用工管理，防止用工单位利用职业病潜伏期特性，频繁更换劳务工，转移企业风险、规避责任。加大对非法违法、违规违章生产等损害农民工安全生产和职业健康权益用工行为的打击力度。

四是深入推进企业安全生产标准化。认真贯彻落实《国务院关于进一步加强企业安全生产工作的通知》和《国务院安委会关于深入开展企业安全生产标准化建设的指导意见》(安委〔2011〕4号)要求,全面推进工矿商贸企业安全生产标准化工作;按照国家安全监管总局近期按行业发布的企业安全生产标准化达标规定,落实企业安全生产和职业健康主体责任,推动企业加大安全投入,加快新技术、新工艺、新设备的使用和落后设备的淘汰,改善作业条件和环境,从源头上防止职业危害发生;推进包括农民工在内的全员工作岗位达标,提高本质安全度,减少农民工工伤事故和职业病的发生。

五是加强农民工职业病预防工作。逐步完善覆盖城乡的职业病预防网络,健全预防技术支撑体系,使每个县(区)至少有1家职业危害因素检测技术服务机构,每个市(地)至少有1家职业病诊断机构。制定全国统一的包括农民工在内的职工职业健康档案模式表,强化对农民工职业健康档案建立工作的监督检查,逐步将农民工职业健康信息纳入城乡居民健康档案管理平台,并实现全国信息共享。充分发挥职业病防治工作部际联席会议作用,加大对农民工职业病防治工作的组织协调力度。

六是加强宣传教育,提高农民工安全和维权意识。编制农民工安全生产宣传手册,开展多种形式的宣传教育活动。结合"安全生产月"、"安康杯"知识竞赛等活动,深入开展安全生产宣传教育,向全社会特别是农民工普及安全生产知识。针对影响人群较广、受害对象主要为农民工的职业安全健康问题,如机械伤害、高处坠落、尘肺病等,每年选定一个主题,举办相关主题日活动。

四、政策建议

农民工安全生产和职业病防控工作需要各级政府加大财政投入力度,各部门密切配合形成合力,为此提出如下政策建议。

(一)将农民工安全生产和职业健康教育培训纳入各级政府公共服务范畴

落实各级政府农民工安全培训公共服务职能,使农民工在进入城市和工作岗位前即具备基本的安全生产知识和技能。将农民工安全生产和职业健康培训纳入国家农民工培训规划,建立农民工安全生产和职业健康专门培训制度,设立农民工安全生产和职业健康培训专项资金,落实农民工培训资金统筹管理制度,加大对农民工安全生产和职业健康培训经费的投入。

(二)整合培训资源,强化就业前农民工安全生产和职业健康培训合力

将农民工安全生产和职业健康知识纳入职业技能培训、引导性培训、转

移就业培训、在岗职业技能提升培训的重要内容，统一考核、分别发证；鼓励有条件的企业办好职业学校，变招工为招生，提高农民工安全素质和技能。强化农村九年义务教育，提高农民工文化素质；在义务教育阶段切实加强有关安全生产和职业健康基础知识教育。

（三）落实《工伤保险条例》关于工伤保险基金用于工伤预防宣传、培训的规定，做到专款专用

目前，全国许多省市已就工伤保险事故预防基金使用管理作了积极探索。在国家层面上，应尽快落实《工伤保险条例》要求，制定工伤预防费用用于包括农民工在内的从业人员工伤预防的政策措施，确定工伤保险预防费用的指导性提取比例，明确工伤保险经费用于工伤事故预防的支出内容和工作机制。

（四）畅通农民工维权渠道，建立农民工工伤事故和职业病救助制度

建立农民工安全生产和职业健康权益维护法律援助中心，为遭受工伤和职业病的农民工依法维权提供专业化服务；提高对农民工安全生产和职业健康相关诉讼案件的审判和执行效率，降低农民工诉讼成本。设立农民工工伤事故和职业病救助专项基金，对由于历史遗留问题无法确定用工单位的患病农民工等提供经济救助。进一步健全农民工加入工会的相关制度，提高农民工入会比例；完善落实工会群众性劳动保护监督检查制度，充分发挥企业工会在维护农民工职业安全健康权益方面的作用。

课题组组长：孙华山
副　组　长：徐绍川　吴宗之
成员（执笔人）：高世民　陈　光　李生盛　马　锐　杨国顺　周博潇　赖　辉　张兴凯　樊晶光　李永红　高　泉　王群兴　邓　强　刘功智　任智刚　何　川　苏宏杰　马汉鹏　张中来　张瑞华　程　玲

附表

9个行业农民工安全生产相关基本信息统计表

行业类型		占总从业人数比（%）	安全生产培训率（%）	工伤保险参保率（%）	劳动合同签订率(%)			文化程度分布占比（%）				年龄分布占比（%）				工伤死亡人数占总工伤死亡人数比（%）	新患职业病人数占总新患职业病人数比（%）
					1年以上	1年以下	小计	文盲、半文盲	小学	初中	高中以上	16～25岁	26～35岁	36～45岁	46岁以上		
煤矿	国有重点	17.3	100.0	99.5	98.0	2.0	100.0	0.8	8.7	61.8	28.7	10.4	22.7	46.0	21.0	42.5	38.0
	地方国有	35.5	99.6	98.2	94.9	5.0	99.9	1.2	12.2	61.2	25.5	8.5	31.3	44.5	15.7	33.3	31.3
	乡镇煤矿	76.6	98.0	93.6	82.6	15.8	98.4	14.7	24.6	42.8	17.9	21.3	23.9	36.3	18.5	58.8	89.1
	小计	44.6	98.7	95.4	87.4	11.5	98.9	9.1	19.0	50.5	21.5	16.2	25.8	39.9	18.1	52.7	54.6
非煤矿山		29.0	86.4	65.7	68.6	15.9	84.5	6.3	22.7	47.9	23.2	21.1	24.7	35.1	19.1	75.8	53.2
危险化学品	生产	46.6	82.0	87.7	72.7	21.4	94.1	4.9	18.6	46.6	29.9	21.0	29.9	30.6	18.5	37.5	43.6
	经营	60.5	83.9	90.2	78.8	11.7	90.5	5.1	14.0	47.7	33.2	25.4	26.2	29.9	18.5	0.0	—
	小计	52.0	82.9	88.8	75.4	17.0	92.4	5.0	16.5	47.1	31.4	23.0	28.2	30.2	18.5	33.3	47.3
烟花爆竹	生产	85.1	93.9	83.1	54.9	26.3	81.2	8.7	28.7	52.4	10.2	9.2	15.5	44.3	30.9	44.9	100.0
	经营	76.4	79.6	75.1	56.9	21.2	78.1	8.1	20.5	53.3	18.1	13.8	21.6	40.0	24.6	100.0	—
	小计	82.0	89.1	80.4	55.6	24.6	80.2	8.5	26.0	52.7	12.8	10.8	17.6	42.8	28.8	46.3	100.0
建筑施工		76.0	72.9	73.3	59.8	25.7	85.5	6.0	22.0	49.0	23.0	23.7	30.8	33.2	12.3	69.7	95.3
冶金		53.8	83.5	90.7	88.1	6.7	94.8	3.9	14.5	50.0	31.6	21.6	30.1	31.4	16.9	75.6	97.0
建材		69.8	71.8	76.3	68.7	14.3	83.0	4.2	16.8	52.4	26.7	23.7	30.8	29.8	15.7	86.4	94.2
轻工		71.9	75.9	51.2	69.4	18.2	87.6	4.8	16.4	55.3	23.5	24.1	30.6	30.4	14.8	58.7	85.1
机械制造		59.3	79.9	83.5	63.4	19.9	83.3	6.4	18.3	53.9	21.3	18.6	23.5	36.1	21.8	56.5	91.3
合计		57.4	79.2	73.6	68.4	18.9	87.3	5.8	19.1	51.1	24.0	21.8	28.3	33.4	16.5	61.4	67.5

注：1. 本表数据统计截止日期为2010年12月31日。

2. 农民工安全生产培训率指已培训农民工总数与在岗农民工总数的比。“已培训农民工总数”指目前在职，且已参加首次培训（前4个行业指培训时间不少于72学时的培训，建筑施工行业指培训时间不少于32学时的培训，其他行业指培训时间不少于24学时的培训）的农民工总数。

农民工计划生育服务管理政策研究报告

国家人口计生委课题组

近年来，各地人口计生部门认真贯彻落实《国务院关于解决农民工问题的若干意见》（国发［2006］5号）和流动人口计划生育法律法规，积极探索，大胆实践，大力推进全国“一盘棋”机制建设，推动建立以输入地为主、输出地和输入地协调配合的计划生育服务管理体制和工作模式，农民工计划生育工作得到全面加强。

一、农民工计划生育服务管理政策措施及主要成效

（一）完善相关法律法规，农民工计划生育工作步入法制化轨道

2009年5月11日，国务院颁布了《流动人口计划生育工作条例》（以下简称《条例》），就农民工计划生育服务管理工作做出明确规定，为做好新时期农民工计划生育工作提供了坚实的法律保障。2009年6月12日，国家人口计生委出台了《全国流动人口计划生育服务管理工作规范》（以下简称《全国规范》），将《条例》各项规定和要求进一步细化，并在工作流程等环节作出规范。各地认真贯彻落实《条例》和《全国规范》，不断完善相关工作制度。目前，绝大多数省（区、市）制定了流动人口计划生育工作管理办法，初步形成了以《条例》为核心，以地方性法规、政府规章为主体的农民工计划生育法制体系，农民工计划生育工作的法制化、规范化、制度化水平不断提高。

（二）建立经费保障机制，推进农民工计划生育免费服务和基本公共服务均等化

《条例》明确规定流动人口计划生育工作所需经费按照国家有关规定予以保障。各地按照《条例》的要求，将农民工计划生育管理服务经费纳入各级财政正常的预算支出范围。中央财政通过多种方式对地方流动人口计划生育服务管理工作进行资金补助，在安排中央补助地方计划生育事业专项资金和中央补助地方避孕药具经费时，将流动人口因素纳入其中统筹考虑。“十一五”期间，全国流动人口计划生育服务管理经费投入逐年增长，从2006年的8.26亿元增长到2010年的19.44亿元，增长幅度为135.4%，为流动

人口计划生育工作的顺利开展提供了必要的保障。国家人口计生委建立以奖代投机制，每年组织评定流动人口服务管理奖和创新奖，对获奖的省、市给予专项转移支付资金奖励。

国家规定的计划生育免费服务覆盖面不断扩大。各地积极推进计划生育免费服务，充分利用人口计生系统城乡技术服务网点、流动服务车、社区流动人口服务中心（站）等，不断扩大流动人口服务面，推进流动人口免费技术服务全覆盖。据统计2009年全国免费技术服务支出6.1亿元，流动人口避孕药具免费率为94.7%，环情检查免费率为90.5%，孕情检查免费率为86.7%，放置、取出宫内节育器手术免费率为69.7%。

农民工计划生育基本公共服务均等化有序推进。2010年，国家人口计生委联合中央综治办、财政部和人力资源和社会保障部出台《关于创新流动人口服务管理体制，推进流动人口计划生育基本公共服务均等化试点工作的指导意见》，在全国49个城市启动试点，推进计划生育基本公共服务均等化。此项试点惠及近4 000万流动人口，有效促进流动人口融入当地社会。同年，国家人口计生委、财政部联合下发《关于开展国家免费孕前优生健康检查项目试点工作的通知》，开展免费孕前优生检查工作试点，将农民工纳入输入地免费孕前优生检查的范围。目前，试点已从2010年的100个县扩展到2011年的220个县。江苏省建立省级财政对流动人口集中地区的转移支付制度，设立流动人口计划生育公共服务专项经费。浙江省落实计划生育技术服务经费结算办法，实现省级转移支付市、县流动人口节育手术经费，有力地推进了农民工基本公共服务均等化。

（三）完善管理政策，大力推进统筹管理和信息化

大力推进流动人口计划生育“一盘棋”机制建设。国家人口计生委做出“三年三步走”战略部署，按照2009年省内“一盘棋”，2010年区域“一盘棋”，2011年基本实现全国“一盘棋”的要求，扎实推进“一盘棋”机制建设。几年来，部门间、输入输出地之间统筹管理力度不断加强，管理效能不断提升。各省（区、市）之间积极开展区域协作，加强信息沟通和政策协调，落实双向管理职责。

建立流动人口服务管理信息系统，有效掌握流动人口的基础信息。截至2011年7月，30个省建立省级集中的流动人口个案数据库，国家、省两级数据库汇集流动人口个案1.5亿左右。31个省（区、市）按季上报全员流动人口汇总数据和跨省个案数据。各省（区、市）省级流动人口信息系统开发应用取得较大进展。19个省（区、市）实现了省级系统与国家PADIS流动

人口子系统对接。

（四）完善便民维权政策，大力推进流动人口服务维权、关怀关爱和群众自治

《条例》规定了流动人口可在现居住地办理“一孩生育服务登记”，户籍地不得强行要求流动育龄妇女返乡孕检，流动人口不再邮寄避孕节育情况报告单等多项便民维权措施。各地积极开展形式多样的农民工关怀关爱活动，认真贯彻落实各项便民维权措施。国家人口计生委加强对各地的督促检查，建立信访举报、受理和督办通报制度，受理流动人口信访诉求。2011 年，国家人口计生委开展《条例》执行情况专项检查，督促各项便民维权措施落到实处，严肃查处不履行职责、相互推诿和行政不作为的行为，切实维护农民工合法权益。积极推进农民工聚居地计划生育协会建设，扩大协会覆盖面，推动农民工群众自治和自我管理。

（五）完善利益导向政策，促进相关政策与计划生育政策衔接

近年来，国家人口计生委更加注重计划生育利益导向政策，提高农村计划生育家庭奖励扶助标准。有些地区将户籍人口的利益导向政策扩大覆盖到农民工，有些地区专门制定适应农民工的利益导向政策，或者调整相关政策与计划生育政策向衔接。广东省、上海市、珠海市等将符合计划生育的农民工纳入养老保险、生育保险的覆盖范围；上海市、江苏省、浙江省等地为农民工计划生育家庭提供公益金奖励、生育慰问金、住院分娩补助等；广东省、深圳市为落实计划生育措施的农民工发放误工补贴或者一次性补助等；上海、深圳等地对流动人口独生子女提供一些政策倾斜；新疆建设兵团农八师对符合条件的农民工，积极落实独生子女伤亡扶助金、重大疾病救助金、长效节育措施奖励、新婚优生健康免费检查等政策。

二、农民工计划生育服务管理政策措施有待加强

“十二五”时期，是我国以科学发展为主题，以加快经济发展方式转变为主线，以统筹推进经济、政治、文化和社会体制改革为动力，积极稳妥推进人口城镇化、基本公共服务均等化和城乡区域一体化发展的关键时期。人口流动迁移更趋活跃，对加强和创新社会管理、提升农民工计划生育服务管理水平提出了更高要求。目前，农民工计划生育政策和制度体系还不能完全适应农民工发展变化的新形势，主要体现在以下几个方面：

一是服务政策难以落实到位。由于农民工基本公共服务经费保障制度还不健全，国家和省一级的农民工经费保障机制和财政转移支付制度没有建

立，一些地区没有将流动人口纳入投入基数，服务管理工作经费缺乏，导致在推进农民工基本公共服务均等化时，基本项目计划生育技术服务落实难，农民工难以真正享受与常住人口一致的市民化待遇。

二是管理政策有待完善。目前，农民工计划生育统筹管理制度还不健全，农民工计划生育管理政策与户籍管理、劳动就业、教育、医疗、社会保障、住房等方面政策制度的衔接协调不够，部门之间协作配合不够紧密；流入地、流出地之间统筹协调欠缺，双向管理职责落实困难。

三是便民维权政策落实不到位。一些地方信息化建设滞后，工作理念存在问题，不少便民措施存在落实不到位的情况。如有些地方仍然要求流动育龄妇女邮寄避孕节育情况报告单，甚至强制要求流动育龄妇女返乡孕检。

四是奖励政策导向性不强。农民工计划生育利益导向政策缺少具体保障措施，法定奖励优惠政策兑现难。奖励优惠政策较为分散，导向作用不明显。优惠政策种类多、标准低，覆盖面窄，存在落实不到位或很难兑现的问题，不能有效地激发群众自觉实行计划生育的积极性。

五是生育政策差异较大。由于全国各省生育政策不尽相同，对农民工计划生育管理造成了一定难度。如，由生育政策较严地区流向生育政策较宽松地区的农民工，接受的是流入地的管理，执行的是流出地的生育政策，可能引起心理失衡，削弱了其自觉实行计划生育政策的积极性，容易造成政策外生育。

三、进一步加强和完善农民工计划生育工作的政策措施

今后一个时期，农民工计划生育工作的指导思想是：以统筹解决人口问题总体思路为指导，以促进城镇化健康发展和实施主体功能区规划为契机，不断深化人口迁移分布与经济社会、资源环境协调发展研究，巩固完善流动人口服务管理全国“一盘棋”机制，稳步推进农民工计划生育服务管理体制创新，建立健全农民工计划生育服务管理网络、统计监测体系和决策支持系统，大力推进农民工计划生育基本公共服务均等化，积极探索人口迁移分布管理的有效途径，切实保障农民工合法权益，加快农民工市民化进程和社会融合，促进人口分布、生产力布局和资源环境承载力相协调，为实现人口长期均衡发展和人的全面发展创造有利条件。

（一）完善流动人口计划生育服务管理政策体系

切实贯彻《条例》和《全国规范》，研究制定出台《流动人口一孩生育服务登记管理办法》等法规和制度，填补农民工计划生育法规和政策的空

缺。加大流动人口计划生育便民维权措施的督促检查，切实维护流动人口合法权益。抓紧修订《社会抚养费征收管理办法》，进一步明确流动人口社会抚养费征收主体、标准及程序。积极指导地方加快法制化进程，出台并完善与国家法律法规相配套的地方性法规、规章和制度。

（二）积极推进农民工计划生育基本公共服务均等化

继续以国家四部委创新流动人口服务管理体制、推进流动人口计划生育基本公共服务均等化试点为抓手，大力推进流动人口计划生育基本公共服务均等化。落实《条例》规定的农民工法定权益；推动地方将出台的针对城市户籍人口的计划生育基本公共服务覆盖到农民工；大力倡导地方出台帮助解决农民工特殊困难的关怀照顾服务。

探索建立流动人口基本公共服务均等化经费保障机制，积极推动建立国家和省级的流动人口经费保障机制和财政转移支付制度，扩大流动人口基本公共服务均等化服务覆盖面，逐步缩小流动人口与户籍人口的享受待遇的差距，推进流动人口的利益导向落实。不断加强公共服务体系建设，拓展公共服务内容。

（三）巩固完善“一盘棋”工作机制

进一步深化“统筹管理、服务均等、信息共享、区域协作、双向考核”机制建设，促进形成全国“一盘棋”工作格局。着眼于“统筹规划、信息完备、服务均等、管理高效”，大力推进农民工计划生育服务管理体制创新。建立健全农民工计划生育工作统筹管理、综合决策体制。积极探索政府主导、各相关部门共同参与、相关政策和资源有效整合的农民工计划生育工作统筹协调机制，形成工作合力。

（四）大力推进部门政策协调和信息共享

加大部门之间的沟通协调力度，推动相关部门在制定和实施相关社会经济政策如新农合、新农保政策时，充分考虑计划生育政策的衔接和人口流动因素，制定有利于引导人口合理流动的措施，为农民工提供便利，保障农民工计划生育家庭能够优先便捷地享受服务。积极推进相关部门间信息共享，通过多渠道完善流动人口数据库，为党和政府完善政策，做好农民工计划生育工作提供可靠的数据支持。

四、对进一步做好农民工计划生育管理服务工作的建议

对下一步做好农民工计划生育工作建议如下：

（一）完善财政投入保障机制

建立农民工计划生育基本公共服务均等化经费保障机制，完善现行转移支付制度，建立中央财政对农民工集中输入地转移支付制度；把农民工计划生育服务管理纳入地方政府财政正常支出范围，调整输入地政府财政分配结构，切实加大对农民工服务管理的支持力度，为农民工计划生育服务管理提供经费保障。

（二）深化农民工计划生育服务管理全国“一盘棋”机制建设

加强全员流动人口信息统计工作；按照“信息互通、服务互补、管理互动、责任共担”的要求，扎实推进“一盘棋”机制建设，落实输出地和输入地双向管理职责，建立输入地为主、输出地和输入地协调配合的管理服务体制；做好流动人口生存发展状况动态监测。

（三）大力推进农民工计划生育基本公共服务均等化

继续以国家四部委创新流动人口服务管理体制、推进流动人口计划生育基本公共服务均等化试点为抓手，大力推进流动人口计划生育基本公共服务均等化。扩大农民工计划生育基本公共服务均等化服务覆盖面，逐步缩小农民工与户籍人口的享受待遇的差距。充分发挥中国计生协等群众团体和社会组织作用，深化农民工计划生育关怀关爱活动。

（四）明确农民工进城落户后的生育政策

农民工入户城镇并享受城镇社会保障和福利待遇后，实行3～5年的生育政策过渡期。在过渡期内继续执行农村居民的生育政策和计划生育奖励扶助等制度，确保农民工计划生育政策与管理措施的平稳过渡。

组　　长：王培安
副 组 长：王　谦　赵延配
课题组成员：闫　宏　苏荣掛　徐水源　徐　玮　李全杰　李　敬
　　　　　　樊　丽　张德林
报告执笔人：徐水源　徐　玮

关于丰富农民工精神文化生活专题研究报告

中央宣传部课题组

改革开放以来，农民工为城乡经济社会发展做出了重要贡献，已经成为产业工人的新鲜血液。农民工的精神文化生活状况，事关农民工思想状态的稳定，事关农民工幸福指数的提升，事关社会的和谐发展。调查了解农民工精神文化生活现状，分析其中的主要问题和发展趋势，研究制定下一步工作的目标任务和政策措施，对于满足农民工基本精神文化需求、丰富农民工精神文化生活，具有重要意义。为贯彻落实国务院农民工工作联席会议第九次全体会议精神，中央宣传部牵头，文化部、人力资源和社会保障部、国家广电总局、新闻出版总署、国务院国资委、全国总工会、共青团中央、全国妇联、中国文联参与，组织开展了丰富农民工精神文化生活专题研究，在材料梳理、座谈研讨、实地调研和汇总综合的基础上，形成本报告。

一、当前农民工精神文化生活状况和特征

在党和政府的高度重视和关心下，我国农民工生活状况得到逐步改善，针对农民工精神文化需求的公共文化服务体系正在逐步建立。然而，相对城市居民日益丰富的精神文化生活而言，农民工精神文化生活建设仍处于起步阶段，呈现整体匮乏状态。

一是文化生活贫乏。多数农民工的文化生活贫乏，许多人缺少最基本的文化娱乐方式。天津市的调查数字显示，80%农民工的业余生活是“睡觉”和“闲聊”；大部分农民工文化生活呈现“孤岛化”、“边缘化”、“沙漠化”。四川省调查显示，目前农民工业余时间的主要消遣方式是给家里打电话（52%）、逛街（39%）、找老乡聊天（31%）、看电视（27%）、吃完就睡（20%）；而选择上网（7%）、唱歌（4%）、学习充电（3%）、运动健身（2%）、泡吧（1%）、看电影（1%）等活动的较少。

二是精神生活空虚。绝大多数农民工把赚钱作为来城市的主要目标，精神上缺乏更高的价值追求，许多人在理想追求、思想道德、人生价值等方面出现缺失。福建省调查发现，老一代农民工文化程度低，进城务工目的是为了改善家里的经济状况，他们更关注的是工资收入、子女读书费用等，大多

数人认为不必花过多时间和精力享受精神文化生活。新生代农民工由于文化程度较高、思想更开放，他们中不少人把进城务工看成是开阔眼界、变城里人的大好时机，除了打工赚钱，对精神文化生活有一定需求，但很多人仅限于看电视、聊天、上网吧、打扑克牌和逛商场等。

三是心理焦虑压抑。农民工在城市中处于漂浮、寄居状态，与城市社会存在一定隔阂和鸿沟。他们除了承受相当繁重的工作压力、较差的生活条件以外，还要承受“农村人”的身份歧视，这使他们的心理受到很大冲击。甘肃省调查反映，农民工容易产生工作无着落或不顺心的焦虑感、被城里人歧视所产生的自卑感、权益被侵害时所产生的愤懑和压抑感、恋爱交友失败时所产生的挫折感等思想情绪。

四是人文关怀缺失。由于农民工背井离乡到城市工作和生活，大多数人难以享受到家庭的关怀与温暖，部分农民工尤其是单身生活的农民工情感孤寂，再加上工作与生活艰难动荡，他们的人身与心理安全感面临严峻挑战，需要政府、社会以及企业的关怀和温暖。四川省的调查显示，30%以上的农民工反映，周围的文化设施太少，居住地附近几乎没有免费的文化活动场所；有90%以上的农民工表示从来没有参加过政府部门组织的文化活动。福建、广东等地调查发现，不少企业文化建设严重缺失，忽视对农民工的人文关怀。

综合调研情况我们发现，造成这些现象的原因是多层次、多方面的，既有公共精神文化生活服务的供给部门的问题、用工企业对农民工精神文化建设的投入问题，也有农民工自身条件和认识方面的问题。

一是对农民工精神文化生活重视程度不够。从政府方面看，相对于城市社区和农村社区的公共精神文化服务而言，对丰富农民工精神文化生活的关注有待加强，表现为重视程度不够、投入经费少。从企业方面看，一些企业没有把享受精神文化服务当做农民工的一项权益，多片面追求降低成本、增加利润，对农民工的文化生活关注少、文化设施投入也少。从农民工自身看，多数人只顾挣钱养家，并未意识到精神文化生活的重要性，对精神文化生活的热情不高、参与较少。

二是农民工公共文化服务体系覆盖不完善。在城市务工的农民工长期不在农村生活，国家对农村地区实施的公共文化服务重点工程难以惠及农民工群体。身在城市，却很难真正融入城市的市民生活，致使农民工在享受公共文化服务方面存在诸多现实难题。

三是农民工精神文化需求有待深入调查了解。当前有关部门对农民工精神文化需求的了解仍处于粗线条、表面性的了解，缺乏对其文化需求、精神状态、思想动态、心理状况等的科学化研究调查，缺乏对不同区域、不同行业分布的农民工精神文化需求的科学分析，缺乏对不同年龄层次农民精神文化需求动态的全面把握和分析。

四是开展农民工精神文化工作机制不健全。在现阶段，由于缺乏制度保障，进入城市的农民工只是一个经济意义上的劳动力，而不是社会意义上的市民，缺乏健全的、有针对性的开展农民工精神文化工作的长效机制、服务机制、激励机制、投入机制和评估机制，农民工很难在务工的城市获得相应的文化生活服务。

五是部分农民工精神文化生活被动、自我封闭。生存压力和生活压力对农民工精神文化生活挤压非常严重，使农民工的精神文化生活受到了被动性压制。具体表现为农民工的精神文化消费能力有限，农民工工资只能以满足家庭日常开支为首要，没有余钱进行精神文化消费；农民工用于精神文化活动的时间有限，大部分农民工仍在城市从事最苦、最累、最脏、最险、最差的体力劳动，长时间的工作、繁重的体力劳动、高强度的体能支出，消耗了农民工大量的时间和精力，对业余时间很多人都选择休息；农民工群体本身存在文化素质上的局限，在一定程度上造成了他们难以融入城市文化生活圈，导致其形成相对封闭的文化生活。

近年来，党中央、国务院对农民工问题高度重视，各级政府不断加大对解决农民工问题的投入，加上农民工整体收入水平的提高和新生代农民工数量的不断增长，农民工精神文化生活出现新的变化趋势和特点，特别是新生代农民工的精神文化需求不断增强。一是广泛接受手机、网络等新兴传媒。山东省菏泽市的调研显示，农民工近乎100%都有手机，在20～30岁的受访农民工中，有75.7%的人会在闲暇时间上网，部分农民工还以听MP3等作为娱乐手段。二是关注适合自己的学习和培训。山东省烟台市的调查显示，34.5%的农民工在工作之余选择学习，54.6%的人希望有关机构能组织开展各种技能培训。三是注重提高综合生活质量。四川省的被调查者98%都表示，如果经济、时间允许，他们希望通过文化娱乐等方式消除疲劳、释放压力、享受生活。现阶段农民工精神文化生活呈现以下特征：

一是区域特征。基于我国经济社会文化发展的不均衡状态，农民工精神文化生活也存在着东、西部之间的差异。在一些西部不发达省份，农民工的精神文化生活仍然得不到足够重视，如在甘肃仅有20%的企业和单位为农民工提供电视室、阅览室等文化活动场所。

二是年龄特征。调查发现，从精神的需求角度来看，农民工对多种文化生活均有需求，但随着年龄的增加其文化消费需求呈递减趋势。45岁以上的农民工文化程度较低，他们对经济收入表现出极大关注，对精神文化生活较为漠然；31～45岁年龄段的农民工文化消费行为多为理智型和节俭型，赞同量入为出、崇尚节俭、追求实用，不大追求流行时尚；而以80后、90后为主体的新生代农民工则拥有较高的文化和职业教育水平，成长经历逐渐与城市同龄人趋同，他们的精神文化需求相对旺盛。

三是性别特征。与男农民工相比，女农民工具有一定的特殊性，在用工机会、劳动报酬、职位晋升等方面存在不少劣势，除了承受男性农民工所担负的压力以外，还要承担生育、家务压力，男女不平等和性别歧视还加深了女农民工的精神心理压力。

四是收入特征。经济收入水平直接影响着农民工参与精神文化活动的积极性。那些收入较高的农民工对于精神文化生活的需要较为迫切，相反，那些经济收入较低的农民工，其文化消费能力受到极大限制。四川省调查显示，当地农民工的整个家庭平均每月文化消费支出为89元，占其家庭月平均总收入的4%，其中37%的农民工家庭文化消费支出为零，只有3%的农民工每天外出休闲活动，36%的农民工半年才有一次或从来没有外出休闲活动。

二、现行政策措施及其落实情况

近年来，党中央、国务院始终高度重视农民工工作，通过出台文件、政策对服务农民工精神文化生活提出要求和保障。近年来，《中共中央办公厅、国务院办公厅关于进一步加强农村文化建设的意见》、《国务院关于解决农民工问题的若干意见》等中央文件以及各部门出台的多个文件均对这方面工作作出安排。各地、各部门贯彻落实中央精神，把农民工精神文化工作作为公共文化服务体系的重点之一，采取多种措施切实加强对农民工文化权益的保障，使农民工精神文化建设工作呈现出不断完善、整体推进的良好态势。

一是结合实际需求，为农民工提供优质广播电视电影资源。大力开办广播电视节目，为农民工提供宣传与资讯服务，面向农民工宣传党的方针政策，密切关注农民工发展，努力为农民工排忧解难。比如，中央电视台七套农业节目，推出关注农民工职业技能的竞赛类节目——《阳光大道》，为农民工搭建了一个展现自我职业风采的舞台；中国网络电视台运用独特的新媒体优势，推出《农民工专栏》，通过论坛话题征集、网友提问留言、嘉宾在线访谈等形式，关注与农民工息息相关的社会热点问题。大力开展农民工题材的影视剧创作和播映，资助农民工题材的优秀影片创作生产，加大农民工题材的电视剧和电视电影的制作播出，广泛开展电影“进工地、进社区、进厂矿”活动，举办农民工电影周、电影节。

二是创造良好阅读环境，为提升农民工的文化素质服务。从农家书屋工程建设、建设城乡阅报栏（屏）、开展促进农民工阅读的各种活动和推动农民工数字阅读等方面入手，积极服务农民工的精神文化需求。在全国城镇和乡镇车站、商场、广场等人流密集地点建设阅报栏（屏）和电子阅报屏 75 万个，对方便农民工阅读报纸提供了便利条件。组织策划“新青年掌上读书计划”，搭建新青年掌上阅读平台，推动企业书屋建设，解决农民工的手机阅读需求。

三是发挥公益性文化机构作用，增强对农民工公共文化服务的覆盖程度。加强面向农民工的公共文化服务，覆盖城乡的公共文化服务网络正在逐步形成，特别是城镇街道、社区图书馆（室）和文化馆（站）等基层文化设施的不断完善，为农民工就近、便捷地享受公共文化服务提供了有力的阵地保障。各级图书馆、文化馆、博物馆等公益性文化机构都把面向农民工的服务列为重点，不断加大免费开放力度，为农民工提供图书阅览、文化娱乐和职业培训等服务。

四是丰富形式载体，开展形式多样的农民工精神文化活动。运用流动文化阵地和数字文化阵地，广泛开展送演出、送讲座到企业、进工地等多种形式的文化服务，为广大农民工提供了更加便利、更加贴心的文化服务。举办文艺演出下基层慰问农民工活动，协调组织企业职工艺术团队，有关演出团体，组成演艺小分队和“文化大篷车”，把文化演出的触角延伸到非公企业、农民工集宿区。

五是加强人文关怀，做好各项农民工贴心帮扶工作。组织中央企业成立困难农民工帮扶中心、开通帮扶热线、设立民意倾谈室，对困难农民工进行心理咨询和精神疏导，做到零拒绝、零距离，使一线农民工的心理、情绪和生活问题得到了有效解决，努力构建和谐、愉悦的工作生活氛围。开展提升农民工文明素质志愿服务，宣传文明礼仪知识，加强职业道德教育和形势政策教育，引导农民工特别是新生代农民工树立正确的人生观、事业观和价值观。开展巾帼志愿服务活动，针对女农民工个人和家庭的特殊状况，集中开展各类关怀女农民工心理健康、权益维护、情感抚慰等活动。

三、近期（十二五时期）和中长期（到2030年）的目标任务

到2015年，基本建成与我国经济社会发展水平相适应的“实用便利、运转高效、保障有力、针对性强”的农民工精神文化生活服务体系，针对农民工的广播电视电影、新闻出版、文艺演出等公共产品的品种数量大幅增加，载体丰富多样，质量和服务水平明显提高，全国农民工都可方便地收听广播节目、观看一定数量的电视电影和文艺演出、阅读到一定数量的书报刊、电子音像制品、数字出版产品。

到2030年，农民工基本成为城市居民，农民工思想道德水平和科学文化素质显著提升，与市民一样享受到全方位、广覆盖的基本公共文化服务，城乡居民便捷享受公共文化服务的网络体系全面建成。

四、进一步丰富农民工精神文化生活的对策建议

文化是农民工融入城市生活的桥梁，加强农民工精神文化工作，建设农民工精神家园，使农民工享有与城市居民同等的文化权益，需要多方面共同努力。

一是提高对农民工精神文化建设工作的重视程度。精神文化建设是一项复杂的系统工程，在农民工文化权益实现的过程中，政府始终占有主导地位。各级党委、政府在关心农民工经济利益的同时，要关注农民工的精神文化生活。要从建设社会主义核心价值体系和构建社会主义和谐社会的高度，提高对农民工建设文化工作的重视程度，各级党委、政府要切实将农民工精神文化建设纳入工作范畴，各级部门和有关单位要将农民工精神文化工作纳入考核体系。常住地政府是保障农民工文化权益、满足农民工文化需求的责任主体。各级党委政府要切实将农民工精神文化建设工作纳入常住地公共文化服务体系，将农民工作为公共文化服务体系的重要服务对象，保证农民工在精神文化生活上的机会平等。公共文化设施布局、建设、资源配置和服务要以常住人口为主要依据，使农民工能够享受与城市居民同等的公共文化服务，从根本上消除农民工在城市生活中的“文化隔离”现象。

二是逐步形成“党委领导、政府组织、企业共建、社会参与”的农民工精神文化工作机制。农民工精神文化建设工作必须由各级党委统一领导，党委宣传部门作为职能部门，要发挥这项工作的牵头和组织协调作用。各级文化、人力资源和社会保障、广电、新闻出版、国资委、工会、共青团、妇联、文联等政府部门和人民团体要积极参与这项工作，发挥各自职能范围的

主导作用。必须充分调动用工企业和社会力量积极参与，形成有机协调、多元互补的农民工文化服务机制，形成全社会共同关心支持农民工精神文化工作的良好局面。必须发挥好公益性文化单位在社会教育、信息服务和人才培训等方面的优势，以及在提高农民工思想道德水平和科学文化素质方面的骨干作用。必须鼓励和引导用工企业开展农民工精神文化服务，抓紧研究与用工企业共建农民工文化服务体系的长效机制，鼓励企业将农民工精神文化生活纳入企业文化建设范畴，在企业内要建立健全党团、工会、妇女组织，强化农民工的自身组织能力，提高农民工文化参与的组织化程度。必须加强政策研究，制定相应的优惠政策，鼓励、调动社会力量参与农民工精神文化建设，使之成为政府公共文化服务的有益补充，并鼓励发展面向农民工的“文化志愿者”队伍，为农民工提供志愿服务。

三是面向农民工开展持续的社会主义核心价值体系宣传教育。大力开展农民工思想道德建设和思想政治工作，积极在农民工中开展社会主义核心价值体系建设，引导农民工树立正确的理想信念，树立正确的世界观、人生观、价值观。充分尊重农民工的文化主体地位，用“种文化”的方式引导农民工自我教育、自我提高，自觉倡导健康文明的生活方式和社会风尚。加大激励和引导，用优秀典型事例去引导农民工，充分利用各种传媒，广泛宣传农民工成才的先进事迹，使之学有榜样，赶有目标。定期举办导向性和示范性的农民工宣传教育活动和文化活动、组织农民工精神文化工作会议等，加强政策引导，不断夯实农民工跟党走中国特色社会主义道路、投身社会主义现代化建设的思想道德基础。

四是加大面向农民工的公共文化服务体系建设力度。构建以社区公共文化设施为依托的农民工文化服务平台，举办各种文化活动，激发农民工的热情和兴趣，提升农民工的文化参与能力，促进农民工与本地居民的交往，使农民工逐步融入城市生活。加大对文化设施建设的资金扶持力度，积极构建覆盖完善的公共文化服务体系，修建、完善公共文化基础设施，如广场、阅报栏、图书馆、电影院等。鼓励、支持社区发展社区文化、广场文化，动员社会力量投资建设文化设施、增加城市文化基础设施建设和群众性文化活动的资金投入。在实现均等普惠的公共服务基础上，针对农民工不同性别、不同年龄、不同职业特点，根据实际需要，因地制宜、分类指导，逐步提供多样化服务。建立以需求为导向的农民工文化服务产品供给机制，积极探索适合农民工的文化活动形式，为农民工提供健康有益的文化产品和服务。鼓励、扶持农民工文化团体，引导农民工自发开展健康文化活动。

五是加大农民工精神文化工作经费保障力度。逐步建立以政府投入为主、社会力量积极参与的农民工精神文化工作经费保障机制。各级政府在编制公共文化服务经费预算时，要切实将农民工精神文化工作日常经费纳入常住地公共文化服务经费统筹考虑。针对农民工的特殊精神文化需求，建立农民工精神文化工作专项经费，纳入各级政府的财政预算，重点保障农民工专项公共文化服务、特定精神文化产品购买和宣传教育等方面的支出。研究制定相关优惠政策，鼓励企业加大农民工精神文化工作经费投入，积极引导社会力量对农民工精神文化活动、文化项目和文化设施进行捐赠。

课题组成员：孙德立　何金定　曾建立　曹　军　华　巍　钱兰萍
杨　芳　张铁甲　崔志民　黄大伟　薛小丽　王亚春
报告执笔人：王　真　邓　杨

发挥社会组织服务农民工作用的研究报告

民政部民间组织管理局课题组

根据国务院农民工工作联席会议第九次全体会议下发的《中国农民工发展政策研究工作方案》（送审稿）有关要求，由民政部牵头开展“关于发挥社团组织服务农民工的作用问题”专题研究。为此，在近年来相关研究的基础上，赴广东、浙江等地方进行了调研，对当前社会组织服务农民工的现状、主要问题以及相应政策措施进行分析，提出政策建议。同时，组织专家学者进行了专题理论研究，在吸收有关研究成果的基础上形成研究报告如下。

一、服务农民工的社会组织的基本情况

改革开放以来，随着我国经济社会的发展，社会组织得到长足发展。截至2010年底，全国依法登记的社会组织有44.6万个，其中社会团体24.5万个，民办非企业单位19.8万个，基金会2 200个。社会组织的业务活动涉及科技、教育、文化、卫生、劳动、民政、体育、环保、法律服务、社会中介服务、工商业服务等众多领域，初步形成了与中国经济社会发展基本适应、门类齐全、层次各异、覆盖广泛的社会组织体系，在经济社会发展中发挥了重要作用。在这些社会组织中，有部分开展了面向农民工的服务项目，有很少一部分社会组织以服务农民工为主要业务活动。

（一）数量和分布

对于全国范围内服务农民工的社会组织的数量，目前还缺乏准确的数字。据有关学者估算，业务活动涉及服务农民工项目的社会组织有数万个，其中以民办非企业单位为主，而以服务农民工为主要业务活动内容的社会组织相对较少，大约为几千家，且主要分布在沿海地区农民工输入较多的省份，比如广东、浙江。中西部农民工输出大省也有一些地方党委、政府或工、青、妇组织发起成立为农民工或农民工子女服务的社会组织。

（二）组织类型

按照不同的分类标准，可以将服务农民工的社会组织进行不同的分类。一是按照组织合法性身份来源可分为：依法在民政部门登记的组织、按照当

地规定备案成立的组织、依法免于登记备案的组织（如工青妇基层组织内部设立的困难职工帮扶中心）、在工商部门登记但实际从事服务农民工活动的非营利组织、未登记或备案的自发组织。二是依据组织的登记类型来看，主要是民办非企业单位，其中民办学校和各种培训机构所占比重较大，其次为社会团体，此外也包括少数基金会。三是按照组织的活动类型来看，可以分为管理型、服务型、救助型、联谊型四类。管理型组织主要以农民工为对象，以配合当地党委政府加强城镇管理、计划生育、社会治安、劳动就业等为目的；服务型组织主要提供政策法规、技术培训、信息咨询、就业中介等服务；救助型组织主要是在农民工因意外事故、重大疾病、劳动纠纷、法律诉讼等原因遇到困难时提供援助；联谊型组织主要以加强联系、增进友谊、扩大交流、联络感情为宗旨。

（三）活动内容

一是职业培训。对农民工进行多渠道、多形式和有针对性的各种职业技能培训。二是职业中介。为农民工提供就业信息服务。三是农民工子女教育。创办打工子弟学校，为部分未能在就业地公办中小学就读的农民工子女提供就学机会。四是法律援助。接受司法部门法律援助机构的指派，对农民工进行法律援助。五是困难救助。为生活困难、工伤致残、生病住院的农民工提供救助。六是心理帮助。为农民工提供心理咨询、心理辅导、精神卫生等服务，舒解农民工的精神压力。七是丰富精神文化生活。组织开展读书、文艺演出、放映电影等各种文化娱乐活动，丰富农民工的文化生活。八是交友联谊。以地缘、友缘、业缘等为纽带，开展各种沟通交流活动。

（四）组织发起

一是农民工输入集中地区基层党委、政府发起。如宁波市的“和谐促进联谊会”、慈溪市的村级“和谐促进会”。二是部门发起。如教育部门成立的教育机构，人力资源部门成立的培训机构。三是工会、妇联、共青团的基层组织发起。如工会组织内部设立的帮扶中心。四是民间学者、律师、教育工作者等专业人士发起。前三种类型数量较多、规模相对较大，第四种类型数量很少，规模较小。此外，还有极少数农民工自发成立、在工商部门登记或规模极小未登记的组织。

（五）经费来源

一是由发起人出资并收取会费。二是民办非企业单位开展有偿服务。三是国内企事业单位赞助。四是国内社会组织之间相互支持。如一些基金会对有关服务农民工的社团给予项目资助。五是政府支持。如广州市设立了社会组织发展专项资金，对包括服务农民工社会组织在内的社会组织给予扶持。六是一些境外非政府组织提供资助。

二、社会组织在服务农民工方面的积极作用

从调研的情况来看，服务农民工的社会组织在为农民工提供专业化服务、反映农民工诉求、维护农民工权益、丰富农民工的文化生活、构建和谐劳动关系、化解社会矛盾等方面做了大量工作，发挥了积极的作用。

（一）发挥了为农民工提供公共服务的补充作用

一是农民工人数众多，对各种公共服务需求量大，而目前各有关部门提供的公共服务不能充分满足农民工的实际需要，服务农民工的社会组织在一定程度上增加了公共服务供给，成为政府公共服务的补充。二是服务农民工的社会组织在活动方式、活动时间等方面比较灵活，方便农民工参与；有些社会组织专业性较强，为农民工提供了有质量的服务。三是一些服务农民工的社会组织能够针对农民工公共服务需求的特殊性，提供个性化的服务，可以有效地解决一些政府公共服务难以解决的问题。

（二）发挥了党和政府与农民工之间的桥梁纽带作用

一是主动配合党和政府开展工作。一些服务农民工的社会组织，特别是由基层党组织和政府发起建立的服务农民工的社会组织，积极宣传和贯彻党的方针政策，努力协助党和政府将各项惠及农民工的政策措施落实到基层，成为党和政府做好农民工工作的帮手。二是反映农民工的利益诉求，提出政策建议。如武汉市青山区新沟桥街道办事处建立的“外来务工人员他乡之家”，专门安排人大代表与农民工开展“面对面”座谈会，让人大代表直接听取农民工的心声。

（三）发挥了促进社会和谐的作用

一是加强了党和政府领导下的社会自治功能。如在农民工大量集中的浙江省，一些地方建立了村级的“和谐促进会”，在村党支部和村委会的领导下，组织新老居民共同参与当地社会管理和决策，平等享受各种服务，实现了农民工与当地居民的融合，管理与服务的融合，共建文明与共享成果的融合，促进了当地社会的和谐发展。二是及时化解各种社会矛盾。服务农民工的社会组织分布广泛，比较贴近农民工的实际生活，与农民工人际交往亲密，易于与农民工进行沟通并产生共鸣，通过服务和疏导，将农民工遇到的各种问题、困难和矛盾化解在基层，在化解农民工及其家属与用人单位或所在社区的对立情绪、解决矛盾纠纷等方面发挥了积极作用，维护了社会的和

谐稳定。

三、服务农民工的社会组织存在的困难和问题

当前服务农民工的社会组织还处于起步阶段，还存在一些困难和问题，影响了社会组织服务农民工作用的发挥。从总体上来看，一方面是政府在认识、管理和扶持方面存在问题，另一个方面是服务农民工的社会组织自身存在人才和资金缺乏、能力不足等问题。

（一）认识不统一

有的地方政府和部门认为，在维护农民工权益、为其提供服务方面，政府不能大包大揽，应进一步更新管理理念、创新管理方式，充分发挥社会各界的力量，特别是培育和扶持社会组织，发挥它们在服务农民工方面的积极作用。但有的地方担心服务农民工的社会组织被一些境外势力所利用，发展成为具有政治背景的社会组织。也有个别地方的基层政府担心服务农民工的社会组织成为与政府博弈的主体，即使其不存在违法行为，所提诉求合法合理，地方基层政府也可能难以满足其诉求，从而形成新的社会不稳定因素。

（二）引导扶持力度不够

一方面，由于存在担心心态，一些地方基层政府和部门对服务农民工的社会组织采取限制或回避的态度，除限制登记外，对已经登记或备案的服务农民工的社会组织，缺乏扶持政策。另一方面，各级政府及其部门在开展服务农民工的各项工作时，还没有形成引导和利用社会组织为农民工服务的制度，大多数地方政府及部门服务农民工的项目没有引入社会组织参与或是购买社会组织的服务，用于服务农民工的财政资金也没有形成资助社会组织的机制。因此，目前政府对社会组织基本尚未建立资金支持并引导其配合政府为农民工提供优质服务的工作机制。

（三）监管难度大

一是由于现行登记管理体制的限制，服务农民工的社会组织登记需要经业务主管单位的同意，但是很多部门不敢或不愿意为服务农民工的社会组织担当业务主管单位，民政部门不能依法登记。因此，部分服务农民工的社会组织难以取得合法身份而游离于政府监管的视线之外；有的转而到工商部门登记，使得政府对服务农民工的社会组织难以实现统一有效的监管，也就没有全面的统计，底数不清。二是目前各种为农民工服务的社会组织种类众多，组织发起者多元化，甚至有部分背景复杂，极少数为境外敌对势力操纵，进行非法活动，影响社会和谐稳定。相比之下，登记管理机关力量较为

薄弱，特别是在基层登记管理机关，甚至缺乏专人负责社会组织登记管理和执法工作，而基层服务农民工的社会组织数量较多、种类较多、情况复杂，这种监管力量与监管对象的反差使得政府有效监管的难度很大。

（四）服务农民工的社会组织发育尚不成熟

总体上看，服务农民工的社会组织发育时间短、规模小，面临优秀管理人才和相应专业人员缺乏、资金不足、内部管理制度不完善、专职工作人员社会保障和福利待遇较差等问题，发展缓慢，所发挥的社会作用和影响力比较有限，整体上仍处于发展起步阶段。

四、关于充分发挥社会组织服务农民工作用的政策建议

当前做好服务农民工的工作，要按照中央关于加强和创新社会管理的要求，完善“党委领导、政府负责、社会协同、公众参与”的社会管理格局。这就要求推动各类社会组织发展壮大，提高它们在服务农民工工作中的协同能力，充分发挥各类社会组织的作用，从而调动和整合社会资源为农民工提供多元化的服务，建立政府行政功能同社会组织的协同功能相互配合的农民工服务网络。为此，对服务农民工的社会组织，要按照中央关于“健全社会组织，增强服务社会功能。坚持培育发展和管理监督并重，完善培育扶持和依法管理社会组织的政策，发挥各类社会组织提供服务、反映诉求、规范行为的作用”等有关要求，加强引导和扶持，善加利用，促进其充分发挥积极作用。

（一）正确认识服务农民工的社会组织的积极作用

服务农民工的社会组织以为农民工及其家属提供教育、培训、就业中介、困难救助及法律援助等服务活动为主要职能。它们的宗旨和业务范围与一般意义的特定群体类社会组织有着本质的区别。规范发展服务农民工的社会组织，充分发挥其积极作用，有利于依法维护农民工的合法权益，有利于化解农民工与资方、工作地居民、其他社会群体以及农民工之间的矛盾，维护社会和谐稳定，有利于巩固和扩大党的阶级基础和群众基础。因此，各级党委和政府、政府各职能部门以及工会、共青团、妇联等人民团体，要从构建社会主义和谐社会以及加强和创新社会管理的高度，正确认识服务农民工社会组织的积极作用，认真研究其培育发展和管理监督问题。

（二）完善服务农民工的社会组织的登记管理

工会、人力资源和社会保障部门应担当服务农民工的社会组织的业务主管单位，使那些符合法人登记条件却因找不到业务主管单位而无法登记的服

务农民工的社会组织获得合法身份。有关部门应就发挥社会组织作用服务农民工的问题加强政策研究，适时制定出台国务院层面的政策文件。立法机关和有关主管部门在研究制定服务农民工的政策措施时，应将社会组织纳入政府扶持范围统筹规划。

（三）引导和利用好服务农民工的社会组织

建立政府主管部门与服务农民工的社会组织之间的交流合作机制，发展良性互动关系，引导其发挥好参谋助手的作用。通过政策宣传、典型报道、奖励资助等方式，对服务农民工的社会组织中诚信守法、严格自律、作用突出、社会认可的组织进行褒扬和奖励，鼓励更多的社会组织开展服务农民工的活动。同时，在服务农民工的社会组织中建立党组织，充分发挥其政治核心和战斗堡垒作用，引导社会组织健康发展。

（四）加大对服务农民工的社会组织的政策扶持力度

研究制定税收优惠政策，鼓励更多的单位和个人向服务农民工的社会组织进行捐助。完善和落实社会组织专职工作人员的社会保障政策，将服务农民工社会组织的管理及专业人员纳入人才工作范围，通过开展培训、组织经验交流等方式，提高人员素质，为服务农民工的社会组织吸引人才创造条件。加大财政投入，通过政府项目招标、购买服务等方式引导社会组织配合政府为农民工提供优质服务。探索设立社会组织发展基金，推动建立公共财政对服务农民工的社会组织的资助和奖励机制。鼓励基层政府及有关部门在场所、设施等方面给予服务农民工的社会组织应有的支持。

（五）强化对服务农民工的社会组织的监督管理

按照相关政策法规，采取登记许可、年度检查、日常监管、社会评估和执法监察等监督管理方式，对各类服务农民工的社会组织进行规范管理。通过完善章程示范文本、制定内部治理指引、探索建立信息公开制度等方式，引导服务农民工的社会组织加强诚信建设，完善内部治理，建立健全自律机制，增强服务意识和服务能力，提高社会公信力。建立登记管理机关、有关行业主管部门与综合管理部门各司其职、协调配合的综合监管机制，做到相互沟通、相互配合、共同管理，提高监督管理水平。同时，对以维护农民工权益为幌子，从事非法活动甚至危害社会公共利益与国家安全的社会组织，高度警惕，坚决依法予以打击，维护合法组织的权益。

（六）加强登记管理机关自身建设

顺应经济社会发展新形势对政府履行职能提出的新要求，按照加强和创新社会管理的战略需要，像建立和完善社会主义市场经济体制的过程中加强市场监管部门建设一样，加强社会组织登记管理机关建设。特别是，着力加强基层登记管理机关建设，加强社会组织执法监察力量，增强登记管理机关依法管理服务农民工社会组织的能力。

课题组成员：廖　鸿　田维亚　董克林　许　昀　孔德福　宋忠伟

报告执笔人：廖　鸿　田维亚　许　昀

农村留守儿童问题研究报告

中华全国妇女联合会课题组

为进一步了解农村留守儿童发展状况、提出关爱农村留守儿童的具体政策措施，按照国务院农民工办中国农民工发展研究工作的总体部署和要求，全国妇联儿童工作部组织全国妇联妇女研究所、中华女子学院、中国疾病预防控制中心妇幼保健中心课题组和华中科技大学同济医学院公共卫生学院的相关专家重点对全国留守儿童现状、政策发展与效果、今后一个时期解决农村留守儿童问题的重点政策进行了研究。

一、我国农村留守儿童的总体现状和基本特征

改革开放以来，随着城乡经济体制改革的深入和现代化进程的推进，我国进城务工的农村劳动力已达 1.4 亿人。在这些农民工中，有相当数量是有孩子的父母，由于严格的户籍管理以及附加在其上的就业、教育、医疗、住房、社会保障等制度限制，以及工作时间长、职业变动大、收入水平低、居住和生活不稳定、缺乏保障等因素，他们中很多人将子女留在农村，从而形成了一个特殊且较为庞大的儿童群体——农村留守儿童。儿童时期是人身体发育、性格养成、知识积累的关键时期，由于生活环境不稳定，缺乏父母双亲的关爱，部分留守儿童的生存发展受到一定影响，出现了一些值得关注的问题。

2007 年，全国妇联儿童工作部和全国妇联妇女研究所受国务院农民工办委托，对我国农村留守儿童的现状、问题与对策进行了专题研究。该项研究是迄今为止较为全面的留守儿童状况研究，是研究制定农民工特别是与农民工子女有关政策的重要依据。

根据《未成年人保护法》和《儿童权利公约》的有关规定，全面考虑儿童生存发展需求的多面性与特点，本研究中“农村留守儿童”的定义为：父母双方或一方从农村流动到其他地区，孩子留在户籍所在地农村，并因此不

能和父母双方共同生活的未满18岁的未成年人①。

（一）农村留守儿童的总体规模和发展变化

按照前述定义，根据2005年全国1%人口抽样调查的抽样数据，居住在“县”的农村留守儿童高达5 861万人。和2000年相比，2005年的农村留守儿童规模增长十分迅速，增速达140%；在全部农村儿童中，留守儿童的比例已高达28.29%，即每4个农村儿童中就有1个以上留守儿童，在农村，留守儿童已非常普遍。

（二）农村留守儿童的结构和分布

各年龄组所占比例随年龄增长缓慢上升，目前进入大龄的留守儿童已不在少数。2005年，从0周岁到15周岁，各年龄组的农村留守儿童所占比例基本呈随年龄增长缓慢上升的趋势。在按年龄划分的学龄前（0～5周岁）、小学学龄（6～11周岁）、初中学龄（12～14周岁）和大龄（15～17周岁）四组中，各组所占全部农村留守儿童的比例分别为27.05%、34.85%、20.84%和17.27%，分别是1 585.2万人、2 042.3万人、1 221.4万人和1 012.2万人。值得注意的是，随着时间的推移，6年后的2011年，已有大量的留守儿童进入非义务教育的大龄阶段，面临新的发展问题。

性别比偏高，特别是在低年龄组，大部分省份的农村留守男童多于农村留守女童。在全部农村留守儿童中，男孩占53.71%，女孩占46.29%，性别比为114.75。从各年龄组的性别构成上看，各年龄组的男孩数均多于女孩数，而且年龄越小，性别比越高，这种趋势表现得十分稳定。农村留守儿童的性别比甚至比全体儿童的性别比更高，0～17周岁农村留守儿童（114.75）比0～17周岁农村儿童的性别比（109.44）高6.31。

农村留守儿童集中分布在四川、安徽、河南、广东、湖南等省。我国农村留守儿童的分布十分集中，而且多数居住在中南部的省份，四川、安徽、河南、广东、湖南和江西6个省的农村留守儿童在全国农村留守儿童总量中所占比例超过半数，达到52%。在农村留守儿童分布集中的十个省份中，多数属于典型的劳动力输出大省。其中四川、安徽、重庆、江西等省农村儿童中留守儿童所占比例也都超过了40%。

---

① 本研究关于农村留守儿童状况的分析，以258万人口抽样数据为依据。抽样样本采用简单随机抽户的方法从2005年全国1%人口抽样调查数据中抽取。本报告引用的所有数据资料均为加权之后的结果。

（三）农村留守儿童的家庭状况

超过半数的农村留守儿童不能和父母中的任何一方在一起生活。在全部农村留守儿童中，父母一方外出的单亲外出留守儿童占 47.14%，而在单亲外出留守儿童中，父亲外出流动的比例大大高于母亲外出的比例，父亲外出的比例为 33.39%，母亲外出的比例为 13.85%。三分之一的单亲外出留守儿童和留守父（母）亲及祖父母生活在一起。父母双方都外出流动、儿童不能与父母在一起生活的情况在全部农村留守儿童中超过了半数，双亲农村留守儿童占 55.40%。

农村留守儿童家庭结构的性别差异不大，但男孩“单独留守”的比例大于女孩。农村留守女孩中，单亲外出留守占 47.41%，双亲外出留守占 55.68%；农村留守男孩中，单亲外出留守占 46.90%，双亲外出留守占 53.10%，两个比例差异不大。但“和其他人一起留守”和“单独留守”这两类的比例在各个年龄组（0～5 周岁组除外）的男女差异都达到 3 至 4 个百分点，而且都是男孩“单独留守”的比例大于女孩。

不同年龄组儿童的家庭结构有一定差异。从不同年龄组的分析可以发现：年龄越大的农村留守儿童中单亲外出留守的比例越高，在更加详细的分类中发现，随着农村留守儿童的年龄增大，“和母亲单独留守”、“和父亲单独留守”的比例都增大，而在年龄更小的儿童中，双亲外出留守的比例反而更大。数据显示，0～5 岁的留守儿童和祖父母一起留守的比例在 4 个年龄组中是最高的，达 40.19%。

大部分留守儿童的祖父母并非“年迈体弱”，但受教育程度很低。通常认为，留守儿童被留在家乡由“年迈体弱”的祖父母照顾，但从数据上看，情况并非完全如此。和祖父母生活在一起的农村留守儿童祖父的平均年龄为 61 岁，祖母的平均年龄为 59 岁。绝大部分祖父母年龄在 50～70 周岁之间，其中 50～59 周岁的祖父、母分别占 43.19%和 47.64%。农村留守儿童的祖父健康状况良好，81%的祖父和 78%的祖母身体健康。留守儿童祖父母的受教育状态主要为小学或者未上过学。

（四）农村留守儿童的受教育状况

农村留守儿童接受义务教育机会基本得到保障，受教育状况好于农村其他儿童。绝大部分农村留守儿童都在学校念书，男孩在校的比例为 92.58%，女孩在校的比例为 92.01%。男孩未上过学的比例为 1.75%，女孩的这一比例为 1.82%。比较而言，各个年龄组农村留守儿童的在校比例都高于全部农村儿童的在校比例，特别是 15～17 周岁年龄组，农村留守儿童的在校比例仍然达80%，而农村儿童的在校比例只有70%。

部分中西部省份农村留守儿童的受教育状况应该受到重视。分析发现，各省农村留守儿童的受教育状况差异比较大。部分中西部省份的农村留守儿童受教育状况相对较差。农村留守儿童在校比例低于85%的省份有吉林、黑龙江、云南、西藏、青海和新疆。大部分省份农村留守男孩和女孩的受教育情况差异很小，但江苏、甘肃和宁夏三个地区农村留守女孩的受教育状况比男孩更差。

（五）农村留守幼儿状况

农村留守幼儿数量达1 585万人，重庆、江西、四川等省学龄前农村儿童中留守儿童比例达40%以上。我国农村留守幼儿占全部0～17周岁农村留守儿童数量的27.05%，规模达到1 585万人。农村留守幼儿集中分布在经济不发达的中部地区，四川、安徽、河南、湖南、江西、贵州、广东7个人口流出大省学龄前留守儿童总和占全国学龄前留守儿童的65.97%。重庆、江西和四川是农村留守幼儿分布密度较大的几个地区，其0～5周岁的农村儿童中，有一半左右是留守儿童，安徽、江苏、广东和广西0～5周岁农村儿童中也有40%左右的留守儿童。

监护类型以单亲监护和隔代监护现象为主。农村留守幼儿隔代监护最为常见，和祖父母生活在一起的留守男童比例为37.38%，女童比例则更高一点为38.73%。在单亲监护中，和母亲一起生活的比例高于和父亲一起生活的比例，男童和母亲单独留守或者和母亲及祖父母一起留守的比例为42.1%，女童相应的比例为40.03%。

（六）大龄农村留守儿童就业状况

三分之一的15～17周岁农村留守儿童初中毕业以后开始外出打工。数据显示，15～17周岁组的农村留守儿童的在校比例虽然较高，但实际上还有很大一部分毕业或辍学的农村留守儿童由于离开学校后即开始外出打工而没有被统计到。如果年龄结构保持15周岁之前的增长趋势，可以推断，有三分之一的15～17周岁农村留守儿童在外打工。而且，男孩女孩的外出打工比例基本接近。

绝大部分已经就业的农村留守儿童依然从事农业工作。调查的15～17周岁农村留守儿童中在业的比例为12.53%。在业农村留守儿童中83.15%为土地承包者；其他还有一些在私营企业工作，有些为个体工商业者等。男性务农者多于女性，而女性进私营企业者多于男性；女性雇员多于男性，而男性自营劳动者多于女性。已就业农村留守女童的平均月收入低于男童。

（七）农村留守儿童面临的突出问题

农村留守儿童易产生的问题，主要是：

——亲情缺失。调查发现，33％的父亲、25％的母亲外出5年以上，而且60％～70％以上的父母是在外省打工，30％的父母每年回家一次，打电话成为留守儿童与在外父母联系的主要方式，还有约2％的父母与孩子常年无联系①。由于长期与父母分离，儿童在面对自身变化、学习压力、人际交往等问题时，缺少父母的关怀，容易对他们的心理健康造成影响。

——缺乏生活抚育。部分农村家长缺乏科学的喂养知识，家庭饮食基本是有什么吃什么，不能合理搭配日常饮食，特别是父母不在身边的留守幼儿。湖南省妇联留守儿童营养与健康状况的调查显示，部分留守儿童体格生长发育指标水平明显低于非留守儿童。

——教育监护缺失。多数留守儿童与祖辈共同生活，由于老人文化教育水平较低，加之还有近一半委托监护人同时监护几个儿童，所谓监护往往主要是照料孩子的生活。将更多的教育监护责任被“转嫁”给学校，但对于学校而言，由于教育资金不足，专业资源匮乏，面对留守儿童特殊需求，学校、老师常常是有心无力。

——安全保护问题。江西省妇联专题调查表明，相当多的监护人只是有时会注意并采取措施预防留守儿童意外伤害发生。一些离校大龄留守儿童脱离了正规组织的管理，处于无人监管、自行其是的状态，容易侵害他人或受到侵害。留守儿童溺水、伤亡事故也时有发生。据有关部门反映，被拐卖儿童中，流动儿童居第一位，留守儿童居第二位。

不同年龄段所面临的突出问题分别为：

——农村留守幼儿面临的突出问题主要是：科学喂养问题，情感和社会发展问题，接受机构教育的机会少，早期发展受局限。

——义务教育阶段留守儿童面临的突出问题主要是：心理健康问题，青春期教育缺乏，安全存在隐患，寄宿制教育需加强和规范和流动过程中的受教育权得不到切实的保障。

——农村大龄留守儿童面临的突出问题主要是：父母流动对大龄留守儿童的学业完成具有一定影响，在校比例大幅度下降，辍学比例上升，多数农村大龄留守儿童就业层次较低、缺乏社会保障，和大龄留守女童的性侵害问题。

---

① 全国妇联儿童工作部：12省市农村留守儿童状况调查，2006年11月。

二、当前留守、流动儿童相关评价

鉴于留守、流动儿童是共同受大规模乡城劳动力转移影响又相互转换、相互影响的一个整体和一个问题的两个侧面，其所面临的问题与原因之间的同质性与关联性，本研究对相关政策的分析评价将留守和流动儿童视为一个政策对象群体。

在党中央国务院高度重视下，近年来，全国农村留守、流动儿童工作取得了显著成效，建立了由党委政府统一领导、各部门齐抓共管的工作机构，完善了相关政策，开展和深化了各种不同类型的关爱活动，逐步建立起家庭、学校、社会三结合的监护网络，扩大和强化了宣传范围及力度，营造了良好的社会舆论氛围。

但是，留守、流动儿童问题是伴随农村劳动力非农转移而产生的发展中的问题，其全面有效地解决还有待于相关政策的不断完善与相互衔接，有待于社会各界的共同努力。

目前，在政策与工作机制方面主要存在以下四方面问题：

（一）政策的整体性和协调性问题

留守、流动儿童问题是伴随农民工流动而产生的问题，留守、流动儿童问题的彻底解决有赖于城乡统筹发展和农民工生存发展权益问题的解决。就留守儿童问题而言，很多并非只是父母流动产生的问题，而是农村的欠发展问题，只不过是儿童留守使有些问题进一步凸显了。这就需要我们在解决问题时有一个整体的观念，但从目前已出台的政策看，仍主要局限于留守、流动儿童本身。比如，主要解决留守、流动儿童的教育、保健问题，而缺乏从儿童角度对制约农民工发展的户籍、住房、就业制度的反思；更多关注义务教育及其义务教育阶段的留守、流动儿童，对留守、流动幼儿和大龄儿童关注不够；更多帮助农村留守儿童而忽视了那些更为需要帮助的处于困境中的农村儿童，以至目前有些针对留守儿童的支持扶助政策，不仅在某种程度上加大了资源分配的不公正性，也造成了留守儿童自身的困惑。

（二）部门政策与工作之间的配套问题

尽管成立了留守儿童专题工作组，但由于部门联动机制在一些地方还没有建立起来，专题工作组成员单位之间仍存在沟通问题，因此部门在出台政策时无法做到统筹衔接。此外，开展留守、流动儿童工作对基础信息的需要，推动了各相关部门的信息收集工作，但各部门的工作大多以本部门需要为主，尚未建立信息共享机制。如公安部门有一套关于流动人口管理的信息，教育部门有义务教育阶段留守、流动儿童的信息，卫生部门对孕产妇管理、儿童出生与疫苗接种是一套信息；计划生育部门也有自己的育龄妇女基础信息和流动人口交流平台。这种各自为战，不仅造成工作的重复，而且还会因为数据收集范围和概念界定的不一致而对问题有不同的判断。

（三）留守与流动儿童政策的衔接问题

留守、流动儿童都是受农民工流动影响而产生的需要被社会关注的儿童群体。他们所面临的生存发展的障碍既有特性又有共性。留守儿童的生存发展环境改善了，就会减少盲目的流动；反之，流动儿童的入学升学障碍解决了，就不会造成儿童与父母的再次分离。因此，解决留守流动儿童问题，需要农民工输入地输出地很好地配合，采取积极有效的措施。但由于目前资源转移、衔接机制还未完全建立起来，一定程度上还存在着输入地、输出地相互推诿的现象。目前已出台了初中后就地升学政策的省实际上最多也只局限于本省内，一旦出省，又有资源的配置问题。此外，在“借读费”降低以至取消的情况下，资源配置方面没有跟上，没有相应的财政投入，城市公立学校在接收更多的流动儿童方面顾虑重重。很多流动人口集中的城区，落实国家相关政策面临的最大问题就是仅靠当地政府无法解决的资源不足和容纳能力有限的困难。

需要指出的是，目前国家专题工作组的名称仅包括留守儿童，不仅容易造成厚此薄彼的误解，本身也割裂了留守儿童与流动儿童问题的联系。

（四）关键政策的瓶颈制约

谈到目前受流动影响儿童面临的最大障碍和需求，几乎所有的相关政府部门、重要研究机构的主要责任人都认为，最重要的障碍就是仍受二元格局制约的户籍制度，户口既是身份的标志，也是享受入学、医疗保健等政府公共服务的基本条件。1998 年以来就开始松动的户籍制度，到 2006 年已经有了相当大的进展，特别是一些地方户籍政策的突破性改革，如安徽、广东、江苏等地，已经使一些随父母进城打工的孩子具有了与当地居民相同的身份，享受相同的权利。但是拥有合法住所的条件对大多数农民工都不是一件容易事。总体上看，我国的户籍改革尚处于试改革时期，离深水区还很远，有很多限制。所以，多数流动儿童还将会在一段时期内受着户籍之痛，没有常住户口使得受流动影响的儿童不能在更为重要的福利上享受与市民的同等待遇，在就学、医疗保健、社会保障、城市融入的一些深层次问题上遭遇或大或小的障碍。比如很多城市正在推行的一老一小医疗保险，明确要求有本地城市户口，农民工子女身在城市，新农村合作医疗对他们鞭长莫及，城市的新医疗保障也仍不能覆盖他们。此外，义务教育阶段后的升学问题，甚至“两为主”政策措施在落实过程中的现实困难，很大程度上也与户籍管理制度密切相关。

三、进一步关爱农村留守、流动儿童的重点政策

在充分认识我国留守、流动儿童发展的总体状况与问题，全面梳理现行有关农村留守、流动儿童政策法规以及政策措施落实情况的基础上，全国妇联将流动儿童卫生保健问题与政策、大龄留守儿童职业培训与发展问题与政策、留守儿童关爱服务体系研究作为本次研究专项问题研究的重点内容，研究主要通过文献研究、实地调研等方式进行。现将三个专项问题研究的基本结论和政策建议概述如下：

（一）流动儿童卫生保健问题与政策

1. 流动儿童卫生保健的突出问题

（1）流动儿童管理缺乏各级政府相关政策和规定，相关部门配合不够。在大量查阅资料和访谈中了解到，流动儿童相关政策持续增加，但是卫生政策相对较少，有的政策在实际的实施力度上不能完全保证。目前多数流入地政府未将流动儿童纳入到地方日常管理工作中。各地公安部门在对流动人口登记时，也未将16周岁以下的流动儿童登记作为一项必需的工作完成，更没有将他们纳入流动人口管理体系中。管理流动人口的相关部门按照各自的规定要求登记和管理流动人口，导致难以准确掌握流动儿童情况，难以进行卫生保健管理。

（2）社区公共卫生科室经费投入不足，妇幼保健人员配备明显过少，儿童医疗保健服务水平偏低。目前，虽然社区卫生服务中心较以前有了较大发展，但是调查发现，多数城乡基层医疗卫生机构的基本医疗设备和设施较差，流动儿童保健缺乏专项资金，服务人员工资待遇偏低，人才流失率高。现有的人员配备是按照户籍人口进行配备的，保健专业人员按1∶5 000配置，由于大量流动人口涌入，超过了常住人口。自从2009年国家基本公共卫生服务项目自启动以来，将流动儿童纳入免费体检范围后，其儿童保健工作量增加了近一半，妇幼保健人员明显不足。此外，社区卫生服务中心服务人员大多数缺乏专业培训，其儿童保健专业知识和服务能力普遍偏低。

（3）流动儿童家长卫生保健知识缺乏，保健意识淡漠，主动保健意识差。流动儿童家长儿童保健知识知晓率普遍较低，保健意识淡漠，对医生的指导或建议配合度低，导致流动儿童健康隐患高。同时主动保健意识更差，

出现流动儿童对提供的保健服务利用率较低的现象。如流动儿童健康体检情况较差，虽然与农民工职业不固定，有的在同一个城市可能也在流动，流动儿童的底数总是变化不固定，管理相对困难有一定关系，但是，流动儿童家长健康保健意识淡漠，对该项工作认识不足直接影响到流动儿童健康体检情况。

（4）缺乏符合流动儿童特性的保健管理模式及适宜的医疗保障制度。目前，流动儿童医疗救助体系尚不完善，疾病救治机制尚不健全。一方面新型农村合作医疗与城市居民保险缺乏有效衔接，异地门诊就诊不能报销；另一方面，流动儿童受户籍的限制，不能在流入城市居住地参加新型农村合作医疗或城市居民保险，多数流动儿童及父母在所居住城市患病就诊后难以享受各种医疗报销。调查中发现，流动儿童家长普遍不了解各种医疗保险中有关儿童的医疗保险政策，除流动人口主动了解这方面信息意识较差外，医保机构和医疗保健机构宣传不到位也是重要的原因。另外，社区卫生服务机构的通科医生，普遍存在儿科常见疾病诊治水平较低，多数社区卫生服务机构不能接诊儿科患者，使得流动儿童无法利用便利和方便的卫生服务资源，而被迫选择诊治费用较高的大医院或价格低廉的私人诊所就医。

2. 主要政策建议

（1）政府主导，重视流动儿童医疗保健工作。实施国家基本公共卫生服务项目是我国公共卫生制度建设的重要组成部分。为流动儿童提供公平、可及的卫生保健服务，是政府促进基本公共卫生服务逐步均等化的重要内容，也是各级政府的共识。各级政府、流动人口管理和服务相关部门应高度重视和支持流动儿童医疗保健工作，出台流动儿童医疗保健相关政策，向流动儿童相对较多的城市倾斜，增大财政经费投入，使流动儿童保健常态化。积极探索适合流动儿童特点的保健管理模式和医疗保障制度。例如，将基本儿童保健服务延伸到流动儿童；针对户籍人口享受免费基本保健服务的政策，建议借助国家基本公共卫生服务项目的契机，将流动儿童纳入基本服务范畴，与户籍人口享受同等的免费的儿童保健基本服务；将生育保险延续到7岁以下儿童、各种保险异地通用（各种保险合一）或异地参保等，促进和改善流动儿童的健康及医疗保健现状。淡化流动儿童和户籍儿童的界限，实现儿童保健服务均等化，促进流动儿童健康水平。

（2）政府各部门同心协力，促进儿童医疗保健工作可持续发展。流动儿童的医疗保健工作已经引起了社会各界的重视和各级政府领导的关注。应在目前流动儿童管理多部门协作机制中，由政府牵头，继续加强合作与沟通，促进各部门之间流动儿童相关政策出台或衔接和配套，整合资源，信息共享，促进流动儿童医疗保健工作的可持续发展（图1）。例如，从中央层面促进医保制度一体化建设，协调城市居民医疗保险（人保部）和新型农村合作医疗（卫生部）的关系；发挥流动人口管理部门和计划生育工作网络广泛的优势，将其作为发现流动儿童的主要途径；利用妇联的各种宣传平台，在流动人口中开展儿童保健服务宣传；新闻媒体通过多渠道宣传流动儿童医疗保健知识和政策等。

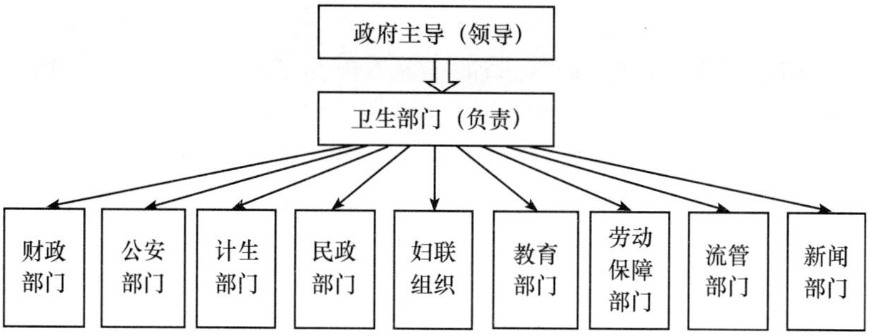

图1 多部门协作机制

在当前推行事业单位绩效管理的改革中，在多部门合作机制中应引入“合作绩效”考核机制，将对流动人口的服务和管理纳入各相关部门的考核内容，以提高相关制度的执行力。

（3）大力开展流动儿童医疗保健知识、服务和政策的宣传，提高流动儿童医疗保健服务利用率。流动儿童卫生服务利用情况是其服务需要和卫生资源供给相互作用的反映。为提高流动儿童医疗保健服务的普及程度和流动儿童利用卫生保健服务的能力，保证卫生服务的公平性，宣传流动儿童医疗保健相关知识、儿童保健服务内容和政策等十分重要。根据实际情况分析，短期内流动儿童基数不易摸清的问题难以解决。因此，医疗保健服务部门应增强主动服务，采用多种形式广泛向流动儿童家长开展健康教育，提高流动儿童保健服务的可及性和利用率。

（4）将流动儿童管理纳入绩效考核工作中。将流动儿童办理常规登记手续，出具“非劳务性暂住证”、流动儿童管理和保健服务等纳入绩效考核工作中。根据流动儿童流动性大的特点，建议实行流动儿童预防接种和健康体检系统管理信息联网，以IC卡代替传统的体检本，对流动儿童卫生保健进行自动化和信息化管理。

（5）提高流动儿童医疗保健管理和服务水平。加大城市社区卫生服务中心投入，如配备儿童保健和儿科诊治的基本设备，增加卫生服务人员编制和报酬，积极开展专业培训，提高儿童保健和医疗的知识水平与专业技术水平，满足流动儿童保健和医疗的需求。

（二）农村大龄留守儿童职业培训与发展问题与政策

1. 农村大龄留守儿童职业培训和发展中的突出问题及需求

（1）大龄留守儿童的心理问题值得关注。长期缺少来自双亲的关爱，缺少倾诉和指导对象，已经并正在影响到青春叛逆期大龄留守儿童的心理正常健康发展。一些孩子性格脆弱，对未来发展感到迷茫，既不愿意继续走父辈的道路，也不知道怎样才是更好的发展。一旦辍学或升不到高中、大学，就有可能失去生活的目标，出现各种各样的问题。

（2）农村大龄儿童特别是留守男童无节制上网问题严重。从发展心理学的角度看，由于大龄儿童正值青春期，反抗心理和好奇心较重，又处于对伙伴交往非常重视的成长阶段，而大龄留守儿童由于缺乏来自父母双方或单方的监督教育，容易由于同伴之间的相互影响、对学习缺乏兴趣、学习成绩不好、在学校没有受到教师和同学的尊重、没有其他兴趣爱好、无所事事等诸多主客观原因，导致其对网络的依恋，甚至形成网瘾。本次调查对走上违法犯罪道路的十余名大龄留守儿童的访谈中发现，他们中的绝大多数人都每日少则在网吧上网几个小时，多则十几个小时，甚至通宵上网。在网吧，有的玩游戏，有的进行 QQ 聊天。有的儿童以将来开网吧、做网管为职业理想。谈起网络世界，不少儿童兴趣盎然，甚至眉飞色舞。不少儿童长时间上网并因此荒废学业，少数人因为没钱上网，走上偷窃、抢劫等违法犯罪道路。

（3）不在学大龄留守儿童在家赋闲的现象需要关注。与城市相比，农村普通高中入学率相对较低，职业教育相对薄弱，初中毕业后未能继续升入高中和职业学校的儿童不在少数，与此同时存在的是少量未能读完初中的辍学儿童。他们中的留守儿童因没有经济压力、不急于就业等各种主客观原因很多赋闲在家。这些儿童本来就缺少父母、家庭的管束，离开学校后又脱离了学校和教师的管教，思想和行为的管理指导处于真空状态。很多人整天无所事事，要不上网玩游戏，要不到处游荡欺负弱小。一些农村基层干部感叹，这些无人管教的半大孩子已经成为影响社会和谐的不稳定因素。

（4）农村职业技术教育的发展和管理有待加强。农村职业技术教育发展相对较晚，不仅师资力量缺乏，而且在教学理念、培养方向、课程设置、教学教法、学生管理等方面尚不规范，也缺乏成熟的经验，难以满足有需求的适龄学生及家庭的需要。而部分学校实习安排的时间过长、学校与实习企业沟通不畅，学生无法得到足够的休息，成为廉价劳动力的问题，已经成为很多学生和家长不愿选择职业技术学校学习的重要障碍。而劳动和人力资源部门面向农村新生劳动力的培训和就业服务也需要进一步强化。

(5) 大龄留守儿童特别是女童青春期教育、安全教育欠缺。由于日常生活中缺乏父母关于安全、生理卫生以及法律常识的教育以及叮嘱，加上监护人多为年迈的祖辈，大龄留守儿童特别是女童在性、生理卫生和自我保护知识方面欠缺。一些违法犯罪分子利用大龄留守女童的无知和对受保护的渴望，对留守女童进行性侵犯。近年来，留守女童遭受性侵害的案件屡有曝光。调查中一些医务工作者也反映，农村未成年少女怀孕、堕胎流产现象不容忽视。

(6) 留守儿童父母的家庭教育责任的教育、指导有待加强。调查发现，为了孩子而外出打工挣钱的家长中已经有很多人开始意识到对孩子教育的重要性，他们中很多人不再“为了票子，误了孩子”，在孩子初中阶段返乡照顾家庭的父母特别是母亲逐渐增多。但还是有少部分外出打工的父母对大龄留守儿童没有尽到应有的养育责任。有的长期不回家看望孩子，或者看到孩子学习成绩不好，过早让孩子外出打工；有的看到孩子成绩不好、上网吧、结交不良朋友甚至走上违法犯罪道路，就放弃管教义务，甚至不认孩子。

2. 解决农村大龄留守儿童问题的政策建议

(1) 进一步加强农村义务教育阶段的教学理念、课程和教学教法的改革。课堂教学要关注全体儿童，对学习困难儿童特别是缺乏父母监管和帮助辅导的留守儿童采取措施，使这部分儿童消除对学习的恐惧，增强学习兴趣，减少辍学率。

(2) 加强对农村儿童特别是留守儿童网络知识及其安全教育，加强对城镇和农村网吧的管理和监控。学校和有关部门要切实担负起教育引导的责任，防止儿童无限制、无节制上网。公安和文化管理部门要强化对网吧未成年人进入网吧规定执行情况的审查和监控，打击和取缔黑网吧。

(3) 加强农村大龄儿童青春期性及生理卫生教育。加强法律知识教育，预防农村大龄留守儿童犯罪。将青春期性及生理卫生教育切实落实到农村中小学，规范教育课程，提高留守女童自身性安全防范意识。强化留守儿童父母及其监护人对儿童，特别是对女童的性教育与性监护的责任。

(4) 加大对农村儿童就读高中的补贴和资助力度。提高农村儿童高中阶段入学率，使更多有愿望继续升学、学业成绩达标的适龄儿童能够接受高中教育，减少不在学儿童的比例。

（5）大力发展农村职业技术教育体系。职业技术教育是中等教育的重要组成部分，对于培养、造就适合区域经济发展和社会主义建设的多方面人才具有重要意义。要加大对农村职业技术教育的财政投入，改善农村职业技术学校的办学条件，完善教学理念、课程设置，加强对学生和培养方式的管理，确保学生在校期间，能够增长知识、增强技能，保障学生实习期间的合法权益。

（6）人力资源与社会保障部门要把农村大龄留守儿童的职业技术培训纳入就业培训和就业服务体系。利用"再就业基金"等项目，因地制宜开设特色实用课程，为大龄儿童提供职业和技能培训；要增强对大龄农村儿童的就业服务意识，将用工信息和劳动就业法律法规提供给需要的儿童和家庭。要监督指导合法雇佣16周岁以上儿童就业的企业、单位保障儿童的各项福利和权益。

（7）要重点关注大龄留守女童的性侵害、人身和性安全问题。留守女童除了面临和其他留守儿童相同的安全问题之外，还有着特殊的困扰与危机。家庭、学校及基层社区都要对留守女童的保护及安全防范负起责任，保障大龄女童的身心健康，防止怀孕、流产、早婚现象的发生。

（8）继续开展对留守儿童的关爱行动，建立健全长效帮扶机制。要利用多种社会资源，包括五老人员、政府有关部门工作者、学校教师等，对大龄留守儿童进行一对一或一对几的帮扶教育。推广"儿童友好家园"、"一村两大"等切实有效的一对一帮扶留守儿童的措施。要将主要是对在学的学龄儿童的关注扩展到关注大龄儿童，特别是在家赋闲的大龄留守儿童。将关爱活动落到实处，针对农村大龄留守儿童特别是16周岁以上待业儿童的就业、培训需求提供所需的指导和帮助。

（9）鼓励流出地政府采取多种措施，加快社会主义新农村建设的步伐。加大对农业的支持和保护力度，加速现代农业的发展步伐，提升农业生产规模和经营收益，发展县域经济，提高地方企业和经济单位吸收不同技能劳动力和各类人才的能力，吸引更多的精英留在或回到农村创业发展；将医疗、卫生、教育、金融等各种资源引向农村，加强农村各项软、硬件设施建设，增强农村的吸引力，使农民无须进入城市即可享受到城市文明和生活条件。从而引导、吸引留守儿童的父母双方，至少是一方回乡创业就业，与孩子共同生活，承担起教育孩子的责任和义务。

（10）流入地政府要加快农民工的市民化进程。为农民工提供负担得起的住房等生活设施，实行覆盖面更广的社会保障制度，不断创造农民工夫妻团聚、举家迁移的条件。加大农村妇女的转移培训力度，增强其非农就业的能力和城镇生活的适应力。促进农村人口的迁移而不仅仅是劳动力转移。要继续放开对流动儿童的教育、培训的限制，提供更多的支持和援助，鼓励有条件的父母将孩子带出去共同生活，减少农民工准分离家庭的数量。创造农民工子女健康成长的环境和条件。

（三）农村留守儿童关爱服务体系研究

1. 农村留守儿童关爱服务体系建设存在的问题

研究认为，留守儿童关爱服务体系建设过程中依然面临多重挑战，存在一些问题。主要体现在三个方面：一是活动经费不足。关爱留守儿童工作大多是无偿性、公益性的，没有固定的资金来源，导致工作阵地不够完善，影响了关爱留守儿童工作的推进。二是部门管理制度有待于进一步加强。目前，相关单位在关爱留守儿童工作的工作目标和具体职责以及针对留守儿童合法权益规定不够明确，这些都有待改善提高。三是社会关注度还不高，还需要从根本上、全局上、整体上建立起关爱留守儿童工作的长效机制。而且留守儿童关爱服务还明显存在“三多三少”现象。即关爱留守儿童讲形式的多，注重实际行动和效果的少；关爱留守儿童个人的行动、短期关爱的行动、送物质体现关爱的行动多，集体关爱的行动、长期关爱的行动、关注身心健康的行动少；对身边的、有潜力的、直接帮助的留守儿童居多，而法律规定的、政策指导的、全面关爱的少。

(1) 农村留守儿童关爱服务工作机制存在的问题

——对农村留守儿童的信息掌握不完备。关于国家、地方农村留守儿童数量、性别比例、年龄结构、入学（园）情况、家庭状况等信息目前还没有准确来源。因此给各级政府在制定留守儿童政策时难以做出科学规划与预测。

——加强和完善管理工作机制。虽然一些地区成立由主管领导牵头的留守儿童关爱工作领导小组，建立了由多个政府部门参与的联席会议制度，但是，目前相关单位在关爱留守儿童工作中的目标任务和具体职责不够明确，党委政府将留守儿童工作纳入总体部署，领导研究解决的力度不够。

——经费投入严重不足。多数农民工输出大省（县）农业人口较多，大量经济投入面临困难。例如：重庆市垫江县是一个典型的农业县，近三分之一的人口外出务工，财政收入相当有限。虽然政府尽最大努力投入资金关爱留守儿童，但与庞大的留守儿童群体的需要相比较，这些投入明显不足。而社会投入资金建立的托管机构条件参差不齐，使留守儿童接受的教育不均衡。解决留守儿童教育管理问题的最好方法是建立类似中学的全寄宿制学校，但对很多地区而言，要由财政出资或由社会力量建立规范的全寄宿制学校，最近几年很难办到。

——安全保障机制需要得到进一步健全。一是监护权的转移。在留守儿童教育中，我们经常遇到有关留守儿童监护权问题。《民法通则》确定父母为未成年人的法定监护人。监护人的监护责任不仅是支付抚养教育费用，还有探望、照顾孩子的生活，以良好品行对孩子进行管理和教育，保护被监护人的身体健康及合法权益等。《预防未成年人犯罪法》也规定，父母或者其他监护人不得让不满 16 周岁的未成年人脱离监护单独居住，对未成年人不得放任不管，放弃监护职责。留守儿童教育与管理中出现的监护权转移及引起的相关法律问题应当引起足够重视。二是学生伤害事故的责任认定。在各种关爱服务阵地的活动过程中，留守儿童遭遇的意外伤害事故的责任到底该怎样划分，国家法律无明确规定。

——工作考核机制有待完善。部分地方政府在工作中都提到要将留守儿童关爱工作作为考核干部的标准之一，但是并没有明确的规定，对这项工作成绩突出或没有成效的基层政府的奖励或惩罚机制有待完善。一些党政干部的思想中甚至存在宁可不做事不出问题，也比推进工作而出了问题好，这种观点和想法与工作考核机制标准不清晰、贯彻落实不到位有直接关系。

（2）农村留守儿童关爱服务阵地建设中的问题

——寄宿制学校建设不能满足需要。由于偏僻农村地区拆并学校，距离学校较远的学生数量激增，虽然各地政府投入了大量资金依然无法满足学生寄宿的需要，特别是留守儿童对寄宿的需要。从重庆市垫江县的情况看，寄宿制学校建设中面临的问题主要包括：寄宿制学校建设推进难，无法满足留守儿童的寄宿需求，“留守儿童”的教育管理无法向纵深发展；配套师资补充难，除中学外，小学以及托管家园均无生活指导教师、心理辅导教师编制，严重影响了专业师资的补充和调配，制约了留守儿童工作的深入开展；覆盖率较低，上小学的留守儿童在寄宿制学校的相对较少，只有 20%左右的留守儿童有可能进入寄宿制学校，更多留守儿童无法得到寄宿制学校的关爱服务。

——各类留守儿童关爱阵地面临的困难。无论是校内关爱阵地还是校外关爱阵地，无论是政府出资兴办的还是民间出资兴办的关爱阵地，都面临一些共同的问题：一是硬件设施不足。几乎所有的学校和社会出资兴建的关爱阵地都是利用闲置的校舍改造而成的，改造工程都比较简陋，不完全符合住宿条件，给留守儿童的安全带来了一定的隐患。二是人员配备不足。人员的工作积极性不高。对校内关爱阵地来说，由于学校没有关于留守儿童的生活老师和心理辅导老师，因此要由学校的原有教师担任。国家为了防止学校乱收费的问题，限制了对留守儿童住宿学习的费用。对于民间出资兴办的关爱阵地来说，多数工作人员待遇不高。这样也一定程度上影响了关爱阵地的服务人员工作的积极性。三是覆盖率较低。校内留守儿童托管家园主要建在小学，服务对象是小学三年级以上的留守儿童，对于特殊留守儿童托管难。学前及小学低龄留守儿童年龄小、自理能力差，绝大多数托管家园不愿接纳；贫困留守儿童无力进入托管家园，关爱、教育、管理存在盲区。

——其他关爱活动面临的困难。留守儿童“代理家长”监管质量无法保证。“代理家长”凭爱心，履职约束力差。“代理家长”完全凭借自己的自觉行动和爱心奉献，没有建立任何奖励激励机制来鼓励他们，难以持之以恒。有些“代理家长”对留守儿童的学习介入过少或无法介入，并不能保证对留守儿童的学习起到积极的作用。

“爱心妈妈”、“爱心姐姐”等与留守儿童结对活动具有较大的随机性，有时“爱心妈妈”距离留守儿童较远，关爱的主要方式仍然以打电话的形式进行，这样的关爱活动在效果方面有待提高。结对的时候需要双方的充分了解，关爱服务也需要进一步规范和加强。其他人士的关爱活动同样存在如何保证活动长期性和有效性的问题，需要进一步思考。而且人的情感建立有一个过程，已经建立的结对需要一个长期的跟踪服务，以保证服务的长期性、自愿性和有效性。

2. 完善现有农村留守儿童关爱服务体系的建议

(1) 明确建立农村留守儿童工作领导管理机制。为了使农村留守儿童能够享受到我国经济发展的成果，确保社会基本公平、公正，各级党委、政府应当作为农村留守儿童关爱服务的主要责任人。我们从重庆市和垫江县的调研中发现，领导重视是建立关爱服务体系建设的关键。农村留守儿童工作领导小组的成立和联席会议制度的建立，更有效地保障了关爱服务工作的落实。

——建立健全各级农村留守儿童工作领导机制。各省市及基层县区农村留守儿童工作领导小组，并由省市（县）委副书记或省市副省长（副市长、副县长）等主要领导担任组长，发改委、教育、妇联、卫生、公安等政府部门或组织参与工作。定期召开会议，协调各部门之间的相互协作。

——健全以党政组织为主体的行政管护体系。健全党委政府统筹、部门负责、社会力量参与的工作机制，明确各部门的工作职责，特别是将留守儿童关爱服务作为民生工程，使其成为农村社会服务工作的一项内容，并将留守儿童关爱服务工作列入各级政府绩效考核目标，实行“属地管理、分级负责、分层落实”，逐步建立以留守儿童为中心、以学校为主体、以村镇为重点的横向到边、纵向到底的关爱留守儿童工作网络。

——政府主导、社会参与建立部门共享的农村留守流动儿童动态监测体系。充分利用政府资源，各级统计部门应当将农村0～18岁留守儿童的现状纳入统计的内容，以便及时了解留守儿童数量变化及实际生存状况和发展需求。同时，建立关爱服务工作的评价体系，对各种服务项目的实施过程和效果进行监测和评估，使关爱服务措施不断完善，关爱服务的质量不断提高。

——完善政策法规，建立法律保护网络。农村留守儿童法律保护网络的核心是监护制度的建立，确保留守儿童监护、权益及救助保障落到实处。首先，必须强化父母作为法定监护人的法律责任，不能因为自身的工作原因难以顾及孩子而随意地放任自流，这在很大程度上是其监护职责不力的表现，需要在法律的层面上对其进行制约。其次，要完善委托监护制度，父母外出一般都将子女委托给第三方，而监护人究竟应具备哪些条件，承担哪些义务等都需要法律给予规范。最后，必须建立国家监护制度，对无人监管的留守儿童都需要政府来担任监护人。

（2）完善农村留守儿童关爱服务工作的经费投入机制

——加大对农村留守儿童关爱服务工作的财政投入。各级政府每年从财政中分拨一定比例的资金或者设立“农村留守儿童关爱服务”专项资金，用于农村留守儿童的关爱服务工作。借鉴一些省市的做法，由省市一级政府进行资金统筹，资金的数额按照上一年度本省市的留守儿童的数量确定人均投入，投入的资金主要用于关爱服务阵地的建设和部分关爱活动的开展。

——建立特殊留守儿童“关爱基金”。针对学前及小学低龄留守儿童、贫困留守儿童等特殊群体托管难的现状，建立关爱农村留守儿童“爱心基金”，广泛发动社会各界以冠名活动、联合办园、交纳会员费、募捐等方式向“爱心基金”注入资金，用于支持社会对农村留守儿童的关爱行动。

——建立反哺补贴制度。由农民工输入较多的省市或经济发达的地区每年划拨一定数额的资金用于支持农民工输出大省对留守儿童的关爱服务工作，或者向农民工输入地雇佣农民工较多的企业征收一定的税收，反哺农民工输出地的关爱留守儿童服务体系的建设。建立这种反哺补贴制度基于以下两个方面的原因：一方面，各地经济发展极不平衡，留守儿童最多的是经济比较落后的农村地区，主要由当地政府投资无法保证所有留守儿童获得基本的关爱服务；另一方面，对留守儿童关爱服务的社会效益有可能外溢至农民工输入地的经济比较发达地区，原本资金比较紧张的农村地区很少从中获益。

——发展农民工输出地的区域经济。各农民工输出大省加大招商引资力度，制定就业创业优惠政策，拓宽农村富余劳动力致富门路，鼓励外出务工人员回乡创业兴业，实现务工增收和稳固家庭的双赢，从源头上减少留守儿童的数量。

(3) 完善农村留守儿童关爱服务阵地建设

——加大寄宿制学校的建设力度。各地政府和教育部门根据本地实际情况，合理调整学校布局，加大寄宿制学校的建设力度，在资金和教师编制等方面向留守儿童集中的学校倾斜，让所有小学高年级以上的留守儿童尽量住在学校。同时，考虑那些离中心学校距离较远的小学生就近入学的实际困难，根据学生人数在一些村保留学校和幼儿园，保证学生就近入学。

在寄宿制学校的建设和校内托管家园的建设中，将生活教师、心理教师的人员配备与校舍的建设并重。参照中小学师资编制标准，增加留守儿童工作管理人员编制，为农村寄宿制学校增加生活指导教师、心理健康教师编制，为留守儿童工作教育管理工作提供人力资源保障。

此外，在部分留守幼儿较多的村，利用原有小学的校舍开办公立幼儿园，保证有意愿的幼儿入园。

——完善校外农村留守儿童关爱服务阵地的建设。目前，一些地方设立了村镇留守儿童活动中心，对留守儿童的课余活动进行了引导和管理，得到了普遍的认可，也受到了留守儿童的欢迎，但面临的主要问题是资金支持不够和管理规范问题。因此，设立国家特别关爱项目，通过以奖代补的方式给予资金支持，制定相应的管理制度，是一种较好的措施：在留守儿童集中的乡（镇）、村，利用已有空闲场所或对已有活动阵地的改造完善，配备必要的场地、体育器材、图书、玩具等，建立一批留守儿童关爱服务阵地，对留守儿童给予特殊的关怀和指导。依托关爱服务阵地，通过政府设置公益岗的方式，配备经过专门训练的管理人员及社会工作者，定期与这些儿童进行交流和专门辅导，加强对有特殊需要留守儿童及家庭提供指导服务，帮助他们尽快解决相应的困难或问题。这些阵地建设初期政府给予一定的资金支持，每年接受检查和考核，考核合格后给予资金奖励，奖励资金的数额考虑上一年度接受留守儿童的数量和提供的服务质量，以能够基本保证前一年该阵地正常运转所需的经费为准。

对其他开展关爱服务的民间机构的奖励参照乡村关爱服务阵地的管理制度执行。每年对这些机构的服务质量进行评估和考核，对服务质量达到标准的民间机构直接进行奖励；对尚未达标的民间机构提出整改意见或者指导其整改，待整改达标后给予奖励。在缺乏关爱服务的偏僻的东村地区，政府可以通过外包的方式委托有资质的专业机构为当地留守儿童提供关爱服务。

——加强对留守儿童家长和监护人的培训。首先是定期对留守儿童家长进行培训，让他们意识到无论社会和政府如何对留守儿童进行关爱，都无法替代父母的亲情。让留守儿童父母意识到父母关爱的重要性，并鼓励父母回家探亲和关爱留守儿童的行为。其次是对留守儿童的监护人进行如何教育留守儿童的培训。让其父母和监护人意识到留守儿童的学业成绩固然重要，但是留守儿童的人格发展、行为习惯的养成、思想品德的发展、良好的身体素质同样重要。教家长和监护人如何教育留守儿童的方法。重庆市妇联建设了“家教流动学校”，广泛深入地开展了对留守儿童家长及监护人的教育。这一方法值得推广。

——要加大宣传力度，营造全社会关爱农村留守儿童的浓厚氛围。目前，社会开始关注农村留守儿童的发展问题，但是全社会共同关心留守儿童的大格局还未真正形成，志愿者不多，企事业组织支持的广泛度和力度不太大，各种社会慈善机构介入、支持的深度不够。为改善这一状况，首先，加大媒体宣传的力度。报纸、广播、电视、杂志等媒体要定期开展义务宣传，宣传留守儿童的各项政策，重点宣传未成年人保护法，以及各地加强农村留守儿童关爱教育管理的典型和经验，引导全社会形成关爱农村留守儿童，促进健康成长的良好氛围。其次，出台企业捐助各项社会福利事业可以减免税收的政策，使企业更愿意主动捐助支持农村留守儿童关爱服务事业的发展。此外，加大志愿者服务的宣传，形成人人争做志愿者的良好社会氛围。

课题组成员：吴新平　蒋永萍　宫立敏　余珍有　靳清平

报告执笔人：蒋永萍　宫立敏　余珍有

附件一

中国流动儿童卫生保健现状研究报告

中华全国妇女联合会课题组

一、立项背景及意义

随着社会经济的发展和农村劳动力的大规模转移及城镇化、工业化进程的加快，流动人口的数量急剧增加，伴随着流动儿童的规模和速度也在快速增长。流动儿童通常是指18周岁以下，随父母或其他监护人离开家乡在流入地暂时居住半年以上的儿童。2000年中国人口普查数据显示，全国1.2亿流动人口中，14岁以下的流动儿童占13.8%，比1997年的7.1%增加了近6个百分点，18周岁以下的流动儿童占19.37%；2005年中国人口普查结果发现流动人口总量上升到1.47亿，14周岁以下流动儿童规模达到1 834万人，与2000年相比，5年间增长了30%，天津、北京、江苏等10省的流入人口总量占全国总量六成以上；而根据2010年中国第六次人口普查数据公报显示，流动人口数量已达2.11亿，估计18周岁以下流动儿童规模达到4 087万人。儿童由于其身心及各种能力发育不足属于社会弱势群体，而流动儿童在生存发展中脆弱性更大，更易遇到各类健康与社会适应问题。

随着流动儿童数量的增加，其保健管理的问题也日益突出，是当前妇幼保健机构面临的重要挑战。目前，在中国以户籍管理为基础的“三级妇幼保健网络”已经建立，能基本满足城市居民的保健需求。但由于流动人口的特殊性，多数流动儿童既未纳入流入地的城市妇幼保健服务网中，又难以利用流出地的妇幼保健服务。而且大多数流动人口收入较低、生活条件较差、居住地点不固定、儿童抚养人文化程度较低等，都导致他们对城市所提供的儿童保健服务缺乏有效利用，加上抚养人缺少必要的卫生保健知识，使得流动儿童的健康状况面临严峻挑战。中国不少省份的专题调查数据都反映了流动儿童在卫生保健、医疗救助和教育等方面存在一些问题。如流动儿童健康管理薄弱，其患病率明显高于常住户籍儿童，流动人口中围产儿死亡率高等；流动儿童接受全程预防接种率、系统管理的人数构成比和入园入托率明显低于常住户籍儿童。

流动儿童作为流动人口中的特殊群体，加强其卫生保健管理和服务，直接关系到社会的稳定，儿童的生存和发展，体现社会的公平性。在中国政府

2001年颁布的《中国儿童发展纲要（2001—2010年）》中已明确提出“对城市流动人口中儿童逐步实行保健管理”，特别强调了流动儿童的保健覆盖率和尽量保证流动儿童的九年义务教育，完善其就学制度等。关注和解决流动儿童问题，直接关系到千家万户的切身利益，关系到新一代建设者的素质，关系到城乡稳定、协调发展和社会主义和谐社会建设。

目前流动儿童卫生保健已受到国家政府高度重视，相应卫生保健管理和服务质量也有了较大改善。为进一步了解中国流动儿童的卫生保健状况，提出促进流动儿童卫生保健服务工作的具体政策措施，改善流动儿童健康水平，按照国务院农民工办中国农民工发展研究工作的整体部署和要求，在全国妇联儿童工作部制定的《关爱农村留守流动儿童政策措施研究方案》的框架下，开展本次研究。

二、研究目的

（一）总目标

掌握中国流动儿童的卫生保健现状和存在的突出问题，了解现有政策措施及其落实情况，提出政策措施建议。

（二）具体目标

1. 掌握流动儿童的卫生保健现状和需求，分析面临的主要健康问题。
2. 了解流动儿童的卫生保健服务利用状况及存在的突出问题。
3. 了解现有的流动儿童卫生保健政策实施情况。
4. 提出完善现行政策措施和制定新政策措施的建议。

第一部分　中国流动儿童卫生保健研究现状

通过万方数据、中国知网等数据库，检索有关流动儿童健康状况、医疗救治现况、儿童卫生保健服务需求和利用情况、儿童卫生保健管理模式等文献资料，对文献进行系统评价和综合分析如下。

（一）流动儿童健康状况堪忧

世界卫生组织提出：健康不仅仅是指没有疾病或病痛，而是一种身体上、精神上和社会上的完全良好状态。流动儿童因原有生活、学习环境改变，父母文化程度较低，卫生保健意识较差，家庭经济状况较差，缺乏家庭、社会和学校的有效支持，导致其生理、心理、社会适应等方面存在诸多问题。

1. 流动儿童营养不良发生率较高

流动人口大多文化程度偏低，保健意识不强，缺乏儿童合理喂养知识，对儿童的营养状况重视不够，造成流动儿童膳食结构不合理，能量摄入不足或食物种类单调。国内学者调查农民工子女膳食状况发现，学生能量摄入普遍不足，各年龄性别组摄入量均未超过90%RNI，能量摄入比例不合理，蛋白质和脂肪供能不足，而碳水化合物比例偏高。维生素A、硫胺素、核黄素摄入量均不足，钙摄入量低于30%AI，锌摄入量不足60%RNI，女生膳食铁摄入量低于AI，动物性来源的铁不到总膳食铁的10%，铁来源不平衡。

对正值生长发育时期的流动儿童，家庭环境变迁、人际关系变化等可对其发育和健康状况带来不良影响。由于大多数流动人口家庭经济状况较差，可影响到食物种类的选择，加之儿童营养相关知识缺乏，使得流动儿童营养不良发生率高于常住户籍儿童，体格发育状况相对较差。据浙江省的一项研究发现，流动儿童体重低下和生长迟缓的发生率（2.89%、3.66%）均较常住户籍儿童高（0.71%、0.83%），且随着月龄增加差异愈趋明显；上海市的调查也显示非户籍而身高低于 P_{10}（15.98%）的明显多于户籍儿童（8.29%），体重低于 P_{10}（11.88%）也高于户籍儿童（7.83%）。

2. 流动儿童患病率及伤害发生率较高

流动人口多数生活条件较差，儿童卫生习惯不良和营养状况不佳导致多种疾病患病率高。调查发现流动儿童近2周患病率为19.26%～24.54%，高于常住儿童8.7%～23.2%，主要疾病包括发热、咳嗽、腹泻等，流动儿童近2周罹患腹泻（13.4%）明显高于户籍儿童（1.26%）。深圳的研究显示儿童营养性贫血患病率成逐年下降趋势（流动组从6.73%下降到3.08%，常住组从5.19%下降到1.96%），流动儿童5年总患病率（4.96%）明显高于常住儿童（3.36%）。另有报道流动儿童麻疹发病率较常住户籍儿童高，占总收治麻疹病例数的71.7%。

全世界每年因伤害死亡的儿童高达95万，而其中90%为意外伤害，这严重影响儿童生命质量，是危害儿童生命安全和健康的主要原因。流动儿童由于父母忙于外出务工，对其有效监护不足，更是伤害发生的高危人群。研究表明，流动儿童的伤害发生率（40.9%）明显高于留守儿童（33.5%）和普通儿童（28.6%），儿童常见的伤害中跌落伤、烧烫伤和动物伤害发生率最高，分别为14.4%、6.4%和4.2%，其他伤害还包括车祸、溺水、电击、中毒等发生率为0.6%～1.9%。而据某地急诊科调查显示流动儿童伤害发生率逐年上升，由2007年的14.77%上升至2009年的17.64%，而同年常住儿童发生率在下降，3年总发生率流动儿童（15.86%）明显高于常住儿童（10.76%），伤害发生原因排前3位的为跌倒/坠落（50.09%）、钝器伤

(14.87%)和动物伤(14.77%)。

3. 流动儿童5岁以下死亡率较高，且不同地区变化趋势不一

5岁以下儿童死亡率是衡量一个国家地区经济、文化、卫生等的综合指标。国内较多研究显示流动儿童死亡率较常住儿童高，且在大城市死亡率逐年上升。如太仓市调查显示，外来人口4年婴儿死亡率(5.64‰)高于常住儿童(4.44‰)；南京市的一项研究结果发现，5岁以下流动儿童死亡率在2007—2009年呈上升趋势，从6.85‰上升至14.71‰，流动人口中5岁以下儿童死亡占全区死亡比重也呈上升趋势，由16.7%上升到21.4%；深圳市的一项调查显示1996—2005年流动人口围产儿死亡率(19.84‰)远高于常住人口(2.47‰)。

可避免死因是降低5岁以下儿童死亡率最有效且关键的一步，流动儿童抚养人在卫生、营养、安全等方面有效监护不足，使其可避免死因占全死因死亡比例较大。广东省一项调查以常住儿童为标准，提出流动儿童的可避免死因，婴儿可避免死因包括败血症、腹泻、破伤风、营养不良、窒息和交通意外，1～4岁儿童可避免死因包括腹泻、脑膜炎、营养不良、溺水和交通意外，2003—2005年可避免死因占全死因的40.5%，3年呈逐年下降趋势(由50.1%降至36.5%)。且可避免死因死亡中，主要因为经济困难或认为病情不重导致60.8%的死亡儿童未经诊治。

4. 流动儿童心理问题较常住儿童更为突出

流动儿童在经历社会流动以及家庭的变迁过程中，更易遭受过多的社会打击。产生不安全感，导致自卑、沮丧或焦虑等心理不良状态。研究显示农民工子弟心理—情绪问题比一般学生严重，生存和适应状况需加以改善。聂少萍等对广东省11所农民工子弟学校和16所公办学校的初中生进行问卷调查显示，故意性伤害危险行为中打架、心情郁闷和受欺辱的发生率最高(分别为30.5%、22.8%、12.9%)，且均高于一般学生(22.4%、22.0%、10.7)，其他包括自杀未遂、自伤、孤独感等发生率为1.8%～12.9%。男生外显性伤害危险行为如交通违规、打架等均为发生率较高，而女生内隐性伤害危险行为如郁闷、有自杀意念等均为发生率较高。对流动儿童的精神行为研究也发现其在心理健康状况总分及恐怖倾向、学习焦虑、身体症状和过敏倾向上得分显著高于户籍儿童。

5. 流动儿童的社会适应问题不容忽视

多数流动儿童父母往往因忙于为生存生计打拼，而疏于对子女的关注和管理，使其处于城市文化的边缘状态。多数流动儿童对城市生活的不适应，

尤其青春期内外环境改变而造成的心理和生理上的不适应，更易使其受到情绪和心理问题困扰而表现出各种行为问题。有调查发现，在流动儿童中健康综合评定不良倾向比例为13.6%，且男生组（16.2%）高于女生组（9.14%），不同维度有明显的性别差异：在不良行为及品行障碍、学习困难和思想道德上男生得分高于女生，而情绪障碍则女生较高；研究还显示，有较多同伴支持和父母良好教育方式对儿童、青少年的健康有促进作用。针对简易小学的流动儿童的研究发现，流动儿童行为的总检出率为25.5%（男生28.8%，女生21.5%），在社交焦虑、孤独、幸福与满足感等方面都存在问题。上海市一项调查发现，流动儿童与常住户籍儿童相比在总体社会适应性上得分偏低，在心理能量维度上有显著差异。心理能量是个体拥有的应对压力的心理资源，主要影响因素来自自身人格特质和周围环境因素，还包括父母教育方式、学校气氛和同伴关系。

（二）流动儿童卫生保健服务需求和利用及知晓状况

1. 卫生保健服务需求大

目前国家医疗卫生条件有较大提高，科学育儿及保健知识的普及，使得流动儿童抚养人开始重视儿童卫生保健。多项研究显示其对卫生保健服务需求量大，且要求的服务内容广泛。需求量最高的为预防接种项目（96.0%～97.82%）和定期健康体检服务（84.8%～90.31%），其次还包括智力开发指导（74.8%～83.5%）、常见病预防（77.2%～81.5%）、营养指导（72.3%～81.0%）、眼保健（64.3%～73.0%）、口腔保健（62.5%～68.0%）、育儿咨询（77.81%）和新生儿访视（76.18%）。84.0%的抚养人表示愿意带孩子到社区卫生服务中心接受相关卫生保健服务，还有不少抚养人愿意通过书籍、讲座、音像制品和上门服务等形式了解儿童保健服务内容。

2. 卫生保健服务利用不足

根据卫生部《特殊人群计划免疫工作管理方案》，各地相继制定了流动儿童计划免疫政策，保证流动儿童享受与常住儿童相同的预防接种服务，极大地改善了流动儿童预防接种服务。但因其流动性大，且抚养人对具体接种项目不清，导致流动儿童预防接种和常住儿童比较仍存在差距。研究显示流动儿童计划免疫的建卡率为75.6%～87.86%，建证率为79.85%～91.73%，漏卡和漏证主要原因是搬迁和流动（57.3%），其次是跨地段接种（30.7%）。基础免疫中的“五苗”接种率流动儿童（96.08%）低于常住儿童（98.11%），也有数据显示96.5%的流动儿童打过预防针，但接受过系统的预防接种服务的为78.5%，仅有28%是主动要求接种的。2008年儿童麻疹疫苗接种率调查显示流动儿童（80.82%）明显低于常住儿童（96.26%）。

目前多数流入地政府未将流动儿童纳入当地人口统计，儿童保健服务统计和考核指标仍以户籍儿童数为网底，流动儿童数据不清，相应地保健管理实施困难，各地政策不一，保健管理质量存在差距。江苏太仓市2003—2006年0～3岁流动儿童系统管理率由12.1%上升至68.4%，7岁以下流动儿童系统管理率由11.8%上升至78.8%，但与常住儿童88.3%～98.8%的系统管理率差距较大。而上海市长宁区非户籍儿童系统保健管理率仅为19.81%，而户籍儿童为80.65%，表明不同地区系统管理效果存在差异，考虑与各地政策相关，如长宁区未将非户籍儿童纳入免费保健系统中。流动儿童新生儿访视率仅为50%左右，明显低于本地人口（95.6%～100%）。此外，按0岁、1～3岁、4～7岁年龄分组，农民工子女体检率（56.70%、74.80%、859.0%）明显低于常住儿童（92.60%、94.70%、98.60%/）。

多数流动人口经济状况较差，抚养人认为孩子患病在医院诊治花费过高，加上儿童医保报销费用有限，在正规医院的就诊率较低。北京市调查发现，流动儿童出生地点主要为市级及以上医院的占40.88%，区级医院占38.36%，还有的在街道或乡级医院。绝大多数流动儿童父母都表示关心儿童的健康，但也有2.42%的父母因为工作太忙、没时间等原因无法关心。有67.2%～96.54%的流动儿童在患病或不适时都会进行治疗，但只有54.15%～73.55%的父母选择到正规医疗单位就诊，11.09%～30.07%的父母则选择到个体诊所或个体医生看病甚至选择自行用药治疗。对未进行治疗的原因分析显示，有66.67%的人认为“自感病轻”，28.57%的“没时间”，14.29%的因为“经济原因”。

3. 卫生保健知识和保健服务知晓率偏低

流动儿童抚养人文化程度较低，儿童保健和常见病防治知识缺乏，且知识来源不够权威，信息获得不够及时，使他们保健服务知晓率偏低。研究显示抚养人“疫苗接种”的知晓率最高，达98.9%，但具体预防接种项目和时间只有15.70%回答正确，“儿童定期健康体检”知晓率达到70.6%，而“新生儿访视服务”知晓率只有26.1%，能够判断“儿童常见疾病症状”仅有17.0%。流动儿童家长的保健知识极为有限，研究显示大约二分之一的流动儿童父母对生理、卫生保健、心理等方面的知识不了解，而常住儿童的父母明显优于前者。在调查儿童保健项目知晓情况中，健康体格检查、智力开发等均为本市户籍组高于非户籍组，有40%流动儿童家长表示对各种儿童保健知识一无所知，了解的父母不到20%，而这小部分家长的知识来源主要是报纸和书籍（63.67%）或电视、网络等，而来源于医疗卫生保健机构者较少，只占19.78%。

（三）流动儿童卫生保健管理模式良莠不齐，儿童医疗保障制度不够完善

现在多数地方采用“卫生部—省市妇幼保健院—区级妇幼保健院—社区卫生服务中心”的基本保健管理模式，基本能够保障城镇居民的卫生保健管理及服务，但是由于流动人口流动性大，户籍管理不容易，社区难以掌握准确的流动儿童信息，影响了流动儿童保健管理质量。卫生部城市流动人口妇幼保健服务试点项目中就依照“发现—管理—服务”的基本流程（见图1和图2），通过完善政府主导、多部门协作机制，利用基层街道社区、计生部门、流动人口管理等部门的工作平台，及时发现流动孕产妇和儿童，对他们进行系统管理，并为他们提供妇幼保健服务。如北京市朝阳区建立了“政府领导，部门配合，街乡统筹，卫生实施，社会参与”的齐抓共管工作模式。形成“发现一个、建档一个、系统管理一个”的服务模式。杭州市下城区建立了“政府主导，部门配合，健全网络，保障服务”的工作机制。提出了“发现一个、服务一个、管理一个”的流动人口妇幼保健服务模式。2007—2010年，项目地区儿童保健服务的利用率明显提高，同时儿童保健知识知晓率有所提高，目标人群的健康水平有了明显的改善。

近几年中国多层次卫生保障体系不断完善，儿童健康也不断提高，2004年开始逐步推行的新型农村合作医疗制度，农村儿童以家庭账户的形式被纳入社会保障体系，2007年出台的《国务院关于开展城镇居民基本医疗保险试点的指导意见》将城镇儿童也纳入医保范围。考虑新型合作医疗不是都能在流入地报销，流动儿童医疗保障的实用性不足，近期卫生部下发《关于开展提高农村儿童重大疾病医疗保障水平试点工作的意见》提出流动儿童在流入地参保的试行办法，有望改善流动儿童医疗保障情况。研究显示流动儿童医保覆盖率为61.2%，低于成年男性、女性（68.4%、67.5%），投保形式上主要是新型农村合作医疗（60.8%，但只有15.8%可以在京报销），考虑到在家乡投保者在京就诊不能报销者实质上难以受益，所以被调查流动儿童的医保覆盖率则仅为19.2%，仍然低于成年男女（24.6%、22.5%）。流动儿童未参保的主要原因为还没来得及参加保险（38.7%），其次为在京就诊不能报销（31.5%），其余还包括觉得身体好没必要花钱、报销手续麻烦等。在参保意愿方面，35.6%的流动儿童表示希望有专门的流动人口医保，

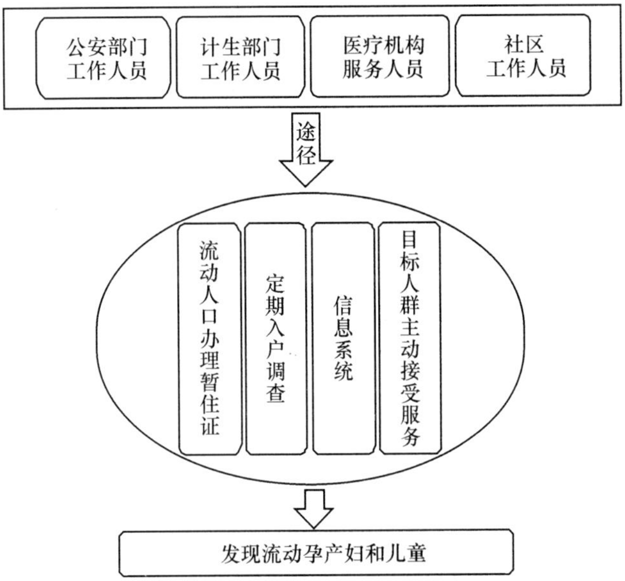

图 1 流动孕产妇和儿童发现机制流程

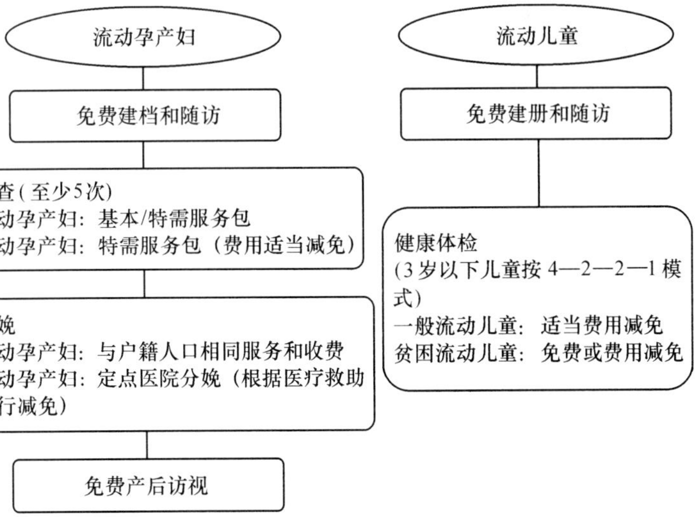

图 2 流动孕产妇和儿童妇幼保健服务提供流程

30.3%表示希望家乡医保能异地报销。有报道流动人口患病后去流入地县以上医院就医者不到70%，近一成选择回老家治疗，仅有26.8%已参加医保流动人口表示可部分报销医疗费，超过六成仍需全部自己支付。

（四）流动儿童卫生保健相关政策正逐渐完善

随着大城市中流动儿童比例越来越大，社会对流动儿童的关注度也在不断提高，从1993年开始国家、各省市都相继出台了一些保护流动儿童合法权益的政策和法规，说明各级政府都在关注流动儿童的健康问题，体现了社会的公平性。有调查显示流动儿童政策涉及卫生、教育和权利保护，其中与教育相关者较多（17/45），与卫生保健相关政策相对较少（6/45）。具体政策见表1。

表1　与流动儿童相关政策举例

政策	年份	备注
《关于深圳经济特区中小学暂住户口学生入学有关问题的通知》	1993年	深圳
《流动儿童少年就学暂行办法》	1998年	国家
《特殊人群计划免疫工作管理方案》	1998年	国家
《关于进一步做好进城务工就业农民子女义务教育工作的意见》	2003年	国务院办公厅（国办发［2003］78号）
《做好农民进城务工就业管理和服务工作通知》	2003年	国家
《关于将农民工管理等有关经费纳入财政预算支出范围有关问题的通知》	2003年	财政部等五部委（财预［2003］561号）
《进城务工农民子女就学扶助专项工作方案》	2004年	辽宁省
《关于无锡市进城务工就业流动人口子女接受义务教育的若干意见》	2004年	锡政办发［2004］117号
《成都市关于进城务工农民子女接受义务教育意见（试行）的通知》	2004年	成办发［2004］95号
《国务院关于解决农民工问题的若干意见》	2006年	国务院（国发［2006］5号）
关于贯彻落实《国务院关于解决农民工问题的若干意见》的通知	2006年	卫生部卫疾控发［2006］168号
《贯彻解决农民工问题的实施意见》	2006年	教育部教职成［2006］6号
教育部出台三大措施保障农民工子女平等接受义务教育	2006年	全国农民工工作座谈会
《关于开展提高农村儿童重大疾病医疗保障水平试点工作的意见》	2011年	卫生部

（五）流动儿童卫生保健工作面临的主要问题

通过国内研究发现，中国现阶段流动儿童卫生保健方面尚存在诸多问题：

1. 流动儿童健康状况较差，包括生理、心理和社会适应上都与常住户籍儿童存在差距。

2. 流动儿童对各项保健服务及相关知识的需求大，但相应的利用率和知晓率明显不足，不能主动性寻求保健服务。

3. 缺乏符合流动儿童特性的保健管理模式及适宜的医疗保障制度。

4. 流动儿童相关政策持续增加，但是卫生相关政策相对较少，有的政策在实际的实施力度上不能完全保证。

应进一步加大管理力度，广泛开展流动儿童卫生保健知识、服务和政策宣传，探索符合流动儿童特点的保健模式和医疗保障制度，促进和改善流动儿童的健康及卫生保健现状。

第二部分　流动儿童父母访谈结果与分析

（一）基本情况

本次个人深入访谈共调查 0～17 岁流动儿童家长 22 人，其中在北京市调查 10 人，武汉市调查 12 人。包括 3 岁以下和 3～6 岁儿童家长各 6 人，7～12 岁和 13～17 岁儿童家长各 5 人。

在访谈的 22 人中，母亲 16 人，父亲 6 人；年龄在 26～47 岁；文化程度以初中及以下为主（17 人）；有 13 人没有工作；所有调查对象来居住城市时间超过 2 年，且均为夫妻及子女同住。调查中发现，3～6 岁儿童中仅有 2 名生活在武汉的儿童入托幼机构；7～17 岁儿童全部入学，但大约一半儿童就读于私立或打工子弟学校。详见表 2 和表 3。

表 2　　0～6 岁流动儿童父母基本信息

子女年龄（岁）	性别	访谈人	年龄	文化	职业	来城时间（年）	子女数（个）	子女排行	出生地	访谈地点
0（1 个月）	男	母	26	初中	无	11	1	1	城市	武汉
0（4 个月）	女	母	29	高中	无	7	3	3	老家	北京
1	女	母	24	初中	无	10	1	1	城市	武汉
1	女	母	36	初中	无	4	2	2	老家	北京
2	女	母	27	初中	无	7	2	1	老家	武汉
2	男	母	35	初中	无	11	2	2	城市	北京

续表

子女年龄（岁）	性别	访谈人	年龄	文化	职业	来城时间（年）	子女数（个）	子女排行	出生地	访谈地点
3	女	母	30	初中	裁缝	16	1	1	城市	武汉
3	男	母	34	初中	无	13	2	2	城市	武汉
3	男	母	28	初中	无	6	1	1	老家	北京
3	女	父	29	小学	建筑工	12	2	1	老家	北京
3	女	母	28	高中	店员	10	2	1	城市	北京
4	男	母	37	小学	卖手机	6	2	2	老家	武汉

表 3　　7～17 岁流动儿童父母基本信息

子女年龄（岁）	性别	填写人	年龄	文化	职业	来城时间（年）	子女数（个）	子女排行	入学	就读学校	出生地	访谈地
9	女	母	40	初中	无	6	2	1	初中	私立	老家	武汉
9	女	父	36	高中	司机	5	1	1	小学	公办	老家	北京
10	女	母	33	高中	无	11	3	1	小学	私立	城市	武汉
12	女	母	34	初中	无	13	2	1	初中	公办	老家	武汉
12	男	父	40	小学	无	2	2	2	小学	打工子弟	老家	北京
13	男	母	34	初中	保洁	4	1	1	小学	私立	老家	北京
14	男	母	41	小学	无	5	2	1	初中	公办	老家	武汉
14	女	父	39	初中	卖菜	15	2	2	初中	私立	老家	武汉
15	女	父	41	高中	卖菜	17	2	1	初中	公办	老家	武汉
15	女	父	47	初中	卖报	17	2	2	初中	公办	老家	北京

（二）流动儿童患病及治疗情况

访谈中了解到，流动儿童家长对子女的健康状况普遍较关心，但有部分家长对于意外伤害警惕性不高。调查的流动儿童 80%以上健康状况良好，但家长对孩子健康比较重视，当孩子生病时，除个别家长会因为家庭经济困难而放弃治疗外，绝大多数家长表示会去医院治疗。对流动儿童常患疾病调查发现，0～6 岁儿童最常患的疾病主要为感冒，发烧和腹泻；7～17 岁儿童主要集中于近视、龋齿、生长发育迟缓等。孩子自出生后治疗疾病总花费在 100 元～3 万元。约有一半在 1 000 元以下，1/4 在 2 000～5 000 元，1/4 在 1 万以上。有一半以上家长认为孩子生病治疗的费用能够承受，但约 1/3 家长认为治疗费用已给家庭带来较大的经济负担。

流动儿童患病及治疗情况（访谈记录）

1 岁女孩母亲（北京）

我孩子身体健康，出生以后没得过大病，最近有 2 次从床上跌下来，头上磕了个小包不管它自己就好了。如果我孩子生病就去儿童医院，因为那是专科，有名的正规医院。

1 岁男孩母亲（武汉）

孩子身体不太好，经常腹泻，发烧。1 岁多时经常腹泻，大约有 3～4 次，每次长达 7 天，住院 1 回。2 岁多时得过 2 回肺炎，住院 1 次，在武汉市儿童医院，觉得那里是专门针对儿童的，专业些。3 岁后基本无病，仅感冒，去社区医院看病，就近方便，儿童医院人太多，空气不好，环境不好（觉得有病菌太多），觉得感冒是小病，没必要去大医院，去了可能会被感染成大病。孩子每次生病都会去看，因为对孩子生病很紧张。孩子出生以来看病治疗花费总计 2 万～2.5 万元，给家庭带来很大的经济负担。

15 岁男孩母亲（武汉）

孩子有点残疾，小时候在当地检查过（四川），有脑血栓。半身手脚活动不便，肌肉萎缩。4 岁时曾在当地医院检查，医生说治不好，并且当时经济很困难，总共花费 2 000 多元，自费，无医保。来武汉后未治疗。

9 岁女孩父亲（北京）

孩子从小就爱生病，主要是感冒，大的意外伤害没有，就是有几次小的皮外伤。孩子生病主要是到社区卫生服务中心和私人诊所，相对便宜。孩子从出生以来看病的花费大约是 2 万元。上学以来大约 2 000 元。3 岁以前孩子生病的次数多，经济上比较有负担，3 岁以后生病次数少了，就不算是负担了。

10 岁女孩母亲（武汉）

现在很多孩子早熟，我的孩子长得却偏矮了点。现在 11 岁只有一米三。做过骨龄检查比实际年龄少 2 岁。医生建议进一步做的一些检查，但目前因为经济原因还没做，心里感觉很压抑。

（三）流动儿童卫生服务需求及利用情况

流动儿童卫生服务利用情况是其服务需要和卫生资源供给相互作用的反映。为提高卫生服务的普及程度和居民接受卫生服务的能力，保证卫生服务的公平性，对流动儿童卫生服务需求及利用情况进行调查分析。

1. 流动儿童卫生服务需求情况

本次调查发现，不同年龄段流动儿童家长对孩子的健康关心程度有所差异。0～6 岁流动儿童家长对孩子最关心的问题是有关身体健康方面，如合理营养与喂养、生长发育和疾病防治及智力发育等；而 7～17 岁流动儿童家长认为该年龄段儿童患病较少，对孩子关心的问题则从身体健康为主逐渐转变为学习方面。调查中一半以上家长认为孩子的学习成绩是最重要的，对孩子的健康问题关注减少。

（1）流动儿童家长儿童保健知识不足。本次调查发现流动儿童抚养人儿童保健知识普遍匮乏，家长中多数（80%以上）不了解儿童保健知识或仅知道一点喂养方面的内容，且平时对儿童保健知识关注很少。家长平时了解到的儿童保健知识主要是通过书籍、电视、亲朋好友以及医生咨询获得。许多流动儿童家长表示以往对健康知识、健康行为重要性认识不足，也难以有机会系统性学习相关知识。当问及是否需要儿童保健知识时，约 80%以上的家长表示希望获得合理营养，生长发育促进，疾病防治、智力开发和心理卫生等儿童保健知识，最希望通过宣传手册、电视、医生告知等方式获得儿童保健知识。约 2/3 的 3 岁以下流动儿童家长认为有必要接受育儿咨询。由此可见，事实上流动儿童家长对儿童保健知识的需求较高，但由于其缺乏卫生保健意识，往往没有主动获取相关知识。

（2）流动儿童家长卫生保健服务需求高。流动儿童家长普遍认为给孩子接种疫苗十分必要，可有效预防传染病；80%以上流动儿童家长表示需要定期健康体检服务及计划免疫。6 名 3 岁以下儿童家长均表示有必要进行新生儿访视，定期健康体检及预防接种，体现出流动儿童的卫生服务需求较高。

流动儿童家长对孩子关心的问题（访谈记录）

3 岁男孩母亲（北京）

主要关心孩子营养问题，营养不好会影响孩子的大脑、智力，还影响长个。给孩子做饭时，关心孩子吃什么，没有想过怎么让孩子长的更好。

2岁女孩母亲（武汉）

非常关心孩子的身体健康，因为觉得身体是本钱，身体好其他方面才可能好。

2岁女孩母亲（北京）

我最关心孩子的智力和体格发育。我也说不来为什么关心，作为一个母亲都关心，就是怕孩子傻，智力就是看孩子傻不傻。关心是关心，但是没有想过怎么去关心。感觉就是担心他长不好呀，怕变傻呀。没有想过怎么去培养他，现在还小。

12岁男孩父亲（北京）

最关心学习，肯定是关心学习。学习好不好跟将来的关系重要。孩子身体很少生病，不太关心。

9岁女孩父亲（北京）

关心孩子的身体和学习，因为我孩子从小就身体不好，爱生病。现在还缺钙，还是很关心孩子身体健康的。

14岁女孩父亲（武汉）

最关心孩子的学习问题，因为觉得孩子身体挺好，没什么问题，这个年龄的孩子该关心学习。

12岁女孩母亲（武汉）

最关心孩子心理、学习方面，因为孩子现在很叛逆，爱顶嘴，不爱学习。这个孩子身体好，不容易生病，不是很关注。

流动儿童家长儿童保健知识了解及需求情况（访谈记录）

3岁男孩母亲（北京）

儿童卫生保健知识我真不知道，就是不让孩子吃脏东西，要勤洗手、勤换衣，其他怎么喂孩子，怎么让孩子长个都不了解。自己也没有想过了解这些知识。我想我们老家都这么带孩子，也没有什么病。也不是说像城里人那样，太在意了，孩子也不定不生病了。如果有提供儿童保健知识培训的，了解行，不了解也行，我感觉就是我太在意了，他也不一定不生病。特别想了解的就是怎么让孩子吃饭。方式：专家、手册、报纸，最希望通过手册、报纸来了解。面对面咨询没必要，主要是没有时间。

2. 流动儿童卫生服务利用情况

（1）流动儿童出生地及新生儿访视情况。本次访谈发现，0～6岁流动儿童中，有1/2的儿童在所居住的城市医院出生，住院分娩费有的高达1万元以上；另有1/2的儿童母亲因城市分娩费用过高而选择回老家分娩后再带孩子返回城市。在被调查的12名儿童家长中，9人未听说过新生儿家庭访视服务，有3名在城市分娩的家长听说过，其中2人接受过家庭访视，1人因为住处不方便，拒绝了医生的访视。

（2）流动儿童预防接种情况。按照国家公共卫生基本政策规定，流动儿童在城市内的一类疫苗接种是免费的，享受与城市户籍儿童相同政策。本次访谈中0～6岁流动儿童家长均给孩子办理了预防接种卡，其中2名儿童接种卡虽然在老家办理，但在城市仍可使用。调查儿童均按照国家免疫规划要求定期进行预防接种。流动儿童家长普遍对城市计划免疫服务满意度较高，有的家长反映在城市打预防针比在老家花费还要少。

而90%的7～17岁儿童参加了学校组织的免费预防接种，主要是乙肝，麻疹的接种。表现出城市中小学中预防接种的普及工作相对健康体检较好。

（3）流动儿童健康体检情况。根据国家规定，目前7岁以下流动儿童与城市户籍儿童同样享受免费定期健康体检，包括身高、体重、头围等测量，而智力测定和微量元素检测等则是收费服务。但本次调查发现0～6岁流动儿童中超过一半的没有按照国家规定的时间定期体检。一方面是家长对健康体检的认识不足，认为儿童体检不重要，另一方面家长反映无卫生保健相关人员指导，他们不知道孩子需要定期体检。在接受定期健康体检的流动儿童家长中中仅有2位家长表示在儿童体检时接受过医生的营养指导，多数家长表示，当孩子健康体检后并不清楚其生长发育情况怎样，因此对儿童健康体检服务满意度较低。约1/2的家长希望医生指导自己的孩子做体检的时间，并且希望在对孩子体检后针对其生长发育水平给予营养及防病指导。

在对7～17岁流动儿童家长的访谈中发现，公办学校就读的流动儿童全部参加了学校组织的免费健康体检，而民办、打工子弟学校则未参加学校的体检，原因为学校没有组织统一体检。可见民办、打工子弟学校对学生的定期健康检查工作仍有待提高。

流动儿童家长卫生服务利用情况（访谈记录）

1岁女孩母亲（武汉）

在武汉为孩子办理了预防接种卡（孩子满月时办理）。基本上都打了。有些免费，有些收费。周围人也都打了，很少有人因为疫苗收费而不给孩子打针。觉得疫苗接种很有必要。每次都在固定地方，要排队，最多需要排1个多小时，平均1小时。满月时医生给孩子体检了，量了头围、胸围、身高、体重，大概花了半小时。但没有记录下来。没有营养指导和防病指导。后来没体检，是因为医生没通知。体检是免费的。觉得体检很有必要。对于体检服务不满意，因为服务态度不好。建议：希望医生量的仔细一点，应该经常提醒该体检了。

2岁男孩母亲（北京）

1岁以内每个月来打针，体检2～3次；1～2岁期间体检过1次。每次体检都在青云店镇卫生院这边，每次大夫都提前告诉下次体检的时间，每次都能按时来。体检的项目包括智力、体重、身高，还查血、缺钙什么的，总共抽过3次血，也有查过贫血。医生没有给喂养和防病的指导。体检有用。每次收费约80～100元，目前的费用还能承受。每次体检需要排队2～3小时。这里的服务好，医生态度好，我感觉挺好的，没有什么需要改进的方案。

1岁女孩母亲（北京）

孩子偶尔体检，每年1～2次吧；孩子的爸爸是建筑工人，几个月换1次地方变动频繁，我们嫌太远就没有按期来体检；来体检是医院通知的，体检地方固定，就在这个医院；体检项目包括：测量身高、体重、血、尿常规、听力、智力；每次检查大约半小时；指导内容有喂养、如何防止生病；我觉得定期体检有必要；测量身高体重这些体检的内容都是免费的；每次排队1～3小时不等；我对他们的服务满意；我没有啥改进建议。

3岁女孩父亲（北京）

在老家小医院生完告诉办（接种）本，回到北京打针带来就可以，北京打预防针不错，医生打电话通知。去年在瀛海（注：临近乡镇）打过针，要先体检再给打针，体检要交钱，后来就上这来打。我就重视天花和脑炎。小孩传染病最重要，我们农村没有一个人马虎，听说老家以前打针收费，北京打针一分钱都不（用）花。去年在瀛海体检收150元钱，以后就不去了，在这个医院体检过1次没要钱。医生态度好，有体重和身高，告诉我孩子有点儿贫血要回家给孩子吃什么。

我个人觉得体检没有预防针重要，这是我个人觉得的，（孩子）活动自如，走路不腿软，精神头好，就没有大毛病，没有必要（体检）。像经常感冒每年20～30次就是有病。我家孩子1年感冒5～6次没问题。

13岁男孩母亲（北京）

学校里没查过（身体），民办学校和公办校不一样，老乡的孩子在公办校1年体检1次，不花钱，查出眼睛不好，给个条子到医院去检查，（医院大夫说）没事，不用治疗，也不花钱。

（四）流动儿童家长对医疗保健政策知晓情况

中国政府高度重视流动人口公共卫生和医疗服务工作，要求加强流动人口疾病监测，实施严格预防控制措施，发布了《疫苗流通和预防接种管理条例》（国务院令第434号），流动人口中的适龄儿童与本市儿童享有同样的预防接种政策，免费发给《儿童预防接种证》，并免费享受卡介苗、脊髓灰质炎疫苗、百白破三联混合疫苗、麻疹疫苗、流脑疫苗、乙脑疫苗和乙肝疫苗接种服务。每年对流动人口中的适龄儿童开展1次强化免疫接种服务。以城乡接合部为重点，集中开展“查漏补种”活动，进一步提高流动人口中的适龄儿童人群免疫接种水平。要求充分发挥社区卫生服务中心（站）作用，为流动人口提供基本医疗服务。北京市要求全市社区卫生服务中心（站）对前来就诊的流动人口提供诊疗服务，对大病及传染病病人提供转诊服务，并为本社区内的流动人口提供健康教育及免费咨询服务。在规模较大、相对封闭的流动人口工作区域、生活区域要设立临时卫生服务点，或以流动巡诊车方式，为流动人口定期提供公共卫生、妇幼保健及基本医疗服务。目前按照国家规定，流动儿童享受与城市户籍儿童相同的免费基本公共卫生服务。而武汉市政府规定流动儿童在社区卫生服务机构就诊享受“五免六减”的医疗服务减免政策。

通过对流动儿童家长访谈发现，他们对流动儿童医疗保健政策普遍缺乏了解。只有1/3左右的家长听说过流动儿童医疗保险，但所有访谈对象均不了解流动儿童医疗保险的具体内容及政策。90%以上的家长想通过宣传册、医生告知、电视或上网了解相关政策。被访谈的家长中约一半未办理任何医疗保险，在办理过医疗保险的人员中，除个别家长办理的是商业保险，多数为新型农村合作医疗，但都未在所居住的城市报销过，且对报销途径缺乏了解。约 1/3 的家长给孩子办理了医疗保险，主要为商业保险、新农合或在学校办理的医疗保险（仅公立学校办理），这些医疗相关保险规定只有在当地就医或大病住院时才能报销，因此，孩子生病的医疗费用从未得到报销。调查中还了解到，流动人口在所居住城市不能与常住居民同样享受城镇居民医疗保险，且多数家庭考虑经济因素或缺乏医疗保健意识，也未参与商业保险，有些虽然在老家参加了新农合，由于报销时往往受到诸多因素限制，导致不少流动儿童家庭的医疗保险实际处于空白状态。

目前，武汉市儿童医疗保险除公务员干部子女享有的统筹医疗外，与流动儿童基本一致；而北京市户籍儿童可享受“一老一小”保险。在本次访谈中，对于流动儿童与城市常住户口者享受医疗保健服务方面的不同，20%的家长表示没有区别，约 80%的家长感觉有明显区别，但由于这些家长对城市及流动户口孩子具体享有的医疗保险政策均不甚了解，因此并不知道具体的区别。

流动儿童家长的医疗保健需求：90%以上的流动儿童家长希望能在城市看病报销，自己的孩子治疗能和城市户口孩子有相同待遇。希望住院及门诊都可获得 50%以上的报销，建议外地户口者可在居住地报销，医疗保险能全国联网，在全国各地都可以用；有家长提出应简化报销程序，希望能在所在城市报销，但最好可直接在医院报销。

流动儿童家庭医疗保险办理情况（访谈记录）

3 岁女孩父亲（北京）

我们什么保险也没办。老家没办新农合，在城里也没买，有病自己花钱，90%农民都这样，10%在大企业搞建筑的有保险。报销没听说过。孩子看病也是我们自己掏钱，99%不能报，1%买商业保险。打预防针有免费，有不免费。国家管理力度不够。

4 岁男孩母亲（武汉）

我和孩子爸爸在农村办了合作医疗，在老家住院报过销，可以报

60%。来武汉之后没用过。但听说在武汉只报20%，只有住院能报销，但不限病种，可直接在武汉市报销。我的小孩没有医疗保险，没报销过，也不太了解其他孩子的情况。感觉武汉的孩子看病应该可以报销的。在医院打针的时候听说武汉市家庭环境好一点的报销比例可达80%。

第三部分　妇幼保健机构儿童保健负责人访谈结果与分析

采用访谈调查的方式，对妇幼保健机构儿童保健负责人就流动儿童的卫生保健现状和存在的突出问题、现有政策措施及其落实情况等进行了深入访谈。2名访谈对象分别为北京市某区级妇幼保健院儿童保健科主任和武汉市某区级妇幼保健院保健部主任，均具有本科学历，目前工作岗位年限在5年以上，熟悉儿童卫生保健服务及管理工作。

（一）流动儿童健康和卫生保健现状

1. 流动儿童健康状况相对较差，常见疾病的患病率和发病率高

对提供儿童保健服务的管理人员访谈了解到，流动儿童家长往往文化程度偏低、卫生保健意识较弱，在一定程度上影响到孩子的健康状况。流动儿童与城市户籍儿童比较，营养不合理、不良卫生习惯和意外伤害等问题较为突出。如贫血、腹泻的发病率较高，由于流动儿童父母忙于生计，或家中子女较多，对孩子安全疏于管理，导致交通伤害、窒息等的发生率也高于城市户籍儿童。

2. 流动儿童家长卫生保健意识差，缺乏基本的卫生保健知识和技能

由于经济因素制约和流动儿童家长卫生保健意识较差，当孩子完成基础免疫（1岁）之后，绝大多数流动儿童家长只要孩子不生病几乎就没有主动寻求卫生保健，往往在孩子生病时选择费用相对低廉的私人诊所就医，或自行不正确地护理，结果延误病情。

应大力开展健康教育，普及科学育儿及预防保健知识、提高家长育儿水平，增强流动儿童家长的卫生保健观念及安全隐患意识；医疗卫生部门应积极提供可及性服务，加强社区卫生服务人员培训，提高儿童常见病诊治水平，提倡和鼓励流动儿童到社区卫生服务机构就诊。

（二）流动儿童卫生服务需求和利用状况

从访谈中了解到，随着流动人口管理政策的完善和工作的深入，农民工

利用基本公共卫生服务的积极性较以前明显增高。区级妇幼保健机构在促进流动儿童卫生服务利用中起到积极的作用。表现在促进社会均等化，使农民工子女与城市儿童享受同等基本卫生服务。通过产后访视（产后访视流动和常住儿童没有区别）可以将新出生的流动儿童进行登记、宣传、指导，尽早纳入系统管理。对于分娩地点不在城市居住地的流动儿童，主要通过免疫接种、居住地居委会等了解儿童信息。如北京市大兴区目前利用信息系统摸清流动儿童的底数，区内分娩详细情况和数字均有登记信息。通过区镇村三级网络，各村由公共卫生专管员及时发现流动儿童上报，使流动儿童能够得到基本公共卫生服务。但是，目前社区卫生服务机构的通科医生，普遍存在儿科常见疾病诊治水平较低，多数社区卫生服务机构不能接诊儿科患者，使得流动儿童无法利用便利和方便的卫生服务资源，而不得不承受高昂的大医院诊治费用或选择私人诊所就医。

（三）流动儿童医疗保健政策

按照《国务院办公厅关于印发医药卫生体制五项重点改革 2011 年度主要工作安排的通知》（国办发［2011］8 号）要求，2011 年起，国家人均基本公共卫生服务经费标准由每年 15 元提高至 25 元。为进一步规范国家基本公共卫生服务项目管理，卫生部在《国家基本公共卫生服务规范（2009 年版）》基础上，组织专家对服务规范内容进行了补充和完善，制定了《国家基本公共卫生服务规范（2011 年版）》，将儿童保健管理人群从 0～3 岁扩大到 0～6 岁，并增加儿童口腔保健等服务内容。访谈结果显示，按照国家基本公共卫生服务要求，流动儿童与城市常住户籍儿童同样享受了接种疫苗和健康体检等医疗保健服务。北京市从 2011 年 6 月起除儿童体格检查免费外，智力筛查、血红蛋白检测、产后访视、新生儿疾病筛查等服务也逐步实施免费；武汉市从 2009 年以来儿童体格检查一直免费，根据实际完成情况（包括流动儿童和常住户籍儿童），由政府划拨的基本公共卫生服务经费中支付给社区卫生服务中心，一般每做 1 人次儿童健康体检，政府补贴社区卫生服务中心 8 元。

在妇幼人群医疗报销方面，武汉市针对流动人口主要有生育保险、住院分娩补助。如 2009 年，武汉市卫生局和武汉市财政局联合下发了“关于武汉市农村孕产妇住院分娩补助项目实施方案的通知”，对于武汉市农村孕妇和城市农民工孕妇给予补贴，即对参加了新型农村合作医疗的孕产妇在定点医疗机构住院分娩，每例由中央财政补助 300 元，新型农村合作医疗补助 350 元，合计 650 元。但是，目前武汉市出台的医疗保险政策尚未覆盖到儿童（包括流动儿童和常住儿童），儿童患病的医疗费用报销只有统筹和非统筹的区别。如事业单位工作人员和公务员子女大多数为统筹医疗，可享受部分医疗保险，而参加了新型农村合作医疗的流动儿童，按要求需要在当地就诊报销，因此，在城市患病治疗的医药费基本没有报销。近年来，按照武汉市针对先天性心脏病等重大儿童疾病出台政策，武汉市户籍儿童在武汉市儿童医院住院手术治疗可补助50%。而农村儿童和流动儿童未能覆盖。

北京市出台相关政策，户籍儿童享有“一老一小”保险，但除外地户籍儿童；目前大部分流动儿童家长不知道医疗保障相关政策、但愿意参加和享受各种医疗保健保险。但是，实际情况各地的报销政策不一样，流动人口户籍地的政策在目前居住城市却不能起作用，大多数流动儿童在城市患病诊治费用，往往因为回户籍地路途遥远旅费较高或因为家长认为耽误时间而影响工作，而未能报销。

上述问题涉及地域广、人口多，目前难以解决，需要政策的支持。社区卫生服务人员建议将生育保险只管怀孕到产后42天，延伸到孩子7岁。

（四）流动儿童卫生保健工作面临的问题和建议

1. 面临的主要问题

（1）政府对社区卫生服务中心经费投入不够，基层单位硬件及软件设施差。

（2）社区卫生服务中儿童保健工作人员偏少，工作量大，人才流失率高。

（3）流动儿童家长健康意识薄弱，主动寻求保健服务能力较差。

（4）流动儿童流动性大，服务和管理困难。

（5）针对流动儿童疾病救治保障机制不够健全。

2. 建议

（1）政府应增加对社区卫生服务中心的财政投入，加强硬件（听力筛查、视力筛查、心电图检查和B超检查等）和软件（儿童医疗保健服务人员数量、专业培训、待遇等）两方面建设，提高社区卫生服务中心的服务能力。

（2）鼓励流动人口孕产妇参与生育保险，并将生育保险延伸到孩子7岁。目前限于中国经济水平，还是应采取疾病救助的形式采取减免，针对费用高的病种如白血病，出生缺陷（包括先心等）。根据流动人口的经济状况给予一定补贴，尤其应针对特别困难的流动儿童家庭应给予积极的医疗救助。

（3）采用儿童保健卡，全国联网，城市和农村通用。使流动儿童体检地点不固定时不需要反复建册，便于管理。

（4）政府主导，加强妇儿工委、卫生，妇联、教育、计生、公安局、流管办等多部门合作，采用多种形式大力开展健康教育工作，提高流动儿童家长保健相关知识、服务和政策的知晓率，增强寻求儿童保健服务的主动性。

妇幼保健机构负责人访谈记录

（武汉）目前社区中心这一级很难留住人。每年卫生局都在招人，但基本上人才流失在60%以上。目前社区待遇太差，一般本科生刚来时每月800元，过两年1 000～1 200元，租房，吃饭，搭车后可能还要自己贴钱。即使升到主治才2 000多元，很难在业务上有发展而且一般人根本熬不到主治。来1年考到医师执照后就走人。

（北京）我认为落实流动儿童医疗保健工作需要多部门配合，最主要是政府：市区主管行政部门，其他有关部门如，妇联、计生、妇儿工委、公安局、流管办等，卫生部门只是提供服务的具体执行者；协调好的话就要加强各部门之间的合作、沟通；一起开会、相关工作一起配合做，不要重复做工，以免浪费人力物力。

第四部分　社区卫生保健服务人员小组讨论结果与分析

（一）基本情况

分别在北京市大兴区及武汉市江汉区各抽取一个社区，每个社区抽取6名工作人员，采用专题小组讨论的方式，组织社区卫生保健服务提供人员就辖区内流动儿童的卫生保健现状、卫生服务需求利用情况以及提供流动儿童医疗保健服务工作中遇到的突出问题等进行了讨论。参与访谈的12名社区卫生保健服务人员中，男2人，女10人；年龄为24～57岁；学历本科的5人，大专6人，中专1人。详见表4。

（二）流动儿童健康和卫生保健现状

1. 流动儿童中存在明显的营养及喂养问题

可能与长期的生活水平、经济发展及卫生保健资源利用等有关。通过与社区卫生保健服务提供人员的小组讨论了解到：流动儿童中贫血、微量元素缺乏、生长迟缓等营养缺乏相关性疾病发生率明显高于城市户籍儿童，流动

表 4 **社区卫生保健服务提供人员信息表**

性别	年龄	文化程度	职称/职务	担任现职年限	所在地
女	25	大专	护士	4 年	北京
女	28	大专	药士	8 年	北京
女	24	大专	医士	2 年	北京
女	28	本科	医师	3 年	北京
女	30	本科	主管护师	1.5 年	北京
女	32	大专	医士	10 年	北京
女	33	本科	医师	3 年	武汉
女	33	本科	医师	3 月	武汉
女	47	中专	护士	3 年	武汉
男	57	本科	副主任医师	5 年	武汉
女	43	大专	医士	3 年	武汉
男	49	大专	公卫科长	5 年	武汉

儿童的体格发育水平普遍不如城市户籍儿童；社区卫生工作人员反映，相对城市户籍儿童来说，许多流动儿童的喂养存在问题，如辅食添加不到位，存在过早和过迟添加、添加种类不适当的现象；大部分流动儿童家长没有注意给孩子添加鱼肝油、钙等营养补充剂，导致流动儿童中钙缺乏及生长迟缓的发生率高。其原因可能为流动儿童家长对喂养知识不了解，也没有主动寻求卫生保健服务的意识，同时与其经济水平有关。

2. 流动儿童感染性疾病发生率高

通过小组讨论了解到，流动儿童中腹泻、传染病等的发生率普遍高于城市户籍的孩子，与流动儿童家庭缺乏良好的卫生习惯，家长对疾病防治知识的了解程度低及流动儿童居住环境的卫生条件差有关。

3. 流动儿童尤其是大年龄流动儿童心理健康问题较多，而家长往往容易忽视孩子的心理健康

建议对流动儿童加强系统保健管理，即通过生长发育监测、评估，以及对儿童喂养的深入了解，及时发现儿童在营养、喂养、生长发育发面的问题，早期纠正，并尽可能对流动儿童家长进行追踪性营养指导；举办定期讲座，普及合理营养、疾病防治及心理保健知识，每次讲座发放礼品及健康处方等宣传资料，提高应答率；通过多种形式大力宣传，真正落实环境卫生，帮助流动人口培养良好的卫生习惯。

（三）流动儿童卫生服务需求利用状况

1. 流动儿童卫生服务需求有所提高

通过本次讨论发现目前流动儿童家长知识态度和服务需求普遍比原来有所提高，比如以往在预防接种时提供的保健知识宣传册只有城市居民关注，而现在每天有很多流动儿童家长前来领取卫生保健宣传资料。尽管如此，大部分流动儿童家长的保健意识仍较城市户口家长差。流动儿童父母的保健服务需求主要与其经济状况、文化程度相关。一般来说经济状况好，文化程度高的家长会主动寻求卫生保健服务，如主动要求产后访视等。

2. 流动儿童卫生服务利用不足

目前按照国家政策规定，流动儿童与城市户籍儿童可享受同等的基本公共卫生服务，包括免费的新生儿访视、定期健康体检、免疫规划中的疫苗接种免费等。但流动儿童对公共卫生服务利用的情况仍不理想，尤其是新生儿访视及定期健康体检。2011 年 6 月 1 日以后，北京市无论是本地还是外地儿童，都享有免费体检服务，但北京大兴青云店镇社区约有 3 000 多名的流动儿童，从 2011 年 6 月 1 日开始在案建册的不到 100 名。流动儿童对定期体检服务利用不足的原因一方面是家长的重视程度不够，相当一部分家长没有认识到定期体检的重要性；另一方面是很多北京流动人口没有暂住证，虽然办理暂住证是免费的，但多数家长缺乏这种意识，导致享受不了免费体检的服务。由于服务对象流动性大，针对流动儿童的新生儿访视工作执行同样不理想，许多家长不知道有免费的新生儿访视；大部分儿童满月后才第一次接受保健。

（四）流动儿童医疗保健政策

1. 公共卫生服务

目前针对流动儿童医疗卫生保健和医疗保障的政策主要是基本公共卫生服务涵盖的内容，例如新生儿访视、定期健康体检、生长发育监测及国家免疫规划中的疫苗接种均为免费，武汉市目前针对城市户籍及流动儿童健康体检补贴均为 8 元/人次。

2. 医疗费用报销

北京本地的农村户籍人口享有新型农村合作医疗，还有“一老一小”（医疗）保险；外地户口只能自行购买商业保险；目前针对流动人口的医疗报销武汉市主要有生育保险、住院分娩补助。规定参加了新农合，武汉市居住 1 年以上的农村户口者，住院分娩补助 650 元，而没办新农合的补助 300 元。如办理了生育保险，剖腹产最高报销 3 200 元，产前检查最高报销 500

元。如武汉市城镇户口儿童患先天性心脏病可享受50%的补助，但该政策没有覆盖到流动儿童。

（五）存在的问题及建议

1. 主要问题

（1）各部门配合不够，流动儿童管理政策有待完善。由于流动儿童这一群体具有居住地不固定的特殊性，人群流动性大，管理起来较为困难。而针对流动儿童的管理目前缺少政策上的硬性规定，没有将16岁以下流动儿童的人口登记管理纳入日常强制工作范畴，同时卫生、公安、妇联等多部门合作尚不完善，导致流动儿童在公共卫生管理上仍然面临着较大困难，流动儿童卫生服务利用率低。如目前武汉市江汉区常青社区常住儿童公共卫生服务管理的覆盖率为100%，而流动儿童管理覆盖率只有90%多。

（2）基层公共卫生体系经费投入明显不足，硬件及软件设施差，人才流失率高。目前社区卫生服务中心等基层单位普遍待遇差，人才流失严重，工作人员普遍专业基础薄弱，缺乏系统的专业培训；同时硬件设备配备不齐全，如听力、视力筛查，微量元素检测设备等普遍缺乏。由于目前社区卫生服务中心现有的人员配备是按照本地户籍人口数量进行配备的，自从将流动儿童纳入免费体检范围后，基层单位公共卫生科工作量明显增加，人员配备明显不足。

（3）流动儿童医疗救助体系不完善，且流动儿童家长的保健意识差，对医生的指导或建议配合度低，导致流动儿童健康隐患高。

2. 建议

（1）政府加强政策及经费支持。进一步加大有关法律法规的执法力度，强化妇幼保健法律保障，建立以居住地为主的管理模式，将流动人口的妇幼保健纳入本地区管理范围，并纳入政府的目标管理项目中；政府给予政策和财政上的支持和保障。政府应加大对社区服务中心经费投入，提高基层单位工作人员待遇，合理调整妇幼保健机构工作职能，理顺关系、优化配置，重点加强社区卫生服务站和乡镇卫生院等基层医疗保健机构的建设，增加妇幼保健工作人员配备，加强业务人员培训，提高人员技术水平、设备的配备及考核标准。针对基层儿保机构编制不足、专业能力参差不齐等，政府应拨专款用于专业人员的培养。在专业儿保医生不足情况下，可由儿童医院、市级综合医院派出儿科或全科医生轮岗，经过培训上岗，并定期组织基层专业人员到市儿童保健所进修。在各儿保门诊建立首诊建卡制，免费发放健康体检专用电子卡，政府给予财政支持，方便家长凭卡在本市任一儿保网点体检。

（2）加强多部门合作，完善社区卫生服务中心管理职能。将流动儿童保健管理纳入本地人口儿童保健管理网加强部门合作。社区妇幼保健人员做好调查摸底，与计生、计免、托幼、居委会、公安、工商等相关部门建立坚实的合作关系，定期收集、核对流动人口资料。定期上门访视，核实情况，督促体检。社区儿保门诊做好体检预约，社区居委会协助做好失约儿童的体检催查工作。通过加大管理及宣传力度来促进流动人口对免费体检服务的利用。

（3）政府出资、社会支持建立贫困流动儿童医疗保健救助服务。设立大病救治基金，使流动儿童能及时得到必要的救治，新农合或生育保险等服务应至少覆盖新生儿，这将为新生儿疾病治疗、降低新生儿死亡率提供制度保障。

（4）充分利用大众媒体资源，有计划地宣传流动儿童卫生保健知识，联合专业部门如健康教育所、疾控中心有针对性、有重点地开展流动人口育儿知识大型宣传、咨询、义诊等活动，在社会上营造加强流动儿童卫生保健工作的氛围。鉴于流动人口保健知识知晓率低，需强化健康教育，普及儿童保健知识，使做好儿童保健成为家长的自觉行为。

社区卫生保健服务人员小组讨论记录

（北京）流动儿童信息不好掌握，如果流动儿童不在本地出生，如在老家出生的，来了北京后保健医生也不清楚，除非家长主动来寻求服务。现在暂时是每次体检后跟家长预约下次体检时间；有一个途径可以掌握流动儿童的流动信息，每个村都有一个妇联主任，只要有外地孩子来或者外地人生孩子了，妇联主任会将信息提供给保健人员，但由于流动性大，即便这样，流动儿童也不好管理。流动儿童家长都比较重视预防接种，如果能够将预防保健部门和体检部门结合在一起，就方便流动儿童管理。目前是分开管理，有些儿童打完预防针都离开了，体检就容易漏查，现在两个部门协调，请预防保健工作人员通知那些符合免费体检的儿童打针后接受体检。如果先体检再打针，效果不是很好，因为每个孩子体检需要的时间长，经常需要排长队，家长不愿意等。流动儿童管理需要政府重视，单靠我们自己效果不好。需要政府投入，街道办事处宣传，居委会宣传等，这样效果比较好。

（武汉）流动儿童健康问题与家长知识文化水平和环境卫生有关。一方面农村家长知识接受少，引起一系列的问题。另外农村小孩疾病多半还与卫生有关，我们周围环境较差，前两年手足口病和麻疹高发。还有腹泻，皮肤病等都与卫生条件相关。流动儿童家长是否积极接受服务与素质和思想理念有关，有些在城市摸爬滚打时间长的就还好，来城市时间短的尤其是农民就要反复解释，比如为什么要接种疫苗，如果不接种会导致什么疾病等等。

做好流动儿童卫生保健工作需要由政府牵头，多部门合作，一定要跳出卫生系统才能做好工作，这样才有力度。美国的健康教育就是由总统牵头做的。目前的问题主要是经费没有保证，还有宣传，立法的问题。首先是政府要重视，从制度上解决问题，第二要加大宣传，这个很重要，其三农民工应和城市有相同的待遇，应当有系统的管理，卫生技术服务由医务人员提供，而政府应组织居委会、妇联、公安机构等共同配合找到这些流动儿童，督促流动儿童来接受卫生保健服务，而不是仅仅由我们医务人员去寻找这些人。

第五部分　妇幼保健行政管理人员访谈结果与分析

对市级卫生局妇幼保健与社区卫生处 2 名分管妇幼卫生工作多年的领导进行了深入的访谈，同时收集了相关的文件和政策。

从访谈中了解到，主管领导高度重视流动儿童保健工作，认为做好流动人口公共卫生和医疗服务工作，不仅是保护流动人口健康的需要，也关系到国家公共卫生安全、经济发展和社会稳定，对于构建社会主义和谐社会有着重要意义。所以武汉市卫生行政部门在流动儿童医疗保健工作中，除积极执行国家和湖北省相关卫生政策外，也制定了许多妇幼保健相关政策，如 2009 年，武汉市卫生局和武汉市财政局联合下发了“关于武汉市农村孕产妇住院分娩补助项目实施方案的通知”，对于武汉市农村户籍流动人口孕产妇给予补贴。在制定儿童保健管理相关政策和计划时，淡化户籍观念，力争均等化，使流动儿童享受与城市户籍儿童一样的基本公共卫生服务。同时，在考核儿童保健工作时主要按照完成儿童保健绝对人次数计算绩效，划拨工作经费，促使武汉市流动儿童基本公共卫生服务深入开展，达到流动儿童享受与城市户籍儿童相同的基本公共卫生服务，但是，多数流动儿童家庭主动接受服务的意识较差，儿童意外伤害的发生率较高，应引起高度重视，加强宣传力度，提高基本公共卫生服务知晓率。

对于流动儿童医疗费用报销途径主要为新型农村合作医疗，武汉市实行按户参保，儿童与父母一同参保。据统计武汉市 2010 年新农合参保率为 94.3%，2011 年为 96.6%。但是，由于新型农村合作医疗与城市居民医疗保险未能完全衔接，使得多数流动儿童无法享受。儿童基本公共卫生费用主要从社区公共卫生人头平均经费（35 元/人）中调配，保证了对流动儿童提供基本公共卫生服务。

访谈中获知，武汉市约有 200 多万流动人口，目前针对流动儿童卫生保健无专项资金，卫生行政部门有些针对流动儿童卫生保健的服务难以实施。武汉市政府正积极想办法，计划实行“1+9 一卡通”（城市圈），但是对城市圈外来城的流动人口卫生保健服务也难以实现。建议各级政府应重视流动儿童健康，财政根据实际情况要向流动人口相对较多的城市有所倾斜，尤其对流动人口家庭中困难家庭儿童患病救治实行财政重点补贴。同时加强流动儿童医疗保健知识和政策普及，提高流动儿童保健意识，促进流动儿童健康。

第六部分 流动儿童医疗保健中的问题及建议

（一）问题

1. 流动儿童管理缺乏各级政府相关政策和规定，相关部门配合不够

在大量查阅资料和访谈中了解到，流动儿童相关政策持续增加，但是卫生政策相对较少，有的政策在实际的实施力度上不能完全保证。目前多数流入地政府未将流动儿童纳入到地方日常管理工作中。各地公安部门在对流动人口登记时，也未将 16 周岁以下的流动儿童登记作为一项必要的工作完成，更没有将他们纳入流动人口管理体系中。管理流动人口的相关部门按照各自的规定要求登记和管理流动人口，导致难以准确掌握流动儿童情况，难以进行卫生保健管理。

2. 社区公共卫生科室经费投入不足，妇幼保健人员配备明显过少，儿童医疗保健服务水平偏低

目前，虽然社区卫生服务中心较以前有了较大发展，但是调查发现，多数城乡基层医疗卫生机构的基本医疗设备和设施较差，流动儿童保健缺乏专项资金，服务人员工资待遇偏低，人才流失率高。现有的人员配备是按照户籍人口进行配备的，保健专业人员按 1∶5 000 配置，由于大量流动人口涌入，超过了常住人口。自从 2009 年国家基本公共卫生服务项目自启动以来，将流动儿童纳入免费体检范围后，其儿童保健工作量增加了近一半，妇幼保

健人员明显不足。此外，社区卫生服务中心服务人员大多数缺乏专业培训，其儿童保健专业知识和服务能力普遍偏低。

3. 流动儿童家长卫生保健知识缺乏，保健意识淡漠，主动保健意识差

流动儿童家长儿童保健知识知晓率普遍较低，保健意识淡漠，对医生的指导或建议配合度低，导致流动儿童健康隐患高。同时主动保健意识更差，出现流动儿童对提供的保健服务利用率较低的现象。如流动儿童健康体检情况较差，虽然与农民工职业不固定，有的在同一个城市可能也在流动，流动儿童的底数总是变化不固定，管理相对困难有一定关系，但是，流动儿童家长健康保健意识淡漠，对该项工作认识不足直接影响到流动儿童健康体检情况。

4. 缺乏符合流动儿童特性的保健管理模式及适宜的医疗保障制度

目前，流动儿童医疗救助体系尚不完善，疾病救治机制尚不健全。一方面新型农村合作医疗与城市居民保险缺乏有效衔接，异地门诊就诊不能报销；另一方面，流动儿童受户籍的限制，不能在流入城市居住地参加新型农村合作医疗或城市居民保险，多数流动儿童及父母在所居住城市患病就诊后难以享受各种医疗报销。调查中发现，流动儿童家长普遍不了解各种医疗保险中有关儿童的医疗保险政策，除流动人口主动了解这方面信息意识较差外，医保机构和医疗保健机构宣传不到位也是重要的原因。另外，社区卫生服务机构的通科医生，普遍存在儿科常见疾病诊治水平较低，多数社区卫生服务机构不能接诊儿科患者，使得流动儿童无法利用便利和方便的卫生服务资源，而被迫选择诊治费用较高的大医院或价格低廉的私人诊所就医。

（二）建议

1. 政府主导，重视流动儿童医疗保健工作

实施国家基本公共卫生服务项目是我国公共卫生制度建设的重要组成部分。为流动儿童提供公平、可及的卫生保健服务，是政府促进基本公共卫生服务逐步均等化的重要内容，也是各级政府的共识。各级政府、流动人口管理和服务相关部门应高度重视和支持流动儿童医疗保健工作，出台流动儿童医疗保健相关政策，向流动儿童相对较多的城市倾斜，增大财政经费投入，使流动儿童保健常态化。积极探索适合流动儿童特点的保健管理模式和医疗保障制度。例如，将基本儿童保健服务延伸到流动儿童；针对户籍人口享受免费基本保健服务的政策，建议借助国家基本公共卫生服务项目的契机，将流动儿童纳入基本服务范畴，与户籍人口享受同等的免费儿童保健基本服务；将生育保险延续到7岁以下儿童、各种保险异地通用（各种保险合一）

或异地参保等，促进和改善流动儿童的健康及医疗保健现状。淡化流动儿童和户籍儿童的界限，实现儿童保健服务均等化，促进流动儿童健康水平。

2. 政府各部门同心协力，促进儿童医疗保健工作可持续发展

流动儿童的医疗保健工作已经引起了社会各界的重视和各级政府领导的关注。应在目前流动儿童管理多部门协作机制中，由政府牵头，继续加强合作与沟通，促进各部门之间流动儿童相关政策出台或衔接和配套，整合资源，信息共享，促进流动儿童医疗保健工作的可持续发展（见图 3）。例如，从中央层面促进医保制度一体化建设，协调城市居民医疗保险（人保部）和新型农村合作医疗（卫生部）的关系；发挥流动人口管理部门和计划生育工作网络广泛的优势，将其作为发现流动儿童的主要途径；利用妇联的各种宣传平台，在流动人口中开展儿童保健服务宣传；新闻媒体通过多渠道宣传流动儿童医疗保健知识和政策等。

在当前推行事业单位绩效管理的改革中，在多部门合作机制中应引入“合作绩效”考核机制，将对流动人口的服务和管理纳入各相关部门的考核内容，以提高相关制度的执行力。

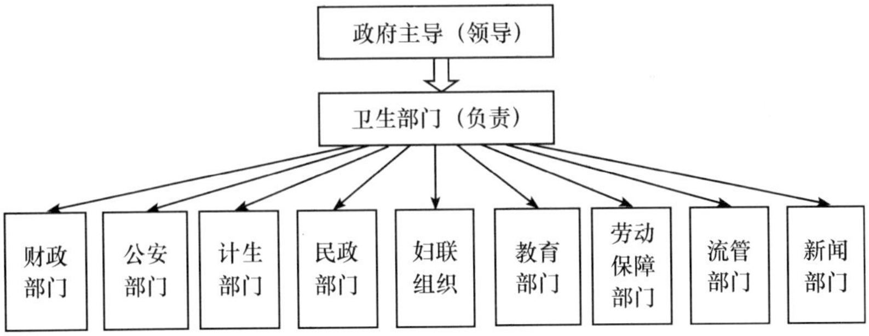

图 3　多部门协作机制

3. 大力开展流动儿童医疗保健知识、服务和政策的宣传，提高流动儿童医疗保健服务利用率

流动儿童卫生服务利用情况是其服务需要和卫生资源供给相互作用的反映。为提高流动儿童医疗保健服务的普及程度和流动儿童利用卫生保健服务的能力，保证卫生服务的公平性，宣传流动儿童医疗保健相关知识、儿童保健服务内容和政策等十分重要。根据实际情况分析，短期内流动儿童基数不易摸清的问题难以解决。因此，医疗保健服务部门应增强主动服务，采用多种形式广泛向流动儿童家长开展健康教育，提高流动儿童保健服务的可及性和利用率。

4. 将流动儿童管理纳入绩效考核工作中

将流动儿童办理常规登记手续，出具“非劳务性暂住证”、流动儿童管理和保健服务等纳入绩效考核工作中。根据流动儿童流动性大的特点，建议实行流动儿童预防接种和健康体检系统管理信息联网，以IC卡代替传统的体检本，对流动儿童卫生保健进行自动化和信息化管理。

5. 提高流动儿童医疗保健管理和服务水平

加大城市社区卫生服务中心投入，如配备儿童保健和儿科诊治的基本设备，增加卫生服务人员编制和报酬，积极开展专业培训，提高儿童保健和医疗的知识水平和专业技术水平，满足流动儿童保健和医疗的需求。

课题组成员：宫立敏　张　静　徐　韬
报告执笔人：宫立敏　张　静　徐　韬

附件二

农村大龄留守儿童职业培训与发展问题与政策研究报告

中华全国妇女联合会课题组

一、研究对象概念界定、研究目的及研究意义

本研究的对象为农村大龄留守儿童。本研究对农村大龄留守儿童的概念界定是：年龄在15～17周岁，因父母双方或一方外出打工不能随行，而留在户籍所在地，并因此不能和父母双方共同生活的农村儿童。

本研究的目的是了解农村大龄留守儿童在职业培训和就业中存在的问题、需求，论证从政策层面帮助这一群体的必要性和可行性。同时，本研究也将关注农村大龄留守儿童在存在问题和需求上是否存在性别差异。

大龄留守儿童是一个比较特殊的群体，他们中的大部分已经完成义务教育，一部分将进入高中继续完成普通教育，另一部分将进入职业教育体系，还有一部分将进入城乡劳动力市场——或留在农村务农务工，或进入城市务工经商。与处于义务教育阶段的相对低龄的儿童相比，他们面临着比较急迫的就业和个人发展选择问题；与流动大龄儿童和非留守农村大龄儿童相比，由于缺少父母的指导和帮助，他们未来的发展有更多的不确定性和选择的困扰。这一群体的生存状况、发展需求，当地职业教育资源提供的可能性与问题，就业的空间与保障状况，不仅影响到他们个人现在与未来生活设计，也将直接或者间接地影响到中国农村社会的和谐稳定发展。因此，关注大龄留守儿童具有重要的现实意义和政策价值。

到目前为止对农村大龄留守儿童的研究，特别是农村大龄留守儿童在职业培训和就业与发展中存在的问题、政策需求及可能性的研究相对较少，政策的关注度也不高。而随着我国城市化、工业化进程的加快，乡城流动的推移，以及农村青壮年人口外出数量的继续攀升，大龄留守儿童数量日渐增多，各种问题开始逐渐显现，在调查研究的基础上，发展和制定政策，促进大龄留守儿童的健康成长，是当前我国农民工工作面临的急迫问题。

二、研究内容和方法

本研究将运用文献研究和实际调查相结合的方法，通过文献研究全面梳

理把握农村大龄留守儿童基本状况和面临的基本问题[①]。通过实际调查，了解农村大龄留守儿童在职业培训和就业与发展中存在的问题、需求及如何从政策层面帮助这一群体，探究农村大龄留守儿童在问题和需求上是否存在性别差异。

（一）调查地点

鉴于该项研究以发展政策为目标，研究时间相对较紧，本研究的实地调查主要以焦点组访谈和个案访谈为主。调查样本省份选取农民工流出大省四川省。根据全国妇联《全国农村留守儿童状况研究报告》（2008 年 4 月），四川省也是全国 15～17 岁组的农村留守儿童人数最多的省份，达 108.22 万人。同时，在全国 15～17 岁组的农村儿童中留守儿童所占百分比也是除重庆外，所占比例最高的省，达到 40.46%，该省 15～17 岁组的农村留守儿童占了全国农村大龄留守儿童总数的 10.69%，意味着 10 个全国农村大龄留守儿童中就有 1 个四川儿童。

本研究在四川省内选取经济发达程度不同的三个县（市）作为调查点，分别是成都市、眉山市青神县以及金堂县。

（二）调查方式

主要是定性访谈，包括：（1）焦点组访谈：每个区县分别召开三个座谈会，参与对象分别为政府管理部门和有关机构人员；农村干部和留守儿童家长与监护人；在普通中学和职业教育学校就学以及辍学的大龄留守儿童。（2）个案访谈：包括上述人员中有代表性的典型人物和部分未在学的大龄留守儿童，以后者为主。

政府与机构焦点组访谈：访谈对象为教育、人力资源和社会保障、公安、司法、民政、妇联等县行政管理部门和大龄儿童所在的普通学校以及职业学校等有关机构相关人员。访谈的主要内容包括：（1）目前调查县（市）农民工及大龄留守儿童的基本状况；大龄留守儿童的教育、培训、就业、安全和福利享有现状，存在的主要问题；大龄留守儿童与同龄农村儿童的相同点和不同点；不同性别大龄留守儿童面临的特殊问题。（2）针对留守儿童特别是大龄留守儿童教育、培训、就业、安全、福利等方面问题，当地是否有专门的政策措施。（3）调查县（市）面向留守儿童的政策和措施效果如何，

---

① 2008 年，全国妇联留守儿童现状研究课题组利用 2005 年 1%人口抽样调查数据分析了包括大龄留守儿童在内的我国留守儿童的数量、分布和问题，该项研究和其他相关研究为我们了解和分析大龄留守儿童的总体状况提供了基础。

哪些效果较好，哪些不够理想；如果效果不理想，主要原因是什么。（4）作为流出地政府部门及妇联，对中央政府及相关部门进一步制定有关大龄留守儿童的法律和政策有什么需求或期待。

大龄留守儿童座谈：访谈对象包含15～17岁普通中学以及职业技术学校在校生，务工或务农、无事赋闲者。座谈的主要内容包括：（1）目前就学、就业的状况，长期打算是什么。最主要的困难和需求。（2）对继续升学的想法，是否愿意接受职业技术教育，对当地职业技术教育机构的评价。（3）劳动就业的经历、感受和问题。（4）是否了解当地针对留守儿童特别是大龄留守儿童的政策，现行政策对他们的影响如何，需要什么样的帮助。

乡村两级基层干部和家长监护人座谈：主要内容包括：（1）本地大龄留守儿童的数量，生活状况（就学就业和闲散人员的分布），各类人员的主要困难和问题是什么。（2）男女大龄儿童生活状况与面临的困难和问题有哪些不同，为什么如此。（3）对于不能升入大学的大龄留守儿童的发展和未来怎么看，管理和教育上存在哪些困难。

调查共涉及座谈及访谈对象100余人，通过焦点访谈和个案深入访谈，获得了大量鲜活的第一手资料。

三、农村大龄留守儿童的状况

（一）农村大龄留守儿童的一般状况

对研究文献的梳理发现，目前学界和各级政府相关部门对留守儿童的关注更多地集中于义务教育阶段的学龄儿童，而对于幼儿以及大龄留守儿童特别是后者的研究和关爱行动开展较少，研究文献也相对薄弱。2007年全国妇联农村留守儿童研究课题组关于“全国农村留守儿童研究报告”依然是迄今为止内容相对比较全面、分析比较深入的一份研究，为把握我国大龄留守儿童基本状况提供了较为扎实的基础数据和分析。

根据全国妇联农村留守儿童研究课题组对2005年1%人口抽样调查数据的分析，我国0～17周岁农村留守儿童规模大约为5 800万人。其中，15～17周岁农村大龄留守儿童占所有农村留守儿童的17.27%，推算大约为1 012.2万人。其中，男童占51.71%，女童占48.29%。

研究表明，从全国范围来看，15～17周岁农村大龄留守儿童中，在校生占80%，其中男生占同龄儿童比例为80.31%，女生为79.38%。不在校的初高中毕业生占15%以上，其中男生占同龄儿童的比例为15.70%，女生为16.68%。肄业者占1%左右，其中男生占同龄儿童的比例为1.19%，女生为 1.27%。辍学者占 2%左右，其中男生占同龄儿童的比例为 2.08%，女生为 1.66%。

从数据上看，15～17 周岁农村留守儿童在校比例维持在 8 成左右，但与小学和初中学龄儿童相比则出现较大幅度下降，毕业后未继续升学和辍学比例上升。其中，女性未升学的比例略多于男性，男性辍学的比例略多于女性。

从父母外出类型看，超过 4 成的农村大龄留守儿童属于双亲外出，一方外出一方留下的比例超过 57%，母亲外出流动的比例逾 34%，高于父亲外出流动的比例（20%）。男女童父母外出类型差异不大。

对 2005 年全国 1%人口抽样调查数据的分析显示，在全部 15～17 岁农村留守儿童中，在业的儿童占 13%，不在业的儿童占 87%。农村留守儿童的就业状况具有如下特征：（1）绝大部分已经就业的农村留守儿童依然从事农业工作，另外有小部分在私营企业工作和做个体工商户。（2）已经就业的农村留守儿童，其身份多数为雇员，另有少部分为自营劳动者和家庭帮工，雇主比较少。（3）在所有就业身份为雇员的农村留守儿童中，90%的人都没有签订劳动合同。（4）参加工作的农村留守儿童中近 9 成的人工资收入低、平均月收入仅 250 元，且缺乏相应的社会保障。

可见，正是由于学历上处于劣势，多数大龄农村留守儿童只能进入非正规劳动力市场，缺乏社会劳动保障，工资收入微薄、不能享受正常休假，处于较低的职业层次与边缘化的社会地位。这实际上是重演了其父母——第一代农村流动人口的经历。这些不仅对农村留守儿童的发展十分不利，也将严重影响乡村与城市社会的发展进程。

（二）调查中了解到的农村大龄留守儿童生存状况

本次调查所观察到的实际情况基本印证了文献，特别是全国妇联全国农村留守儿童研究课题组对 2005 年 1%人口抽样调查数据的分析结果及研究结论，同时也发现了一些新问题。

根据儿童的在学状况，本研究将农村大龄留守儿童分为三大群体，即就学儿童、居家儿童和工作儿童。（1）就学儿童：多数农村大龄留守儿童在上学，其中一部分在普通中学读初中或高中，另一部分初中毕业后在职业学校就读，这两部分儿童占了农村儿童的绝大多数。（2）居家儿童：少量儿童中学毕业、肄业或辍学在家赋闲，没有特别做什么事，生活依靠家庭供养。（3）工作儿童：部分儿童已经外出打工或在家务农，自食其力。

为方便描述农村大龄留守儿童的内部分群状况和不同需求，以下分就学儿童中的普通中学学生、职业学校学生、居家儿童和待就业儿童四类群体来分别描述他们的基本情况、存在的问题和需求。

1. 在普通中学就学的农村大龄留守儿童的学习和生活状况

（1）在普通中学读书的大龄留守儿童成绩不差且目标明确。绝大部分在普通中学读初中或高中并且学习成绩在班级不算很差的农村大龄留守儿童，与其他非留守儿童一样，大多有比较明确的继续读书并且将来希望读高中、大学或者研究生的学历期待，并且有比较明晰、理想的职业目标。这些目标主要集中于教师、医生、科学家，也有一些目标是当老板，少数人目标很具体，如理发店员工、机械修理人员、电脑维修人员。根据参与座谈的学校老师和儿童判断，一般而言，与非留守儿童相比，大部分在普通学校就读的双亲留守儿童在学习成绩上没有明显差于非留守儿童的现象。

部分单亲留守儿童由于留守的父母比较重视孩子的学习，而且由于家长多年外出打工的经济积累，生活条件相对不错，能够较好的支持孩子的学业，他们学习成绩良好，并且对未来的学习和职业有比较明确的期待。

（2）留守儿童最大的问题是亲情、情感交流及倾诉对象的缺乏。对双亲外出务工的留守儿童而言，无论是在学还是中途辍学的儿童，无论学业好坏，他们最大的问题是父母亲情的缺失、情感交流沟通及倾诉对象的缺乏，以及这些缺失的长期影响所带来的人格塑造上的一些负面问题，包括不自信、内向、胆小、比较孤僻等。我们在调研中深度访谈了一名学习成绩在年级名列前茅的初三女童及其母亲。母亲已经在三年前为了孩子的学习，结束了与丈夫一同外出打工近十年的经历，回家管教孩子。在靠夫妻打拼新盖的一座小楼中宽敞舒适的客厅里，女童在谈及父母打工对自己造成的影响时，两度泣不成声。母亲也唏嘘再三。总体而言，与这对母女的访谈留给调查者的印象是父母双方外出对女童的影响较大，对学业和情感感受上负面影响较多。女童的母亲谈到自己和丈夫外出打工是为了家庭和孩子生活得更好，并且希望孩子学习好，但看到孩子学习和与父母的关系出现问题，非常伤心，决定为了孩子的学习结束外出打工的生活。另外，调查者与多位不同地区的中小学的教师进行了访谈，这些教师得出的结论非常一致，农村留守儿童与非留守儿童相比，在学业上没有普遍性的明显的差异，但在个性特点和性格上，这两个群体之间的差异比较明显。

（3）生活卫生和学习习惯的养成和安全问题突出。在校留守儿童面临的另一个主要问题是生活卫生和学习习惯的养成问题。由于没有父母的帮助和监督，一些儿童没有养成良好的个人卫生和学习习惯，往往成为需要学校教师重点关注的对象，也因此可能造成与其他同学的交往、融入的困难。

由于在家缺乏沟通对象，一些留守儿童在学校对教师特别是班主任的依恋和倾诉交流需求比较强烈。而对于一些女童而言，由于内心的恐惧、对安全的担心，容易结交他们认为能够保护自己的异性，从而有可能使她们陷入另一种危机之中。

2. 在职业学校就读的农村大龄留守儿童的状况及职业教育问题

（1）在职业学校就读是大龄留守儿童的重要出路。相当一部分农村大龄留守儿童在职业高中或技校、中专就读，这一部分儿童和在普通高中就读的儿童构成了农村大龄留守儿童的主体。近年来，政府加大了对职业教育投入，公立学校普遍收费便宜，我们调查的两个职业学校包住宿，大约每月50～90元的生活费，加上一年大约1 000元的代管费，较之非义务教育的高中收费要低很多，这也成为吸引大龄儿童和家长的一个因素。

（2）部分职业学校学生是“双差生”，一些学生中途辍学。职业学校学生的年龄大约在15～19岁。与在普通高中就学的儿童相比，在职业学校就读的农村儿童往往是初中阶段学习成绩一般或较差的儿童，他们中有相当数量的人读职业学校是因为考高中无望或者父母希望孩子继续就学而不是从此走上就业或失业的道路。在职业学校就读的农村大龄留守儿童往往被教师认为是学习成绩和习惯的“双差生”。部分在职业学校就读的农村大龄留守儿童会中途辍学，原因是这些儿童对职业学校的生活（有的职校进行准军事化管理）学习不习惯、没有兴趣；或者儿童及其家长对职业学校的信息了解有限，以及对职校毕业后的前景不看好；有的对专业学习不感兴趣等。

（3）职校实习期过长，学生被变相就业成普遍诟病。职业学校一般学制三年，通常安排在第三年实习。被调查的儿童、家长和职业学校的教师反映学生在企业顶岗实习工作时间过长，被企业当做廉价的劳动力。例如在电子产品企业，忙时要求至少加班到晚上10点，有时要到夜里12点。职业学校教师表示曾经与企业沟通过，但很多时候都是企业说了算。而另一些专家认为，一些职业学校是靠企业支付的学生实习费赚钱，所以默许企业让学生加班的问题。一些学生和家长对此反映强烈，担心在职业学校学习吃苦受累，学不到有用的知识，得不到相应的回报。

（4）职业学校的课程设置与需求存在一定距离。所调查的职业技术学校的课程设置多为农业机械及制图、农经管理、计算机平面设计和硬件维护。男生选择机械类专业较多，女生选择计算机类专业较多。职业技术学校在学科设置、管理、招生、实习、宣传等方面，与适龄儿童和家长的需求不完全对接，不能完全满足家庭的需求，另外，供需方之间的信息交换不对称、不流畅。职业学校教师反映学校缺乏对学生职业生涯规划的指导和心理咨询方面的师资。

3. 居家大龄留守儿童的基本生活状况

（1）多数居家儿童是由于学业跟不上、对学校学习失去兴趣而未继续学业。居家大龄儿童包括完成义务教育阶段学习后，即初中毕业后居家者，也包括没有完成义务教育辍学在家者。多数居家儿童是由于学业跟不上、对学校学习失去兴趣和耐心而没有继续学业。

（2）14～15岁是留守儿童辍学较为集中的年龄。根据本次调查所了解到的实际情况，绝大多数13岁左右的儿童在普通中学初一年级就读，儿童在学率维持在较高水平。但到了初二，就学率开始下降，少部分学习跟不上的儿童开始辍学。14～15岁是儿童辍学比较集中的年龄，尽管大部分儿童还在上学，但部分儿童，特别是男童已经放弃学校的学习。按照调查儿童比较形象的比喻，到了初二初三，学习成绩不太好的男童往往就会坐在教室后两排，后来这两排的座位会逐渐变空了。16周岁左右是停止学业的另一个关键年龄，因为相当一部分农村大龄儿童面临初中毕业。初中毕业后上普通高中的农村儿童数量较少，一部分转向职业高中和技校，另一部分停止学业。由于毕业或辍学在家的大龄留守儿童多数不是为生计所迫，一些孩子不急于就业，部分家长也希望孩子18岁以后再外出，不在学的大龄留守儿童在家赋闲的较多。

（3）因学业成绩差等问题而不再继续读书的男童较多。有的男童在14岁左右就已经逃学、辍学。由于男童往往贪玩，学业问题和上网有时互为因果，如果没有及时的引导和帮助，这些孩子往往既不读职业高中，也不帮助做家务、务农或出去打工，辍学在家无所事事。有的在家一段时间后出去打工，有的则一直待着。这一群体尽管相比在学儿童人数较小，但如果持续缺乏引导，则很容易受到网络、伙伴等的影响而走上盗窃、抢劫甚至杀人等犯罪道路。本次调查在未成年人管教所里访谈的一些儿童就是由于父母双方外出，初中学习成绩不好，长时间上网，结交伙伴，最后走向抢劫、对他人进行人身攻击等违法犯罪道路的。本次调查涉及区县的公安、法院部门人员也认为，近年来违法犯罪的青少年案例中，辍学或毕业居家的农村大龄留守儿童比例较高。

（4）毕业或辍学在家的大龄留守儿童渴望得到就业和职业培训指导。一些毕业或辍学在家的大龄留守儿童，特别是女童，因为父母顾及其出去打工年龄尚小，并担心其安全而留在家里。但实际上；他们对就业和培训的需求仍然比较强烈。我们在调研中深度访谈了一名因学习成绩差，在初三下学期辍学的女童及其母亲。这名女童的父母也曾经双双长期外出打工多年，后来因为有了一定的积蓄、考虑到孩子需要照顾等，母亲结束了打工回到家。但孩子由于长期疏于指导管教，最终还是决定弃学在家。尽管当地有职业技术学校，并且可以在初三的下学期转到职业技术学校，就读的中学教师也劝女童转学职校，然而由于女童及其母亲认为职业技术学校实习工期长，并对职校的学风等有担心，最终仍然没有打算去读职业学校。但母女对女童接受职业培训和将来就业，充满了期待，只是苦于没有相关信息。

4. 外出待就业的农村大龄留守儿童的基本生活状况

（1）外出待就业的农村大龄留守儿童对职业培训需求强烈。本次调查在四川没有接触到外出待就业的农村大龄留守儿童，但通过对来北京的农村大龄留守儿童及其家庭的补充调查发现，外出待就业的农村大龄留守儿童虽然已经开始进入劳动力市场，但其自身及其家庭对职业培训的需求强烈。他们对城市不同工作岗位所需技能、未来的前途、对自身及家庭的适用程度，都缺少了解，有不少人边干边选。正如高中生考大学时对专业和自身特性和适应性需要了解一样，进入城市面临职业选择的农村大龄留守儿童也有了解职业适用性的需求。

（2）新一代农民工对劳动收益和权益保障的需求相对较高。相关研究表明，进入城市打工的农民工子女正在构成新一代农民工的主体。比起父辈，他们文化程度相对较高，对相关法律权益有较多的了解；由于父母多年打工的积累，他们大多没有养家的经济压力，无需忍受苛责的劳动条件，不仅敢于提出维权要求，而且一旦觉得工作不适应、不顺心就会辞工不干，工作流动性较高。

四、农村大龄留守儿童职业培训和发展中的突出问题及需求

综合以上不同农村大龄留守儿童群体的基本状况、问题和需求，本研究认为农村大龄留守儿童在职业培训和发展中存在以下普遍的突出问题及需求：

1. 大龄留守儿童的心理问题值得关注

长期缺少来自双亲的关爱，缺少倾诉和指导对象，已经并正在影响到青春叛逆期大龄留守儿童的心理正常健康发展。一些孩子性格脆弱，对未来发展感到迷茫，既不愿意继续走父辈的道路，也不知道怎样才是更好的发展。

一旦失辍学或升不到高中、大学，就有可能失去生活的目标，出现各种各样的问题。

2. 农村大龄儿童特别是留守男童无节制上网问题严重

从发展心理学的角度看，由于大龄儿童正值青春期，反抗心理和好奇心较重，又处于对伙伴交往非常重视的成长阶段，而大龄留守儿童由于缺乏来自父母双方或单方的监督教育，容易由于同伴之间的相互影响、对学习缺乏兴趣、学习成绩不好、在学校没有受到教师和同学的尊重、没有其他兴趣爱好、无所事事等诸多主客观原因，导致对网络的依恋，甚至形成网瘾。本次调查对走上违法犯罪道路的十余名大龄留守儿童的访谈发现，他们中的绝大多数都每日少则在网吧上网几个小时，多则十几个小时，甚至通宵上网。在网吧，有的玩游戏，有的进行QQ聊天。有的儿童以将来开网吧、做网管为职业理想。谈起网络世界，不少儿童兴趣盎然，甚至眉飞色舞。不少儿童长时间上网并因此荒废学业，少数人因为没钱上网，走上偷窃、抢夺等违法犯罪道路。

3. 不在学大龄留守儿童在家赋闲的现象需要关注

与城市相比，农村普通高中入学率相对较低，职业教育相对薄弱，初中毕业后未能继续升入高中和职业学校的儿童不在少数，与此同时存在的是，少量未能读完初中的辍学儿童。他们中的留守儿童因没有经济压力、不急于就业等各种主客观原因很多赋闲在家。这些儿童本来就缺少父母、家庭的管束，离开学校后又脱离了学校和教师的管教，思想和行为的管理指导处于真空状态。很多人整天无所事事，要不上网玩游戏，要不到处游荡欺负弱小。一些农村基层干部感叹，这些无人管教的半大孩子已经成为影响社会和谐的不稳定因素。

4. 农村职业技术教育的发展和管理有待加强

农村职业技术教育发展相对较晚，不仅师资力量缺乏，而且在教学理念、培养方向、课程设置、教学教法、学生管理等方面尚不规范，也缺乏成熟的经验，难以满足有需求的适龄学生及家庭的需要。而部分学校实习安排的时间过长、学校与实习企业沟通不畅，学生无法得到足够的休息，成为廉价劳动力的问题，已经成为很多学生和家长不愿选择职业技术学校学习的重要障碍。而劳动和人力资源部门面向农村新生劳动力的培训和就业服务也需要进一步强化。

5. 大龄留守儿童特别是女童青春期教育、安全教育欠缺

由于日常生活中缺乏父母关于安全、生理卫生以及法律常识的教育以及

叮嘱，加上监护人多为年迈的祖辈，大龄留守儿童特别是女童在性、生理卫生和自我保护知识方面欠缺。一些违法犯罪分子利用留守大龄女童的无知和对受保护的渴望，对留守女童进行了性侵犯。近年来，留守女童遭受性侵害的案件屡有曝光。调查中一些医务工作者也反映，农村未成年少女怀孕、堕胎流产现象不容忽视。

6. 留守儿童父母的家庭教育责任的教育、指导有待加强

调查发现，为了孩子而外出打工挣钱的家长中已经有很多人开始意识到对孩子教育的重要性，他们中很多人不再“为了票子，误了孩子”，在孩子初中阶段返乡照顾家庭的父母特别是母亲逐渐增多。但还是有少部分外出打工的父母对大龄留守儿童没有尽到应有的养育责任。有的长期不回家看望孩子，或者看到孩子学习成绩不好，过早让孩子外出打工；有的看到孩子成绩不好、上网吧、结交不良朋友甚至走上违法犯罪道路，就放弃管教义务，甚至不认孩子。

五、解决农村大龄留守儿童问题的政策建议

多年来，党中央国务院高度重视农村留守儿童问题，采取了一系列重要举措，解决农民工及其子女问题，留守儿童成长环境不断优化。本课题组在调查中发现，多年来党和政府采取的解决农村留守儿童问题的一系列举措，使得留守儿童的成长环境有较大改善。在一些地区，对留守儿童的工作已经由以前的大张旗鼓转化为“润物细无声”的工作形式，对留守儿童贴标签的倾向也得到了一定程度的改善。但总体来看，影响农村留守儿童生存发展的深层矛盾和突出问题还没有得到根本解决。特别是已经引起农村基层干部和家长强烈忧虑的大龄留守儿童问题，会随着时间的推移而日益显示出其重要性和广泛而深远的影响，需要进行深入研究并出台相关政策。为此，我们提出如下政策建议：

1. 进一步加强农村义务教育阶段的教学理念、课程和教学教法的改革。课堂教学要关注全体儿童，对学习困难儿童特别是缺乏父母监管和帮助辅导的留守儿童采取措施，使这部分儿童消除对学习的恐惧，增强学习兴趣，减少辍学率。

2. 加强对农村儿童特别是留守儿童网络知识及其安全教育，加强对城镇和农村网吧的管理和监控。学校和有关部门要切实担负起教育引导的责任，防止儿童无限制、无节制上网。公安和文化管理部门要强化对网吧未成年人进入网吧规定执行情况的审查和监控，打击和取缔黑网吧。

3. 加强农村大龄儿童青春期性及生理卫生教育。加强法律知识教育，预防农村大龄留守儿童犯罪。将青春期性及生理卫生教育切实落实到农村中小学，规范教育课程，提高留守女童自身性安全防范意识。强化留守儿童父母及其监护人对儿童，特别是对女童的性教育与性监护的责任。

4. 加大对农村儿童就读高中的补贴和资助，提高农村儿童高中阶段入学率，使更多有愿望继续升学、学业成绩达标的适龄儿童能够接受高中教育，减少不在学儿童的比例。

5. 大力发展农村职业技术教育体系。职业技术教育是中等教育的重要组成部分，对于培养、造就适合区域经济发展和社会主义建设的多方面人才具有重要意义。要加大对农村职业技术教育的财政投入，改善农村职业技术学校的办学条件，完善教学理念、课程设置，加强对学生和培养方式的管理，确保学生在校期间，能够增长知识、增强技能，保障学生实习期间的合法权益。

6. 人力资源和社会保障部门要把农村大龄留守儿童的职业技术培训纳入就业培训和就业服务体系。利用“再就业基金”等项目，因地制宜开设特色实用课程，为大龄待业儿童提供职业和技能培训；要增强对大龄农村儿童的就业服务意识，将用工信息和劳动就业法律法规提供给需要的儿童和家庭。要监督指导合法雇佣 16 周岁以上儿童就业的企业、单位保障儿童的各项福利和权益。

7. 要重点关注大龄留守女童的性侵害、人身和性安全问题。留守女童除了面临和其他留守儿童相同的安全问题之外，还有着特殊的困扰与危机。家庭、学校及基层社区都要对留守女童的保护及安全防范负起责任，保障大龄女童的身心健康，防止怀孕、流产、早婚现象的发生。

8. 继续开展对留守儿童的关爱行动，建立健全长效帮扶机制。要利用多种社会资源，包括五老人员、政府有关部门工作者、学校教师等，对大龄留守儿童进行一对一或一对儿的帮扶教育。推广“儿童友好家园”、“一村两大”等切实有效的一对一帮扶留守儿童的措施。要将主要是对在学的学龄儿童的关注扩展到关注大龄儿童，特别是对在家赋闲待业的大龄留守儿童。将关爱活动落到实处，针对农村大龄留守儿童特别是待业儿童的就业、培训需求提供所需的指导和帮助。

9. 鼓励流出地政府采取多种措施，加快社会主义新农村建设的步伐，加大对农业的支持和保护力度，加速现代农业的发展步伐，提升农业生产规模和经营收益，发展县域经济，提高地方企业和经济单位吸收不同技能劳动力和各类人才的能力，吸引更多的精英留在或回到农村创业发展；将医疗、卫生、教育、金融等各种资源引向农村，加强农村各项软、硬件设施建设，增强农村的吸引力，使农民无须进入城市即可享受到城市文明和生活条件。从而引导、吸引留守儿童的父母双方，至少是一方回乡创业就业，与孩子共同生活，承担起教育孩子的责任和义务。

10. 流入地政府要加快农民工的市民化进程，为农民工提供负担得起的住房等生活设施，实行覆盖面更广的社会保障制度，不断创造农民工夫妻团聚、举家迁移的条件。加大农村妇女的转移培训力度，增强其非农就业的能力和城镇生活的适应力。促进农村人口的迁移而不仅仅是劳动力转移。要继续放开对流动儿童的教育、培训的限制，提供更多的支持和援助，鼓励有条件的父母将孩子带出去共同生活，减少农民工准分离家庭的数量。创造农民工子女健康成长的环境和条件。

课题组成员：蒋永萍　何建花

报告执笔人：蒋永萍　何建花

附件三

农村留守儿童关爱服务体系研究报告

中华全国妇女联合会课题组

一、研究目的和研究方法

根据国务院农民工工作联席会议办公室的安排，课题组于2010年上半年对农村留守儿童关爱服务进行了现状调研，发现了目前农村关爱服务存在的问题，也发现了一些好的经验。为了进一步总结《国务院关于解决农民工问题的若干意见》（国发［2006］5号）实施以来有关农村留守儿童关爱服务工作的经验，分析农村留守儿童发展面临的问题，梳理现行有关农村留守儿童发展的政策和法规，课题组于2011年7月开展了农村留守儿童关爱体系建设专题调研，为进一步解决农村留守儿童发展问题新政策的制定提供研究依据。

（一）研究目的与内容

1. 分析十一五期间我国农村留守儿童关爱服务的政策和法规及其落实情况。

2. 总结农村留守儿童关爱服务体系建设取得的成绩。

3. 分析农村留守儿童关爱服务体系建设存在的问题。

4. 提出完善现有农村留守儿童关爱服务体系的建议。

（二）研究方法

1. 文本分析

收集十一五期间国家各部委有关农村留守儿童关爱服务的政策，分析政策的特点。

2. 基线调查

根据前期调研结果，确定以农村留守儿童关爱服务体系建设过程中成绩较为突出的重庆市为基础，采用问卷的形式收集重庆各区、县为单位有关留守儿童的基本资料。

3. 实地调研

以重庆市垫江县为例，实地了解当地的留守儿童关爱服务现状，包括访谈县级项目负责部门的同志，访谈部分关爱服务阵地的工作人员（寄宿制学校、校外关爱阵地和爱心家长等），也包括展开座谈会，重点了解垫江县农村留守儿童关爱服务体系建设取得的成绩、面临的困难。

二、研究结果与讨论

（一）农村留守儿童关爱服务的政策及其落实

到目前为止，我国各部委制定的有关农村留守儿童关爱服务的文件主要有《国务院关于解决农民工问题的若干意见》等9个。从这些政策和法规中，我们可以发现目前我国有关农村留守儿童关爱服务政策的指向、着力点。

1. 中央政策法规内容重点

（1）明确农村留守儿童关爱服务的政治意义。2006年《国务院关于解决农民工问题的若干意见》（以下简称《若干意见》）明确了农民工的地位和权益，指出："农民工已成为产业工人的重要组成部分。大量农民进城务工或在乡镇企业就业，对我国现代化建设做出了重大贡献"，"尊重和维护农民工的合法权益，消除对农民进城务工的歧视性规定和体制性障碍，使他们和城市职工享有同等的权利和义务"。《若干意见》还明确要求"输出地政府要解决好农民工托留在农村子女的教育问题"，"在全社会形成关心农民工的良好氛围。社会各方面都要树立理解、尊重、保护农民工的意识，开展多种形式的关心帮助农民工的公益活动"。

对农民工的社会地位给予清晰定位，为农民工子女（包括农村留守儿童）的健康成长提供了重要基础。这表明：农村留守儿童的教育与健康发展关系到全民素质的提高，是体现社会公平、推动城乡经济发展、促进社会稳定的重要组成部分。2010年党的十七届五中全会明确提出了以科学发展为主题，加快推进以改善民生为重点的社会建设，完善社会管理制度，这为建立农村留守流动儿童关爱服务体系提供了有力的政治社会保障。

（2）确定留守儿童关爱服务各主体的法律义务。2004年《中共中央、国务院关于加强和改进未成年人思想道德建设的若干意见》指出，"要高度重视流动人口家庭子女的义务教育问题。进城务工就业农民流入地政府要建立和完善保障进城务工就业农民子女接受义务教育的工作制度和机制。流出地政府要积极配合做好各项服务工作"；"要采取多种手段，支持中西部地区和农村开展未成年人道德实践活动"；"各级党委和政府要把加强和改进未成年人思想道德建设作为一项事关全局的战略任务，纳入经济社会发展总体规划，列入重要议事日程，切实加强和改善领导"。

2006年《中华人民共和国未成年人保护法》分别从家庭保护、学校保护、社会保护、司法保护、法律责任等方面提出了保护未成年人的法律原则和政策措施。《未成年人保护法》指出："父母或者其他监护人应当创造良好、和睦的家庭环境，依法履行对未成年人的监护职责和抚养义务"；"父母因外出务工或者其他原因不能履行对未成年人监护职责的，应当委托有监护能力的其他成年人代为监护"；"全社会应当树立尊重、保护、教育未成年人的良好风尚，关心、爱护未成年人"；"各级人民政府应当保障未成年人受教育的权利，并采取措施保障家庭经济困难的、残疾的和流动人口中的未成年人等接受义务教育"；"各级人民政府应当建立和改善适合未成年人文化生活需要的活动场所和设施，鼓励社会力量兴办适合未成年人的活动场所，并加强管理。"

2006 年颁布实施的《中华人民共和国义务教育法》指出："义务教育是国家统一实施的所有适龄儿童、少年必须接受的教育，是国家必须予以保障的公益性事业。实施义务教育，不收学费、杂费。国家建立义务教育经费保障机制，保证义务教育制度实施"；"国务院和县级以上地方人民政府应当合理配置教育资源，促进义务教育均衡发展，改善薄弱学校的办学条件，并采取措施，保障农村地区、民族地区实施义务教育，保障家庭经济困难的和残疾的适龄儿童、少年接受义务教育"；"父母或者其他法定监护人在非户籍所在地工作或者居住的适龄儿童、少年，在其父母或者其他法定监护人工作或者居住地接受义务教育的，当地人民政府应当为其提供平等接受义务教育的条件。具体办法由省、自治区、直辖市规定。"

以上法律法规和政策尽管没有专门针对农村留守儿童，但它们对儿童（包括留守儿童）关爱的主体做出了明确的规定。各级政府必须对留守儿童的教育和保护负责，父母外出打工并不能懈怠对子女的监护责任，留守儿童的健康成长始终是父母最重要的义务和责任。同时社会也有责任为留守儿童提供必要的关爱服务。

（3）原则性提出了留守儿童关爱服务的途径。2007 年中组部、全国妇联、教育部、公安部、民政部、卫生部、共青团中央七部委联合下发了《关于贯彻落实中央指示精神积极开展关爱农村留守流动儿童工作的通知》（以下简称《通知》），通知要求"要密切关注农村留守儿童等特殊群体的权益保护……采取切实措施，为农村留守儿童创造健康成长的良好环境"。

《通知》从教育、权益保护、救助保障、医疗保健和关爱活动等几个方面展开了对农村"留守儿童"的关爱服务，具体内容如下：

第一，认真做好农村留守儿童的教育管理工作。"各地教育行政部门要按照《义务教育法》的要求，尽快制定保障农村留守流动儿童平等接受义务教育的法规、政策。”“农民工输出地教育行政部门要积极配合当地政府，建立教育、公安、司法、妇联等有关部门分工协作的教育管护工作机制。要结合‘农村寄宿制学校建设工程’和‘中西部农村初中改造工程’的实施，加强寄宿制学校建设，优先满足留守儿童的寄宿学习需求，并努力为他们提供良好的学习、生活和监护条件。在核实教师编制和核拨教育经费时，要对接收留守儿童较多的学校给予倾斜。要建立留守儿童动态监测机制和档案库，及时掌握、分析留守儿童的学习、生活情况。鼓励学校组织教师、学生与留守儿童建立帮扶制度。”“要根据农村留守儿童实际，开发有关校本课程，加强自我保护、安全、法制、心理健康等方面的教育。”

第二，着力加强农村留守儿童的权益保护。“各地公安部门要把加强对农村留守流动儿童的管理与保护纳入自身的工作职责。”“要充分发挥社区和驻村民警密切联系群众的工作优势，及时摸清辖区内留守流动儿童底数，为有关部门开展义务教育、卫生保健、社会救助等方面的服务提供依据。”“要加大综合整治力度，积极预防和严厉打击侵害农村留守流动儿童合法权益的违法犯罪活动。要配合有关部门做好宣传教育工作，强化对农村留守流动儿童的法制观念、安全防范知识等方面的教育和引导，切实提高他们的维权意识和能力。”

第三，积极完善农村留守儿童的救助保障机制。“各级民政部门要加强对农村留守流动儿童及其家庭困难情况的调查研究，出台相关政策，切实保障特殊困难农村留守流动儿童获得应有的社会救助。”“要加强对农村留守儿童特别是有过流浪经历的留守儿童的关爱和保护。”“建立和实施农村最低生活保障制度，要将符合条件的留守儿童全部纳入低保范围，符合五保供养条件的留守儿童，要为其提供五保供养服务，要对其及时进行医疗救助，有效解决困难农村留守儿童的看病难看病贵问题。”“要加强对流浪未成年人的救助保护工作。”

第四，逐步推进农村留守儿童医疗保健服务。“各级卫生行政部门要把加强对农村留守流动儿童的医疗保健，改善农村留守流动儿童的健康状况，当作当前妇幼卫生工作的重点之一。要加强调研，及时掌握农村留守流动儿童的健康状况，有针对性地研究出台相关政策，为留守流动儿童提供生长发育检测、营养指导、计划免疫、儿童常见病诊疗等基本卫生保健服务。”“要抓住全面推进新型农村合作医疗的有利契机，确保农村留守流动儿童享有应有的基本医疗服务。”

第五，不断加大对农村留守儿童的关爱支持力度。“各级妇联、共青团、少先队组织要增强政治责任感，充分发挥自身优势，积极开展关爱农村留守流动儿童行动，特别是妇联组织要切实担负起牵头农村留守流动儿童工作的重要责任，做好共享蓝天全国关爱农村留守流动儿童大行动的组织、协调和推进工作。”要广泛动员社会各界，积极开展“代理妈妈”、“手拉手关爱留守儿童”、“留守小队”等关爱活动，加快“爱心之家”、“留守儿童托管中心”建设，推动构建留守儿童教育监护网络，逐步建立关爱留守流动儿童的长效机制。“要进一步巩固发展各级各类家长学校，为农村留守流动儿童父母及监护人提供有效的指导与服务。”“要充分发挥各地法律援助服务机构的作用，切实维护农村留守流动儿童的合法权益。”

《通知》对农村留守儿童的教育、生活、身心健康等各个方面的关爱服务内容，比较具体，便于落实。同时，对各项任务指定各个政府部门来承担，应该说责任明确，而且比较到位。在整体工作机制上，也是强调各部门的统筹协调，形成合力。

2. 各地方政府对中央政策的落实情况

根据中央有关农村留守儿童的政策要求，各地政府开始意识到，解决好农村留守儿童的教育问题，关系到农村人口整体素质的提高，也是保障农村稳定、促进农村经济发展，全面建设小康社会的必然要求。十一五期间，各地政府制定了多种有关农村留守关爱服务的政策，采取了丰富多样的关爱留守儿童的具体措施。这些政策和措施具有一些共同特征。

(1) 突出政府责任，立足政府部门职能，打造公共服务平台。各地普遍认识到留守儿童教育和发展对经济和社会发展的重要性，突出强调政府责任。对农村留守儿童工作的领导采用的是相关部门共同组成的关爱留守儿童工作的联席会议制度。例如：重庆市委市政府建立了关爱留守儿童工作联席会议制度，由市委、市政府领导担任召集人，保障了全市范围内各部门的统筹协调。江西省要求“各级教育部门充分发挥学校育人主阵地作用，各级妇联组织充分发挥妇联在家庭中的工作优势和协调、维权、教育、服务的组织优势，各级文明办将关爱农村留守儿童工作纳入到‘三个文明’建设中，各级机关工委充分发挥‘五老’作用。农业、民政等部门也在职责范围内积极开展工作”。四川省成都市 2006 年指出：“建立健全市、区（市）县、乡（镇）三级政府工作责任制。将农村留守儿童管理服务工作纳入全市统筹城乡发展和建设社会主义新农村的总体任务中，通过财力、物力、人力的合理配置，不断完善农村社会公共服务机制和设施建设，切实为农村留守儿童提供服务”；“充分发挥乡（镇）政府在农村留守儿童管理服务工作中的基础作用”；“从2006年开始，逐步在乡（镇）建立农村留守儿童家庭服务中心，建立劳务输出人员家庭档案，加强对劳务输出人员和农村留守儿童的管理服务。”2008年开始，重庆市强调“把农村‘留守儿童’工作纳入全市和各地区统筹城乡发展工作、三农工作及经济社会发展”，要求各级政府确定本级政府分管领导和乡管部门负责人组成的“留守儿童”工作体系，要求各乡镇（街道）建立健全农村“留守儿童”工作制度。

（2）以学校为主建立社会关爱服务阵地，推广关爱服务模式。湖北、安徽、江西、四川、重庆、福建和浙江等省都突出了各级各类学校的主渠道作用。各省对学校关爱留守儿童提出了具体要求，这些要求主要包括建立留守儿童的档案和联系卡制度、建立对留守学生的结对帮扶制度、建立关爱留守学生的应急机制、改进和加强心理健康教育、加强农村寄宿制中小学校的建设和管理等几个方面。

在突出学校在留守儿童工作中的作用的同时，还动员企业、公民个人、社会组织建立不同形式的校外关爱服务机构、开展关爱服务活动。例如：重庆市尝试在基层建立不同形式的农村留守儿童托管机构，原则上留守儿童集中的乡镇。包括：充分利用各类资源建立农村留守儿童托管中心（家园），支持依托村级公共管理服务中心加快建立农村留守儿童之家；鼓励有条件的乡镇利用文化站、敬老院、村级活动中心等资源，建立农村留守儿童校外托管机构。同时，各地还积极探索有效的关爱模式，包括精心组织形式多样的关爱互助活动，试点并逐步推广“爱心卡”、“爱心家教团”、“留守儿童服务站”等关爱模式，为留守儿童提供心理辅导、学习帮助和生活资助。

（3）完善监护网络。各地方政府还采取了切实可行的措施，完善对留守儿童的监护网络。主要包括以下两个方面的工作：

第一，强化对留守儿童家长及监护人的培训。各省市政府要求各级教育行政部门和学校按规定切实办好家长学校，并定期通过举行培训班、座谈会、报告会等途径，加强对留守儿童家长或其他监护人的教育和培训，使之转变思想观念和教育方式，提高教育和监护孩子的水平。例如：重庆市要求“农村基层组织掌握外出务工人员家庭子女监护等情况，督促农村‘留守儿童’家长及监护人履行教育和监护子女的法律义务”，要求对留守儿童家长和监护人进行儿童营养、喂养和疾病预防等方面的教育和培训，还要求“利用农民工集中返乡的时机，加大农村‘留守儿童’家长及监护人培训力度，强化家长责任意识，普及家庭教育知识。”

江西省还对各级各类学校办好家长学校提出了具体的要求，要求家长学校“应做到‘八有’，即有教学计划、有规范教材、有授课老师、有备课笔记、有授课记录、有档案资料、有规章制度、有工作总结；定期开展留守儿童监护人培训、优秀家长教子经验交流等活动，并利用节假日等外出务工人员集中返乡之际，举办留守儿童家长培训班，帮助留守儿童监护人和家长更新家教观念，学习掌握家教知识和方法，提高监护能力”。

第二，积极探索留守儿童的代管机制。针对留守儿童监护人（主要是祖父母）在留守儿童的学习和心理辅导等方面的不足，各地开始探索校外代管机制。例如：多地政府鼓励退休教师和其他热心人士担当留守儿童的代理家长，负责留守儿童的衣食住行和课外辅导，关心他们的思想进步和健康成长；重庆市要求农村各乡镇、村组从当地有一定威望的老党员、老教师、老干部、老战士、老模范中聘请一批校外义务辅导员，一般每村小组 1～2 名，负责了解“留守学生”的校外表现情况，定期与学校沟通联系，做好“留守学生”品行方面的教育引导。重庆市等地的教育部门还要求中小学加强同社区、村组和监护人合作，有效保障农村“留守儿童”的健康成长。

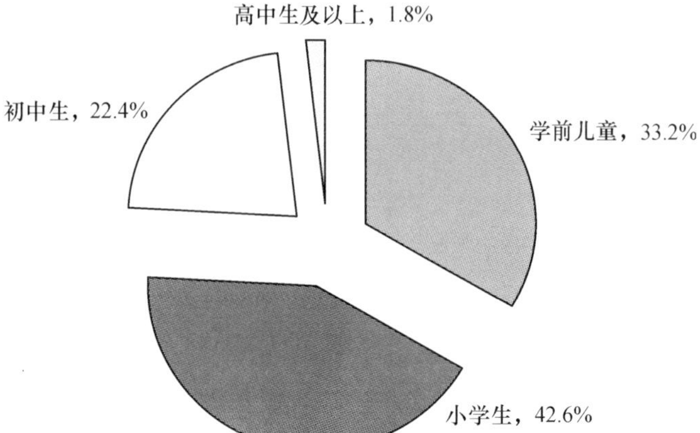

垫江县留守儿童各年龄阶段比例示意图

（二）农村留守儿童关爱服务体系建设经验

留守儿童关爱服务政策是否能够得到很好的落实重点要看基层的工作情况，因此，本次重点调研了重庆市的一个县——垫江县。之所以选择重庆市进行，是因为重庆市是一个集大城市、大农村、大山区、大库区和少数民族地区于一体的特殊直辖市。全市辖区面积 8.24 万平方公里，户籍人口 3 200 万，农村人口超过 70%，少数民族人口 210 万人。全市有农民工 800 多万，留守儿童235万，其中父母双方外出务工的有130多万。同时，重庆市政府非常重视留守儿童关爱服务工作，并将其作为“统筹城乡、改善民生、构建和谐社会的一项重要举措”，2010年将“培养照顾好130万农村留守儿童，解除外出务工群众后顾之忧”列为重庆市委市政府10件民生大事之一。垫江县是重庆市各区县中留守儿童数量排第二的一个县，有农村留守儿童70 813人（见上图）。其中，学前幼儿（0～6岁）23 502人，占学前幼儿总数的49%，占留守儿童总数的33.2%；小学生30 188人，占小学生总数的35.5%，占留守儿童总数的42.6%；初中生15 874人，占初中学生总数的44.2%，占留守儿童总数的22.4%。近些年，垫江县在确保关爱留守儿童工作制度化、常态化、长效化等方面探索出了一套行之有效的工作机制，被评为全国“农村留守儿童工作示范县”。

1. 农村留守儿童关爱服务工作机制的建立

（1）领导管理机制的建立。垫江县按照“党政统筹、部门联动、属地管理”原则，建立健全了工作协作机制。首先，成立了县留守儿童工作领导小组，由县分管及联系领导任组长和副组长，县妇联、县教委、县发改委、县财政局等相关部门为成员，领导小组办公室设在县妇联，增设2名专职工作人员；各乡镇、成员单位也成立了相应工作机构。其次，建立了留守儿童工作联席会议制度，每季度召开一次联席会议，及时研究解决留守儿童工作中的困难和问题。再次，建立了五个工作小组，即留守儿童工作理论研讨组、关爱模式创新推广组、督查组、宣传组和教育管理指导组，做到各成员单位工作职责清晰，工作内容明确。

（2）经费投入机制的建立。重庆市把寄宿制学校建设作为解决留守儿童教育问题的主要途径，累计投入68亿元，已建成农村寄宿制学校1 600所，2011年底将建成2 000所，解决了80多万农村留守儿童“寄宿难”的问题。今后3年，还将投入50多亿元，设立寄宿制学校建设、学生营养健康等专项奖补资金，推进留守儿童服务体系建设。

垫江县采取“政府主导、政府扶持、整合使用”举措，破解资金瓶颈问题。首先，加大政府投入。2010年，县财政投入资金1 962万元，建设了9所寄宿制学校，投入100万元专项资金，用于留守儿童关爱工作，并随经济社会的发展逐年递增。其次，搭建募捐平台。通过对接会、冠名会，实行对口援建，招募“留守儿童托管家园”、“村级留守儿童之家”等关爱平台的冠名单位和个人。全县现有35家单位和个人与25个关爱平台达成结对帮扶协议，解决托管机构电教设备、教学用具、文体器材、床上用品等。再次，建立爱心基金。由县妇联牵头，有关部门、大中型企业、社会知名人士积极参与，首次募集 78.1 万“爱心基金”，有效缓解了资金短缺的问题。目前，垫江县正在筹建关爱农村留守妇女儿童协会。

(3) 激励奖励机制的建立。垫江县采取“政府投入一点、部门支持一点、社会捐赠一点”方式，建立“以奖代补”专项资金，出台以奖代补政策。每年对“留守儿童托管家园”、“村级留守儿童之家”进行定级、评比，凡达到考核标准的，给予一定物质奖励；对“代理家长”贡献突出的也给予相应物质奖励。2009 年县妇联从妇女儿童事业专项资金中拿出 5 万元，对表现突出的“留守儿童托管家园”、“村级留守儿童之家”、“代理家长”和爱心人士进行奖励扶持，极大的激发爱心学校、单位和爱心人士办园、站的热情。2011 年 7 月下旬将兑现 2010 年以奖代补政策。

同时，垫江县还大力宣传留守儿童工作以奖代补政策，广泛动员社会力量参与关爱农村留守儿童工作。近三年来垫江县投入以奖代补资金 105 万元，撬动社会资金近 2 000 万元投入到关爱留守儿童行动中来，扩大了关爱留守儿童的覆盖面。

(4) 安全保障机制的建立。垫江县采取“定标准、聘安保”方式，确保留守儿童在家园、服务站健康快乐成长。垫江县出台了《垫江县留守儿童托管中心建设指导标准和评审指标体系》，对“留守儿童托管家园”、“村级留守儿童之家”等托管模式作了准入规定。在具体安保措施方面，垫江县将校园安保大队、校园民警、保卫干部、保安人员、护校队“五位一体”的校园安全新型警务体制向“留守儿童托管家园”、“村级留守儿童之家”等延伸，落实“人防、物防、技防”措施。

(5) 工作考核机制的建立。垫江县采取“两定一纳入”措施，提高各成员单位和关爱机构的责任意识，切实履行关爱职能。垫江县首先制定了领导小组成员单位、乡镇开展留守儿童工作的考核细则，由县督查组负责对留守儿童工作的日常督导检查。其次，制定托管机构考核办法，明确了考核对象、考核程序、考核条件等，对达标者和特别突出者兑现以奖代补政策，对于不达标者要求限期整改，凡经两次整改仍不达标者，取消办园资格并追究有关人员责任。再次，将留守儿童工作纳入县委政府综合目标管理考核指标，对各乡镇和职能部门统一进行考核。

2. 农村留守儿童关爱服务模式的探索

(1) 校内关爱服务模式的探索

第一，寄宿制学校的建设。重庆市通过财政投入建设寄宿制学校，并将投入资金设立寄宿制学校建设、学生营养健康等专项奖补资金，推进留守儿童服务体系建设。2010 年以来，重庆市根据留守儿童反映出的共性问题，尊重留守儿童年龄特点、尊重教育规律、尊重学校实际状况、尊重教师的创造性，围绕“规范、爱心、红色”三大理念，在常规义务教育的基础上，利用寄宿制学校留守儿童的课余时间，从思想政治、人格品质、心理情感、行为养成 4 个方面进行培养，同时抓好孩子的健康和安全。通过培养，让孩子们从小就感受到党和政府的温暖，培养对党和人民的感情，增强对国家和社会的归属感。在此基础上，探索总结出“4＋1”培养模式。组织专家编写社会主义核心价值观读本、安全生活手册系列读物和供教师使用的心理情感辅导、情景教案参考书，建立留守儿童网站。2010 年 9 月，光明日报以《一项关乎未来的重要试验》为题，用一个整版的篇幅介绍了“4＋1”模式，称该模式“实现了留守儿童培养理论和实践上的创新，为破解当前留守儿童教育培养难题、深化农村教育改革提供了全新的思路和有益的借鉴”。目前，已在全市农村学校推广。

垫江县近年来实施“寄宿制学校建设工程”，规划 25 所农村寄宿制学校建设项目，实施 14 所中小学校新建、改扩建工程，48 所学校建有专用浴室，建设 100 个专用食堂，设立了温馨教室、温馨寝室、温馨餐厅、温馨浴室、温馨乐园，让留守儿童在学校感受到家的温馨。

第二，在校内建立留守儿童托管家园。在学校硬件突入的基础上，重庆市还要求各寄宿制学校抓好寄宿学生（主要是留守儿童）的服务工作，全市多数县区利用学校现有空闲的教室、教师宿舍和活动场地等教学资源及退休教师等人力资源，在校园内建立农村留守儿童托管家园，对留守儿童周一至周五实行全托管理。垫江县还规定，学校留守儿童托管家园必须建立宿舍、学习辅导室、活动室、阅览室、电教室、心理咨询室、食堂和室外活动场地。

垫江县同时出台《垫江县留守儿童托管家园 2009—2020 年建设规划》、《垫江县教育委员会关于加强留守儿童托管家园建设的实施意见》等配套文件，建立健全了安全、学习、辅导等 13 个相关制度，完善留守儿童托管家园建设及管理评估体系，严格“准入制”，实施“年检制”。规定“托管家园”建立标准、评估体系、审批机关、日常管理机关、监督机关、协助机关以及费用收取标准等相关政策。

（2）校外关爱服务模式的探索

第一，社会留守儿童托管家园。由于学校对小学低年级和学前的留守儿童无法进行有效服务，寄宿制学校和校内托管家园有限，社会上的人士就办起了留守儿童托管家园。

社会爱心人士及社会团体把留守儿童集中到自己家中或其他固定场所，进行周一至周日校外的有偿托管，每个家园托管孩子在 30 人左右，代为履行儿童父母的职责，实现社会关爱助成长。托管家园必须根据《垫江县留守儿童托管家园建设指导标准》，修建（改扩建）自家房屋或租赁场所，并依法审批，获得办园许可，构建适合儿童生活、学习、活动的托管家园。必须具备“三室一场地”：学习辅导室、寝室、食堂和活动场地。

第二，村级留守儿童之家。以上校内的寄宿制学校和留守儿童托管家园，还有社会上的留守儿童托管家园都无法在周六、日和假期对留守儿童提供有效的服务。村级留守儿童之家主要为了弥补以上的不足。

依托村（社区）活动阵地，每周周末和假期为留守儿童开展心理疏导、学习辅导、亲情聊天、文体活动等，营造一个课外交流学习的环境，提供一个培养兴趣爱好的平台，成为留守儿童的“周末乐园”和“假期乐园”。每个留守儿童之家至少有“五室一场地”，即学习辅导室、活动室、阅览室、亲情聊天室、辅导老师办公室（可与妇代会办公室合并）和室外活动场地，“五室一场地”可与村支两委各场地进行整合并配有活动器材、教学工具、儿童书籍等。

第三，留守儿童爱心家庭。垫江县在试点的基础上开展了爱心家庭制度，即鼓励和扶持一些有条件的社会爱心人士把留守儿童集中到自己家中进行周一至周日校外的有偿托管，除了照顾留守儿童的生活起居外，还对其进行学习、思想、心理、情感等方面的关怀与帮扶，以促进留守儿童身心健康发展，实现模拟家庭享“亲情”。每个爱心家庭托管留守儿童数量原则上在 5 名左右。

第四，留守儿童代理家长。重庆市和全国多数省市一样，鼓励企事业单位干部职工、村（社）干部、有帮扶能力的党员或教师、社会有识之士热心于关爱留守儿童，与留守儿童“一对一”地结对组成代理家庭，成为留守儿童的“代理家长”。垫江县要求，留守儿童代理家长必须努力实现对留守孩子的思想品德、行为习惯、心理疏导、学习辅导、兴趣爱好、安全保护等培育教育功能。

第五，“牵手助困”。垫江县政府提出倡议，鼓励社会爱心人士与当地贫困留守儿童结成帮扶对子，成为他们的“爱心妈妈”、“爱心爸爸”、“爱心爷爷”、“爱心奶奶”、“爱心哥哥”、“爱心姐姐”等，为留守孩子提供力所能及的帮助。鼓励他们感恩父母、自立自强、乐观向上、刻苦学习，早日成长为国家的栋梁之才。平时通过电话、书信等方式，与留守孩子加强情感交流，真正让留守孩子在浓郁的关爱中度过快乐幸福的童年。

目前，垫江县已建立社会留守儿童托管家园 25 个，学校寄宿制托管家园 37 所，村级留守儿童之家 110 所，发展代理家长 5 000 多人，组建爱心家庭示范点 18 个，牵手帮扶 1.6 万人，共有近 6 万名农村留守儿童受到关爱。

(3) 取得的实效。从重庆市和垫江县的情况看，几年来，留守儿童关爱服务体系雏形已经初步形成，也取得了一些成效，表现在留守儿童身上的变化，主要有以下几个方面：

第一，思想品德逐步改观。以主题活动为主要载体，以“唱读讲传”为主要形式，在学校、社会留守儿童托管家园及村级留守儿童之家开展文化艺术活动、观看爱国主义影片、悬挂英模人物画像、建立红领巾广播站、举办黑板报手抄报比赛、讲故事比赛、读书活动等思想道德教育活动，对留守儿童培育“爱党爱国爱家乡”的朴素感情，树立“为党为国为人民”的远大理想起到了一定的作用。据不完全统计，近几年来，重庆市各级各部门、各乡镇、各托管机构共举办留守儿童德育主题教育活动 2 600 余次。

第二，良好的行为习惯逐步养成。通过对寄宿留守儿童内务的“军事化”管理，经常开展内务整理比赛、互帮互助活动、礼节礼貌和节约俭朴教育、评选“优秀之星”、设立红领巾监督岗等，培养留守儿童团队精神、责任意识，知事明理、艰苦朴素、吃苦耐劳，让留守儿童从小养成守纪律、爱学习、爱劳动、讲文明、讲卫生、讲秩序、讲礼貌的行为习惯。季度比较、半年和全年比较的结果表明，凡进入留守儿童托管家园的孩子在行为习惯上都有了较大变化，特别是自理能力、卫生习惯、礼节礼貌等方面起色很大，成效显著。

第三，心理疏导初见成效。组织学校教师、“知心姐姐”、“爱心爸妈”、代理家长、大学生志愿者等志愿工作者，在学校、社区内采取集中心理训练普及提高和个别心理辅导交心谈心、流动家教到院坝、个别家访等方式，温暖健康留守儿童“封闭”的心灵，舒缓化解留守儿童思亲之情，帮助隔代家长掌握家教知识。在各个托管机构开设亲情电话和远程视频，让留守儿童跟远方的父母通电话、网上视频聊天，感受到博大的父爱母爱。目前，已开通亲情电话 237 部，视频终端点 175 个，开展各类心理疏导 15 000 余人次，留守儿童的“自闭”倾向有所释缓，情绪低落减少，性格开朗增多。

第四，学习辅导落实到位。各类托管机构，配备专职教育工作者，采取

“主要靠奉献、象征性补助”的方式，利用早间、下午放学后以及晚间等时间，组织留守儿童开展阅读、作业、预习、复习等学习活动，加强对留守儿童的集中学习指导和个性学习辅导。目前，垫江县各类托管机构共有800余名学习辅导教师为托管留守儿童提供了学业辅导。

第五，兴趣爱好更加广泛。各类托管机构结合自身实际，设立科技制作、音乐舞蹈、竞技体育、讲故事、手工、绘画、书法、写作、奥数、球类、棋类等各种兴趣活动小组，配备辅导人员，让留守儿童根据自己的兴趣爱好和个性特长自由选择，积极参加，按时开展活动。目前已建立兴趣活动小组10多种，5万多名留守儿童参加。

第六，营养健康有所保障。在托管机构内，通过为留守儿童搭配营养早晚餐、提供爱心午餐、实施蛋奶工程，解决留守儿童“吃”的问题。2010年仅爱心午餐一项，全县已为38 000名留守儿童投入190万元的鸡蛋或牛奶。通过开展免费身体健康体检，跟踪留守儿童生长发育状况，确保留守儿童健康成长，截至目前，已为留守儿童进行免费健康体检近8万人次，县政府还将投入资金1 000万元为13万学生免费体检，对留守儿童的体检将实现全覆盖。

第七，安全保护更加有利。制订了留守儿童安全保护联动方案，把对留守儿童的保护保障工作细化到各个相关职能部门，实现分工合作、有效联动，为留守儿童的安全保护撑起一柄坚强的“大伞”。在各类托管机构中，按要求制定防火、防水、防灾等应急预案，开展各种应急演练，做到“平时练兵，战时应急”。还定期对留守儿童开展各种安全知识教育，让留守儿童逐步形成“珍惜生命，远离危险”的理念。

（三）农村留守儿童关爱服务体系建设存在的问题

相对于其他省市而言，重庆市留守儿童关爱服务体系建设进展更快，取得了一些成绩，但是，他们在建设这个关爱服务体系的过程中依然面临多重挑战，存在一些问题。主要体现在三个方面：一是活动经费不足。关爱留守儿童工作大多是无偿性、公益性的，没有固定的资金来源，导致工作阵地不够完善，影响了关爱留守儿童工作的推进。二是部门管理制度有待于进一步加强。目前，相关单位在关爱留守儿童工作的工作目标和具体职责以及针对留守儿童合法权益规定不够明确，这些都有待改善提高。三是社会关注力度还不够大，还需要从根本上、全局上、整体上建立起关爱留守儿童工作的长效机制。

留守儿童关爱服务还明显存在“三多三少”现象。即关爱留守儿童讲形式的多，注重实际行动和效果的少；关爱留守儿童个人的行动、短期关爱的行动、送物质体现关爱的行动多，集体关爱的行动、长期关爱的行动、关注身心健康的行动少；对身边的、有潜力的、直接帮助的留守儿童居多，而法律规定的、政策指导的、全面关爱的少。

1. 农村留守儿童关爱服务工作机制存在的问题

（1）对农村留守儿童的信息掌握不完备。关于国家、地方农村留守儿童数量、性别比例、年龄结构、入学（园）情况、家庭状况等信息目前还没有准确来源。因此给各级政府在制定留守儿童政策时难以做出科学规划与预测。例如，虽然我们事先发放了调查表，得到了多数区县比较详细的数据，但是重庆市的部分区县依然无法准确提供当地留守儿童的详细数据，其他部分省市的体系甚至没有包括 0～6 岁学前阶段留守儿童的数据。

（2）领导管理有待加强。虽然重庆市和垫江县都有由副书记或副县长牵头成立了留守儿童关爱工作领导小组，建立了由多个政府部门参与的联席会议制度，但是，目前相关单位在关爱留守儿童工作的工作目标和具体职责以及针对留守儿童合法权益规定不够明确，有待加强。而其他省市领导小组多不是由省市委或政府副职担任，在一定程度上影响了工作的力度。

（3）经费投入面临挑战。多数农民工输出大省（县）农业人口较多，大量经济投入面临困难。例如：垫江县是一个典型的农业县，近三分之一的人口外出务工，财政收入相当有限。虽然政府尽最大努力投入资金关爱留守儿童，但与庞大的留守儿童群体的需要相比较，这些投入明显不足。而社会投入资金建立的托管机构条件参差不齐，使留守儿童接受的教育不均衡。解决留守儿童教育管理问题的最好方法是建立类似中学的全寄宿制学校，就垫江而言，要由县财政出资或由社会力量建立规范的全寄宿制学校，最近几年很难办到。

（4）激励奖励机制有待加强。在对校外关爱服务阵地的激励和奖励方面，目前存在的问题主要表现在：第一，没有固定的资金保障奖励机制长期有效地运行。第二，在奖励的评选的过程中，需要有效的制度和政策加以保障。第三，激励奖励机制没有与有效的精神奖励、社会舆论和媒体宣传有效地结合起来，使物质奖励和精神奖励相结合，与社会舆论和媒体宣传相结合，更大地发挥激励奖励的社会效益。

（5）安全保障机制需要得到进一步健全。目前对留守儿童的安全保障方面还存在一些问题，主要表现在：一是监护权的转移。在留守儿童教育中，我们经常遇到有关留守儿童监护权问题。《民法通则》确定父母为未成年人的法定监护人。监护人的监护责任不仅是支付抚养教育费用，还有探望、照顾孩子的生活，以良好品行对孩子进行管理和教育，保护被监护人的身体健康及合法权益等。《预防未成年人犯罪法》也规定，父母或者其他监护人不得让不满16周岁的未成年人脱离监护单独居住，对未成年人不得放任不管，放弃监护职责。留守儿童教育与管理中出现的监护权转移及引起的相关法律问题应当引起足够重视。二是学生伤害事故的责任认定。在各种关爱服务阵地的活动过程中，留守儿童遭遇的意外伤害事故的责任到底该怎样划分，国家法律无明确规定。

（6）工作考核机制有待完善。部分地方政府在工作中都提到要将留守儿童关爱工作作为考核干部的标准之一，但是并没有十分明确的规定，对这项工作成绩突出或没有成效的基层政府的奖励或惩罚机制有待完善。一些党政干部的思想中甚至存在宁可不做事不出问题，也比推进工作而出了问题好，这种观点和想法与工作考核机制标准不清晰、贯彻落实不到位有直接关系。

2. 农村留守儿童关爱服务阵地建设中的问题

（1）寄宿制学校建设不能满足需要。由于偏僻农村地区拆并学校，距离学校较远的学生数量激增，虽然各地政府投入了大量资金依然无法满足学生寄宿的需要，特别是留守儿童对寄宿的需要。从垫江县的情况看，寄宿制学校建设中面临的问题主要包括：首先，寄宿制学校建设推进难。按照规划，垫江县建设25所农村寄宿制学校需资金5 484万元。由于县财力不足，目前仅建成3所，无法满足留守儿童的寄宿需求，只能凭借市场的力量，以至于“留守儿童”的教育管理无法向纵深发展。其次，配套师资补充难。除中学外，小学以及托管家园均无生活指导教师、心理辅导教师编制，严重影响了专业师资的补充和调配，制约了留守儿童工作的深入开展。再次，覆盖率较低。从重庆各区县的留守儿童在寄宿制学校上学状况的分布可以看出，上小学的留守儿童在寄宿制学校的较少，因为小学很少建设寄宿制学校，而绝大多数的初中留守儿童都在寄宿制学校上学。垫江县有农村留守儿童70 813人，其中初中生15 874人，占初中学生总数的44.2%，占留守儿童总数的22.4%。因此在垫江县只有22.4%的留守儿童才有可能进入寄宿制学校，其他的留守儿童无法得到寄宿制学校的关爱服务。

（2）各类留守儿童关爱阵地面临的困难。无论是校内关爱阵地还是校外关爱阵地，无论是政府出资兴办的还是民间出资兴办的关爱阵地，都面临一些共同的问题：一是硬件设施不足。几乎所有的学校和社会出资兴建的关爱阵地都是利用闲置的校舍改造而成的，改造工程都比较简陋，不完全符合住宿条件，给留守儿童的安全带来了一定的隐患。二是人员配备不足，人员的工作积极性不高。对校内关爱阵地来说，由于学校没有关于留守儿童的生活老师和心理辅导老师，因此要由学校的原有教师担任。国家为了防止学校乱收费的问题，限制了对留守儿童住宿学习的费用。对于民间出资兴办的关爱阵地来说，多数工作人员待遇不高。这样也一定程度上影响了关爱阵地的服务人员工作的积极性。三是覆盖率偏低。垫江县校内留守儿童托管家园主要建在小学，服务对象是小学三年级以上的留守儿童，对于特殊留守儿童托管难。学前及小学低龄留守儿童年龄小、自理能力差，绝大多数托管家园不愿接纳；贫困留守儿童无力进入托管家园，关爱、教育、管理存在盲区。

(3) 其他关爱活动面临的困难。留守儿童代理家长监管质量无法保证。“代理家长”凭爱心，履职约束力差。“代理家长”完全凭借自己的自觉行动和爱心奉献，没有建立任何奖励激励机制来鼓励他们，难以持之以恒。有些“代理家长”对留守儿童的学习介入过少或无法介入，并不能保证对留守儿童的学习起到积极的作用。

“爱心妈妈”、“爱心姐姐”等与留守儿童结对活动具有较大的随机性，有时这些“爱心妈妈”距离这些留守儿童也较远，关爱的主要方式仍然以打电话的形式进行。这样的关爱活动在效果方面还有待提高，在结对的时候需要双方的充分了解，关爱服务也需要进一步规范和加强。其他人士的关爱活动也同样存在如何保证活动的长期性和有效性。也需要进一步思考。而且人的情感建立有一个过程，已经建立的结对需要一个长期的跟踪服务，如何保证服务的长期性、自愿性、有效性，仍有待提高。

三、完善现有农村留守儿童关爱服务体系的建议

(一) 总体思路

农村留守儿童的健康成长，关系着儿童整体素质的提高，关系着广大家庭和农民群众的切身利益，关系着新农村建设和社会的和谐稳定。因此，近年来，中央对农村留守儿童工作提出了一些新的要求。例如：2010 年颁布实施的《国家教育改革与发展中长期发展规划纲要（2010—2020)》提到，“努力提高农村学前教育普及程度，着力保证留守儿童入园。采取多种形式扩大农村学前教育资源，改扩建、新建幼儿园，充分利用中小学布局调整富余的校舍和教师举办幼儿园（班）。发挥乡镇中心幼儿园对村幼儿园的示范指导作用。支持贫困地区发展学前教育。”“建立健全政府主导、社会参与的农村留守儿童关爱服务体系和动态监测机制。加快农村寄宿制学校建设，优先满

足留守儿童住宿需求。采取必要措施，确保适龄儿童少年不因家庭经济困难、就学困难、学习困难等原因而失学，努力消除辍学现象。”2011年颁布实施的《中国儿童发展纲要》也明确提出，要“健全农村留守儿童服务机制，加强对留守儿童心理、情感和行为的指导，提高留守儿童家长的监护意识和责任”，“基本满足流动和留守儿童基本公共服务需求”，从而实现“缩小儿童发展的城乡区域差异”。

这些文件为各地政府有关留守儿童关爱服务工作明确了方向，为未来农村留守儿童关爱服务工作提出了一个战略性目标：对留守儿童关爱的对象既包括义务教育阶段的儿童也包括学前阶段的儿童，要在十二五期间建立和健全政府主导、社会参与的农村留守儿童关爱服务体系和动态监测机制。因此，各级党委政府应当将关爱农村留守儿童工作重要议事日程，将农村留守儿童关爱服务工作作为一项重要的民生工程来抓，有条件的地方将留守儿童的关爱服务纳入农村基本公共服务体系，建立基于保障公民权利和满足发展性需求的留守儿童福利制度。

（二）具体对策

以下围绕农村留守儿童关爱服务体系的建设和动态监测机制的建立等方面的政策和行动计划制定提出对策建议。

1. 实质性地建立农村留守儿童工作领导管理机制

为了使农村留守儿童能够享受到我国经济发展的成果，确保社会基本公平、公正，各级党委、政府应当作为农村留守儿童关爱服务的主要责任人。我们从重庆市和垫江县的调研中发现，领导重视是建立关爱服务体系建设的关键。农村留守儿童工作领导小组的成立和联席会议制度的建立，更有效地保障了关爱服务工作的落实。

（1）建立健全各级农村留守儿童工作领导机制。各省市及基层县区农村留守儿童工作领导小组，并由省市（县）委副书记或省市副省长（副市长、副县长）等主要领导担任组长，发改委、教育、妇联、卫生、公安等政府部门或组织参与工作。定期召开会议，协调各部门之间的相互协作，实质性地开展工作。

（2）健全以党政组织为主体的行政管护体系。健全党委政府统筹、部门负责、社会力量参与的工作机制，明确各部门的工作职责，特别是将留守儿童关爱服务作为民生工程，使其成为农村社会服务工作的一项内容，并将留守儿童关爱服务工作列入各级政府绩效考核目标，实行“属地管理，分级负责，分层落实”，逐步建立以留守儿童为中心、以学校为主体、以村镇为重点的横向到边、纵向到底的关爱留守儿童工作网络。

（3）政府主导、社会参与建立部门共享的农村留守流动儿童动态监测体系。充分利用政府资源，各级统计部门应当将农村0～18岁留守儿童的现状纳入统计的内容，以便及时了解留守儿童数量变化及实际生存状况和发展需求。同时，建立关爱服务工作的评价体系，对各种服务项目的实施过程和效果进行监测和评估，使关爱服务措施不断完善，关爱服务的质量不断提高。

（4）完善政策法规，建立法律保护网络。农村留守儿童法律保护网络的核心是监护制度的建立，确保留守儿童监护、权益及救助保障落到实处。首先，必须强化父母作为法定监护人的法律责任，不能因为自身的工作原因难以顾及孩子而随意地放任自流，这在很大程度上是其监护职责不力的表现，需要在法律的层面上对其进行制约。其次，要完善委托监护制度，父母外出一般都将子女委托给第三方，而监护人究竟应具备哪些条件，承担哪些义务等都需要法律给予规范。第三，必须建立国家监护制度，对无人监管的留守儿童都需要政府来担任监护人。

2. 完善农村留守儿童关爱服务工作的经费投入机制

（1）加大对农村留守儿童关爱服务工作的财政投入。各级政府每年从财政中分拨一定比例的资金或者设立“农村留守儿童关爱服务”专项资金，用于农村留守儿童的关爱服务工作。借鉴一些省市的做法，由省市一级政府进行资金统筹，资金的数额按照上一年度本省市的留守儿童的数量确定人均投入，投入的资金主要用于关爱服务阵地的建设和部分关爱活动的开展。

（2）建立特殊留守儿童“爱心基金”。针对学前及小学低龄留守儿童、贫困留守儿童等特殊群体托管难的现状，建立关爱农村留守儿童“爱心基金”，广泛发动社会各界以“冠名活动”、“联合办园”、交纳会员费、募捐等方式向“爱心基金”注入资金，用于支持社会对农村留守儿童的关爱行动。

（3）建立反哺补贴制度。由农民工输入较多的省市或经济发达的地区每年划拨一定数额的资金用于支持农民工输出大省对留守儿童的关爱服务工作，或者向农民工输入地雇佣农民工较多的企业征收一定的税收，反哺农民工输出地的关爱留守儿童服务体系的建设。建立这种反哺补贴制度基于以下两个方面的原因：一方面，各地经济发展极不平衡，留守儿童最多的是经济比较落后的农村地区，主要由当地政府投资无法保证所有留守儿童获得基本的关爱服务；另一方面，对留守儿童关爱服务的社会效益有可能外溢至农民工输入地的经济比较发达地区，原本资金比较紧张的农村地区很少从中获益。

（4）发展农民工输出地的区域经济。各农民工输出大省加大招商引资力度，制定就业创业优惠政策，拓宽农村富余劳动力致富门路，鼓励外出务工人员回乡创业兴业，实现务工增收和稳固家庭的双赢，从源头上减少留守儿童的数量。

3. 完善农村留守儿童关爱服务阵地建设

（1）加大寄宿制学校的建设力度。各地政府和教育部门根据本地实际情况，合理调整学校布局，加大寄宿制学校的建设力度，在资金和教师编制等方面向留守儿童集中的学校倾斜，让所有小学高年级以上的留守儿童尽量住在学校。同时，考虑那些离中心学校距离较远的小学生就近入学的实际困难，根据学生人数在一些村保留学校和幼儿园，保证学生就近入学。

在寄宿制学校的建设和校内托管家园的建设中，将生活教师、心理教师的人员配备与校舍的建设并重。参照中小学师资编制标准，增加留守儿童工作管理人员编制，为农村寄宿制学校增加生活指导教师、心理健康教师编制，为留守儿童工作教育管理工作提供人力资源保障。

此外，在部分留守幼儿较多的村，利用原有小学的校舍开办公立幼儿园，保证有意愿的幼儿入园。

（2）完善校外农村留守儿童关爱服务阵地的建设。目前，一些地方设立了村镇留守儿童活动中心，对留守儿童的课余活动进行了引导和管理，得到了普遍的认可，也受到了留守儿童的欢迎，但面临的主要问题是资金支持不够和管理规范问题。因此，设立国家特别关爱项目，通过以奖代补的方式给予资金支持，制定相应的管理制度，是一种较好的措施：在每个留守儿童集中的乡（镇）、村，利用已有空闲场所或对已有活动阵地的改造完善，配备必要的场地、体育器材、图书、玩具等，建立一个留守儿童关爱服务阵地，对留守儿童给予特殊的关怀和指导。依托关爱服务阵地，通过政府设置公益岗的方式，配备经过专门训练的管理人员及者社会工作者（每个关爱服务阵地至少配备1名专职或兼职工作人员），定期与这些儿童进行交流和专门辅导，加强对有特殊需要留守儿童及家庭提供指导服务，帮助他们尽快解决相应的困难或问题。这些阵地建设初期政府给予一定的资金支持，每年接受检查和考核，考核合格后给予资金奖励，奖励资金的数额考虑上一年度接受留守儿童的数量和提供的服务质量，以能够基本保证前一年该阵地正常运转所需的经费为准。

对其他开展关爱服务的民间机构的奖励参照乡村关爱服务阵地的管理制度执行。每年对这些机构的服务质量进行评估和考核，对服务质量达到标准的民间机构直接进行奖励；对尚未达标的民间机构提出整改意见或者指导其整改，待整改达标后给予奖励。在缺乏关爱服务的偏僻的东村地区，政府可以通过外包的方式委托有资质的专业机构为当地留守儿童提供关爱服务。

（3）加强对留守儿童家长和监护人的培训。首先是定期对留守儿童家长进行培训，让他们意识到无论社会和政府如何对留守儿童进行关爱，都无法替代父母的亲情。让留守儿童父母意识到父母关爱的重要性，并鼓励父母回家探亲和关爱留守儿童的行为。其次是对留守儿童的监护人进行如何教育留守儿童的培训。让其父母和监护人意识到留守儿童的学业成绩固然重要，但是留守儿童的人格发展、行为习惯的养成、思想品德的发展、良好的身体素质同样重要。教家长和监护人如何教育留守儿童的方法。重庆市妇联建设了“家教流动学校”，广泛深入地开展了对留守儿童家长及监护人的教育。这一方法值得推广。

（4）要加大宣传力度，营造全社会关爱农村留守儿童的浓厚氛围。目前，社会开始关注农村留守儿童的发展问题，但是全社会共同关心留守儿童的大格局还未真正形成，志愿者不多，企事业组织支持的广泛度和力度不太大，各种社会慈善机构介入、支持的深度不够。为改善这一状况，首先，加大媒体宣传的力度。报纸、广播、电视、杂志等媒体要定期开展义务宣传，宣传留守儿童的各项政策，重点宣传未成年人保护法，以及各地加强农村留守儿童关爱教育管理的典型和经验，引导全社会形成关爱农村留守儿童，促进健康成长的良好氛围。其次，出台企业捐助各项社会福利事业可以减免税收的政策，使企业更愿意主动捐助支持农村留守儿童关爱服务事业的发展。此外，加大志愿者服务的宣传，形成人人争做志愿者的良好社会氛围。

课题组成员：余珍有　王中会　王　玉
报告执笔人：余珍有　王中会　王　玉

农村留守妇女问题研究报告

中华全国妇女联合会课题组

根据国务院农民工工作联席会议第九次全体会议精神以及国务院农民工办下发的《关于印发中国农民工发展研究工作方案的通知》（人社厅函[2011] 242号，以下简称《通知》）的规定，由全国妇联、国家发展和改革委员会、公安部、民政部和共青团中央共同承担“研究制定关爱农村留守妇女、帮助其解决实际问题的政策措施”分课题，全国妇联为牵头单位。采用实地调研和文献回顾以及资料分析的方法，完成了本报告。

一、农村留守妇女的现状

上世纪80年代以来，随着城市化、工业化进程加快，农村留守妇女成为一个规模较大的群体。第六次全国人口普查结果显示，目前全国有流动人口2.6亿。据民政部统计，截至2010年底全国有4 700万留守妇女。流动与留守两个群体的出现是农民及其家庭不得不做出的选择。一方面，农村耕地面积减少后出现大量的富余劳动力，另一方面，农民直接从土地获得的收入有限，希望通过打工增加家庭收入、改善生活质量。同时，在一些村民的观念中，留在家里是没本事的表现。结果形成夫妻的分离状态，给留守妇女的生产生活带来两方面的影响：

（一）不利的影响

一是生产负担重。在传统农业地区，丈夫外出务工后，留守妇女成为家庭农业生产的主力，劳动力不足、没有掌握技术、生产资料购买困难等是留守妇女在农业生产中遇到的主要问题。留守妇女的劳动时间普遍偏长，春播秋收的农忙时节，劳动时间更长达10个小时以上。在农业生产组织化程度较高的地方，留守妇女在耕种、插秧、收割等生产环节有专业队提供服务，生产负担有所减轻。没人帮助的妇女只能自己拼命扛着，独自承担农业生产的重负。

二是家务负担重。留守妇女独自承担家务劳动、赡养老人和抚育子女等家庭责任，最担心的是老人生病和子女不好好学习。新农合帮助她们解决了部分看病费用，但由于文化程度偏低，不能对子女进行有效的亲子沟通、文化辅导和成长监管，以江西赣州为例，80％的留守妇女认为对子女的教育就是拿钱给他们上学，近65％的妇女不知道孩子平时在想什么，对孩子的逃学、沉迷网吧、打架斗殴等行为，她们采取的教育方法大多简单、粗暴，而诸如此类的种种现状令人担忧。

三是情感缺失和婚姻危机。留守妇女因为交通、费用和农活等原因很少去看望务工在外的丈夫，与丈夫主要的沟通方式是打电话，有关调查结果显示，通常的联络频率是一个月一次，也有约3％的夫妻几乎从未联系过，外出丈夫平均每年回家2.6次，也有的几年不回家，甚至十多年杳无音信，她们通常有“三怕”：一怕丈夫不挣钱，二怕丈夫不安全，三怕丈夫有外遇。空间距离的扩大阻碍了夫妻情感的交流以及性交流，很多人因此变得焦躁、脆弱，甚至出现极端不良情绪，离婚率明显提高。据2006年某地方媒体报道，在近几年的离婚案件中，涉及当事人一方或双方为外出务工农民案件通常占到当地总数的60％～80％。

四是身体健康受损。留守妇女肩负着本应由夫妻双方共同承担的生产生活责任，由于过度劳累而导致的疾病发病率较高，身体健康受到影响。另外，大多数农村留守妇女缺乏基本的卫生保健知识，她们很少检查身体，很多人患了病也不去治疗。江西省新余市渝水区一份有关农村留守妇女问题的专题调研显示，留守妇女中近70％反映自己有病、身体状况不好；45.20％患有妇科病；14.9％的患病妇女没有钱或没有时间治病；14.69％近5年从未检查过身体。此外，有的外出务工的丈夫有不良性行为史，农村留守妇女又成为被动感染性病、艾滋病的受害者。

五是安全状况堪忧。丈夫外出务工后，家庭中通常剩下老人、妇女和儿童，甚至只有妇女和儿童，这样的家庭人口结构带来的是农村治安防范力量的减弱和违法犯罪概率的增加，留守妇女在缺乏丈夫保护的状况下，人身与财产安全极易遭受侵害，如性骚扰、强奸、入室盗窃等。据有关部门统计，农村性侵害案件中，62％的受害者是“留守妇女”，37％的“留守妇女”家庭受过盗窃等不法行为的侵害。

六是维权意识差，缺乏广泛有力的社会支持。农村留守妇女维权意识薄弱，且她们的社会支持系统多从属于丈夫的社会关系网络，导致留守妇女获得社会支持的渠道非常受限制。大多数留守妇女还不能很好地理解“权益受侵害”的概念，甚至不知道享有哪些权利，据甘肃调查，39.3％的留守妇女对“侵害”不作处理或者自己忍受，受侵害后，最多的帮助来自邻居和亲戚，村级组织以及其他社会力量还未能形成留守妇女有力的社会支持网络。

（二）积极的影响

尽管留守给农村妇女带来了不少困难，但是，我们在调研中仍然看到了她们积极乐观的一面和因此获得的成长。一是参与社会管理的机会多了。由于丈夫外出务工，增加了留守妇女代表家庭参与公共事务的机会，使她们在社区公共事务方面的参与程度得到提高，家庭决策地位及家庭管理和经营能力也得到了提升。二是生产技能提升了。妇女独自承担农业生产责任后，对种植技术、养殖技术的需求强烈，她们通过学习，接受技术培训，获得了生产能力的提高，有的还申请了小额贷款。三是组织化程度提高了。留守妇女们通过“公司＋农户”、专业协会解决生产技术上的困难，主动向种子化肥农药等销售部门获取技术和信息，有的成立了互助组，在生产过程中相互协作。四是独立性更强了。她们勇于面对沉重的生产生活负担，表示再累也要坚持下去。对婚姻关系的认识也更加成熟，在丈夫外出务工期间，留守妇女家庭增加最多的生活用品是手机和固定电话，她们经常与丈夫保持联系，加强沟通，在一定程度上缩小了距离感；懂得改善个人形象增进夫妻感情，不让自己变成“黄脸婆”；认识到有经济地位才有家庭地位。

二、农村留守妇女工作现状分析

党中央、国务院高度重视农村留守妇女的权益保护，各地各部门纷纷开展相关调查研究、出台相应政策和措施、完善工作机制、丰富工作内容，共同维护农村留守妇女的权益，关爱农村留守妇女的生活与身心健康。

（一）加强专项调查研究，为做好留守妇女工作提供客观依据

近年来，全国妇联一直高度关注农村留守妇女的权益和发展状况，先后采取多种形式开展调查研究，形成有价值的对策建议，为有关部门完善法律、制定政策提供客观参考依据。实施了“全国农村妇女权益状况和维权需求抽样调查”，形成关于当前农村妇女权益保障中存在的主要问题及农村妇女维权需求的权威报告，有针对性地提出了加强农村妇女权益保障的对策建议，引起中央领导的高度重视，胡锦涛总书记作出重要批示。配合参与全国政协社会与法制委员会组织的赴湖北、黑龙江、内蒙古的专题调研工作，调查了解留守妇女现状和需求，提出针对性的对策建议。与国家发展和改革委员会农经司、公安部治安管理局、民政部基层政权和社区建设司、共青团中央城市青年部等单位，结合各自的职责和分工，分系统开展相关调研，汇总形成调研报告。多方收集资料和信息，多次召开专题研讨会、座谈会，邀请法学、社会学、经济学等领域的专家以及各级妇联干部、农村基层党政干

部，深入开展农村留守妇女儿童权益问题的研究。

（二）出台相关政策和措施，为做好农村留守妇女工作提供有力保障

全国妇联积极推动、参与妇女权益保障法修改、反家庭暴力法制定等工作，推动将留守妇女工作纳入新一轮中国妇女发展纲要，进一步保护农村留守妇女的合法权益。全国妇联联合财政部、人力资源社会保障部、中国人民银行制定下发了《关于完善小额担保贷款财政贴息政策，推动妇女创业就业工作的通知》，联合卫生部下发《卫生部　全国妇联关于印发〈农村妇女“两癌”检查项目管理方案〉的通知》（卫妇社发［2009］61号），帮助农村妇女特别是农村留守妇女发展生产、改善生活。各地妇联组织积极建言献策，呼吁党委政府及相关部门出台关爱留守妇女的政策措施。一些地方将农村留守妇女关爱工作纳入了民生工程，提供专项经费，切实保障工作持续有效开展。许多地方将此项工作作为领导干部政绩考核的重要指标，为工作的顺利开展提供了组织保障。

团中央下发《关于开展“共青团关爱农民工子女志愿服务行动”的通知》，要求针对农民工子女重点开展学业辅导、亲情陪伴、感受城市、自护教育、爱心捐赠等工作。各地公安机关结合“大走访”爱民实践活动，开展入户调查，摸清留守妇女底数，通过开展严打整治专项行动，严厉打击拐卖妇女儿童犯罪，同时将开展农村留守妇女工作情况列入年度流动人口服务管理工作检查考评内容。各地民政部门积极推进农民工留守家属综合服务体系试点项目工作，如湖北省利用福彩公益金建“福彩亲情屋”，中华社会救助基金会开通“幸福列车”，让农村留守儿童与外出务工的父母团聚等。

（三）推出农村留守妇女关爱行动，搭建多元化社会支持网络

为落实温家宝总理对开展关爱农村留守妇女儿童和留守家庭工作作出的重要批示，今年4月，全国妇联召开电视电话会议，启动了“农村留守妇女儿童关爱行动”。全国人大常委会副委员长、全国妇联主席陈至立主持会议并讲话。她要求各级妇联要从服务民生、促进社会和谐的高度，充分认识做好农村留守妇女儿童工作的重大意义，在党委、政府的领导下，扎实推进关爱行动。全国妇联副主席、书记处第一书记宋秀岩对开展农村留守妇女儿童关爱行动作出了部署。

会后，全国妇联下发了《关于开展“农村留守妇女儿童关爱行动”的通知》（妇字［2011］15号），力图通过发挥社会力量作用，搭建网络平台，使留守妇女获得多元化的社会支持。通知要求各地妇联立足于留守妇女的迫切

需求，以维护留守妇女权益、促进留守妇女发展、关受留守儿童健康成长为着力点，以加强基层妇联组织和干部队伍建设为保障，以村“妇女之家”为依托，了解实情、把握需求，增强开展关爱行动的针对性；组织起来、互帮互助，努力形成人人为我、我为人人的良好风尚；示范带动、结对帮扶，充分发挥妇女骨干的作用；志愿服务、奉献爱心，动员社会力量积极参与关爱行动；建好用好“妇女之家”，拓展实施关爱行动的载体和平台，使农村留守妇女得实惠、普受惠、长受惠。各省妇联高度重视，采取切实有效的措施贯彻落实会议精神，通过各种形式部署开展相关工作。

（四）争取各方支持，直接为留守妇女办实事

近年来，各级妇联组织主动向党和政府反映广大留守妇女的呼声，大力推动建立农村留守妇女权益保护工作机制。有些地方设立了以主要领导为组长、相关部门负责人为成员的工作机构，初步形成了党委政府统筹、相关部门负责、社会共同参与的工作格局。争取项目支持，特别是近年来，通过实施妇女小额贷款财政贴息、开展农村妇女“两癌”免费检查等实事项目，坚持不懈地开展留守妇女儿童关爱帮扶活动，通过建立乡村妇女维权服务站点，建设村“妇女之家”，开通12338妇女维权服务热线等措施，维护留守妇女权益，增强留守妇女自我发展能力。各地妇联坚持立足基层、因地制宜，组织开展了形式多样的关爱活动，有的推动建设农村“留守妇女阳光家园”、家长学校，有的实施农村留守妇女儿童综合服务体系建设试点项目，有的设立了专项关爱基金，有的创立和总结推广了“农村留守妇女互助小组”等关爱模式，对于帮扶留守妇女儿童发挥了积极作用。

三、农村留守妇女工作存在的不足和问题

目前，党委政府、妇联等相关部门和社会各界在开展农村留守妇女工作中做出了积极的努力，成效也很明显，但农村留守妇女权益保护仍存在一些需要进一步解决的问题。调研中大家反映最突出的问题是责任主体不明和公共服务网络建设缺位。

一是政府部门没有明确的责任主体。农村留守妇女权益保护是一项社会系统工程，需要在体制机制上加强组织领导，需要多部门有效协作，需要大量资金投入。从国家层面来看，目前还没有专门负责农村留守妇女工作的政府主管部门，也没有设立国家级留守妇女专项计划或项目。在地方层面，有的是党委政府领导牵头，成立跨部门的协调领导机构，大多数省份由某一部门牵头，多部门合作。但相关部门协作力度不够，缺乏长效机制和工作

合力。

二是基层缺少公共服务网络。我国农村地区的公共服务严重缺乏。从全国的角度来看，没有一个系统的农村公共服务体系，使得在各地帮助留守妇女的发展上，存在制度、资金、服务内容等方面的缺陷和不足，远远不能满足妇女的发展需要。近年来，相对于农村的实际需要来看，国家对农村公共服务设施建设的投入还明显不足，尤其是面向农村留守妇女特殊需求的公共服务，同时农村家庭、社区的支持网络也非常薄弱。以湖北为例，五年来省发改委投入 3 400 万元资金，建立农民工留守家属综合服务体系试点，虽然在全国开了先河，但相对于全省 1 062 个乡镇（街道）、26 031 个村（社区），项目试点仅建立了 37 个乡镇服务站、2 396 个村级服务站，远远不能满足现实需求。

四、对做好留守妇女儿童权益保护工作的建议

农村留守妇女问题是我国社会转型过程中的一个重要问题，将存在较长的时期。它不仅是妇女问题，更是农村问题和社会问题。应当进一步强化政府主导、社会各界协同参与的工作格局，加快农村现代化进程，把流动、留守人员问题纳入新农村建设和城乡一体化发展规划，统筹解决流动留守人员问题。具体建议如下：

（一）加大对留守妇女问题的综合研究

加大对农村留守妇女问题研究的支持力度，使研究成果更好地为国家和政府解决留守家属问题、农民工问题以及“三农”问题服务。及时对各地经验进行总结和提升；加强相关创新性政策制度的可行性研究，为国家立法和公共政策提供科学依据，切实保障农村留守妇女的利益。

（二）明确留守妇女工作的责任主体

进一步加强对留守妇女工作的领导，明确责任主体，把留守妇女工作纳入“十二五”及新农村建设的总体规划，作为重点民生工程；纳入各级领导班子和领导干部的考核范围，推动列入党委政府的重要议事日程；纳入各级政府的财政预算之中，加大投入，切实保证、合理配置各种资源；纳入新一轮妇女儿童发展纲要的实施当中，着力推动纲要有关指标的落实。建议明年中央一号文件将农村留守妇女儿童权益保护作为重要内容，进行安排部署。

（三）加大力度扶持农村留守妇女发展

要加强对农村妇女的教育培训，进一步加大阳光工程惠及留守妇女的工作力度，不断提高留守妇女的素质和能力；要通过小额信贷等方式，扶持留

守妇女发展投资少、风险小、周期短、见效快、科技含量高的项目，因地制宜地发展农副业生产，变“守家园”为“建家园”；要积极促进休闲农业发展，进一步发挥留守妇女在农家乐等特色休闲旅游农业发展中的作用。要组织留守妇女互帮互助，通过农村妇女互助小组等形式，做到生产生活上的相互帮助、情感安全上的相互关照，使邻里互助巍然成风。要积极构建农业生产性服务体系，进一步提高农业机械化水平，加快先进实用农机化技术和机具的推广应用，减轻留守妇女农业生产的劳动强度。要组织留守妇女开展丰富多彩的乡村娱乐活动，大力弘扬文明新风，丰富她们的精神文化生活。

（四）完善留守妇女和外出务工人员的社会保障

普及新型农村合作医疗，加强对基层妇幼保健的投入，改善农村医疗卫生条件，培训村级医务人员，提高对农村妇女的健康检查和诊治水平；建立新型农村社会养老保险制度，办好农村的养老服务机构，减轻留守妇女的家务负担。优化外出务工人员的就业环境，制定有利于农民工进城的政策，为农民工与家属团聚、子女就学提供方便。鼓励农民工夫妻在同城打工，建立农民工带薪休假制度，维护农民工的合法权益。开展社会服务，为农民工子女提供学业辅导、亲情陪伴等切实有效的帮助。

（五）切实维护留守妇女的合法权益

要加强对留守妇女儿童的法制宣传教育，把留守妇女儿童作为“六五”普法工作的重点，增强他们学法、懂法、用法、守法的能力，推动他们积极维护自身合法权益。鼓励农村留守妇女积极行使参与农村村级事务的管理和决策的权利，使她们成为新农村建设的参与者和受益者。切实加强对农村妇女土地承包及相关财产权益的维护，加大新修订的《村委会组织法》的贯彻实施力度，开展对村规民约的审查纠错工作；不断完善民间协商、乡村调解、县市仲裁、司法保障等多渠道调处农村土地承包纠纷的调处机制，加大土地承包及相关纠纷调处力度。要加大对强奸、偷盗等侵害农村留守妇女儿童案件的惩处力度，切实维护留守妇女儿童的合法权益。

课题组成员：刘　梦　张彦红　袁　虹

报告执笔人：刘　梦　张彦红　袁　虹

农村留守老人问题研究报告

中国政法大学关爱农村留守老人课题组

农村富余劳动力向非农产业的城镇转移，不发达地区的人口向较发达地区流动，是我国工业化和现代化过程的必然趋势，由此伴生出一些特殊的群体：农村留守儿童、留守妇女和留守老人。与前两者相比，留守老人生存于守候家园、教养孙辈与年老力衰、经济贫困、孤苦寂寞的夹缝中。他们手中握有的资源极少，自身生活缺乏保障，却又背负着巨大的责任和压力。迄止今日，有关留守老人的报道频频见于报端和网络，也已经引起政府、社会的广泛关注，但究其内容多为感性的、个案的、表象的报道材料，缺乏客观、全面、深入的数据研究材料。为了更加科学有效地解决农村留守老人这一群体所面临的困境以及由此引发的沉重社会问题，必须对该群体进行更加广泛、专门的调查研究。本次“中国留守老人生存现状调查研究”是民政部为了为下一步工作决策提供科学依据，而委托中国政法大学政治与公共管理学院在全国范围内组织开展“留守老人、留守妇女、留守儿童生存现状调查”专项课题的一部分。本课题总计对全国16个省的2 531名留守老人进行入户问卷调查（有效样本2 518名，搜集了大量内容翔实而鲜活的第一手资料。在此基础上，对全国留守老人的状况进行了多方面、多角度、多层次精准的数据统计与剖析，以期了解留守老人最为真实的生存现状和他们面临的问题，进而有针对性地为解决留守老人问题提供一些改进建议。

一、留守老人基本情况

本次调研涵盖了留守老人的性别构成、年龄分布、家庭成员、劳动负担、子女供养、医疗照料、代际关系、精神文化等各方面的内容，全面展现了全国大部分地区留守老人的生存现状。

（一）人口状况

农村留守老人的性别分布为男性比例低于女性比例，大体上低10%左右，且并未因地理分区不同或者经济分区不同产生显著差异。留守老人男女比例呈现如此状况，是与全球范围内女性寿命普遍比男性寿命偏长的现象一致的。留守老人中，低年龄组（60～79岁）的老人占样本比例为85.5%，高年龄组（80 岁及以上）的老人仅占样本比例的 14.5%，相差较为悬殊。留守老人的婚姻状况以原配和丧偶为主，各占 61.5%和 34.1%，而离异、再婚、未婚单身情况较为少见。留守老人的整体文化水平偏低，初中及以上教育水平的老人仅占 16.4%，绝大部分是没受过教育和只受过小学教育的老人。

（二）经济状况

本次调研对于留守老人经济状况主要从去年收入水平、经济来源、经济负担三个方面进行了调查。留守老人去年的年收入极低值为 0 元，极高值在 20 000 元以上。去年年收入在 20 000 元以上的占 2.7%，5 000 元以上的累计占 21.4%。通过调研现实情况来看，老人高收入的出现通常带有明显的个案特征。当前农村留守老人在经济上主要依靠自己劳动收入和子女供养维持生活，政府补贴和村集体补贴对老人经济支持的比例非常小。

（三）生活状况

本次调研对留守老人生活状况方面的考察主要从老人的家庭居住情况（静态）和老人日常活动（动态）两方面进行。留守老人以同老伴、孙辈居住者居多，其比例分别为 44.1%和 33.4%，而独居和与其他人居住的情况较少。在日常生活中，近八成老人主要由自己和老伴来照料自己，子女照料大多缺失。留守老人大都要从事不同性质的劳动，其中农业劳动负担最重。在本次调研中做出有效回答的 2 518 名样本中，有 1 230 名的老人平日主要进行务农活动（占 48.8%），670 名老人主要做家务（占 26.6%），还有 98 名老人进行经营、务工活动（占 3.9%），仅 520 名老人不工作（占 20.7%），即近 80%的老人都要从事劳动。在完全自我独居的留守老人中，有 63.5%的人能够完全自理，有 34.8%的人能够部分自理，有 1.6%的人完全不能自理。这表明农村有少部分不能自理的留守老人真正是“老无所依”，容易出现“死者尸体腐烂多日”无人知晓的情况。

（四）健康状况

随着年龄增长和身体机能退化，健康问题成为一个越来越突出的问题。身体和心理健康状况直接关系到老人对他人照料的依赖程度和对医疗就医的需求程度。本次调研也从身体和心理两个方面对老人健康状况展开研究。

就身体状况而言，在调研样本中，认为自己一般、较差和非常差的占 56.6%，近四成老人不能完全自理，有一种及以上慢性病的人占 60.8%，视力大多数有不同程度的衰退，接近一半的人睡眠不好。留守老人整体的健康状况处于一般偏下的水平。就心理状态而言，在 2 523 名留守老人中，对生活持乐观态度的留守老人有 1 232 位（占 48.9%）；有 923 位留守老人对生活不抱太大希望（占 36.6%）；有 145 名留守老人感觉对生活比较悲观（占 5.7%）；有 20 名留守老人感到基本绝望（占 0.8%）；有 203 名留守老人没有想过这个问题（占 8.0%）。总体来说，留守老人的消极情绪比较严重。大多数留守老人精神文化生活的范围只限于自家和邻居家的狭小空间内，大多数人选择一种静态的休息休闲方式，有 18.2%的留守老人无事可干。留守老人参加社会交往较少，参与村里组织的活动频率较低。

二、留守老人面临的主要问题及其原因

几千年来，中国都崇尚“老有所依，老有所养”的儒家孝文化，“儿孙满堂”被看做是老人成就和幸福的象征，众多家庭成员给老人提供经济供养、精神抚慰和生活照料。然而，大量农村青壮年外出务工冲击了中国传统的家庭养老方式，留守老人面临着经济物质、家庭生活和健康医疗等方面的问题。

（一）经济基本处于普遍贫困状态

留守老人收入水平低，儿女赡养不足，社会保障作用微弱，家庭支出项繁杂，经济负担沉重，呈现普遍贫困的状况。经济状况是衡量每一个家庭生活状况的重要指标，尤其对于正在逐渐失去劳动能力的老人而言，经济对他们的生活起着更为重要的保障作用，成为衡量留守老人生活质量的核心指标。

1. 留守老人普遍贫困，对自身经济状况评价不高

在 2 518 位被调查者中，去年收入为 0 元的留守老人达 549 位，1～2 000 元之间的为 833 位，2 001～5 000 元之间的为 597 位，5 001～10 000 元之间的为 295 位，收入高于 10 000 的仅为 244 位（见图 1）。

国家统计局 2011 年 3 月 10 日发布的抽样调查结果显示，2010 年农村居民人均纯收入为 5 919 元人民币。留守老人被调查者中高达 80%的人没有达到这一水平。这直接反映出留守老人绝大部分处于低收入状态，贫困现象十分普遍。同时物价飞涨、人民币贬值更是加重了老人的生活负担。留守老人对自己的经济状况普遍表现出不满意的态度，认为自己经济状况好的仅为 11.7%，认为自己经济状况一般的为 60.8%，较差的为 21.2%，极差的为 6.3%。按照世界银行 2008 年确定的日收入 1.25 美元（按 1 美元约合 6.34 元人民币计算，约合 7.925 元人民币）的国际标准，目前我国有相当一部分留守老人生活在国际贫困线标准以下。按照我国 2010 年确定的年收入 1 274

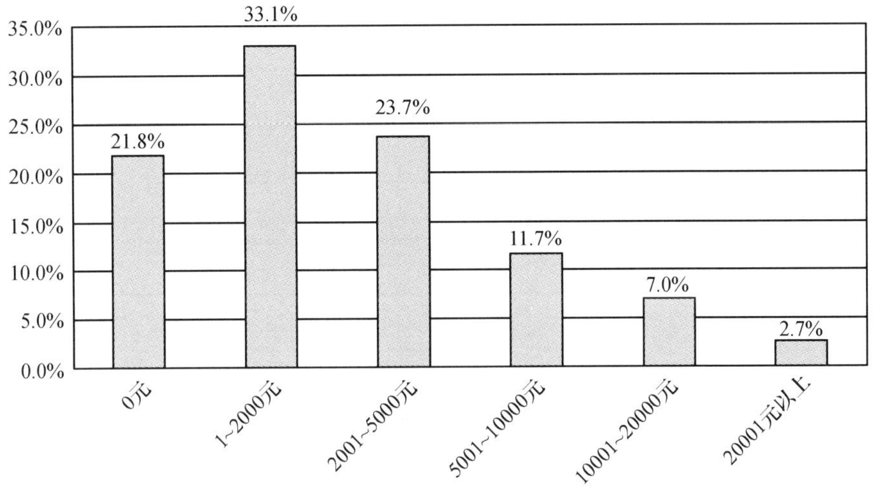

图1 留守老人经济状况比例分布图

元人民币贫困线标准，我国也有不低于1/5的留守老人处于该贫困线标准以下。按照我国2011年确定的年收入2 300元人民币的最新贫困线标准，处于贫困线以下的留守老人为数更多。也就是说，处于赤贫状态的留守老人在当今是一个数量较为庞大的一个弱势群体。

2. 经济收入主要依靠自身劳动收入和子女提供生活费，儿女赡养偏低，社会保障作用微弱

在统计样本中，有1 100名老人主要依靠自己劳动所得作为主要经济来源，儿女供养只是起到补充、辅助作用，有1 321名以子女赡养作为主要收入方式，其余的老人依靠配偶、政府补贴和村集体补贴生活，子女几乎完全没有负担起赡养父母的责任。而政府补贴和村集体补贴对老人经济支持的比例非常小，仅分别占到8.0%和0.8%，这表明社会保障对留守老人的生活并没有充分发挥效能。而依靠自己劳动收入作为主要生活来源的老人占到了抽样整体的38.2%，远远超过社会保障所起的作用，土地依然为留守老人提供了相当程度的保障。

在传统家庭养老和土地保障的模式下，子女赡养是老人最为主要的经济来源。据统计数据看，虽然大部分留守老人都有儿女提供经济供养，但子女对父母供养呈现数额不均、普遍偏低的状态。子女对留守老人的供养数额不等，差异较大（见图2）。

不容忽视的是，有16.4%的老人其子女没有提供任何供养，他们处境堪忧。同时对留守老人供养金额处于1～2 000元之间的比例占样本整体将近六

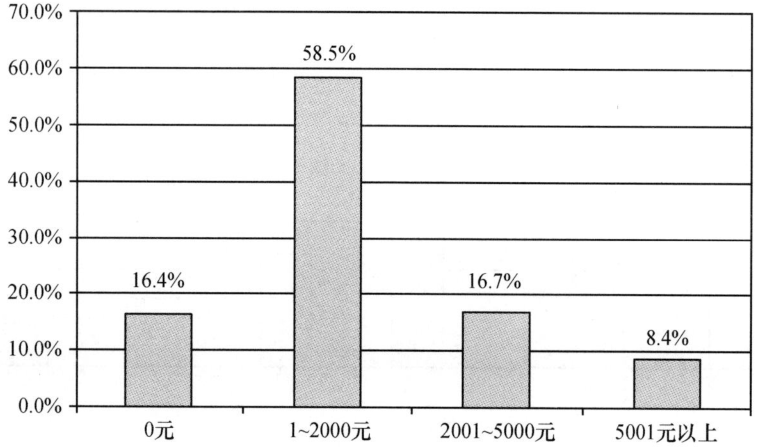

图 2 子女赡养留守老人金额比例图

成，5 000 元以上仅为 8.4％，子女对老人供养的力度远远不够，仅靠子女供养老人难以安享晚年，社会保障的作用亟需加强。

3. 留守老人家庭支出项繁杂，经济负担沉重

在家庭收支中，日常生活支出占 36.8％，其次是看病就医占 20.8％，排在第三、四的是农业生产资料投入和照顾孙辈，依次占 16.2％和 14.2％，最后人情支出占 11.3％。日常生活支出在留守老人的家庭支出项中所占比例并不高，老人的消费水平非常低。医疗支出是留守老人无法避免而又沉重的经济负担。无论是在经济上还是在生活上，照看孙辈又是外出务工子女留给一些留守老人沉重的看护负担。

（二）照顾孙辈压力巨大

家庭成员特别是青壮年成员减少给老人日常生活带来许多压力和问题。美满团圆的家庭和休闲富足的生活是所有老人希望的生活状态。本次调研发现留守老人的生活状况无论是家庭居住情况（静态）还是老人日常活动（动态）都面临着较为严重的问题。

留守老人以同老伴、孙辈同住者居多，缺乏子女照料；同时空巢家庭、隔代家庭现象突出，老人隔代监护压力大。调研样本中，子女数量在 2～6 个之间的老人达到 94％。从子女数量我们可以窥豹一斑，若是子女不外出务工，留守老人的家庭规模相对较大，家庭成员数目较多。而当前同老伴、同孙辈居住的留守老人分别占 41.4％和 31.4％（见图 3）。

随着大量农民外出务工，传统的主干家庭结构遭到破坏，出现大量老人独居家庭、空巢家庭和隔代家庭等现象。而且在实际调研中，隔代监护情况

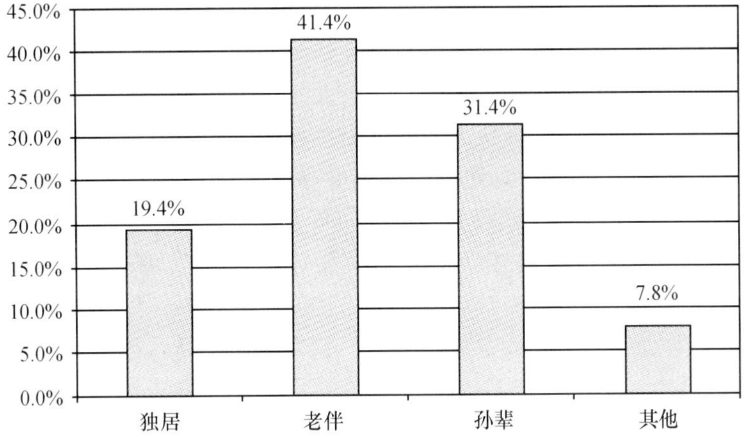

图 3　留守老人居住状况比例分布图

与留守老人的年龄表现出较强的相关性，即年龄越低的老人隔代监护比例越高。在本次调研中，不需要监护孙辈的老人（及其配偶）仅占整个样本的35.1%，有30.3%照看1个孙辈，有25.3%的老人需要照看2个，7.0%的老人需要照看3个孩子，还有2.3%的老人需要照看4个及以上的孙辈（见图4）。

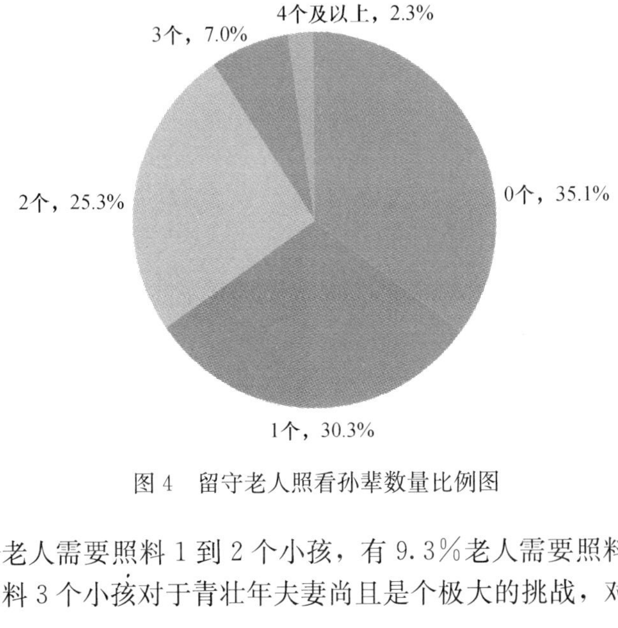

图 4　留守老人照看孙辈数量比例图

大部分老人需要照料1到2个小孩，有9.3%老人需要照料3个甚至更多小孩。照料3个小孩对于青壮年夫妻尚且是个极大的挑战，对老人造成的劳动压力就可想而知了。留守老人普遍贫困再加上还要负担孙辈的吃穿住行以及教育费用，这给老人造成了沉重的经济负担。在接受调查的老人中，有20.8%的老人认为在照看孙辈中遇到的最大的困难就是经济负担太重。

除此之外，老人的心理压力调查数据也有所体现。在老人最为担心的事情调查中，有29.1%的老人觉得不能辅导孩子学习是自己遇到的最大的困难，有19.6%的老人害怕自己管不住孩子等等。担心孩子的学习、担心管不住孩子以及担心孩子生病、出现事故等都是压在老人心口的一块大石，给老人造成很多烦恼和压力。

在日常生活中，老人最主要依靠自己和老伴来照料，孙辈、亲戚、邻居以及其他人只起到辅助补充作用，子女赡养照料缺失情况严重（见图5）。

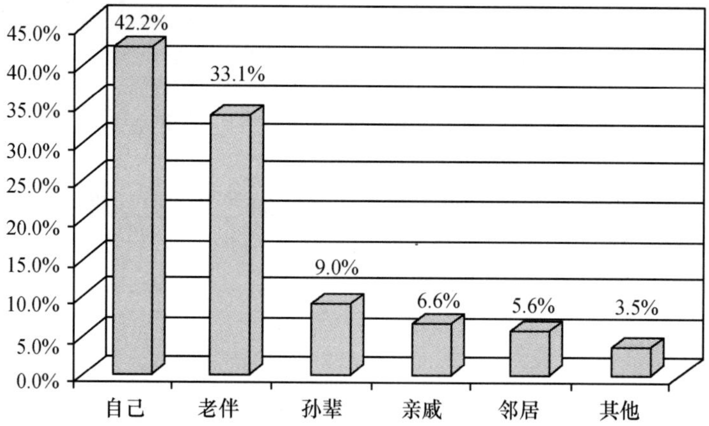

图5　留守老人日常照料情况图

留在老人身边的孙辈大都是处于学龄期的儿童和青少年，他们本身尚需要老人对他们的照料。而成年的孙辈也是生活刚刚起步，自顾不暇，只有极少的时间和精力来照料爷爷奶奶。除孙辈、子女外，老人亲近的亲戚一般为自己的兄弟姐妹以及血缘更远的亲戚。就老人同辈的亲戚而言，他们本身也已经年老体弱，面临同留守老人相同的情况，很难给老人提供照料和帮助。此外，外出务工子女由于身在异乡而不能照料父母，当地政府在老人生活照料上基本缺位。在这种情况下，留守老人不仅缺少了子女的关爱照料，农村传统养老模式失去了对老人的保障作用，反而使老人背上了照料家庭、监护孙辈的沉重责任，这对于老人而言无论是生理上还是心理上都形成了巨大的压力。

（三）农业劳动负担沉重

留守老人大都要从事不同性质的劳动，农业劳动负担尤为沉重。年轻子女外出务工，老人要代替子女下地劳动、管理农田、看管孩子、做家务，等等。本次调研样本中，近80%的老人要进行务农、家务、经营、务工及其他劳动，仅20.7%的老人不需要劳作。在2 518名有效样本中，超过六成的留守老人平日主要进行务农活动。调研村庄人均耕地面积均值为1.46亩，最高值为17.00亩，也从某种程度上反映出留守老人的农业劳动压力格外沉重。留守老人参与农业活动的比例最高，这是老人在其他保障措施不能完全满足老人的需求时做出的不得已的选择。老人必须尽可能坚持从事农业生产，从而获得自己日常生活所需，实现自身生活的基本保障。另外，由于子女外出，其田地无人照料，勤劳节俭的习惯与并不宽裕的经济状况都使留守老人不愿放弃这些耕地。这样留守老人的耕地面积扩大、农活加重，而且在农忙时节，多数外出子女并不能回来帮忙，这就使得留守老人的农业劳动压力格外重。在家务方面主要是子女外出后，老人要完全自我照顾和与配偶相互照顾，同时还要照料孙辈的饮食起居和上学放学接送任务。老人承担了年轻子女本应该承担照料子女的责任，因而家务的负担也相当沉重。总体而言，子女外出对留守老人造成的劳动负担是显而易见的，家里的劳动力减少了，而劳动量并未减少，老人承担了本应由一家人共同承担的劳动量。而且，老人的身体机能已经大不如前了，这样的劳动负担让老人更加不堪重负。

（四）健康状况堪忧与医疗问题突出

随着年龄增长，健康医疗问题成为老人十分关注的一个问题。身体和心理健康状况直接关系到老人对他人照料的依赖程度和对医疗就医的需求程度。本次调研发现留守老人无论在身体方面还是心理方面都面临严重问题，诸如身体每况愈下而就医困难，精神空虚缺乏关怀，精神文化生活单调等问题严重干扰老人的健康。

留守老人健康状况堪忧但不积极就医，医疗费用成为留守老人及其家庭的沉重经济负担。在调研样本中，认为自己身体一般、较差和非常差的占比是56.6%，近四成老人不能完全自理，有一种及以上慢性病的老人占60%以上，视力大多数有不同程度的衰退，接近一半的人睡眠不好。留守老人的整体健康状况处于一般偏下水平，需要良好的、普遍的医疗资源。留守老人看病就医的费用由自己和子女负担的分别占30.0%和40.0%，新农合在老人所有医疗费用支出中仅占25.4%（见图6）。医疗费用支出成为留守老人

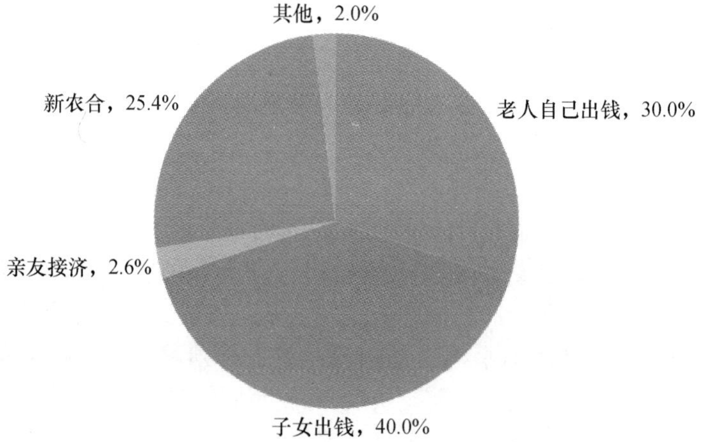

图 6 留守老人医疗费用来源比例图

及其家庭沉重的经济负担，很多留守老人被迫选择“小病拖、大病扛”。

在日常得小病的情况下，有 64.4%的留守老人找村医弄点药吃，有 10.8%留守老人自己忍着既不去看病也不吃药，有 8.5%的留守老人自己找土办法解决，仅有 14.9%的人及时去医院看病。之所以出现上述现象，在日常生活中老人缺乏普遍医疗意识是一个原因，迫于经济压力、无钱进行身体检查和正规治疗是其更为直接更为根本的原因。

（五）精神生活贫乏和生活态度悲观

留守老人空虚寂寞，生活态度悲观；文化生活单调，质量不高。对每个人的老年生活来讲，精神文化生活同经济物质生活一样起着不可或缺的作用。丰富多彩的精神文化生活能给老人带来精神慰藉，让老人保持开朗的心情和高昂的精气神，更能减少心理和身体疾病，有利于老人身体健康。

留守老人缺乏对生活的乐观态度，调研数据显示，43.1%的老人对生活持有不同程度的悲观态度，对于这部分留守老人而言，他们的生活是没有精神支柱的，是不快乐的（见图 7）。

对老人是否有孤独感、无聊感问题的调查数据显示，在 2 516 名被调查者中，有 90 位老人的回答是一直有（占 3.6%），经常感觉有孤独感、无聊感的有 498 位老人（占 19.8%），选择偶尔有的有 1 138 位老人（占 45.2%），在生活中从未有孤独感、无聊感的老人为 790 位（占 31.4%）（见图 8）。

只有三成左右的老人在日常生活中没有孤独感和无聊感，而其余七成留守老人都会在劳作之余有不同程度的孤独感和无聊感。这表明留守老人的精

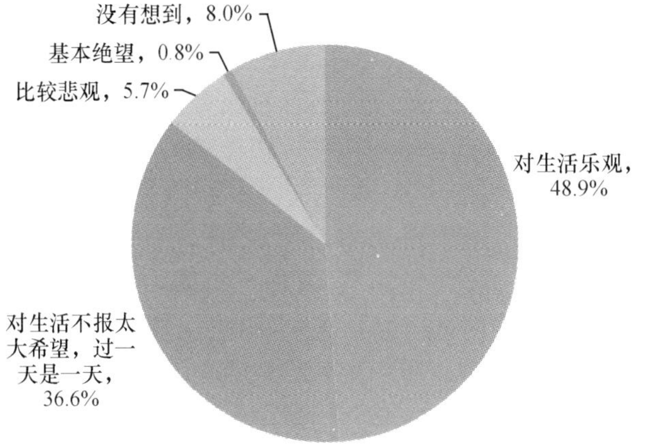

图 7　留守老人生活态度状况图

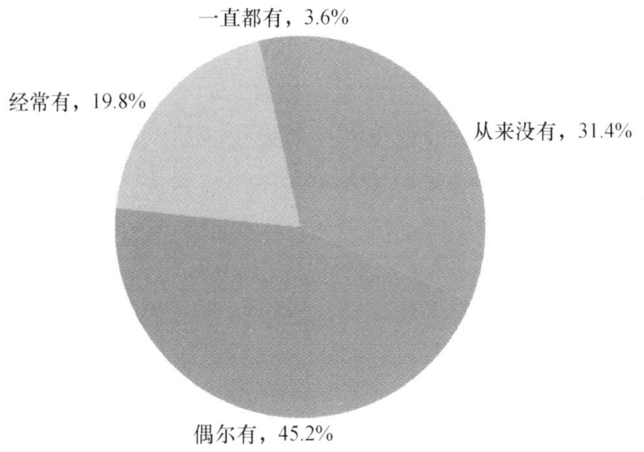

图 8　留守老人有无孤独感情况图

神状态不佳，大多数老人情绪消极。他们对未来和生活逐渐失去信心和期望，抱着过一天算一天的态度。我们很难想象一个人失去精神动力如何能够面对生活的重压。老人精神文化面临的问题可从以下几个方面进行分析：

首先，老人家庭内部精神文化生活残缺。由于子女外出，回家探亲闲暇少，电话联系频率较低，沟通中情感交流较少，因此老人与子女的精神沟通十分有限。孙辈虽然在老人身边，但由于他们大多年龄尚小，能力有限，老人也很难向他们倾诉内心感受和烦恼。在整个家庭中能经常与老人进行精神交流、有相似爱好的家庭成员似乎只剩下配偶。部分丧偶留守老人平时缺少亲人在身边加以照料和开导。这会让他们产生孤苦无依的感觉，同时心中苦闷无处倾诉，容易滋生消极、自我封闭甚至悲观厌世的倾向。

其次，老人自身受教育水平低，不容易接受新事物。一般而言，受教育程度越高，过往经历越丰富，老人的视野和思维就越开阔，越容易接受新鲜事物，发展更为宽泛的兴趣爱好。同时，文化程度高，平日里读书看报也是了解社会、自娱自乐、消除孤独感和无聊感的良好方式。本次调研中，从未上过学的老人有 1 218 位，上过小学的有 897 位，受过初中教育的老人有 333 位，上过高中及中专的老人有 76 位，只有 5 位受过大专及以上教育。文化水平不高的老人了解外部世界、融入环境的能力相对较低，更容易被社会边缘化。因而，这些留守老人在日常生活中也更容易感到孤独和无聊，进而对生活产生混天熬日的悲观情绪。

再次，宗教信仰也会成为一个人强大的精神支柱，有信仰的人通常心性更为坚韧。从本次调查来看，在 2 525 名留守老人样本中，510 位老人有宗教信仰，2 015 人没有宗教信仰。宗教宣扬的真、善、美等容易吸引老人，给他们以精神慰藉，而且信教让老人在精神上的安全感提高，孤单感降低。但留守老人在信教的同时，也夹杂着很多封建迷信思想，老人信教多是有求于宗教中的神，希望给自己和儿女带来福音。

最后，精神文化生活单调，结构不良。在很多人心目中，上辈老人很多是身怀绝技的一代人。20 世纪六七十年代很多村子都有自己的舞狮队、锣鼓队和武术队、戏班子，每当重大节日，村里便锣鼓喧天，热闹非凡。农村传统文娱项目比之城市可能花样不足，但绝称不上单调。在本次调研中老人被问及到农闲之余会进行什么活动时，串门聊天和看电视成为选择最多的选项，选择频次分别为 48.4％和 44.0％；其次是做家务、带孩子，选择频次为 38.9％；打牌、搓麻将的选择频次为 16.0％，而娱乐健身的选择频次仅为 3.7％。大多数老人精神文化生活的范围只限于自家和邻居家这狭小的空间内，而且大多数人选择一种静态的休息休闲方式，更有 18.2％的老人无事可干。只有极少数老人选择娱乐健身和读书看报、听广播等其他方式作为自己农闲活动的内容。老人的这种状态更适合用“打发时间”来定义，而非我们通常认为的精神文化生活内容。虽然这样的精神文化生活会让老人得到休整，但对于老人强身健体、提高文化修养、发挥特长而言无多大关系。

（六）参加社会活动较少

社会交往较少，参与村里组织的活动频率较低。本次调研显示，在 2 524 份有效问卷中，在是否参与诸如村民选举这样的活动问题上，有 1 116

位老人不参与（占 44.2%），有 78 位想参与而没有机会（占 3.1%），有 621 位偶尔参与（占 25.0%），有 700 位经常参与（占 27.7%）（见图 9）。

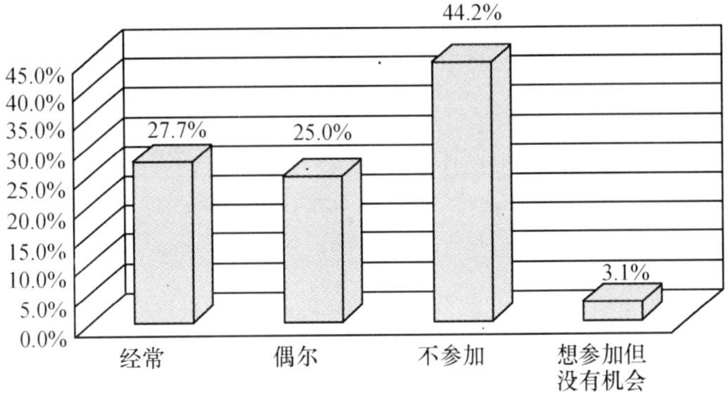

图 9　留守老人参与社会活动情况图

在村里组织的活动中，老人不是一个十分活跃的群体，出现在村庄活动中的人不多。村庄活动组织人员经常忽略老人的需求，逐渐将其边缘化了，老人即使有参加村庄活动的精力和意愿，也被排除在外。

随着年龄增长，老人对他人照料和关怀的依赖程度逐渐增加，生活不能由自己掌控，更容易产生不安全感和消极情绪。这个时候充实而丰富多彩的精神文化生活能帮助老人精神有所寄托，减少其孤独感和不安全感，保持健康乐观的心理状态和积极乐观的生活态度。然而，留守老人的精神文化生活处于典型的“数量不多，质量不高”状态。

三、改善留守老人生存状况的对策建议

本次调研结果显示，虽然不同性别、不同年龄、不同居住情况、不同地区的留守老人存在一些差异，但是几乎所有的留守老人都表现出劳动负担沉重、经济状况贫困、感情空虚、缺乏生活照料、医疗资源不足、精神文化生活单调等情况。不仅子女对父母缺乏足够的关爱，当地政府也很少关注留守老人。很多留守老人就如一头被政府和亲人遗忘在农村受苦受难的老牛，为子女付出了青春，为国家贡献过力量，老去的时候依然拖着沉重的犁耙，难得清闲。

解决农村留守老人群体面临的困境以及由此产生的社会问题必须对症下药，从留守老人的实际需求出发，给留守老人提供支持和帮助，因此留守老人的期望和需求就显得尤为重要。通过综合梳理留守老人的需求，本报告建

议，应该主要从以下几个方面入手改进留守老人的状况。

（一）逐步完善农村养老保障

希望政府提高对留守老人的经济补贴，改善其经济状况是留守老人的普遍要求。留守老人无法完全实现自养，而子女赡养又不足，这时政府的经济补贴和扶持就显得极为重要。政府应逐渐转变农村土地保障制度为以政府为主导的社会保障制度。我国城市化发展是不可逆转的趋势，必然有越来越多农民失去土地，那么依靠土地保障老人生活在很多地方就越发显得不合时宜了。就发展趋势而言，传统的养老模式必然被现在通行的社会保障制度所代替。政府应该从现在开始就加强和完善农村保障制度建设，避免农村老人老无所依。在留守老人相对集中的村镇以政府投资为主兴建养老院或敬老院，同时完善相关配套制度与设施，通过激励措施使留守老人积极入住，让他们也能安度晚年。20 世纪 90 年代初《县级农村社会养老保险基本方案（试行）》（民办发［1992］2 号）使农村养老保险提上了国家制度建构层面，近年来国家先后出台《国务院关于开展新型农村社会养老保险试点的指导意见》（国发［2009］32 号）、《新型农村社会养老保险基金财务管理暂行办法》（财社［2011］16 号）等加快了新农保发展的进程，2011 年新农保试点范围扩大到 40％的县，进行新农保试点的地区有 1.43 亿农民参保，得到了广大农民群众的衷心拥护。但是留守老人生命质量相对较低的状况仍然非常突出，家庭、社区与政府共同参与的养老体系良性局面还没有建构起来，未来农村留守老人的养老保障应该建立在家庭、社区、政府三方面互动合作的基础之上。政府应当成为养老体系的政策和资源的供给者，社区是留守老人社会生活的主要载体，家庭继续鼓励并支持其发挥养老功能，充分发挥三者的作用，为留守老人提供充足的养老保障。

（二）创造子女就近就业环境与条件

“安土重迁”依然是中国人的传统观念，很多农民外出务工不是为了走到更广阔的天地去实现自己的伟大理想，而只是迫于生计。外出务工的农民多从事体力劳动，食宿条件相对较差，难以适应外地生活习俗，同等收入水平下，在心理上他们更愿意选择回到家乡而不是在外奔波。当外出务工农民回到家庭，留守老人的赡养条件不会降低，而劳动负担会减轻，同时也有子女在身边进行照料供养。建议地方政府努力发展规模化的特色农业和地方工业，将农民增收和就近转移农村的剩余劳动力相结合，创造就近工作条件便于子女探望或照料，使一部分留守老人不再成为留守者，其他留守老人可以因为子女就近就业便于增加探望的次数。在当前的新农村建设中应该着力从这方面增加外出农民工回家就业的渠道与待遇。

（三）降低医疗费用及提升医疗服务质量

“看病难、看病贵”是所有农村民众面临的问题，而老人由于身体机能衰退，病痛也就随之而来，他们成为与医疗机构接触最多，对村镇医疗水平和医疗费用水平感触最深的一个群体。目前摆在一些留守老人面前的“吃药”问题远远超过“吃饭”问题。从 20 世纪 90 年代中期起，国家开始发展农村合作医疗，加强农村卫生工作和人才培养，特别是 2003 年以来建立新型农村合作医疗制度，国务院、卫生部等制定和颁布《国务院办公厅转发卫生部等部门关于建立新型农村合作医疗制度意见的通知》（国办发〔2003〕3 号）、《国务院办公厅转发卫生部等部门关于进一步做好新型农村合作医疗试点工作指导意见的通知》（国办发〔2004〕3 号）、《关于加快推进新型农村合作医疗试点工作的通知》（卫农卫发〔2006〕13 号）、《关于巩固和发展新型农村合作医疗制度的意见》（卫农卫发〔2009〕68 号）、《国务院办公厅关于进一步加强乡村医生队伍建设的指导意见》（国办发〔2011〕31 号）等几十份相关政策法规，通过试点推进不断巩固和发展新农合制度，加强乡村医生队伍建设。截至 2008 年底，全国有 8.15 亿农民参加了新农合，新农合的筹资水平和保障水平也在不断提高。虽然目前新农合的覆盖面比较广，但是在一些地方新农合还存在着报销费用低、报销程序复杂等不便。由于很多老人未受过教育，他们拿到医药单也不认识，有些医疗机构故意不给报销他们也没有办法。同时村镇医疗资源不足，药物配备不齐全，老人必须要到更远的医院去看病。另外，有些医疗机构故意延长治病时间，增开药品。虽然新农合有报销一部分，但老人自己承担的费用仍然相当高，老人并没有得到多少实际收益。因此，建议政府重点降低基层的医疗费用，使医疗资源向乡村倾斜，改变长期以来医疗资源配备重城市轻乡村的局面，提高新农合报销的比例，同时通过制度建设切实提高医疗质量，特别是大幅度加强乡村医生的培训，落实村镇必备的医疗器械配备，规范基层医院的医疗工作流程，加强对医院的监督，减轻农村留守老人的看病贵看病难、经济负担等多重压力。

（四）增加乡村老人活动设施与文化活动

目前农村很多留守老人面临着物质与精神的双重贫困。目前政府与社会提供的有限扶持和帮助基本上局限于物资层面，对留守老人的精神关注相对较少，而且有的地方政府根本没有意识到留守老人的精神需求方面的问题。但是，不可忽视的是，随着老人身体机能退化，对他人依赖程度增加，丧偶疾病等因素会使其内心发生一些变化，例如情感更加敏感和脆弱、不安全感和消极情绪增长，自我封闭甚至悲观厌世倾向加剧等。物质丰富和精神愉快的生活才是一个人正常的健康生活。因此，在完善农村社会保障、解决留守老人看病难看病贵的同时，还要在村里增加老年人活动设施（如老年人活动中心等），定期或不定期地组织适合老年人的文化活动，逐步满足和解决留守老人对精神文化生活的渴望，使越来越多的留守老人保持乐观、开朗的情绪。另外，在社会上还要营造尊重老年人的社会氛围，把我国尊老爱幼的良好传统恢复起来和传承下去。对于不能自理的老年人，积极创造条件和采取多种形式经常进行入户慰问，同老人聊家常排解其内心的孤独感和不安全感，给留守老人带来更多情感关怀和精神慰藉。基层政府还要加强对留守老党员的关怀，创造条件充分发挥他们的余热。

（五）改进农村教育减轻照顾孙辈压力

留守儿童已经缺少了父母教育，他们的家庭教育已经不完整了，需要更好的学校来支持他们的成长和未来。近年来农村社会环境的变化、代沟情况的存在和绝大多数留守老人在文化知识、家庭教育能力方面的欠缺或力不从心，使得留守老人难以应对孙辈的教育需求，留守老人照顾孙辈的压力普遍较大。千百年来根深蒂固的通过读书改变命运的传统观念更是使得部分留守老人教育孙辈的压力倍增。很多留守老人为孙辈的未来着想，很害怕孙辈学习成绩不好，将来子女责怪自己。不但农村留守老人希望孙辈受到更好的教育来改变命运，而且从国家未来和民族希望的大局来看，各级政府在教育资源配置上也应大力向农村倾斜，在近期内应该大力改进农村校舍，配齐合格的农村教师，补贴贫困学生，逐步使留守老人的孙辈受到应有的义务教育，也在一定程度上也能够切实减轻留守老人照顾孙辈的压力。

（六）强化进城农民工合法权益保障

农民工进程务工是改革开放以来日益普遍的现象，目前我国的农民工超过2亿人。但是，农民工勤勤恳恳的工作却不能按时拿到劳动报酬的现象时有发生，严重损害了农民工的合法权益，这种现象在2003年至2005年更为突出。为了解决农民工被欠薪问题，有关部门制定了《关于切实解决建筑业企业拖欠农民工工资问题的通知》（劳社部发［2003］27号）、《建设部关于进一步解决拖欠农民工工资问题的紧急通知》（建市电［2004］8号）、《关于印发〈建设领域农民工工资支付管理暂行办法〉的通知》（劳社部发［2004］22号）、《国务院办公厅转发建设部等部门关于进一步解决建设领域拖欠工程款问题意见的通知》（国办发［2004］78号）、《关于进一步解决拖欠农民工工资问题的通知》（劳社部发［2005］23号）等文件，农民工被欠薪问题有所缓解。但是近年来，进城农民工务工被欠薪问题仍然没有得到根本性解决，农民工通过各种手段讨薪的报道屡屡见诸报端，成为社会焦点之一，也是农民工的维权难题。辛辛苦苦工作的农民工拿不到本应属于自己劳动报酬，对寄希望于子女打工改善经济困境的农村留守老人和农民工的家庭都是一种沉重的打击，甚至是灾难，流血讨薪等恶性事件频发生和讨薪群体的日益庞大可能成为社会矛盾加剧的根源之一。改善农村留守老人的经济困境与他们的外出打工子女的劳动报酬能否及时兑现有着直接的利害关系。因此，在目前物价上涨的情况下，建议政府从制度上建立农民工工资保障机制。地方政府要负起监督和查办的责任，制定《农民工权益保障法》，在法律上对以转移财产、逃匿等方法逃避支付农民工的劳动报酬，或者有能力支付而不支付农民工的劳动报酬并且数额较大的设立“恶意欠薪罪”，运用刑法打击恶意欠薪行为。基层法院可考虑增设保障农民工利益的“绿色通道”，加大对欠薪单位和人员的处罚力度，改善农民进城就业环境，杜绝普遍欠薪现象的存在和蔓延。同时，加强农民工安全生产培训工作和农民工劳动合同管理，进一步开展农民工开发就业试点工作，进一步实施农民工“平安计划”，加快推进农民工参加工伤保险工作，切实保障农民工的合法权益。

课题委托及审定单位：民政部
课题组成员：潘小娟　翟校义　吕　芳　张永理　卢春龙
报告执笔人：潘小娟

关于完善和保障农民工土地权益的研究报告

农业部课题组

农民工是我国产业工人的重要组成部分，依法落实和维护好农民工土地权益，是保障农民工合法权益的重要内容。按照国务院农民工工作联席会议第九次全体会议的部署，农业部会同国土资源部、中农办、国务院法制办、国研室成立了完善和保障农民工土地权益课题组，制订了调研方案。期间，课题组各成员单位分别采取实地调研、委托调查等方式，对农民工土地承包、宅基地使用及集体经济组织成员权益等作了充分研究，并分别提交了调研报告（附后）。现综述报告如下：

一、农民工土地权益现状

（一）农民工土地承包权益落实和保障情况

1. 绝大多数农民工获得长期而有保障的土地承包经营权，但仍有少数农民工土地承包权益受侵犯

2010年年底，全国家庭承包经营农户达2.29亿户，占农户总数的87.7%；承包耕地12.7亿亩，占集体耕地总面积的94.3%；签订承包合同2.21亿份，颁发经营权证书2.07亿份，包括农民工在内的绝大多数农民获得了长期而有保障的土地承包经营权。在对新生代农民工调查中，虽有部分农民工认为没有承包地，但深入调查发现绝大部分家里有地，主要是这些农民工缺乏对“家庭承包”以户为单位政策的理解，误认为个人当初没有参与分地就没有承包地。但也确有少数农民工受当时历史条件限制和延包工作不细致等因素影响，在二轮承包时没有分到应得的承包地，或因税费拖欠被收回承包地。这个问题在各地不同程度地存在，个别地区还比较突出。由于目前绝大多数村已经没有机动地，这些遗留问题很难在村内通过调整土地来解决。此外，个别地方还存在农民工承包地被收回或频繁调整等问题，有的地方还有违法强迫农民工流转承包地的现象，严重侵害了农民工的土地承包权益。

2. 农民工承包地主要由家人耕种，流转比率逐年提高，但流转市场化程度不高，流转收益低

调查显示，近80%的农民工外出后其土地由家人耕种，有18.4%的农

民工将承包地流转出去，略高于一般农户比率（2011 年上半年全国农村土地流转面积 2 亿亩，占家庭承包总面积的 16.2%）。但是，农民工流转承包地大多是自发流转给亲朋好友或左邻右舍，通过市场流转的少。流转收益普遍不高，其中无偿流转的占 70%，有偿流转的一般每亩只有 300～500 元（据国务院研究中心有关调查，流转价格平均每亩 336 元）。调查发现，农民工承包地流转率与当地土地流转服务水平有关，如重庆市近年来重点加强土地流转服务体系建设，全市已有 30 个区县、827 个乡镇建立了乡镇土地流转服务中心，6 021 个村建立了村级土地流转服务站，2010 年年底该市土地流转面积占农村承包耕地总面积的 36.2%。但在流转服务较弱的地方，特别是在偏远、经济相对落后的地区，出现土地难以流转甚至弃耕撂荒。如贵州、云南等地受自然条件和农业经济发展水平的制约，土地流转价值不高，流转比率明显偏低。

3. 涉及农民工土地承包纠纷总量大、隐患多，纠纷调处体系还不健全

农村土地承包纠纷一直是影响农村社会稳定的重要因素。据统计，2010 年全国涉及农民土地承包的纠纷达到 22.25 万件。近年来，伴随大量农民进城务工，农村土地流转产生的矛盾纠纷不断增多。由于多数流转不规范，没有签订书面合同，流转价格和期限主要是口头约定，使流转纠纷逐渐成为土地纠纷的重要组成部分，其当事人多是农民工。在调查中，发生过土地承包纠纷的农民工约占调查人数的 10%，流转纠纷在土地承包纠纷中的比重达到 22.4%。今后，随着土地价值提升、流转规模扩大，涉及农民工的土地流转纠纷可能还会增多。调查发现，一些流转规模较大、土地价值高的地区发生流转纠纷较多。如黑龙江省克山县，田间综合机械化程度高，土地效益好，涉及土地权益的纠纷比较多；而贵州省大部分地区土地效益不高，流转少，纠纷也少。面对土地纠纷多发的形势，我国土地承包纠纷仲裁体系还不够健全。农民工遇到土地纠纷往往通过民间渠道解决。据调查，目前的土地纠纷，靠村委会解决的占 46.1%，自己协商解决的占 42.1%。在许多地方，由于乡镇调解和县市仲裁工作不到位，导致农民工通过信访方式诉求问题居高不下。据统计，农业部受理的各类信访中，涉及土地承包的信访已连续十年位居首位。

4. 农民工进城落户增速加快，但土地权益保障还不够

近年来，在统筹城乡发展的背景下，一些地方进行城乡户籍制度改革并出台了相关配套政策，推动有条件的农民工进城落户。如成都市出台城乡统一户籍实现居民自由迁徙的意见，规定不再有农民和市民之分；重庆市 2010

年开展统筹城乡户籍制度改革，重点引导有条件的农民工自愿进入城镇定居，拟两年内集中推动338.8万本市籍农村居民率先进城转户。对进城落户的农民承包土地，目前大都按照《农村土地承包法》规定执行，即全家迁到设区的市后，要求交回承包地。但也有一些地方将农民进城退地与享受市民待遇相挂钩。有的地方甚至明文规定，如果农民进城不退地则不能享受市民同等待遇。调查发现，目前农民工享受的社会保障水平较低，进城落户后也很难与原有市民在就业、购买保障房、子女入学等方面享受同等待遇，如果在城市失业，回家又无地可种，必将影响社会稳定。因此，加强对进城农民工承包地的保护，显得尤为必要和紧迫。

（二）农民工宅基地使用权益落实和保障情况

1. 农民工宅基地使用权益得到很好落实，但是农民工在城镇住房缺乏有效保障

按照现行法律规定，农村居民宅基地实行一户一宅的集体经济组织内部分配制度。调查来看，各地在宅基地分配、使用与管理及新农村建设、农村土地综合整治和征地拆迁补偿中，注重维护农民工宅基地合法权益；凡户口未迁移的农民工，在宅基地分配上享有与集体经济组织其他成员同等的权利，只要符合当地宅基地申请条件，均能取得规定面积标准的宅基地。一些大中城市规划区范围内虽然不再允许一户一宅、分户建房，但通过集中统一建设、提供定向安置住房或保障性住房等方式，实现了变宅基地保障为住房保障。但是，当前农民工普遍被排除在购买城镇保障性住房范围之外。虽然部分地方采取措施多渠道改善农民工居住条件，但大多以企业集体宿舍方式提供，少部分地方向农民工租赁公租房、廉租房，并未从根本上解决农民工住房安居问题。

2. 农民工对宅基地处理权益得到充分保障，但宅基地财产权保护和实现机制缺失

从调查情况看，各地对农民工保留、转让（流转）或有偿退出宅基地权益给予充分尊重。通过开展宅基地登记发证，严格依法保护农民宅基地权益，加强宅基地纠纷调处，严禁非法侵占或损害农民宅基地合法权益。未发现因农民工在城市购房、宅基地闲置等情况而收回或者要求其退出宅基地的现象。但受当前国家对农民宅基地采取限制性流转政策的影响，宅基地资产价值尚未得到充分显化，宅基地转让和退出收益低。如山东省济宁市对进城购买商品房落户的农民工，自愿退出宅基地并不再新申请宅基地的，仅由县政府给予每户1.5万～2.5万元的奖励和补偿。宅基地作为农民工最重要的

一项资产，被固化在农民手中不能实现资产变现，导致农民工收入结构中财产性收入匮乏。

3. 农民工宅基地使用权益在拆迁补偿和安置中得到较好保障，但水平较低、长远利益受损

各地对涉及农民工宅基地上的房屋征地拆迁的，均能按照当地统一的标准予以补偿、安置，与集体经济组织其他成员享有同等权利。此外，在新农村建设、实施城中村改造、撤村并点和中心村集中过程中涉及宅基地调整和二次分配的，凡户口未迁移的农民工，均能享受统一的宅基地分配、拆迁补偿、建房补助和住房保障安置等政策。但从实际看，农民宅基地在拆迁中补偿和安置水平普遍较低，一些地方甚至出现农民被逼“上楼”现象，失去传统意义上的单家独院的宅基地，农业生产生活均受到不同程度影响，农民长远利益受损。

（三）农民工集体经济组织成员权益落实和保障情况

1. 农村集体“三资”经济和民主管理权益保障机制初步形成

近年来，各地各相关部门按照党中央、国务院的要求，在农村集体“三资”管理中，从财务公开、民主管理、会计委托代理、农村审计监督、征地补偿费管理、村级债务管理、集体资产资源利用的招投标和公开竞价制度等多方面提出规范性要求，初步形成了用制度管人、管权、管事的制度体系，基本构建起村级民主监督、乡镇会计监督、农村审计监督、网络实时监督、责任落实监督“五位一体”的村级财务监管体系。目前，有98%的村实现了财务公开，78.7%的村实行了会计委托代理，超过90%的村成立了民主理财小组，每年都对近40万个单位进行了审计，包括农民工在内的所有集体成员的经济和民主管理权益得到了保障。同时，一些地方探索开展了农村集体经济组织产权制度改革，资产变股权，农民变股东，农民工按照其股权份额，享有分红。目前，全国有23个省（区、市）的1.98万个村开展了产权制度改革，量化集体资产总额2 528亿元，设立股东1 718.6万人（个），2010年当年股金分红87.8亿元，平均每股分红511元，有效增加了农民工的财产性收入，切实保障了农民工的集体经济组织收益分配权。

2. 实践中农民工集体经济组织成员权益的落实仍存在一些障碍

由于农村集体经济组织和农村集体资产管理的法律法规建设相对滞后，导致一些地方制度不落实、账目管理混乱、集体“三资”底数不清，集体资产和资源被低价承包、租赁、出让等问题时有发生；加之农民工离土离乡的特点，农民工直接参与民主管理的工作机制和手段仍然比较单一，难以对农

村集体“三资”管理进行实时有效的监管，对农村集体“三资”的知情权、决策权、参与权、监督权难以得到切实有效的落实。

二、面临的新形势、新问题

伴随城镇化、工业化快速发展，越来越多的农民进城就业，逐步脱离农村和土地，融入城市的生产生活之中。刚刚通过的《“十二五”规划纲要》提出，到2015年城镇化率从现在的47.5%提升到51.5%。按城市化率每年提高1个百分点计算，预计到2020年将有近3亿农民工及其家庭稳步转移到城镇。调查发现，新生代农民工进城后有强烈的城市移民倾向。相对第一代农民工而言，新生代农民工渴望在城市长期稳定生活和工作的意愿更加强烈，特别是25岁以下的居高。调查显示，只有16.1%的新生代农民工选择回农村老家，有83.9%的选择留在城市。其中，首选大城市的占35%，中小城市的占23.6%，家乡城镇的占25.3%。

近年来，一些地方在统筹城乡发展中，积极推进有条件的农民工进城落户，同时积极探索完善和保障农民工和进城落户农民工的土地权益。一是完善和保障农民工土地承包权益。如对进城落户农民工的承包地，重庆市、四川成都市都充分尊重农民意愿，没有强迫农民退出承包地。此外，关于退出承包地的补偿，陕西省、重庆市都规定对退出承包地的农户给予补偿。二是积极探索农民工住房保障。随着经济社会的发展和城镇化的快速推进，部分地方对农民工住房保障工作进行了积极的实践探索和创新，以切实保障农民工权益。如青岛即墨市将外来农民工纳入公共租赁住房的城市住房保障体系；江苏南通市打破身份限制，允许农民工申请经济适用房。三是积极推进农村集体经济组织产权制度改革。目前，全国已有20多个省（区、市）开展了集体产权制度改革试点工作，有1.98万个村已经完成改革或正在进行改革，量化资产总额2 528亿元，设立股东1 063.8万人（个），累计股金分红440.6亿元。从各地的实践看，产权制度改革越彻底，包括农民工在内的集体成员的权益保护就越有力。

但同时，各地在统筹城乡发展中，出台户籍制度改革及其相关配套政策不同程度涉及农民工进城落户后土地承包经营权、宅基地使用权退出、“转户”与“退地”挂钩以及相关问题，有的地方明确提出“两置换”（承包地换社保、宅基地换住房），并引发社会广泛争议。新形势下，完善和保障进城落户农民工土地权益问题，主要体现在以下三个方面：

（一）对农民工进城转户后是否应退出承包地，目前争议较大

从农地利用效率上讲，普遍倾向于应退出承包地；但从公平上讲，认为

公共社会保障应该同等享有，不应与是否退出承包地相挂钩。调查发现，52.6%的新生代农民工认为无承包地会导致刚进城落户的农民工基本生存保障不够、没有退路。对是否愿意退出承包地换取城镇居民社保的问题，59.8%的农民工表示同意，但40.2%的农民工持反对态度。新生代农民工进城落户后对承包地的处置意愿因地域、年龄等存在差异。从地域上看，农民工地处人少地多的北方较地处人多地少的南方，更倾向于要求保留承包地；从年龄上看，25岁以下的年轻人，对是否保留承包地不在乎，但25岁以上的要地意愿强烈。在城市就业能够保证的情况下，新生代农民工坚持要、可要可不要、不要承包地的各占1/3。此外，未获得承包地以及退出承包地的补偿也逐渐成为关注的热点。不少在二轮承包时未获得承包地的农民工期盼着二轮承包到期后，能获得承包地。对退出承包地的补偿，大多数地方是按照第二轮土地承包的剩余年限或以10年来计算。土地承包关系长久不变后，如何计算承包地补偿，还需进一步研究探索。

（二）伴随农民工向城镇转移，宅基地管理的问题和矛盾逐步突显

随着城镇化进程的加快，在城市有稳定职业和收入的农民工的宅基地长期闲置现象越来越多，从而形成农村“空心户”和“空心村”。调查显示，农民工进城务工后，家里的宅基地大多由家人和亲戚居住，极少用于出租和出卖，空置率一般占总数的10%～20%左右。宅基地闲置还呈现区域性差异特点，城镇化、工业化较快以及外出农民工人员较多的地区闲置率更高。此外，农民工不仅在农村而且在城市一户多房双重占地的现象也更加普遍，如南京江宁区谷里街道办的农民工中，约25%的人在城市和农村拥有多处房产。按照现行政策，宅基地的处置权，一般仅限于赠与、在集体经济组织内部转让及集体经济组织收回等形式。由于宅基地处置受到严格限制，部分农民工宅基地虽然长期闲置浪费，也不愿轻易转让、退出，不利于宅基地权益保障和土地合理利用。调查显示，66.7%的人选择保留宅基地，不愿意轻易将宅基地转让或退出；4.7%的人愿意得到合理补偿后放弃宅基地，但前提是能在城镇落户。由于社保体系和城市住房保障体系不完善，农民工普遍对退出宅基地有较强的后顾之忧，担心失地失业又失房。

（三）农村集体经济组织成员资格不清晰影响进城落户农民工集体经济组织权益保障

完善和保障进城落户农民工集体经济组织成员权益，明确和保护其集体经济组织成员资格是基本前提。目前，对进城落户农民工的影响主要表现

在：一是成员资格的获得不清晰。涉及离土离乡的农民工的农嫁女、新生子女等新增人口的成员资格得不到权威的确认，其集体经济组织成员权益得不到有效保护。二是成员资格的退出不清晰。生产生活都已经脱离农村集体经济组织的农民工或进城落户农民工，没有合法、规范的方式能够变现其成员资格所具有的经济利益。

三、下一步政策建议

“十二五”及今后一段时期，是我国工业化、城镇化进程加快的重要时期，保护好农民工土地权益对促进现代农业发展，加快新农村建设，同步推进城镇化、工业化和农业现代化具有重要意义。虽然一些地方对完善和保障农民工土地权益进行了有益探索，但总体来看还远远不能满足“三化同步”发展的需求。当前，一方面要鼓励各地因地制宜，从实际出发，大胆探索；另一方面也需要国家从法律、法规和政策上进一步完善保障农民工土地权益的各项内容。

完善和保障农民工土地权益，必须始终把依法落实好和维护好农民工权益作为一切工作的出发点和落脚点，充分尊重农民工意愿，按照循序渐进原则，鼓励有条件的农民工进城落户，坚持进城落户与退地脱钩，允许农民带着土地财产权利进城。具体建议如下：

（一）进一步完善和保障农民工土地承包权益

一是修订完善农村土地承包法律政策。在明确农村土地承包关系长久不变政策含义的基础上，修订完善农村土地承包法律法规和政策，进一步强化对农民土地承包权益的保护。妥善处理人地矛盾，对缺地少地农民工，应通过调整土地以外的渠道和方式解决其生活困难，如优先培训和就业；对农民工落户城镇，是否放弃承包地必须完全尊重农民本人意愿，不得强制或变相强制收回。二是健全土地承包经营权登记制度。对包括农民工在内的广大农民承包地，全面开展土地承包经营权登记工作，实现土地承包从合同管理转向物权管理。把登记工作与搞好延包后续完善工作有机结合，妥善解决承包地块面积不准、四至不清、空间位置不明和登记簿不健全等问题，切实落实好和维护好包括农民工在内的广大农民的土地承包权利。三是健全土地承包经营权流转市场机制。按照依法自愿有偿原则，建立健全“归属清晰、权责明确、形式多样、流转顺畅、管理严格”的土地承包经营权流转机制，引导农民工规范有序流转土地承包经营权，发展多种形式适度规模经营。依托基层农村土地承包管理机构建设土地流转服务中心，建立村有站点、乡镇有中心、县市有市场的土地流转服务体系。针对农民工长年外出的特点，提高土地流转服务的信息化和网络化水平，探索多形式、多渠道为农民工流转土地提供方便、快捷的优质服务。四是建立维护农民工土地权益长效机制。依法设立土地承包仲裁组织，加强乡镇和村级调解工作，尽快健全乡村调解、县市仲裁、司法保障的土地承包经营纠纷调解仲裁体系。加强农村土地承包法律政策执法监督检查，建立经常性专项检查制度，推动土地承包法律政策的落实。完善依法解决农村土地承包突出问题的工作协调机制，探索建立农村土地承包违法违纪行为责任追究制度。健全协商、调解、信访、仲裁、司法等多渠道土地承包经营纠纷调处机制，为农民工提供快捷、简便、高效的服务，及时妥善化解矛盾，维护农村社会和谐稳定。

（二）进一步保障和完善农民工宅基地权益

建议适时修订完善《物权法》、《土地管理法》，重点围绕宅基地流转、收益等问题，健全和完善宅基地权益保障机制。一是建立农民工宅基地退出机制。应按照自愿和有偿原则，针对不同情况实行分类指导。对一户多宅、长期闲置的宅基地，应通过有偿使用的方式促使使用权人主动退出多余宅基地；对在城市已经购有住房的，可通过政策鼓励或经济激励政策引导其自觉退出宅基地；对户口已迁移的，可允许其宅基地保留一定年限，过期后采取收回或有偿收回的办法退出。只有一处宅基地而在城镇没有购买住房的，不提倡盲目退出宅基地。对自愿退出宅基地的，要加强引导和规范，防止侵害农民宅基地权益现象发生。当前，重点做好在城镇落户就业，或户口未迁移但在城镇有稳定职业和收入的农民工宅基地市场化退出和补偿制度设计，研究建立宅基地退出和城市住房保障政策相匹配的激励政策。二是建立宅基地物权利益实现和保护机制。建议立法机关和国务院有关部门抓紧开展相关政策和法律制度研究，将《物权法》确立的宅基地用益物权落到实处。按照“淡化所有权、强化使用权”的原则，进一步完善宅基地产权制度，明晰宅基地产权权能，赋予宅基地完整的物权权能，赋予宅基地使用权人必要的自由处分权和收益权，保障农民房屋所有权与宅基地使用权财产功能的实现。按照党的十七届三中全会精神，建立和推进宅基地流转制度，在保障农民基本居住条件的前提下，建立规范、有序的宅基地使用权流转市场，允许农民宅基地在一定条件下进入市场流转。三是建立农村宅基地退出与城镇住房保障衔接与转换机制。通过相关政策制度配套建设，确保农民工进城就业有房住、宅基地退出无后顾之忧。将解决农民工城市住房问题纳入政府目标责任，因地制宜组织兴建适合农民工居住特点的宿舍型、小户型公寓性住房，让农民工选有所需，负担得起。鼓励具有一定规模的企业兴建或者租赁职工宿舍，为农民工提供基本的居住保障。改革和完善农民工城市住房政策，将符合条件的农民工纳入到城镇住房保障体系。

（三）进一步保障和完善农民工集体经济组织权益

一是加强农村集体经济组织立法相关研究。加大调研力度，尽快提出并完善界定农村集体经济组织成员资格的基本原则和框架意见，为制定出台农村集体经济组织法做准备。鼓励各地出台地方规章条例或规范性文件，为依法明确集体成员资格问题做出探索；积极引导条件成熟的地方探索建立规范的集体经济组织和成员名册备案登记制度，以政府公信力保障农民工集体经济组织成员资格，为建立全国统一的登记制度打下基础。二是积极推进农村集体经济组织产权制度改革。积极鼓励尚未启动改革的地方有计划地开展试点，已经开展试点的地方在总结经验的基础上扩大试点规模；指导已完成产权制度改革的村依法建立和完善股东大会、董事会、监事会“三会”制度，充分发挥集体经济组织成员参与集体经营管理的积极性，逐步形成激励约束有机结合的现代企业管理运行机制。三是加强对农村集体“三资”监管服务。要着重加强招投标制度和合同管理制度建设，构成上下联动、监督有效的工作机制。加强农村集体“三资”委托代理服务，加快乡镇委托代理中心建设，规范委托代理程序，充分发挥委托代理服务作用。探索建立以农村土地承包经营权流转服务中心或者集体“三资”服务中心为依托，构建农村集体产权交易的平台，提高农民工集体资产权益的流动性。

课题组组长：陈晓华
课题组成员：孙中华　陶怀颖　贺军伟　黄延信　陈剑波　何凤山
　　　　　　叶兴庆　郭文芳
报告执笔人：赵　鲲　刘　涛

附件一

关于完善和保障农民工土地承包权益的研究报告

农业部课题组

农民工是我国产业工人的重要组成部分。依法落实和维护好农民工土地权益，是保障农民工合法权益的重要内容。遵照国务院农民工办的部署，农业部会同国土资源部、中农办、国务院法制办、国研室成立了完善和保障农民工土地权益课题组，制订了调研方案。根据调研方案，我部组织相关司局对农民工土地承包权益情况进行了调研，并委托有关方面重点对13个省区市就业的新生代农民工（出生于20世纪80—90年代）土地承包权益情况作了抽样调查（共发放问卷1 200份，收回有效问卷995份），结合调研我们提出了完善和保障农民工土地承包权益的意见和建议。具体如下：

一、农民工土地承包权益现状

（一）绝大多数农民工获得长期而有保障的土地承包经营权，但仍有少数农民工土地承包权益难落实

到2010年，全国家庭承包经营农户达2.29亿户，占农户总数的87.7%；承包耕地12.7亿亩，占集体耕地总面积94.3%；签订承包合同2.21亿份，颁发经营权证书2.07亿份。在对新生代农民工调查中，虽有35%的认为没有承包地但实际调查发现其实绝大部分家里有地，主要是由于缺乏对“家庭承包”政策的理解，认为自己当初没有参与分地，所以没有承包地。但是也有少数确实一直没有分到承包地，或者因种种原因被村里收回了承包地。主要是受当时历史条件限制和延包工作不细致等因素影响，少数农民工在二轮承包时没有分到承包地，或因税费拖欠被收回承包地。这个问题在各地不同程度存在，个别乡村问题比较突出，但由于目前绝大多数村已经没有机动地，因此这些遗留问题很难在村里通过调整土地来解决。此外，一些地方目前还存在农民工承包地被收回或频繁调整等问题。

（二）农民工承包地撂荒少，但流转率不高、流转收益低、流转纠纷时有发生

农民工外出打工，他们的承包地主要是由家里人耕种，流转率不高。调查显示，近80%的农民工外出后其土地由家里人耕种，仅有18.4%的人将承包地流转出去，其中无偿流转的占70%，有偿流转的流转价格一般只有

400～600元。调查发现，农民工承包地流转率与当地流转水平和服务有关，如重庆市近年来重点加强土地流转服务体系建设，全市已有30个区县、827个乡镇建立了乡镇土地流转服务中心，6 021个村建立了村级土地流转服务站，到2010年年底该市土地流转面积已占到农村承包耕地总面积的36.2%。随着农村劳动力外出务工人员增多，特别是在偏远、经济相对落后的地区，出现土地难以流转甚至弃耕撂荒。如贵州、云南等地受其自然条件和农业经济发展水平的制约，土地流转价值不高，需求不足。同时，受政策调整变化和土地流转不规范等因素影响，农民工将承包地流转后，大多数没有签订书面合同，对流转价格和期限主要是口头约定，为纠纷产生埋下隐患。此外，有的地方还存在违法收回农民工承包地或强迫农民工流转承包地的现象，严重损害了农民工的土地承包权益。

（三）农民工土地承包纠纷总量小且能有效解决，但纠纷调处体系还不健全

调查显示，农民工土地纠纷发生较少。据抽样调查，发生土地承包经营纠纷的只占调查人数的10%。其中，要求发包方落实承包地的占35.5%，流转纠纷占22.4%。一些地方土地价值明显高的地方，容易发生纠纷。如黑龙江省克山县，田间综合机械化程度、土地规模经营程度都较高，土地效益的快速增长使当地农民看重土地的权益，土地权益纠纷较多。而贵州省大部分地区土地效益不高，如息烽县土地年流转金仅400元左右，村民也没有特别强烈的土地要求，纠纷较少。发生土地承包经营纠纷，一般都能够得到及时妥善解决，其中由村委会解决的占46.1%，自己协商解决的占42.1%，由镇政府解决的占6.6%。但总体来看，解决涉及农民工土地承包权益纠纷的体系还不健全，农民工往往采取信访的方式反映问题，土地承包经营纠纷调解和仲裁工作不能满足解决纠纷的需要。

（四）农民工进城落户增幅加快，但土地权益保障还不够

近年来，在统筹城乡发展的背景下，不少地方出台了户籍制度改革及其相关配套政策，推动有条件的农民工进城落户，如成都市出台户口登记和实际居住地、城乡统一户籍实现居民自由迁移的意见，规定不再有农民和市民之分。重庆市2010年开展统筹城乡户籍制度改革，重点引导有条件的农民工，特别是新生代农民工自愿进入城镇定居，拟两年内集中推动338.8万本市籍农村居民率先进城转户。对进城落户农民承包土地，目前大都按照法律规定执行，即全家搬到设区的市后，要求交回承包地。但是，大多数地方都将农民进城退地与享受市民同等待遇相挂钩。有的地方明确规定，如果农民

进城不退地则不能享受市民同等待遇。调查发现，农民进城后享受的社会保障水平较低，也很难与原有市民在就业、购买保障房、小孩入学享受同等待遇。此外，在推进城镇化进程中，违背农民工意愿，强迫农民工放弃承包地、宅基地转户进城也在不同程度存在。

二、落实和保障农民工土地承包权益的主要措施

（一）推进完善有关法律法规和政策

各地积极推进相关配套法规建设，累计有18个省（区、市）出台了农村土地承包法实施办法等地方法规、15个省（区、市）制定了征地补偿费在农村集体内部分配使用办法。目前，以《农村土地承包法》、《农村土地承包经营纠纷调解仲裁法》为骨干的土地承包法律制度体系基本形成。

（二）依法落实农民工承包土地的权利

各地按照承包地块、面积、合同、证书“四到户”的要求，加快推进土地承包经营权确权登记颁证工作，全面落实包括农民工在内的广大农民对承包土地的各项权利。重庆市在全市范围内部署开展农村土地承包经营权确权颁证工作，将承包地块、面积、空间位置、用途、地类、权属证书等落实到户、记录在册，做到证、账、簿、地相符。

（三）加强土地流转规范管理，建立健全土地流转市场

党的十七届三中全会以来，土地承包经营权流转明显加快，市场机制作用明显增强，管理服务明显加强。有12个省（区、市）党委政府出台了规范、促进土地承包经营权流转的专门文件。目前，全国已有800多个县市设立了土地流转有形市场，1.2万多个乡镇设立了土地流转服务中心，初步建立了村有服务站点、乡镇有中心、县市有市场的土地流转服务体系，促进了土地承包经营权规范有序流转。到2010年，全国土地承包经营权流转面积达到1.87亿亩，占家庭承包地面积14.7％。

（四）依法规范开展调解仲裁活动

各地认真贯彻实施《农村土地承包经营纠纷调解仲裁法》，加快建立健全县市仲裁工作体系，完善乡村调解、县市仲裁、司法保障的农村土地承包经营纠纷调处机制。到2010年年底，全国已有1 405个仲裁委员会，1.13万名仲裁员。

（五）积极探索保障进城落户农民工土地权益

目前，一些地方积极探索进城落户农民工的承包土地权益保障问题。一是对进城落户的农民工的承包地。重庆市允许转户农民3年内继续保留土地

承包经营权，四川省成都市对转户农民则没有提出退地要求；二是对退出承包地给予补偿。陕西省对放弃承包地按照当年承包土地流转费用加农业补贴的平均值以10年计算给予补偿；重庆市对退出承包地则按照本轮承包期的剩余年限和年平均土地流转收益标准给予补偿。

三、面临的新形势、新问题

伴随城镇化、工业化快速发展，越来越多的农民转变为农民工，逐步脱离农村和土地，融入城市的生产生活之中。调查发现，新生代农民工进城后有强烈的城市移民倾向。相对第一代农民工而言，新生代农民工渴望在城市长期稳定生活和工作意愿更加强烈，特别是25岁以下的居高。调查显示，只有16.1%的农民工选择回农村老家，有83.9%的选择留在城市。其中，首选大城市的占35%，家乡城镇的占25.3%，中小城市的占23.6%。

对农民工转户进城后是否应退出承包地的，目前争议较大。从农地利用效率上讲，普遍倾向于应退出承包地；但从公平上讲，认为公共社会保障应该同等享有，不应与是否退出承包地相挂钩。调查发现，52.6%的人认为无承包地会导致刚进城落户的农民工基本生存保障不够、没有退路。对是否愿意退出承包地换取城镇居民社保的问题，59.8%的农民工表示同意，但40.2%的农民工持反对态度。新生代农民工进城落户后对承包地的处置意愿因地域、年龄等存在差异。从地域看，农民工地处人少地多的北方较地处人多地少的南方，更倾向于要求保留承包地；从年龄看，25岁以下的年轻人，对是否保留承包地不在乎，但25岁以上的要地意愿强烈。在城市就业能够保证的情况下，新生代农民工坚持要、可要可不要、不要承包地各占1/3。

此外，受土地承包关系长久不变的影响，未获得承包地以及退出承包地的补偿也逐渐成为关注的热点。不少在二轮承包时未获得承包地的农民工期盼着二轮承包到期后，能重新获得承包地。对退出承包地补偿，大多数地方是按照第二轮土地承包的剩余年限或以10年来计算补偿，土地承包关系长久不变后，如何计算承包地补偿，还需进一步研究探索。

四、意见建议

“十二五”及今后一段时期，是我国农村人口大量流向城镇、人口增加和耕地减少不可逆转和农业经营规模化、专业化、集约化、社会化加快发展的重要时期。保护好农民工土地承包权益对促进现代农业、新农村建设，稳定农民外出就业、增加农民收入，同步推进城镇化、工业化和农业现代化具有重要意义。

我们认为，完善和保障农民工土地承包权益，关键是要坚持农村基本经营制度，保持土地承包关系稳定并长久不变；要修订《农村土地承包法》，允许农民进城后在承包期内不退地或退出土地给予合理补偿；要通过促进土地流转，合理配置土地资源，而不是强行收回进城落户农民承包地；要妥善处理人地矛盾，解决缺地少地农民工的生活困难。

总体思路。贯彻落实科学发展观，把依法落实和维护农民工土地承包经营权益作为根本出发点，把健全土地承包经营权登记、流转和调解仲裁体系建设作为维护农民工土地承包权益的工作重点，全面落实农民工承包土地的各项权利，促进现代农业建设和农村社会和谐稳定。

重点任务。一是健全农村土地承包经营权登记制度，全面落实包括农民工在内的广大农民对承包土地的各项权利。二是健全土地承包经营权流转管理和服务制度，完善土地承包经营权流转市场体系，引导农民工依法自愿有偿流转承包地。三是完善农村土地承包经营纠纷调处机制，建立健全承包纠纷调解仲裁体系，切实保护农民工土地合法权益。四是完善相关政策法规，依法保障进城落户农民工土地权益。

政策措施。一是修订完善农村土地承包法律政策。进一步加强稳定农村土地承包关系并长久不变问题研究，尽快明确农村土地承包关系长久不变的政策含义，提出修订完善农村土地承包法律法规和政策的具体建议。深入研究总结地方推动统筹城乡发展开展城乡户籍制度改革，在涉及进城落户农民工退出承包地问题的做法和经验，提出规范进城落户农民工退出承包地的意见和建议。推动各省、自治区、直辖市加快制定和完善农村土地承包法地方配套法规。二是全面开展土地承包经营权登记。把登记试点与搞好延包后续完善工作有机结合，妥善解决承包地块面积不准、四至不清、空间位置不明和登记簿不健全等问题，推进延包后续完善，进一步解决遗留问题，健全土地承包经营权登记制度，全面落实和维护包括农民工在内的广大农民对承包土地的各项权利，打牢农村土地承包关系长久不变的基础。三是加强土地承包经营权流转管理和服务。按照依法自愿有偿原则，加强土地流转管理和服务，建立健全土地承包经营权流转市场，引导农民工规范有序流转土地承包经营权，发展多种形式适度规模经营。依托基层农村土地承包管理机关建设土地流转服务中心，加快建立村有站点、乡镇有中心、县市有市场的土地流转服务体系，为农民工流转土地提供更加完善的服务。四是加快健全土地承包经营纠纷调解仲裁体系。依法设立土地承包仲裁组织，健全乡村调解组织，普遍健全乡村调解、县市仲裁、司法保障的农村土地承包经营纠纷调解仲裁体系，确保涉及农民工土地承包纠纷能够及时有效依法妥善解决。

课题组组长：陈晓华
课题组成员：孙中华　陶怀颖　贺军伟　黄延信　陈剑波　何凤山
　　　　　　叶兴庆　郭文芳
报告执笔人：赵　鲲　刘　涛

附件二

关于保障农民工宅基地权益的研究报告

国土资源部课题组

按照国务院农民工工作联席会议关于开展农民工土地权益保障问题调研的部署，国土资源部围绕农民工宅基地权益保障，组织深入江苏、安徽、山东三省6个县（市）、区15个村开展了实地调研，共召开农民工代表座谈会、国土资源管理部门及县市政府相关部门和乡（镇）政府、村民代表座谈会12次，发放调查问卷69份。同时，对浙江、河南、湖北、湖南、四川、重庆、陕西等七省（市）进行了函调，经过系统综合分析形成本报告。

一、农民工宅基地权益保障基本情况

为切实摸清情况，分别在江苏省苏州市吴江开发区、南京市江陵区、安徽省芜湖市、山东省即墨市召开了3次农民工专题座谈会、1次村民代表座谈会。参加农民工座谈会的代表，文化程度相对较高、外出务工时间相对较长的企业中层管理人员和一线工人基本上各占50%。同时，向农民工发放调查问卷69份，回收69份，其中有效问卷66份。

（一）农民工宅基地取得权保障情况

按照现行法律的规定，农村居民宅基地实行的是一户一宅的集体经济组织内部分配制度。在宅基地分配制度安排上，部分地区通过地方法规或文件等形式，在法定的一户一宅制度下也因地制宜的作了一些特殊规定。一是，宅基地分配以男性村民为主，女孩不享有宅基地分配权。二是，一家有两个孩子的允许再申请一处宅基地，只有一个孩子的不能新申请宅基地，目的是提倡与父母同住，方便照顾老人。三是，为保障城市规划的实施，避免“二次拆迁”损害农民利益，大部分城市规划区范围内取消了一户一宅的分配制度，鼓励集中建设农民新居，部分地方规定符合条件的可享受拆迁安置政策购买安置房或保障性住房，变宅基地保障为住房保障。

从调查和座谈掌握的情况看，各地在农村宅基地分配管理上严格执行一户一宅的法律规定，地方出台的政策性规定充分体现并保持了宅基地政策的公平性、一致性，凡户口未迁移的农民工，在宅基地分配上享有与集体经济组织其他成员同等的权利，只要符合当地宅基地申请条件，均能取得规定面积标准的宅基地，因此，农民工宅基地取得权有充分保障。部分城市规划区范围内虽然不再允许一户一宅、分户建房，但通过集中统一建设、提供定向安置住房或保障性住房等方式，实现了住房保障。

新一代农民工生活居住观念发生了很大变化，对农村宅基地感情淡漠，宅基地需求意愿不强。问卷调查显示，只有48.5%的农民工表示将来会因家庭人口增加、分户再申请宅基地；以80后为代表的新生代农民工中，约85%的人表示不再回农村新申请宅基地。究其原因，一是80后新生代多数都是姐弟、姐妹两人，且大多已结婚或面临结婚，家中一般都有新建住房；二是他们融入城市的意愿强烈，已不适应也不想再回农村生活，随父母在城市成长或出生的90后尤其突出。

（二）农民工宅基地使用权益保障情况

宅基地使用权受法律保护，包括农民工在内的农村居民对其合法取得的宅基地依法享有占有和使用的权利。为依法规范和加强农村宅基地管理，切实维护农民宅基地权益，国土资源部先后于2004年、2010年印发《关于加强农村宅基地管理的意见》、《关于进一步完善农村宅基地管理制度切实维护农民权益的通知》；同时，会同财政部等部门部署开展了宅基地登记发证工作，要求各地在2012年年底基本完成，目前宅基地登记发证工作，部分省份农民宅基地登记发证已达到90%。

随着土地管理制度和土地使用制度改革的深入，农民宅基地管理的法律制度不断完善，农民宅基地使用权益保护具有充分的法律政策保障。各地普遍反映，充分尊重和依法保护农民工宅基地使用权，是促进农村经济社会发展和和谐稳定的基础，始终是农村宅基地管理工作的核心，任何单位和个人都不得非法侵占或损害农民工合法取得的宅基地使用权。调查了解情况看，无论离乡多久，农民工都保留着在农村的宅基地，他们可以自主决定保留或退出，未发现因农民工在城市购买住房、宅基地闲置等情况而收回或者要求其退出宅基地的现象。土地征收中涉及征收农民工宅基地和房屋拆迁的，均按照当地统一的征地、拆迁补偿和安置标准，享受同等的补偿、安置。一些地方在推进新农村建设、实施撤村并点向小城镇和中心村集中过程中，涉及宅基地产权调整和二次分配的，凡户口未迁移的农民工均享受统一的宅基地分配、拆迁补偿、建房补助和住房安置等政策。

（三）农民工宅基地使用情况

通过对典型村庄调研和问卷调查显示，农民工进城务工后，家里的宅基地、住房基本处于闲置、空置状态。农村习俗，男孩长到一定年龄就要新划宅基地、建新房。而年轻一代农民工，一是离开校门就直接进城务工；二是婚育观发生了很大变化，结婚生子的年龄明显推迟；三是夫妻共同外出务工的比例较高。因此，农民工宅基地闲置和住宅空置问题普遍存在。据调查，长期空置率一般占总数的10％～20％左右，城镇化、工业化较快以及外出农民工人员较多的地区尤为突出。山东省即墨市普东镇小店村共285户、866人，有360宗宅基地，其中外出务工人员约450人，有25宗宅基地闲置，占该村宅基地宗数的7％。安徽省六安市寿县炎刘镇三关村共有宅基地1 570宗，其中农民工宅基地闲置650宗、住宅空置201户，分别占全村的41.4％和12.8％。

（四）农民工宅基地处置情况

现行法律限制农村宅基地流转，农民宅基地的处置仅限于赠与、在集体经济组织内部转让及集体经济组织收回等形式。由于宅基地处置权受到严格限制，部分农民工宅基地虽然长期闲置浪费，也不愿轻易转让、退出。就农民工希望如何处置闲置宅基地的调查显示，66.7％的人希望保留，其中一户多宅的选择了可有偿转让多余宅基地；12.3％的人希望在价格合理的情况下有偿转让；只有4.7％的人表示能在城镇落户的前提下可放弃宅基地，但必须给予合理补偿；另有11.4％的人希望拿宅基地置换城市住房。影响农民工宅基地处置的主要因素：

一是现行法律制度下，农民宅基地及其房屋不能自由买卖，不得向城镇居民出售，农民工宅基地退出缺乏有效途径和渠道。宅基地转让仅限于集体经济组织内部，而集体经济组织内实行的是宅基地分配制度，转让市场非常小，以致“城市的房子买不起，农村的房子卖不掉”。

二是宅基地资产价值尚未得到充分显化，宅基地转让、退出收益低。由于宅基地转让市场小，即使位置较好也卖不到好价钱。同时，退出补偿也很低。如山东省济宁市，对进城买房落户的农民工自愿退出宅基地的，县政府给予每户1.5万～2.5万元的奖励和补偿；芜湖市南陵县何湾镇绿岭村，对自愿放弃宅基地的，人均给予1万～2万元的补偿。

三是社保体系不健全，农民工有顾虑。农民工一旦在城里维持不下去，农村宅基地和承包地是他们最基本的生产生活保障。

四是农民工土地权利意识增强，寄予宅基地升值预期。随着经济的发展，土地市场价格不断攀升，征地补偿和房屋拆迁补偿标准越来越高，一些经济发展较快特别是城市郊区的农民工即使在城镇买了房也不愿退出农村的宅基地。

（五）农民工在就业城市居住情况

自2006年国务院印发《关于解决农民工问题的若干意见》以来，特别是随着近年来部分地区招工难问题的出现，城市政府和企业对农民工居住问题的重视程度越来越高，作为当地经济社会发展的重要任务，多层次、多渠道解决农民工居住问题。目前，各地的农民工住房主要采取政府加企业、以企业为主的办法解决，一般情况下，农民工较集中的开发区、工业区，采取政府主导集中兴建农民工公寓，面向企业或职工个人出租。重庆等部分城市已将或拟将符合一定条件的农民工纳入住房保障；各类开发区和大型工业企业和用工量大的劳动密集型企业由自建职工宿舍；第三产业一般由企业主负责统一租房。

江苏省吴江市农民工住房主要采取三种模式解决：一是政府主导集中建设面向农民工的租赁性住房，按成本价出租给小企业或农民工个人；二是企业自建职工宿舍，如吴江经济技术开发区，80%以上的农民工住在企业配套的职工宿舍；三是以市场运作模式建设小户型公寓式住房（30～40 平方米、50～60 平方米、70～80 平方米三种户型，以小户型为主），以满足夫妻或三口之家农民工的住房需要。山东省即墨市，一是工业企业自建职工宿舍，二是在农民工相对集中的工业园区引导各类投资主体建设面向用工单位或个人的租赁性住房，今年拟从已建成的限价商品房中安排 13%的比例作为租赁住房，供夫妻都在即墨的农民工家庭居住。江苏省南通市打破经济适用房申请的身份限制，允许符合条件的农民工购买。

（六）农民工居住需求及发展趋势

农民工大致有以下特点：一是季节性务工，农忙回家闲时外出；二是婚前外出务工主要为结婚积累资金，婚后或有子女后不再外出；三是文化程度较高、有一定专业技能、就业创业能力强，或者虽然文化程度不高、无特长但靠老实、勤奋获得了稳定职业岗位的农民工，夫妻同城就业或携带子女的比例较高。

目前农民工居住的基本情况是：企业自建的职工宿舍房租低、离工作区近，单身农民工一般愿意选择企业提供的集体宿舍；已婚年轻夫妻和有孩子的选择自行租住成套住房的较多，而且租住价格低廉的郊区农民住房的比例较高；少数在中小城市就业的年轻夫妻已在就业地购买住房。据反映，吴江市的商品住房约 30%被农民工购买；南京市江陵区、山东省即墨市，本地的农民工在城市买房的超 20%。总体讲，年轻农民工大多追求在城市居住生活，虽无具体统计数据，但外出务工时间较长的已婚或即将结婚的农民工已经在家乡县城购买住房的占有相当比例。

根据与农民工座谈和调查了解的情况，六成以上的农民工有在城镇定居和买房的意愿，其中新生代农民工在城镇买房定居的意愿明显较高，而且随着文化程度的提高，买房意愿比例也呈现出递增趋势。农民工对未来居住去向的选择大体分为以下几种情况：年轻一代特别是80后农民工多数表示将在家乡的县城购买住房，不再回农村住；有文化、有技能且有长期稳定职业者，一般第一选择在就业地买房，第二选择是家乡的县城；夫妻携子女的农民工一般年龄较大，虽然岗位不太好但很稳定，受“叶落归根”传统思想的影响，将来还回乡养老，但为了子女的教育和未来能在城市就业、定居，希望既保留宅基地，又要为子女在就业地或者家乡的县城买房。

二、新形势下保障农民工宅基地权益面临的新问题

宅基地是农民最基本的生活保障。现行宅基地使用管理制度在落实农民基本居住保障、维护农村社会稳定等方面发挥了很大作用。但是，随着农村经济社会的发展和城镇化、工业化快速推进，大量农民离农离乡进入城镇二三产业就业，且就业、生活居住观念及选择方式发生了很大变化，现行一些相关政策法规制度与农村人口梯度转移趋势已不适应、不协调、不配套，农村宅基地使用管理出现了一些新情、问题，并随着农村人口大规模快速转移而逐步显现。

（一）农民工宅基地闲置较为普遍且呈上升趋势

从调查了解情况看，各地农民工宅基地闲置和住宅空置问题普遍存在，部分外出务工人员较集中的地区，村内宅基地上无住房、有房无人住的闲置浪费现象非常严重。由于就业特点的复杂性，农民工宅基地闲置和房屋空置表现也较为复杂。

宅基地闲置的主要原因，一是农民宅基地是基于集体经济组织成员内部的一种福利分配制度，加上农村习俗，有男孩或者男孩长到一定年龄即可申请宅基地，这一分配制度是农民工宅基地选择的主要原因；二是尚未结婚和即使结婚也不准备再回村生活的部分农民工，虽然有宅基地但不准备建房，导致宅基地闲置；三是部分在外务工年限长、子女年龄较大的农民工，虽然子女已随其生活，基于宅基地的福利分配制度，已为子女申请宅基地，因主观上盼望子女将来在城市就业、生活，取得宅基地后并未建房，致使长期闲置。

宅基地闲置呈现区域性差异特点。东北、中部地区和东部个别经济落后地区，由于输出农民工量大，且这些地区的农民外出闯荡的意识强、外出打工起步早、举家外出的多，宅基地闲置、住房空置比例较高；部分西部地区

恰恰相反；经济发达地区或城乡结合部地区的农民工，因绝大多数在本市甚至本乡镇打工，宅基地闲置不突出。

随着城镇化进程的推进，新一代农村青年绝大部分已不会也不愿意从事农业劳动，毕业后进城从业已成为广大农村青年的选择，部分地区有农村无农业、有农业无农民的现象将愈演愈烈。因此，农民工宅基地闲置、住房空置问题将长期存在，并将呈上升趋势。如何研究解决这一问题，必须引起足够重视。

解决上述问题，一方面要谨防强制收回农民工宅基地或强迫农民工以宅基地换住房、以土地权利换社保，侵害农民工宅基地权益；另一方面，为防止农村大量宅基地和住宅长期闲置浪费，要加快研究建立和完善宅基地财产权的权益保障机制及利益实现机制，使其转让有市场、退出有收益，通过鼓励和激励机制促使农民工自觉腾退利用。

（二）农民工存在农村、城市双重占地的问题

由于存在宅基地退出的法律障碍，宅基地财产权难以实现，部分农民工在城镇购买了住房，依然保留着农村的宅基地。“一户多宅”已不仅限于农村的“多宅”，部分农民工既占有农村宅基地、又拥有城镇住房，形成农村、城市双重占地、一户多房的新局面，而且随着城镇化进程推进将更加普遍。如南京市江宁区谷里街道办的农民工中，2%～3%的人在南京市买房，7%～8%的人在江宁县城买房，15%的人在集镇买房，共约25%的人在城市和农村拥有多处房产。

农民工在农村城市双重享有、双重占地，造成了土地资源分配不公。一方面，导致农村宅基地闲置和房屋空置，土地资源闲置浪费、利用效率低下；另一方面，导致城市用地规模扩张，加大城市住房用地需求压力，并在一定程度上推动了城市住房价格的攀升。因此，随着农村人口的梯度转移，虽然农村人口不断减少，而村庄建设用地规模并未减少或不减反增，导致城市和农村的建设用地规模双向增加。

（三）农民工宅基地退出机制缺失

现行《土地管理法》仅对宅基地收回作了原则性规定，缺乏可操作性。同时，现有法规政策禁止城镇居民购买农村宅基地，也不利于农村宅基地的合理流转和退出。

各地在宅基地退出方面主要采取以下做法：一是对于长期闲置的宅基地，农民愿意退出的，由村集体经济组织给予适当补偿或奖励后收回，但相对于宅基地用益物权价值，其补偿明显不利于调动退出农民宅基地的积极

性，实际退出、收回的比例很小；二是对于零星散落、基础设施差的农村居民点，由政府通过规划推进农村居民点撤并整合，引导农民向中心村和规划新村集中，通过建新拆旧解决闲置问题。

宅基地退出难，除了制度缺陷外，农民工宅基地退出意愿低也是一个主要原因。大部分农民工具有较强的流动性和工作不稳定性，由于社保体系和城市住房保障体系不完善，对退出宅基地有较强的后顾之忧，担心失地失业又失房。因此，一些已在城镇长期就业、买房的农民工，宁可让宅基地闲置，也不愿意退出。在制定宅基地退出政策时，必须充分考虑这一因素。

（四）农民工宅基地物权实现机制缺失

《物权法》已赋予宅基地用益物权的属性。从法律上讲，完整的用益物权应包括占有、使用和收益的权益，但因配套的法律法规和政策制度尚未跟上，宅基地用益物权仅停留在口头上，农民的宅基地物权尤其是收益权难以实现。

宅基地产权制度不完善、产权不明晰，是农民宅基地物权得不到充分保护和实现的根本原因。一是宅基地所有权主体缺位，土地产权没有真正固化在农民手中；二是宅基地物权权能不完整，农民对宅基地只拥有使用权，其处分权和收益权受到严格限制。农民虽然对地上房屋拥有所有权，但宅基地只有使用权，房屋的所有权与其附着的宅基地的所有权不统一。

农民工宅基地物权保护和实现机制缺失，引发两种失衡：一是土地配置失衡。由于农民工宅基地物权无法实现，有条件退出的也不愿退出，造成农村、城市双重占地，城市土地资源紧缺和农村宅基地闲置并存；二是收益失衡。农村宅基地和房屋作为财产但不能实现资产变现，导致农民工收入结构中财产性收入匮乏。

（五）农村宅基地退出与城镇住房保障衔接与转化机制缺失

农村宅基地退出与城镇住房保障相关政策不衔接，使得一方面部分农民工宅基地长期闲置浪费，另一方面，在城市居住问题成为困扰农民工的难题，即使部分准市民身份的农民工也被排除在城镇住房保障范围外，出现“农村住别墅、城里住窝棚”的差异现象。建立有效的宅基地退出与城镇住房保障衔接与转化机制，使农民工“在城就业有房住、回乡务农有保障”，是农民工能否真正融入城市的关键。

近些年来，中央和地方政府对农民工的居住问题高度重视，采取各种积极有效的解决措施，取得巨大成效，农民工居住条件大大改善。目前，各地通过提供集体宿舍、小户型公寓、公共租赁住房等方式，大部分农民工住房问题基本解决，但要从根本上解决还存在一定障碍。一些有长期稳定职业的农民工，在农村有地有房用不着、在城市有需要买不起房，如何从政策上允许在一定条件下将其纳入城市住房保障，或者把农村宅基地退出与城市住房保障等相关优惠政策相衔接，仍是短期内难以解决的问题。

三、保障农民工宅基地使用权益的政策建议

农民工是我国改革开放和工业化、城镇化过程中涌现的一支新型劳动大军，已成为产业工人的重要组成部分，是推进我国经济社会和谐稳定发展的重要力量。据2009年统计数据，全国有农民工2.3亿人，其中进入城市就业的约1.5亿人。按城市化率每年提高1个百分点计算，预计到2020年将有近3亿的农民工及其家庭转移到城镇。科学合理的解决好他们在农村的宅基地和城市居住权益保障问题显得尤为重要和迫切。保障农民工宅基地权益，不再仅仅是单一的土地问题，需要与就业、住房、社保、户籍、教育等相关制度的改革相衔接、相配套，综合协调推进。解决农民工宅基地权益保障问题，必须同步考虑农村宅基地使用权、城市居住权问题，在统筹城乡发展的制度安排中统筹考虑、逐步解决。

（一）不宜盲目鼓励农民工退出宅基地

农民工亦工亦农、亦城亦乡，城乡间双向流动就业，这种现象在今后相当长的时期里将继续存在，土地依旧是农民工最核心的保障。农民工的宅基地在一定程度上是社会稳定和谐发展的基础。我国工业化、城市化快速推进进程中，没有像一些国家那样出现大量“流民”和城市贫民窟现象，主要归功于我国优越的农村集体土地公有制度，特别是现行的农村宅基地分配制度。

农民工进城是一个职业、居住方式、社会权利、社会角色等诸多方面转变的过程，不应附加任何条件，更不应与改变农民工的土地权属关系联系起来。因此，必须充分尊重和维护其宅基地合法权益，不宜盲目、简单地鼓励农民工退出宅基地，或者以牺牲宅基地权益为代价获取市民身份和福利保障，要让农民工流则有根、出而能退、进退有路，避免造成失地、失业、又失房。

对异地就业的农民工只要户口未迁移的，在宅基地管理上仍需按集体经济组织成员对待，保留宅基地使用权；对于已在城镇落户，或者在城市有长期稳定职业、生存有保障的农民工，是否保留、退出或转让其宅基地，也必须尊重本人意愿，不得强制或变相收回；只有一处宅基地而在城镇没有购买

住房的，不提倡盲目退出宅基地。对于自愿退出宅基地的，要加强引导和规范，防止侵害农民土地权益现象的发生。

（二）建立农民工宅基地退出机制

随着农民工就业的稳定性得到逐步提升，一是“家庭化”转移趋势明显；二是完全脱离农业生产、常年在外打工的农民工比例将逐步提高，特别是超过1亿的80后新生代在城市就业、定居愿望强烈。从保障农民工宅基地权益、避免和消除宅基地闲置浪费现象、科学解决农村城市双重占地问题出发，加快研究建立统筹城乡的农村宅基地退出机制，已刻不容缓。

宅基地退出应坚持以下原则：一是自主、自愿、有偿原则；二是与户籍管理制度相衔接原则；三是宅基地使用权与土地承包经营权相分离的原则，退出宅基地不影响承包经营权的保留；四是宅基地使用权与集体经济组织成员身份相分离的原则；五是收回与奖励、有偿相结合的原则。

农民工退出宅基地的意愿受户籍、社保、住房、经济收益预期等多因素影响。基于当前社保机制不健全，户籍、住房、就业等相关制度不配套的现实，应针对不同情况实行分类引导。例如：对一户多宅，或者非本集体组织成员的，应通过有偿使用的方式促使使用权人主动退出多余宅基地；对已在城市购买住房，以及能够与父母同住的，可通过给予奖励或者补助的方式鼓励其自觉退出宅基地；对户口已迁移的，可允许其宅基地保留一定年限，过期后采取收回或有偿收回的办法退出。

同时，应研究建立宅基地退出与城市住房保障政策相匹配的激励政策。对于已在城镇落户或者在城市工作生活达到一定年限的农民工，放弃农村宅基地的，给予享受城市住房保障或者购房补助的优惠政策，并享有城市居民同等的社会保障、子女入学等方面待遇，解除他们的后顾之忧。

农民工宅基地的退出，是一个自然、长期、渐进的过程，不宜盲目推进，更不能搞运动式退出。当前应重点做好在城镇落户就业，或者户口虽未迁移但在城市有长期稳定职业和收入的农民工宅基地市场化退出和补偿制度的设计。

（三）建立宅基地物权利益实现和保护机制

宅基地和住房是农民安身立命之本。但对于现代农民工而言，他们在关注宅基地分配、使用权保障的同时，也更加重视宅基地物权利（收益）的实现。

当前，应加快完善相关法律制度，将《物权法》确立的宅基地用益物权落到实处。建议立法机关和国务院有关部门抓紧开展相关政策和土地管理法律制度建设的研究，按照“淡化所有权、强化使用权”的原则，进一步完善宅基地产权制度，明晰宅基地产权权能，赋予宅基地完整的物权权能，赋予宅基地使用权人必要的自由处分权和收益权，保障农民房屋所有权与宅基地使用权的实现。

要按照党的十七届三中全会精神，积极推进农村宅基地使用制度改革，探索建立宅基地使用权流转制度，在严格保障农民基本居住条件的前提下，建立规范、有序的宅基地使用权流转市场，允许农民宅基地在一定条件下进入市场流转。要明确宅基地流转条件、流转方式、流转范围及收益分配关系，保障农民宅基地收益权。

（四）建立农村宅基地退出与城镇住房保障衔接与转换机制

改革和完善城市住房政策，将符合条件的农民工纳入城镇住房保障体系，是解决农民工城市居住和农村宅基地退出问题的关键。要通过相关政策制度的配套建设，确保农民工进城就业有房住，宅基地退出无后顾之忧。

首先，要明确政府责任，将农民工住房作为地方政府的重要职责。在充分调动社会各方面积极性的同时，因地制宜地组织兴建适合农民工居住特点的宿舍型、小户型公寓性住房，让农民工选有所需，负担得起。

其次，要强调用工单位的责任，鼓励具有一定规模的企业兴建或者租赁职工宿舍，为农民工提供基本的居住保障。

再次，要积极探索建立逐步将符合条件的农民工纳入城市住房保障体系的政策制度。对于在城市居住一定年限、具有长期稳定职业和收入的农民工，允许其购买城市经济适用住房、限价商品房，或者租住公共租赁住房。

最后，要进一步推进城镇户籍制度改革，允许符合条件的农民工进城落户。特别是对城市人口规模没有特殊限制的中小城市，应逐步对农民工放开，对在城市工作、居住或者纳税、缴纳社保资金达到一定年限，愿意落户的，不应设置政策性障碍，并在住房政策上给予同等待遇。

我国还处于社会主义初级阶段，工业化、城市化发展需要一个漫长的历史过程，人口众多、农民工队伍庞大，必须坚持近期措施与长远目标相结合，分类、分层次、分阶段逐步解决农民工城市居住问题。

课题组成员：何凤山　唐　健　魏西云　王庆日
报告执笔人：何凤山　唐　健　魏西云

附件三

关于完善和保障农民工集体经济组织成员权益的研究报告

农业部课题组

农民工是指户籍身份是农民、有承包地、但主要从事非农产业、以工资为主要收入来源的人员。随着社会主义市场经济快速发展，将会有越来越多的农民转变为农民工，逐步脱离农村和土地，融入城市的生产生活之中，这是工业化、城镇化和农业现代化“三化同步”发展的总体趋势和必然要求。在这一转变过程中，有效地完善和保障农民工集体经济组织成员权益，是推动“三化同步”发展平稳有序进行的基础保障。

一、农民工集体经济组织成员权益的内容

除土地承包经营权和宅基地使用权之外，按照相关法律法规和政策的规定，农民工集体经济组织成员权益，还包括对农村集体“三资”的经济权益和对农村集体经济组织的民主管理权益。

（一）对农村集体“三资”的经济权益

农民工集体经济组织成员，对农村集体资金、资产、资源享有包括所有权、收益分配权等多项经济权益，并且有权制止任何单位和个人哄抢、侵占、损坏、挪用、私分、挥霍浪费、平调或以其他方式非法占用农村集体“三资”。农村集体“三资”包括：集体所有的土地和法律规定属于集体所有的森林、山岭、草原、荒地、滩涂、水面等自然资源；集体所有的各种流动资产、长期投资、固定资产、无形资产和其他资产。据统计，截止到2010年年底，全国村级集体经济组织账面资产总额1.8万亿元，村均311.7万元。从资产构成看，流动资产7 904.4亿元，占资产总额的42.8%，村均133.3万元；农业资产233.5亿元，占资产总额的1.3%，村均3.9万元；长期资产10 342.9亿元，占资产总额的56.0%，村均174.4万元。2010年，全国村集体经济组织可分配收益1 131亿元，实现农户分配321亿元，分别比上年增长10.25%、11.03%。

（二）对农村集体经济组织的民主管理权益

《宪法》明确规定“集体经济组织实行民主管理”，农民工集体经济组织成员，依法享有对农村集体经济组织各项经营与管理活动的民主管理权益。一是民主选举权。按照《宪法》有关“集体经济组织……依照法律规定选举

和罢免管理人员”的规定，农民工集体经济组织成员，享有对农村集体经济组织负责人、民主理财小组、成员代表等进行民主选举的权利。二是知情权。农民工集体经济组织成员，对农村集体经济组织的年度财务预算和决算、各项收入和支出、债权债务、收益分配方案，资产资源的状况和运营、资产资源的承包和租赁、资产的评估和出让，以及征地补偿款的分配和使用、集体建设用地收益的使用等各项农村集体“三资”经济活动事项享有知情权，具有要求公开有关信息，了解和掌握农村集体“三资”状况和财务管理情况的权利。三是民主决策权。农民工集体经济组织成员，对农村集体经济组织的重大事项，特别是涉及农村集体“三资”管理的重大事项，包括集体资金、资产、资源经营方式的确定和变更，购置或者处分重要固定资产，重大投资项目或举债，集体经济组织产权制度改革等，具有通过参与本集体经济组织成员的全体村民大会或村民代表大会，进行民主决策的权利。四是参与权。农民工集体经济组织成员，有参与讨论制定和完善村民自治章程、村规民约、村民会议和村民代表会议议事规则、农村集体“三资”管理制度等的权利；有通过民主理财小组，对本村集体财务活动进行民主理财的权利。五是监督权。农民工集体经济组织成员，具有对集体经济组织财务预算和决算、资金的使用和收益分配、集体资产和资源的运营，进行监督的权利；有对集体经济组织负责人以及享受由村民或集体承担误工补贴（工资）的其他村务管理人员进行民主评议的权利。

二、完善和保障农民工集体经济组织成员权益具体做法

（一）加强农村集体“三资”和财务管理规范化建设

为保障农村集体经济组织成员的知情权、决策权、参与权和监督权，我部以落实农村党风廉政建设任务分工为契机，以维护农村集体经济组织和农民合法权益为重点，从健全农村集体“三资”管理制度、规范账务处理程序、建立民主管理机制、加大审计监督力度等方面，着力加强农村集体“三资”管理，全面推进农村集体财务管理规范化建设。制定下发了村集体经济组织会计制度和加强农村集体“三资”管理、村级会计委托代理服务、农村集体经济组织产权制度改革等文件，各地积极探索农村集体“三资”管理体制机制创新，一些地方在实行会计委托代理服务的基础上，积极推行农村集体“三资”委托服务，构建“三资”管理网络监管网络，加强了政府对农村集体“三资”管理监督和服务的力度。目前，有98%的村实现了财务公开，78.7%的村实行了会计委托代理，超过90%的村成立了民主理财小组，每年

都对近40万个单位进行了审计，农村集体经济组织成员权益得到了有效保障。

（二）积极推进农村集体经济组织产权制度改革

2007年，我部制定下发了《关于稳步推进农村集体经济组织产权制度改革试点的指导意见》，指导各地以股份合作为基本方向，以清产核资、界定成员、配置股份为主要内容的农村集体经济组织产权制度改革，探索建立“归属清晰、权责明确、利益共享、保护严格、流转规范、监管有力”的农村集体经济组织产权制度。通过产权制度改革，以赋予股东身份的形式，明确了农民工的集体经济组织成员资格，保障其合法权益。目前，全国已有20多个省（区、市）开展了改革试点工作，有1.98万个村已经完成改革或正在进行改革，量化资产总额2 528亿元，设立股东1 063.8万人（个），累计股金分红440.6亿元。从各地的实践来看，产权制度改革越彻底，集体成员的权益保护就越有力。

（三）探索农村集体经济组织立法

多年来，各地对农村集体经济组织成员资格界定进行了积极的立法探索。广东省2006年以省政府令的形式下发了《广东省农村集体经济组织管理规定》，对成员资格界定做出了主要以户口为依据，综合考虑为集体履行义务等相关因素进行资格认定的规定；浙江省人大2007年出台了《浙江省村经济合作社组织条例》，明确了农村集体经济组织成员的法定标准；江苏省人大2009年颁布的《江苏省农民专业合作社条例》，将社区股份合作社注册登记纳入条例调整范畴，并要求向其成员颁发集体资产份额出资证明书；山东省出台了《山东省实施中华人民共和国农村土地承包法办法》，对集体经济组织成员资格做出明确界定；四川省人大常委会法制工作委员会就四川省国土资源厅关于如何确定农村集体经济组织成员问题请示的答复中，明确了集体经济组织成员资格的内涵。这些探索，为开展农村集体经济组织立法，做出了有益的尝试。

三、农民工集体经济组织成员权益保障的主要障碍

完善和保障农民工集体经济组织权益，目前面临成员资格不清晰、“三资”管理制度不健全、民主管理落实不到位等多方面的问题。

（一）农村集体经济组织成员资格不清晰

完善和保障农民工集体经济组织成员权益，明确其集体经济组织成员资格是基本前提。但是，目前农民工的农村集体经济组织成员资格没有清晰的

界定，表现在四个方面：一是成员的构成不清晰。目前，没有法律法规对成员资格界定做出规定，也没有行政管理部门对农村集体经济组织成员资格进行登记、变更、注销，农村集体经济组织内部没有设立成员名册，颁发证书。二是成员资格的获得不清晰。离土离乡的农民工的新增农嫁女、新生子女等新增人口的成员资格得不到权威的确认，其集体经济组织成员的权益得不到有效保护。三是成员资格的退出不清晰。生产生活都已经脱离农村集体经济组织的农民工，没有合法、规范的方式能够变现其成员资格所具有的经济利益。四是成员的权益不清晰。集体经济组织成员只是农村集体经济组织的笼统的、抽象的所有人，其集体经济组织成员权益的具体实现方式不甚清晰。

（二）农村集体“三资”管理制度不健全

由于国家有关农村集体经济组织、农村集体资产管理的法律和法规建设滞后，农村集体经济组织的制度建设一直在摸索中前进，也一直处在不健全不完善的状态。农业部 2009 年下发的《关于加强农村集体资金资产资源管理指导的意见》中，提出建立农村集体“三资”管理的 14 项制度。目前，全国有 13 个省（区、市）转发了农业部加强农村集体“三资”管理的意见，7 个省（区、市）以省政府的名义或与纪委、监察厅联合下发有关加强农村集体“三资”管理的意见，农村集体“三资”管理制度建设取得一定的成效，但尚有 10 余个省份尚未对加强农村集体“三资”管理制度建设做出部署。管理制度的不健全，导致包括农民工在内的集体经济成员难以对农村集体“三资”的经营管理进行有效的监管，有的地方出现了制度不落实、账目管理混乱、集体“三资”底数不清的问题，有的地方出现了监管缺失，集体资金被贪污、挪用、侵占、挥霍，集体资产和资源被低价承包、租赁、出让的问题。这些问题的存在，严重侵害农民工集体经济组织成员权益。

（三）农村集体“三资”民主管理不完善

目前，农村正在普遍推行农村集体财务公开和民主管理，但是农民真正参与民主管理的工作机制和手段仍然比较单一，民主理财在很多地方仍然还是形式大于实质，集体经济组织成员参与民主管理的热情仍然很低。农民工由于自身离土离乡的特点，参与民主管理客观上存在困难，对农村集体“三资”管理的知情权、决策权、参与权、监督权更加难以得到保障。

四、政策建议

（一）推动农村集体经济组织立法

明确农民工集体经济组织成员资格，是保护其成员权益的基础前提。要加大立法调研力度，在专题研究、深入调研、分析问题、总结经验等基础上，提出并完善界定农村集体经济组织成员资格的基本原则和框架意见，为制定出台农村集体经济组织法作准备。目前，在法律规定尚不完善的情况下，要积极鼓励各地出台地方规章条例或规范性文件，为依法明确集体成员资格问题做出探索；积极引导条件成熟的地方探索建立规范的集体经济组织和成员名册备案登记制度，以政府公信力保障农民工集体经济组织成员资格，同时，也为建立全国统一的登记制度打下基础。

（二）积极推进农村集体经济组织产权制度改革

通过股份合作制改革，明确农民工的成员资格及其享有的集体权益份额，是保护农民工集体经济组织成员权益的必然要求。目前，要进一步加大分类指导力度，积极鼓励尚未启动改革的地方有计划地开展试点，已经开展试点的地方在总结经验的基础上扩大试点规模；指导已完成产权制度改革的村依法建立和完善股东大会、董事会、监事会“三会”制度，充分发挥集体经济组织成员参与集体经营管理的积极性，逐步形成激励约束有机结合的现代企业管理运行机制。同时，要加大农村集体经济组织产权制度改革的政策扶持力度，设立集体经济组织产权制度改革专项支持资金，出台改制后集体经济组织税收减免制度，使集体经济组织不因产权制度改革而新增税收负担。

（三）加强对农村集体“三资”监管服务

农村集体“三资”是包括农民工在内的广大集体成员多年来辛勤劳动积累的成果，是发展农村经济和实现农民共同富裕的重要物质基础，切实管理好、运营好这笔宝贵财富，实现其保值增值，对于发展农村经济、增加农民工财产性收入、帮助其融入城市生产生活，具有非常现实的意义。加强农村集体“三资”管理，一是要进一步落实去年农业部《关于加强农村集体资金资产资源管理指导的意见》提出的14项制度，着重加强招投标制度和合同管理制度建设，增强民主管理、会计代理、审计监督、责任追究等各项制度之间的联系，构成了上下联动、监督有效的工作机制。二是要在会计委托代理的基础上，加强农村集体“三资”委托代理服务，加快乡镇委托代理中心建设，规范委托代理程序，充分发挥委托代理服务作用。三是要综合运用各种信息化手段，加强信息化网络建设的力度，在电算化的基础上，探索构建网络监管平台，开展网络监督，增强监督的实时性和有效性。四是要选择有条件的地方探索建立以农村土地承包经营权流转服务中心或者集体“三资”服务中心为依托，构建农村集体产权交易的平台，提高农民工集体权益的流动性。

课题组组长：陈晓华
课题组成员：孙中华 陶怀颖 贺军伟 黄延信 陈剑波 何凤山
叶兴庆 郭文芳
报告执笔人：赵 鲲 刘 涛

关于农民工在城镇落户问题的研究报告

公安部课题组

根据国务院农民工工作联席会议《中国农民工发展政策研究工作方案》的部署和全国公安机关进一步加强和创新流动人口服务管理工作会议的要求，公安部组织各省、自治区、直辖市公安机关治安（户政）部门，就农民工在城镇落户问题进行了深入调查研究，据此形成了如下研究报告。

一、调研反映的第二代农民工的基本情况

调查选取了东部地区 11 个省（直辖市）的各 1 个地级市市区和 1 个县级市，以及中西部地区 20 个省（自治区、直辖市）的 1 个县级市和 1 个县 42 个样本，共计对 592.6 万名农民工进行了研究分析，结果显示，目前 1980 年以后出生的第二代农民工主要呈现以下几方面特点：

（一）第二代农民工已成为农民工的主体

据统计，在被调查的 592.6 万名农民工中，第二代农民工约为 352.6 万人，占 59.5%。其中，东部地区的比重稍高，为 61.6%，中西部地区为 51.0%。

（二）出生在城市的比例相对较低

据统计，第二代农民工中，在城市出生及成长的约为 42.5 万人，出生在农村并随同父母在城市居住的约为 258.6 万人，两者的比例为 0.17∶1。其中，东部地区的比例为 0.15∶1，中西部地区的比例为 0.25∶1。

（三）文化程度依然偏低

据统计，第二代农民工中，初中及以下文化程度的约为 203.1 万人，占 57.6%；其中，东部地区的比例为 55.8%，中西部地区的比例为 66.8%。总体来看，第二代农民工文化素质依然不高，在很大程度上给他们择业带来了困难。

（四）从业结构相对稳定

据统计，第二代农民工中，已实现就业的约为 288.7 万人，占 81.9%（其中在厂矿企业稳定就业的为 137.5 万人，占 39%）。东部地区和中西部地区第二代农民工就业的比重存在一定差异，分别为 80.6%和 88.1%。总体

来看，第二代农民工以在厂矿企业单位务工为主体的就业结构尚未改变。

（五）在居住城市具有一定落户意愿

据统计，在第二代农民工中，参加居住地养老保险的为129.9万人，占36.9%；在居住地有落户意愿的有91.8万人，占26.0%（其中东部地区、中西部地区的比例分别为33.3%和19.9%）。

此外，根据中西部地区对外出农民工的情况调查，夫妻共同外出务工经商的为143.0万人，占该类地区全部被调查农民工总量的31.2%（其中夫妻外出3年以上的为51.30万人，占11.2%）；举家外出（“空巢”家庭）的有89.0万人，占总量的19.4%（其中举家外出3年以上的为38.8万人，占8.4%）。

二、“十二五”期间农民工发展趋势

通过调查研究和数据分析，我们认为，“十二五”期间农民工发展趋势主要体现在以下几个方面：

（一）农民工总量仍将呈上升趋势，但经济发达地区农民工的增长速度将逐渐趋于平稳

据各地反映，为适应实施扩大内需战略、转变经济发展方式的客观需要，我国经济产业结构、需求结构将会进一步优化，制造业发展所需用工量有望快速增长，由此以农民工为主体的流动人口仍将呈增多趋势。如河北省，随着环京、环海和冀中南经济圈的建设发展，该省唐山、秦皇岛、廊坊、沧州、保定、石家庄等城市有望吸引更多农民工在当地就业发展，城市规模趋于扩大。目前，河北省登记流动人口188万人，较去年同期增加82.38万人，增长68.76%。此外，随着北京、上海、广州、深圳等特大城市不断推进产业升级、发展高端制造业和现代服务业，城市生活成本的增加，以及受城市周边二、三线城市不断发展等因素影响，这些城市农民工将进一步实现有序流动，总量上涨速度将会趋于缓和。

（二）服务业从业比重不断提升，就业形势日趋稳定

近年来，随着我国电子、汽车、装备制造、石化等先进制造业继续做大做强，餐饮、娱乐、服务、食品、生物医药、新能源新材料、航天等行业产值大幅增加，以金融、服务外包、生产性服务业为代表的现代服务业等支柱行业迅猛增长，各种餐饮娱乐、市政工程、家政保洁、生活配套等社会功能需求增大，大量农民工涌入填补岗位空缺，成为服务行业的主要从业人群。同时，当前农民工的就业领域已经从最初的临时性岗位、补充性岗位向各个行业、各类岗位扩张，就业形式的稳定性得到一定提升。据调查显示，外出

就业农民工有稳定就业岗位的约占50%左右。如重庆市拥有5个国家级经济开发区、43个市级工业园区，“十二五”时期就业岗位大幅增加，仅IT附带的服务产业将新增300万个就业岗位，吸引大量的市内外农民工就业。同时，未来3年将建成4 000万平方米的公租房，可以解决100万～200万名外来务工人员的居住问题。

（三）“家庭化”流动方式和居住的稳定性明显增强

据调查显示，目前，赚钱已不再是农民工外出务工经商的唯一目的，在获取更多经济收入的同时，农民工开始并日益注重家庭成员的团聚、子女的教育以及家庭生活水平的改善、提高。农民工流动方式已经发生了重大变化，农民工群体也正在发生重要的结构性变化，从以前男劳动力独自外出务工逐渐演变成现在夫妻二人同时外出务工甚至携子女外出务工的形式，“家庭化”流动趋势凸显，举家外出、完全脱离农业生产和农村生活环境、常年居住在城市社区的出租房屋或是单位提供的内部宿舍，成为农民工工作生活的一种重要形式。据抽样调查，夫妻二人同时外出务工的占全部外出就业农民工的31.2%以上。如吉林省通榆县和梅河口市数据统计显示，两个地区外出农民工中举家外出的共计21 189人，占全部外出就业农民工的27.5%。此外，一些城市已将公租房、廉租房逐步向农民工开放，既满足了农民工的居住需要，也服务和促进了当地服务、制造等产业的发展。

（四）新生代农民工市民化意愿强烈

新生代农民工处于由农村向城市过渡的进程中，同时兼有工人和农民的双重身份。他们根在农村，却日益疏远农村；他们沿袭了父辈对土地的感情，却又多数不懂得耕种；他们对乡土的认同更多的是包含对亲人的感情以及对生存保障的需要，而生活和工作在城市使他们能够迅捷地接受现代文明的熏陶，形成多元的价值观与开放式的新思维，成为城市文明、城市生活方式的向往者、接受者和传播者。新生代农民工除了渴望稳定、较高水平的收入需求以外，同时对稳定的居住场所、子女教育、公共医疗服务、文化服务、计生服务、就业服务、工伤和医疗保险等也有较高需求，更多地要求获得尊重、要求公平对待、要求平等权益以及实现自我价值，以期真正融入市民生活。如据重庆市南岸区2 000份农民工问卷调查显示，“新生代”农民工有落户意愿的人数有788人，占被调查“新生代”农民工总数的44%。其中出生在农村、生长在城市的“新生代”农民工中有转户意愿的占21%；出生和生长均在城市的“新生代”农民工中有转户意愿的占23%。另据北京市门头沟区、延庆县调查显示，农民工总数中参加当地养老保险的有8 616人，约占34.96％；有在京落户意愿的15 263人，约占61.93％。

三、现行农民工落户城镇政策及执行情况

（一）农民工落户设区市（不含直辖市、副省级市和其他大城市）的政策

目前，对于大多数设区的市，有合法稳定职业满1～3年并有合法稳定住所，同时参加当地社会保险达到一定年限的人员，本人及其共同居住生活的配偶、未婚子女、父母，均可以在当地申请登记常住户口。一些设区的市规定，有合法营业执照并依法纳税达到1年以上或者在同一城市连续工作并缴纳基本养老保险费达到2年以上，即可申请居住地常住户口。如福建省三明市规定，农民工连续工作满2年以上或签订2年以上劳动合同的可申请落户；一些中西部地区的设区的市还根据当地实际，将合法“稳定住所”的条件放宽到合法租住的房管部门和企事业单位直管房屋，合法租住的政府公租房、廉租房以及他人私有房屋。而东部经济发达地区一些综合承载能力压力大的设区城市，则结合本地实际，对合法稳定职业的范围、年限和合法稳定住所的范围、条件等作出更为严格的规定。如江苏省常州市武进区规定：在本区购买商品房达50平方米或自建房屋达80平方米的，允许本人及其配偶和未婚子女迁入，对于外来人员还要求具有稳定的职业（生活来源）。

（二）农民工落户县级市市区、县人民政府驻地镇和其他建制镇的政策

近年来，对于农民工落户县级市市区、县人民政府驻地镇和其他建制镇的，绝大多数地方特别是中西部地区都放宽了户口迁移政策，以具有合法固定住所、稳定职业或稳定生活来源为落户的基本条件，只要有合法稳定职业并有合法稳定住所（含租赁），本人及其共同居住生活的配偶、未婚子女、父母，均可以在当地申请登记常住户口。其中，“稳定职业”由原来仅限于传统意义上的固定工作，放宽到与用工单位依法签订劳动合同、参加社会保险的就业岗位，或者取得营业执照、具有相对稳定收入并依法纳税的个体经营者。可以说，基本上没有了限制，放开了县级市市区、县人民政府驻地镇和其他建制镇的落户门槛。如宁夏银川市公安局出台的《优化入户政策便民利民十项措施》规定，进城务农民工只要连续3年在银务工办理《居住证》可凭居住证与银川市用人单位签订3年以上（满3年）劳动合同，凭用人单位介绍信、户口簿或户籍证明、人事劳动部门备案的劳动合同申请办理本人落户手续。而对于东部经济发达地区一些城镇综合承载能力压力大的地方，

对合法稳定职业的范围、年限和合法稳定住所（含租赁）的范围、条件等则作出一些较为严格的具体规定。如有些地方规定，在城区就业的农村劳动力，在同一城区或城镇连续居住并办理“暂住证”满3年以上，无违法犯罪记录，与企业签订3年以上劳动合同（含连续3年），在城区有固定住所的，可以申请在城区登记常住户口。

（三）优秀农民工落户城镇的政策

为更好地贯彻落实《国务院关于解决农民工问题的若干意见》（国发［2006］5号），公安部专门下发了贯彻落实意见，指导各地公安机关研究制定具体意见措施。各地公安机关根据本地经济社会发展水平和综合承受能力，积极稳妥推进户籍管理制度改革。相继出台了优秀农民工落户城镇的意见和措施。如大多数地方均出台了被城镇企事业单位聘用、具有国家承认的大专以上学历、在居住地投资、纳税达到一定数额的和市级以上农民工劳动模范、先进工作者以及其他有突出贡献者、有稳定住所，本人、配偶、未成年子女均可以申请居住地常住户口。如浙江省杭州市自1998年以来，共办理十佳外来务工青年落户约50人；宁波市共办理县级以上劳动模范、首席工人落户约30余人；温州市共办理优秀外来务工工人落户约10余人。

（四）农民工积分制入户政策

一些地方探索实行了农民工积分制落户城镇政策，积极引导农民工落户城镇，取得了良好的社会效果。如2010年6月，广东省政府办公厅下发了《关于开展农民工积分制入户城镇工作的指导意见》（粤府办［2010］32号），率先建立农民工积分制入户城镇指标体系，由省统一指标和各市自定指标两部分构成：省统一指标包括个人素质、参保情况、社会贡献及减分指标；各市的自定指标包括就业、居住、投资纳税等情况，具体指标和分值根据当地产业发展和人才引进政策设定。对农民工落户县城或中心镇的，按照不超过个人实际总积分的50%给予积分奖励，对在入户地参加了社会保险的，由当地政府给予一定期限的社会保险补贴。2010年，广东全省共办理农民工积分制入户10.8万人，2011年，力争再为25万农民工办理积分制入户。

四、当前农民工落户城镇面临的主要问题

各地调研普遍反映，农民工能否落户城镇不是简单解决表层次的身份问题，其核心问题在于户籍背后的一系列社会功能和制度安排。当前，农民工落户城镇面临的问题主要体现在以下几个方面：

（一）小城镇及中西部地区中小城市的落户条件普遍较宽，但吸引农村居民就地就近转移的效果并不明显

一些地方反映，现阶段大多数农民工在农村仍然享有土地使用及收益分配权利。随着近年来城镇建设和国家基础设施建设规模的不断扩大，土地资源逐渐变得稀缺。在子女义务教育、就业、养老、计划生育等社会保障没有完全实现城乡统筹的情况下，一些农民工特别是城市郊区以及新兴开发区的农民工为享有农村土地收益及其集体组织福利待遇而不愿意放弃土地，加之近年来国家出台了一系列惠农政策，如种粮直补、粮种补贴、农机具购置补贴和农业生产资料综合补贴等，农民对于落户城市的意愿不高。如黑龙江省双城市和方正县调研统计显示，由于担心进城落户土地承包权丧失，有88%的农民不同意将农业户口转为非农业户口。

（二）一些发达城市生活成本较高成为影响农民工落户当地的主要障碍

一些地方反映，以住房为例，目前租住出租房屋或由雇主提供的集体宿舍是农民工的主要居住方式。从我国住房保障制度的实施情况看，居民住房保障除发放住房公积金外，主要通过提供经济适用房来体现，由于农民工处于非正规就业状态，一般不享有住房补贴和住房公积金，国家目前也尚未建立依托非盈利组织机构规划、开发建设和管理经济适用住房的制度，作为低收入者的绝大多数农民工，未能获得政府的廉租房、解困房，在当前条件下难以解决其自身的住房问题，不敢奢望在发达城市落户。

（三）整体素质不高成为阻碍农民工落户城镇的又一主要障碍

调查显示，在农民工中，高中以上文化程度的农民工仅占农民工总数的40%左右，掌握专业技能的农民工更是不到总数的10%，农民工的文化层次和技术水平相对偏低，对就业行业和就业领域的选择形成制约，农民工大多数是在劳动密集型的加工业和建筑业等行业就业，几乎包揽了城市中最脏最累也最危险的工作，而且这些行业的很多就业岗位会随着产业更替和市场周期而频繁流动和变化，普遍存在着劳动力密集、稳定性差、流动性强、工作量大、工资收入不高的情况，严重阻碍了农民工融入城市。目前，一些城市要求申请落户的对象具有高中以上学历，少数中心城市甚至要求达到大专以上文化程度。以重庆市为例，该市2006年8月1日实行的《关于解决进城农民工户籍问题的意见》规定，在重庆务工的非本地户籍的农民工，如果申报在主城区落户，需要大专以上学历。而据国家统计局数据显示，2009年，农民工中有68.9%为初中以下文化程度。因此，对于广大农民工而言，文化

程度偏低也是其进城落户的一大障碍。

（四）户籍管理制度改革涉及的相关经济社会政策调整尚显滞后

一些地方反映，近年来，随着中央统筹城乡发展决策部署的贯彻执行，与户籍管理相关的改革都在积极稳妥地推进。但由于城乡二元社会结构的客观存在和历史沉淀，长期以来形成的以“农业”、“非农业”户口来划分城乡人口的经济社会政策的调整还需要有一个过程，特别是涉及社会保险、义务教育、退伍安置、农村集体土地承包及流转等政策的调整涉及中央事权，需要自上而下规范统一，因此，受相关经济社会政策调整滞后的影响，一些地方户籍管理制度改革的效果在短期内尚难以显现。广东提出，目前全省大部分地区的社会保险与就业保障尚未覆盖到农村居民，户籍管理制度改革后，社会保险与就业保障依托的原有户口性质依托消失后，这些政策均需要作出调整。

五、关于推动解决农民工落户城镇问题的有关政策建议

做好流动人口服务管理工作，促进流动人口更好地融入城市，归根到底还是要从制度上将流动人口纳入城市公共服务体系，逐步实现基本公共服务均等化。2011 年 2 月 26 日，国务院办公厅印发了《关于积极稳妥推进户籍管理制度改革的通知》（国办发［2011］9 号），进一步明确了推进户籍管理制度改革工作的指导思想、基本原则、政策措施和有关要求，这是党中央、国务院为推进城乡基本公共服务均等化作出的一项重大决策。结合各地调研反映的情况，公安部就落实国办发［2011］9 号文件，逐步解决农民工落户城镇问题提出如下对策建议：

（一）落实放宽中小城市和小城镇落户条件的政策，逐步满足符合条件的农村人口的落户需求

各地要在国家确定的基本户籍管理制度的原则和政策范围内，按照具有合法稳定职业、合法稳定住所“两个合法稳定”的基本条件，紧密结合本地实际，抓紧研究制定积极稳妥推进户籍管理制度改革的具体实施意见，引导在城镇长期居住生活、有稳定职业和住所的农业转移人口有序转为城镇居民。

一是放开县级市市区、县人民政府驻地镇和其他建制镇的户口迁移政策。鉴于我国区域发展不平衡，在确定东中西部地区城镇落户政策时可有所区别。中西部地区，县级市和建制镇发展相对滞后，带动就业的能力不足，加之文化、医疗、教育、公共设施等社会资源欠缺，对农村人口就地就近转

移的吸引力不够。东部地区，特别是珠三角、长三角地区一些县级市和建制镇暂住人口数量明显大于其他地区，人口与资源环境的矛盾较为突出，落户压力较大。基于上述情况，在政策上应坚持因地制宜、分类指导。总体而言，对于中西部地区，在放开落户限制的同时，要加快非农产业集聚，壮大县域经济，创造更多就业岗位，加强配套基础设施建设，提高公共服务水平，不断增强县级市和建制镇对农村人口就地就近转移的吸引力。对于东部地区，在确定政策时可适当调整，对少数人口密度较高、综合承载能力压力较大的县级市和建制镇，可以对合法稳定职业的范围、年限和合法稳定住所（含租赁）的范围、条件等作出具体规定。

二是进一步放宽中等城市户口迁移政策。目前，东部地区特别是珠三角、长三角地区的中等以上城市落户“门槛”仍然较高，一些中部地区中等城市也有投资数额、纳税数额等过严的条件限制。为逐步满足暂住人口在中等城市落户的要求，加快中等城市发展，并缓解大城市的压力，国办发［2011］9号文件对于调整中等城市户口迁移政策作出了原则规定。研究认为，中等城市也同样存在东部地区与中西部地区落户压力差异较大问题，因此，对于中西部地区的设区市，可根据当地实际，适当放宽合法稳定职业的要求；对于东部地区特别是珠三角、长三角地区一些人口密度较高、综合承载能力压力较大的设区市，为缓解资源、环境等方面的压力，可以通过对合法稳定职业的范围、年限和合法稳定住所（含租赁）的范围、条件等作出更严格的规定，合理控制户籍人口增幅。

三是完善落实大城市现行户口迁移政策。对于调整大城市户口迁移政策，国办发［2011］9号文件作出了原则规定，研究认为，鉴于大城市农民工聚集较多，吸引力较大，为引导和鼓励广大农民工积极投身城市的经济社会发展，争当先进，建议此类城市在完善落实现行落户政策时，要积极创造条件，优先将农民工劳模、农民工高级技能人才、农民工人大代表等农民工中的优秀分子转变为当地市民。

此外，工作中需要掌握的是，上述条件中的“合法稳定住所”，既包括具有合法所有权的住房，也包括合法租住的房管部门和企事业单位直管房屋，合法租住的政府公租房、廉租房以及他人私有房屋；“合法稳定职业”，也应不局限于传统意义上的固定工作，而是包括了与用工单位依法签订劳动合同、参加社会保险的就业岗位，或者取得营业执照、具有相对稳定收入并依法纳税的个体经营者。

（二）加快建立居住证制度，为暂不具备落户条件的流动人口在当地学习、工作、生活提供方便

近年来，各地认真贯彻落实中央决策部署，坚持以人为本、公平对待，不断深化覆盖暂住人口的基本公共服务，特别是上海、浙江、广东、重庆等地探索建立了居住证制度，将其作为有效实施暂住人口服务管理的平台，取得了较好的社会效果。为尽可能让在城市工作生活的暂住人口分享城市化带来的成果，逐步融入城市，建议通过建立居住证制度，以居住证为新的载体，融居住登记和就业、社保、租房、教育、计生等多种服务管理功能于一体，并根据各地实际情况逐步提高“含金量”，从制度上逐步解决暂不具备落户条件的流动人口在劳动报酬、子女就学、社会保障、技能培训、公共卫生、住房租购、职业安全卫生等方面存在的突出问题。同时，打通逐步、有序解决落户问题的阶梯式政策通道，为长期在城镇工作生活、办理居住证并在当地连续居住、参加社会保险达到一定年限的流动人口落户提供制度保障。按照国务院要求，目前公安部正积极会同有关部门研究制定居住证管理办法。

（三）全面清理地方出台的政策措施，坚决纠正侵害流动人口切身利益的问题

国家基本户籍制度是中央事权，各地政策必须服从中央统一的大政策。公安机关应当积极会同有关部门，对本地已出台的有关户籍管理制度改革意见进行全面清理，凡与国务院办公厅通知精神不一致的，要提请政府立即停止执行，不得各行其是、有禁不止，确保国家政策的权威和统一。对造成流动人口学习、工作、生活不便的有关政策措施，该修改的要抓紧修改，该废止的要坚决废止。要继续合理控制直辖市、副省级市和其他大城市人口规模，进一步完善并落实好现行城市落户政策。工作中，要注意尊重农民在进城和留乡问题上的自主选择权，依法保障农民的土地权益。对农村人口已落户城镇的，要积极会同有关部门落实相关政策，保证其享有与当地城镇居民同等权益。要特别注意做好新老政策的衔接，防止引发不稳定问题。

课题组成员：刘绍武　黄双全　陈　浩　薛广彬　于　征

报告执笔人：陈　浩　薛广彬

关于加强农民工劳动权益保护问题的研究报告

司法部课题组

国务院农民工工作联席会议《中国农民工发展研究工作方案》下发后，司法部高度重视，认真落实有关工作部署，成立专门调研组分赴福建、云南等地进行实地调研，并委托广东、江苏、安徽、重庆等省进行调研，深入研究农民工法制宣传、法律服务、法律援助和人民调解工作情况，研究提出了当前和今后一个时期司法行政系统服务加强农民工劳动权益保护的政策措施。

一、司法行政系统农民工劳动权益保护工作成效明显

近年来，各级司法行政机关坚持围绕中心、服务大局，坚持以人为本、服务为民，认真贯彻《国务院关于解决农民工问题的若干意见》，按照司法部的统一部署，着眼于充分发挥司法行政工作在加强农民工劳动权益保护中的职能作用，采取有效措施，加大工作力度，认真开展农民工法制宣传、法律服务、法律援助和人民调解工作，取得了明显成效。

农民工法制宣传教育工作效果显著。司法部、全国普法办在“五五”普法和“六五”普法规划中都把农民作为重点对象，大力加强农民工法制宣传教育。一是认真部署做好农民工法制宣传教育。每年通过印发《全国普法依法治理工作要点》，对农民工法制宣传教育工作作出安排，指导各地尤其是农民工输出和输入大省开展农民工法制宣传教育。各地通过制订农民工法制宣传教育工作方案、成立农民工法制宣传教育协调领导小组，落实责任制和定期考核制度，加强监督指导，确保农民工法制宣传教育顺利进行。二是建立完善农民工法制宣传教育工作制度。司法部联合农业部等部门印发了《关于加强农民法制宣传教育工作的意见》，对农民工法制宣传教育提出明确要求。各地结合实际，认真贯彻落实。部分农民工输出输入大省还制定了关于加强农民工法制培训制度，出台《法制宣传教育条例》等法律文件，使农民工法制宣传教育工作进一步规范化、制度化。三是普法宣传活动富有成效。各地积极创新载体，丰富形式，教育、引导农民工自觉学法、守法、用法，依法理性维护自身合法权益。积极利用各类法制宣传教育基地、园地等开展

农民工普法，通过集中讲课、法律知识竞赛、印发宣传资料等开展普法，融普法于文艺演出、法制夜市、巡回展览、执法活动、技能培训等过程，采取农民工喜闻乐见、通俗易懂的方式进行法制宣传教育，切实提高了农民工的法律意识。

农民工法律服务工作扎实推进。各级司法行政机关积极组织引导法律服务机构和人员开展农民工法律服务工作，接受农民工委托，代理其参加诉讼、劳动争议调解、仲裁、与用人单位进行协商等活动，取得了积极进展。一是积极为农民工提供法律服务。一些地方组织律师事务所就劳动合同、劳动报酬、劳动争议、社会保险等方面的法律问题开展义务法律咨询；对农民工合法权益受到侵害，特别是与日常生活关系紧密的，如劳动保障、生命健康等权益受到侵害的，积极主动为其提供法律服务或法律帮助。积极参与建设领域工资拖欠纠纷诉讼、非诉讼协商、调解活动，为解决建设领域职工工资拖欠问题提供及时有效的法律服务。二是发挥公证在农民工权益保护中的作用。各地公证机构和公证员认真办理劳务合同公证，积极运用公证法律手段规范劳动合同关系，提高劳务合同的履约率，保证农民工工资得以及时足额兑现。积极探索引入强制执行公证，对劳资双方达成的偿还欠款及兑现农民工工资的协议赋予强制执行效力，如到期不能按协议约定履行兑现工资义务，农民工可以向有管辖权的人民法院申请强制执行而无需经过诉讼程序，为解决拖欠农民工工资问题开辟了便捷、有效的非诉法律途径。三是畅通农民工法律服务渠道。鼓励支持有条件的法律服务机构设立农民工法律咨询热线，免费解答农民工的法律问题；通过电视、报刊、杂志、网络等媒体公示法律服务机构、人员执业信息，并印制名录在农民工密集地区、企业免费发放，便于农民工遇到困难时及时获取法律帮助。

农民工法律援助工作卓有成效。各地法律援助机构将农民工作为重点援助对象，为其提供专业化服务，依法帮助其解决自身权益保护问题。一是农民工维权网络进一步健全。各地依托基层司法所设立法律援助工作站，一些地方在工会、建设部门和劳动保障等部门设立法律援助工作站，在法院、劳动仲裁机构、外来务工人员集中地区建立了法律援助便民服务窗口，有的还在行政村、农民工工作和生活集聚地等设立了法律援助联系点、咨询点。截至2010年底，各地法律援助机构共设立法律援助工作站6万余个，极大地方便了农民工就近申请法律援助。二是农民工法律援助门槛进一步降低。各地普遍将法律援助经济困难标准放宽至最低生活保障标准的1.5～2倍，把劳动就业及权益保障、土地承包、征地拆迁等与农民工紧密相关的民生事项纳入补充事项范围，农民工法律援助覆盖面进一步扩大。三是农民工法律援助专项维权活动蓬勃开展。各地法律服务机构和人员组建“农民工法律援助律师志愿团”，开展“农民工讨薪”专项活动，积极为农民工提供法律援助。海南省于2007年成立农民工维权委员会，浙江省连续3年开展“农民工讨薪专项行动”、“法律援助百万农民工维权行动”等专项行动。四是农民工法律援助质量和效率进一步提高。加强了对办理农民工案件的法律援助人员的专业培训，指派擅长办理劳动纠纷案件的律师办理重大疑难案件，确保农民工法律援助案件质量。在办理农民工法律援助案件中，贯彻调解优先原则，对于工伤赔偿、道路交通事故损害赔偿等案件，根据当事人意愿尽量采取调解方式结案，切实维护农民工权益。五是农民工异地协作机制进一步建立健全。北京、上海、天津、重庆等36个城市共同制定并签署了《全国城际间农民工法律援助工作协作郑州协议》，广东牵头成立了泛珠三角地区10省市的《省际农民工法律援助合作协议》，江苏、浙江、上海建立长三角地区法律援助交流协作机制，河北、湖北等省出台有关法律援助事项异地协作办法，方便了农民工异地维权。据统计，2010年全国共为农民工提供法律援助27万余人次，有力地维护了农民工合法权益。

农民工纠纷人民调解工作力度不断加大。各地根据新时期人民内部矛盾的新特点，以维护农民工合法权益为出发点，以做好农民工工作为着力点，不断提升化解社会矛盾水平。一是加强农民工人民调解组织建设和队伍建设。积极推动在建筑工地、劳动密集型企业、集贸市场、商品集散地等农民工比较集中地区和行业建立人民调解组织和人民调解员队伍，把人民调解工作延伸到涉及农民工纠纷的各个领域。目前，全国共建立企业劳动争议人民调解委员会6.8万余个，行业性、专业性人民调委会3.1万个，人民调解员近60多万人。二是加强矛盾纠纷调处工作。深入贯彻《农村土地承包经营纠纷调解仲裁法》，充分发挥乡镇、村人民调解委员会网络健全、贴近群众优势，及时化解农村土地、山林等承包经营过程中出现的矛盾纠纷，协助相关部门做好土地权属确认、划界和承包经营权流转管理工作，及时化解因农民工离乡外出引发的土地承包经营权纠纷，维护农民工承包经营权益。三是加强矛盾纠纷排查工作。坚持“抓早、抓小、抓苗头”，重点加强对农民工输出大省和农民工较为集中的大中城市、沿海发达地区以及民营企业、合资企业、外资企业当中涉及农民工矛盾纠纷的排查预防工作。同时，对于因经济形势变化、企业经营亏损等引发的职工下岗、失业纠纷，农民工离城返乡后的家庭土地承包经营纠纷以及农民工外出务工后的婚姻、家庭纠纷等，指导人民调解组织予以特别关注，做到优先调解、妥善处置、案结事了。2010年共调解劳动争议纠纷近94万件，调解成功率达96%以上，有效维护了农民工合法权益。

在看到司法行政系统农民工工作取得显著成绩的同时，也要看到随着民主法制建设的不断深入，农民工依法维权意识不断增强，司法行政系统农民工权益保护工作与农民工日益增长的权益保障需求之间还存在较大差距，突出表现为：一是农民工普法形式和内容不完全适应需求，农民工数量多，人员结构复杂，流动性强，分布零散，普法教育时间难以安排，普法工作难以统一协调，农民工普法经费保障尤其是西部贫困地区普法经费难以落实。二是事前预防和减少侵害农民工劳动权益和其他合法权益的法律服务工作，特别是协助用工企业建章立制，规范劳动合同的法律服务需要进一步改进。三是农民工法律援助知晓率偏低，不知道能通过法律援助途径解决生产、生活中碰到的法律问题，维护自身合法权益。四是法律服务机构和人员处理农民工劳动权益保护法律问题的能力需要进一步提高，相关法律知识和实务技能培训有待进一步加强。对于以上问题，必须在准确把握新形势下农民工权益保护特点和规律的基础上，结合司法行政工作实际，深入进行研究，不断完善相关政策措施，推动农民工劳动权益保护工作取得新进展。

二、司法行政系统农民工劳动权益保护工作目标措施

近年来，各地认真落实国家在保障农民工权益和改善农民工就业环境等方面的政策措施，认识不断深化、制度不断完善、服务不断拓展。同时要看到，由于多方面原因，侵害农民工基本权益的现象依然大量存在，农民工面临的问题仍然十分突出。特别是在农民工劳动权益保护方面，农民工工资普遍偏低，一些地方和行业仍然存在欠薪现象；农民工劳动合同签订率不高，农民工工伤事故多发。与此同时，加强和创新社会管理，特别是保证和改善农民工就业、社会保障等民生问题，也对农民工权益保护工作提出了新的要求。

司法行政系统在农民工劳动权益保护方面具有独特优势，发挥着重要作用，中长期的目标任务是：以邓小平理论和“三个代表”重要思想为指导，深入贯彻落实科学发展观，紧紧围绕加强和改进农民工权益保护工作这一主线，把农民工工作作为服务保障和改善民生的优先领域，把农民工劳动权益保护作为维护群众合法权益的重点任务，加强薄弱环节建设，不断深化改革

发展，进一步拓展服务领域，创新服务方式，提高服务水平，充分发挥司法行政工作在推动解决农民工问题中的职能作用，促进从源头上解决农民工劳动权益保护问题，切实维护农民工合法权益。当前，司法行政系统农民工劳动权益保护工作的重点是：进一步增强提供能力，满足农民工日益增长的法律需求；进一步提高服务质量，为农民工提供更加优质高效的服务；进一步加大经费投入力度，提高农民工工作物质保障水平；进一步强化队伍政治业务素质，提升农民工权益保护工作水平。

围绕以上目标任务，针对农民工劳动权益保护方面存在的问题，司法行政系统农民工劳动权益保护工作需着力在以下方面完善相关政策措施。

（一）加大农民工劳动权益保护工作力度

司法行政系统多年的农民工工作实践表明，坚持面向群众，深入实际，把维护农民工权益与促进解决实际问题相结合，不断丰富工作措施，改进工作方法，是增强农民工劳动权益保护工作针对性和实效性的有效途径。充分发挥司法行政工作扎根基层，贴近群众的优势，组织基层法制宣传教育工作者、律师、公证员、基层法律服务工作者等开展有针对性的法制宣传，进一步深化“法律进乡村”、“法律进企业”活动，向农民工和用工企业深入宣传与农民工工作、生活密切相关的法律法规，及时提供法律咨询和服务。畅通农民工法律服务渠道，深入农民工聚集地区设立法律服务联系点、咨询点，鼓励支持有条件的法律服务机构设立法律咨询热线，通过多种形式公开法律服务机构、人员执业信息，便于农民工遇到困难及时获取法律帮助；鼓励和支持律师事务所、公证处对经济确有困难又不符合法律援助条件的农民工，酌情减收或免收服务费用。深化“法律援助便民服务”主题活动，进一步扩大农民工法律援助覆盖面，降低农民工法律援助门槛；加强窗口建设，拓宽申请渠道，推行电话申请、网络申请等多种便民服务方式；指派擅长办理涉及农民工案件的律师办理重大疑难案件，不断提高专业化服务水平。进一步完善涉及农民工纠纷调解组织网络建设，继续推进在建筑工地、劳动密集型企业等农民工比较集中的地区和行业建立专门人民调解组织，扩大人民调解工作覆盖范围。

（二）提高农民工劳动权益保护实效

新形势下，农民工劳动权益保护工作也呈现许多新特点。有效发挥司法行政工作在维护农民工权益保护中的职能作用，首要的任务是要适应形势发展变化，围绕农民工就业、培训、社保等涉及农民工劳动权益的热点难点问题，细化实化工作内容，提高工作专业化、规范化水平，促进从源头上解决农民工权益保护问题。大力加强对农民工用工单位和中介机构管理人员的法制宣传教育，引导企业构建善待员工、互利双赢的和谐劳动关系，从根本上保障农民工合法权益；明确用工单位的法制宣传教育义务，教育引导农民工自觉学法守法用法，增强农民工依法维权意识。引导广大法律服务人员和法律援助工作者重点围绕解决农民工工资拖欠、劳动合同纠纷、工伤赔偿等问题积极提供法律服务和法律援助，坚持“调解优先”原则，积极倡导和推进以调解协商方式化解矛盾纠纷。认真开展涉及农民工纠纷的预防排查化解工作，对影响农民工权益的问题做到早发现、早介入、早解决，努力把涉及农民工纠纷化解在萌芽状态。加大对涉及农民工重大案件办理的指导力度，协助党委、政府和有关部门依法妥善处理和化解涉法涉诉信访问题、群体性纠纷、突发性事件，努力解决当事人的合法合理诉求。加强农民工舆情信息收集、分析和研判，及时发现规律性、倾向性问题，为党委、政府和有关部门制定涉及农民工的政策提供决策参考。

（三）推进农民工劳动权益保护工作制度建设

推进农民工工作机制建设，是对农民工工作成功经验进行科学总结和提炼的具体体现。强化机制建设，注重为做好农民工权益保护各项工作提供制度保障，是司法行政系统农民工工作的经验，有必要进一步推进。积极整合基层管理组织法制宣传和依法治理职能，健全完善由各级普法依法治理部门负责，以乡镇（街道）为中心，以社区为依托，相关职能部门共同参与的农民工法制宣传教育长效机制。大力推广针对劳资双方达成的偿还欠款协议及兑现农民工工资协议的强制执行公证制度，进一步发挥公证工作在维护农民工合法权益方面的职能作用。完善法律援助异地协作机制，规范省际、城际异地协作，方便农民工异地申请获得法律援助。创新涉及农民工纠纷调解的工作机制，探索建立由司法行政机关、劳动保障部门、工会、用工单位和农民工代表共同参与的纠纷调解机制，进一步促进纠纷调解、矛盾化解工作。

（四）加强农民工劳动权益保护工作队伍建设

农民工权益保护工作的成效，一定程度上取决于从事农民工工作的人员素质和能力。因此，提高队伍素质和能力就成为加强农民工工作的一项重点任务。加强农民工普法队伍建设，做好专职普法骨干队伍的培训和经验交流工作，调动兼职普法队伍的积极性，充分发挥普法讲师团、法制新闻队伍、法制文艺队伍、法律志愿者、热心普法公益事业的公民等的积极性，拓展普法工作的广度和深度，提升法制宣传教育的效果。针对农民工案件主要为工资报酬和工伤事故两类，重点加强法律服务人员和法律援助人员办理这两类农民工案件的业务培训，在全国培训一批熟悉农民工法律法规政策和办案技巧的专业人员，提高农民工案件办理水平。完善涉及农民工纠纷调解队伍结构，发展劳动争议人民调解员专业队伍，并根据区域、行业等实际情况，积极在农民工队伍中发展人民调解员，促进农民工实现自我管理、自我服务、自我教育和自我约束。

三、对加强农民工劳动权益保护的有关建议

加强农民工权益保护，对于有效保障农民工经济、政治、文化、社会权益，具有重要意义，促进解决农民工问题具有重要意义。为进一步做好农民工权益保护工作，提出以下建议：

（一）加强农民工信息收集和指导工作

注重对农民工服务信息的收集掌握，更好地了解有法律服务和法律援助需求的重点人群、获取服务的渠道，对服务类型、服务方式、服务质量的要求等，并在此基础上有针对性地加强对农民工权益保护工作的分类指导。做好农民工信息统计和信息报告工作，为加强农民工管理和服务提供准确、及时的信息。建立健全重大案件报告制度、案件指导协调制度、信息沟通制度，及时掌握情况，解决问题。

（二）加强部门联动

建立规范化、制度化的工作协作配合机制，强化与劳动、财政、人事、建设等部门的沟通协调，争取支持和配合，共同研究解决农民工权益保护中的重大问题，在构建农民工劳动权益保护工作的社会化格局中更好地发挥司法行政机关职能作用。

（三）加大宣传工作力度

充分利用电视广播、报纸杂志以及手机网络等信息媒体，加大农民工权益保护工作宣传力度，广泛宣传党和政府推进农民工权益保护工作的政策措施，及时总结推广各地的好经验好做法，大力表彰农民工权益保护工作中涌现出来的先进典型，使社会公众更多地了解支持农民工权益保护工作，努力营造尊重农民工、关爱农民工的社会环境。

（四）注重社会力量参与

社会力量在利用自身资源、为农民工提供专业化服务方面具有优势，在农民工权益保护工作中发挥着重要作用。现有的政策措施在推进社会力量参与农民工权益保护工作方面的效果还不明显，建议逐步建立健全社会力量参

与农民工权益保护的有效机制，通过资金、人才等扶持措施鼓励社会组织的积极性、主动性，充分发挥其在农民工权益保护工作中对政府职能部门的补充作用。

课题组成员：赵大程　肖义舜　杜　春　孙剑英　王　珏
报告执笔人：刘汉银　杨向斌　种若静　闫晋东　刘康喜

关于农民工文化工作调研情况的报告

文化部课题组

2010年9月26日，刘延东同志在新华社国内动态清样第4 109期《月圆夜的喜乐忧愁——京城部分外来务工者中秋假期文化生活扫描》一文上批示："蔡武同志，请文化部对农民工的文化生活做些调研。研究如何加强外来务工人员的精神家园建设。"为落实中央领导同志批示精神，中共文化部党组高度重视，部署在全国范围内开展农民工文化工作调研。从2010年11月份开始，组织各省（区、市）文化厅（局）在当地开展农民工文化生活状况的调研。成立专题调研组，先后深入北京、深圳等典型地区的企业、工地和厂矿进行实地调研。调研组还专门拜访国务院农民工联席会议办公室和中华全国总工会等有关部门，就农民工文化工作进行深入交流，了解具体做法和经验。经过近半年的调查研究，调研组初步掌握了"十一五"时期各地农民工文化工作取得的成效、经验和创新举措，以及当前农民工文化工作面临的新形势和突出问题等基本情况，并结合现阶段我国公共文化服务体系建设的特点，提出了下一步加强农民工文化工作的对策建议。现将具体调研情况报告如下：

一、我国农民工群体的基本情况

农民工是我国改革开放和工业化、城镇化进程中涌现起来的一支新型劳动大军，是我国现代产业工人的主体，为农村发展、城市繁荣和国家现代化建设做出了重大贡献。由于我国特有的城乡二元体制，农民工工作、生活在城市，户籍仍在农村，形成了我国特殊历史时期的一个特殊社会群体。

1. 农民工日益成为城市人口的重要组成部分

根据国家统计局公布的数据，2010年全国农民工总量达2.42亿，其中外出务工人员1.53亿，本地务工人员0.89亿。照此推算，2010年农民工总量约占城镇常住人口总量的1/3。

2. 农民工受教育程度普遍偏低，但总体呈现提升态势

在外出农民工中，没有受过文化教育占1.1%，小学文化程度占10.6%，初中文化程度占64.8%，高中文化程度占13.1%，中专及以上文

化程度占10.4%。尽管总体受教育程度仍然偏低，但总体呈现提升态势。根据国家统计局发布的2009年农民工监测调查报告的结论，外出农民工的文化程度不断提高，高中及以上文化程度比重增加，低年龄组高学历比例要明显高于高年龄组。

3. 农民工就业呈现新特征

在中西部地区务工的农民工比重增长趋势明显。随着东部沿海发达地区产业向中西部地区的转移，农民工向中西部回流态势明显，中西部地区农民工就地就近转移加快，农民工在中西部地区的就业比重呈现上升趋势。2010年在东部地区务工的农民工比重为66.9%，比2008年降低了4.1个百分点；而中部和西部比重分别为16.9%和15.9%，比2008年分别上升了3.7和0.4个百分点。省内务工农民工数量增长较快，跨省外出的农民工比重下降。2010年，在省内务工的外出农民工7 618万人，同比增长了7.4%，占外出务工农民工总数的49.7%；而在省外务工的外出农民工7 717万人，同比只增长了3.7%，占外出农民工总量的50.3%。跨省外出的农民工比重比上年下降0.9个百分点。中小城市务工农民工数量增长较快。据统计，在直辖市和省会城市务工的农民工比例有所下降，从2001年的30%下降到2006年的28%；而在地级市和县级市务工的农民工所占比例上升，从2001年的48.2%上升到2006年的57.0%。农民工就业行业呈现明显的“两升一降”新趋势。农民工绝大部分仍然从事制造业、服务业和建筑业，但在制造业、服务业中的就业比重有所上升，在建筑业中的就业比重有所下降。2004年农民工在制造业、服务业和建筑业的就业比重分别为33.3%、10%和22.9%，2009年则分别为39.1%、11.8%和17.3%，制造业和服务业分别上升了5.8和1.8个百分点，建筑业则下降了5.6个百分点。

4. 农民工收入仍然偏低，但增长较为迅速

2010年，外出农民工月均收入1 690元，而2008年城镇职工月均工资收入就已达到2 436元。2010年外出农民工月均收入比上年增长19.3%，而同期农村居民人均纯收入增长10.9%，城镇居民人均可支配收入增长7.8%。

5. 新生代农民工逐渐成为农民工的主体

新生代农民工是指出生在20世纪80年代以后、年龄在16岁以上，在异地以非农就业为主的农业户籍人口。根据国家统计局的数据，2009年外出新生代农民工数量在8 900万人左右，约占外出农民工总量的61.6%。这表明，新生代农民工已逐渐成为农民工群体的主体。

6. 农民工居住方式仍以聚居为主，但呈现出多样化趋势

外出农民工的住宿以雇主或单位提供住房为主，约占 51.8%。从外出农民工住所类型看，由雇主或单位提供宿舍的占 33.9%，在工地或工棚居住的占 10.3%，在生产经营场所居住的占 7.6%，与人合租住房的占 17.5%，独立租赁住房的占 17.1%，有 9.3%的外出农民工在乡镇以外从业但每天回家居住，仅有 0.8%的外出农民工在务工地自购房。

随着经济社会的发展和进步，农民工在结构、就业、居住和生活等领域发生了新变化，与此相应，农民工的文化权益和文化生活必然也会表现出一些新的特点，农民工文化工作面临着新的挑战。

二、农民工文化生活的现状及特点

由于农民工身份上“亦工亦农、非工非农”的双重性、受教育程度不高、收入水平较低、生存压力偏大等因素，使得农民工这一特殊群体呈现出文化权利意识薄弱、文化自觉程度较低、基本文化需求得不到有效满足、文化消费能力不足、文化生活总体上比较匮乏等特点，主要表现在以下几个方面：

（一）农民工群体缺乏身份认同，归属感弱，文化自觉程度低

在现行统计的城镇人口中，约有 1.5 亿农民工及其家属虽然常住城镇，但在公共服务等方面还没有完全享受与城镇居民相同的待遇。农民工群体渴望得到城市居民的承认和接纳，现实的身份又使他们难以真正融入城市生活，甚至会自觉不自觉地回避与城里人交往，形成自我隔离的状况，对城市缺乏归属感。由于缺乏身份认同、流动性大、归属感弱，农民工群体的自我认定和自我评价普遍较低，缺乏尊严感，造成文化意识的缺失，难以形成文化自觉。

（二）农民工群体社会交往具有封闭性，文化交流和融合能力低

在职业上，绝大部分外出农民工（约 81.9%）从事建筑业、服务业和制造业，工作环境相对封闭，同事也基本上都是外来农民工。在生活上，大多数农民工居住在工地、厂区或城乡结合部，较少居住在城市社区，在物理空间上与城市居民相对隔离，很少有机会参与城市社区文化活动和使用城市社区文化设施。与城市居民相比，农民工群体在文化素质、受教育程度、职业技能和社会交往等方面都处于劣势，与城市居民之间存在“心理鸿沟”，缺乏文化交流的基础。因此，农民工群体在城市的生活和交往具有很强的地缘性和封闭性，交往对象基本上局限于老乡、朋友、亲戚和同事等，难以实现

与城市居民在文化上的有效交流和融合。

（三）农民工群体基本文化需求满足程度低、文化消费能力弱，文化生活总体匮乏

文化需求超越于生存和安全需要之上。目前，对于绝大多数农民工而言，打工赚钱、养家糊口、维持生存仍然是最根本的需求。绝大多数农民工在城市从事着脏、险、苦、累的体力劳动，工作时间长、工作强度大、劳动报酬低和社会保障不健全，从经济上、精力上和体力上抑制了他们的基本文化需求和文化消费意愿。调查显示，农民工在文化方面的开支非常小，高达31.4%的农民工没有任何文化消费。在有文化消费的农民工中，每月文化消费不足10元的占29.7%，50元以下的占22.7%，即每月文化消费不足50元（含零消费）的占83.8%。农民工打工之余的主要活动是睡觉（35%）、看电视（34%）和聊天（25%），此外还有15.1%的人读书看报，15.1%的人将闲暇时间花费在打牌或打麻将上，11.7%的人听收音机，9.1%的人选择上网，而看电影、看录像和上歌厅的人所占比重分别为5.3%、3.9%和2.8%。调查表明，农民工群体不仅渴望在文化上被“组织”，希望企业出面组织看电影、看戏，组织一些集体性的文化活动，而且也有强烈的发展型文化需求，渴望企业为他们提供技术培训、计算机和图书报纸。然而，即使是这些最基本的文化活动形式，目前也没有得到很好的满足。调查表明，仍有相当一部分企业没有提供任何文化娱乐服务，即使提供也过于单一、贫乏，不能满足农民工的基本需求。

（四）新生代农民工在文化需求上呈现出新特点、新要求

与父辈相比，新生代农民工文化素质相对较高，但吃苦精神和忍耐能力相对偏低；户籍仍在农村，但基本没有农业生产经验；对城市社会的认同感较高，希望获得尊重和认可，渴望真正融入城市主流社会，但又缺乏融入城市的能力。他们的追求开始从物质层面向精神层面拓展：由单纯谋生向追求归宿感延伸；由忍耐坚持向追求权益平等延伸；由承担家庭经济责任向实现自我价值延伸。他们对文化的需求也从简单的娱乐消遣型向素质提升型转变，从被动旁观型向积极参与型转变，不再满足于现有单调的文化形式，呈现出了更高的文化期望和更强的文化消费潜力。这些特点使得新生代农民工更加注重自我，更加注重维护自身权益。但是，文化素质、受教育程度、法律观念等方面的不足使得他们难以运用恰当的方式表达和维权，如果不加以正确引导，将增加社会管理难度，给社会稳定带来隐患。全国总工会的研究表明，新生代农民工期望通过参加诸如罢工、游行、示威、静坐、集体上访

等方式维权的人数比例高达51%。

农民工参与文化生活，可以在精神层面增强对城市生活的认同感和归属感，激励他们自强不息、奋发进取，以自信、乐观的心态迎接城市新生活。特别是伴随着新生代逐渐成为农民工的主体，解决农民工的文化生活问题显得更加迫切。如果农民工文化需求得不到满足，文化权益得不到保障，必将对农民工家庭幸福及其个人发展乃至我国政治文明、社会稳定、经济可持续发展产生负面影响。关注农民工文化生活，加强农民工精神家园建设，发挥文化缓解压力、抚慰心灵、激励斗志、凝聚力量、促进和谐等方面的独特功能，对于促进农民工的城市融入，增强归属感、尊严感和幸福感，激发上进心具有重要的作用。

三、农民工文化工作的特点及问题

“十一五”期间，随着我国公共文化服务体系建设的有序推进，各地文化行政部门把农民工文化工作作为公共文化服务体系的重点工作之一，采取多种措施切实加强对农民工文化权益的保障，使农民工文化工作呈现出不断完善、整体推进的良好态势。

（一）中央及地方各级政府日益重视农民工文化工作

党的十七大报告明确指出：“要把坚持发展公益性文化事业作为保障人民基本文化权益的主要途径，重视城乡、区域文化协调发展，着力丰富农村、偏远地区、进城务工人员的精神文化生活”。国务院《关于解决农民工问题的若干意见》（国发［2006］5号）专门强调要“完善社区公共服务和文化设施，城市公共文化设施要向农民工开放，有条件的企业要设立农民工活动场所，开展多种形式的业余文化活动，丰富农民工的精神生活”。文化部印发《文化部办公厅关于贯彻落实〈国务院关于解决农民工问题的若干意见〉的通知》（办社图函［2006］388号），强调要充分认识做好农民工文化工作的重要性，把活跃和繁荣农民工的文化生活纳入小康文化建设的总体目标，纳入政府文化行政部门服务和管理的基本范畴，纳入文化工作者责任和义务的基本范畴。地方各级政府也紧紧围绕保障农民工文化权益做了大量有益探索。如深圳市制定了《关于进一步健全公共文化服务体系的实施方案》，努力实现“常住人口与暂住人口公共文化服务的协调发展”，建成一个农民工能够自由享受的“结构合理、发展均衡、网络健全、产品丰富、营运高效、服务优质”的公共文化服务体系，为农民工提供优质高效的文化服务。上海市制定出台了《关于深入推进“文化进工地”活动　丰富农民工精神文化生活的意见》，对各区县和有关单位开展农民工文化生活提出了明确要求。

（二）发挥公益性文化机构作用，不断推动公共文化设施的免费开放，增强了对农民工公共文化服务的覆盖程度

近年来，各地认真贯彻中央精神，采取多种措施，加大了面向农民工的公共文化服务。覆盖城乡的公共文化服务网络正在逐步形成，特别是城镇街道、社区图书馆（室）和文化馆（站）等基层文化设施的不断完善，为农民工就近、便捷地享受公共文化服务提供了有力的阵地保障。各级图书馆、文化馆、博物馆等公益性文化机构都把面向农民工的服务列为工作重点，不断加大了免费开放力度，为农民工提供图书阅览、文化娱乐和职业培训等服务。“十一五”时期，在经济发达地区，农民工不仅可以免费进入图书馆、美术馆、博物馆进行阅读、观看展览，而且可以进入群艺馆、文化馆（站）参加群众文化活动和艺术培训。随着《文化部、财政部关于推进全国美术馆、公共图书馆、文化馆（站）免费开放工作的意见》的出台，2012年年底前我国各级美术馆将全部向公众免费开放，各级图书馆、文化馆（站）的基本公共文化服务项目也将全部免费向公众提供，农民工的基本文化权益将得到更加坚实的保障。

（三）创新服务方式，丰富服务内容，为农民工提供有针对性的文化服务

近年来，各地文化行政部门运用流动文化阵地和数字文化阵地，广泛开展送图书、送电影、送演出、送讲座到企业、进工地等多种形式的文化服务，为广大农民工提供了更加便利、更加贴心的文化服务。深圳市在农民工集中的社区或工业区建农民工图书馆，根据工业区行业性质配备相应的图书，并根据农民工工作时间特点，将图书馆服务时间延长至晚上10点。依托全国文化信息资源共享工程的资源优势和技术优势，为农民工提供网上阅读、影视播放、知识讲座、信息查询、技能培训等文化服务，帮助农民工提升文化素质，增强就业本领。上海市结合世博契机，启动了“迎世博上海农民工基本素质教育培训工程”，依托东方社区信息苑文化服务平台成立公益性网络学校，为农民工提供免费培训和服务，一年内共培训农民工200余万人。举办农民工艺术节等各种形式的文化活动，大大丰富了广大农民工的文化生活。四川省开展的坝坝电影、坝坝戏、小型文艺演出等形式多样、内容丰富的农民工文化活动及北京市组织的“北京外来工歌手大赛”和“首都情”——朝阳区民工流动电影放映活动都深受农民工的欢迎，调动了他们参与文化活动的热情。

（四）关怀农民工子女，开展面向农民工子女的文化服务

根据国家统计局的数据，2010年举家外出农民工3 071万人，约占外出农民工总数的20%。农民工举家进城，一个重要的原因就是为了让子女接受更好的文化教育，以便将来更好地融入城市。但是受户籍制度制约，随流子女难以享受与城市儿童同等的文化教育。为了帮助农民工子女接受更好的文化教育，许多地方文化机构开展了面向农民工子女的免费文化艺术服务，使农民工子女也能够享受和利用当地丰富的文化资源。如广州、中山等市文化馆举办的“少儿爱心艺术培训班”，贫困农民工家庭、单亲农民工家庭子女可获优先录取；佛山市举办的“寻梦佛山”外来务工子女艺术和阅读夏令营，专门针对外来务工子女开展文化活动；辽宁省群众艺术馆在沈阳市和平区砂山四校农民工子弟小学建立了文化艺术活动基地，为农民工子女开设了合唱班、儿童画班、舞蹈班等兴趣班，为学生免费进行艺术辅导，无须学校和学生承担任何费用。

（五）加大对农民工文化团体的扶持力度，培育农民工的文化主体意识

近年来，各地文化行政部门鼓励组建民营文艺表演团队，吸纳有专长的农民工加入，使之成为农民工开展文艺活动的新载体。苏州市昆山开发区职工艺术团就是一支由80多名“新昆山人”组成的文艺团队，一直以来活跃在昆山的企业、街道、社区等大大小小的舞台。完善扶持奖励机制，加大对农民工文艺创作的扶持力度。东莞市自2004年起，设立了共计500万元的文学艺术创作和文学艺术奖励专项资金，制定了《东莞市文学艺术创作和文学艺术奖励专项资金使用管理办法》，让以农民工为主的所有“新莞人”与本地作者享有同等的受扶持、奖励的权利。积极培育农民工文化品牌项目，用先进文化占领农民工文化活动阵地，坚决抵制黄色、低俗、唯利是图的不良文化。上海市依托中国上海国际艺术节群众文化活动平台，积极打造培育了“新上海人歌手大赛”品牌活动，为包括农民工在内的各类“新上海人”搭建才艺展示的舞台；深圳市“外来青工文化节”针对广大外来青工的生活、工作和文化需求，设置了外来青工创业发展论坛、家政服务技能展示、外来青工征文、硬笔书法、摄影、才艺、歌手和原创歌曲征集大赛等10个全市性的活动项目，培育广大外来青工对深圳的家园意识。

（六）鼓励社会参与，努力创造全社会共同关心农民工文化生活的良好氛围

近年来，各地积极鼓励用工企业、社会组织参与农民工文化工作，采用

政企共建、购买服务、委托承办等方式为农民工提供文化服务。北京的“工友之家”、杭州的“草根之家”等社会组织，以外来打工者为服务对象，多次组织公益性大型文化活动，在农民工中产生了广泛的影响力，深受农民工欢迎。深圳市还积极探索与用工企业共建图书室、计算机活动室等文化设施，为农民工就近使用文化设施、参与文化活动提供了便利。许多企业也逐渐把丰富农民工文化生活作为提升职工素质、健全企业文化、增强企业凝聚力的重要手段。北京市建工集团在工地开设“职工夜校”，配套建设图书室、文化活动室等设施，为农民工提供素质培训、专题讲座、文化娱乐活动；京煤集团在矿区配套建设图书室、电子阅览室、职工文体活动中心等设施，丰富了矿工尤其是外来农民工的业余文化生活。

目前农民工文化工作存在的主要问题有：

1. 体制不顺，农民工的基本文化权益缺乏制度化保障

我国长期实行的以户籍制度为基础的城乡二元制度体系是导致农民工文化生活贫乏、文化权益得不到保障的制度性根源。城市户籍作为享受城市公共服务的重要凭证，使农民工在文化、教育等基本公共服务领域无法享受与城市居民完全平等的待遇。其次，农民工就业稳定性差、流动性大、可替代性强，在劳动关系中处于弱势地位，只能被动接受低廉的劳动报酬、超常的工作强度、缺失的劳动保护等，农民工文化权益缺乏时间、精力和经济上的保障。

2. 重视不够，农民工文化工作尚未形成常态化机制

各级政府、文化行政部门，以及企业、社区等对农民工的文化工作尚未给予足够重视，没有真正把农民工文化工作作为一项需要长抓不懈的系统工作来进行整体规划，一些工作往往带有应景、随机的色彩。农民工用工单位大多对农民工文化生活重视不足，没有把农民工精神文化需求纳入企业文化建设的范畴统筹考虑，不能满足农民工的文化需求。作为城市最基层的组织，社区对辖区内农民工文化生活关注程度不够，农民工参加社区文化活动积极性不高。

3. 责任不清，农民工文化工作缺乏有效统筹

随着农民工问题的日益凸显，各级政府、文化行政部门、妇联、共青团、工会及社区、企事业单位、民间组织等各种社会力量均参与和组织了一些农民工文化工作，但是，各部门在农民工文化工作方面的角色定位及职责任务不明晰，农民工文化工作缺乏统筹协作，尚未形成分工负责、齐抓共管、行之有效的工作机制，难以形成合力。

4. 保障不力，人、财、物投入亟待加强

“十一五”以来，各地公共文化服务投入虽然持续增加，但没有将辖区内农民工文化工作经费纳入预算统筹考虑，所开展的农民工文化活动大多是按照“一事一议”的方式专门拨款，农民工文化工作缺乏持续、稳定的经费保障。现有公共文化设施基本按行政区划和户籍人口来配置，造成部分外来人口密集的街道或社区设施负荷过大。此外，基层文化队伍建设仍然十分薄弱，各类人才严重匮乏，不能满足农民工和广大群众的文化需求。

5. 针对性不强，现有文化服务尚不能满足农民工特有的文化需求

当前，由于对农民工文化需求的了解不够深入和全面，农民工文化工作仍然带有一定的主观倾向，一方面针对农民工群体开展的文化活动总量不够；另一方面，很多活动内容和形式单一，尚不能满足农民工群体特别是新生代农民工特有的文化需求。部分面向农民工的文化服务仍以单向的“送文化”模式为主，农民工的文化参与明显不足。

6. 宣传不到位，农民工对公共文化服务的普惠特性认知不足

尽管目前各地已经规定城市公共文化设施如图书馆、文化馆、博物馆等要向包括农民工在内的所有公众开放，但由于宣传力度不够，农民工对于已经开展的面向自身的文化服务了解不够，依然存在“心理门槛”，很少主动享受这些公共文化服务。此外，社区文化在农民工群体中的知晓率也不高，大部分农民工对社区内推出的免费公益性电影、文化演出、培训讲座等信息不太了解，对社区公益性文化活动的普惠特性认知不足。

四、进一步加强农民工文化工作的建议

农民工是我国现代化建设的重要参与者和贡献者。随着各界对农民工问题的普遍关注，国家在保障农民工的经济权益和法律权益方面做了很多工作，在促进农民工的“社会融入”方面起到了明显效果。但是，大量农民工缺少精神生活、缺乏精神慰藉的问题也日益凸现，在城市生活中难以实现“心理融入”。文化是农民工融入城市生活的桥梁。加强农民工文化工作，建设农民工精神家园，使农民工享有与城市居民同等的文化权益，是提升农民工文化素质、保障农民工合法权益、实现农民工城市融入的必然要求，对于统筹城乡发展、维护社会公平正义、保持社会和谐稳定具有重要意义。

加强农民工文化工作，必须把农民工文化工作切实纳入公共文化服务体系，建立科学、长效、良性的工作机制，逐步形成“政府主导、企业共建、社会参与”的农民工文化工作机制，健全相关配套政策和制度，推动农民工

文化工作的规范化、制度化和常态化。

（一）提高认识，明确责任，切实将农民工文化服务纳入常住地公共文化服务体系

1. 提高对农民工文化工作的重视程度

各级党委、政府在关心农民工经济利益的同时，要关注农民工的精神文化生活。要从构建社会主义和谐社会的高度，提高对农民工文化工作的重视程度，各级党委、政府要切实将农民工文化建设纳入工作范畴。各级文化行政部门要将农民工文化工作纳入工作重点和考核体系。

2. 明确常住地政府的主体责任

常住地政府是保障农民工文化权益、满足农民工文化需求的责任主体。要切实将农民工文化工作纳入常住地公共文化服务体系，将农民工作为公共文化服务体系的重要服务对象。公共文化设施布局、建设、资源配置和服务要以常住人口为主要依据，使农民工能够享受与城市居民同等的公共文化服务，从根本上消除农民工在城市生活中的“文化隔离”现象。

3. 加强农民工文化工作的统筹协调力度

各级党委、政府要加强对农民工文化工作的统筹协调，加大沟通协商和资源整合力度，形成合力，提高政府面向农民工的文化服务能力和效率。建议成立农民工文化专项工作指导机构；整合现有资源，形成综合性的农民工文化服务工程，统筹解决农民工读书看报、看电视电影、上网、观看演出及参加文化活动等基本文化权益的保障问题。

（二）逐步形成“政府主导、企业共建、社会参与”的农民工文化工作机制

农民工文化工作必须由政府主导，同时也必须充分调动用工企业和社会力量的积极参与，形成有机协调、多元互补的农民工文化服务机制，形成全社会共同关心支持农民工文化工作的良好局面。

1. 发挥公益性文化单位的骨干作用

各级各类公益性文化单位应结合工作职责，围绕为农民工提供公共文化服务，保障农民工享有基本文化权益，充分发挥公益性文化单位在社会教育、信息服务和人才培训等方面的优势，以及在提高农民工思想道德水平和科学文化素质方面的骨干作用。继续加大公共文化场馆免费开放的力度，为广大农民工提供内容健康、形式多样、符合农民工文化需求特点的文化服务。进一步规范和提高公益性文化单位农民工文化服务的质量和水平，将农民工文化服务量化指标列入公共图书馆、文化馆评估定级标准。

2. 鼓励和引导用工企业开展农民工文化服务

各地政府应充分调动用工企业参与农民工文化工作的积极性，抓紧研究与用工企业共建农民工文化服务体系的长效机制，加强对企业农民工文化工作的指导，鼓励企业将农民工文化生活纳入企业文化建设范畴。要采用财政补贴、税收减免等政策，在大型制造企业、工矿区配套建设固定文化设施，在建筑工地等农民工临时性聚居区配置临时性文化设施或提供流动服务，确保农民工文化生活的常态化。企业内要建立健全党团、工会、妇女组织，强化农民工的自身组织能力，提高农民工文化参与的组织化程度。

3. 吸引社会力量参与农民工文化建设

加强政策研究，制定相应的优惠政策，鼓励、调动社会力量参与农民工文化建设，使之成为政府公共文化服务的有益补充。采取有效措施，激励和引导文化经营单位和文艺工作者为农民工提供免费或优惠的文化产品和服务；鼓励和引导各种民间公益性组织以各种形式参与到农民工文化工作中来；鼓励发展面向农民工的“文化志愿者”队伍，为农民工提供志愿服务。

（三）以城市社区为主要载体，通过文化交流促进农民工融入城市生活

构建以社区公共文化设施为依托的农民工文化服务平台，举办各种文化活动，激发农民工的热情和兴趣，提升农民工的文化参与能力，促进农民工与本地居民的交往，使农民工逐步融入城市生活。

1. 社区文化设施建设规划要充分考虑农民工文化需求

社区文化设施建设要以常住人口为主要依据，充分考虑辖区内农民工的规模、特点和文化需求，设置既适合本地居民又能满足农民工的公共文化设施，优化社区文化环境。

2. 提高农民工的文化参与能力

完善社区文化设施管理制度，积极引导农民工利用社区文化设施，保证农民工与社区居民具有同等分享这些文化设施的机会与权利。针对农民工文化程度相对较低、社会参与力相对较弱的特点，借助社区公共文化场所，对农民工开展文化知识、法律知识、时事政策、劳动技能等内容的培训，切实提高农民工社区文化活动的参与能力。

3. 促进城市居民和农民工的文化交流

有针对性地举办各种文化活动，促进农民工与本地居民的交往，消除城市社区居民与农民工之间的隔阂，改变农民工文化交往圈的封闭性，让农民工逐步融入到社区文化生活中。

（四）建立以需求为导向的文化服务产品供给机制

1. 加强农民工文化需求调查，提高农民工文化工作的针对性和有效性

各级文化行政部门，要深入开展针对农民工的文化需求调查，分析农民工文化需求特点和文化消费规律，积极探索适合农民工的文化活动形式，为农民工提供健康有益的文化产品和服务。

2. 尊重农民工群体文化需求的特性，有针对性地提供公共文化服务

在实现均等普惠的公共服务基础上，针对农民工不同性别、不同年龄、不同职业特点，根据实际需要，因地制宜、分类指导，逐步提供多样化服务。特别是要重视新生代农民工的精神文化需求，加强对他们的价值观念塑造以及人文关怀、心理疏导和精神抚慰，引导他们按照现代城市文明要求规范自身行为，提高他们的文化素质、耐挫能力和融入能力。

3. 鼓励、扶持农民工文化团体，引导农民工自发开展健康的文化活动

充分尊重农民工的文化主体地位，用“种文化”的方式培育农民工文化艺术组织和农民工文艺骨干，扶持农民工用工单位自办文艺表演团体，鼓励农民工自编自演、自娱自乐，倡导健康文明的生活方式和社会风尚。

4. 加强引导，促进交流，提升农民工文化工作水平

积极引导和鼓励广大基层文艺工作者和文化团体深入农民工生活，组织创作和生产农民工喜闻乐见的文艺作品；组织和鼓励文化团体深入工地、厂房为农民工慰问演出；经常性地组织和举办既有思想性、知识性，又有趣味性和娱乐性的文化活动，推动和促进健康娱乐方式在农民工群体中的普及，丰富广大农民工的精神文化生活。文化部将联合相关部门定期举办导向性和示范性的农民工文化活动、组织农民工文化工作会议等，加强政策引导，促进农民工文化工作经验交流和成果分享。

（五）建立农民工文化工作的经费保障机制

加大农民工文化投入力度，逐步建立以政府投入为主、社会力量积极参与的农民工文化工作经费保障机制。

1. 各级政府在编制公共文化服务经费预算时，要充分考虑辖区内农民工文化工作需要，切实将农民工文化工作日常经费纳入常住地公共文化服务经费统筹考虑。

2. 针对农民工的特殊文化需求，建立农民工文化专项经费，纳入各级政府的财政预算，重点保障农民工专项公共文化服务、特定文化产品购买和政策引导等方面的支出。文化部也将积极向中央财政申请相关专项经费。

3. 加强有关行政主管部门之间的协调，加大相关部门农民工文化活动经

费的统筹、整合力度，提高公共资金的使用效率和效益。

4. 研究制定相关优惠政策，鼓励企业加大农民工文化经费投入，积极引导社会力量对农民工文化活动、文化项目和文化设施等方面的捐赠。

农民工文化工作是一项长期而艰巨的任务。在初步调研的基础上，文化部拟联合相关部门，进一步加强对农民工文化建设中突出矛盾和问题的研究，探寻农民工文化建设的基本规律和解决问题的有效途径。下一步将根据调研结果，对调研报告中具体建议的实施方案进行进一步研究，同时吸纳和借鉴各部门农民工文化工作经验，与中宣部、人力资源社会保障部、中华全国总工会等部门共同研究制定《关于进一步加强农民工文化工作的意见》，逐步建立起农民工文化工作的政策和制度保障体系，推进农民工文化工作科学发展上水平。

课题组成员：于　群　李　宏　李建军　朱　渤　曹　军　刘玉根
华　巍　崔志民　陈国瑞　李国新　杨永恒　冯守仁
陈彬斌
报告执笔人：杨永恒　曹　军

金融支持农民工工作情况调研报告

中国人民银行课题组

农民工是产业工人的新鲜血液，是解决“三农”问题的推动力量，是社会主义现代化建设的重要力量。近年来，人民银行按照党中央、国务院的统一部署，认真履行国务院农民工工作联席会议成员单位职责，积极会同财政部、人力资源社会保障部、银监会等部门采取多种有效措施，认真做好对农民工创业的金融支持工作。

一、近年来农民工金融服务的基本情况

人民银行一直高度重视改进和完善对农民工的金融服务工作，加强与财政部、人力资源社会保障部、银监会等部门的沟通协调，加强宏观信贷政策指导，于2006年出台了《关于改进和加强对农民工金融服务工作的指导意见》（银发［2006］287号），要求金融机构积极探索支持农民工参加职业技能培训的有效措施，对符合条件的参加职业教育培训的农民工或农村适龄青年，提供商业性助学贷款服务；大力支持面向农民工和农村适龄青年的职业教育、技能培训机构改善办学条件和扩大农村招生规模等，支持发展面向农村的职业教育。近年来，人民银行引导部分地方性金融机构根据农民工培训的特点，先后开发出了“农民工职业教育助学贷款”、“农民工创业培训贷款”和“农村贫困劳动力转移培训助学贷款”等金融创新产品，进一步改善了农民工创业和教育等多方面的融资需求。此外，人民银行大力推广农民工银行卡特色服务，截至2010年年末，农民工银行卡发卡机构总数达195家，受理点达7.2万个，农民工银行卡特色服务实现交易3 187万笔，金额377亿元。2010年，农民工银行卡特色服务实现取款交易1 405万笔，金额156亿元，同比分别增长47%和32%。

二、各地金融支持农民工工作的主要做法和成效

（一）创新金融产品，为农民工创业提供融资服务

浙江省完善自主创业小额担保贷款等政策，将农民工纳入小额担保贷款支持范围，支持农民工创业。各金融机构根据农民工的实际情况，积极拓宽

服务领域，创新业务，为农民工排忧解难。为破解农民工“贷款难、担保难”问题，各金融机构积极开展贷款担保创新机制的研究与探索，全面推进支农创新产品的推广力度。如“再生资源应退税质押贷款”、“金土地抵押专项贷款”、“小额创业担保贷款”、“中小企业专项信用贷款”、“排污权抵押贷款”、“新家园贷款”和“农钻通贷款”等。农村合作金融机构积极通过小额农户贷款、农户联保贷款、农村青年创业贷款等贴合农民工实际贷款需求的品种，努力满足于农民工自主创业和返乡创业的信贷支持。人民银行宁波市中心支行还会同有关部门起草了农村住房抵押贷款实施方案和信贷指导意见，在确权、评估、登记、转让等环节上实现了突破，使静态资产得到盘活，破解外出就业和自主创业的农民工贷款抵押难问题，2010 年前三季度累计发放农房抵押贷款 1.45 亿元。

（二）创新服务方式，满足农民工金融服务需求

各地金融机构根据当地实际，因地制宜创新服务方式，支持农民工创业融资。如浙江泰隆商业银行建立“三三制”的服务承诺，即对新客户的贷款申请要求在三天内作出答复，对老客户的贷款申请在三个小时内作出答复；建立“三品三表”制度，即放贷主要考察贷款申请人人品、产品和抵押品以及电表、水表和海关报关表，解决信息不对称问题，方便小企业、农民工贷款。台州银行建立更加便捷的信贷审查方式，遵循“到户调查”和“眼见为实”原则，要求信贷人员必须到借款人的经营场所实地核查其现金、存货，在此基础上自编借款人财务状况简表和调查报告，解决了一些农民工因无法提供资信情况而得不到贷款的难题。

（三）扩大小额担保贷款覆盖面，积极支持农民工返乡创业

作为农民工输出大市，重庆营管部结合重庆市开展统筹城乡综合配套改革的实践，加强与政府部门的联动与合作，积极探索将小额担保贷款政策用于支持农民工自主创业的路径，创新解决统筹城乡发展中农村劳动力转移问题的工作方法。2008 年 1 月，重庆营管部与重庆市就业办等部门联合制定了《关于在部分区县用小额担保贷款政策支持农民工创业就业的试行办法》，将返乡农民工创业就业纳入到小额担保贷款政策支持范围。为积极推动农民工小额担保贷款业务的开展，重庆营管部于 2009 年 4 月召开返乡农民工创业就业小额担保贷款现场工作会，进一步加强了相关金融机构的重视，也促进了政府部门、金融机构、担保机构与农民工的交流与沟通，使全市返乡农民工小额担保贷款进入快速发展阶段。截至 2012 年 5 月末，全市已累计发放返乡农民工小额担保贷款 9.7 亿元，累计支持 1.7 万余位返乡农民实现创业

就业，贷款余额达到6.72亿元。

（四）加强征信体系建设和银行工资保证金账户管理，有效抑制拖欠农民工工资现象

为有效减少拖欠农民工工资现象发生，安徽省马鞍山市从拖欠农民工的重灾区——建筑行业入手，将建筑类企业工资支付信用情况作为诚信评价的重要内容之一，并纳入企业征信管理系统，对存在恶意拖欠工程款和农民工工资的建筑业企业，限制其信贷、融资等业务。同时在市政府制定出台的《马鞍山市政府关于切实做好农民工工作的通知》（马政［2006］70号）和《马鞍山市建设领域农民工工资支付保障与管理办法》文件中，明确规定建设单位在工程开工前，按不低于当年或单项工程应付劳务工资总额的30%，办理工资支付信用担保手续；或按工程造价的2%预提工资支付保障金，存入设立在银行业金融机构的专户上，专项用于垫付拖欠的工资；同时规定开户银行按照与劳动、企业签订的三方协议约定监督管理使用专户资金，确保保障金专项用于支付农民工工资。到目前为止，开户银行管理专户资金，未出现一起违规支取现象，从源头上杜绝了拖欠农民工工资事件的发生。

（五）通过农村青年信用示范户创建工作，为农村青年创业提供有力支持

2011年3月，人民银行六安市中心支行与共青团六安市委决定在农村青年创业比较集中的舒城县开展“农村青年信用示范户”创建试点工作。截至5月末，4家试点金融机构已建立农村青年信用档案1 200余份，推荐农村青年信用示范户50户，确定了35户为舒城县首批农村青年信用示范户，3家合作金融机构与6户示范户青年签订贷款意向协议，共授信50万元；对已建立信用档案的农村青年发放贷款2 046万元，支持200多户农村青年的春茶购销、养猪养鹅、改扩水塘等农业经济活动，有力地支持了农村青年在当地的创业与发展。农村青年信用示范户提高了农村青年的创业热情，增强了农村青年的守信意识。农村青年信用示范户创建试点工作开展以来，很多农村青年到试点支行和农村基层团委咨询政策，主动了解学习征信知识，增强自己的守信意识。试点乡镇农村青年纷纷到当地金融机构归还到期贷款，当地农村青年贷款违约率明显下降。

（六）加强宣传，使金融服务贴近广大农民工

针对农民工金融知识缺乏的情况，人民银行各分支行和各金融机构组织开展了形式多样的宣传活动，深受包括农民工在内的广大人民群众的欢迎，取得良好的社会效果。如人民银行湖州中心支行2011年集中开展以“奉献

他人，提升自己”为主题的关爱农民工志愿服务活动，通过实施农民工温暖关爱志愿服务工程、农民工能力提升志愿服务工程、农民工子女牵手成长志愿服务工程、农民工风采展示志愿服务工程等四项工程，为农民工提供提高就业能力、维护劳动权益、丰富文化生活、保障身心健康、关爱子女学业、提升文明素质等六个方面的志愿服务。

三、金融支持农民工的主要困难和问题

（一）农民工流动性强，贷款缺乏有效抵押品

农民离乡离土务工经商，往往是人和项目都在外地，当地农村金融机构无法掌握其信息而不愿提供贷款；而在异地创业城市，农民工因没有固定户口、住所，经济实力相对较弱，流动性大、收入不稳定，居无定所，缺乏可供抵押担保的资产，难以找到保证人为其贷款提供担保，且征信信息匮乏，居住地金融机构出于风险控制考虑也不愿贷款，致使农民工无法享受常规的信贷服务，给农民工生产、生活带来了不便。

（二）金融服务品种较为单一，难以满足农民工需求

金融机构认为农民工群体支付能力不强，社会信用意识相对淡薄，业务风险较大，对农民工的金融需求重视不够，导致目前农民工享受的金融服务品种往往局限于存款开户、办理储蓄和电子汇兑等几项传统业务，商业银行开设的金融服务新品种、新业务，如金融理财、银行卡业务、消费信贷等农民工很少问津。

（三）农民工集中地金融基础设施薄弱，服务手续费高

许多外来务工人员主要从事制造业，因此活动范围一般集中在经济技术开发区、工业园区等，这些地区相配套的银行网点相对缺乏，而农民工的输出地多为农村甚至是山区，也是金融机构网点铺设较为薄弱的地区，难以满足农民工务工收入到家的实际需求。另外农民工大部分来自外省，资金跨区域汇兑的需求较大，而目前银行异地存取款收费、银行卡工本费和年费等均较高，无疑增加了其资金流动的成本。

（四）金融服务宣传少，农民工金融知识相对匮乏

随着金融服务水平的提高，商业银行各种金融服务宣传使普通群众金融知识水平明显提高，但针对农民工这一特殊群体的金融服务宣传相对较少，而且大多数农民工工作繁重，很难有时间和机会接触金融服务宣传，加上农民工普遍存在流动性强、文化知识水平低、信息不灵、理财意识不强的问题，金融知识相对匮乏，网上银行、电话银行等现代化金融服务手段没有得

到有效推广。

四、加强和改进农民工金融服务的政策建议

（一）继续做好预防和解决拖欠农民工工资的相关工作

引导金融机构加强账户管理，积极配合人力资源社会保障部门做好设立工资保证金专户或在制定账户中预留工资保证金的有关工作，不断完善银行代发农民工工资的业务管理。做好将企业拖欠工资信息录入企业征信系统的工作，与人力资源社会保障部等部门密切联系，获取企业拖欠工资的原因、时间、金额、涉及人数等多方面的信息，并将其录入企业征信系统，为建立拖欠工资企业惩戒制度创造条件。

（二）加快创新符合农民工特点的金融产品和服务方式

在支持农民工创业方面，要采取多种措施，选准重点，提供资金支持，积极引导各银行业金融机构转变观念，充分利用现有的金融产品和服务方式主动为农民工提供优质、高效、便利服务的同时，创新金融业务，适时推出针对农民工特点的相关金融产品。如借鉴现行的农户小额信用贷款、农户联保贷款、小额担保贷款等的成功经验，通过财政贴息、农民工用工单位或担保机构担保等防范信贷风险的方式发放专门针对农民工的小额贷款，满足农民工外出务工、返乡创业和生活方面的资金需求。同时，要加大对返乡创业农民工的支持力度，建立和完善适合回归人员创业特点的评级和授信制度，探索建立市场摊位使用权、矿业权、土地承包权形式等动产及权利抵押、质押贷款。鼓励采取致富带头人担保、村干部担保、农户联保、农业龙头企业为农户担保等保证担保方式，有效破解农民工担保难问题。

（三）完善为农民工金融服务的配套政策环境

人民银行作为中央银行要认真研究农民工金融服务的问题，有针对性地发布涉及农民工金融服务的综合性指导意见，建立专门的农民工金融服务统计监测指标体系，加快个人信用体系建设。同时，建议政府相关部门进一步完善对农民工服务的政策措施，如加强农民工劳动技能培训、完善农民工社会保障制度，借鉴下岗再就业贷款方式为农民工贷款提供财政贴息、担保等，完善为农民工金融服务的政策环境。建议加大政府部门合作，综合运用财税杠杆，定向实行税收减免和费用补贴，引导更多的信贷资金和社会资金投向农民工及相关企业。积极开展公共财政支持下的符合农民工信贷准入条件的小额贷款，建立和完善风险补偿制度，激励金融机构增加对农民工和有利于吸收农民工的中小企业的贷款。

（四）改善农民工金融服务环境

政府和监管部门要继续引导鼓励金融机构在金融服务空白乡设立金融网点并在政策上给予一定的支持。对农村信用合作机构汇路不畅等问题要积极创造条件给予尽早解决。同时，要改善农民工的用卡环境，增强农民工对银行卡的接受程度。合理布设ATM机和POS机，不仅要增加对带银联标识的ATM机、特约商户POS机的设置和配备数量，而且更应该在农村地区增加配备具有银联标识的ATM机、特约商户POS机，从而使银联从城市走向农村，削减因网点不足所产生的木桶效应，增强农民工使用银行卡跨行、异地取款和消费结算的便利性，实现随时、随处刷卡的目标。

（五）加强农民工金融服务宣传

各级人民银行要继续组织开展金融知识进厂下乡活动，大力开展金融知识宣传，提高农民工的金融常识。金融机构应有针对性地采取多种形式向农民工进行金融知识宣传。一是宣传新兴金融业务，如金融理财，使农民工有效地利用剩余资金；二是宣传资金汇兑业务，使他们真正享受到便利、快捷、高效的现代金融服务；三是宣传现代信贷知识，使他们了解办理各种信贷业务需要的手续，及时解决生活工作中的困难。四是宣传信用意识，进一步改善我国农村金融生态环境。

课题组成员：徐　忠　马贱阳　陆　杨

报告执笔人：陆　杨

关于发挥工会、共青团、妇联组织维护农民工权益和服务农民工的积极作用的调研报告

全总、团中央、全国妇联联合课题组

按照国务院农民工办2011年5月10日下发的《关于印发中国农民工发展研究工作方案的通知》的要求，由民政部牵头的“发挥社团组织服务农民工的作用”专题研究报告分课题“发挥工会、共青团、妇联组织维护农民工权益和服务农民工的积极作用”，由全国总工会牵头，与共青团中央和全国妇联共同承担。根据中央领导同志近期关于新生代农民工问题的重要批示精神，按照国务院农民工办的部署和要求，全总、团中央、全国妇联组成以全国总工会书记处书记李滨生为组长的联合课题组。课题组先后赴天津、河南等地进行调研，联合形成如下调研报告。

一、工会、共青团、妇联组织农民工维权和服务工作的基本情况

（一）制定政策和举措，奠定制度基础

多年来，各级工会、共青团、妇联组织制定了一系列政策、措施和办法，不断推动工作深入进展。

国际金融危机发生以前，全总下发了《关于贯彻〈国务院关于解决农民工问题的若干意见〉的意见》、《关于推进维护农民工合法权益十项工作机制建设的意见》等文件，要求各级工会着重通过健全十项工作机制推进农民工维权和服务工作，即源头入会机制、双向维权机制、就业指导培训机制、工资支付保障机制、社会保障促进机制、劳动安全卫生监督机制、帮扶关爱机制、民主权利保障机制、用工诚信评价机制和法律援助机制。金融危机爆发后，全总及时下发了《关于深入扎实做好当前维护农民工合法权益工作的通知》和《全国工会“千万农民工援助行动”实施方案》，要求各级工会通过加强就业支持、用工监督、防止恶意欠薪行为等减缓金融危机对农民工的冲击，以就业援助为重点对1 000万名以上农民工实施就业和帮扶等援助。全总还在全国倡议工会与企业、职工开展“共同约定行动”，督促企业努力做

到不裁员不减薪、少裁员少减薪；动员职工与企业和衷共济、战胜困难、共谋发展。

共青团中央下发了《关于实施“进城务工青年发展计划”的通知》、《关于深入实施“进城务工青年发展计划”进一步加强青年农民工工作的意见》等文件，要求全团深入推进“千校百万”进城务工青年培训计划，大力加强进城务工青年文化建设和维权工作，创新进城务工青年服务平台；着重做好“联校助学活动”、“助企培训活动”、“强村实践活动”、进城务工青年维权服务站（点）和文化阵地建设、为青年农民工“送文体进工地、进宿舍、进社区”活动、扶贫济困送温暖活动、“学习、创业、守法、致富”有为务工青年教育实践活动、在进城务工青年中建立团组织、选树优秀进城务工青年典型等十方面的工作。

为帮助女性农民工就业，全国妇联建立全国巾帼家政联席会议制度，命名了一批家政培训机构，与财政部、人力资源和社会保障部、中国人民银行联合制定下发了《关于完善小额担保贷款财政贴息政策，推动妇女创业就业工作的通知》，积极促进包括女性农民工在内的妇女创业就业。

（二）创新机制、方法，扩大对农民工的组织覆盖面

各级工会组织坚持以党建带工建、工建服务党建，创新农民工组织形式和入会方式，通过源头入会、劳务市场入会、先入会再组织成建制劳务输出、加强劳务派遣工入会等一系列措施，努力推进工会组建和发展会员工作。深入开展“广普查、深组建、全覆盖”建会集中行动，落实“双措并举、二次覆盖”工作，加强区域性、行业性基层工会联合会建设，加强乡镇（街道）、村（社区）工会组织建设，推广完善“一次入会、持证接转、全国通用、进出登记”的工会会员会籍管理制度，保证农民工会员便捷转移，流动不流失。目前，农民工会员人数已由 2005 年 2 100 万人增长到 2010 年的 8 854.7 万人，年均新增 1 351 万人。

各级团组织落实《关于集中力量推进外出务工青年群体团建工作的通知》，积极做好驻外团工委工作，有效覆盖外出务工青年群体。自 2010 年 6 月全团部署开展驻外团工委建设工作以来，全国共建立省、市、县级驻外团工委 2 746 个，联系或建立基层团组织 1.5 万多个，其中仅省级和地市级团委就联系团员 70.09 万人。同时，加大非公企业团建力度，截至 2011 年 6 月 30 日全团累计新建团组织在非公有制经济组织中 16.6 万个，在新社会组织中 2.1 万个，覆盖 35 岁以下青年 1 256.4 万人，其中绝大部分是流动青年。

（三）结合组织优势和职能，有针对性地开展维权和服务工作

1. 积极开展农民工就业服务、创业扶持和职业培训工作

各级工会组织利用工会帮扶中心、培训基地、文化宫、俱乐部等设施，积极为农民工提供政策咨询、职业指导和介绍、小额贷款担保、跟踪扶持等就业服务。大力推动“困难职工家庭高校毕业生阳光就业行动”和“家政工程”的实施。加强输出地和输入地工会就业信息交流和劳务协作，举办农民工就业专场洽谈会、就业服务招聘周等。以农民工为招聘重点对象，与有关部门联合举办“民营企业招聘周活动”。发挥工会“农民工技能培训基地”、“职工就业培训基地”、“女职工培训示范基地”的作用，开展定单式、定向式培训。配合政府实施建筑业农民工技能培训示范工程，推动企业设立建筑工地农民工业余学校。仅 2009 年，各级工会就向 12 个示范基地和 113 个培训基地投入资金 1.22 亿元，培训农民工 520.49 万人。2009 年以来，全总已筹集资金 11 亿元，提供就业服务 512 万人次，共帮助 276.46 万名农民工实现了就业。

共青团强化对青年农民工的就业见习、技能培训和创业扶持等。2010 年，全团建立“青年就业创业见习基地”3.7 万个，累计有 37 万名已毕业未就业大中专毕业生和青年农民工到岗见习，其中近 14 万名被见习基地正式聘用。2010 年以来全团落实培训经费补贴 2.03 亿元，共培训进城青年农民工 27.6 万人，其中上岗就业 22.5 万人。2009 年以来，落实培训经费 2.47 亿元，共培训农村青年 552.83 万人，实现 68.6 万名返乡农民工顺利就业；全团共发放农村青年创业小额贷款 302.8 亿元，涉及农村青年 69.1 万人。

各级妇联针对女性农民工大力开展就业创业、再就业、农村劳动力转移培训工作。2006—2009 年全国妇联共组织开展再就业培训 2 350 多万人次，农村劳动者技能培训 3 700 余万人次，创业培训 300 多万人次，其中每类培训中约有半数为女性。配合有关部门实施“2009—2010 年特别职业培训计划”、开展“春风送岗位”活动。促进强化妇女创业就业品牌，辐射带动全国 100 多个城市联合行动，为女性农民工送岗位、送政策、送项目、送服务。

2. 采用多种形式积极开展农民工维权工作

注重源头维权。工会、共青团、妇联组织积极参与相关法律法规的制定、修改和宣传，配合各级人大、政府、政协有关部门开展劳动法律法规执法检查和监督，针对农民工最突出的问题提交提案、议案和调研报告等。据

不完全统计，自2003年以来，各级工会先后参与了60余部相关法律法规和1 300多部地方法规的制定和修改，2010年、2011年先后两次向党中央、国务院及有关部门报送关于新生代农民工专题报告，得到中央领导同志的高度重视；近年来，围绕新生代农民工社会融入问题，各省市共青团组织共形成117篇调研报告，通过“共青团与人大代表政协委员面对面”等活动，仅省级两会上就提出提案、议案和建议89件。全国妇联积极参与《妇女权益保障法》的修改，推动31个省区市修改完成了地方实施办法，配合全国人大常委会组织开展对该法的执法检查，促进包括女性农民工劳动权益在内的妇女权益保障突出问题的解决。各级妇联还通过开展“三八”妇女维权周活动，创建妇女法制宣讲团，举办法律培训讲座、知识竞赛、模拟法庭等方式，广泛宣传相关法律法规。

不断健全农民工权益维护平台和机制，积极开展维权活动。各级工会推动规范用工，健全工资协商共决机制、正常增长机制和支付保障机制，推进完善农民工社会保险制度、劳动安全健康保障和民主参与机制等。积极推动贯彻实施《劳动合同法》等法律法规，配合有关部门在农民工集中的企业推荐使用简易劳动合同文本。推动开展整治非法用工专项行动和工资支付专项检查，推动建立健全建筑施工企业工资支付保证金制度、企业工资支付监控制度。推动实施集体合同制度“彩虹计划”和工资集体协商制度。推动将与企业建立稳定劳动关系的农民工纳入城镇职工基本医疗保险和养老保险，推动农民工基本医疗保险关系和养老保险关系的顺利转移接续。实施“平安计划”工程，推动有稳定劳动关系的农民工全部参加工伤保险，在煤矿、矿山、化工、建筑等高危行业推进农民工群众安全生产监督检查员队伍建设，开展经常性的群众劳动安全卫生监督检查，组织、动员农民工积极参加“安康杯”竞赛。推荐优秀农民工代表担任各级人大代表、企业职工代表大会代表，提高农民工在劳动模范和“五一”劳动奖章评选表彰中的比例。截至2010年年底，共有95名农民工被评为全国劳模，206名农民工荣获全国“五一”劳动奖章。共青团组织积极依托12355青少年服务台为农民工提供维权服务，目前全国共有近200个城市开通了12355热线，联系律师、心理咨询师等志愿者1万多人。全国妇联自2001年以来推动建立2 600多个妇女儿童维权协调机构，推动聘请妇联干部担任劳动保障法律监督员，在全国2 800多个县级妇联开通了12338妇女维权公益服务热线，在乡镇、街道妇联建立妇女维权站，在村和社区建立妇女之家并实现全覆盖，努力为女性农民工提供便捷高效的维权服务。

3. 积极为农民工提供困难帮扶、平安返乡、法律援助、心理疏导、婚恋交友等服务

各级工会不断健全帮扶体系，为困难农民工提供生活救助、医疗救助、子女入学救助、就业援助、法律援助和政策咨询等服务。2010 年各级工会至少走访了 119 万户困难农民工家庭，为 18.33 万名困难农民工子女发放助学款 2.06 亿元。2009 年以来，已为职工（主要是农民工）办理法律援助事项 22.7 万余件，为 43 万余名农民工讨薪 10.9 亿元；2010 年，协调解决跨地区维权和帮扶案件 4 272 件，涉及农民工 9.9 万人。从 2007 年到 2010 年，“平安返乡活动”共运送 9 347.6 万农民工，包农民工专列 1 188 列，专车 152 991 辆，专船 1 705 艘，为农民工争取返乡经济补贴 5.3 亿元。

各级共青团组织通过开展各种活动，开通 12355 热线，加强乡村学校少年宫和未成年人心理健康辅导中心（站、点）建设，实施“共青团关爱农民工子女志愿服务行动”等为青年农民工及其子女提供帮助。如：山西省开通了新生代农民工专线，利用 QQ 平台设立了“新生代农民工专席”，及时为农民工提供有效的法律援助和心理疏导；武汉市举办端午、中秋青年姻缘会等，解决新生代农民工交友难、婚恋难等问题。自 2010 年 5 月 4 日团中央启动“共青团关爱农民工子女志愿服务行动”以来，各级团组织按照“基层团组织或青年志愿者团队＋农民工子女＋接力”的结对模式，广泛开展学业辅导、亲情陪伴、感受城市、自护教育、爱心捐助等方面的志愿服务，目前，已在全国 2 770 个县市区旗结对农民工子女较集中的学校 2.9 万所，结对农民工子女 604 万人，占摸底人数的 54％。

各级妇联组织在女性农民工集中的城市社区推动建设“流动妇女平安之家”，面向女性农民工及其家庭，大力开展就业培训、法制宣传、维权、心理咨询和预防拐卖等服务，帮助她们顺利融入城市生活。同时，2007 年以来，全国妇联还牵头有关部委开展了“共享蓝天，关爱农村留守流动儿童大行动”，2011 年 4 月又推出了“农村留守妇女儿童关爱行动”，推动全社会加强对农村留守妇女和儿童的关爱。

4. 积极推动农民工融入城市

在舆论引导上，工会、共青团、妇联组织充分利用各自宣传阵地，协调主流媒体大力宣传农民工政策、个人和集体的典型事迹、为城市做出的贡献等，推动形成全社会尊重、关爱农民工的氛围。在生活条件改善上，推动开展农民工“二看一上”活动，使农民工能够方便地看报纸、看电视、上网。在人文关怀上，积极为农民工送图书、送电影、送文娱节目，提供心理咨

询，进行面对面恳谈，组织参加文体活动等。在基本公共服务和社会保障的享有上，推动政府在农民工集中就业和生活的企业、社区配备基本公共服务设施，为稳定就业的农民工提供当地同城社保待遇等。

二、工会、共青团、妇联组织在农民工维权和服务工作中遇到的主要问题

（一）农民工的高流动性给提高组织覆盖面带来了难题

农民工具有流动性大、分散性强、职业变化快的特点，且集中就业于非公企事业单位。这使得工会、共青团组织传统上主要建立在城镇和公有企事业单位基础上的组织方式还不能很好地适应其特点，对农民工的组织覆盖面仍旧不高。据第二次全国经济普查数据和全总数据，全国企业组织建会率为51%，未建会企业主要是农民工集中就业的微、小型非公企业；农民工会员为8 854.7万人，占农民工总数的36.6%，占外出农民工总数的57.8%。共青团自集中力量推进外出务工青年群体团建工作以来，截至2011年6月30日，全团覆盖非公有制经济组织和新经济组织中35岁以下青年1 256.4万人，与青年农民工总量相比仍有较大差距。

（二）农民工权益实现要求的不断发展给工会、共青团、妇联组织维权和服务工作带来了新挑战

随着我国经济社会发展水平的不断提高，农民工的法律、权利意识不断增强，权益实现要求和需求层次不断提高。在权益实现的要求方面，开始由过去单纯追求劳动经济权益向追求民主政治、精神文化、职业卫生健康权益等多方面拓展。在需求满足方面，不同于以往对以劳动报酬为主的单纯物质需求的要求，开始看重自尊实现、职业发展前景、自我价值实现、城市融入等更高层次的非物质需求。农民工权益实现要求和需求层次的不断发展给工会、共青团、妇联组织维权和服务工作提出新的更高要求。如何适应农民工的新需求，不断拓宽工作领域、创新工作方式、建立长效机制、提高工作水平，成为工会、共青团、妇联组织共同面临的新挑战。

（三）劳务派遣工和新生代农民工群体给农民工维权和服务提出了新要求

农民工中的劳务派遣群体和新生代群体，其诉求和需求的特殊性，给工会、共青团、妇联组织有针对性地开展工作提出了新要求。劳务派遣工面临的问题在于：首先，劳务派遣工与合同工的同工不同酬问题普遍，导致社会出现新的劳动用工二元结构现象，原本处于弱势地位的农民工中出现新弱势

群体，使农民工维权和服务工作更为复杂。第二，由于劳务派遣工的就业单位与用人单位分离，使工会、共青团组织的一些工作机制和方法难以有效发挥作用，如工资集体协商机制、民主参与机制、诉求表达机制、活动参与形式等，加大了对其维权和服务的难度。新生代农民工作为农民工中的新生群体其就业取向从改善生活向体验生活、追求梦想转变，权益诉求从要求基本劳动权益向追求体面劳动和发展机会转变，对务工地城市的心态从过客心理向期盼在城市长期稳定生活转变，对精神情感生活的需求更加旺盛。这就使工会、共青团、妇联组织针对传统农民工的维权和服务工作存在一定的不适应性。

（四）由于资源和手段的限制，工会、共青团、妇联组织难以充分发挥作用

虽然各级党政已经赋予工会、共青团、妇联组织诸多政治性、经济性、社会性、文化性资源和手段，为其发挥作用提供了一定的条件，但作为党领导下的人民团体，工会、共青团、妇联组织共同面临着：约束型资源和手段少、提倡型资源和手段多，独立发挥作用型资源和手段少、联合发挥作用型资源和手段多，以及资源手段难以适应维权服务工作不断增多的问题。这就大大限制了工会、共青团、妇联组织农民工维权和服务的广度、力度和效度。

三、工会、共青团、妇联组织农民工维权和服务工作的阶段性目标

（一）继续加强组织建设，尽可能把农民工覆盖到组织中来

按照全总下发的《2011—2013 年推动企业普遍建立工会组织工作规划》的要求，到 2013 年，农民工会员净增 1 500 万人以上，总数达到 1.03 亿人以上。共青团组织将加大流动青年的团组织建设力度，进一步健全组织体系和工作载体，深化驻外团工委建设，加大乡镇、街道社区团建力度，形成流出地和流入地团组织相衔接的工作机制。继续加大非公有制经济组织和社会组织中加强团的组织建设，争取 2011 年新增团组织 8 万家，联系青年农民工 300 万人。妇联组织也将进一步创新工作方式，加强流动人口聚居区的社区“妇女之家”的建设，扩大对女性农民工的服务覆盖面。

（二）继续深入开展农民工技能培训和就业服务工作

按照《全国职工素质建设工程五年规划（2010—2014 年）》的要求，各级工会对城镇下岗失业人员和农民工转岗就业、自主创业和职业技能培训，

2011年要完成200万人，至2014年累计达到1 000万人以上。同时，继续加强政策咨询、职业指导、职业介绍、小额贷款担保、小额贷（借）款试点、跟踪扶持等就业服务。加强输出地和输入地工会的信息交流和劳务协作，努力实现就业信息联网共享。推广农民工培训—就业—维权“三位一体”的工作模式。继续与相关部门联合举办“民营企业招聘周活动”。深入开展“家政服务工程”，力争2011年培训20万名家政服务员，就业率达到80％以上。

各级团组织将继续推进技能培训和就业见习工作。深化进城务工青年“订单式”技能培训工作，加强培训示范项目和示范基地建设，打造培训—见习—就业链条式服务，探索区域对接、校企对接、网上对接等供需合作的培训模式，2011年争取培训青年农民工10万人。继续推进共青团“青年就业创业见习基地”建设和青年小额贷款项目。巩固农村青年就业创业培训项目，按照“因地制宜、尊重意愿、重点引导、多元转移”的原则，以市场需求为导向，构建农村青年有序合理转移就业的长效机制。

各级妇联组织将继续深入开展女性农民工就业创业扶持服务，推动她们就业水平的不断提升。以送政策、送岗位、送技能、送服务为重点，开展各类创业就业扶持行动。积极新建一批女大学生创业指导实践基地、巾帼农业科技示范基地、家庭服务培训示范基地，成立全国妇女手工编织协会，开展妇女创业项目征集推介活动。通过探索多元化担保方式、简化贷款流程、完善工作机制等推动完善妇女小额担保贷款财政贴息政策。

（三）进一步健全农民工维权和服务的长效机制

按照全国总工会《2011—2013年深入推进工资集体协商工作规划》和《关于建立健全职工法律援助等维权服务长效机制的意见》等文件的要求，未来几年各级工会组织要重点以普遍开展工资集体协商和健全维权服务的长效机制为抓手，提升农民工维权服务水平，力争从2011年起到2013年年底，已建工会企业80％以上建立工资集体协商制度，其中世界500强在华企业全部建立工资集体协商制度；健全维权服务长效机制，把困难职工和农民工等弱势群体作为工会的重点维权对象，健全工会的法律宣传教育、法律监督、法律援助、劳动争议处理四大机制，把维权工作纳入更加规范化、制度化、法制化轨道；全面推进小企业劳动合同制度实施专项行动、农民工工资支付情况专项检查，推进集体合同制度“彩虹计划”，在农民工聚集的高危行业大力推行企业劳动安全卫生专项集体合同，推进维权联动机制建设等。

共青团组织将继续深化“关爱农民工子女志愿服务行动”、维护农民工文化权益志愿服务、提升农民工文明素质志愿服务等活动。狠抓结对服务工作，力争基本实现对农民工子女结对的全覆盖。颁布实施《共青团关爱农民工子女志愿服务行动项目管理办法》，促进服务形成长期有效帮扶机制。

各级妇联组织将继续深入开展“农村留守妇女儿童关爱行动”。发动村妇代会对本村留守儿童尤其是处于困境的留守儿童进行摸底，明确关爱重点。推动社会爱心人士尤其是农村妇女骨干与留守儿童和家庭结成帮扶对子，不断提高对留守儿童的社会关爱水平。同时，各级妇联将积极向党委和政府反映留守儿童面临的困难和问题，推动完善政策制度，促进问题的解决。

（四）继续推动农民工融入城市

各级工会组织将不断总结经验，进一步加强对社会舆论的引导，发现、挖掘和宣传农民工精英，组织农民工喜闻乐见、便于参与的文体活动，推动拓宽农民工参政议政的渠道，推动农民工社会保险转移接续的便捷化，农民工流动子女基本教育的同城化，农民工住房条件的改善和户籍制度的不断改革，新生代农民工就业素质的提升等来推进农民工融入城市。各级共青团组织将坚持依托12355青少年服务平台，建设12355信息监测网络体系，依托统一的数据汇总分析软件，实现对包括青年农民工群体在内的广大青少年利益诉求的统一收集、定期汇总、自动分析、动态监测，综合利用各种网络手段和倾听日、恳谈日等互动形式，促进青年农民工的社会融入。各级妇联组织将继续充分发挥12338妇女维权公益服务热线、妇女维权站、妇女之家等基层工作阵地的作用，进一步加强对女性农民工的维权服务。

四、政策建议

（一）制定新形势下加强农民工权益维护的总体指导性意见和地方规章制度

中央政府应结合农民工工作的新进展、新情况出台新的指导性意见，就农民工最关心、最直接、最现实的工资支付和增长、社会保险转移接续、教育培训、住房保障、户籍改革等问题，作出政策导向，推动农民工工作不断发展。各地政府应因地制宜制定地方法规或实施办法，以常住人口为基础制定公共预算和提供公共服务，把农民工工作纳入地方经济和社会发展的中长期规划和年度计划，纳入当地党政领导考核指标体系。

（二）进一步完善维护农民工权益的相关法律法规和工作机制

相关部门应尽快制定和修改有关工资保障、劳务派遣、工资集体协商、工伤保险、职业病防治、中等职业教育、农民工社会保险转移接续，以及促进农民工子女健康成长等方面的法律法规，解决当前农民工最关心、最紧迫的现实问题，促进其共享经济社会和企业发展成果。依据《刑法修正案》，加大对欠薪严重的企业的处罚力度，增加违法成本

不断健全保障农民工权益实现的机制。以非公有制企业为重点，建立健全覆盖农民工的企业工资集体协商机制、正常增长机制和支付保障机制，保障包括农民工在内的广大中小企业职工参与决定工资分配和获取合理劳动报酬的权益。严格按照《劳动合同法》的规定，坚决纠正滥用劳务派遣工的行为。健全劳动法律法规常态化宣传机制、定期不定期执法检查机制、多元社会监督机制，完善农民工诉求表达机制、劳动争议调处绿色通道机制等。积极引导和支持农民工参与企业民主管理、劳动权益监督和安全生产监督。

（三）制定农民工培训新规划，进一步提升其稳定就业的能力

进一步贯彻落实《关于进一步做好农民工培训工作的指导意见》，总结《2003—2010年全国农民工培训规划》的经验教训，适应加快转变经济发展方式和农民工城市融入对农民工培训的新要求，制定新的中长期农民工培训规划，确定2015年和2020年农民工培训的工作目标。建立统一的农民工培训项目和资金统筹管理体制，使培训总量、培训结构与经济社会发展和农村劳动力转移就业相适应，使培训方式、培训效果具有更高的针对性、适用性和高效性。

（四）加强对农民工的民主政治权利和精神文化权益保障，建立党政主导、社会参与的农民工城市融入社会化格局

加强对农民工民主政治权利的保障。深入贯彻落实《选举法》有关城乡居民选举“同票同权”的规定，提高农民工代表在各级党代会、人大、企业职工代表大会中的比例。扩大农民工在评选表彰劳动模范、优秀党员、优秀团员、优秀女职工等先进工作者中的比例。积极在农民工中发展党员、工会积极分子、团员和妇女干部。注重推荐和引导农民工参与青少年合法权益监督、妇女权益监督等社会督导组织和志愿者组织。

加强对农民工的社会文化服务。在农民工集中就业、生活的企业和社区，建立和完善生活、学习、锻炼等公共服务设施。积极鼓励文化经营单位和文艺工作者为农民工提供免费或者优惠的文化产品和服务。通过对企业补贴、税收优惠、精神奖励等方式，鼓励农民工较多企业完善文化设施。进一步加强对农民工尤其是新生代农民工的人文关怀、心理疏导和职业培训，不断提高他们融入城市的能力。

建立党委领导、政府运作、社会参与的农民工城市融入社会化工作格局。加大对农民工群体对社会所做贡献的舆论宣传，加强对农民工中政治、经济、文化、社会各层面先进人物的挖掘、发现、培养和宣传力度，改变对农民工的称谓，引导全社会形成尊重农民工，关爱、公平对待农民工的社会风尚。深入开展农民工融入城市的前瞻性研究，并就长期性、关键性的技能提升、社会保险和公共服务统筹等问题制定阶段性发展策略。

（五）赋予工会、共青团、妇联组织更多的资源和手段，进一步提高维权和服务农民工的专业化、社会化水平

赋予工会、共青团、妇联组织更多具有约束性的资源和手段，提供更多财政、金融、财税等物质上的鼓励和优惠政策，帮助工会、共青团、妇联提高专业化、社会化工作水平，鼓励相关部委或地方政府结合工会、共青团、妇联的组织优势与各自职能，创造性地开展合作。

组　　长：李滨生
副 组 长：吕国泉　徐　晓　蒋月娥
成　　员：汪　雁　黄大伟　张彦红　马正秋　刘　蕾　孙向南
　　　　　朱勋克

农民工市民化发展研究

人力资源社会保障部劳动科学研究所课题组

改革开放30多年来，农民工的产生和发展壮大，增强了整个社会的生机和活力，促进了工业化、城镇化和农业现代化，推动了我国改革开放，冲破了城乡二元结构的束缚，促进了政府职能和社会管理方式的转变，农民工的发展正在改变中国的经济社会基本格局，并将对未来经济社会发展产生全局性、战略性、历史性的影响。2012年，农民工总量达2.63亿人，其中，外出农民工1.63亿人，新生代农民工成为农民工的主体。经过这么多年的流动与发展，农民工群体发生了系列明显变化，不仅新生代农民工已成为农民工主体，而且农民工外出务工已由挣钱向发展逐渐转变，由候鸟式迁移向长期转移、全家迁移转移，由土地情结向渴望融入城市、成为新市民转变。

农民工未来的发展趋势，关系着我国工业化、城镇化和农业现代化三化的同发展，关系着我国经济结构调整和转变经济发展方式，关系着城乡统筹发展和产业发展布局、区域发展布局，关系着我国经济发展的稳定和在全球经济中的地位，是必须给以高度重视的重大问题。为进一步了解农民工留居城镇意愿，为未来农民工政策走向提供参考，本课题组搜集整理了已有政策文献和相关研究成果，充分了解各地推进农民工融入城市的政策举措，并对全国六个城市1 800名农民工开展了问卷调查，在此基础上分析了农民工的市民化意愿，探讨农民工市民化发展的必然性，剖析市民化的障碍，并提出我国农民工市民化的基本思路和政策选择。

一、农民工市民化的定义和内涵

（一）农民工市民化的定义

1. 农民与市民的定义

农村和城市、农民和市民都是相比较而言的，孟德拉斯[①]说：“农民是相对城市限定自身的，如果没有城市就没有农民。”

① ［法］孟德拉斯：农民的终结. 李培林译. 北京：中国社会科学出版社，1991，8.

农民是指从事农业生产的人，是在原始社会瓦解的基础上随着生产资料私有制和阶级的产生而出现的。《谷梁传·成公元年》："古者有四民。有士民，有商民，有农民，有工民。"这里的农民，即播植耕稼者。《辞海》中把农民界定为直接从事农业生产的劳动者，在内涵上，它是一种与城市居民相对称的、历史性的社会身份。在我国，居住在农村、具有农村户籍并拥有承包耕地的社会成员皆为农民。农民与农村居民不同，后者是一个纯地域意义概念，泛指居住在县城镇及以下地域的所有人，除了农民，还包括居住在农村的政府和企事业单位的工作人员，以及其他居住在建制镇、集镇或村庄里的非农人员①。

城市和市民是社会生产力发展到一定阶段的产物。城市与人类大分工是密不可分的：第一次人类大分工，随着农业和畜牧业的出现，产生了固定的居民点；第二次人类大分工，随着农业劳动生产率的提高，衍化出其他行业，商业和手工业从农业中分离出来，原来的居民点发生变化，出现了城市。随着居住于城市里的手工业小业主和商人逐渐摆脱乡村封建领主的控制，其居住地从城市公社发展成为自治城市，市镇开始成为自由、自主的象征。而拥有市民权则意味着拥有人身自由权、决策的自决权。居住在商业城镇中的人后来被称之为市民。随着城市规模不断发展和社会关系更为紧密，市民社会进一步衍化，市民在法律上享有市民权，如居留权、参政权、受教育权、享有福利权等②。

在市民一词的现代意义出现之后，对比之下，农民一词的独立内涵才开始明白无误地显露出来。农民与市民这两个概念相互界定对方，从而相互体现对方的特征与自身存在的价值。从农民走向市民是一个连续不断的历史进程，既是经济发展过程，又是社会管理方式变革的过程，还是生产方式、生活方式、生活理念不断发展的过程，是一种具体意义上的社会进步。

2. 农民工市民化的定义

农民工市民化，是我国现代化过程中出现的进城农民工大规模市民化的现象，与古时随着手工业和城市发展出现市民是不可同日而语的，有其特定的内涵。农民工市民化，通俗地讲，是指伴随着一国的工业化及城市化，农村人口逐步向城市转移并逐渐转变为城市市民的过程，这是一个动态的历史进程。

---

① 吴业苗. 居村农民市民化：何以可能. 社会科学. 2010，7：54～62.

② 陈映芳. 征地农民的市民化——上海市的调查. 华东师范大学学报，2003（3）.

部分学者认为农民工市民化是农民离开农村土地和农业生产活动、进入城市实现就业并向城市市民转化的经济社会过程[①]，但还有一些学者从更广义上解读它，认为农民工市民化还应包括借助于工业化和城市化的推动，使现有的传统农民在身份、地位、价值观、社会权利及生产生活方式等方面全面向城市市民转化的过程[②]。因此，农民工市民化有狭义和广义之分，狭义上的农民工市民化是指农民工在技术层面上获得与城市居民相同的合法身份和社会权利，如受教育权、选举权、居留权、劳动权益与社会保障权等；而广义上的农民工市民化更注重从社会、文化层面上转变农民工的身份、地位、价值观、社会权利和生产生活方式，体现出统筹城乡发展、城乡一体化的内在要求。

刘传江教授[③]认为，农民工的市民化可以区分为农民从农村退出、城市进入与城市融合等阶段。具有四个层面的涵义：一是职业转换；二是社会身份转换；三是农民工自身素质的进一步提高和市民化；四是农民工意识形态、生活方式和行为方式的城市化。也有专家认为农民工市民化就是使农民工在身份、职业、地位、价值观、社会权利以及生产生活方式等方面全面向城市市民转型，以实现城市文明的社会化过程。从另外一个角度讲，农民工市民化也是人的一种生活的转换与发展，因此农民工市民化有纵向的退出与进入行为，也有横向的就业生活与社区参与，二者相互作用。

综合以上研究，课题组认为，我国的农民工市民化，指的是进城农民工彻底割断与乡村土地和农业生活劳动的关系，在城市或城镇中固定居住、固定工作，并且取得与城市市民相同的身份（城市户口）、享受与城市居民相同的权益保障的过程，其目标是实现非农劳动为主、居住城市并享有城市市民权利。因此，实现农民工市民化至少要达到以下三个条件：一是农村劳动力已经在城市就业并且工作及收入相对较稳定；二是将其原农村户籍转变为城市户籍；三是使其能平等地成为城市公共产品的供给对象，如能公平地获得各种社会保障、公共教育及公共服务等。至于思想观念和生活习惯的转变，这是一个长期的积累过程。

---

① 姜作培．城乡统筹发展的科学内涵与实践要求．经济问题．2004，6；林拓．农民市民化：制度创新与社会空间形态的转变．经济社会体制比较．2004，5；胡键．经济转型模式：国际比较与历史反思．社会观察．2005，3.

② 陈映芳．“农民工”：制度安排与身份认同．社会学研究．2005，3；文军．农民市民化：从农民到市民的角色转型．华东师范大学学报（哲学社会科学版）．2004，5.

③ 刘传江．中国农民工市民化进程研究．北京：人民出版社．2008-1-1.

非农化、城市化、人口城市化、准市民、市民化等术语成为各相关学科混同使用的共通话语。但这几个术语在其内涵上是有本质性的区别的：非农化主要是一个经济学术语，它是指农民在职业上的地位转型，他们依赖的主要生存资源发生变化，农业收入已经不是他们的主要经济来源，农民开始走向现代职业体系；城市化主要是一种地理学术语，它强调农村社区、地域景观等向城市的靠拢，即农村地区变得越来越像城市，或者已经转变成合法的城市；而人口城市化则主要是一种人口学术语，它强调农民迁居城市后，在身份上发生了根本变化，户口类型已经改变[①]。因此，非农化即职业转换，是农民工市民化的基本前提，城市化过程伴随农民工的市民化。

（二）农民工市民化的内涵

通俗地讲，农民工市民化就是从农民到农民工、再到市民的过程。在中国特色的二元分割市场体制下，农民工市民化具有多重涵义：一是经济活动的市民化；二是权利权益的市民化；三是社会生活的市民化；四是身份确认的市民化。

经济活动的市民化，指的是农民工在寻找工作、工作条件、劳动保护、权益保障等方面享有与城镇职工同等待遇。这是农民工市民化过程中最基础的一环，也是农民成为农民工的首要步骤。农民来到城市，无论是个体创业、受雇就业还是从事商贸，均是从事市民所从事的经济活动。

权利权益的市民化，包括两部分：一是权利的市民化，二是权益的市民化。权利市民化即农民工享有与城市居民同等的民主政治参与权利，如选举权、参与社会管理等。权益市民化，主要是公共服务的市民化，指农民工在城镇务工经商，在就业服务、社会保障、子女教育、住房、医疗卫生等公共服务方面，享有与城镇居民同等权益和待遇。权利权益市民化是农民工市民化过程中重要的环节，是农民工实现权利平等、权益保障的重要内容。

社会生活的市民化，指的是农民工在文娱生活、消费支出、社会交往、心理和价值观等方面逐步与城镇居民趋同的过程，最终实现无差异的城镇生活。这是农民工融入城市、成为新市民的关键环节。

身份确认的市民化，指的是户籍概念上从农村到城镇的转换，是农民工转为城镇居民的标志。身份确认有两种表现形式：一是直接给予农民工城镇户籍；二是分阶段、逐步转换与确认，以居住证为例。实际上，如果不将与

① 注：近些年，“城市人口”的定义有所调整，不再限于城市户籍人口，还包括户籍不在本地的常住人口。

户籍捆绑在一起的各种福利一一剥离，户籍的转换就成为农民工市民化的最终结果表现形式；而如果没有这些福利的捆绑，户籍仅作为人口统计的一种手段或依据，也就不构成农民工市民化道路上的障碍。

显然，农民工市民化不仅仅指的是户籍概念上从农村到城镇的转换，它既包括基本的生存条件，亦包括公共服务在内的同市民待遇，还包括心理、文化等方面的认可与融合。

二、农民工市民化的现状

一般来说，农民工向市民的转化过程主要是以下三个阶段：离开农村、进入城市、融入城市。进入城市主要围绕的是农民工的职业转变、城市居住、户籍转变等问题；融入城市则需要解决新生代农民工的“市民性”问题，形成市民意识、享受真正市民权利等。

总体上，农民工市民化已有长足进步：农民工就业更稳定，经济活动已为市民化打下强有力的基础；政府政策进一步完善，使农民工市民化的权利权益有所保障；生活方式、社会关系与城镇居民趋同；户籍制度改革取得重大进展，2011 年有 100 多万名农民工落户城镇，农民工的市民身份逐步得以确认。

（一）农民工就业趋于稳定，就业环境得以改善，经济活动为市民化奠定基础

1. 农民工数量稳定增长，区域流向发生明显变化

农村劳动力向非农产业和城镇转移是农民工市民化的必经阶段。改革开放以来，农民工流动经历了 20 世纪 80 年代的就地转移、90 年代的异地转移，进入 21 世纪，农民工数量增长稳中趋缓。2002—2008 年，全国外出就业农民工数量年均增长 595 万人，年均增长 5%左右，低于 20 世纪 90 年代的平均增速（15%），进入稳定增长阶段。据国家统计局统计，2012 年我国共有 26 261 万名农民工，其中外出农民工为 16 336 万人，占 62.21%，在本乡镇务工的农民工 9 925 万人，占 37.79%。

表 1　　2006—2012 年农民工数量　　单位：万人

年份	2006	2007	2008	2009	2010	2011	2012
总量			22 542	22 978	24 223	25 278	26 261
外出务工数	13 212	13 697	14 041	14 533	15 335	15 863	16 336

数据来源：国家统计局历年农民工监测调查，www.stats.gov.cn。

随着国家产业结构和区域经济布局的调整，中部崛起、西部大开发政策的深入实施，以及沿海地区劳动密集型产业向中西部转移，农民工的区域流向发生明显变化。虽然外出农民工的就业地仍以东部地区为主，2011 年广东、浙江、江苏、山东 4 省吸纳的农民工占到全国农民工总数的近一半，但农民工流动开始从东部地区向中西部转移，2011 年在中部和西部地区务工的农民工增长较快，分别比上年增长 8.1%和 9.6%，中西部地区对农民工的吸纳能力进一步增强。同时，跨省外出的比重开始下降，2011 年①，在外出农民工中，省内务工的农民工 8 390 万人，比上年增加 772 万人，增长 10.1%，占外出农民工总量的 52.9%，比上年上升 3.2 个百分点；跨省务工的农民工 7 473 万人，比上年下降 3.2%，占外出农民工总量的 47.1%。跨省外出人数减少，改变了多年来跨省外出农民工比重大于省内务工比重的格局。

2. 劳动参与率与就业率较高

农民工进城最主要的目的是务工经商，不管是赚钱还是见世面、攒经验，都需要通过就业来实现。因而，外出农村劳动力中，劳动参与率和就业率均比较高。进入城镇的农村劳动力，大部分都实现了就业或正在寻找工作，劳动参与率高达 90%。在经济活动人口中，农民工的就业率在 98%以上，失业率不到 2%，低于城镇登记失业率。

3. 农民工就业稳定性显著上升

市民化是个循序渐进的过程，就业稳定性是市民化的重要因素，只有稳定就业，才有进一步的市民化发展。经过 30 余年的发展，农民工外出就业的稳定性不断增加。据调查，新生代农民工平均外出年限为 5.7 年，老一代农民工平均外出年限为 10.7 年，表明大部分农民工的外出年限在 5 年以上②，外出就业时间呈长期化趋势，农民工外出就业趋于稳定。同时，举家迁移的农民工数量不断上升，2010 年为 3 071 万人，比 2009 年增加了 105 万人，占全部外出农民工的比例为 20.0%③。举家外出使农民工在家庭成员团聚下更安心于城市就业与生活，进一步增加了农民工外出就业的稳定性。

---

① 国家统计局 2011 年农民工监测调查，www. stats. gov. cn。

② 许多调查都证实了农民工外出务工就业的长期化趋势。如国家人口计生委 2009 年 7 月对流动人口的调查表明，劳动年龄人口中平均在现居住地停留时间为 5.3 年，有一半的人停留时间超过 4 年，18.7%的人停留时间超过 10 年。

③ 国家统计局报告，'2010 年农民工总量达到 24 223 万人，www. stats. gov. cn。

4. 进城就业环境不断改善

在就业管理方面，清理取消限制性政策和不合理收费。停止执行《农村劳动力跨省流动就业管理暂行规定》，废止了流动就业证卡制度，在全国范围内实行城乡劳动者平等的就业登记制度，并督促地方清理取消了对外地农民工就业准入的所有职业、工种限制。在职业介绍服务方面，城市公共职业介绍机构向农民工开放，免费提供政策咨询、就业信息、就业指导和职业介绍服务。各地公共就业服务机构向农民工免费开放，组织专场招聘会。在职业培训方面，建立了相关部门和单位共同参与的农民工培训工作机制；形成了以技校、职业院校为主体，民办教育机构和其他培训机构为补充的培训布局。在就业渠道上，农民工寻找工作的方式开始多样化。

（二）农民工的民主政治权利和基本公共服务权益有所保障，但不同权利权益的实现程度有所差异

农民工在城镇行使民主权利，既是农民工权益保障的重要内容，也是推进城镇改善服务的重要手段。有关法律保障了农民工依法享有民主政治权利，各级党代会、人大、政协中农民工代表（委员）的比例有所上升，农民工参政议政的范围有所扩大。

农民工基本权益的实现程度，因不同公共服务而有所差别。

1. 农民工的社会保障从无到有，但参加城镇职工社会保险的比例低

由于各险种参保政策和工作要求的差异，农民工参保率很难准确计算，而且各方认识不一。本文较粗略地按外出农民工总量计算，以便有可对比的数值。除参加工伤保险比率略高和普遍参加新型农村合作医疗外，农民工参加其余城镇职工社会保险的比率均未超过30%（表2）。农民工参保率难以实质性提高，主要原因是农民工社会保险缴费水平相对于其收入较高。相当一部分农民工由于收入来源不稳定，水平较低，在负担自身开支和养家费用后，再缴纳社会保险费有一定困难。同时，由于农民工流动性相对较大，社会保险跨制度间转移办法尚未出台，影响了农民工参保积极性。个别企业为减少成本，违反《社会保险法》不给农民工参保或以派遣用工的形式逃避参保义务。

2. 农民工居住条件有所改善，但总体住房保障程度依然偏低

北京、上海、广州、深圳、长沙、重庆等大城市都出台了相关政策，将符合条件的农民工纳入公共租赁住房保障范畴。大部分地区未对农民工住房问题提出一个系统性、长期性、可操作的政策框架，还未将农民工作为住房保障对象，公租房、廉租房、经济适用房等保障性住房基本上不对外来农民

表 2 2011 年 6 月农民工社会保险参保人数与参保率

险种	参保的农民工人数（万人）	占外出农民工比例（%）
城镇职工基本养老保险	3 553	23.2%
职工基本医疗保险	4 006	26.2%
工伤保险	6 555	42.7%
失业保险	2 165	14.1%

工开放，也缺乏针对农民工特点的租金补贴和实物配租政策，农民工住房保障水平较低，公积金缴存率也很低。农民工在城镇居住条件低劣，住房支付能力弱，严重影响了其生活质量，并成为他们融入城镇的最大障碍之一。

3. 农民工子女教育问题受到高度重视，但教育服务仍然不足

各地积极落实“两为主”政策，以流入地为主同等条件接收农民工子女入学接受义务教育基本实现，已有近 80%的农民工随迁子女在城镇公办中小学免费接受义务教育。在学前教育方面，农民工随迁幼儿大多数进入的还是条件较差的民办幼儿园。在义务教育方面，20%以上的农民工子女无法入读全日制公办中小学校。在高中教育方面，大量从小生活在城市并在城市接受了完整义务教育的农民工子女，希望在当地接受高中阶段教育。但是，由于高考实行户籍所在地报名制度，考生要在户籍所在地报名并参加高考，这就使得跨省的农民工子女和家长不得不在中考或高考前选择回流出地省份就读，影响农民工子女的教育权益。

4. 农民工卫生服务和计划生育服务不断完善，但看病难问题突出

各级政府大力推进基本公共卫生服务均等化，各地农民工都能获得居民健康档案管理、艾滋病“四免一关怀”、结核病免费治疗、儿童免疫规划疫苗免费接种、妇幼保健和孕产妇住院分娩等服务。由于新农合的报销限制、农民工参加职工基本医疗保险的比例不高，以及农民工自身经济状况等原因，广大农民工难以获得城市正规医院的医疗服务，患病后自我医疗的比例高。农民工接触职业病危害因素复杂，职业防护差，罹患职业病的人数也不断增加，其职业病发病人数高达总发病人数的 80%以上。

（三）生活方式、社会关系与城镇居民趋同，但精神文化生活匮乏，社会地位边缘化

1. 农民工的消费支出结构发生演变，由生存型向发展型和享受型转变

消费是农民工在城市生活的重要环节，也是他们向城市居民转化的重要途径。城市与农村的“空间隔离”使农民工的消费呈现复杂性，一方面他们

保持节俭并尽量汇款回家以维持与家庭相关的社会关系再生产，以老一代农民工为主，另一方面又追求城市消费方式，努力在城市消费以实现身份认同并融入城市，以新生代农民工为主。随着收入的增加，农民工消费支出也不断增加，但食品支出占比或恩格尔系数会降低，消费结构也会随之发生较大变化，消费重心从衣食住行等必需品需求向提高生活质量、关注发展、社会交往和精神文化等非必需品需求转变，消费类型从生存型向发展型和享受型转变。

2. 农民工社会交往圈子有所扩大，但城市朋友偏少

社会关系或社会交往，是打破隔离、消除偏见、促进融入的重要途径，对农民工适应城市生活、获得更好的经济社会地位起着重要的作用。农民工离开家乡之后，总会在流入地依赖其地缘关系构造一个以同乡为纽带的亚社会结构，也就是说，他们的社会网络更多地是以传统的血缘和地缘关系为主建构的，属“初级关系”。农民工进城后会积极扩展自己的交往圈，也会重新建构起以业缘为主的新社会网络，积累起“新型社会资本”，为“次级关系”。但农民工所建构的“次级关系”也以同属于农民工的群体为主，在其社会交往圈中，城市居民仍是少数。有研究发现，农民工进城后再建构的社会网络中，城市朋友越多，他们在社会层面会适应得越好。农民工与市民之间沟通、交往的密切与否，直接影响双方对彼此的看法和评价，沟通越多、交往越密切，则看法就越客观、评价越高。

3. 农民工精神文化生活建设仍处于起步阶段，呈现整体匮乏状态

农民工的精神文化生活状况，事关农民工思想状态的稳定，事关农民工幸福指数的提升，事关社会的和谐发展。多数农民工的文化生活贫乏，许多人缺少最基本的文化娱乐方式。大部分农民工的业余生活是“睡觉”和“闲聊”，其文化生活呈现“孤岛化”、“边缘化”、“沙漠化”。新生代农民工由于文化程度较高、思想更开放，除了打工赚钱，对精神文化生活的需求不断增强，广泛接受手机、网络等新兴传媒，关注适合自己的学习和培训，注重提高综合生活质量。由于农民工背井离乡到城市工作和生活，大多数人难以享受到家庭的关怀与温暖，部分农民工尤其是单身生活的农民工情感孤寂，再加上工作与生活艰难动荡，他们的人身与心理安全感面临严峻挑战，需要政府、社会以及企业的关怀和温暖。

4. 农民工价值观念发生转变，但仍游离于城市和乡村的边缘，徘徊于“留城”与“回村”的双重困惑中

大部分新生代农民工基本在衣食无忧的环境中长大，有条件寻求自我发展，也更关注自我价值的实现。与老一代农民工相比，更多的新生代农民工

开始考虑个人职业生涯，关注长远发展。在外出动机上，新生代农民工迫于生存而打工的压力相比老一代农民工而言大大减轻，他们已由“经济型”转向“生活型”；在就业选择上，新生代农民工仍看重工资待遇，但更注重工作环境、体面就业，关注能否学到技术、增长见识、未来有发展空间；在权益维护方面，新生代农民工的维权意识明显提高，他们诉求与城里人平等的权利权益，期望能与城里人一样，享受“市民待遇”；在消费观念上，新生代农民工不仅满足于基本生存需求，而且诉求生活质量的提高，注重精神文化消费、注重社会交往；在身份认同方面，新生代农民工对城市的认同远远大于对农村的认同，他们中的大多数都认为自己与城里人没什么差别；在发展取向上，与老一代农民工相比，新生代农民工更为关注自我发展、体面生活，更加希望融入城市成为新市民。

新生代农民工已从以农民为参照系向以城市同龄劳动者为参照系转变、从以自己的过去为参照系向以他人的现在为参照系转变。这种转变意味着新生代农民工追求平等、合理分享经济发展成果的愿望更加强烈。与城里人、尤其是城里同龄人相比，新生代农民工虽然也在城里实现就业、生活方式与城里人趋同、渴望融入城市，但他们中的大部分在城市的社会地位属于下层群体。他们事实上已成为城市不可分割的一部分，但他们仍只是城市的“流动人口”、城市的“边缘人口”，其社会地位亟待改善。

（四）部分地区通过改革户籍制度促进农民工城市化，新生代农民工更渴望融入城市

与世界上其他经历过工业化、城镇化的国家之间的一个显著不同之处是，我国从农村向城镇以及非农产业转移就业的农民工由于受到现行户籍制度的限制，不能在就业的城镇落户，仍属于农业户口。因此，人们将这些户籍身份是“农民”、但却在城镇以及非农产业务工的来自农村的劳动力统称为“农民工”。难以落户是新生代农民工成长为新市民的重要束缚。我国现有的户籍制度带有深深的身份烙印，与之捆绑在一起的还有养老、教育、医疗、住房、低保等制度与福利的城乡差异。由于没有在城镇落户，新生代农民工很难在城镇安居乐业，往往被排在城镇公共服务体系之外，他们更多的是只能往返于城镇与农村之间，加大了社会成本。

加快户籍制度改革，推动符合条件的农民工尤其是新生代农民工顺利地在城镇落户，是解决农民工问题的治本之策。户口也许不是每个农民工的所需，但肯定是大多数农民工的现实困扰。中央明确要求深化户籍制度改革，加快落实放宽中小城市、小城镇特别是县城和中心镇落户条件的政策。目

前，大多数设区的市，对于有合法稳定职业满1至3年并有合法稳定住所，同时参加当地社会保险达到一定年限的人员，本人及其共同居住生活的配偶、未婚子女、父母，均可以在当地申请登记常住户口。对于农民工落户县级市市区、县人民政府驻地镇和其他建制镇的，绝大多数地方特别是中西部地区都放宽了户口迁移政策，以具有合法固定住所、稳定职业或稳定生活来源为落户的基本条件，只要有合法稳定职业并有合法稳定住所（含租赁），本人及其共同居住生活的配偶、未婚子女、父母，均可以在当地申请登记常住户口。各地相继出台了优秀农民工落户城镇的意见和措施，如“上海市优秀农民工”可以优先申办上海户籍。2010年，广东省人民政府率先在全国出台“农民工积分制入户城镇工作的指导意见”，积极引导和鼓励农民工及其随迁人员通过积分制入户城镇、融入城镇。

广东的积分制入户，与成都统一城乡户籍改革、上海居住证人才入户并称为国内户籍改革三大新政，政策推行1年来，效果差强人意，尤以指标空缺引人注目。这固然与运作不完善有关，但申请人数不足也是不争事实。户籍制度改革的收效甚微，看似许多农民工落户意愿并不强烈。户籍制度改革是项复杂的工程，不管是有条件还是无条件的放开户口，只要农民工的基本生存权益、生活权益等得不到保障，农民工就无法在城镇稳定下来。不是农民工不愿进城，而是公共服务资源的稀缺、城市生活成本的昂贵、文化生活的隔离或歧视、根深蒂固的“落叶归根”观念等，都在不同程度上影响了农民工是否落户城镇的选择。

三、农民工市民化意愿的调查分析

为进一步了解农民工就业状况和市民化意愿，分析农民工市民化发展的必然性，满足中国农民工市民化发展研究需要，本课题组于2012年9月在北京、四川成都、广东深圳、陕西铜川、湖北宜昌和浙江义乌开展了农民工市民化发展意愿的问卷调查，每个城市300份，共发放1 800份问卷，回收1 792份，有效问卷1 791份。样本分布情况如表3。其中，农民工中男性较多，占58.19%；平均年龄32岁，1980年以前出生的老一代农民工占41.39%，1980年以后出生的新生代农民工占58.61%；已婚的占65.42%；初中文化程度最多，占34.80%，高中、中专、技校占34.36%，大专或本科占20.78%；无技术等级的较多，占61.67%，初级工和中级工各占19.25%和12.13%；跨省转移占47.81%，省内跨市（县）转移占23.99%，市（县）内转移占28.20%。

表 3　　农民工调查样本分布　　单位：%

		样本数	百分比（%）			样本数	百分比（%）
城市	北京	297	16.58	文化程度	小学及以下	166	9.27
	成都	308	17.20		初中	623	34.80
	深圳	299	16.69		高中	339	18.94
	铜川	293	16.36		中专或技校	276	15.42
	宜昌	300	16.75		大专或本科	372	20.78
	义乌	294	16.42		研究生	14	0.78
性别	男	1 041	58.19	技能	无技术等级	1 083	61.67
	女	748	41.81		初级工	338	19.25
年龄	1980 年以前出生	721	41.39		中级工	213	12.13
	1980 年以后出生	1 021	58.61		高级工	75	4.27
	平均年龄	32 岁			技师	30	1.71
婚姻	已婚	1 154	65.42		高级技师	17	0.97
	未婚	595	33.73	输出地	务工所在市（县）	496	28.20
	其他	15	0.85		务工所在省	422	23.99
					外省	841	47.81

在“市民化意愿”方面，问卷主要围绕在城镇定居意愿及原因、在城镇买房意愿及原因、农村承包地和宅基地等开展。调查显示，多数农民工愿意定居城镇和在城镇买房，就业收入、子女教育、发展前途是农民工愿意定居城镇的主要原因，改善生活、子女上学是在城镇买房的主要原因，而买不起房是农民工不愿定居城镇和不愿在城镇买房的主要原因，没有住房也是农民工在城市工作生活的最大困难。无论怎样，多数农民工不愿意放弃农村的承包地和宅基地。

（一）超过一半的农民工想在城镇定居

在“您准备在这座城市继续住多长时间”一题中，被调查农民工中，61.95%的农民工选择“能待多久就待多久”，31.09%的农民工选择“如果可能就在这儿安家住下去”，还有 6.96%的农民工选择“住上几年”（图 1）。绝大部分农民工对所在城市有感情，希望留在当地，甚至在当地安家。

分转移类型看，想在务工城市安家的比重，市（县）内转移的农民工最高，为 35.15%，其次是省内转移，为 34.29%，跨省转移的最低，为 26.91%。

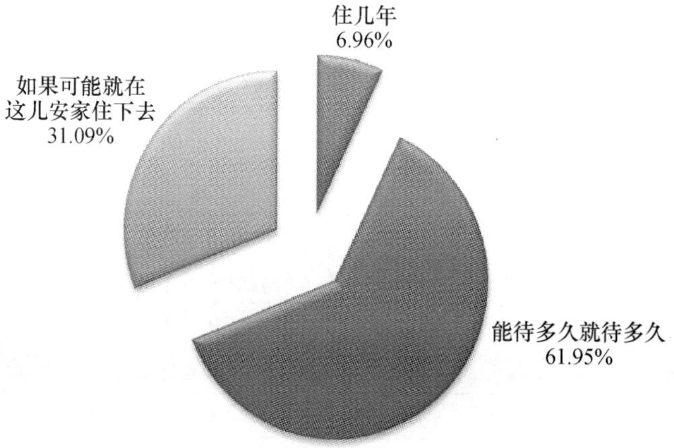

图 1 在务工城市继续住多长时间比例图

除此之外，单身的农民工想在务工城市安家的比重高于已婚的；文化程度越高，想在务工城市安家的比重也就越高，能待多久就待多久和住几年的比重也就越低；技能等级越高，想在务工城市安家的比重也就越高。

如果政策允许户口迁入城镇，54.88％的农民工愿意定居城镇，20.91％选择“说不清”，24.21％选择“不愿意”（图 2）。

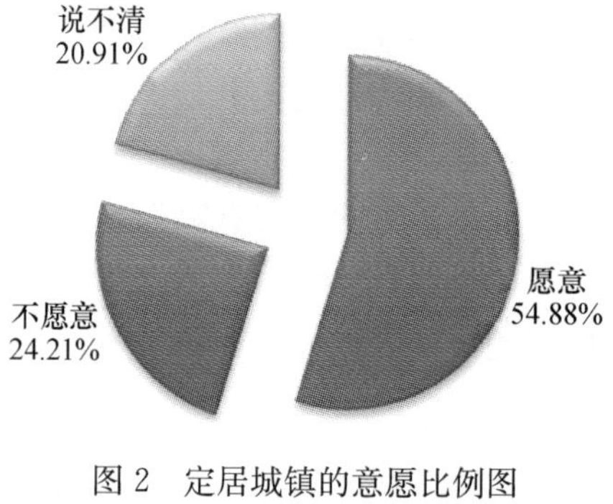

图 2 定居城镇的意愿比例图

分转移类型看，如果政策允许户口迁入城镇，市（县）内转移的农民工愿意定居城镇的比重最高，省内转移的次高，跨省转移的最低；不愿意定居城镇的比重和“说不清”的比重正好相反，均是跨省转移的最高，省内转移的次高，市（县）内转移的最低

分年龄看，老一代农民工不愿意定居城镇的比重为 25.31％，比新生代农民工高 3 个百分点。与新生代农民工相比，老一代农民工对农村和土地更

有一种情结，不愿意定居城镇的比重自然要高些。

已婚的农民工愿意定居城镇的比重为 56.18%，略高于未婚者的 53.43%；不愿意定居城镇的比重为 25.28%，略高于未婚者的 20.96%。结了婚的农民工，更希望家庭稳定，对未来定居何处有清晰定位，未婚的多为新生代农民工，因不知未来在何处成家，对于定居城镇持“说不清”态度的比重也就略高。

除此之外，愿意定居城镇的比重与文化程度呈正相关，与技能等级呈正相关。较高的文化程度和较高的技能水平，有助于农民工更好地适应城镇的就业和生活，融入城市也较快，融入城镇实现市民化的意愿也就更强烈些（图 3）。

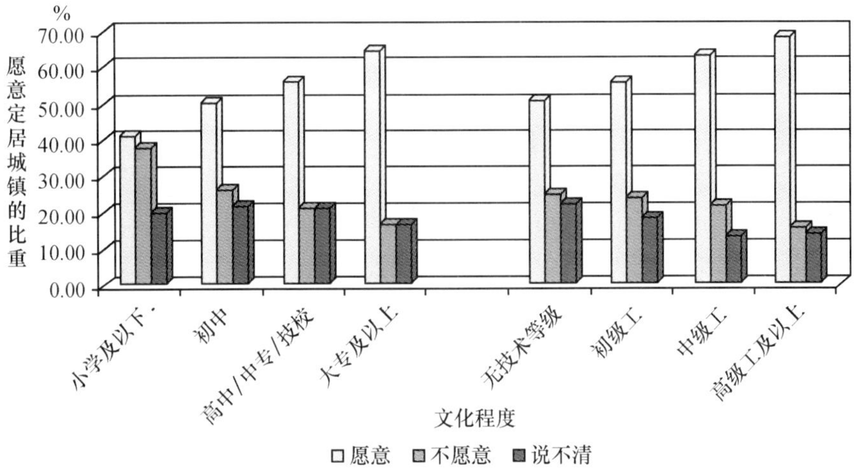

图 3　分文化程度和技能定居城镇的意愿图

（二）就业收入、子女上学和发展前途成为农民工愿意定居城镇的前三位原因

在回答“愿意定居城镇的原因（多选）”的 1 438 份样本中，位居第一的原因是“城市就业机会多，收入有保障”，有 55.70%的农民工选择了这个原因，排第二的原因是“子女能进城上学”，选择此项原因的农民工占 50.28%，第三是“能学技术长见识，有发展前途”，占 36.65%，第四是“享受城镇公共服务”，占 28.86%，第五是“城市看病方便”，占 19.05%（图 4）。

与老一代农民工相比，新生代农民工因“能学技术长见识，有发展前途”而愿意定居城镇的比重更高。“城市业余生活丰富”是未婚农民工愿意

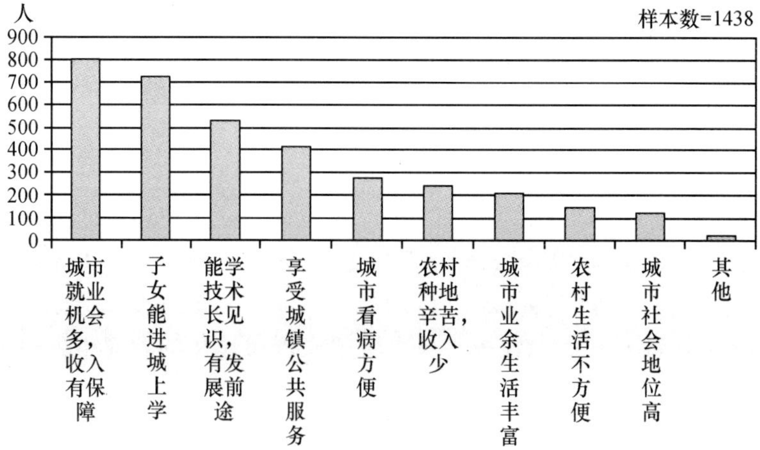

图 4　愿意定居城镇的原因分布图

定居城镇的第五大原因，超过已婚农民工。

分文化程度看，不管文化程度如何，农民工愿意定居城镇的第一、第二位原因均为“城市就业机会多，收入有保障”和“子女能进城上学”。有意思的是，随文化程度的增加，更大比重的农民工选择“能学技术长见识，有发展前途”和“享受城镇公共服务”作为其定居城镇的原因，更少比重的农民工选择“农村种地辛苦、收入少”和“城市看病方便”、“城市社会地位高”作为定居城镇的原因。

（三）“买不起房”是农民工不愿意定居城镇的首要原因

在回答“不愿意定居城镇的原因（多选）”的 1 438 份样本中，排在第一位的是“买不起房”，有 65.29％的农民工选择了此项原因，第二位原因为“城市生活成本太高”，第三、第四位原因分别是“能与家人在一起，孝敬父母”和“农村有地有房子”。约有 13.71％的农民工选择“我们根本不属于这里，迟早要回去”，占第六位原因（图 5）。

分文化程度，因“买不起房”而不愿意定居城镇的农民工占比，随文化程度增加而有所下滑，但仍位居众原因之首。位于第二的原因基本上是“城市生活成本太高”（小学及以下的除外），但这一比重随文化程度增加而上升。选“农村有地有房子”的比重随文化程度增加而下降，选“能与家人一起，孝敬父母”的比重则随文化程度增加而上升，基本上处于第三、第四位的原因（图 6）。

分输出地看，“买不起房”均为首要原因，但随着与家乡距离的增加，

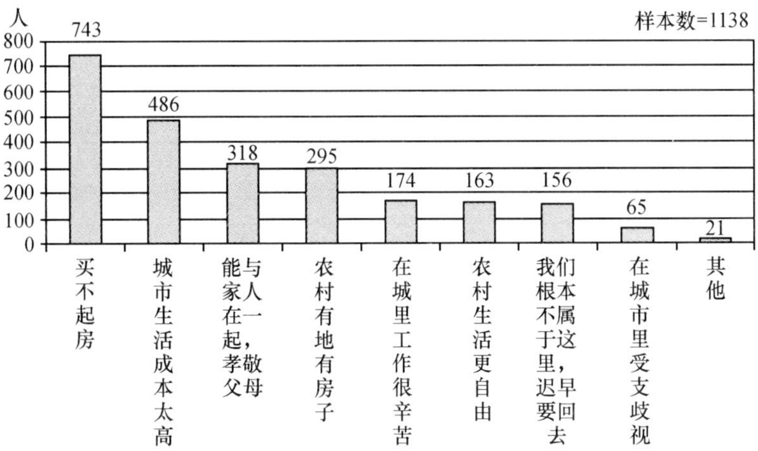

图5 农民工不愿意定居城镇的原因分布图

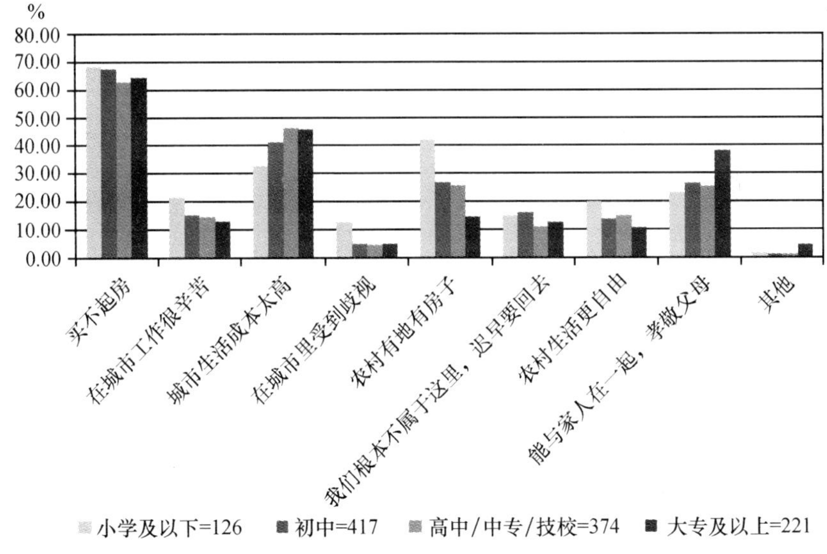

图6 分文化程度农民工不愿意定居城镇的原因比例图

"我们根本不属于这里，迟早要回去"的比重不断上升，但"在城里工作很辛苦"及"在城市受到歧视"的比重不断下降。

（四）"没有住房"是农民工在城市工作生活的最大困难

一半多的农民工认为在城市工作生活的最大困难是"没有住房"，占55.12%，其次是"子女上学难"，占农民工总数的26.70%，第三是"不能照看家人"，占 23.33％，第四是"打工很辛苦"，占 15.84％，第五是"看病难"，占 13.09％。6.92％和 6.35％的农民工选择了"公共服务不足"和"不能融入城市生活"，4.80％的农民工选择了"受到歧视"（图 7）。

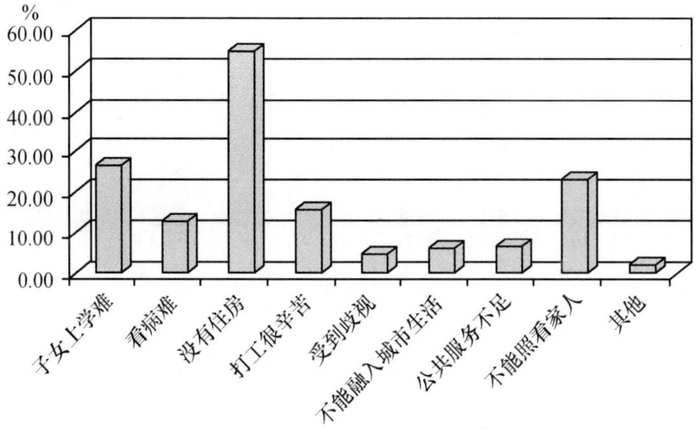

图 7　农民工在城市工作生活的最大困难比例图

（五）城镇对农民工的公共服务仍有待提高

随着经济发展、法律完善和农民工维权意识的提高，越来越多的农民工开始关注城镇公共服务。调查显示，53.69％的农民工认为城镇对农民工提供的公共服务一般，18.89％和 4.52％的农民工认为城镇对农民工的公共服务比较充分和很充分，而 11.85％和 11.05％的农民工认为城镇对农民工的公共服务比较不充分和很不充分（图 8）。若对城镇公共服务赋予一定分值，从"很不充分"到"很充分"分别为从 1～5 的分值，则城镇对农民工的公共服务平均为 2.94 分，即略低于"一般"水平。

（六）近六成农民工愿意在城镇买房

"没有住房"成为农民工在城市工作生活的最大困难，"买不起房"是农民工不愿意定居城镇的首要原因，那农民工是否愿意在城镇买房呢？根据调查显示，59.93％的农民工愿意在城镇买房，40.07％不愿意在城镇买房，愿意和不愿意的比例接近 6∶4。

改善生活和子女上学是农民工愿意在城镇买房的两大原因。农民工之所以愿意在城镇买房，51.03％是想"使生活更方便更舒适"，47.42％是"为子女进城上学提供住所"，16.70％是因为"买了房就可以落户"，这三个因素分列为愿意在城镇买房的前三个原因（图 9）。

房价太高是农民工不愿意在城镇买房的主要原因。农民工之所以不愿意

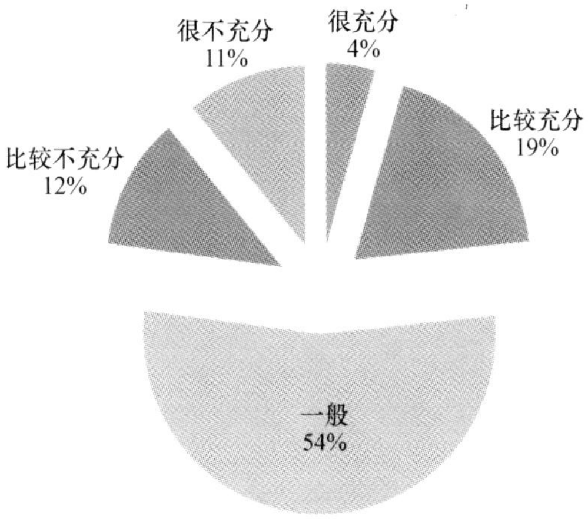

图 8　城镇对农民工的公共服务比例图

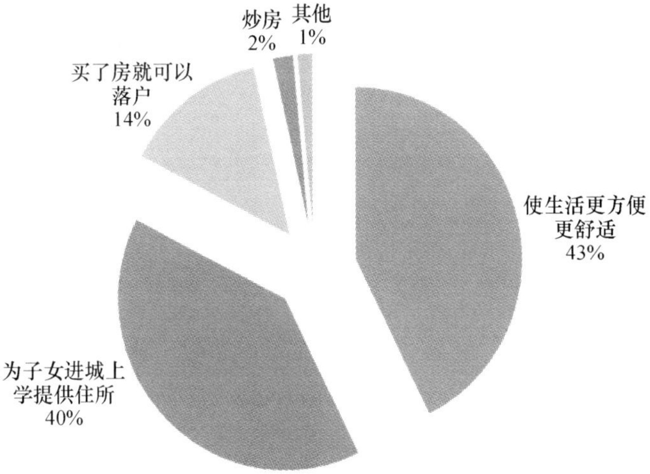

图 9　农民工愿意在城镇买房的原因比例图

在城镇买房，73.45%是因为“房价太高，买不起房”，26.29%是因为“工作不稳定，没必要买房”，10.66%是因为“城市污染严”，这三个因素分列为愿意在城镇买房的前三个原因。除此之外，“未来要回农村”和“城市交通拥挤”各占8.82%和6.29%（图10）。

（七）在落户的同时，多数农民工不愿意放弃承包地和宅基地

如果可以落户大中城市，58.01%的农民工表示不愿意放弃承包地，69.65%的农民工表示不愿意放弃宅基地。

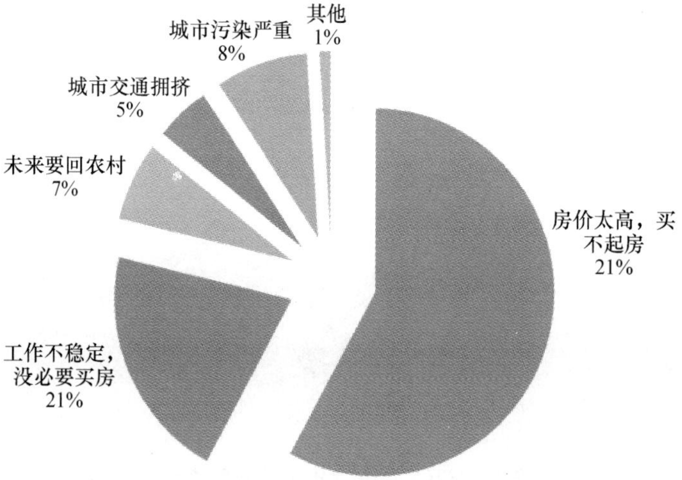

图 10 农民工不愿意在城镇买房的原因比例图

表 4 落户大中城市不愿意放弃承包地的比例 单位：%

平均		58.01	文化程度	小学及以下	73.62
城市	北京	47.77		初中	56.93
	成都	57.98		高中/中专/技校	57.45
	深圳	49.27		大专及以上	53.87
	铜川	71.28	技术等级	无技术等级	59.24
	宜昌	58.72		初级工	54.90
	义乌	62.63		中级工	58.77
年龄	老一代农民工	58.18		高级工及以上	53.91
	新生代农民工	57.11	输出地	务工所在市（县）	60.37
婚姻	已婚	59.20		务工所在省	57.21
	未婚	54.72		外省	56.86

如果可以落户小城镇，73.73%的农民工表示不愿意放弃承包地，78.47%的农民工表示不愿意放弃宅基地。

（八）就业特征如单位性质、行业、岗位、劳动强度、劳动收入、社会保险等，以及在城市的生活适应对农民工市民化意愿产生影响

1. 外出时间较长的农民工更愿意定居城镇

如果政策允许户口迁入城镇，农民工从第一次外出到现在的时间越长，

表 5　落户小城镇不愿意放弃承包地的比例　单位：%

平均		73.73	文化程度	小学及以下	79.75
城市	北京	69.76		初中	74.26
	成都	75.00		高中/中专/技校	72.56
	深圳	71.64		大专及以上	72.15
	铜川	77.24	技术等级	无技术等级	75.33
	宜昌	74.50		初级工	74.18
	义乌	74.05		中级工	70.00
年龄	老一代农民工	70.45		高级工及以上	65.52
	新生代农民工	76.18	输出地	务工所在市（县）	73.43
婚姻	已婚	72.97		务工所在省	72.66
	未婚	75.17		外省	74.26

农民工愿意定居城镇的比例也就越高。从第一次外出到现在时间在 1 年及以下的农民工，愿意定居城镇的比例为 46.37%，不愿意定居城镇的比例为 32.96%，说不清的占 20.67%（图 11）。

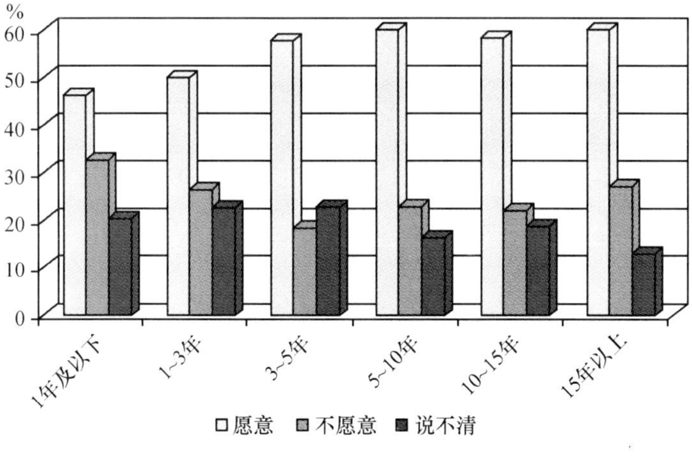

图 11　外出时长与农民工定居意愿图

2. 单位性质、行业和岗位层次影响农民工定居意愿，正式单位的定居意愿更强，建筑业的定居意愿较弱，岗位层次越高定居意愿越强

分单位性质看，在外资企业就业的农民工愿意定居城镇的比例最高，为 68.75%，其次是国有集体企业，为 62.13%，第三是机关事业单位，为 63.64%，第四和第五分别是个体企业和私营企业，愿意定居的比例分别是

57.10%和55.53%，股份制企业第六，愿意定居的比例为52.04%。显然，单位越稳定、工作环境越好，定居的意愿就越强（图12）。

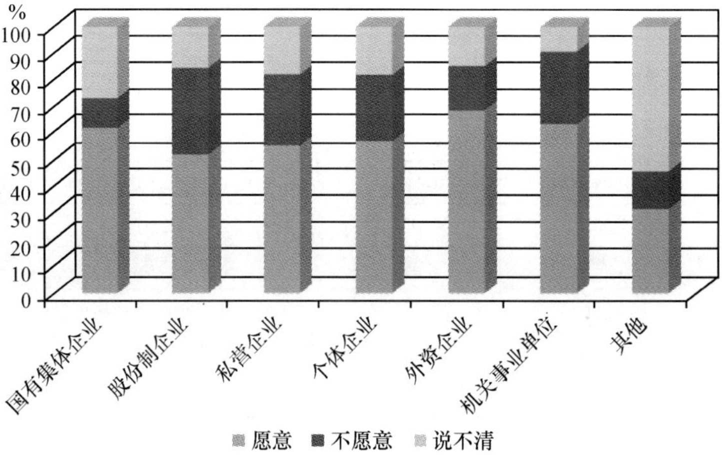

图12　单位性质与农民工定居意愿图

分行业看，比较农民工从事较多的前四个行业，即制造业、建筑业、社会服务业和批发零售业，农民工愿意定居城镇的比例，批发零售业最高，为68.37%，其次是社会服务业，为62.23%，第三是制造业，为55.91%，建筑业最低，仅为46.81%。可以看出，行业辛苦程度与农民工定居城镇的意愿是呈负相关的（图13）。

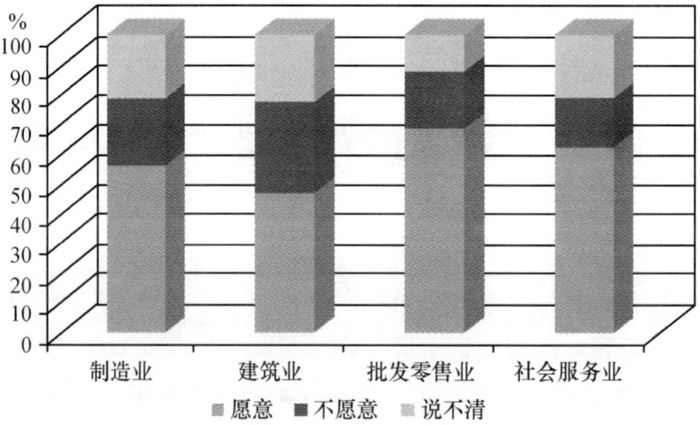

图13　行业与农民工定居意愿图

从工作岗位看，如果政策允许，中高级管理人员愿意定居城镇的比例最高，为66.67%，其次是一般行政人员，愿意定居的比例为62.01%，工程

（专业）技术人员的比例为 55.67%，一线生产或服务人员的比例为 55.03%。基本上，岗位层次越高，愿意定居城镇的比例也就越高，工程（专业）技术人员除外（图 14）。

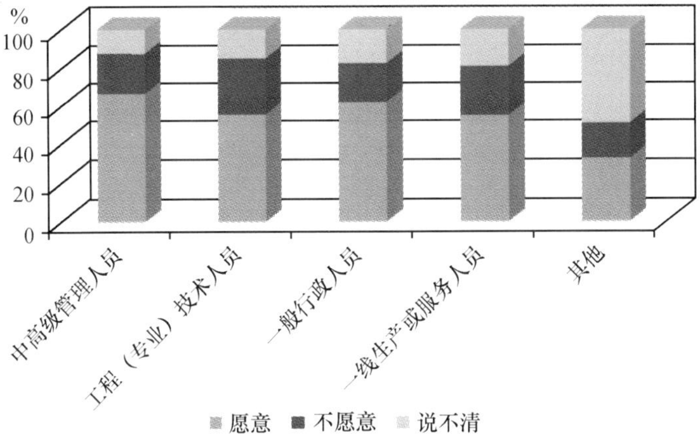

图 14　工作岗位与农民工定居意愿图

3. 劳务派遣工更不愿意在城镇定居，签订合同和参加社会保险的农民工更愿意在城镇定居

从就业身份看，虽然愿意定居城镇的比例，正式职工最低，合同工次低，劳务派遣工次高，其他形式的临时工最高，但明确表示不愿意定居城镇的比例，劳务派遣工最高，其他形式的临时工次高，正式职工第三，合同工最低，即工作越稳定，不愿意定居城镇的比例也就越低（图 15）。

无论哪种社会保险，只要是参保的农民工，愿意定居城镇的比例均高于未参保的，不愿意定居的比例均低于未参保的。其中，参加失业保险的农民工愿意定居城镇的比例最高，参加基本养老保险的次高，参加基本医疗保险的第三，参加工伤保险的第四，参加农村养老保险的最低（图 16）。

4. 工作时间与在城镇定居意愿呈负相关，劳动收入与在城镇定居意愿呈正相关

每天工作时间在 8 小时及以下的农民工，愿意定居城镇的比例较大，其中每天工作 8 小时愿意定居的比例为 63.63%，每天工作不到 8 小时愿意定居的比例为 56.00%。而随着每天工作时间的延长，不愿意定居城镇的比例逐渐增大，每天工作 12 小时以上的农民工愿意定居城镇的比例仅为 29.17%，不愿意定居的比例为 58.33%。这意味着，在城镇劳动强度与定居城镇意愿呈负相关（图 17）。

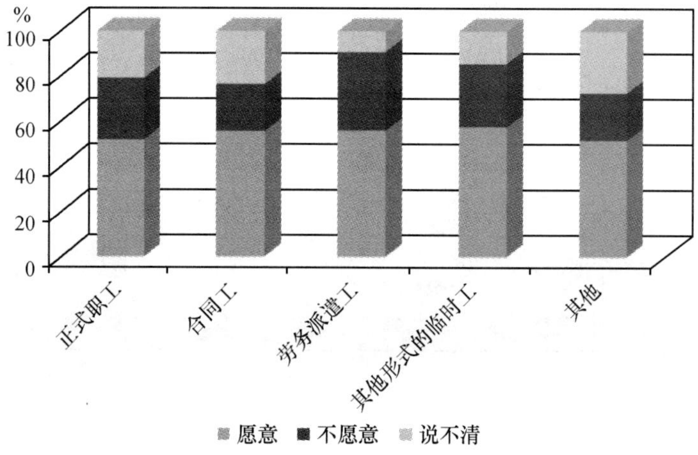

图 15　就业身份与农民工定居意愿图

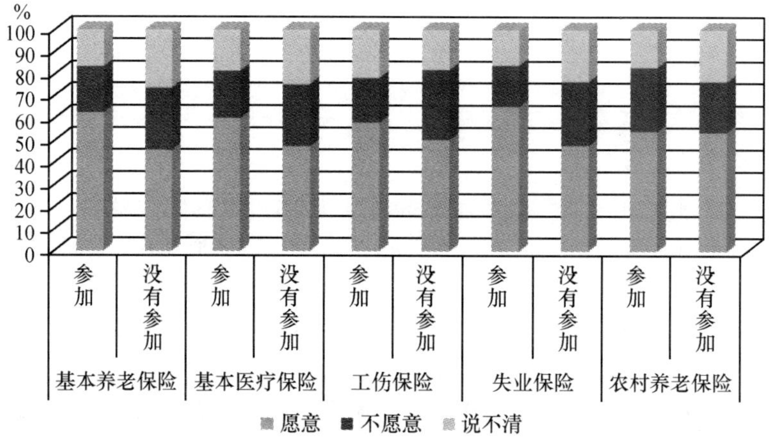

图 16　社会保险参保与农民工定居意愿图

农民工月平均劳动收入在 1 000～1 500 元之间的，愿意定居城镇的比例最高，为 65.57%；在 1 000 元及以下的农民工愿意定居城镇的比例最低，为 46.67%，不愿意定居城镇的比例最高，为 35.56%；月收入在 3 000 元以上的农民工，愿意定居城镇的比例次高，为 59.44%。总体上，收入高低与定居意愿呈一定的正相关（图 18）。

5. 就业满意程度、城市生活适应程度与在城镇定居意愿正相关，有本地人朋友的农民工更愿意在城镇定居

农民工对目前就业的满意程度越高，愿意定居城镇的比例越高，不愿意

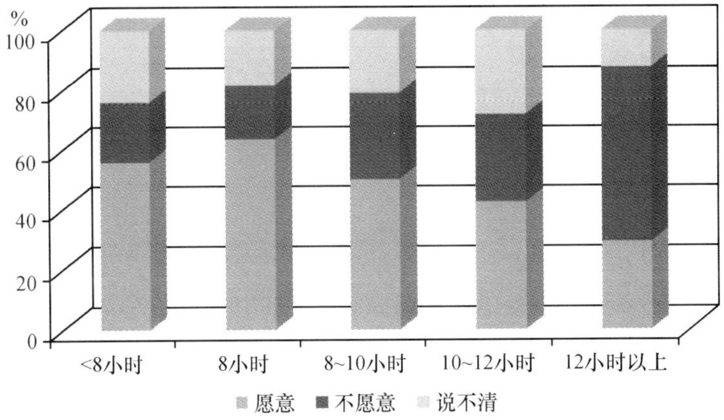

图 17　每天工作时间与农民工定居意愿图

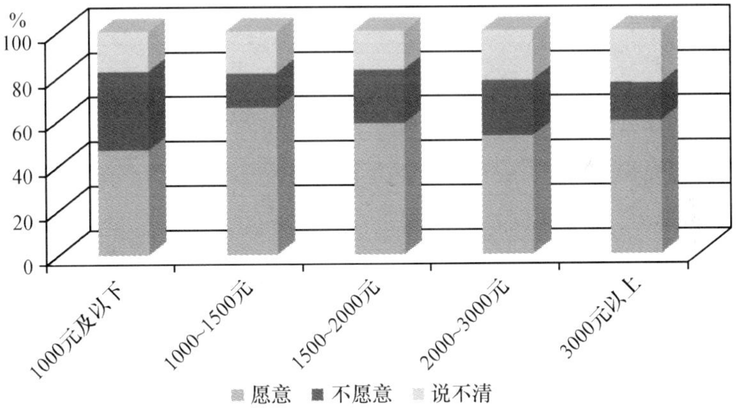

图 18　月平均劳动收入与农民工定居意愿图

定居的比例越低。对目前就业基本满意或很满意的农民工愿意定居城镇的比例为 61.61%，位居第一；对目前就业状况无所谓或中立的农民工愿意定居城镇的比例为 46.55%，居末位；不满意或很不满意的农民工愿意定居城镇的比例为 48.41%，居中（图 19）。

农民工对城市生活的适应程度与定居城镇的意愿呈正相关。“很不适应”的农民工愿意定居城镇的比例为 31.43%，“不太适应”的农民工愿意定居城镇的比例为 41.08%，“比较适应”的农民工愿意定居城镇的比例为 61.39%，“很适应”的农民工愿意定居城镇的比例为 63.40%（图 20）。

有本地人朋友的农民工愿意定居城镇的比例为 58.82%，比没有本地人

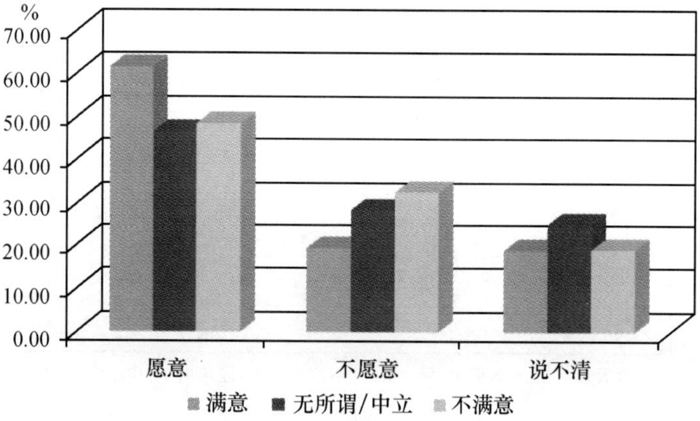

图 19　就业满意度与农民工定居意愿图

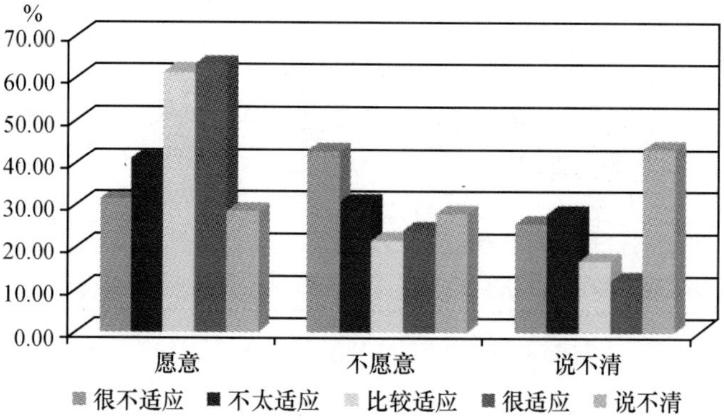

图 20　城市生活适应程度与农民工定居意愿图

朋友的农民工愿意定居城镇的比例（45.70%）高出 13 个百分点，不愿意定居的比例为 21.25%，比没有本地人朋友的农民工低 9 个百分点（图 21）。

四、农民工市民化的必然性

当前农民工问题的持续存在已经成为经济社会发展的重要障碍，既不利于整个宏观经济的稳定，也不利于发展以适度规模经营为目标的现代农业。全面实现农民工市民化，是解决农民工问题的根本途径。农民工市民化不是政府决策，也不是政府恩赐，而是社会发展到一定阶段、不可阻挡的客观规律，不以政府决策为转移。

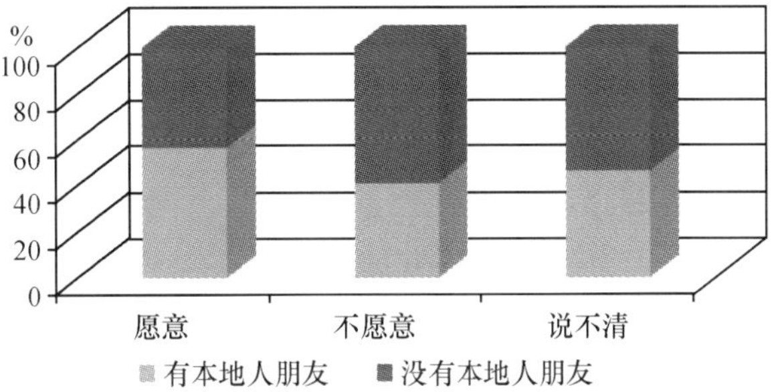

图 21 本地人朋友与农民工定居意愿图

（一）从国际经验看，发达国家都经历了农业劳动力向非农产业转移和城镇快速转移的过程

由于社会制度、经济发展、文化传统的差异，不同国家工业化、城镇化过程中的农村劳动力转移有不同的特点。英国从 17 世纪开始，经过长达近两个世纪的时间，在工业化进程中实现了典型的以圈地运动为特征的农村劳动力强制转移；美国从 19 世纪 20 年代开始，大约用了一个半世纪的时间，完成了工业化进程中农村劳动力自由迁移式的转移；日本从 20 世纪初开始，政府进行有效干预，在近 1 个世纪内快速实现了工业化进程中的农村劳动力转移；韩国在第二次世界大战以后，通过利用外资集中发展工业的策略完成了工业化和农村劳动力的转移。虽然转移模式不同，但这些国家都先后完成二元经济的转换，在工业化进程中实现了大规模的农业剩余劳动力的转移，农业劳动力在社会总劳动力中的比重都由 50％以上下降到 10％以下，英、美还不到 3％。

世界各国农业劳动力转移的模式虽有不同，但有共同特点：一是工业化与城镇化进程基本同步。城镇化是伴随工业化进程而勃兴起来的大规模的城乡人口迁移运动，工业化进程的加快推动城镇化速度的提高，使城镇人口规模迅速扩大。二是转移农业劳动力“进厂就业”与“进城生活”的协调发展，是工业化与城镇化相互推动的关键。若不能解决好“进厂就业”与“进城生活”的协调发展，缺乏政府有效的管理和服务，就会产生严重的失业和贫困现象，诱发诸如“城市病”、“贫民窟”等一系列社会问题，给社会带来不稳定，不仅影响工业化进程，导致城市畸形发展，而且进入城镇的大量农业劳动力不能享受到经济社会发展成果，并通过贫困传导机制影响到下一代人发展，不利于经济社会长远发展。

（二）从经济发展和人口迁移理论看，随着工业化现代化的推进，经济结构调整必然带来劳动力市场的调整，农村劳动力向城市转移就业，实现经济活动市民化

1. 经济发展和人口迁移理论

新古典经济理论认为现代经济发展是以经济结构的变化和相应的人口（劳动力）迁移，尤其是农村向城市的迁移为特征的。所以农村向城市的迁移有利于促进边际劳动生产率低的农村剩余劳动力向边际生产力高的城市部门转移，从而有利于在整个经济范围内提高资源配置的效率。新古典主义经济理论与发达国家的历史经验相吻合。

迁移的推力拉力理论（Herberle 1938，Mitchell 1946，Lee 1965）认为，迁出地的推力（排斥力）（push factors）与迁入地的和拉力（吸引力）（pull factors）共同作用，导致了迁移行为的发生。推力主要有迁出地人口增长、生活水平低、就业机会少等，迫使人们离开故土；拉力主要有迁入地生活水平高、用工需求大、就业机会多等，吸引人们迁移。影响迁移的因素除推力、拉力外，还有一些中间障碍（intervening obstacles），如迁移距离、迁移成本、个人特征等。推拉理论覆盖了人口迁移理论的各主要方面，但也存在严重的理论缺陷：一是它认为迁移决策是个人对迁移收支成本理性比较后作出的选择，忽略了外部因素、尤其是政治强制的影响；二是推拉理论是建立在美国经验的基础上的，对发展中国家农民工流动的适用性有待进一步研究。

刘易斯—费—拉尼斯模型。在刘易斯的“二元结构发展模型”（Lewis，W. A，1954）中，不发达经济是由两个部门组成的：传统的、人口过剩的、仅能维持生存的农业部门（劳动边际生产率等于零）和高劳动生产率的现代城市工业部门（从仅难维持生存的农部门退出的剩余劳动力可以转移到这个部门中来），经济的发展过程就是劳动力由传统部门向现代部门迁移的过程。由于农业劳动生产率的提高和农业剩余产品的增加，这两者是农业劳动力转入现代工业部门的前提条件，费景汉和拉尼斯在此基础上，对刘易斯的“二元结构”发展模型作了修改，根据农业和工业两部门发展的对应关系，把两部门的发展划分为三个阶段，提示在每一个阶段上农业劳动力向工业部门转移的不同特点。刘易斯等人的“二元结构”发展模型与西方发达国家历史上的经济发展过程大体一致，但该理论的几个基本假设条件与多数发展中国家的制度和现实经济并不完全相符。首先，很多发展中国家的城市现代工业部门由于资本有机构成的迅速提高而对农业剩余劳动力的吸收能力十分有限，

有时甚至出现现代工业部门资本投入及生产量都增加而劳动就业量却反而减少的现象。其次，模型的假设是，在农村存在着剩余劳动力，城市里则是充分就业的状况，而广大发展中国家的现实情况恰好相反，国家城市部门存在大量的失业。第三，在广大发展中国家，从农村进入城市的剩余劳动力并未被城市现代工业所吸收，而是在城市的"非正式部门"中形成了一个庞大的就业群。用产业结构发展的模型来解释发展中国家人口由农村向城市的迁移并不十分有效，至少不能完全解释由农村向城市的人口迁移现象。

舒尔茨的"成本—效益"模型。舒尔茨在其名著《人力资本投资》一书中，把"直接用于教育保健以及为了取得良好机会而用于国内移民的费用"均视为人力资本的直接投资。即，用于迁移的花费和用于受教育的费用一样，都是为了获得更大效益的投资，迁移发生与否，取决于迁移成本（cost）与效益（utility）的比较。社会资本在农民工向城市迁移以及在城市择业决策中起着重要作用。社会资本包括社会网络、信任和社会规范等要素（见Puttmum，1995；Colmen，1988 等）。

托达罗的城乡人口迁移模型。托达罗（Todaro，M. P. 1969）、哈里斯和托达罗（Harris & Todara，1970）提出的人口迁移模型对移民行为做出了合理的假设，即潜在的移民将在比较迁移的预期效用和留在农村的预期效用后，再决定是否迁移。这个模型还做了一些前提性假设，包括：农村劳动力市场是完全竞争的；现代部门在城市雇佣劳动力，且工资高于市场出清水平；只有城市居民能在城市申请工作，如果申请工作的人较多，企业要通过抽签方式分配；存在一个"非正规"部门等。许多学者对该模型也提出了一些质疑，如关于非正规部门假设的争议（Piore 1970；Fields 1975；Krueger 1983；Maloney 1996 等）；工资刚性的假设（Williamson 1988 等）。

综合以上理论，经济发展决定人口迁移。在现代社会中，农业生产的现代化及第二、第三产业迅速发展，使经济结构发生巨大变化，导致人们从农业部门转向非农业部门，从农村走向城市，从一个地区迁移到另一个地区，以谋求生存空间和发展机会。

2. 工业化、城镇化、农业现代化"三化"同步推进，决定了农民工未来发展方向必然是市民化

工业化和城镇化平衡推进是实现现代化的基本条件。在经济起飞的快速增长过程中，一方面，工业化、城镇化对农业劳动力的需求大幅增加，带动了农业劳动力向非农产业和城镇的转移；另一方面，大量农业劳动力转移就业，在为工业化提供丰富人力资源的同时，促进了人口的聚集和城镇化的发

展。在此过程中，农民市民化成为不二选择，是工业化发展的结果，是城镇化现代化发展的要求。

我国工业化、信息化、城镇化和农业现代化同步推进将有力推动新生代农民工市民化进程。我国工业化的发展，很大程度上依赖于以农民工为主体的产业大军的有力支撑。目前农民工已成为我国制造业、建筑业和第三产业的主力军，使我国制造业在国际竞争中保持低成本的比较优势，促进了建筑业的发展和壮大，带动了第三产业尤其是服务业的快速发展，在中国工业化进程中功不可没。城镇化的发展过程，同时也是农民工市民化的发展过程。城镇人口以常住人口为统计口径，而非户籍人口，本身就是城镇化、农民工市民化的一个成功。农民工在城市从事的苦、脏、累、险等工作岗位是城镇发展中不可缺少的组成部分，而且农民工对城镇的未来发展怀有美好期望，他们的稳定转移和融入城镇将是中国城镇化发展取得成功的重要标志。农业现代化要求实现土地流转和规模经营，提高农业生产率，这对农村劳动力的数量和质量都提出了要求，进一步使隐性失业的农村劳动力显性化。然而农村劳动力若不能向城市稳定转移并融入城市成为新市民，"三农"问题就不能彻底解决，而城市发展也会受到严重制约。促进农民工市民化，合理配置劳动力资源的城乡分布，是实现农业现代化、增加农民工收入、建设社会主义新农村的前提。

（三）从社会变迁看，现代城市文明代表先进文明，社会结构、社会方式都进入一个全新的发展阶段，城市化进程必然迅速推进

随着社会的进步，文明的提高，人们生活水平逐步的提高，大量农村人口会迁移到城市。城市文明具有更高的人口集中度：一是能更快推动社会文明的发展。二是降低了生活成本。人口集聚到城镇居住，不仅是人的自主选择，也是社会生活发展的自然和必然过程。同等文明程度下，人口集聚可摊低平均成本。

从第五次人口普查开始，我国将进城就业、居住半年以上的流动人口（主体是农民工）计入"城镇常住人口"。按照这一口径计算，2010 年外出 6 个月的农民工占全国城镇人口的 23%，相当于每 4 个城镇常住人口中就约有 1 个是农民工。2005—2010 年，我国城镇化率从 42.99%提高到 49.68%，提高了 6.7 个百分点，其中外出农民工数量增长贡献了 3.6 个百分点，贡献率达到 53.4%。这说明，近年来我国城镇化水平的提高主要是依靠农民工进城就业。

改革开放以来的 32 年间，城镇人口增长了 6.08 亿人，平均每年增加

1 900 万人。但与经济发展水平相比，我国城镇化进程仍然较为落后，特别是目前统计的城镇居民中，外出农民工并没有真正实现定居成为市民，城镇化的质量较低。今后一个时期，我国将面临着提高城镇化水平和质量的双重任务。

根据国际经验并结合中国的国情，预计我国城市化水平的峰值在 70%～75%之间。由于 2010 年我国城镇化率仅为 49.7%，所以还有 20～25 个百分点的发展空间，今后 20 年我国将处于城镇化快速发展阶段，城镇化发展将有力推动农民工市民化进程。

（四）随着新生代农民工思想认识的深化、觉悟的提高，农民工对市民化有着自身的合理诉求

新生代农民工大多是直接从学校步入社会就业，他们对农村和农业缺乏情感，对城市的认同远大于对农村的认同，他们外出就业不再是为挣钱谋生，更多的为了个人的长远发展，他们的最终目标是实现体面就业、体面生活，成为城市人。新生代农民工的思想观念、生活方式等日益与城市居民趋同，融入城市成为新市民，是新生代农民工发展不可逆转的趋势。同时，新生代农民工的就业适应、生活适应和社会适应能力等方面都有很大提高，对他们融入城市有很大的推动作用。

（五）农民工市民化分两步走

农民到流动就业的农民工、再到城镇落户成为新市民，是我国农民工市民化的全过程，但现在的“农民工”现象只解决了市民化过程中的前一半问题，即实现从农民到流动就业农民工的过程，处于“半饥饿”状态，距离从农民工到新市民还有很长一段路要走。事实上，我国特有的城乡间流动的“农民工”现象，一定程度上掩盖了农民工市民化过程中的许多弊端和矛盾，如城市公共服务建设滞后、教育卫生资源紧张等，延缓了农民工市民化的进程。如农民工转移不彻底导致不能从根本上最终实现工业化进程，又如城乡分割劳动力市场和农民工现象都加大了社会管理的成本，阻滞了社会发展和城市化推进。

综合上述，农民工市民化之必然性可做如下归纳：

——农民工市民化是实现社会主义现代化的战略任务。同步发展工业化、信息化、城镇化、农业现代化，是实现现代化的必经之路；农业富余劳动力逐步转变为第二、第三产业工人、转变为城镇市民，是世界各国发展的客观规律。近些年来，我国工业化、城镇化持续快速发展，城镇化率已超过 50%，但进入城镇的农民工绝大多数还只是有就业而未能转变为市民。有序

推进人口城镇化、农民工市民化，是实现现代化的战略任务。

——农民工市民化是适应农民工结构和诉求变化的客观要求。我国农民工人数已经达到第二、第三产业从业人员的一半以上，是工人阶级的重要组成部分，其中20世纪80年代后出生的新生代农民工已成为农民工的主体。新生代农民工具备一定的文化和技能素质，年轻而富有活力，是经济社会发展中宝贵的人力资源；同时，他们期望融入城镇，更加追求平等市民权益、共享经济社会发展成果。不断满足新生代农民工的新诉求、新期盼，是落实以人为本执政宗旨、巩固党的执政基础的客观要求。

——农民工市民化是加快转变经济发展方式的迫切需要。加快转变经济发展方式是“十二五”乃至更长时期的发展主线。推进经济结构战略性调整、科技进步和创新，迫切需要提高劳动者素质，将农民工培养成为稳定就业的新型产业工人；稳步推进城镇化，不断扩大城镇基础设施建设投资需求和消费需求，迫切需要将农民工发展成为在城镇定居并平等享有市民权益的新市民。

——农民工市民化是加强和创新社会管理的重要举措。目前，侵害农民工劳动保障权益的现象仍不同程度存在，劳动合同签订率、参加职工社会保险的比例以及工资收入水平较低，工伤、职业病和劳动争议较多；农民工住房、医疗卫生和随迁子女上学问题还未能完全有效解决，一些长期在城镇稳定就业的农民工难以落户。进一步依法维护农民工劳动保障权益，逐步使大多数农民工在城镇稳定下来并平等享有市民权益，是加强和创新社会管理、促进社会和谐稳定的重要举措。

五、农民工市民化的障碍

在制度层面、社会层面、组织层面都存在影响农民工市民化的障碍。

（一）二元制度羁绊，阻碍了农民工市民化的进程

城乡二元制度中，户籍制度改革虽有所突破，但实质性进展不大。农民工真正注重的不仅是身份的转变，更重要的是权利权益的保障，住房和子女教育是农民工在城市工作生活最关心的两大问题。农民工在城镇居住条件低劣，住房支付能力弱，严重影响了其生活质量，并成为他们融入城镇的最大障碍之一。一些地方开始采取措施改善农民工居住条件，但覆盖农民工的城镇住房保障体系还没有建立。义务教育阶段以公办教育为主接收农民工子女就学的格局基本形成，但地区不平衡，农民工子女学前教育和异地高考问题突出。除此之外，保护农民工合法劳动权益取得了一定进展，但城乡平等的

就业和收入分配制度还未形成；个别地区开始探索农民工在流入地城市社区参加选举，但农民工城市社会参与程度总体很低。

尽管农民进入城市，从事新的职业，却很难改变原有的农民身份，在社会中形成了有别于农民和城市居民的第三类群体。农民工与城市市民清晰地划分为两大群体，这两大群体在生活水平、消费方式、生活质量、人际交往范围、文化习惯等方面存在着明显差别。从而，不仅城乡二元结构没有有效弥合，同时在城市内部又形成新的城市二元结构，主要体现在居住社区上的二元结构、享受公共资源和公共权利上的二元结构、就业上的二元结构。因此，必须从制度上解决农民工城市融合的障碍，从根本上消除城乡隔阂，缩短农民市民化的过程，减少身份转变过程中的痛苦，使我国的工业化、城镇化和现代化进程平稳顺利推进，从二元经济结构向现代社会经济结构顺利转变。

（二）社会阶层歧视，延滞了农民工融入城市的过程

改革开放以来，在城市化进程中出现的农民工，为推动城市经济社会发展做出了历史性巨大贡献。但在现实生活中，农民工仍然是一个特殊的弱势群体，社会地位相当低下，甚至出现中国农民工受社会歧视问题。对农民工歧视主要有三种类型，即制度歧视、经济歧视和文化歧视。对农民工的制度歧视和经济歧视会造成我国社会结构紧张，损害党的执政基础，影响农民工子女的健康成长；对农民工文化歧视的危害性有可能产生对抗城市主流文化的亚文化。经过这些年的发展，各类歧视有所减缓，但农民工在城市中的社会地位依然低下。

面对中国的农村与城市在经济发展水平和生活水平上存在的巨大的落差，农民工在感到失落的同时试图通过自己的努力，如勤奋工作、业余学习等来超越这种鸿沟，在城市中站稳脚跟，然而，城市的大门不会因此而敞开，对他们来说，城市的门槛只会越来越高。从就业角度来看，城市对高技术劳动力的需求越来越强烈，对没有一定技术的劳动力需求越来越低，新生代农民工就业竞争越来越激烈，加上城市“职业保留”政策造成的择业机会不平等，使农民工的多数人处于非正规就业状态，表现为：职业风险大、低报酬、无保险、临时性、不稳定、缺乏安全保证，在面临劳动欺诈和劳动纠纷时合法权益也常常受损。在生活上，城市生活水平越来越高，生活成本越来越大，农民工的收入越来越不能支撑这样的生活水平，面对高成本、高价格的耐用消费品（如住宅），生产耐用消费品的主体，却消费不起自己生产的劳动产品。在社会上，农民工也饱受歧视和冷眼，城市执法部门对他们更

多的是管理和收费，缺少对他们的关爱和服务，一些城市居民将他们看做是“二等公民”，缺乏基本的信任、理解和尊重，等等。所以，尽管农民工在努力融入城市社会，但这种追赶却始终存在断层。城市的底层生活使农民工感到自己“有工资但没有光鲜的事业，有住所但没有‘家’的感觉，有伙伴但没有知心爱人”。尽管因更多的期望没有实现而对现状心存不满，农民工尤其是新生代农民工中的绝大多数人还是希望继续留在外面寻找机会。

（三）组织平台缺失，影响农民工管理工作的效率

农民工管理服务体制仍以应急性和协调性管理为主，不能适应新形势的需要。农民工工作涉及消除经济社会二元体制影响、调整公共政策、划分利益关系、分配公共资源，涉及全局和方方面面，单靠一个部门很难协调。目前，农民工服务管理组织领导体系是由政府人社部门的分管领导负责，办公室也设在人社部门。负责全国农民工工作的机构实际上是由人力资源和社会保障部的农民工工作司负责，相对其量大面广的管理服务对象来说，无论是机构规格、人员编制，还是职能设置都有待进一步理顺和加强。省、市、县各级农民工主管部门机构设置也存在机构不统一、协调不顺畅的问题。这种管理体制仍然局限在应急性管理和协调性管理框架之内，已不能适应农民工工作由管理型向综合服务、维权、保障、融合转变，也与加强社会管理的现实要求不匹配。

农民工党团建设不适应新形势。农民工党建工作涉及农村党建、社区党建、企业党建，是党建工作的薄弱环节。尽管中央要求凡是符合条件的企业都要建立党组织，但是在实际操作中十分困难，绝大多数非公有制企业中没有党组织，党员活动较难开展，很多农民工党员长期不能参加党组织活动。由于类似的原因，农民工团员中经常参加团组织活动的也很少。农民工党团员长期游离于组织之外，党团员作用难以有效发挥。

六、农民工市民化的总体思路

我国农民工在市民化的社会变迁过程中，由于特殊的二元经济制度以及其他因素的制约，他们并未像西方国家那样经历从农民向市民的职业、地域和身份相同步的彻底转变，而是经历了由农民到农民工、再由农民工到市民的“中国路径”（刘传江，2006）。然而，在这条路径下，农民是否选择迁入城市成为市民，并不是政府一声令下他们就会蜂拥入城的，每一个农民将从经济理性的角度出发，全面比较、衡量自己的进城收益和进城成本，最终每个农民工对待市民化以及所走的市民化路径各不相同。因地制宜，分步推

进，把有稳定劳动关系并在城镇居住一定年限的农民工，逐步转为城镇居民，实现农业转移人口的市民化。

（一）总体思路

农民工市民化不仅要在数量上要实现相当部分农民工身份、工作的转化，而且要在质量上要实现工作方式、生活方式、社会交往、价值观念等与城市居民的融化，与国民经济和社会发展相协调。前者是形式上的市民化，后者是内涵上的真正的市民化。因此，农民工市民化是一个长期的过程，要坚定不移、积极稳妥、分步推进。

为此，农民工市民化的总体思路是：**坚持以人为本、深化改革、统筹城乡，促进融合，按照工业化、信息化、城镇化、农业现代化同步发展的要求，积极探索中国特色农业富余劳动力转移道路，按照农民工市民化发展的方向，稳定和扩大农民工就业，提升农民工职业技能，维护农民工劳动保障权益，推动农民工享受基本公共服务，统筹协调好人口分布和经济布局、国土利用的关系，有序推进农民工在城镇落户并平等享受各项市民权益，促进农民工全面发展。**

《国务院关于解决农民工问题的若干意见》提出了农民工工作的基本原则，即“公平对待，一视同仁；强化服务，完善管理；统筹规划，合理引导；因地制宜，分类指导；立足当前，着眼长远。”这40字的基本原则，对当前的农民工工作仍然有重要的指导意义，必须继续坚持。在新的历史阶段推进农民工市民化，还需要在已有原则的基础上，进一步提出适应新形势、新任务的基本原则，主要有如下四点：

——坚持公平对待、共享成果。将公平对待、一视同仁作为解决农民工问题的根本要求，努力保障农民工作为用人单位职工和城镇常住人口的平等权益，着力帮助农民工解决最关心、最直接、最现实的利益问题，实现改革发展成果共享。

——坚持统筹城乡、合理布局。按照区域发展总体战略和主体功能区规划，统筹协调好人口分布和经济布局、国土利用的关系，注重吸纳农民工就业能力与城镇综合承载能力的匹配，逐步调整生产力布局，努力形成农民工在东中西不同区域、大中小不同城市和小城镇以及城乡之间合理分布的发展格局。

——坚持强化服务、促进融合。积极推进城镇基本公共服务由对本地户籍人口提供向包括农民工在内的所有常住人口提供转变，促进农民工个人融入企业、子女融入学校、家庭融入社区、群体融入城镇。

——坚持顶层设计、分步实施。解决农民工问题是一项艰巨的长期任务和复杂的系统工程，要搞好顶层设计，明确发展方向和实现路径，并随着工业化、信息化、城镇化和农业现代化的发展进程，确定阶段性目标和工作重点，循序渐进地予以解决。

（二）农民工市民化的城市和地域布局

促进农民工融入城市实现市民化，要统筹考虑城市布局和地域布局。要完善有利于农民工市民化的发展战略布局。按照国家区域发展总体战略和主体功能区规划，统筹协调好人口分布和经济布局、国土利用的关系，统筹推进工业化和农业现代化、城镇化和社会主义新农村建设、大中小城市和小城镇协调发展。着力发展中西部地区，引导新增投资重点布局在中西部地区；科学规划城市群规模和布局，优先发展中小城市，大力发展县域经济，增强中小城市和小城镇产业发展、公共服务、吸纳就业、人口集聚功能。逐步调整生产力布局，引导农民工数量大但综合承载能力不足的城市向中西部地区有序进行产业转移。在推进大部分农民工市民化的同时，大力推进农业现代化和新农村建设，提高农民收入和生活水平，吸引部分农村青年在农村从事现代农业。最终形成农民工在东中西不同区域、大中小不同城市以及城乡之间合理分布的发展格局。

在保持大城市对农民工吸纳的同时，进一步促进中小城市和小城镇对农村劳动力的吸纳，是农民工市民化的重要策略。要调整城市发展布局，科学编制城市发展规划，以大城市为依托，以中小城市为重点，逐步形成辐射作用大的城市群，促进大中小城市和小城镇协调发展，避免出现“大城市病”、“贫民窟”，使大部分农民工在中小城市实现市民化。

在区域发展布局中，进一步完善输入地与输出地的对接机制，东部沿海地区率先进行产业升级和技术提升，中西部地区做好迎接东部地区产业梯度转移的准备，促进农民工就近就地转移就业。同时，大力发展县域经济，进一步加强小城镇和农村基础设施建设，引导农民工返乡创业。

（三）农民工市民化的产业布局

调整产业发展布局，加快发展第三产业，实现工农业经济的均衡发展，在农业向工业输出优质劳动力资源的同时，保障实现农业现代化所必需的优质劳动力资源；加快产业结构产级，优化产业结构质量，逐步实现从低附加值转向高附加值升级、从高能耗高污染转向低能耗低污染升级、从粗放型转向集约型升级。与此相对应，应加大农民工培训力度，提高技能水平以适应产业升级，鼓励农民工从事第三产业，尤其是家庭服务业。

（四）农民工市民化的目标与速度

农民工市民化的总体目标是，“十二五”期间，农村富余劳动力转移就业新增4 000万人左右，农民工培训每年1 000万人次以上，劳动合同基本覆盖，工资支付基本无拖欠，社会保险覆盖面大幅提升，劳动保障权益得到有效维护；基本享受随迁子女教育、医疗卫生、计划生育、文化生活、社区服务等基本公共服务；3 000万左右的农民工及其随迁家属在城镇落户，农村留守儿童妇女老人面临的就学、生产、生活、安全等问题得到较好解决。到2020年，农村富余劳动力转移就业总量继续增加，农民工职业技能和综合素质显著提高，平均收入比2010年翻一番以上，平等享受输入地各项基本公共服务，农民工及其随迁家属在城镇落户累计达到1亿人左右。此后，再用一段较长的时间，彻底完成农业富余劳动力大规模转移就业过程，农民工能够平等享受各项公共服务，与城市居民融合、与城市文明融化，伴随中国工业化、信息化、城镇化和农业现代化的完成，农民工问题得到根本解决。

七、促进农民工市民化的政策选择

实现农民工市民化的艰巨任务，要有坚强有力的领导和执行机构。必须完善农民工工作机制，各级人民政府要把农民工工作列入经济社会发展总体规划和政府目标考核内容，建立健全考核评估机制，落实相关责任。中央和县级以上政府应设立专门的农民工工作机构，承担艰巨繁难、长期复杂的农民工市民化的任务。同时，农民工市民化更要依靠国家政策措施的有力支持，主要有以下几个方面。

（一）大力稳定和扩大农民工就业

稳定的就业是农民工市民化的基础、前提。农民工只有在城市有稳定的就业，才能有资格谈市民化。这里的稳定就业，不仅指每份工作的持续时间和变换工作的次数，还包括工作条件、劳动强度、工作环境、劳动权益等，即就业的数量与质量的统一。因此，要继续加大对农民工的人力资本投入，积极发展职业教育，加大农民工职业技能培训，提高文化素质和职业技能，从而实现稳定就业、收入增长、自我发展和融入城市。

加强农民工职业培训。将提升农民工职业技能作为职业培训工作重点，实施专项培训计划，加大培训资金投入，逐步提高就业专项资金用于职业培训补贴的比例，落实培训补贴和职业技能鉴定补贴政策。完善培训补贴方式，重点开展订单式培训、定向培训、企业定岗培训，面向市场确定培训职业（工种）、具备资格的培训机构平等竞争、农民工自主选择、政府购买服务并考核评估培训效果；对经认定具备培训能力的企业自主培训农民工，直接给予职业培训补贴。财政、审计等部门依法监督农民工培训经费使用情况，切实保证培训数量和质量。将国家通用语言纳入对少数民族农民工培训内容。大力发展劳动预备制培训。

加快发展农村新成长劳动力职业教育。逐步实现未升入普通高中、高等院校的农村应届初高中毕业生都能接受职业教育，从源头上提高农民工职业技能水平和综合素质。落实中等职业教育农村学生免学费政策和家庭经济困难学生资助政策。支持各地根据需要改扩建符合标准的主要面向农村招生的职业院校、技工院校，支持边远地区各地（市、州、盟）至少建立一所主要面向农村招生的职业院校或技工院校。加强面向农村招生的职业教育教师队伍建设，创新办学模式，提高教育质量。积极推进学历证、职业资格证双证书制度。

提高农民工就业质量。落实就业优先战略，实行城乡统筹的就业政策，保障城乡劳动者平等就业权利。为农民工免费提供公共就业服务，完善全国公共招聘信息服务网，指导人力资源服务机构为其提供就业服务。加强农民工输出输入地劳务对接，健全职业培训、就业服务、劳动维权“三位一体”的工作机制。完善城市管理政策，建设减免收费的农贸市场和餐饮摊位，满足市民生活需求和农民工就业需求。深化小城镇行政管理体制改革，大力发展县域经济，积极支持农产品产地初加工、休闲农业和农村小微企业发展，促进农民工就地就近转移就业。将农民工创业纳入政策扶持范围，完善并落实税收优惠、小额担保贷款及贴息、场地安排、创业孵化基地、创业培训、创业服务等扶持政策。针对农民工创业特点，创新贷款担保方式。做好老少边穷地区、牧区、库区农牧民转移就业工作。促进农民工境外就业。

（二）切实维护农民工劳动保障权益

规范农民工劳动用工管理。深入开展农民工劳动合同签订“春暖行动”，在流动性大、季节性强、用工时间短的农民工中推广简易劳动合同示范文本，对小微企业经营者开展劳动合同法培训，努力实现农民工签订劳动合同广覆盖。规范劳务派遣用工行为，依法清理建设领域违法发包分包行为。整合劳动用工备案及就业失业登记、社会保险登记，实现对企业使用农民工的动态管理。健全劳动标准体系和劳动关系协调机制，构建和谐劳动关系。

保障农民工劳动报酬权益。在建设领域和其他欠薪多发的行业全面推行工资保证金制度，在欠薪多发的市县建立完善欠薪应急周转金制度，完善并落实工程总承包企业对所承包工程的农民工工资支付全面负责制度、劳动保障监察执法与刑事司法联动治理欠薪制度和地方政府负总责制度，推广实名制工资支付银行卡，努力实现农民工工资基本无拖欠。落实农民工与城镇职工同工同酬原则，加强劳动定额标准管理。稳步提高最低工资标准，推动农民工参与工资集体协商，努力使最低工资标准增长幅度适当高于社会平均工资增长幅度，生产一线职工工资增长幅度适当高于本企业职工平均工资增长幅度，促进农民工工资水平合理提高。

努力实现农民工参加社会保险全覆盖。老有所养，是解决农民工留居城市后顾之忧的重要内容，也是农民工市民化后维护社会稳定的重要支撑。要督促各类用人单位依法为其招用的农民工参加社会保险、缴纳社会保险费。对劳务派遣单位或用工单位侵害被派遣农民工社会保险权益的，依法追究连带责任。研究完善基本养老保险缴费基数和比例政策，促进农民工等各类群体普遍参加养老保险。研究保障农民工中的个体工商户、未在用人单位参加基本养老保险的非全日制从业人员以及其他灵活就业人员参加基本养老保险的权利。建立健全职工与城乡居民养老保险制度衔接办法，整合城乡居民基本医疗保险制度，保障农民工顺畅转移社会保险关系。完善和落实相关法规，努力做好未参保用人单位的农民工工伤保险待遇保障工作，实现农民工与城镇职工平等参加失业保险、生育保险并平等享受待遇。整合各项社会保险经办管理资源，优化经办业务流程，加快全国社会保障信息管理系统建设和社会保障卡发放步伐，增强对农民工社会保险服务能力。

加强农民工安全生产和职业健康保护。全面落实企业安全生产和职业病防治主体责任，督促企业完善相关制度，加大相关投入，改善劳动条件，加强工程技术防护、个人防护和女职工、未成年工特殊劳动保护，对接触职业病危害作业的农民工开展职业健康检查、建立监护档案。完善工作机制，强化高危行业和中小企业一线操作农民工安全生产和职业健康教育培训，将安全生产和职业健康相关知识纳入职业技能教育培训内容。严格执行特殊工种持证上岗制度、安全生产培训与企业安全生产许可证审核相结合制度。建立健全联合执法机制，依法查处企业安全生产和职业健康违法违规行为。建立重大职业病危害预警机制，完善职业病诊断、鉴定、治疗的法规、标准和机构网络。实施农民工职业病防治和救助行动，深入开展粉尘与高毒物品危害治理，保障无法追溯用人单位及用人单位无法承担相应责任的农民工职业病患者享受相应的生活和医疗待遇。

畅通农民工维权渠道。全面推进劳动保障监察网格化、网络化管理，完善劳动保障违法行为排查预警、快速处置机制，加强用人单位用工守法诚信管理，健全举报投诉制度，及时受理和依法查处用人单位侵害农民工权益的违法行为。按照“鼓励和解、强化调解、加快仲裁、衔接诉讼”的要求，及时妥善处理农民工劳动争议。畅通农民工劳动争议仲裁申诉“绿色通道”，简化受理立案程序，提高仲裁效率。建立农民工集体劳动争议调处机制。大力加强劳动保障监察机构、劳动人事争议仲裁院和基层劳动争议调解组织建设，完善服务设施，增强维护农民工权益的能力。

加强对农民工的法律援助和法律服务工作。健全基层法律援助和法律服务工作网络，积极支持依法成立的专业化农民工法律援助机构，继续利用中央专项彩票公益金支持农民工法律援助工作。建立法律援助补充事项范围和经济困难标准的动态调整机制，将更多农民工纳入法律援助覆盖范围。简化法律援助申请受理审查程序，完善异地协作机制，方便农民工异地申请获得法律援助。畅通法律服务热线，加大普法力度，不断提高农民工的法治意识和法律素质。

（三）努力推动农民工享受基本公共服务

深化基本公共服务制度改革。农民工及其随迁家属在输入地落户前，应依法进行居住登记、申领居住证，持居住证和相关就业证明享受规定的基本公共服务。各地区、各有关部门要逐步按照常住人口配置基本公共服务资源，明确持居住证和相关就业证明的农民工及其随迁家属可以享受的基本公共服务项目，并不断提高综合承载能力、扩大项目范围，努力实现各项基本公共服务与户口性质脱钩，覆盖全体农民工及其随迁家属。

保障农民工随迁子女平等接受教育的权利。子女教育，毋庸置疑是农民工在城市稳定就业后选择是否落户城镇首先要考虑的因素。输入地要将农民工随迁子女教育纳入教育发展规划，合理规划学校（幼儿园）布局，科学核定教师编制，足额拨付教育经费，按要求保障好农民工随迁子女平等接受学前教育、义务教育和参加中考、高考的权利。公办义务教育学校、幼儿园要普遍对农民工随迁子女开放，与城镇户籍学生（儿童）混合编班，统一管理。对在公益性民办学校、幼儿园接受义务教育、学前教育的，采取政府购买服务等方式落实支持经费，督促和帮助学校、幼儿园提高教育质量。简化程序，实行农民工持居住证和相关就业证明办理随迁子女义务教育、学前教育入学（入园）手续。完善和落实好符合条件的农民工随迁子女接受义务教育后在输入地参加中考、高考的政策。开展关爱流动儿童活动，帮助农民工随迁子女解决因学习条件艰苦、学业基础薄弱而产生的问题。

加强农民工医疗卫生服务工作。病有所医，是农民工是否留在城市考虑的重要因素。当前，农民工医疗卫生服务利用总体不足，医疗卫生资源配置不能适应农民工医疗卫生服务需求。加强农民工疾病预防控制工作，做好聚居地的疾病监测、疫情处置和突发公共卫生事件应对，强化对农民工的健康教育、妇幼保健和精神卫生工作。全面实施扩大国家免疫规划，保障农民工适龄随迁子女平等享受免疫服务权益。加强农民工艾滋病防治工作，落实“四免一关怀”政策。建立健全社区卫生服务网络，提高基层医疗服务能力，并将农民工纳入服务范围。

推进农民工计划生育基本公共服务。努力为农民工提供平等的计划生育基本公共服务。国家、省级免费孕前优生健康检查试点地区要将农民工纳入目标人群。巩固完善流动人口计划生育服务管理全国“一盘棋”工作机制，加强考核评估，落实输入地和输出地责任。做好流动人口发展状况动态监测工作。加强流动人口计划生育协会建设，开展流动人口计划生育“关怀关爱”活动。

不断改进为农民工服务的方式。在农民工输入相对集中的城市，通过建立农民工综合服务平台或依托街道社区居民服务平台、劳动就业社会保障服务平台等方式，整合各部门公共服务资源，为农民工提供便捷、高效、优质的“一站式”综合服务。要加大农民工公共服务的经费投入。深化公共财政制度改革，中央和地方财政部门要按照推进基本公共服务均等化的要求，在规定的政策和资金渠道内统筹考虑农民工培训就业、社会保障、公共卫生、随迁子女教育等基本公共服务的资金需求，加大投入力度，为农民工平等享受基本公共服务提供经费保障。各级财政部门要将农民工工作经费纳入公共财政预算支出范围。

创新和加强工青妇组织对农民工的服务，充分发挥社会组织服务农民工的积极作用。积极创新工会组织形式和农民工入会方式，最大限度地将农民工组织到工会中来。各级工会、共青团、妇联组织要切实履行维护农民工权益的职责，开展关爱农民工及其子女等活动。按照培育发展和管理监督并重的原则，对为农民工服务的社会组织正确引导、给予支持，充分发挥他们为农民工提供服务、反映诉求、协同社会管理、促进社会融合的积极作用。改进对服务农民工的社会组织的管理，完善扶持政策，通过开展业务培训、组织经验交流、政府购买服务等方式，引导和支持其依法开展服务活动。

（四）积极有序地推进农民工在城镇落户

加快改革户籍制度。要按照国家有关户籍制度改革的决策部署，统筹考虑地区经济社会发展水平和城市综合承载能力，出台具体政策措施，在充分尊重农民工意愿前提下，有序推进符合条件的农民工及其随迁家属在城镇落户，全面享受城镇公共服务。要加快落实放宽中小城市和小城镇落户条件的政策，大城市和特大城市也要有计划、有步骤地让符合条件的农民工及其随迁家属落户。要建立多部门协作机制，申请在城镇落户的农民工人数多的地方可开通专门服务通道，做好政策衔接和服务工作。

逐步改善农民工居住条件。住有所居，是农民工在城镇落户并市民化的先决条件。农民工在城镇居住条件低劣，住房支付能力弱，严重影响了其生活质量，并成为他们融入城镇的最大障碍之一。深化土地管理制度改革，统筹规划城镇常住人口规模和建设用地面积，将农民工住房问题纳入住房发展规划，改进土地供应政策，健全住房供应体系，完善住房保障制度，通过个人、企业和政府共同努力，逐步解决农民工住房问题。增加中小户型普通商品住房供给，规范房屋租赁市场，支持有条件的农民工购买商品住房或租赁社会住房，并按规定享受购房契税和印花税等优惠政策。完善住房保障体系，将符合条件的农民工纳入公共租赁住房等供应范围。开发区、产业园区可以按照集约用地的原则，集中建设单元型或宿舍型公共租赁住房，面向用人单位或农民工出租。允许企业在符合规划和规定标准的用地规模范围内，利用企业办公及生活服务设施用地建设农民工集体宿舍。逐步将在城镇稳定就业的农民工纳入住房公积金制度，督促和指导建设施工企业改善农民工住宿条件。

保障农民工土地、宅基地和集体经济权益，是促进、吸引农民工进城落户的重要政策。要做好农民工土地承包经营权确权、登记、颁证工作，推进延包后续完善。建立健全土地承包经营权流转市场，加强流转管理和服务。建立健全土地承包经营纠纷的调解仲裁体系和调处机制。健全农村集体产权制度，完善农村集体经济运营机制，保护农民工的集体经济权益。完善相关法律和政策，妥善处理好农民工及其随迁家属进城落户后的土地承包经营权、宅基地使用权、集体收益分配权问题。现阶段，农民工落户城镇，是否放弃宅基地和承包的耕地、林地、草地，必须完全尊重农民本人的意愿，不得强制或变相强制收回。

更进一步说，要正确处理农民工市民化与新农村建设、农业现代化的关系。在促进农民工市民化的过程中，要充分考虑农民工的当前利益和长远生计。一是保障农民工的“三权益”。土地承包经营权、宅基地使用权、集体收益分配权等，是法律赋予农民工的财产权利，无论他们是否还需要以此作为基本保障，也无论他们是留在农村还是进入城镇，任何人都无权剥夺。因此，在任何情况下都要尊重和保护农民以土地为核心的财产权利，应当让他们带着这些权利进城，也可以按照依法自愿有偿的原则，由他们自主流转或处置这些权利。这不仅可以让农民工进退有路、更有底气，还有利于规范发展农村的土地承包经营权流转市场，促进适度规模经营和农民现代化发展。二是发展现代农业需要培养新一代新型农民，因此要加快发展农村职业教育，加强农业技术培训，采取有力的政策措施鼓励优质的农村劳动力留在农村、投身于现代农业发展和新农村建设。

关爱农村留守儿童、留守妇女和留守老人。建立健全农村留守儿童、留守妇女和留守老人关爱服务体系。实施“共享蓝天”关爱农村留守儿童行动，完善工作机制、整合资源、增加投入，依托中小学、村委会或农村社区普遍建立关爱服务阵地，做到有场所、有图书、有文体器材、有志愿者服务。按照安全、便利原则，加快农村幼儿园和寄宿制学校建设，优先满足留守儿童入托和寄宿需求，落实农村义务教育阶段家庭经济困难寄宿生生活补助政策。实施农村义务教育学生营养改善计划，开展心理关怀等活动，促进学校、家庭、社区有效衔接。加强农村“妇女之家”建设，培育和扶持妇女互助合作组织，帮助留守妇女解决生产、生活困难。全面实施新型农村社会养老保险，建立健全农村老年社会福利和社会救助制度，发展适合农村特点的养老服务体系，努力保障留守老人生活。加强社会治安管理，开展平安家庭示范县、示范村创建活动，保障留守儿童、留守妇女和留守老人的安全。

加强城市农民工统计和信息监测工作，及时掌握农民工在城镇就业、落户的规模和速度，反映农民工市民化过程中的困难和问题。加大投入，建立输入地与输出地相结合、综合统计与行业统计相结合、标准统一、信息共享的农民工统计调查监测体系。

（五）努力促进农民工社会融合

精神文化、价值观念的认同是农民工能否真正市民化的重要因素，社会融合是农民工市民化的最后一道关口，也是检验市民化成功与否的重要指标。农民工在城市文化生活单调，形式简单，成为城市文化生活的旁观者和边缘人，其社交活动方式主要是一种地缘性、亲缘性的关系，与城市居民的交往很弱，这使农民工难以融入城市居民之中。要积极营造有利于农民工融合的社会氛围。坚持正确的舆论导向，引导新闻媒体通过多种方式，宣传农民工的正面形象，宣传城市和广大市民对农民工的热忱欢迎，大力宣传推动解决农民工问题的好经验、好做法和农民工中的先进典型，让党和政府解决农民工问题的各项方针政策深入人心。对优秀农民工和农民工工作先进集体及个人进行表彰奖励，努力使尊重农民工、公平对待农民工、让农民工共享经济社会发展成果成为全社会的自觉行动，吸引农民工落户。

保障农民工依法享受民主政治权利。重视从农民工中发展党员，健全城乡一体、输入地党组织为主、输出地党组织配合的农民工党员教育管理服务工作制度。积极推荐优秀农民工作为各级党代会、人大、政协的代表、委员，在评选劳动模范、先进工作者等方面与城镇职工同等对待。支持农民工在职工代表大会、居民委员会、村民委员会等组织中依法行使民主选举、民主决策、民主管理、民主监督的权利。

丰富农民工精神文化生活。加快推进重点文化惠民工程，继续推动图书馆、文化馆（站）、博物馆等公共文化服务设施向农民工免费开放。定期举办导向性和示范性文化活动，继续推进“两看一上”（看报纸、看电视、有条件的能上网）活动。完善公共文化服务体系，提高服务效能，利用社区文化活动室、公园、城市广场等场地，经常性地开展群众文体活动，促进新老市民交往、交流。引导农民工积极参与全民阅读活动。鼓励企业开展面向农民工的公益性文化活动，加强企业文化建设。鼓励文化单位、文艺工作者和其他社会力量为农民工提供免费或优惠的文化产品和服务，有条件的地方要为农民工文化消费提供适当补贴。

加强对农民工的人文关怀。关心农民工工作、生活和思想状况，加强思想政治工作，引导农民工积极树立社会主义核心价值观，培育自尊自信、自立自强、理性平和、积极向上的心态。开展新市民培训，引导农民工培养诚实劳动、爱岗敬业的工作作风和文明、健康的生活方式，尽快顺利融入城镇。对有需要的农民工开展心理疏导。

加强对新生代农民工的消费引导，促进消费结构的合理化，进一步提高在城市的生活适应能力。新生代农民工的消费水平和消费结构正在向城市居民趋同，但部分新生代农民工仍有不良的消费结构，甚至将钱用在不当之处。因此，要加强对新生代农民工消费的积极引导和教育，帮助他们形成良好的消费风气，树立正确的消费观念，建立积极向上的消费文化，从而促进他们的消费结构进一步合理化，更好地适应城市生活。

建立社会信任机制，扩大新生代农民工的社会交往，提高他们的社会适应能力，促进新生代农民工与城市居民更快、更好的融合。社会交往是新生代农民工融入城市的重要环节。要打破城乡之间、城市居民与农民工之间的界限，加强他们之间交流与互动，建立社会信任机制，建设新型、和谐的城市文化。提升新生代农民工的社会网络资源，加大对新生代农民工的综合素质的培养，消除城市市民对新生代农民工的歧视心理，重视新生代农民工心理问题的疏导工作，从而促进新生代农民工更好地融入城市生活。

课题组成员：郑东亮　汪志洪　王淑霞　徐　艳　陈　兰　陈　伟
李盅盅　赵立卫　陈玉洁
报告执笔人：汪志洪　陈　兰

农民工社会保险关系转移接续政策研究

人力资源社会保障部社会保障研究所课题组

农民工是我国最大的流动就业群体。他们不仅在城镇间频繁地流动就业，而且还跨城乡流动，给社会保险关系转移接续带来挑战。近年来，虽然国家陆续出台了有关基本养老保险、基本医疗保险关系转移接续的政策规定，但在实际执行中还有诸多问题有待解决，仍存在基本养老、医疗保险关系转移接续不够畅通、农民工流动就业异地就医难等问题，特别是城乡养老保险关系转移接续政策缺失，跨城乡转移难的问题较为突出，从而使农民工的合法社会保险权益难以有效保障。鉴此，人力资源和社会保障部农民工司委托部社会保障研究所就此进行专题研究，以切实解决农民工的社会保险关系转移接续难题，保障其合法权益，维护社会公平与稳定。

一、农民工社会保险及其关系转移接续的主要政策

农民工社会保险关系转移接续主要涉及职工基本养老保险、基本医疗保险制度内的转移接续以及基本养老保险跨城乡转移接续等项问题。目前，国家层面有关农民工养老保险、医疗保险以及跨城乡养老保险关系转移接续的现行法律法规和主要政策如下：

（一）农民工养老保险关系转移接续

2009 年 12 月，国务院颁布《关于转发人力资源社会保障部财政部城镇企业职工基本养老保险关系转移接续暂行办法的通知》（国办发［2009］66 号，以下简称“66 号文”），明确了包括农民工在内的流动就业人员的基本养老保险关系转移接续的具体政策。主要包括以下几项内容：一是明确不能退保。即包括农民工在内的所有参加城镇企业职工基本养老保险的人员，其基本养老保险关系可在跨省就业时随同转移，未达到待遇领取年龄前，不得终止基本养老保险关系并退保。二是明确资金转移量。在转移个人账户储存额的同时，还转移 12%的由单位缴纳的统筹基金。三是明确参保人员在各地的缴费年限合并计算。参加基本养老保险缴费年限累计满 15 年以上（含 15 年），达到退休年龄时可以享受养老待遇。参保人员在各地的缴费年限合并计算，个人账户储存额累计计算，对农民工一视同仁。四是明确退休地。按

照户籍地优先，“从长、从后”计算的原则，确定养老保险待遇领取地。参保人员户籍所在地与最后参保地一致时，在户籍所在地办理待遇领取手续，享受基本养老保险待遇；当户籍所在地与最后参保地不一致时，如果在最后参保地参保满10年，则在最后参保地领取待遇；如在最后参保地参保不满10年，依次向前推至满10年的参保地办理待遇领取手续；各地参保都不满10年，则在户籍所在地办理待遇领取手续。五是规范经办管理流程。为避免参保人员因办理关系转接而在两地往返奔波，66号文规定了统一的办理流程，参保人员离开就业地，由社保经办机构发给参保缴费凭证；在新就业地参保，只需提出转续关系的书面申请，转入地和转出地社保经办机构则为其协调办理审核、确认和跨地区转接手续。

2011年7月1日正式实施的《社会保险法》从法律层面进一步明确了跨地区就业的劳动者的基本养老保险关系转接的原则与方法。该法第十九条规定：“个人跨统筹地区就业的，其基本养老保险关系随本人转移，缴费年限累计计算。个人达到法定退休年龄时，基本养老金分段计算、统一支付。具体办法由国务院规定”。

为进一步做好相关工作，人社部先后发布《城镇企业职工基本养老保险关系接续业务经办规程（试行）》（人社部发［2009］187号）、《关于开展城镇企业职工基本养老保险关系转移接续系统建设和应用工作的通知》（人社部函［2010］124号）、《关于印发城镇企业职工基本养老保险关系转移接续若干具体问题意见的通知》（人社部发［2010］70号）和《基本养老保险关系转移接续信息表有关问题的处理意见》（人社险中心函［2011］58号）等有关文件。各地为更好贯彻落实国家政策，转发或者出台了相关实施意见。有的省份结合省内情况，对国家政策予以了细化和完善。例如，调研地区江苏省为进一步优化省内养老保险关系转接经办流程，减少业务经办环节，提高工作效率，下发了《关于进一步做好企业职工基本养老保险关系省内转移接续工作的通知》（苏人社发［2011］583号），明确自2012年1月1日起，参保人员在省内跨地区流动办理基本养老保险关系转移时，只转移基本养老保险关系和个人账户档案，不再转移个人账户储存额和统筹基金。

（二）农民工医疗保险及其关系转移接续

1998年，国务院发布《关于建立城镇职工基本医疗保险制度的决定》（国发［1998］44号），规定城镇职工基本医疗保险（下称“职工医保”）的覆盖范围为：城镇所有用人单位，包括企业（国有企业、集体企业、外商投资企业、私营企业等）、机关、事业单位、社会团体、民办非企业单位及其职工。同时指出，乡镇企业及其职工、城镇个体经济组织业主及其从业人员是否参加基本医疗保险，由各省、自治区、直辖市人民政府决定。

根据这一政策，职工医保的覆盖面可以理解为城镇正规就业的职工，而与户籍没有必然的联系。然而，在我国二元户籍体制下，农业户口的人难以获得城镇正规就业的职工身份，因此实际上农民工难以参保。并且，农民工比较集中的乡镇企业和城镇个体经济组织是否纳入医疗保险尚未明确。

2003年，国务院办公厅转发卫生部等部门《关于建立新型农村合作医疗制度意见的通知》，提出农民以家庭为单位参加新型农村合作医疗（以下简称“新农合”）。这意味着具有农业户籍的农民工群体应该以家庭为单位在户籍所在地参加新农合。但是大部分农民工“人户分离”，因此在户籍所在地参保，并不能真正享受到医疗保障。

2006年3月，国务院《关于解决农民工问题的若干意见》中把“缺乏社会保障”作为维护农民工权益需要解决的突出问题之一。并指出，要积极稳妥地解决农民工社会保障问题，优先解决工伤保险和大病医疗保障问题。2006年6月，劳动和社会保障部发起了《农民工参加医疗保险专项扩面行动》，要求按照“低费率、保大病、保当期、以用人单位缴费为主”的原则，将农民工纳入医疗保险制度范围。同时，明确了相关配套措施，包括完善农民工参加医疗保险和新型农村合作医疗的衔接；完善参保缴费登记办法，方便农民工参加医疗保险；根据农民工流动就业的特点，探索农民工异地就医的医疗费用结算方式等，从而为农民工在城镇参加医疗保险打开了大门。

2007年，国务院发布《关于开展城镇居民基本医疗保险试点的指导意见》，明确城镇居民基本医疗保险（以下简称“居民医保”）覆盖范围为“中小学、少年儿童和其他非从业城镇居民”。由此可见，居民医保可以不覆盖农村户籍的农民工家属。

2009年，人力资源和社会保障部等三部门印发《流动就业人员基本医疗保障关系转移接续暂行办法》（人社部发［2009］191号），进一步梳理了现行的农民工参保问题：首先，明确户籍不再是参保的条件，城乡各类流动就业人员按照现行规定相应参加城镇职工基本医疗保险、城镇居民基本医疗保险或新型农村合作医疗，不得同时参加和重复享受待遇，且各地不得以户籍等原因设置参加障碍。第二，明确有固定劳动关系的农业户籍人员参加职工医保，无固定劳动关系的农民工可以自愿选择参加户籍所在地新型农村合作医疗或就业地城镇基本医疗保险。这一规定为农民工家属在居住地参加居民医保开了口子。第三，农民工随着居住地点的转移，可以跨统筹地区转移医保关系。

2010年，《社会保险法》明确“个人跨统筹地区就业的，其基本医疗保险关系随本人转移，缴费年限累计计算”。2012年6月，国务院批转人社部等六部委联合制定的《社会保障“十二五”规划纲要》，进一步要求各地在“十二五”期间落实医疗保险关系转移接续办法，实现医疗保险缴费年限在各地互认，累计合并计算。

至此，我国农民工参加基本医疗保险及其关系转移接续的政策已经比较完善，至少在政策上消除了农民工参加常住地社会保险的户籍歧视。

（三）跨城乡养老保险关系转移接续

20世纪90年代，我国建立了城镇企业职工基本养老保险制度，2009年开展新型农村社会养老保险制度试点，2011年又启动城镇居民社会养老保险试点，2012年8月，实现新农保和城镇居民养老保险制度全覆盖。从当前情况看，职工基本养老保险与新农保、城镇居民养老保险制度在未来相当长的一段时间内，将长期分别覆盖企业职工和城乡居民。

鉴于制度上职工养老保险与居民养老保险将长期共存，而农民工等群体流动就业常态化的情况，《社会保险法》对参保人员的待遇领取做了原则规定，“参加基本养老保险的个人，达到法定退休年龄时累计缴费不足15年的，可以缴费至满15年，按月领取基本养老金；也可以转入新型农村社会养老保险或者城镇居民社会养老保险，按照国务院规定享受相应的养老保险待遇”，但对既有职工养老保险又有居民养老保险缴费年限的流动就业群体的基本养老保险关系转移接续并没有做出具体规定，而国家社会保障主管部门此前也没有就此出台相应的政策。因此，国家层面在这方面的政策目前还属于空白。

二、农民工社会保险关系转移接续现状

（一）农民工参保现状

随着农民工社会保险政策体系初步形成，农民工参加社会保险的人数由少到多、逐年增加。截至2011年年底，全国参加工伤保险的农民工6 828万人，比上年末增加528万人，占外出农民工总数的43%，基本实现了将有较稳定劳动关系的农民工都纳入工伤保险范围的工作目标；参加城镇职工医疗保险的农民工4 641万人，比上年年末增加58万人，占外出农民工总数的29.3%；全国参加城镇企业职工基本养老保险的农民工4 140万人，比上年年末增加856万人，约占外出农民工总数的26.1%；参加失业保险农民工为

2 391万人，比上年年末增加401万人，占外出农民工总数的15.1%，全年共为64.4万名劳动合同期满未续订或提前解除劳动合同的农民合同制工人支付了一次性生活补助。这里需要指出的是，虽然农民工参加职工医疗保险的比例不高，但是全国职工基本医疗保险、城镇居民基本医疗保险和新农合参保（合）率已达到90%以上，包括农民工在内的绝大多数城乡居民基本都被纳入基本医疗保险的覆盖范围，享受了相应的保障。

从近年农民工参保情况看，农民工参保率增长缓慢，城镇养老保险、医疗保险、失业保险和生育保险的参保率较低，相对于农民工总量而言，覆盖面仍然较窄（见下图）。根据调研了解，未参保的主要是合同期短、灵活就业或者在劳动密集型企业就职的农民工。在城镇实现稳定就业、年龄较大、学历较高的农民工，对社会保险的需求较为强烈；一些就业流动性大、年龄较轻、学历较低的农民工，则更加关注自身的当期收入，参保积极性相对不高。究其原因，既有农民工就业状态不稳定、收入低等客观存在的因素，也有农民工对现行制度缺乏信任、用人单位怕参保增加用工成本、地方政府担心推进农民工参保会影响本地投资环境等主观方面的问题，还有现行制度不适合农民工群体（如门槛高、城乡社保关系转接难等）的实际问题，同时也有城乡二元制度等深层体制的原因。在此情况下，进一步扩大农民工参保覆盖面的难度较大，农民工社会保险的扩面工作面临挑战。

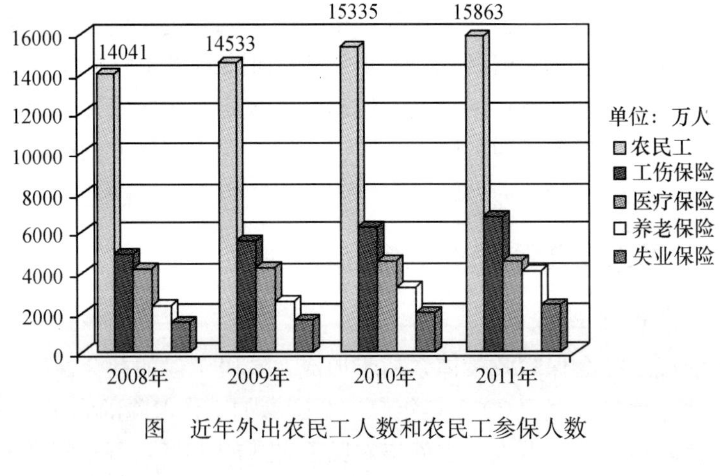

图　近年外出农民工人数和农民工参保人数

值得注意的是，部分省市由于农民工参保政策的变化，以及统计中，农民工的概念越来越淡薄，出现了农民工参保人数锐减。例如，上海市2011年农民工参加医疗保险的人数为276万人，比2010年减少了129万人，其原因是2011年以来，上海市终止了专门的农民工综合保险，原参加综合保险的农民工主要分流到了职工医保，部分分流到了居民医保。实际上当前的医疗保险参保已经不受户籍限制，农民工统一参加职工医保后，农民工的统计口径变得模糊，这是导致部分地区农民工参保人数大量减少的重要原因。2011年，全国农民工人数比2010年增加1.3%，从中长期来看，随着户籍制度对就业的制约作用减弱，农民工在统计上的人数可能出现减少。但是，庞大的农民工群体仍然存在，农民工医疗保险问题将会长期存在。

（二）农民工养老保险关系转接情况

1. 总体情况

根据2011年人力资源社会保障统计公报，截至2011年年底，全国参加城镇基本养老保险人数为28 391万人，其中，参保职工21 565万人，参保离退休人员6 826万人。另据部社保中心统计数据[①]，到2011年年底，全国累计开具基本养老保险参保缴费凭证170.6万份，开具参保缴费凭证最多的为广东省，占全国总数的52.2%，其次为江苏、浙江、福建、北京。全国办理基本养老保险关系跨省转接79.4万人次，其中办理转入33.5万人次，办理转出45.9万人次。办理跨省转接人次最多的省份为广东，其次为江苏、浙江、福建、湖北。可以看到，开具参保缴费凭证是办理转出人次的4倍，两者相差124.7万人。

从资金转移总量看，全国跨省资金转移总量累计104.9亿元，其中统筹基金57.3亿元，占资金转移总量的54.6%；个人账户资金47.6亿元，占45.4%。从资金流向看，转入资金43.1亿元，其中，个人账户资金20亿元；转出资金61.8亿元，其中，个人账户资金27.6亿元。

表1　　基本养老保险关系跨省资金转移累计量　　单位：亿元

统筹基金	个人账户基金	转入基金	转出基金
57.3	47.6	43.1	61.8

2. 农民工养老保险关系转接情况

2011年年末，参加职工基本养老保险的农民工人数为4 140万人。全国办理参保农民工基本养老保险关系跨省转接24.2万人次，占参保农民工总人数的0.6%，占全国跨省转接人次的30.7%。其中，跨省转出17.2万人次，占全国跨省转出人次的37.4%；跨省转入7.2万人次，占全国跨省转入人次的21.6%。办理参保农民工跨省转接人次最多的为广东省，占全国办理

① 数据来源：人力资源和社会保障部社保中心，2011年基本养老保险运行情况分析

参保农民工跨省转接人次的51.8%。该省转出11.3万人次，占全国办理参保农民工跨省转出人次的66.2%；办理参保农民工跨省转入1.3万人次，占全国办理参保农民工跨省转入人次的17.5%，均居全国第一。

表2　　2011年养老保险关系跨省转接总体情况及农民工养老保险关系转接情况　　单位：万人次

跨省转续总人次			农民工跨省转移人次		
总人次	跨省转入	跨省转出	总人次	跨省转入	跨省转出
79.4	33.5	45.9	24.2	7.2	17.2

可以看到，全国农民工总体转出人数多于转入人数。但是，省份之间有所差异。农民工输入省份江苏省农民工跨省转移3.37万人，包括跨省转入1.02万人，跨省转出2.35万人，转出人数是转入人数的2倍。但是，从调研的农民工输出省份安徽省来看，农民工转入、转出人数差异不大，全省城镇职工养老保险经办机构办理跨统筹养老保险关系转入34 125人，转出32 109人，其中，办理农民工养老保险关系转入3 889人，转出2 464人，转入人数略多于转出人数。省会合肥市农民工跨统筹范围转出1 100人，占转出总数的8.6%，农民工跨统筹范围转入1 122人，占转入总数的8.55%，农民工转出、转入人数基本持平。

3. 信息系统联网情况

2011年11月15日，全国社会保险关系异地转移系统正式启动。据部社保中心统计数据，截至2011年12月底，全国正式入网省份达到24个，共涉及193个地级以上城市（含省本级、新疆兵团各师），1 299个经办机构，地市入网率为50%。其中，北京、天津、上海、重庆、辽宁、吉林、黑龙江、安徽、福建、湖南、陕西、宁夏12个省份及新疆兵团的所有经办机构已入网。入网地区通过部级异地转移系统累计办理业务26 209笔，其中，2011年办理业务量25 767笔。

调研地区安徽省已经与部信息平台连接的市，通过系统平台二次开发，基本实现网上传输。如合肥市已经与人社部信息平台连接，通过对系统平台的二次开发，已经实现网上转移信息，不需要手工输入转移信息。滁州市自2011年1月1日，启动了社会保险金保工程，系统开发人员经过多轮测试，开发并启动“转移平台”程序，与部信息平台对接，全市市级养老保险转移已经完全能够通过信息系统平台办理，转移信息可以在系统内自动转换，同样不需要手工输入。

4. 主要特点及分析

一是养老保险关系转接业务量明显增长。66 号文实施以来，各地转接工作逐渐理顺，养老保险关系转接人数、办理参保缴费凭证人数、建立临时缴费账户人数明显增长。2010 年，全年累计开具参保缴费凭证人数是 113.9 万人，转移人次为 28.8 万人，其中农民工转移人数为 96 725 人，在本地建立临时缴费账户人数为 19.9 万人。2011 年，全年累计开具参保缴费凭证人数为 170.6 万人，增长了 56.7 万人，增长率为 49.8%；累计转移人次为 79.4 万人次，增长了 50.6 万人次，增长率为 176.1%；在本地建立临时缴费账户为 60.2 万人次，增长了 40.3 万人，增长率为 202.3%。开具缴费凭证、转接人次最多的地区主要集中在农民工输入省份，特别是沿海发达地区；农民工输出省份转移人次较少，转入、转出人次基本持平，如安徽省。

表 3　　2010 年、2011 年基本养老保险关系跨省转接情况比较

单位：人次，万元

年份	开具参保缴费凭证人数	总转移人次	农民工转移人次	转移资金	在本地建立缴费账户人数
2010 年	1 139 065	287 517	96 725	333 256	199 061
2011 年	1 706 107	793 864	244 005	1 048 638	601 790

二是办理转出人数低于开具参保缴费凭证人数。如前可见，全国开具参保缴费凭证是办理转出人次的 4 倍，相差 124.7 万人次，办理转出人数远远低于开具参保缴费凭证人数。同样，调研地区江苏省 2010 年 1 月—2012 年 6 月，省内转出 21.58 万人次，省内转入 17.78 万人次，跨省转出 8.06 万人次，跨省转入 4.78 万人次，开具参保缴费凭证 53.15 万份，转入人数低于转出人数，转出人数低于开具参保缴费凭证人数。另据前期苏州调研情况，2011 年 1—12 月，苏州市区共开具参保缴费凭证 29 014 张，共为 25 723 人办理养老保险关系跨统筹地区转移手续，很多离开苏州的参保人的养老保险权益积累却仍留在苏州“封存”。之所以出现上述情况，究其原因：一是原参保人未实现异地就业，没有单位接收养老保险关系。特别是农民工，受户籍限制又无法以个人身份参保缴费，无法转入，只能把参保缴费凭证放在手中；二是原参保人虽然重新就业，但转入地以各种借口拒绝承接养老保险关系，再加上流动就业者社会保险意识淡薄、维权意识弱、维权成本高，转移接续就被暂时搁置；三是职工养老保险与新农保转移衔接尚没有具体规定。部分参保农民工返回户籍地后养老保险关系无法与当地新农保衔接；四是许

多省内流动的参保人员也要求开具参保缴费凭证；五是按规定“4050”参保人员办理参保缴费凭证后在新就业地只建立临时缴费账户，其原基本养老保险关系和临时缴费账户暂不转移。

三是异地转移信息系统应用率仍然较低，部分省市仍然没有入网，但是发展潜力很大。除上述已经联网的省市外，截止2011年年底，河北、内蒙古、浙江、四川、贵州、云南、西藏、甘肃等8个省份无一地市入网。今后，随着系统覆盖面的增加，入网地区使用系统办理业务量显著增长，系统规模效应将会逐渐显现。根据部信息中心和部社保中心2012年第二季度联合通报，江苏省南京、苏州、无锡等省辖市及省本级共9个地区今年已正式与部社会保险关系转移系统联网运行，入网覆盖面达64%。

5. 取得的主要成效

养老保险关系转接办法实施2年多以来，各地人社部门、社保经办机构根据相关规定，在政策培训、软件开发、实施转移过程中，做了大量细致的工作。从全国统计数据和调研情况看，基本养老保险关系转移接续数量总体平稳增长，农民工跨统筹地区转移接续养老保险关系业务逐年增加。由此，首先，新政禁止退保、允许缴费年限累加、转移部分统筹基金等政策保障了劳动者的合法权益，初步解决了此前农民工养老保险关系转接中的一些问题，而城乡一视同仁、权益累加计算的政策导向也给了农民工一个长期稳定的预期，一定程度上保护了流动就业人员特别是农民工的长远利益，调动了农民工参保的积极性，进一步扩大了制度覆盖面，有力地促进了劳动力的自由合理流动。其次，经办流程的统一，提升了经办管理水平，方便了参保人员，避免了他们为办理转接业务而往返两地的问题。再次，统筹基金的部分转移和部分存留，一定程度上平衡了转入地和转出地之间的利益关系，降低了政策实施的阻力。

（三）农民工参加医疗保险及其关系转移接续情况

1. 农民工参加职工医保的地方实践

目前，全国各统筹地区已经为农民工参加城镇职工基本医疗保险敞开了大门。主要做法有两类：一类是农民工与城镇职工一样，参加统一的职工医保；另一类是为农民工建立低水平的“住院保险制度”。第二类做法是过渡性的措施，按照“低水平起步、保大病为主”的原则，先为低收入的农民工群体建立低水平的保险制度。随着城乡经济一体化的发展和医保制度的完善，实行第二类做法的地区也正在向第一类做法过渡。

（1）苏州：统一参保。苏州市自2000年正式启动职工医保以来，就把农民工纳入了职工医保制度，实行了统一的缴费标准和待遇标准，并且强制要求有固定劳动关系的农民工参保。2011 年，苏州市区参加职工医保的缴费标准为“9+2”，即单位缴纳工资总额的 9%，个人缴纳本人工资的 2%。本人工资超过社会平均工资 3 倍的，按社会平均工资的 3 倍缴费，本人工资低于社会平均工资 60%的，则按 60%缴费。

（2）杭州：从农民工保险过渡到统一参保。为了鼓励农民工参保，杭州市于 2007 年按照“低缴费、保当期、保大病”的原则建立“农民工大病住院基本医疗保险”，保费由用人单位以当月参加农民工医保的农民工工资总额为基数按月缴纳 3%，农民工个人不缴纳。

与职工医保相比，杭州的农民工医保在保障待遇上有以下特点：一是农民工医保不建立个人账户，而职工医保建立了个人账户；二是农民工没有普通门诊待遇，而职工医保个人账户用完后，超过起付线部分可以进入统筹基金报销；三是农民工医保参保人退休后医保待遇中止，而职工医保参保退休人员可以不缴费而享受医保待遇；四是农民工医保的住院待遇与职工医保一致。

为了鼓励农民工参加职工医保，允许农民工医保参保人按 2∶1 的缴费年限转算后，转换成职工医保。经转换成职工医保并达到缴费年限后，可以享受退休医保待遇。

2011 年 9 月，杭州市委市政府办公厅发布《关于停止执行农民工大病住院基本医疗保险政策的通知》，决定从 2012 年 1 月 1 日起停止执行农民工大病住院基本医疗保险政策，原参加农民工大病住院基本医疗保险的用人单位及其职工，统一变更为参加职工基本医疗保险，并从变更参保缴费之月起享受职工基本医疗保险待遇；并且农民工大病住院基本医疗保险的缴费年限视同职工基本医疗保险缴费年限。

该政策把原来农民工医保的缴费年限视同为职工医保的缴费年限，这相当于给已参保的农民工“赠送”了一些缴费年限，由此来引导农民工参加缴费水平和待遇都更高的职工医保。

（3）成都：农民工综合保险。为鼓励农民工参加各项社会保险，2003 年 1 月，成都市政府出台《非城镇户籍从业人员综合社会保险管理暂行办法》，规定本市行政区域内所有招用农民工的用人单位及其与之建立劳动关系的农民工，必须依法参加综合社会保险（以下简称“综合保险”）。综合保险的特点是把医疗、养老、工伤三险捆绑缴费。其征缴比例以农民工工资收入为基数，用人单位缴纳 14.5%、农民工个人缴纳 5.5%，缴费基数分设 100%、

80%、60%三个档次。参加综合保险的农民工，享有缴费总额8%的老年补贴个人账户，享受《工伤保险条例》和城镇职工基本医疗保险制度规定的工伤补偿、住院医疗费报销待遇，保险待遇与缴费基数挂钩。

在综合保险之下，医疗保险待遇实际上也仅是“保住院、保当期”，与杭州市曾经实行的“农民工大病住院保险”相似。2009年以来，成都市开始引导农民工从综合保险向职工医保转移，但是尚未完全终止。

2. 居民医保的参保

对于在城镇居住的农民工未成年子女和农民工无业家属如何参保，国家层面并没有明确的政策规定。各地对于农民工家属如何参加居住地居民医保的规定差异较大。

(1) 农民工未成年子女参保。目前，相当一部分地区允许农民工未成年子女参加居民医保。但是，仍有一部分地区不允许非本地户籍的未成年人参加居民医保。

在苏州市区，要求在校学生不分户籍全部参加居民医保，并且享受同等的财政补助。但是，苏州市下属的5个县市目前并不允许非本地户籍的在校中小学生参加居民医保。杭州、成都等地也已经实现在校学生不分户籍全部参加居民医保。

部分地区不仅允许非本地户籍的学生参加居民医保，还允许非本地户籍的学龄前儿童参保，但是前提条件是其父母至少一方已经参加社会保险。杭州和成都都已经实施这一政策。

(2) 农民工的无业家属参保。一般来说，各地都限制无业的农民工家属以灵活就业人员的身份参加职工医保或居民医保。其原因：一是担心流动人口“逆向选择”，即带病参保；二是地方财政对参保有一定的补助，不愿意补助给非本地户籍的人口。

3. 农民工医疗保险关系转移接续情况

2009年，国家在对医保关系跨统筹地区转移接续出台政策文件后，各地在一定程度上落实了这项政策。

2011年，全国共转入医保关系218 752人，其中农民工13 879人，转出281 380人，其中农民工27 632人。农民工人数占职工人数的18.4%，但是办理医保关系转移接续的人数占职工人数不到10%，这与实际中农民工流动性较大的情况不符合，只能说明相当一部分农民工流动的时候，并没有办理转移接续的手续。

另外，从全国来看，办理职工医保关系转出的人数比办理关系转入的人数多 28.6%，说明这些人尽管尝试办理医保关系转移接续，但是最终没有成功。然而，在农民工群体中，办理医保关系转出的人数是办理转入人数的 2 倍，说明成功办理医保关系转出的农民工群体中，只有一半的人成功把医保关系转入到了新的参保地。可见，在医保关系转移接续过程中，农民工的权益损失大大高于职工医保人群的平均水平。

2011 年，全国跨省转入医保关系 14 431 人，其中农民工 1 773 人，转出 22 122 人，其中农民工 3 418 人。从全国的情况来看，转出人数比转入人数多 53.3%，可见跨省转移接续的难度更大。

以上数据表明，当前的医保关系转移接续存在相当大的困难，给参保人造成了较大的损失，尤其对农民工群体影响更大。

从调研地区的情况看，总体来讲，省内各统筹区之间医疗保险关系转移接续政策得到了落实。浙江省于 2010 年就出台了宽松的接受外来参保人的转移接续政策。只要外来的参保人能够提供在其他地区参加职工医保的证明，并转入个人账户，就可以把原参保地的缴费年限转移到新的参保地。目前，在浙江省内各统筹地区之间，医保关系可以无障碍的转移接续。苏州市已经提出医疗保险与养老保险一起转移，并且在苏州大市范围内已经实施。

4. 异地就医问题的地方探索

由于医保关系跨地区转移接续仍然存在困难，对于农民工来说，如何实施方便的异地就医措施，显得更加切合实际需要。目前，一些地区对此进行了积极探索。

（1）农民工异地就医专门通道。成都是农民工劳务输出的大市，相当一部分农民工在广州工作。为了方便农民工就医，2010 年以来，成都与广州建立了异地医保结算制度。具体做法是：成都市参加新农合的人员在赴广州打工前，可以在成都市医保局办理“异地参保人广州就医登记卡”，并选择在广州就医的两家定点医院。农民工赴广州后，可以在广州的两家定点医院直接记账结算，个人只需要支付应由个人支付的部分，医保报销的部分由广州医保局和成都医保局进行结算。记账结算涉及的病种范围、起付标准、基本医疗保险药品目录、医疗服务设施范围、诊疗项目及价格标准等按广州市城镇居民非从业人员报销标准计算，乘以调整系数作为成都市报销金额。为支持异地就医工作的开展，广州市医保局专门开发了异地住院就医结算信息系统，建立了成都异地就医新模块，为参保人异地住院医疗费通过系统结算提供了技术保障。

（2）全省异地就医平台。浙江、福建、广东等省正在建设省内跨统筹地区的就医结算平台，该结算平台并非专门针对农民工，但对于流动性较大的农民工及其家属的异地就医具有重要的意义。

浙江省已经发行全省统一的社会保障卡，目前正在全省范围内认定一批全省互认的定点医疗机构，预计选定100家左右。参保人在这些定点医疗机构可以直接刷卡结算，就跟在参保地就医一样方便。省医保中心牵头建立了全省医保结算平台，定期清算各统筹地区之间医保垫付。

由于农民工家属在居住地参保的政策尚不明确，这部分人尽管已经在户籍所在地参加了新农合（或城乡居民医保），但是只能长期进行异地就医。异地结算平台的建立为这部分人员享受医保权益提供了便利。另外，成都和广州之间建立农民工异地就医专门通道后，农民工可以享受到户籍所在地的城乡居民医保待遇，因此广州没有必要为这部分人员再建立农民工医保。

（四）城乡养老保险关系转移接续的地方实践探索

由于2011年7月，城镇居民养老保险制度刚刚启动试点，新农保试点也才开展了2年时间，目前，国家尚没有出台城乡养老保险关系转移接续政策。在全国31个省、自治区、直辖市中，只有北京、天津、上海、重庆、广东和江苏等少数省市早在2009年（上海等地更早）国家开展新农保试点之前，就已探索或建立了城乡居民养老保险制度，同时出台了城职保、新农保与城居保衔接的相关政策，而其他大多数试点地区尚处于等待政策或思考、酝酿阶段。综合这些地方的实践探索，其政策要点如下：

1. 衔接时点

由于新农保、城居保与城职保衔接政策涉及人员多为农民工及被征地人员，这些人员的特点是流动性大、就业不固定、收入不稳定，所以已出台衔接办法的省市一般均将制度衔接时点定为参保人员领取待遇时。

2. 新农保或城居保转城职保的衔接办法

由于我国现行新农保、城居保转城职保制度规定的缴费基数、费率皆不同，这就导致不同制度间缴费年限是否能等同的话题，对此，地方有不同的做法。

（1）折算缴费年限

①按灵活就业及自由职业者的最低缴费标准进行折算。代表省市有北京市和天津市。北京市的做法是按1992年、1993—1998年、1999年三个时间段，分别折算缴费年限，折算的基数也不相同。如1992年以前（含1992年）缴纳的保险费，按照城职保1992年的最低缴费基数（上一年度社会平均工资的60％）和缴费比例折算为城职保的缴费年限，最多折算缴费年限

3个月，折算的缴费年限不足3个月的按实际折算；1993—1998年缴纳的保险费，按照城职保相应年度的最低缴费基数（上一年度社会平均工资的60%）和缴费比例折算为城职保的缴费年限，当年缴纳的农村社会养老保险费折算为城职保的缴费年限最多为12个月，折算的缴费年限不足12个月的按实际折算；1999年（含1999年）以后缴纳的保险费，按照城职保相应年度自由职业人员的最低缴费标准折算为基本养老保险的缴费年限，当年缴纳的农村社会养老保险费折算为基本养老保险的缴费年限最多为12个月，折算的缴费年限不足12个月的按实际折算。

天津的做法同北京一样，也是将城乡居民参保人员个人账户积累额按灵活就业人员参加城职保的最低缴费基数进行折算。

②缴费额按上年度在岗职工平均工资的一定比例进行折算。细分为两种，一种是以上年度在岗职工平均工资的一定比例，通过补差方式进行缴费折算；另一种是直接以上年度在岗职工平均工资的一定比例进行折算。

补差方式：典型代表佛山市。2010年《佛山市新型农村社会养老保险实施意见》对城乡衔接做了规定，如果参保人在不同时段参加了新农保和城职保，达到领取养老待遇年龄时，选择享受城职保待遇的，经参保人申请，其在新农保的缴费年限和对应城职保缴费标准补足差额后计算成为城职保缴费年限，对应的城职保缴费标准由本人选择，按照上年度在岗职工平均工资的60%～300%。将折算年限合并后，如果达到城职保的待遇领取条件，就按照有关规定计发待遇。如果没有达到城职保按月领取条件的，按现行延后缴费办法处理，继续缴费到65岁，如果还不够的，则享受新农保养老金待遇。

江苏省有的地市也有类似做法。具体方法是，计算自参加农保之日起至参加城职保之日的城职保缴费额，以职工农保个人账户积累额抵冲城职保缴费额并补足差额后，其参加农保的时间可以计算为城职保缴费年限。

直接折算：江苏省于2006年出台老农保转城职保衔接办法。主要做法：将原农保的个人账户储存额折算成城职保缴费年限和个人账户，按对应的城职保缴费标准向前折算，对应的城职保缴费标准为：以统筹地区历年职工平均工资的60%～300%为基数（具体标准由省辖市确定），以历年个人缴费比例加上企业缴费比例20%之和为比例计算的养老保险费本金以及按历年养老保险利率计算的利息。

③不同制度的缴费年限不折算，一年算一年。广州和珠海市采取不折算缴费年限的模式，一年算一年。参保人在领取待遇时，符合城职保领取条件的，就将农保个人账户合并到城职保个人账户，按照城职保规定领取待遇，

缴费年限不合并。若不符合城职保领取条件的，可将城职保计算的一次性领取的个人账户储存额转入新农保个人账户，缴费年限合并计算，按新农保规定领取待遇。

（2）基金的合并。北京市和天津市在将城乡居民个人账户储存额进行年限折算的同时，将其储存额分别按缴费比例计入城职保基本养老保险的个人账户和统筹基金之中，其中40%转入城镇企业职工基本养老保险个人账户，60%转入城镇企业职工基本养老保险统筹基金。

广州和珠海市对于符合城职保领取条件的参保人在领取待遇时，直接将农保个人账户全部合并到其城职保个人账户之中，然后按照城职保规定计算待遇。

3. 城职保转新农保或城居保的衔接办法

（1）缴费年限的确定

①城职保缴费年限视同新农保或城居保缴费年限。代表省市为北京市、上海市和江苏省。北京市的做法是：对于城职保和城乡居民养老保险都有缴费记录的人员，在其达到退休年龄时，若不符合城职保按月领取条件的，则城职保每满1年的缴费年限视同城乡居民养老保险1年的缴费年限，不再折算缴费年限。

②折算缴费年限。天津市是将参保人员在城职保中的个人缴费储存额与企业缴费的50%之和除以参保人员申请领取养老金当年城乡居民基本养老保险最低缴费额或农籍职工基本养老保险缴费额，得到折算后缴费年限，公式如下：折算的缴费年限＝$\sum$（An/B）；其中：An为n年的城职保全部个人缴费与企业缴费的50%之和；B为申请领取养老金当年城乡居民基本养老保险最低缴费额或农籍职工基本养老保险缴费额；n为缴费的年度。

中山市由于农保与城职保实施同样的统账结合制度，且缴费比例都相同，所以其城职保与农保的缴费年限可相互折算，即将历年的城职保和新农保缴费基数相除，就可以得到新农保的缴费年限。

（2）基金的合并

①按一定比例将城职保统筹基金和个人账户转入新农保或城居保个人账户。天津市在衔接时，将城职保统筹基金的10%以及个人账户储存额全部转到城乡居民养老保险个人账户之中，用于个人账户积累。

②将城职保一次性待遇转入城乡居民养老保险个人账户。北京市对城乡居民养老保险和城职保都有缴费记录的人员，达到退休年龄时，不符合城职保按月领取条件的，由本人到参保地的社保经办机构提出申请，经区县经办

机构核实后，先按照城职保一次性待遇计算办法，把个人一次性待遇计算出来，然后将其与个人账户全部储蓄额一并转入城乡居民养老保险个人账户中。

广东省的佛山市、广州市和珠海市是这种做法，即将城职保规定的计发一次性待遇，与个人账户储蓄额一并转入新农保个人账户，缴费年限合并，按照新农保的规定继续参保缴费和计发待遇。

三、农民工社会保险关系转移接续的主要问题

尽管国家出台了基本养老保险、医疗保险关系转移接续政策，在政策落实方面也取得了一定成效，但受制度、管理等多方面因素的影响，再加上城乡养老保险关系转移接续政策的缺失，总体来讲，基本养老保险、医疗保险关系转移接续政策还没有得到很好的落实，农民工的社会保险关系转移接续面临的问题更为突出：

（一）部分地区执行国家有关政策不力，导致养老、医疗保险关系转移手续不能按时办理

社会保险关系的转移接续需要转入地和转出地的相互配合，共同协作完成。以基本养老保险为例，按照国家规定，跨省转移须由转出方社保经办机构先开具《基本养老保险参保缴费凭证》，转入地见此凭证后，对符合转入条件的再开具《基本养老保险关系转移接续联系函》（简称《联系函》）。但在实际执行过程中，某些地区社保经办机构业务人员对国家有关规定的理解和认识存在偏差，要求转移人员先来转入地社保机构开具《联系函》，造成转移人员在两省之间多次往返，导致参保人员误解转入地社保机构有意刁难不开《联系函》；还有个别社保机构在收到《联系函》后却迟迟不办理转出业务，要求参保人员或原用人单位应提供参保人员的养老保险手册等资料，导致参保人员往返两地奔波；还有部分社保机构以地方财政没有相应经费保障为由，要求参保人员自己去当地社保机构办理转出手续，涉及的银行汇款手续费等也要求由参保人员支付。甚至还有部分地区至今未升级相关转移接续业务软件，不按全国统一经办规程办理，跨省转入的转移信息内容不规范，以致两地协调困难。上述做法在一定程度上都影响了养老保险关系转移接续的按时办理。

（二）转入地对参保人员办理转入设置限制条件，影响农民工养老与医疗保险关系的顺畅转接

除了上述部分地方经办机构对政策的理解和认识存在偏差，导致政策执

行不力外，还有些地方为限制外地人员转入，额外增加了一些转入条件或者要求，影响了流动就业人员社会保险关系的转接。

据安徽省人社厅养老保险处陈处长反映，66 号文件虽然颁布实施，但仍解决不了问题；从中部省份看，凡 66 号文件中明确规定的，则采取迂回政策，规定不明确的，则采取抵触态度。比如，文件出台前，安徽省内转移每年几万人，目前转移量也没有实质的变化，只略有增加。究其原因，各地只对职工转移放行，而对于农民工转移，仍然以其在本地没有正式工作又不允许其以个人身份参保为由在设卡，不主动作为，转移阻力确实很大。合肥市经办机构负责人介绍，在国办发［2009］66 号文施行后，仍有部分地区（如上海）在人社部统一规定的转移办法之外，附加另外条款，如要求转出地另行提供视同缴费年限说明，使参保职工辗转奔波两地之间，也给转移接续工作造成不便。滁州市也反映，由于上海等城市不允许非本地户口人员离职后以灵活就业人员身份缴纳养老保险费，因此该部分人员在离开原参保地未及时就业情况下无法在原参保地缴纳养老保险，也无法在新就业地补缴养老保险。另据苏州市反映，苏州市转移接续的通道是畅通的，只要手续齐全，参保人可以随时办理养老保险关系的转入或者转出。然而实际上，很多离开苏州的参保人的养老保险权益积累却仍留在苏州“封存”。究其原因，除了原参保人未实现异地就业，没有单位接收养老保险关系外，主要在于原参保人虽然重新就业，但转入地以各种借口拒绝承接养老保险关系，再加上流动就业者社会保险意识淡薄、维权意识弱、维权成本高，转移接续就被暂时搁置。这些问题都容易导致参保人养老保险权益受损，进而失去政策实施的原有之意。

医疗保险关系跨省转移也面临困难。例如，浙江绍兴市 2011 年开出 4 500 个农民工医保关系转出的证明，结果只有 1 100 个成功转出到其他统筹地区，相当一部分统筹地区不接受医保关系的转入。原因在于：一是转移接续的表格和程序全国不统一，导致转移接续手续复杂，甚至难以成功办理；二是按规定只转个人账户，不转统筹基金，会造成转入地医保基金“吃亏”，因此许多地区的医保部门只愿意办理转出手续，而不愿意办理转入手续。

苏州市提出医疗保险与养老保险一起转移，并且在苏州市大范围内已经实施。但由于跨省市的养老保险转移至今无法顺利进行，也影响了医疗保险关系的转移接续。也有部分地区实行医保和养老保险分开的形式，导致医保关系往往无法与养老关系同时转移。在实践中，对于因迁移离开本地区的参保人，苏州市已经不允许其退保，而是“封存”这些人的医保关系，等其退休后再进行权益转移。但是，对于参保人来说，若干年后退休时，这些保险权益是否能够顺利地接续仍然是个未知数。

正因为存在地区间转移接续的困难，养老、医疗保险关系的跨地区转移已经成为流动性较大的农民工和灵活就业人员最关心的问题。如果转移接续难以成功，那么社会保险不仅不能成为农民工的“安全网”，反而将成为对农民工群体的剥夺。

（三）转接程序复杂，成本高，增加经办机构工作量

调研地区反映，养老保险转移接续政策出台之初，业务量全面大幅增长，在办公条件、人员配备和信息系统不变的情况下，新的转接程序增加了经办机构的工作量。从前面的数据可以了解到，转移接续的业务量确实很大，还需要与其他地区电话协调沟通，时间成本和财力成本均较高。以南京市为例，南京市征缴中心转移接续科负责全市养老保险关系的转接，有6个工作人员，据介绍，每办理1人次接续账户手续需要30～40分钟的时间，由于人手少，任务难以完成。为此，南京市采取业务下沉的方式，将任务分解下放到区县一级经办机构，参保人到就近经办机构办理手续，市里只负责基金划转和信息表邮寄；委托邮寄信息表集中办理统一寄出，通过短信服务告知转移人员，基金则需要一笔笔划拨，市里的工作量仍然很大。安徽省养老保险经办机构也反映，养老保险关系转接程序较多，需要网络传输信息表、打印并邮寄信息表、通过银行一笔笔汇款，还要电话沟通协调，在经办条件不变的情况下，增加了经办机构的工作量，提高了经办成本。据该省测算，跨省转接养老保险关系，一般一个参保人就需要六十多元的成本费用，一个县如果1年有1 000人转移，则其工作经费就有可能全部花完，县区一级社保经办机构难以承受。

此外，统筹地区之间的协调难度大，也是转移接续办理中的突出问题。在转移信息传递过程中，地区之间存在沟通少、理解不一致、协调意识不强等问题，常常造成邮寄丢失、接收扯皮和推诿，争议无法有效解决，导致业务难以在规定时间内办结。

（四）信息系统建设滞后，导致部分地区不能按要求时限完成关系转接

虽然国家已经建立数据交换联网平台，且全国已有相当一部分省、市、县社保经办机构加入该平台，但由于平台建设尚不完善、硬件支持不力和各地上传信息格式不尽规范等原因，各入网地区的电子数据信息传递一直不顺畅，推诿扯皮现象时有发生，反而造成大量业务积压，部分转移人员意见较

大。据南京市征缴中心有关负责同志介绍，南京市利用现有技术平台，与部平台联网，但由于硬件支持不力和上传信息格式不尽规范等原因，无法直接导入，需要将数据手工输入进去，然后再通过网络传输，比较费时费力。

同时，由于全国尚未建成统一的信息系统，基础数据不统一，加上有些市县没有联网，与部平台联网运行的经办机构还没有达到一定的规模，无法充分利用网络平台传输。

此外，农民工流动性大，养老保险关系转接业务办理量大，经办机构和相关企业工作人员应接不暇，经办管理手段和水平不能适应实际需要，部分转接业务不能按要求时限完成。

（五）非城镇户籍农民工不能以个人身份参保，制约农民工养老保险关系转接

目前的情况是，企业职工流动就业的养老保险关系转移，按国办发［2009］66号文的规定，基本没有政策障碍，也就是说，只要农民工在转入地企业就业，那么其养老保险关系就能转入进来。

然而，根据现行城镇职工基本养老保险参保政策，以个人身份参加职工基本养老保险仍有户籍限制，即非城镇户籍农民工则不能以个人身份参加职工养老保险，到龄后也不能一次性补缴，这就影响了在转入地无工作单位的农民工的养老保险关系转移接续的正常办理。从实际情况看，农民工外出打工返乡后，很难进入企业再就业，也没有能力在当地找到挂靠单位，更多的是回乡就业创业或“打零工”或务农，这样一来，其保险关系既无法转入城镇职工养老保险，目前又无法转入新农保制度，基本上关系都没有转回来。这是当前农民工反映较为集中的问题。

即便是城镇户籍的灵活就业人员，也存在一些问题。滁州市反映，灵活就业人员预缴养老保险（一般是一次性预缴半年）至结算年度后在新地方就业参保并办理养老保险关系转移时，重复缴费部分只能退还个人缴费部分，由此造成参保人员利益损失。

（六）城乡养老保险关系不能衔接，影响农民工养老保险关系转接

当前，国家尚未出台城镇职工养老保险与城乡居民养老保险等相互衔接办法，影响了农民工养老保险关系转移接续工作的开展。特别是前面提到的非城镇户籍的农民工，务工时参加职工养老保险，失去工作后回乡没有继续找到工作单位就业，又不能以个人身份在城镇参保，更没办法转回到农村，导致其养老保险关系处于尴尬境地，从而影响其参保积极性。

此外，制度不衔接，软件不联网，也导致重复参保现象比较严重。有些农民工参加了原籍的新农保或城乡居保，在城镇务工后参加了城职保，由于两者之间信息沟通不顺畅，难以有效剔除，导致重复参保和缴费。据江苏省介绍，全省大概有40多万人重复参保，一个县一般重复参保的有几百人。在审核上，量比较大，任务繁重。

四、政策建议

（一）进一步完善基本养老、医疗保险政策

一是明确农民工将基本养老保险关系向户籍地转移时，不论是否有稳定工作，其户籍所在地社保经办机构均应为其办理转入手续，切实维护流动就业的农民工利益。

二是逐步放开以个人身份参保的户籍限制政策。一方面，使农民工在返乡时能以个人身份参加基本养老保险，另一方面，允许非本地户籍农民工在就业地参加基本养老保险，以切实保护农民工社会保险权益。即农民工只要在城镇从事个体经营或其他形式的灵活就业，无论其户籍如何，在当地取得个人就业状况证明之后，均应允许其自愿参加当地城镇职工社会保险，并按规定缴费和享受相应待遇。劳动就业管理部门可以针对这类农民工的情况，制定相应的就业登记办法，为其提供就业状况证明。

三是尽快出台统一的城乡养老保险衔接政策，结束各地自行探索的局面。按照公平、简便原则，切实维护农民工等城乡流动就业人员的养老保险权益，制定农民工在城镇企业职工基本养老保险与新型农村社会养老保险制度间的衔接政策。农民工在新型农村社会养老保险和城镇职工养老保险之间基本养老保险关系的转移接续，原则上可在达到领取待遇条件时进行。农民工参加城镇企业职工基本养老保险，缴费年限达到15年的，可将其新农保个人账户累计储存额转入其职工养老保险个人账户，并累计计算个人账户养老金；未能达到15年最低领取年限的，可使用新农保个人账户资金以及由个人追加费用，通过补差、延缴等方式，尽可能使其达到15年，并依法享受基本养老保险金；本人自愿选择向新农保转移的，可参照基本养老保险关系转移接续暂行办法，将其对应的部分统筹资金与个人账户资金一并转入新农保个人账户，按新农保计发办法享受相应的待遇。国家要尽快出台农民工在新型农村社会养老保险与城镇企业职工基本养老保险制度之间转续关系时的条件、转移资金规模、缴费年限认定、待遇领取地确定、待遇标准核定和计发等相关具体政策规定，尽早实现“不管你到哪里干，社会保险接着算”

的目标。

四是整合职工医保与居民医保，实现以家庭为单位参保，最终解决农民工家属参保难的问题。农民工在城镇劳动、缴税、参加社保，这些都为城市建设和社会保障事业的发展做出重要贡献，因此，农民工的家属理应有权参加居住地的居民医保。目前，居民医保和职工医保分开运行，居民只能以个人身份参保。这种保险制度的设计导致无业居民在参保过程中难以直接从在职的家庭成员参保中受益。另外，地方财政也不愿意为非本地户籍的人员提供补助，导致农民工家属参保难。因此，应进一步整合职工医保和居民医保，建立一元化的全民医保制度，使农民工家属随职工本人参保，解决农民工家属参保难的问题。

（二）制定统一的医疗保险关系转移接续程序

目前，医保关系转移接续没有统一的程序，没有统一的信息交换格式，造成参保人办理医保关系转移接续需要多次往返原参保地和新参保地，相当一部分参保人因为办理程序过于复杂而放弃办理。

转移接续“有政策、难操作”，已经严重影响了流动性较强的农民工群体的医保权益。因此，应尽快建立全国统一的医保关系转移接续程序，明确信息交换格式，为办理转移接续的参保人提供一站式服务。同时，应该建立参保人的申诉渠道，监督各医保经办机构按政策办事。

（三）加强现行社会保险关系转移政策实施的检查督导

如前所述，66号文自2010年1月1日正式实施以来，各级社保经办机构根据《城镇企业职工基本养老保险关系接续业务经办规程（试行）》（人社部发［2009］187号）的要求，及时调整，积极落实，但在政策执行的力度上存在一定差异。特别是部分社保经办机构在全国统一经办规程的基础上，额外增加了一些地方性的附加条件，给参保人员的养老保险关系正常转移带来了不便。因此，建议有关部门进一步加大对各地执行跨省转移接续政策情况的检查力度，督促各地严格执行统一的业务经办规程，不折不扣地做好政策贯彻实施工作。

此外，在实际操作过程中，由于各地对《转移信息表》有关项目的填写口径和一些相关问题的理解以及处理方法不一致，《转移信息表》被退回现象时有发生，以及存在邮件丢失和接收扯皮情况。为此，建议成立专门的国家养老保险关系跨省转移争议协调部门，处理关系转接中的扯皮推诿等问题，更好保护农民工在内的流动人员的权益。

（四）提升技术手段和服务，建立全国统一的信息系统平台，提高养老保险关系转接效率

如前所述，部社保中心建立了全国转移数据交换联网平台，转移地区通过平台互相传递转移数据信息，这本来是规范管理、提高效率的有效手段。但由于种种原因不但未达到其初衷，反而在一定程度上制约了入网地区为流动就业人员顺畅转移养老保险关系。为此，在部社保中心就此问题开展专题调研、找出症结、切实加以解决的同时，建议，一是借鉴银行系统平台运行的好经验，加快全国统一的信息系统平台建设步伐，统一基础数据，实现农民工社会保险 IC 信息卡管理。以建立地市一级社会保险关系基础信息库为基础，率先确保地市间、省市间的联网信息共享，进而与全国统一的养老保险关系电子化转移平台相连，如市、县经办机构先通过业务经办系统，将转移数据交换至省社保局，再通过全国转接平台，和其他地区交换数据。通过实现电子化服务，逐步实现开具缴费凭证、传递信息表和转入账户记账等养老保险关系转移业务均可通过系统顺利进行，而不需要再增加打印邮寄程序，在全国实现关系转接工作的电子化业务模式，提高转移接续经办业务效率，降低成本；二是优化经办管理服务，设立网上“社会保险个人服务窗口”，直接受理流动人员的参保和关系转移申请，既简化程序，又提供了“足不出户”的全方位服务；三是在人员配备、经办场所建设等方面向一线经办机构倾斜，加大转移业务经费投入，及时调整、充实和培训经办人员，满足包括农民工在内的所有参保人员办理转移接续社会保险关系的需要；四是加强新农保、城居保养老保险与企业职工养老保险系统的信息比对工作，避免重复参保和缴费，随着今后系统的完善，最终实现城乡居民养老保险与企业职工养老保险的联网。

（五）逐步提高养老、医疗保险统筹层次，尽快实现基本养老保险全国统筹，建立医疗保险跨行政区域的经办网络

目前，我国基本养老保险为省级统筹，基本医疗保险为地市级统筹。由于统筹层次低，对流动就业人员尤其是农民工的社会保险关系转移接续带来障碍。为此，要尽快提高社会保险统筹层次，建议在继续推进完善省级统筹的基础上，加快基本养老保险全国统筹的步伐，并尽早实现基本医疗保险省级统筹，从根本上解决农民工养老保险转移难的问题，缓解农民工医疗保险转移接续问题。

还要建立跨行政区域的医保经办网络。随着社会经济的一体化，劳动者跨行政区域流动日益频繁，但我国的医保经办体系仍按行政区划设置，并且

不同地区的医保经办机构之间缺乏合作，由此导致异地就医和医保关系转移接续的困难。统筹层次的提高虽然可以解决部分人群的异地就医和转移接续，但是，从根本上解决以上问题，还必须要建立跨行政区域的经办网络（例如，成都市和广州市的异地就医合作、长三角地区部分城市的异地就医合作，以及浙江、福建等省的异地就医网络）。医保经办机构跨地区合作，并不要求基金统筹，而是要求建立不同地区之间的医保管理协议和费用结算机制。

（六）加大扩面征缴的监察稽核力度，提高农民工参保率

社会保险扩面征缴必须紧扣重点，抓好重点行业、重点企业、重点人群的参保工作。重点行业是指流动性较强的商饮服务业、建筑业、交通运输业等行业；重点企业是指规模以下企业、中小企业、民营企业；重点人群是指个体工商户及其他灵活就业人员、农民工。对上述行业、企业和群体，都要依照《社会保险法》等法律法规，督促其参保缴费。加强社会保险稽核工作，充分发挥劳动保障监察执法的作用，进一步加大各项社会保险的扩面征缴和清欠力度，严格查处各类侵犯农民工社会保障权益的行为，对不给农民工参保，少报、瞒报、漏报缴费人数，擅自更改缴费基数、费率，少缴社会保险费的企业要依法进行查处和处罚。情节严重的，要会同工商、公安、税务等部门严肃查处，直至追究刑事责任。特别是，督促劳务派遣企业为派遣员工参加社会保险，要求国内企业以派遣形式组织境外劳务的农民工必须参保，对于不依法参保的，坚决取消其劳务派遣资质。

课题组成员：金维刚　华迎放　李红岚　董朝晖　赵巍巍　郭　婕

报告执笔人：华迎放　赵巍巍　董朝晖　李红岚

农民工称谓问题研究

国务院研究室课题组

近两年，社会上关于农民工称谓问题的讨论越来越多，一些政府官员、专家学者、记者、城市居民、农民工等都发出各自声音，表达了不同的观点，有的主张取消农民工称谓。需要强调的是，这些争论不仅仅针对农民工这一称谓是否具有歧视性，而且也涉及与农民工相关的许多深层次问题，例如农民工的权益保障、社会融合等。我们认为，有必要对农民工称谓问题进行深入研究，找准问题症结，提出针对性的政策建议，以推动我国农民工问题的根本解决。

一、农民工称谓的历史演变

一个社会群体的称谓，必然在一定程度上折射出这一群体在特定历史时期的社会、经济、政治、文化地位，而称谓的变迁与其社会、经济、政治、文化地位变迁是相伴随的。考察农民工称谓的历史演变，可以清楚地看到这一变迁的历史轨迹，大体上有三个阶段：

第一阶段：从建国初期到 20 世纪 80 年代，实行计划经济体制，严格限制农村人口进入城市，对农村向城市的部分流动人口采取歧视性的称谓——“盲流”。

在这一阶段，“农民工”这一称谓还没有出现，但是离开农村到城市打工的群体却早就存在。由于实行高度集中的计划经济体制，具有城乡分割的二元社会结构，人口流动受到严格的限制。1952 年，当时的中央劳动就业委员会提出要“克服农民盲目地流向城市”、“盲流”这个具有歧视性的概念由此产生。1957 年，国务院发布了《关于制止农村人口盲目外流的指示》，严格禁止企业单位从农村招工。1958 年，全国人大常委会通过《中华人民共和国户籍管理登记条例》，规定“公民由农村迁往城市必须持有城市劳动部门的录用证明、学校的录取证明或者城市户口登记机关的准予迁入的证明”。1961 年，中共中央批转公安部《关于制止人口自由流动的报告》，决定在大中城市设立“收容遣送站”，负责将饥荒中的流民收容起来，遣送原籍。1978 年改革开放后，大量农民再次开始进入城市找工作，在就业、管理等方面与城市居民产生了利益冲突，限制农村劳动者自由流动的“盲流”一词开始正式流行。广大农村劳动者对“盲流”这个称呼非常反感，也受到很多社会歧视。这种状况一直延续到20世纪90年代初期。1991年国务院办公厅发布《关于劝阻民工盲目去广东的通知》，1995年公安部发布《关于加强盲流人员管理工作的通知》，都体现出限制农村流动人口进入城市的心理。

“盲流”的称谓反映出计划经济的强大影响，以及不允许农民自由流动进入城市的强制性政策安排。有学者认为，这是“国家中心主义”和“管理者中心主义”的称谓，即国家和政府管理者仅仅从自身的立场和意志出发去看待和认识农民的流动，并从这个角度给这部分群体选定一个称谓。因此，这个称谓不可避免地具有歧视性，也不符合被称谓群体自身的意愿。

第二阶段：从20世纪90年代到21世纪初，以比较开放的姿态迎接农村转移劳动力进入城市，并逐渐找到了社会认可度较高的称谓——“农民工”。

这一阶段的重要特征，首先是人们对农村人口进入城市的态度发生了根本变化。1978年开始，农村的劳动力剩余问题开始显现，部分农村剩余劳动力进入城市打工，乡镇企业也吸收了大量农村剩余劳动力。到20世纪80年代末90年代初，由于乡镇企业吸纳农村剩余劳动力的能力大大下降，无法继续吸收新增的农村剩余劳动力，甚至某些已经在乡镇企业就业的农村劳动力又被排斥了出来。农村剩余劳动力才开始离开乡村进入城市，进入跨地区流动的阶段。这种跨地区流动在1989年初春达到了第一次高潮，这就是当时引起全社会广泛关注的“民工潮”。在这个时期，大部分农村劳动力都是抱着“试一试”、“闯一闯”的心态进入城市的，带有试探的性质，他们在城市的工作还不算稳定，在城市停留的时间一般不超过半年，每到年底或者农忙时节，都要返回农村。由于这部分群体具有亦工亦农的特点，一些专家学者就尝试着把农民和工人两个名词进行嫁接，用农民工来称呼这部分群体。最早是1983年，中国社会科学院张雨林研究员在《社会学研究通讯》杂志发表文章《县属镇中的“农民工”》，首次使用了这个称谓。之后，许多专家陆续接受这一称谓，并开始在文章中使用这一术语。可以说，从农民工这个称谓的产生背景和过程来看，并没有歧视的意味，只是为了找一个词来指代这一个特殊群体。

同一时期，还有许多其他的称呼农民工群体的称谓。例如：1．“民工”。是农民工的简称，与农民工所指的概念内涵基本是相同的，比较常见地使用于“民工潮”、“民工荒”等语境中，有时候也用来直接称呼农民工个体，例如“雇个民工”、“河南民工”等。这个称谓后来慢慢用得很少了，主要是因为农民工群体感到对自己有歧视。2.“农业转移劳动力”、“农村转移劳动力”和“农村外出务工劳动力”。这三个词语常常用于进行统计和书面学术用语中，在现实称呼中使用较少。3.“打工仔”、“打工妹”。也有称呼“外来仔”、“外来妹”的。这是世俗的说法，比较口语化，也是媒体喜欢用的语言，在广东、深圳等地比较常见，一般官方文件中很少使用。这一称呼最初是市民口语化喊起来的，有一定的歧视性，这部分没有城镇户口的农民到城市后与用于城市户口的居民多少有些格格不入。起初，这一称谓并没有引起政府有关部门和社会专家学者的重视，在深圳等各经济特区使用了很长时间，还向全国其他城市传播。但后来大家认识到，这一称谓虽然与“盲流”相比对农民工有所尊重，但仍然包含贬义，仍然显示出城市居民对农民工冷漠、鄙视和排斥的社会态度，因此慢慢也没人使用这个称谓了。

20世纪后期，已经有少数专家学者提出“农民工”这一称谓有歧视，应当弃用。但当时认同这种意见的人还相对很少，而且，没有人能提出一个能够替代“农民工”的新称谓。因此，2006年，国务院制定下发《关于解决农民工问题的若干意见》，仍然使用“农民工”这一称谓。文件起草负责同志在回答记者提问时讲到，采用这一称谓是经过反复研讨斟酌、听取多方面意见后确定的。一是采用“农民工”称谓，既能包括进城务工的农民，也能包括异地或就地转移到乡镇企业就业的农民；二是农民工是我国工业化、城市化过程中的特殊群体，将在一个相当长的时期内存在；三是这一称谓已经约定俗成，比较准确，比较贴切；四是党中央和国务院文件中都使用过农民工称谓，也有依据。因此，绝大多数参与文件起草的同志和相关专家都赞成继续使用农民工称谓，认为对农民工歧视与否，不在于使用什么样的称谓，关键在于实行什么样的经济社会政策。

第三阶段：从2007年左右至今，社会上不赞成使用农民工称谓的意见越来越多，提出了很多替代称谓。

不可否认，“农民工”这一称谓与以往的“盲流”、“打工仔”、“外来妹”、“民工”等称谓相比，基本上没有歧视意味，是一个巨大的社会进步。但是，随着全社会公民意识的提高，人们感觉到农民工与城市居民相比在很多方面不能享有平等的权利，是弱势群体，是被歧视的群体。进而，许多人认为“农民工”这个称谓本身就具有歧视性。

——2006年，西安市雁塔区区委区政府办公室联合下发《关于规范“新市民”称谓的通知》，对“外来人口、外来务工人员、打工者、农民工”等称谓统一规范为“新市民”。

——2007 年 4 月，广东省东莞市委召开党政领导班子联席会议，对“外来工”新称谓进行专题讨论，最终确定“新莞人”为“外来工”的新称谓，东莞“外来工”新称谓大讨论取得各方满意的结果。

——2011 年，广东省委书记汪洋宣布，广东将加快研究并适时出台取消“农民工”称谓的政策措施。广东省人力资源社会保障厅称，今后原则上不再叫“农民工”，使用“异地务工人员”这一称谓过渡。

——2007 年 6 月，浙江省政府为创新流动人口的管理模式，批准全省首个“新居民事务局”在平湖市挂牌成立。“新居民”是对在该市务工、经商、创业等非本市户籍、有固定住所的外来人员的统一称呼。

——2011 年，武汉、无锡等城市也将农民工统称为“新市民”，其中武汉专门建立了“武汉新市民网”，而无锡则举办了“无锡市十佳新市民”的评选与表彰。长春市把农民工称作“新长春人”，萧山市也把农民工称作“新萧山人”。浙江的一些企业主说，“在我们的工厂里，没有农民工，只有员工。”

——2012 年年初，八位律师联名上书国务院，建议政府行文中改变“农民工”称谓并借此推动城乡户籍平权。在 2012 年的全国人大和全国政协“两会”上，又有代表和委员提交建议和提案，建议“不应再使用农民工歧视性称谓”。其中，提交给全国人大五次会议的建议案由 15 名代表联名，且建议内容属于 3 年以上多次提出、尚未解决的事项。

——河南省的省委书记卢展工在与社科界专家学者座谈时称，(农民工)这一称呼的背后隐藏的是一系列的歧视，要努力消除身份界限，鼓励外来务工人员融入社会，并呼吁取消“农民工”这一称谓。

在这一阶段，社会各方面对农民工问题的关注度不断提高，而“农民工”这一称谓到底要不要改的问题，也迫切需要研究和回答。需要特别指出的是，并不是所有人都主张必须更改“农民工”称谓。上面列举了很多地方更改农民工称谓的做法，但继续使用农民工称谓的省份仍然占多数。很多专家、学者认为，比更改称谓更重要的工作是，切实保护农民工各项平等权益，这样才能从根本上消除歧视的根源。

二、对农民工称谓问题的辨析

对于农民工称谓问题的争论，既是称谓问题，同时也不仅仅是称谓问题，从更深层次来看，主要牵涉到农民工平等的市民权利等问题。归结而言，有如下几个观点：

（一）农民工称谓不存在歧视

“农民工”称谓是“农民”和“工人”两种职业身份的叠加，体现了他们亦工亦农的特点。从文字上看，这三个字没有任何歧视性、消极性的涵义，完全是基于群体特点和职业特点而进行的客观描述和概括。因此，“农民工”这个称谓不存在任何歧视。

但是，与城镇职工相比，农民工还没有完全享受到平等的就业权益，存在“同工不同酬”、“同工不同时”、“同工不同权”的问题；他们也难以充分享受城市的住房、子女义务教育、社会保障等公共服务和社会福利。可以说，在权益方面，农民工确实受到了歧视。但这种歧视并不是基于称谓而产生的，其根源在于户籍制度，以及与户籍制度挂钩的经济社会政策。现实中，包括网络、报刊等的一些讨论中，很多人主张应该取消农民工称谓时，其诉求本质上是要求保障农民工各项平等权利。对此，要有清醒的认识。如果不对户籍制度和经济社会政策进行改革，而寄希望于换一个称呼来解决农民工所面临的各种问题，无异于南辕北辙。不管改成什么称谓，时间长了，都会让人觉得有歧视，这个群体都会显得与城市居民不同。

改革开放以来，农民工不仅为社会创造了大量财富，为城乡发展注入了活力，也为国家现代化建设做出了重要贡献。2.5亿农民工兄弟用自己的辛勤劳动和汗水，不仅创造了自己的新生活，也创造着中国的现在和未来。如果没有农民工，我国的工业化、城镇化进程就不会那么快，经济发展也不会那么好。所以，“农民工”这三个字，应当是光荣的象征，不仅不是歧视，反而是一种荣耀，这个称谓应当赢得全社会的尊重，也应当被历史所记住。

（二）“农民工”称谓反映了客观现实

目前，我国约有2.5亿的农村剩余劳动力转移就业，有的进入大中城市，有的在小城镇，有的在当地农村从事非农产业。他们亦工亦农，大多数人都是在把家中农田里的活儿忙完以后才出去打工，以提高收入，本质上还是农民。其外出从事的职业，很多在建筑业、制造业等就业，又具有工人的属性。因此，用农民工来称呼这个群体，是一个既简单明了，又比较准确反映群体特征的称谓。由于种种原因，很多农民工在城市的工作并不稳定，也无法获得城镇户口在就业地定居下来，“农民工”这一略显尴尬的称谓，却正是他们现实境遇的真实写照。这是从客观现实出发来看的。

“农民工”称谓使用近30年，具有非常广泛的社会基础。大多数的专家和社会大众都接受和使用这一称谓，“农民工”已经成为人们日常生活中一个耳熟能详的词汇。“农民工”指代明确、口径清楚，在国家政策文件中使用较多，有利于国家统计和监测这一群体的数量变化，了解他们的生活状况，从而制定和实施针对性强的各项政策措施。因此，“农民工”称谓在生活中和工作实践中，都具有使用的价值和必要性。

（三）农民工群体有一定的异质性

首先，新生代农民工和上一代农民工具有不同特点。原来很多农村转移劳动力进城务工的主要目的确实是增加收入，他们与农村的土地仍然有着千丝万缕的联系，本质上仍然是农民，其留在城市的意愿和可能性都不是很高。而现在，特别是1980年以后出生的“新生代农民工”，已经与上一代农民工完全不同。他们中很多人跟随父母在城市长大，连一天农活都没有干过，也没有分到承包地，他们对城市生活的熟悉程度远远超过农村，有强烈的在城市定居的愿望。可以说，“亦工亦农”这样的特征已经不能用来描述这些年轻的劳动者。他们是完全的城市劳动者。

其次，农民工的行业分布日趋多样化。原来绝大多数农民工都在建筑业、制造业就业。但是近两年，进城农民工从事的行业越来越多样化，有的自己做小生意当了老板，有的从事财务、金融、计算机等行业，有的在本单位部门做负责人，还有的甚至进入政府部门当了公务员（比例相对较少，但不是没有）。这些人都不属于狭义的“工”的范畴。有学者对上海市31个社区中抽取的552名农村迁移劳动者样本进行职业种类的调查，其中能够归入“工人”的不到50％。

第三，还有一部分农村进城务工人员，其就业已经具有相当的稳定性，有的是举家迁移进入城市，已经在所在城市生活多年。对于这部分人，实际上已经成为所在城市的实际居民，完全具备转为城市居民的条件。

第四，以福建、山东、四川成都等省市为代表的一些地区，已经改革了传统的户籍制度，实行全省统一、不分城乡的户口登记管理制度，不再区分农民和市民。随着城镇化发展，一些“城中村”和“郊区镇”的居民越来越多，这些人与传统意义上的农民有一定区别，有的可能已经没有承包土地，脱离了农业生产。

由于群体的异质性，他们对“农民工”称谓的自身认同感也不一样，例如新生代农民工中许多人不认为自己是农民；一些长期在城市居住、工作比较稳定的进城务工人员，也认为自己与传统的农民工有很大区别。尽管如此，继续使用“农民工”称谓仍然是利大于弊。国家制定的关于农民工就业、公共服务、户籍、土地等方面的政策，都能够惠及这些群体。

（四）目前还不宜取消“农民工”称谓

一是，还找不到一个称谓能够完全替代它。现在社会上提出的称谓并不十分完善。例如“进城务工人员”，不够简单明了，且内涵略泛，既包括农民“打工者”，也包括进城的各种小商小贩和“小老板”；“外来从业人员”或“外来就业人员”，虽然歧视色彩减少了，但仍保留“外来”这个特征。最近，上海将“外来”改为“来沪”。北京也有“来京从业人员”的说法。这些称谓带有明显的地域性。若要在全国普遍使用，则“外来”一词显然不合适，因为他们都是我国公民。

目前，有些地方探索使用“进城务工人员”取代“农民工”称谓，也面临一些问题：一是，农民工既有进城的，也有离土不离乡的，“进城务工人员”涵盖不全；二是，换了新称谓以后，农民工所面临的各种权益问题仍然没有从根本上得到解决，更换称谓的实际意义并不是很大。现在看，接受使用“进城务工人员”的省份还属于少数，大多数还是坚持使用“农民工”。

二是，现实中许多情况下还有使用“农民工”称谓的必要性。例如，政府出台一些针对农民工的政策文件，只有用这个称谓才能比较准确地指代这个群体。“新某某市人”、“新市民”等，在口语场合使用没有问题，但如果用在政策文件中，则不够准确。

三是，社会上不赞同更改称谓的人很多。社会上对“农民工”称谓的看法本身就存在很大争论，并不是所有人都赞同更改称谓。反对的一方认为，农民工为我国经济社会发展做出了突出的贡献，这个称谓不仅没有歧视，而且是很荣耀的称谓，是他们功绩的见证。在大家认识不一致的情况下，还不宜作出更改称谓的决定。

四是，表面上看，取消农民工称谓顺应了舆论呼声。但如果仅仅是换一个称呼，而没有实质地提高农民工权益，就属于头疼医头、脚痛医脚，不能从根本上解决问题。随着时间推移，社会上要求提高农民工权益的呼声和不满会进一步增加，并可能加剧社会矛盾。

（五）从长期看，“农民工”将会自然消失

从世界各国的经验来看，农村剩余劳动力的转移过程与城镇化过程是统一的，不光是把劳动转移到城市去，更要把人转移到城市去。只有真正实现了“人的转移”，才是有质量的城镇化和真实的城镇化。这也应当成为我国农村剩余劳动力转移的一个方向，即要实现农村进城劳动力的市民化。

因此，从长期看，农民工群体会逐渐出现转化，一部分人会返回农村继续从事农业生产；更多的人则会留在城市，取得城市户口，成为“新工人”

和“新市民”。届时，“农民工”将会自动消失。

三、政策建议

（一）继续使用农民工称谓

就全国而言，当前和今后一个时期应继续使用“农民工”称谓，农民工工作联席会议制度及其办公室的名称也不宜改动。有关部门应当做好政策宣传和舆论引导工作，使社会更多地了解政府在消除农民工歧视、保障农民工权益、解决农民工问题等方面的决心和努力，使大家更多地了解农民工对社会的突出贡献，使农民工获得与其贡献相称的社会地位。

（二）着力保护农民工各项平等权益

这是与更改称谓相辅相成的政策举动，而且更加具有根本性。必须明确方向，下定决心，努力推进。当前，要努力消除各种不平等待遇，保障农民工各项权益。一是保证平等权利。包括平等的就业权利和劳动待遇；城乡统一的社会保障待遇；享受平等的基本公共服务权益；在实际居住地享有平等的政治权利和民主管理权利。二是大力推进户籍制度改革，同时研究解决农村劳动力进城后其承包地、宅基地、集体收益分配权的实现和保护问题。三是加强宣传教育，促进社会融合。包括加强对进城务工人员的文化教育和职业培训，提高其整体素质；加强城市居民与“新市民”的交流沟通，消除隔阂，促进融合。

（三）着力加强农民工工作的组织领导机构

农民工工作内容丰富，需要多个政府部门的协调配合，必须建立强有力的协调机构和精干的办事机构。建议进一步完善国务院农民工办公室的研究、协调、监督、检查等职能，为推动农民工工作提供更加有力的组织保障。

课题组成员：邓文奎　刘文海　乔尚奎　孙慧峰

报告执笔人：孙慧峰　刘文海

国外移民工人管理机构设置和职能研究

人力资源社会保障部国际劳动保障研究所课题组

解决农民工问题，不仅要有正确的指导方针和政策措施，而且极为需要坚强有力的工作机构推动落实。我国农业劳动力转移就业并且市民化，从规模上说是史无前例、举世无双的；从时间上说，跨越中华民族伟大复兴最重要的历史时期，前后长达半个多世纪以上，从现在起，至少还要用30年左右的时间。这样一个规模宏大、历时久远的社会转型工程，对管理机构也同样有很高的要求。为此，借鉴国际经验，了解其他国家管理类似问题的机构设置和相关职能，参考用于我国农民工工作机构的设置，是很有必要的。

一、部分国家移民管理部门设置分类

国外移民管理部门设置差异较大，有单一部门制、多部门制和某个机构内设部门等几种情况。

（一）单一部门制

单一部门制是指在中央政府下设一个部门专门负责移民事务。法国、加拿大和澳大利亚等国采取这种管理体制。

澳大利亚中央政府设有“移民与公民事务部”，负责移民安置、难民庇护与安置、移民辅导和入境管理、监督检查等。另外，教育、就业和劳动关系部配合移民部进行移民审批工作。法国于2007年成立了“移民、融入、国民身份与共同发展部”，该部负责移民接纳、入境服务、社会融合、加入国籍、打击非法移民、促进移民输出国共同发展等职能。加拿大设有公民权益与移民部，负责移民事务审批、管理和检查工作。

（二）多部门制

多部门制是指由多个部门协同负责移民管理的管理体制。这类体制的代表性国家是美国。美国管理移民的机构包括国土安全部、司法部、国务院、劳工部等。国土安全部下设“公民权和移民服务局”以及“海关和国境巡防局”，国务院下设“人口、难民及移民局”，劳工部下设“国际劳工事务局”。

（三）内设部门制

内设部门制是指中央政府不设置专门管理移民事务的部级职能部门，而是在一些部级单位下设移民机构，负责管理相关事务，如有关移民工人事务由劳动部门管理。采用有这种移民管理体制的代表性国家有英国、日本和韩国等。

二、部分国家对移民工人的管理机构与职能

（一）美国的移民管理机构与职能

1. 移民工人分类

美国的移民劳动者主要有两种类型，一是高技能、受教育程度较高的高端专业人员，另外一类是技能水平和受教育程度都较低的工人。第二类移民工人包括从事手工农业生产的工人；建筑业中的电工、建筑工人，他们通常在不同城市的建筑工地流动作业；荒郊消防员、州际间卡车司机等。

美国移民工人主要是指从事手工农业生产的低工资收入工人。美国的水果和蔬菜生产以及园林业生产主要依靠农业移民工人。农业移民工人占美国农业劳动力的40％多。美国85％的手工种植水果和蔬菜是由农业移民工人进行生产的。这些农业移民工人主要来自墨西哥，部分来自其他拉丁美洲国家，如海地、危地马拉、牙买加、波多黎各、多米尼加共和国等。

2. 美国劳工部管理有关移民工人的职责

美国联邦法律中有专门保护移民工人和季节工人的法律，《移民和季节工人保护法》（Migrant and Seasonal Agricultural Worker Protection Act）。该法由美国劳工部工资和工时司（Wage and Hour Division）负责实施。法案中的规定涉及农场承包商、农业雇主、农业协会、移民住房提供方的相关内容。该法主要内容包括：

（1）农场承包商登记。农场承包商必须在劳工部进行登记，才能够录用农业工人或承揽生意，或是将移民工人/季节工人运往工作地点。农业雇主和农业协会不需要登记为农业承包商。所有农业雇主或农业协会必须确认农业承包商为已经在劳工部进行登记，才能购买农业承包商的服务。劳工部应当审查农业承包商是否将所有经营项目都进行了登记。

（2）劳动关系。在某些情况下，劳工部可能认定使用农业承包商服务的农业雇主或农业协会为共同雇主，农业雇主或农业协会必须承担移民和季节工人保护法规定的就业相关义务，例如，合理支付工资。

（3）公开义务。雇主在招募移民和季节工人时，必须书面公开每个移民和季节工人的劳动条件和工作内容。在建立劳动关系时，雇主必须应移民或季节工人的要求公开劳动条件和工作内容。书面公开的劳动条件和工作内容

应当使用劳动者的母语。雇主必须在工作场所的醒目位置张贴关于移民和季节工人保护法中保护工人权益的规定。移民工人住房提供方必须向每个工人提供住宿条件相关内容。

(4) 工资、设备和工作安排。雇主必须按时足额发放工人工资。农场承包商、农业雇主或农业协会不得要求工人购买他们提供的商品或服务。另外，除合理理由外，任何农场承包商、农业雇主或农业协会不得有违法工作安排。

(5) 住房安全与卫生。向移民或季节工人提供住房的人员必须确保住房设施符合联邦和州住房安全与卫生条件。提供给工人的住房必须经检查验收合格后方可使用。住房内必须张贴验收合格证书。

(6) 交通安全。用于运输移民或季节工人的交通工具必须购买保险，并且由持有执照的司机进行操作。交通工具需要符合联邦和州安全标准。

(7) 雇主保护。农场承包商必须遵守其与农业雇主或农业协会签订的书面协议。

(8) 法律实施。劳工部工资和工时司负责实施移民和季节工人保护法。在进行劳动监察时，工资和工时监察官员可以进入工作场所、交通工具和住房内进行监察，审查并记录工资单和其他账簿记录，并可以对雇主和雇员进行访谈。

(二) 加拿大的移民管理机构与职能

1. 加拿大对移民的分类

加拿大针对移民大体分为六类：

(1) 技术工人和专家。指想要在加拿大（魁北克以外地区）定居和工作者。

(2) 魁北克选择的技术工人。指魁北克政府选择在其区域内定居和工作者。

(3) 有加拿大生活经历的人士。指具有近期在加拿大工作经历或在加拿大毕业并近期就业者。

(4) 投资者、企业家和自雇者。指希望在加拿大创业者。

(5) 行政区指定的人。指加拿大某个省或地方所制定在其区域内定居和工作者。

(6) 保荐家庭。如果是在加拿大的常住居民或加拿大公民，则可以保荐一个家庭成员加入。

2. 加拿大的移民管理机构

公民权益与移民部（Department of Citizenship and Immigration Canada，CIC）是加拿大管理移民的政府机构。该部门主要负责移民安置、再安置、公民和多文化融合计划和服务。移民部下设多个公民权益与移民中心（Citizenship and Immigration Centers），每个中心又下设若干个服务点。所有服务点的工作人员加在一起共有 4 000 余名。

3. 公民权益与移民部的主要职能

一是制定和实施移民政策、计划和服务，并与其他部门联合实施某些相关程序，例如移民审查和批准入境等手续，审查的对象包括移民、外国学生、来访者和社会急需的临时工等；二是为难民提供安居、保护和安全等服务；为新入境者提供就业和生活方面的帮助，使其尽快适应加拿大社会，成为加拿大公民；三是帮助加拿大公民和新入境者完全参与到经济、政治、社会和文化生活中。公民权益与移民部还通过类似于加拿大关爱协会（Canadian Caregivers Association）这样的提供资金的部门，帮助移民和难民在加拿大安居。

（三）日本的移民管理机构与职能

日本国际研修合作机构是专门负责管理外国人研修生制度的机构。由法务省、外务省、厚生劳动省、经济产业省以及国土交通省等 5 省共同管理，截止到 2010 年年底，已有 12 个国家的 625 个机构向日本国际研修合作机构输出研修生。

国际研修合作机构设置有理事会、评议员会（会长—理事长—专务理事）和监事。机构的事业计划、预算等基本事项由评议员会、理事会审议决定。在此基础上，机构设有以下五个部门：总务部、出入境部、国际部、能力开发部以及企业部。国际研修合作机构在地方设有 17 个事务所。职员配置方面，除了一般职员以外，还配有专业职员，主要是检查指导人员、技能实习执行指导人员、日语指导顾问、安全卫生、心理健康、工伤保险咨询员、外国人咨询员等。

国际研修合作机构主要有三方面的职能：

（1）技能实习生、研修生的接收，对进行相关工作的民间团体、企业和外国的劳动力输送机构、派遣企业等进行综合支援或建议指导。

（2）为技能实习生、研修生提供咨询服务，就如何确保入境管理法、劳动法等赋予的法律权利进行建议或支援。

（3）为了实现研修制度制定的目标，对监理团体、实习实施机构、技能实习生和研修生、劳动力输送机构进行相关支援。

（四）韩国的移民管理机构与职能

韩国于 2003 年制定了《外国劳动者就业等相关法律》并设立了总理室

直属的外国人力政策委员会，大力推行外国劳动者就业许可制度。2004年起，劳动部下属韩国产业人力公团积极开展外国劳动者就业支援活动，同年还在公团下面成立外国劳动者支援中心，具体承担对外国劳动者的各种咨询及权益保护工作。

1. 外国人力政策委员会的职能

外国人力政策委员会是国务总理室下属的管理并保护外国劳动者就业的专门机构。它的主要职能包括制订外国劳动者相关基本计划、规定外国劳动者输入行业及规模等相关事项、指定并取消外国劳动者输出国家等的审议、议决。

2. 韩国产业人力公团

韩国产业人力公团是劳动部下属机构，1982年设立。设立目的是：通过支援劳动者的学习、开展职业能力开发培训、资格鉴定，奖励熟练技术，以便促进就业，从而培养产业人力，有效配置产业人力供需，推动国民经济的健康发展，提高国民福利。

韩国产业人力公团的主要职能之一就是组织开展外国人就业支援，具体包括：组织开展雇用许可制韩语能力考试；驻劳动力输送国家的专员管理；外国求职者名册的认证和管理；签订劳动合同、签发签证相关支援；外国劳动者入境支援；外国劳动者就业培训及代理工作；外国劳动者就业、滞留支援；外国人就业许可制度相关保险工作；与劳动力输送国家的公共机构建立合作体制；与外国人劳动者相关民间团体开展合作；就业特例（外国国籍同胞）的就业培训。

韩国产业人力公团设有五个部门：企划运营、能力开发、资格管理、国际人力、资格出题。其中，国际人力部又分为外国人力局（就业企划、外国劳动力选拔、入境支援、就业培训、就业滞留支援）和海外就业局。

3. 外国人力支援中心

外国人力支援中心于2004年成立，是韩国雇用劳动部（原劳动部）全额拨款，劳动部下属韩国产业人力公团负责管理，现委托社团法人地球村爱心分享机构运营的机构。主要职能是，向外国劳动者提供培训、文化、咨询、福利等服务。目前，该机构共有16名职工，包括主任（1名）、运营组（5名，分别承担资产管理、预算/会计、培训/文化等事务）和咨询组（10名，分为承担来访咨询、本国语电话咨询等事务）。

（五）瑞典的移民管理机构与职能

瑞典移民事务由多个部门共同管理。

1. 瑞典移民委员会

瑞典移民委员会由瑞典议会和政府共同决定设立，主要负责赴瑞典短期访问和定居的申请处理工作。瑞典移民委员会是一个政府机构，对司法部和就业部负责。每年，瑞典议会对移民委员会的预算作出规定，移民委员会在预算范围内的具体工作接受政府的指导。

瑞典移民委员会下设申请受理处、难民审核处、有序迁移和公民资格处、战略发展中心、欧洲和国际合作处、规划和控制处、法律控制处、行政处等部门。

瑞典移民委员会还设有顾问理事会，负责监督移民委员会的活动及其发展。顾问理事会成员由议会中的各个党派提名，由政府任命。

2. 瑞典就业部

瑞典就业部设有部长和副部长，部长负责就业问题，副部长负责移民融合、城市发展、歧视和人权事务。瑞典就业部下设五个部门，其中之一是融合与城市发展部。该部门负责新移民（不管是否进入瑞典劳动力市场）、瑞典公民的创业，对市政当局接收难民进行补偿等。同时还负责协调和发展政府各部门之间的融合政策，包括城市发展问题。

3. 瑞典融合和性别平等部

瑞典融合和性别平等部成立于 2007 年 1 月，主要负责协调政府的融合工作。融合和性别平等部下设瑞典融合委员会，负责为移民发放居住许可以及难民接收工作。

4. 瑞典公共就业服务局

瑞典公共就业服务局负责为所有失业人员提供就业帮助，不论其背景如何，移民的就业帮助也是由瑞典公共就业服务局管理。

（六）印度的移民管理机构与职能

根据 2001 年普查数据，按出生地标准统计，大约 3.07 亿印度人被认为是迁移人口（migration）。按上个居住地标准计算，约 3.14 亿人口被认为是迁移人口，其中 85%是跨邦迁移。建筑行业是农业之后全国第二大就业部门，大多数建筑行业工人是迁移工人（migrant labour）。约有 2 000 万的家庭工人主要来自印度农村。在印度，迁移是基本人权，每个人都有迁移的自由。

直接涉及迁移工人的法律主要有两个：一个是《跨邦迁移工人法》，旨在对劳动力流动进行规范。该法规定，招募迁移工人的机构或个人，必须及时支付高于最低工资的报酬，提供合适的居住条件、提供安全与卫生的工作条件、向政府当局和亲属报告事故和伤亡等。一旦发生劳资纠纷，迁移工人有权在工作所在邦或自己迁出的邦提出诉讼。该法也对相关罚则作出规定。该法由劳动和就业部福利局监督实施。

另一个解决季节性迁移问题的重要法案是《全国农村就业保障法》(NREGA)，法案旨在确保每个农村家庭，只要成年劳动力自愿参加非熟练性体力劳动，就能保证1年至少获得100天的工资性收入。该法由印度农村发展部监督实施。

三、国外移民工人管理现状

（一）欧盟外籍劳务政策

1. 欧盟鼓励引进高技术劳务

关于高技术劳务引进，欧盟领导人多次表示，欧盟国家目前的政策及经济环境对高技术人才缺乏吸引力，需要吸引更多的第三国高技术人才。据欧盟统计，近年来发展中国家流向发达国家的人口中，85%的低技能或无技能移民进入了欧盟27国，而进入美国的只有5%。而在从发展中国家进入发达国家的技术移民人口中，选择美国的却高达55%，而进入欧盟各国的还不到5%。在欧盟高素质从业者中，来自欧盟以外国家的人才只占1.72%，而该数字在美国是3.2%、瑞士是5.3%、加拿大是7%、澳大利亚甚至高达9.9%。此外，随着欧盟人口负增长和老龄化，2050年时欧盟中65岁以上人口数量将超过总人口的1/3，因此，欧盟在2009年“蓝卡”计划中表示，将为拥有高技能、欧盟急需的人才提供更加便利、通畅的合法移民申请程序。

2. 欧盟引进劳务的政策规定

在欧盟层面，欧盟机构仅负责就移民的问题制定总体政策。欧委会于2001年提出欧盟范围内制定劳务引进的条件和标准的立法建议，但由于成员国不愿让渡在人员和劳务引进方面的主权，该立法建议最终被成员国否决。2004年，欧盟通过“海牙计划”，促进欧盟内部在移民等问题上的自由、安全和公正性。此后，欧委会于2005年发布关于欧盟人员和劳务引进政策绿皮书，邀请成员国就欧盟移民政策的目标和范围进行讨论。迄今为止，在劳务引进方面，欧盟仅通过了吸引外国高技术人才的“蓝卡”计划。有关情况如下：

欧盟蓝卡计划（2009/50/EC）于2009年5月25日正式获得通过，其主要内容是，规定了欧盟引进高技术移民的标准和给予的待遇，各国在符合欧盟“蓝卡”框架下，可根据本国经济特点和人才需求，招揽本国所急需的技术人才。通过审核达到欧盟要求的技术移民只需在最初欧盟内移民申请国工作和居住两年，就可以自由选择至其他欧盟国家工作。

申请蓝卡计划的条件要求较高，申请者至少需满足以下条件：

（1）薪金至少为该国同等职业平均薪酬的 1.5 倍。

（2）申请者必须拥有合法的身份证件和居留许可。

（3）拥有医疗保险。

（4）申请者必须拥有欧盟成员国所认可的大学文凭或 5 年以上的工作经验。

同时，“蓝卡”计划对技术移民也给予了优惠条件，如可以优先获得家庭团聚签证；工作满 18 个月后，可选择到另外一个欧盟国家工作；工作结束后返回原籍地，将来也可以自由进入欧盟工作；能够享受与欧盟成员国公民同等的社会保障和劳动条件等。

欧盟 27 个成员国都有权根据本国情况决定“蓝卡”的发放数量及允许工作的领域，但“蓝卡”的发放条件必须遵循欧盟统一制定的标准。欧盟各国将在“蓝卡”计划大框架下，根据实际情况调整原有的移民政策，决定发放数量和工作领域，并必须在 2011 年 6 月 19 日前完成制定相应的国内法。

欧委会预计，如实施顺利，“蓝卡”计划有望在未来 20 年内吸引至少 2 000 万来自亚洲、非洲和拉丁美洲的高技术人才到欧盟国家就业。

3. 欧盟引进劳务的管理

在欧盟范围内，劳务引进的权限由欧盟机构与成员国共享，权力主要在成员国。在成员国层面，各国政府有权制定引进外籍劳务的原则、计划和规定，审核外籍劳工，并签发工作签证。如德国颁布《就业促进法》和《移民法》等法律，对输入外籍劳工的原则和具体实施作了明确规定。如上文所述，欧盟机构仅能就劳务引进制定总体政策，目前仅通过了“蓝卡”计划一项立法。

4. 欧盟引进劳务工作签证管理

根据欧盟法律，签证的政策和具体发放、管理专属成员国权限，欧盟机构在该领域并无权力。

（二）美国移民工人管理现状

1. 美国对引进外籍劳务人员实行严格的申请、审批制度

一方面，美国政府通过限定输美劳务人员国别、对部分行业设置人员配额、居住年限等措施，大大限制外国普通劳动力来美务工的可能性，既保护美就业市场免受冲击，又能缓解季节性、结构性劳务短缺瓶颈。另一方面，

美重视、鼓励吸引专业和杰出人才来美工作，为科技、工程、国防研发等多行业的外籍高学历公民提供劳务准入“窗口”，以提升美高端劳动力市场竞争力。

2. 美国引进劳务的主要政策规定

根据美国《移民和国籍法》规定，美政府依据外籍工人是否申请在美永久工作相应制定了两套准入制度，分别核发永久和短期劳动许可。

（1）永久工作许可。美公民及移民服务局负责受理相关申请，一旦获批，申请者将获得在美永久居留权和移民签证。永久工作许可申请共分EB1—5共5类，主要面向在本领域表现极为杰出的新闻工作者、运动员、教授、科研专家、外国公司高管、高学历专才、对美投资者等。美移民局对各类申请者条件均作出了具体规定。

鉴于永久工作许可申请门槛高，申请者多为“精英阶层”，不属常见的“劳务输出”范畴。

（2）短期劳务许可。短期劳务许可的主管部门是美劳工部及其派驻各州机构，这些机构审核雇主雇用非移民类临时性外籍劳务人员的申请条件；美移民局决定是否批准雇用外籍劳务；美驻外使领馆对拟赴美从事劳务的外国公民进行面试，决定是否发放相应类别签证；美国土安全部海关与边境保护局核准外籍劳务入境申请，定期发布“非移民入境统计报告”。

短期劳务许可共分21类，其中，紧缺领域护士（H－1C）工作许可已于2009年年底废止。值得一提的是，在全部21类许可中，体力劳动等低技能岗位集中在季节性农业务工（H－2A）、临时性非农务工（H－2B），但美国土安全部、国务院共同制定了H－2A/B准入国别名单（2011年共包括53个国家），仅相关国家公民才有资格申请H－2A/B工作许可。不在名单之列国家的公民无法在美农业、非农行业从事临时劳务工作。

3. 美国引进劳务的签证、入境管理规定

（1）签证。美雇主取得移民局许可后，外籍劳务联系美驻外使领馆预约面试，签证官决定是否发放签证（享受入境豁免美国签证的国家公民不在此列）。

（2）入境许可。所有外籍劳务均须向美国土安全部海关与边境保护局申请入境许可。完成全部手续后，外籍劳务即可赴美工作，但必须服务于特定雇主。一旦更换雇主，应重新履行全套申请手续。

（三）加拿大移民工人管理现状

1. 加拿大引进劳务的政策及规定

加拿大引进外籍劳工方面最主要的政策措施是“临时外籍劳工计划”，

这是由联邦政府主导实施的。各省配合联邦政府共同实施“外籍临时劳工计划”，而没有各自单独引进外籍劳务的计划。加拿大临时劳务许可是在雇主面临劳工短缺而加拿大本地工人又无法满足该需求的情况下颁发的，临时外籍劳务许可不是建立在配额基础之上的，原则上和实际操作中没有上限。

联邦政府与各省、地区建立有联席制度，90%的外籍劳工工作岗位由各省/地区负责管理，并确保就业与劳动标准符合省政府规定，联邦政府掌管其余10%的岗位。联邦和各省政府均强调，无论通过何种形式引进的外籍劳工，其工作薪酬、待遇和条件不得低于本地劳工。

外籍劳工分为需要工作许可和不需要工作许可两种，对于需要工作许可的外籍劳工没有岗位要求。不需要工作许可的特殊岗位包括信息工程师、软件工程师、儿童及老年人家庭护理等。

2. 引进劳务的管理和工作流程

“临时外籍劳工计划”的实施采取工作许可签证进行管理。工作许可签证的申请程序分为三个主要步骤：

(1) 雇主在决定聘用临时外籍劳工后，首先向联邦人力资源与社会发展部提交“劳动力市场评估”材料（LMO），内容包括：工作岗位有关情况、是否已在全国性人力银行的网站或主流劳动服务招聘媒体上刊登过不少于7天的岗位招聘广告及结果、工会对该岗位聘用外籍劳工的意见、雇用外籍劳工对加拿大经济带来的利益、雇主对替代外籍劳工人员的培训计划、拟聘用外籍劳工的其他相关资料。

(2) 联邦人力资源与社会发展部对LMO进行评估，内容包括：所聘用外籍劳工的行业及岗位劳动力缺乏状况，外籍劳工对于增加就业机会的影响，以及雇主是否有完善的培训当地人员的计划；外籍劳工与本地同等员工的工作和薪酬待遇是否一致；外籍劳工资质能否满足联邦或省对该岗位的技能、执照等条件的要求；工会的相关意见等。

(3) 如果“劳动力市场评估”得到联邦人力资源与社会发展部审核通过，则向雇主发出通过许可通知书。雇主通知外籍劳工申请者到所在国家或地区的加拿大使（领）馆办理工作许可签证。申请者所携带的资料包括：“劳动力市场评估”通知、雇主聘用函、护照、个人简历、培训证书、资历证明、无犯罪记录等以及申请费用。通过后向申请者签发有效期为1年的工作许可签证。期满后可延长，最长可以延至2年。申请人还可在工作签证期满后提出移民申请。

3. 有关引进劳务及工作签证的管理规定

加拿大移民局与人力资源和技能发展部是主管工作申请的政府部门。如果需要在加拿大工作，必须申请办理工作许可签证。首先，申请人必须从加拿大雇主那里得到雇用信件。收到雇用信后，人力资源和技能发展部通常会提供一个劳工市场评估或简单地确认申请人所持雇用信的合法性，并确定此雇用是否对加拿大劳工市场有利。外国公民欲来加拿大工作，必须持有加拿大政府签发的工作许可签证，该签证允许外国公民在加拿大最长工作 3 年时间。工作许可签证限于特定的工作职位和特定的时间，必须在进入加拿大之前获得。

此外，加拿大边境服务署在入境机场、口岸根据引进劳务相关规定对外籍劳工进行审核，如符合要求，将最终签发工作许可签证。边境服务署对是否允许外籍劳工入境有最终决定权。

应聘者到加拿大后，一定要从事与工作许可签证规定相符的工作，如果因故失去工作或更换为另一种工作，则一定要向移民局重新申请工作许可，并向移民局提出各项活动的报告。假如当事人不遵守移民局发给的工作签证上的规定，则可能 1 年之内被禁止在加拿大工作。获得临时工作许可证 3 年期满后，可以申请永久居留。

（四）日本移民工人管理现状

1. 日本对引进劳务的政策倾向

日本是世界经济强国，劳动力需求庞大，而政府出于本国国民就业环境、社会治安及社会成本增加等因素，尚未对外开放劳务市场。但为了解决劳动力短缺问题，日本目前通过以下三种方式引进外国劳动力。

第一种是专业·技术领域高端人才引进。日本按外国人入境及滞留性质设立了 27 种在留资格审查制度。其中“教授”、“艺术”、“医疗”、“研究”、“技能①”、“兴行②”、“技术”、“企业内转勤”等在留资格专向某些领域具有一定特长外国人，故政府倾向较积极引进。大多中国人均通过此渠道在日就职。另外，近年兴起的软件工程师派遣也属此类人才引进。

第二种是单纯劳动力的引进。此领域除日裔巴西人之外尚未开放，但随着少子老龄化社会模式成型，劳动力的供需矛盾加剧，并成为经济发展的制约因素。20 世纪 90 年代初期，以原有技术研修体系为基础制定了“外国人研修·技能实习制度”，从中国、越南、菲律宾等亚洲国家大量引进劳动力，从事农业、食品加工、电子组装、缝纫等技术含量不高的行业。

---

① 技能：厨师、贵金属加工等人员为主。

② 兴行：演员、歌手等。

第三种是通过双边 EPA 协定，引进护士、护理师。目前只有印尼和菲律宾对日派遣少量的医疗机构看护师和疗养机构护理师。

2. 日本对引进劳务的政策及规定

日本没有专为劳务引进制定法律。1999 年，日本法务省入国管理局根据 1951 年实施的“出入国管理及难民认定法”[①]（以下简称，“入管法”）制定了“研修生及技能实习生入国管理相关指针”[②]（以下简称，“指针”）。该指针就研修生、技能实习生的引进、管理方面具体规定了日方接收企业的权利和义务。

2007 年将“指针”进一步完善，细化了研修生、技能实习生维权相关规定。

2010 年 7 月 1 日，日本实施新的研修技能实习制度，在新制度中，确立了技能实习生的法律地位，外国劳务的权益受到劳动相关法规的保护。

3. 引进劳务的管理程序和工作流程

日本法务省的入国管理局是外国劳务的监管机构。入国管理局负责审批外国劳务的“在留资格”，对负责引进外国劳务的机构或企业进行监管，对违反“入管法规”者进行处罚。

通过研修技能实习制度引进外国劳务，日方的接收机构须具备日本官方认可的资质，在与劳务输出企业签订劳务合作协议后，负责向入国管理局提交申请“在留资格”所需书面材料，在获得“技能实习”的在留资格后，外国劳动者方可申请赴日签证。外国劳动者入境后，日方的接收机构负责对与外国劳动者签订雇用合同的企业进行指导和管理。

4. 引进劳务及工作签证的管理规定

日本法务省入国管理局依据“入管法”对持有“工作签证”的外国劳动者进行管理，并对外国劳动者出入境、在留资格条件及其相关手续、资格外活动及不法滞留者的惩处等方面作出具体规定。

（五）澳大利亚移民工人管理现状

1. 澳大利亚对引进海外劳务的总体态度

澳大利亚地广人稀，资源能源富集，但国内人口稀少，劳动力较为短缺，引进海外技工是解决劳动力不足的一项措施。长期以来，海外人才和技工对澳经济建设，特别是资源能源开发，做出了很大贡献。

---

① 详细规定请参考 http://law.e-gov.go.jp/cgi-bin/idxsearch.cgi

② 详细规定请参考 http://www.moj.go.jp/PRESS/nyukan67-2.pdf

澳大利亚联邦政府在引进海外技术劳务问题上处境两难。一方面深知劳动力不足制约经济发展，另一方面又担心引发社会矛盾和争议。因此，澳政府引进海外技工的基本政策取向是在保证国内人口充分就业的前提下，引进海外具有高级管理技术能力和专业技术的人才来澳就业。

澳工会势力强大，本地劳动力市场保护主义色彩浓厚，引进海外劳务的相关政策是一个颇为敏感的话题，受到新闻媒体和普通民众的广泛关注。因此，澳移民政策及其管理亦相当严格，对海外劳务的技术资质、语言能力以及身体健康等诸多方面都有较为苛刻的要求。

2. 澳大利亚引进劳务的有关政策及规定

在澳大利亚，引进海外技术劳务的主要法律依据是《1958年移民法》和《1994年移民管理规定》。根据规定，引进海外技术劳务的方式主要可分为两大类：永久技术移民和临时技术移民。

与我国对外劳务合作密切相关的，主要为临时技术移民，有关政策主要体现在“标准企业担保签证（457签证）”的具体要求上。457签证政策的细节十分复杂，并常常随着澳劳动力市场行情的变化而不断调整。

457签证有关政策的具体规定如下：

（1）对临时引进海外技术劳务的前提条件：移民部规定，澳企业或外国公司只有在澳本地劳工市场无法招聘到所需劳动力，也无法通过自己的培训计划获得时，方可招聘海外技术劳务，为海外劳工担保并申请457签证。申请招聘海外技术劳务的企业，必须在澳从事经营1年以上，且需要达到政府制定的培训要求，即（a）向行业培训基金至少支付工资总额的2%，用于培训澳公民或永久居民，或者（b）提供相当于工资总额的1%在本企业中培训澳公民或永久居民。

（2）对申请457签证者的要求：凡需在澳工作3个月到4年的海外劳工可申请457签证。申请人必需：（a）获得雇主提名；（b）职业属于457签证职业清单的范围；（c）申请签证过程中，提供充分的教育、工作经验等背景材料；（d）身体健康状况及个人操行必须符合澳有关法律要求；（e）在签证批准前安排好在签证有效期内缴纳足额医疗保险；（f）通过技能水平测试和英语水平测试等，其中英语水平须达到雅思听、说、读、写等各科成绩均在5分以上。另外，持457签证的劳工必须在担保企业向当局申报并获得批准的岗位上工作。如双方终止雇用合约，担保方有义务在10个工作日内向移民局报告。

（3）对担保企业的要求：拟临时聘用海外技术劳工的企业必须首先获得

担保资格，再以提名方式向移民部提出拟聘用的人选。担保企业必须证明其经营状况良好，雇用外籍劳工可为澳本国经济和劳动力市场发展带来益处，并需就培训澳本国公民或永久居民等培训事项作出具体承诺。

（4）特殊安排—劳动协议。该协议是对招募海外技工的一种特殊而正式的安排。若所需工种未列入457签证的职业清单或ANZSCO榜上，但雇主确实需要某种特别技术工人或遇到劳动力急缺等特殊情况，可与澳政府（由移民部、就业和劳资关系部全权代表）和其他利益攸关方（如工会或专业协会）进行协商并共同签署“劳动协议”。

签署劳动协议的谈判主要针对某些特殊的情况，有效期一般为2～3年。通过劳动协议引进的海外技术劳务，其申请和持有的签证类别仍然为457签证。

不过，劳动协议十分复杂，要求很高，比较难获得。目前只在肉类加工行业和矿业进行，因这类行业用工量大，且符合澳经济迫切需要。澳当地劳动中介可通过劳动协议引入劳工，但不能申请商务担保资格；海外中介则不能与澳方签署劳动协议。

劳动协议首先要确保澳国内人口的就业机会和培训机会。提出雇用外籍劳工并准备参加劳动协议谈判的雇主或行业协会必须向澳移民部提供有关用人公司、所雇行业的背景材料、需要签订劳动协议的原因等说明材料。协议签署后，便可进行雇主提名和提名人申请签证等手续。

3. 引进劳务的管理程序和工作流程

澳联邦移民与公民部是负责全国人力资源输入的主要部门，负责制订引进技术、管理、文化、教育和医疗等各方人才及海外技术劳务计划，审核引进人才和海外劳工的资质，并签发移民或工作签证。教育就业与劳资关系部则负责设计职业标准分类榜，确定国内紧缺需从海外引进的技术劳务职业类别。

从工作流程上来看，主要分为三大步骤：

（1）拟临时聘用海外技术劳工的企业必须首先向移民与公民部申请获得担保资格。

（2）用人企业在获得担保资格后，向移民部提交拟聘用的海外技术劳工名单、为海外劳工提供的工资标准和就业条件、雇工合同等文件。填写有关提名所需表格，特别是有关海外劳工及其赡养人的情况。

（3）在移民与公民部批准用人企业的提名申请后，被提名的海外技术劳务人员根据批准申请签证。

4. 引进技术劳务及工作签证的其他管理规定

除上述有关前期申请的管理和要求外，澳政府对于海外技术劳务引进后的管理也有十分严格的规定，涉及海外技工的工资标准、工作条件、福利待遇和健康保险等各个领域。

担保企业使用海外技术劳务的全程都将受到移民与公民部严格监管，企业必须根据有关法律和政策规定，履行一系列的信息报告义务。若企业未能履行作为担保人的相关担保义务和报告义务，移民与公民部将根据规定实施惩罚，包括禁止企业在一定时期内提出申请、撤销担保资格、向法院提起民事处罚申请等。

四、国外移民工人管理机构设置和职能的启示

农村劳动力向非农产业和城市转移，是世界各国工业化、城市化过程中的普遍规律。近20多年来，我国也正在经历农村劳动力大规模向城市转移的社会经济发展过程。目前，我国农民工数量已达2.6亿人，他们已成为一支新型劳动大军，成为我国产业工人的重要组成部分，为我国经济发展做出了重要贡献。农村劳动力大规模地转移就业，正在极大地改变着我国传统的产业结构和劳动力布局，改变着我国城乡经济社会结构，同时也带来了不少亟待解决的社会经济管理问题。

由于国内外户籍管理制度、土地管理制度以及基本公共服务管理制度等方面的巨大差异，国外不存在像我国这样大规模的农民工的问题。但农村劳动力向城镇和二三产业转移以及外国移民等原因产生的流动就业的管理问题是相通的。从国外农村劳动力转移就业和移民的规模、速度看，都远比我国农民工小得多，其工作的复杂程度和工作量也远比我国对农民工的管理低得多。但是，许多国家都设立了专门机构管理类似的农民工和移民工人事务，对劳动力流动就业以及由此引起的劳动关系、住房安全与卫生、社会融入等方面问题，制定专门的政策法规，设立了部门一级专职机构进行管理。

目前我国农民工工作管理体系主要是依托2006年建立的国务院农民工工作联席会议制度和2008年机构改革中新组建人力资源和社会保障部内设立的农民工工作司。农民工工作司具体负责拟订农民工工作综合性政策和规划，维护农民工合法权益，推动农民工相关政策的落实，协调解决重点难点问题，协调处理涉及农民工的重大事件，指导、协调农民工工作信息建设。同时，承担国务院农民工工作联席会议办公室职能。

从近年来农民工工作运行的总体情况看，现行各级农民工工作协调机制

和行政管理机构设置对加强农民工工作的协调和指导，起到了重要作用，与解决农民工问题所面临的挑战大体上是适应的。但也存在一些问题，不能很好地适应工作发展的需要。主要表现为：

一是联席会议的统一领导和统筹协调能力有待进一步提高。各级联席会议属议事协调机构，不刻制印章，不能正式行文，缺乏应有的权威性。特别是地方各级农民工工作协调机构的同志反映，这种工作机制松散，缺乏约束力，协调难度很大，在县一级基本上是形同虚设。二是工作力量明显不足。农民工工作涉及面广，专业性和政策性都很强，工作量也很大，特别是一些涉及体制机制改革的重大问题，如农民工的市民化、涉及农民工的基本公共服务均等化等重大政策性问题，需要专职的工作人员进行深入持久的研究，并制定相应的政策和组织实施。但各级农民工工作协调机构（与农民工工作行政管理部门是一套人马两块牌子）的工作人员很少，目前，国务院农民工办有 13 人，省市一级一般只有 3～4 人，并且还承担着发展家庭服务业促进就业部际联席会议办公室的职能。在现有人员编制下，工作人员全部精力都用于部门协调和地方指导以及各种事务性工作，任务十分繁重，无力研究制定涉及农民工的重大政策并组织实施。三是联席会议各成员单位的工作人员缺乏稳定性。由于各级农民工工作协调机构组成单位的办公室成员和联络员都是兼职，一方面，其所承担的农民工工作是额外增加的任务，难以作为本单位的工作重点；另一方面，各部门兼职工作人员变动频繁，缺乏稳定性。近两年来，联席会议办公室组织召开的办公室成员会议或联络员会议，一些部门常常是缺席或临时找人代替，工作质量和效率不高，一些部门工作人员的工作热情和主动性、自觉性逐步降低。这种状况不利于国家从根本上解决农民工问题，也难以承担日益繁重的工作任务。

通过考察有关国家移民管理机构设置和职能方面的做法，对照我国现行农民工工作管理体系存在的问题，我们认为，应大力加强我国农民工工作管理机构建设，以进一步加强对党和政府对农民工工作的领导，加强和创新社会管理，适应城乡经济社会一体化发展，促进社会和谐。

为此，我们建议，成立国务院农民工工作领导小组，作为协助国务院领导全国农民工工作的独立常设机构。

（一）领导小组主要职责

领导和统筹协调全国农民工工作，研究拟定农民工工作的重大政策措施，为国务院决策提供意见建议；研究制订全国农民工工作发展规划和年度工作计划，对全国农民工工作做出部署；指导、协调各地区、各部门的农民工工作，督促检查相关政策落实情况和任务完成情况；总结推广实践经验，表彰优秀农民工和农民工工作先进集体，组织开展农民工工作理论研究；定期向国务院汇报农民工工作情况，并及时通报各地区、各部门。

领导小组组长由一位国务院领导兼任；一位正部级领导担任专职副组长，并兼任领导小组办公室主任。领导小组成员单位包括现有的国务院农民工工作联席会议各成员单位，并增加交通运输部、铁道部、水利部。

（二）领导小组日常工作机构及其职能

领导小组下设办公室，作为单独设立的正部级国务院直属机构，主要负责如下事务：

起草国家涉及农民工问题的法律法规和重大政策措施；承担机关有关规范性文件的审核工作；承办相关行政复议和行政应诉工作；组织开展对农民工工作发展战略及重大问题的专题研究；起草有关重要文件和工作报告。

组织拟订农民工工作发展规划、年度工作计划；协调有关部门制定推进农民工市民化的城镇发展规划、产业发展战略规划，制定农民工与农业、农村、农民协调发展规划，以及少数民族农（牧）民工发展规划；管理涉及农民工工作的专项经费。

筹备召开国务院农民工工作领导小组工作会议和各种专题性会议；协调解决各成员单位在农民工工作方面的重点难点问题；建立农民工工作信息库，做好相关业务和政务信息的通报工作；负责机关财务工作；管理办公室各项业务工作经费。

指导各地农民工工作领导小组开展工作，督促和检查各地区相关政策落实情况和任务完成情况；协助解决各地在农民工工作方面的重点难点问题；对优秀农民工和农民工工作先进集体进行表彰奖励。

拟定全国农民工职业技能培训政策；制订农民工培训发展规划和年度工作计划；统筹安排和规范管理农民工培训资金；研究制定农民工培训补贴标准。

协调有关部门开展农民工权益维护工作；组织开展维护农民工权益的重大行动；统筹管理服务农民工的社会组织；组织开展对农民工的人文关怀活动；协调处理各类农民工应急事件，维护社会稳定。

组织开展农民工舆论宣传工作，调控管理互联网、微博等新兴媒体中涉及农民工的舆论导向；负责农民工新闻发布工作；协调指导各有关部门和各地农民工工作机构开展农民工文化工作；组织开展重大农民工文化惠民工程；组织开展全国性农民工文艺活动，丰富农民工精神文化生活。

研究制定全国农民工统计监测调查制度和相关政策；指导有关部门开展农民工常规统计工作；组织开展农民工热点难点问题的专项抽样统计工作；负责编辑出版年度农民工统计监测报告及白皮书。

开展农民工工作领域的国际交流与合作工作。负责机关文电、会务、机要、档案、财务、政务公开、安全保密、信访工作；承担办公室工作计划、工作总结和有关材料的起草工作；制定并组织实施机关有关规章制度；

（三）领导小组各成员单位建立相应的工作机制

在涉及农民工业务较多的成员单位内部，设立相应的农民工工作协调小组和专职工作岗位，负责相关农民工工作。涉及农民工问题较少的成员单位，安排稳定的专兼职工作人员。

（四）各省（区、市）、地级市和县级地方人民政府也要成立农民工工作领导小组，建立相应的工作机制

在国务院农民工工作领导小组的工作指导下，统筹领导和协调本地区农民工工作。

课题组成员：刘燕斌　李明甫　丁赛尔　张玉杰　车红霞　杨　洋
翁仁木　徐　寒
执　笔　人：刘燕斌　徐　寒

后　记

2005年，在有关部门大量调查研究的基础上，国务院印发了《关于解决农民工问题的若干意见》（国发［2006］5号），有效地指导了“十一五”时期的农民工工作，经过各地区、部门6年多的共同努力，农民工工作取得了重大成就。“十二五”到来之时，我国进入经济社会发展的关键时期，也是促进农民工发展的关键时期。农民工工作面临的形势任务发生了重大变化，要求我们对农民工问题进行更加深入的思考，从整体和顶层加强对农民工政策的设计，从制度上根本解决这一问题。为此，国务院农民工工作联席会议第九次全体会议决定，从2011年年中开始，在联席会议领导下，由国务院农民工办组织各成员单位和各地区，深入开展中国农民工发展研究。联席会议领导对整个研究工作给予了极为重要的指导和谋划，亲自审定了研究思路、课题大纲、目标任务和研究方法，明确了研究工作的总体要求，并多次听取研究进展情况和成果汇报，亲自审定了研究总报告。

按照联席会议的要求，在研究工作中，充分肯定了农民工的历史地位和作用，充分认识了解决农民工问题的重大意义。农民工是我国改革开放的产物，是工业化、城镇化、现代化的产物。改革开放以来，随着我国工业化、城镇化、现代化的快速发展，越来越多的农村富余劳动力离开农业、离开农村，转移到城镇各类企业就业。在这一过程中，逐渐形成了一个特殊的社会群体，这就是被称为“农民工”的我国现代化建设的一支新型劳动大军。近些年来，随着我国经济的快速发展，农民工的规模不断扩大，已达到2.6亿人。农民工是产业工人的新鲜血液，是城市的新市民，是解决“三农”问题的推动力量，是社会主义现代化建设的重要力量。30多年来，他们为改革开放做出了重要贡献，为城乡经济社会发展做出了重要贡献，为我国现代化建设做出了重要贡献。解决好农民工问题，关系到巩固党的执政地位，关系到经济发展的后劲，关系到社会和谐稳定，意义十分重大。

清醒认识农民工工作存在的问题，清醒认识解决农民工问题的紧迫性，是中国农民工发展研究的出发点。农民工问题直接关系到2.6亿农民工本身，间接影响4亿～5亿农村人口。也可以说，农民工问题是涉及农村一半以上人口的问题，涉及全国1/3人口的问题。农民工的问题解决好了，一半以上的农民问题就解决好了。农民工问题突出表现为两个大的方面：一是侵害农民工权益的一些突出问题仍未得到根本解决。主要表现为“三低两多”，即农民工劳动合同签订率、参加社会保险的比例以及工资收入水平仍然较低，工伤和职业病以及劳动争议较多，其中有些问题已经成为顽症。二是新生代农民工问题成为当前的主要矛盾。到“十一五”末期，新生代农民工已经成为农民工的主体。与老一代相比，新生代农民工权益诉求发生了明显变化，由以往进城挣钱、回乡发展向进城谋职、融入城市生活转变，由工资支付保障向要求参加社会保险转变，由改善住宿条件向要求提供城市公共服务转变；“市民梦”、“创业梦”、“安居梦”成为新生代农民工十分迫切的三大期盼。这些重大转变，对我们做好农民工工作提出了新的更高要求。解决农民工问题，是党和国家当前和今后一个时期一项十分重大而紧迫的任务。这些问题如果处理不好，将会影响全面建设小康社会目标的实现，影响我国社会主义现代化建设进程，影响社会和谐稳定。

过去一个时期解决农民工问题的宝贵经验是中国农民工发展研究的重要依据。研究伊始，国务院农民工办就会同有关部门梳理了涉及农民工问题的法规政策，根据当前农民工发展存在的突出问题和面临的新形势、新任务，拟出了培训就业、社会保障、劳动权益保护、子女教育、住房、医疗卫生服务和职业病防治、丰富精神文化生活、发挥社团组织服务作用、农村留守儿童留守妇女及留守空巢老人、土地权益和城镇落户问题 11 个方面的调研专题。每一个专题都要回答三方面的问题，一是已经制定了哪些政策措施，二是这些政策措施的落实情况，三是需要在哪些方面对现有的政策进行完善，还需要制定哪些新的政策措施。

中国农民工发展研究始终遵循五个方面的要求：

一、整体研究。农民工的产生和发展，有其复杂的社会历史背景，既是改革开放和工业化的产物，也是长期以来我国城乡二元化管理体制的产物。农民工问题集中体现了各种社会矛盾，从某种意义上说，农民工问题也是一个时代的缩影。因此，研究农民工问题，要放在时代发展的大背景下，从历史和现实的角度、从理论与实践的结合上、从不同的侧面分析透、研究透。要透过社会现象，抓住问题本质，深刻认识和把握农民工发展的客观规律。

二、顶层设计。党的十七届五中全会明确提出，要注重在制度上解决好农民工权益保护问题。解决农民工的问题，既要立足现实，更要着眼长远，不能仅限于头痛医头、脚痛医脚，必须注重顶层设计，把握解决农民工问题的科学性、规律性、可行性。我们研究制定政策，既要着眼解决农民工当前所面临的最直接、最紧迫、最现实的权益保护问题，更要立足解决制约农民工发展的深层次、根本性、制度性问题。

三、逐步推进。解决农民工问题是一个庞大的系统性社会工程，必然要经历一个发展过程，不可能一蹴而就。从我国城镇化发展进程看，这一过程大约还需要20～30年的时间。因此，解决好农民工问题，要从长计议，区分轻重缓急，把握好社会需求、现实条件和实现可能三者的关系，积极稳妥，逐步推进，这样才能一步步走向最终目标。

四、形成合力。农民工工作关系全局，涉及方方面面，一定要调动各地各有关部门的积极性。必须加强统筹协调，建立和完善通力协作的机制，加强相互间的协同配合，形成工作合力。

五、明确目标。工业化和城市化是人类社会发展的客观规律。目前，我国仍处于工业化、城镇化的快速发展期，大批富余农村劳动力通过农民工的形式进入城市，并逐步融入城市，转为市民，是历史的必然，规律的必然。解决好农民工问题，要充分考虑我国国情，要认识这个必然，顺应这个必然，驾驭这个必然，使这个必然有序、健康地发展。我们的目标任务，就是为农民工在城镇就业和生活提供法制保障和全方位服务；就是要帮助有条件、有能力的农民工就近就地在中小城市落户，成为新市民，不能都涌进大城市；帮助农民工提高能力素质，实现稳定就业，获得稳定的收入，享有基本的社会保障。同时，要大力推进农业现代化和社会主义新农村建设，使农村留得住人，留下的人能致富、能发展。

在研究工作方法上，各课题组坚持以人为本、设身处地为农民工着想，从各个方面了解农民工现实与长远的利益诉求，充分理解和尊重他们的发展愿望，针对他们的各种实际问题，提出对策措施。坚持总结实践经验，高度重视各地在解决农民工问题创造的许多行之有效的经验和做法，发挥成功经验的引导作用。坚持理论创新，对农民工工作实践的总结不是停留在经验的层面，而是上升到理论的高度，善于抓住事物的本质，把握农民工工作的特殊发展规律，进行理论创新，发挥正确理论对实践的指导作用。坚持有序推进，既全面发展，又突出重点，先易后难，逐步突破。特别注重解决农民工社会保障问题、权益保护问题、职业技能培训问题以及农民工子女教育和医疗卫生等问题。

中国农民工发展研究由国务院农民工办统筹协调，负责调研工作的整体设计和总体规划。国务院发展研究中心负责总报告的研究起草。在总体框架内，分别设立不同的研究专题，由负责相关工作的部门组织专题组，承担专题研究任务。各专题之间相互衔接，既独立成章，又相互呼应，成龙配套，融为一体。

经过将近一年的工作，完成了中国农民工发展研究的总报告和 21 个分报告。为了使研究成果更加严谨周密，依据充分，国务院农民工办又组织了四个专题的补充研究，对农民工称谓问题、农民工市民化发展问题、农民工社保关系转移接续问题和国外移民工人管理机构职能问题进行深入调研论证。至此，中国农民工发展研究工作全部完成。为了使从事和关心农民工工作的人们共享这项浩繁研究工作的成果，农民工办决定编辑出版《中国农民工发展研究》一书。在出版过程中，由汪志洪同志对全书进行了审阅编辑和文字校订，以尽可能使各研究报告之间的经验、数据相互印证，观点、政策相互协调。《中国农民工发展研究》得以顺利完成，要感谢国务院农民工工作联席会议各成员单位和国务院发展研究中心的大力支持，特别是各单位的办公室成员和联络员付出了辛勤的劳动，以其精湛的专业知识和崇高的敬业精神，使各研究报告无论在理论上还是政策上都取得了农民工问题研究领域最富有价值的成果，圆满地完成了联席会议确定的研究任务，为制定新的关于进一步解决农民工问题的政策文件奠定了坚实的基础。本研究还要感谢各地区农民工工作协调机构认真提供了丰富的典型经验和颇有针对性的政策建议，并在典型调查和抽样分析中给予了巨大的人力物力的支持。

国务院农民工办

2012 年 8 月